中国产业研究报告·物流与采购

·中国物流与采购联合会系列报告·

中国物流重点课题报告

2017

中国物流与采购联合会
China Federation of Logistics & Purchasing
中国物流学会
China Society of Logistics

China Logistics Key Projects Report (2017)

中国财富出版社

图书在版编目（CIP）数据

中国物流重点课题报告．2017／中国物流与采购联合会，中国物流学会编．—北京：中国财富出版社，2017.11

ISBN 978－7－5047－3779－3

Ⅰ．①中…　Ⅱ．①中…　②中…　Ⅲ．①物流—研究报告—中国—2017　Ⅳ．①F259.22

中国版本图书馆CIP数据核字（2017）第277152号

策划编辑　张　茜　　责任编辑　邢有涛　赵雅馨

责任印制　石　雷　　责任校对　孙丽丽　　责任发行　敬　东

出版发行	中国财富出版社		
社　　址	北京市丰台区南四环西路188号5区20楼	邮政编码	100070
电　　话	010－52227588转2048/2028（发行部）		010－52227588转307（总编室）
	010－68589540（读者服务部）		010－52227588转305（质检部）
网　　址	http：//www.cfpress.com.cn		
经　　销	新华书店		
印　　刷	中国农业出版社印刷厂		
书　　号	ISBN 978－7－5047－3779－3/F·2831		
开　　本	787mm×1092mm　1/16	版　　次	2017年11月第1版
印　　张	29.25	印　　次	2017年11月第1次印刷
字　　数	711千字	定　　价	220.00元

《中国物流重点课题报告（2017）》

编　委　会

《中国物流重点课题报告（2017）》

编辑人员

主　　编：贺登才

成　　员：黄　萍　周志成　于雪姣　吕　杨　陈　凯

承办部门：中国物流与采购联合会学会工作部

电　　话：010－58566588－139/133

传　　真：010－58566588－128/138

邮　　箱：CSL56@ vip. 163. com

网　　址：中国物流学会（http://csl. chinawuliu. com. cn）

前 言

在全国物流行业干部职工认真学习贯彻党的十九大精神的热潮中，由中国物流与采购联合会、中国物流学会编辑的《中国物流重点课题报告（2017）》（以下简称《报告》）付梓。这也是自2007年以来按年度编辑出版的第11本《报告》。书中收录的研究成果，都是党的十八大以来特别是近一两年，联合会和学会组织会员和相关单位完成的精品之作。

回首党的十八大以来的五年，是我国物流业砥砺奋进、创新发展的五年。五年来，全行业坚定不移贯彻新发展理念，总体运行保持了稳中有进、降本增效的良好态势，发展质量和效益不断提升。全行业努力适应市场需求变化，转方式，调结构，促均衡，深入推进供给侧结构性改革，供给能力显著增强。五年来，全国综合运输大通道基本贯通，物流园区建设明显加快，全覆盖、多层次、高效率的物流服务网络逐步形成；大力实施创新驱动发展战略，以“互联网＋高效物流”为标志的“智慧物流”加速发展，催生了一批新模式、新业态、新技术，发展动能加速转换；积极配合京津冀协同、长江经济带、“一带一路”倡议等重大国家战略与倡议，物流服务结构调整优化。与此同时，国务院及有关部门贯彻落实《物流业发展中长期规划（2014—2020年）》，一系列支持和促进物流业发展的具体措施相继出台，政策环境持续改善。

物流业创新发展，为物流学会工作及课题研究开辟了广阔前景。目前，中国物流学会会员人数已达8000余人，聘任特约研究员178名，一大批热衷于物流研究的创新型新锐人才加入学会行列。学会因势利导，不断推进课题研究组织工作创新。选择影响行业发展的全局性问题设立重大研究课题，并予以经费支持；选择企业发展中遇到的紧迫问题，设立重点研究课题，通过答辩择优确定研究单位；利用专家资源，对重大课题开题设计、中期研究和结题报告进行全程跟踪指导；吸引不同领域的研究人员参与研究工作，推动跨行业、跨专业、跨地域联合研究；对经过专家评审认定的优秀课题研究成果予以表彰和推广。五年来，各课题承担单位共完成学会下达课题1150个，其中473个获奖。这些研究成果为物流理论体系建设提供了智力支撑，也成为《报告》定期编辑出版的活水源头。

本《报告》收录的七篇研究成果，紧扣行业发展实际，创新性较强，应用价值较高。如《“互联网＋”制造业物流战略研究》，在分析我国制造业物流与供应链发展现状，指出发展机遇及存在问题的基础上，提出了战略任务及实施路径，为更好地拥抱“互联网＋”时代和加快物流与供应链产业发展提供决策参考。又如《“一带一路”背景下的物流与供应链模式创新研究》，基于经济地理学、交通地理学、运输经济学和产业经济学等，研究建设投资对产业转移的影响，解析“一带一路”沿线制造业物流需求、基础设施供给与制造业发展互动的均衡关系，进而提出了优化沿线物流与供应链模式的观点。再如《我国物流成本现状深度调查与问题研究报告》，通过对我国制造业、物流业中典型企业物流成本管理现状的深度调查，定性与定量研究企业物流成本的影响因素，深刻剖析物流成本高企的真正原因，设计了物流成本控制与管理解决方案，提出了降低我国物流成本的政策建议。其余篇章，如《管理协同视角下军民融合应急物流体系研究》《军民融合背景下空军航材保障物流体系构建和模式创新研究》《共用系统中的托盘调度策略与战略决策研究》《城市共同配送平台绿色化研究》等分别就某一细分领域，从物流管理、物流技术与工程的角度，做了较为深入的研究，得出了创新性的研究结论。这些研究成果具有一定的理论价值与实践指导意义，一些成果已经应用并取得较好的经济价值和社会效果。《报告》既可作为政府、企业、行业协会、研究单位和投资咨询机构的决策参考，也可作为物流与供应链相关院校教学参考用书。

正在召开的党的十九大开启了中国特色社会主义建设的新时代，习近平总书记提出了新时代中国特色社会主义思想和基本方略。怎样结合物流业发展实际，提出中国特色现代物流服务体系建设的基本思路、途径和措施，是摆在物流从业人员特别是研究人员面前的紧迫任务和重大课题。比如，我国物流业发展的主要矛盾是什么，新机遇和新挑战在哪里；新时代中国特色社会主义对物流业发展提出了怎样的要求，物流业如何适应新要求；物流业在现代化经济体系当中处于什么位置，如何支持制造强国战略、乡村振兴战略、区域协调发展战略、全面开放新格局和建设美丽中国等新战略；怎样坚定不移贯彻创新、协调、绿色、开放、共享的新发展理念，如何从物流服务的角度满足人民对美好生活向往的新期待；怎样推动互联网、大数据、人工智能和物流业深度融合，大力发展“智慧物流”，在物流与供应链领域培育新增长点、形成新动能；如何贯彻节约资源和保护环境的基本国策，推动绿色低碳物流新发展；按照社会主义现代化强国的总体框架，如何规划“物流强国”建设的新蓝图；怎样围绕“两个一百年”奋斗目标以及从 2020 年到 21 世纪中叶两个阶段新安排，提出物流业先行发展的新思路；为建设符合新时代中国特色社会主义所需的现代物流服务体系，需要哪些新法规、新政策，等等。以上这些内容，应该成为物流学术理论研究工作的主要任务和主攻方向，也可作为全体会员和相关研究单位的重大研究课题。

“兵马未动，粮草先行。”建设新时代中国特色社会主义新征程的号角已经吹响，为此准备“粮草”的物流行业应该先期启程。作为以中国物流业“首选智库”为己任的中国物流学会及其会员更应闻鸡起舞。实践没有止境，理论创新永远在路上。当前，我国经济已由高速增长阶段转向高质量发展阶段，正处在转变发展方式、优化经济结构、转换增长动力的攻关期。处在急剧变革、跨越关口期的物流业必须在理论上跟上时代，不断认识规律，不断推进理论创新、实践创新，为物流业全面创新发展提供智力支撑。中国物流与采购联合会、中国物流学会愿意进一步联络和组织会员，加强产学研结合，不断完善组织方式，提高研究质量，不断推出更多、更新、更实用的研究成果。

《报告》是集体智慧的结晶。《报告》能够连续 11 年如期出版，是中国物流学会广大会员、特约研究员以及产学研基地积极参与的结果，是各级政府有关部门、各地行业协会、企业、院校和研究机构等物流领域产学研各界大力支持的结果。在此，我们向所有关心、重视、参与、支持《报告》编辑出版，热心物流理论研究工作的各方面人士表示深深的谢意。同时，也希望我们继续携手同行，集思广益，锐意进取，为我国新时代中国特色社会主义现代物流服务体系、理论研究体系建设继续奋斗。

2017 年 10 月 22 日

目　录

综合篇

物流管理篇

附　录

目　录

综 合 篇

“互联网+”制造业物流战略研究*

内容提要：“互联网+”是把互联网的创新成果与社会各领域深度融合，推动技术进步、效率提升和组织变革，提升实体经济创新力和生产力，形成更广泛的以互联网为基础设施和创新要素的经济社会发展新形态。研究在新形势下“互联网+”对制造业物流与供应链的影响规律，不仅有助于掌握“互联网+”时代下物流产业的发展规律，科学合理地制定产业促进政策，也有助于把握现代物流与供应链产业的发展趋势，推动中国制造业经济的转型升级和“互联网+协同制造”国家战略的更好实施。

首先，本课题分析了我国制造业物流与供应链发展现状，指出当前制造业物流面临的良好发展机遇及供应链方面存在的多种问题，同时表明“中国制造2025”对制造业物流与供应链发展具有重要的指导意义。在此基础上，课题对“互联网+”时代对制造业物流与供应链的影响开展了进一步分析。其次，为深入了解当前我国制造企业物流与供应链发展现状，课题选取五家代表企业为研究对象，针对其在“互联网+”模式下物流与供应链的经验进行了详细调研，指出了制约“互联网+”背景下制造业物流与供应链发展的七大关键因素及今后的发展趋势。最后，课题从制造业物流战略和制造业供应链战略两个角度提出具体的战略任务及实施路径，为制造业物流更好地拥抱“互联网+”时代、加快物流与供应链产业发展提供战略参考。

一、我国制造业物流与供应链发展现状

制造业物流是我国社会物流的重要组成部分。大力发展制造业物流有利于制造企业集中主营业务，提高生产效率，挖掘第三利润源，寻找企业新的利润增长点；也有利于促进经济结构调整，帮助企业走出发展困境，切实降低制造企业生产成本。近年来，在“中国制造2025”“互联网+”“大数据”“一带一路”等新的经济发展战略与倡议下，制造业物流发展也取得了新进展。总体来看，我国制造业物流规模不断增长，物流需求呈现新的变化，物流技术水平明显提高，政策环境逐步改善。

（一）制造业物流概述

制造业物流是指制造企业在采购、生产、销售、回收等各种生产经营活动中所发生的各种物流服务活动，如运输、仓储、包装、装卸搬运、流通加工、信息处理和配送等。制造业物流不仅是保障制造企业正常生产、提高企业经营效益的重要生产性服务活动，也是我国现代物流的重要组成部分。

* 本课题为中国物流与采购联合会研究课题。

1. 制造业物流的特性

制造业物流除了具有现代物流的基本特征外，还具有如下三个方面的重要特性。第一，制造业物流与生产制造过程密切相关，不同的生产过程需要相应的制造业物流服务模式支持。制造业物流中的自营物流、物流外包、供应商管理库存、循环取货等模式，各具优势和适用性。第二，充分考虑供应链管理产生的一体化物流服务要求。在集成供应链模式下，企业的采购、生产、销售、回收物流将呈现出一体化运作趋势。第三，与社会化物流相协同。在物流外包的发展趋势下，制造企业物流与社会物流在物流系统的规划、决策、计划、实施、控制、管理等方面表现出协同整合的发展趋势。

2. 制造业供应链及物流运作流程

通常来说，制造业物流按照生产运作流程可以分为采购/供应物流、生产物流、销售物流、回收及废弃物物流四大部分，具体流程如图 1 所示。采购/供应物流是指制造企业购入原材料、零部件或商品所发生的物流过程，它包括生产资料的采购、运输、进货、仓储、库存管理和用料管理。生产物流是指制造企业从工厂的原材料购进入库起，直到工厂成品库的成品发送为止的物流活动，包括生产计划与控制、厂内运输与搬运、在制品仓储与管理等活动。销售物流是指产品从制造企业售出至运达最终顾客的物流过程，它包括产成品的库存管理、订货处理、仓储发货运输、顾客服务等。回收及废弃物物流是生产及流通活动中的废旧材料回收至生产领域重新利用的物流活动和对生产和流通系统中所产生的废弃物进行处理的物流活动。

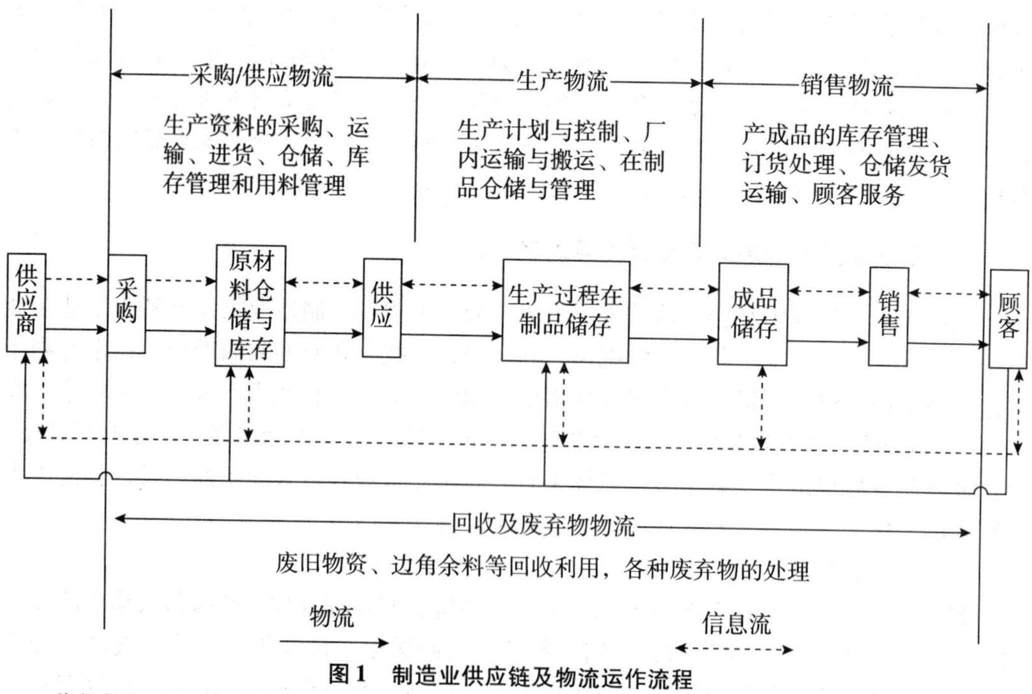

图 1　制造业供应链及物流运作流程

资料来源：齐二石．物流工程［M］．北京：中国科学技术出版社，2007.

制造业物流运作主体有两类，一类是制造企业，一类是社会化物流企业。依据制造企业物流外包程度和管理权控制程度的不同，制造企业物流模式及其运作主体有以下几种典型模式，如表1和表2所示。

表1　基于外包视角的制造企业物流模式分类

模式	制造企业物流模式	运作主体
1	制造企业完全自营，物流业务分散经营	制造企业本身
2	制造企业单独成立下属的专业物流公司	制造企业本身
3	单业务外包，管理权自营	制造企业、社会化物流企业
4	多业务外包，管理权自营	制造企业、社会化物流企业
5	全部业务外包，管理权自营	制造企业、社会化物流企业
6	制造企业成立合资物流公司	制造企业、社会化物流企业
7	制造企业物流系统剥离	社会化物流企业

表2　基于物流环节的制造企业物流模式分类

模式	物流环节	运作主体
1	采购/供应物流	主要由上游供货商负责，90%以上的制造业对此不参与管控
2	生产物流	基本上由制造业自营管控，外包情况很少
3	销售物流	基本上外包第三方物流公司运营管理
4	回收及废弃物物流	基本上外包第三方物流公司运营管理

3. 制造业物流运作特点

制造企业本身产品的理化特点、产品结构、工艺流程将极大程度上决定其在采购/供应物流、生产物流、销售物流、回收及废弃物物流等物流核心领域的运作模式。因此，可以按照制造企业的生产流程分类，构建其所需要的配套运作模式。

制造企业按照制造过程的连续程度来分，可以分为流程制造业和离散制造业。流程制造业，又称为流程工业，或过程工业，是指通过混合、分离、成型或化学反应使原材料增值的行业，主要包括化工、冶金、石油、电力、橡胶、制药、食品、造纸、塑料、陶瓷等行业。该行业中的企业又可细分为批量制造流程企业、大量制造流程企业和连续制造流程企业。其中连续制造流程企业指生产在时间与空间上连续进行，原材料连续投入、产品连续产出，中间无中断，除定期的设备检修及意外事故外，生产线不停工。离散制造业，又称为离散工业，主要是通过改变对原材料物理形状和组装，使其增值。主要包括机械加工、组装性行业，典型产品有汽车、计算机、日用器具等。离散制造业也可进一步划分为大批量生产和多品种小批量生产两种生产模式。据统计，我国机械制造行业约95%的企业属于多品种小批量生产类型。而且，客户需求的多样化使得多品种小批量越来越成为离散制造业的主流模式，自动化技术的发展也使得这种模式在更多企业中的实现成为可能。

流程制造业与离散制造业在物料、产品、工艺过程、设备等方面的差异，导致了两种类型的工业在物流运作模式上的差异。整体而言，流程制造业对物流阶段之间的衔接度，即物流流动的无缝性要求更高。在此，我们具体从采购/供应物流、生产物流、销售物流、回收及废弃物物流四个物流阶段对比分析其物流管理特点，并进行总结，如表 3 所示。

表 3　流程制造业与离散制造业的物流运作特点比较

物流环节＼制造业类别	流程制造业	离散制造业
采购/供应物流	与供应商关系基本固定，供应商的稳定供给能力十分重要	与供应商的关系相对灵活，供应商的快速反应能力十分重要
生产物流	满足连续生产作业要求，确保连续供料	满足离散生产的作业要求，齐套十分重要
销售物流	连续产出导致的销售物流压力	品种生命周期较短带来的销售物流压力
回收及废弃物物流	产品包装的回收更为重要，绿色要求更高	产品自身寿命使用到期形成的回收物流为主，绿色要求相对较低

总体而言，服务于流程制造业的物流服务核心要求是“连续”，服务于离散制造业的物流服务核心要求是“齐套”。物流的部分或整体外包在离散制造业已经得到了飞速发展，在连续流程制造业则处于起步阶段。在对“互联网＋制造业”的研究中，更应重视离散型生产方式的研究，因为这种生产方式的产品生命周期相对较短，消费者响应速度快，价格波动也大。因此，产业链的反应速度、供应链与物流系统的构建等对生产效率与效益影响较大。

4. 发展制造业物流的重要意义

1）集中主营业务，提高生产效率

全球经济一体化趋势下，国际化采购、按订单生产等制造模式，对我国制造企业“大而全”“小而全”的传统运营模式提出巨大挑战。发展制造业物流，可以更好地适应生产与经营模式的变革，帮助制造企业集中主营业务，从而推进制造企业在采购、生产、分销等环节的一体化运作，推进生产效率的显著提升。

2）挖掘第三利润源，寻找企业新的利润增长点

在高成本运行环境下，制造业物流运作成本不断增加，影响了产品利润的提高。发展制造业物流，引入物流和供应链管理的理念和技术，不仅可以帮助企业降低库存，加速企业资金周转，发掘物流成本的冰山，找到企业的第三利润源，也可以帮助一些具有规模化、网络化优势的制造企业剥离系统的物流业务，成立专业物流公司，服务于社会化的物流业务，从而成为制造企业重要的业务利润点。

3）降低全社会物流运行成本，提高经济效益

制造企业物流成本是全社会物流成本的重要组成部分。通过发展制造业物流，降低制造企业物流成本，不仅有助于企业改进生产和物流管理方式，优化物流运作方法，而且也有利于降低我国的社会物流总量，减少单位物流量的物流成本，降低社会物流成本

占 GDP 的比例。此外，发展制造业物流，也有助于实现物流的集约化运作，提高物流保障程度，促进我国经济运行质量的提高。

4）促进经济结构调整，帮助企业走出发展困境

中央经济工作会议明确提出，2016 年结构性改革五大任务是“去产能、去库存、去杠杆、降成本、补短板”，这也是“十三五”开局之年关乎经济结构调整成败的五件大事。在当前企业销售业绩短期内难以明显改善的背景下，发展制造业物流，降低制造业生产运作成本，是帮助制造企业走出发展困境，提高企业竞争力，促进经济结构调整的重要途径之一。

（二）中国制造业物流的发展环境

良好的发展环境是中国制造业物流快速发展的基础。近年来，我国制造业总体规模不断扩大，制造业物流的需求环境、技术环境和政策环境都发生了很大变化，制造业物流迎来良好的发展机遇。

1. 制造业国际地位大幅提升，已成为世界制造业大国

中华人民共和国成立尤其是改革开放以来，我国制造业持续快速发展，建成了门类齐全、独立完整的产业体系，有力推动了工业化和现代化进程，综合国力显著增强，有力支撑世界大国地位。

从制造业增加值来看，“十二五”期间，我国制造业增加值从 2011 年的 191571 亿元增加到 2015 年的 228974 亿元，增长了 19.52%。其中，2015 年的制造业增加值比 2014 年增长了 7.0%，占 GDP 的比重达到 35.85%。2013—2015 年规模以上制造业增加值年均实际增长 8%，在世界主要经济体中仍位居前列，同期世界制造业年度同比增速仅在 2%～4% 的区间徘徊[①]。2013 年，我国制造业产出占世界比重达到 20.8%，连续 4 年保持世界第一[②]。2011—2015 年全国制造业增加值及其增速如图 2 所示。

从制造业规模来看，2014 年，按照国际标准工业分类，在 22 个大类中，我国在 7 个大类中名列第一，钢铁、水泥、汽车等 220 多种工业品产量居世界第一位；我国共有 100 家企业入选“财富世界 500 强”，比 2008 年增加 65 家，其中制造业企业 56 家（不含港澳台），连续 2 年成为世界 500 强企业数仅次于美国（130 多家）的第二大国。

近十年来，制造业的快速发展，直接提升了我国经济发展的速度、质量和效益，增强了我国在全球化格局中的国际分工地位。从国际对比来看，1990 年我国制造业占全球的比重为 2.7%，居世界第九；到 2000 年上升到 6.0%，居世界第四；2007 年达到 13.2%，居世界第二；2010 年为 19.8%，跃居世界第一。自 19 世纪中叶迄今，历经一个半世纪，我国又重新回到世界第一制造业大国的地位。图 3 给出了 2001—2012 年来中、美、日、德四国制造业增加值的变化曲线[③]。

① 国家统计局. 工业保持中高速增长新兴产业不断孕育成长——十八大以来我国工业发展状况［EB/OL］. http://www.stats.gov.cn/tjsj/sjjd/201603/t20160303_1326436.html，2016-03-03.

② 中华人民共和国工业和信息化部.《中国制造 2025》解读之二：我国制造业发展进入新的阶段［EB/OL］. http://www.miit.gov.cn/n11293472/n11293832/n11294042/n11481465/16595200.html，2015-05-19.

③ 中华人民共和国工业和信息化部.《中国制造 2025》解读之二：我国制造业发展进入新的阶段［EB/OL］. http://www.miit.gov.cn/n11293472/n11293832/n11294042/n11481465/16595200.html，2015-05-19.

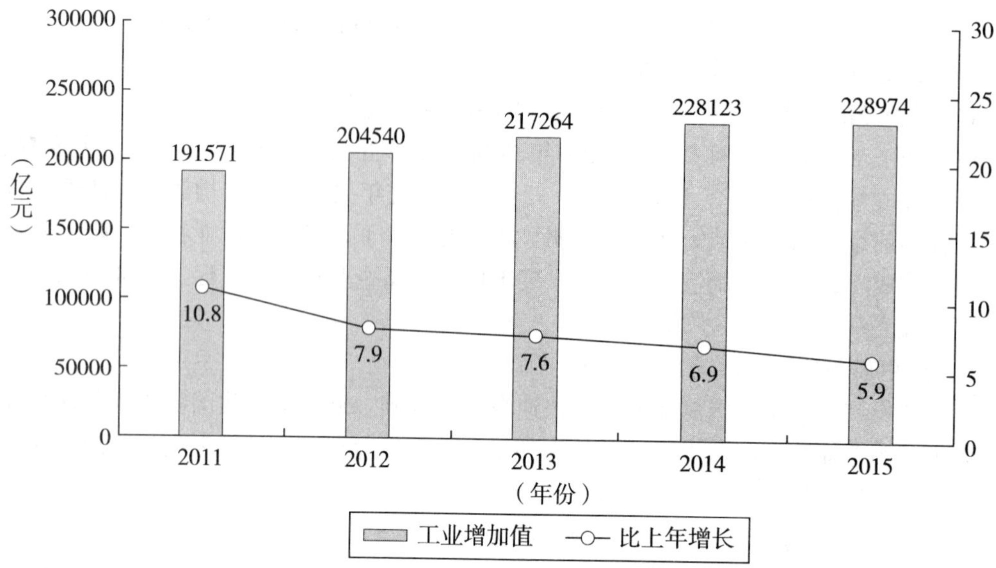

图 2　2011—2015 年全国制造业增加值及其增长速度

资料来源：千讯咨询 .2011—2015 年我国工业增加值及增长速度 . http：//www. qianinfo. com/index/59/4503178. html，2016 - 03 - 07.

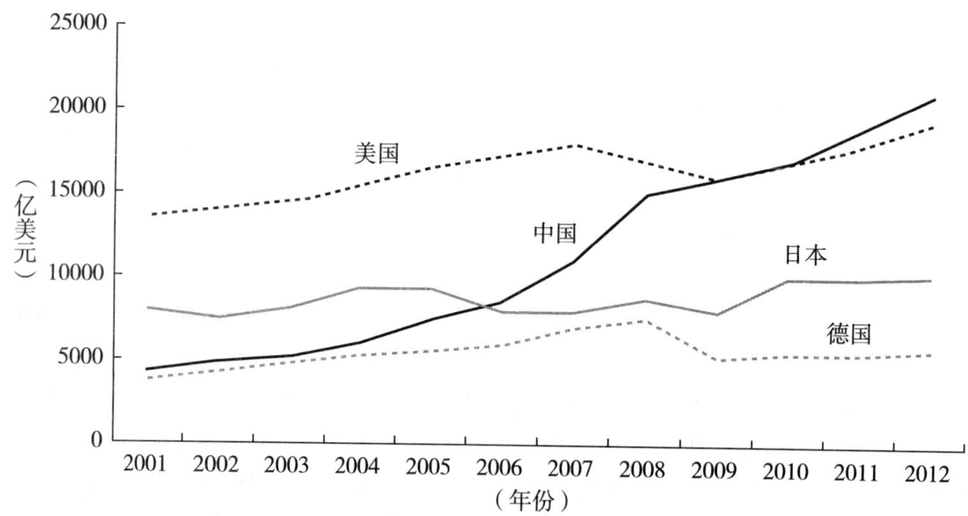

图 3　2001—2012 年中、美、日、德四国制造业增加值变化曲线

资料来源：中华人民共和国工业和信息化部，《中国制造 2025》解读之二：我国制造业发展进入新的阶段［EB/OL］. http：//www. miit. gov. cn/n11293472/n11293832/n11294042/n11481465/16595200. html，2015 - 05 - 19.

2. 受制造业转型升级影响，物流需求调整步伐加快

1）全球制造业格局重大调整推动制造业物流需求新的变革

新一代信息技术与制造业深度融合，正在引发影响深远的产业变革，形成新的生产方式、产业形态、商业模式和经济增长点。各国都在加大科技创新力度，突破传统制造业发展模式，推动三维（3D）打印、移动互联网、云计算、大数据、生物工程、新能源、新材料等领域取得新突破；基于信息物理系统的智能装备、智能工厂等智能制造正

在引领制造方式变革；可穿戴智能产品、智能家电、智能汽车等智能终端产品不断拓展制造业新领域。我国制造业物流正处于转型升级的关键时期，创新发展迎来重大机遇。

另外，随着全球产业竞争格局的重大调整，我国制造业在新一轮发展中面临巨大挑战。国际金融危机发生后，发达国家纷纷实施“再工业化”战略，如表4所示。中国也开始大力实施“中国制造2025”计划，重塑制造业竞争新优势，加速部署新一轮全球贸易投资新格局。一些发展中国家也在加快谋划和布局，积极参与全球产业再分工，承接产业及资本转移，拓展国际市场空间。面临发达国家和其他发展中国家“双向挤压”的严峻挑战，我国制造业物流将加快参与国际化运作步伐，积极参与全球制造企业的市场竞争。

表4　部分发达国家近年来发布的“再工业化”战略

发布时间	战略名称	主要内容	战略目标
2011年	美国先进制造业伙伴关系计划	创造高品质制造业工作机会以及对新兴技术进行投资	提高美国制造业全球竞争力
2012年	美国先进制造业国家战略计划	围绕中小企业、劳动力、伙伴关系、联邦投资以及研发投资等提出五大目标和具体建议	促进美国先进制造业的发展
2013年	美国制造业创新网络计划	计划建设由45个制造创新中心和一个协调性网络组成的全国性创新网络，专注研究3D打印等有潜在革命性影响的关键制造技术	打造成提供先进技术和服务的区域中心，持续关注制造业技术创新，并将技术转化为面向市场的生产制造
2013年	德国工业4.0战略实施建议	建设一个网络：信息物理系统网络；研究两大主题：智能工厂和智能生产；实现三项集成：横向集成、纵向集成与端对端的集成；实施八项保障计划	通过信息物理系统网络与物理生产系统的融合改变当前的工业生产与服务模式；使德国成为先进智能制造技术的创造者和供应者
2014年	日本制造业白皮书	重点发展机器人、下一代清洁能源汽车、再生医疗以及3D打印技术	重振国内制造业，复苏日本经济
2015年	英国制造业2050	推进服务＋再制造（以生产为中心的价值链）；致力于更快速、更敏锐地响应消费者需求，把握新的市场机遇，可持续发展，加大力度培养高素质劳动力	重振英国制造业，提升国际竞争力
2013年	法国“新工业法国”战略	解决能源、数字革命和经济生活三大问题，确定34个优先发展的工业项目，如新一代高速列车、电动飞机、节能建筑、智能纺织等	通过创新重塑工业实力，使法国处于全球工业竞争力第一梯队

资料来源：中华人民共和国工业和信息化部．《中国制造2025》解读之二：我国制造业发展进入新的阶段［EB/OL］．http：//www. miit. gov. cn/n11293472/n11293832/n11294042/n11481465/16595200. html，2015－05－19.

2）服务型制造发展趋势重塑制造业物流的需求价值链

随着制造业产业价值链重心由生产端向研发设计、营销服务等方向转移，产业形态将从生产型制造向服务型制造转变，这将推动制造业物流需求面临新的变革与挑战，重塑制造业物流的需求价值链。例如，在采购/供应物流的需求环节，基于行业协同的集中采购模式快速兴起，推动制造企业实行大规模集中化采购物流运作模式；在生产物流的需求环节，网络众包、异地协同制造将推动制造业物流实时响应模式快速发展；在销售物流的需求环节，大规模个性化订制、精准供应链管理方式要求制造业物流适应新的竞争形势，构建更具精益化和柔性化的物流运作方式；在回收及废弃物物流的需求环节，可持续发展、低碳经济和绿色制造的理念，将推动制造业物流加快废旧物品回收物流体系建设与优化。

3）制造企业利润增长乏力强化制造业物流成本控制

我国经济发展已经进入新常态。受出口乏力和内需不足的双重影响，中国制造业市场状况在2015年依然低迷。制造企业利润增长乏力现象明显。2015年我国制造业采购经理指数（PMI）走势，如图4所示，2015年，我国制造业PMI指数有7个月低于50%的荣枯线，年均49.9%；规模以上工业增加值增长6.1%，增幅有明显回落。2015年，在规模扩张乏力的同时，制造业企业经营效益的持续下滑更为显著，制造业企业主营业务收入仅增长0.8%，利润下降2.3%。与此同时，随着资源和环境约束不断强化，各种要素资源成本不断上升，投资和出口增速明显放缓。尽管2013年，我国制造业产出占世界比重达到20.8%，连续4年保持世界第一，但我国制造业对美国制造业的成本优势已经由2004年的14%下降到2014年的4%，主要依靠资源要素投入、规模扩张的粗放发展模式难以为继。调整结构、化解产能、降低库存、转型升级、提质增效刻不容缓，这将推动制造业物流加快成本控制步伐，适应新形势下的制造业发展需要。

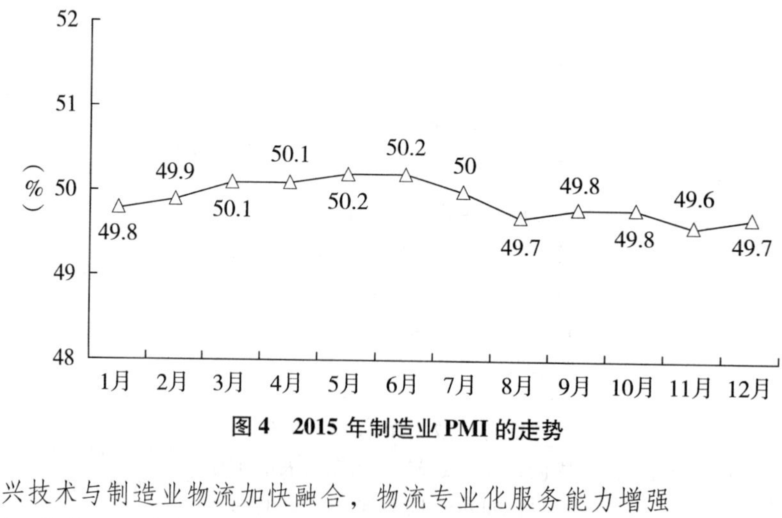

图4　2015年制造业PMI的走势

3. 新兴技术与制造业物流加快融合，物流专业化服务能力增强

1）新一代信息技术与制造技术的融合引发制造业物流新变革

科技创新始终是推动人类社会生产生活方式产生深刻变革的重要力量。当前，信息技术、新能源、新材料、生物技术等重要领域和前沿方向的革命性突破和交叉融合，将

对全球制造业产生颠覆性的影响，改变全球制造业的发展格局。特别是新一代信息技术与制造业的深度融合，将促进制造模式、生产组织方式和产业形态的深刻变革，智能化与服务化成为制造业发展新趋势。虚拟化技术、3D 打印、工业互联网、大数据等技术将重构制造业物流技术体系，促进制造业物流模式朝着更为智能、实时和快速的方向发展，也推动物流服务能力更趋柔性化和精益化。

2）先进物流装备的应用推动制造业物流向专业化发展

物流装备的快速发展也促进了制造业物流专业化。伴随物流装备技术的进步，我国逐渐形成了以储存、输送分拣、装卸搬运、集装单元化，以及物流系统集成、信息化、咨询规划服务等为主体的先进物流装备体系，覆盖了所有的物流装备应用环节。新型的专业化物流装备不断涌现，物流装备的普及和应用率不断提高。制造企业通过应用先进的物流装备，提升了物流服务的自动化、信息化和专业化的服务能力，促进了企业物流技术装备的升级换代，物流系统的运作效率显著提高。据中国物流技术协会信息中心 2013 年的调研数据显示，我国自动化物流系统行业普及率不断上升，在烟草行业已达到 46%，在医药行业也已达到 41%，具体情况如图 5 所示。

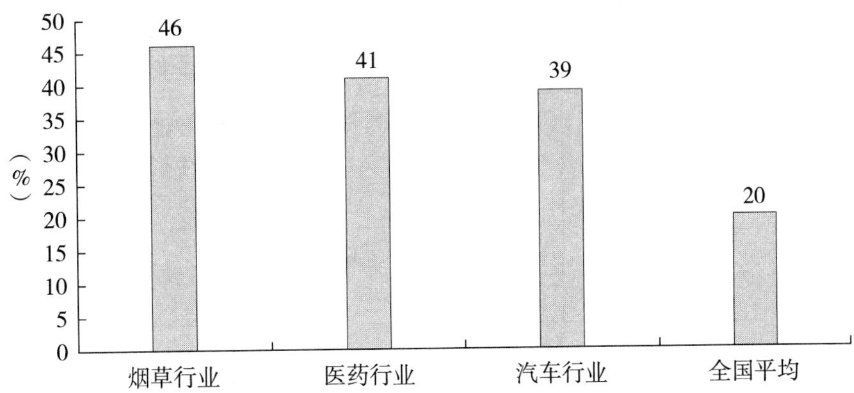

图 5　2013 年我国自动化物流系统行业普及率情况

资料来源：根据中国物流技术协会信息中心《2013 年中国物流系统技术与装备调研报告》相关数据整理。

3）各部委积极推动制造业物流发展，政策环境持续向好

“十二五”时期以来，中央和国家各部委积极推进制造业物流发展，尤其是自 2014 年 9 月国务院出台《物流业发展中长期规划》后，国务院和各部委接连发布了制造业物流的支持政策。这些政策涉及了制造业物流与供应链管理工程、制造业与物流业联动发展、智能物流管理、精准物流、制造业物流标准化等方面，有力地推动了制造业物流的发展。

基于此，各地也纷纷结合地方实际情况，加强制造业与物流业联动发展支持力度。尤其是一些中西部地区，出台了鼓励本地企业开展两业联动的具体政策和部门分工措施，使两业联动得到纵深推进；此外，四川、广西、山西等西部地区省份也通过政策文件发布、财政专项资金引导等方式推动制造业与物流业联动发展。

近年来，在全国物流标准化技术委员会组织下，我国制造业物流标准制定和修订工作不断推进。2015 年 7 月，国家标准化管理委员会联合国家发改委等部门发布《物流

标准化中长期发展规划（2015—2020 年）》，提出加快钢铁、机械、煤炭、铁矿石、石油石化、建材、棉花、化肥等物流标准的制定，重点开展食品物流、医药物流、汽车物流、家电物流、烟草物流、危化品物流标准的制修订工作。中央和地方出台的有关制造业物流发展的政策如表 5 所示。

表 5　中央和地方出台的有关制造业物流发展的政策

序号	发文时间	发文部门	政策文件名称	主要观点
1	2014 年 9 月	国务院	物流业发展中长期规划（2014—2020 年）	鼓励物流企业与制造企业深化战略合作，建立与新型工业化发展相适应的制造业物流服务体系；实施制造业物流与供应链管理工程
2	2014 年 12 月	国家发改委	促进物流业发展三年行动计划（2014—2016 年）	继续深入推动制造业与物流业联动发展，到 2016 年年底，培育一批制造业与物流业联动发展示范企业
3	2015 年 5 月	国务院	中国制造 2025	加快智能物流管理等技术和装备在生产过程中的应用；打造绿色供应链
4	2015 年 7 月	国务院	关于积极推进“互联网＋”行动的指导意见	“互联网＋”高效物流
5	2015 年 8 月	国务院	促进大数据发展行动纲要	实时采集并汇总分析政府部门和企事业单位的市场监管、销售物流等数据
6	2015 年 8 月	国家发改委	关于加快实施现代物流重大工程的通知	实施制造业物流与供应链管理工程
7	2015 年 11 月	工业和信息化部	工业和信息化部贯彻落实《国务院关于积极推进“互联网＋”行动的指导意见》的行动计划（2015—2018 年）	推动工业电子商务平台、第三方物流、互联网金融等业务协同创新和互动发展；支持制造龙头企业以供应链管理为重点
8	2015 年 12 月	工业和信息化部、国家标准化管理委员会	国家智能制造标准体系建设指南（2015 年版）	协同层级由产业链上不同企业通过互联网络共享信息实现协同研发、智能生产、精准物流和智能服务等。智能工厂标准主要包括智能工厂建设规划、智能物流等六个部分

续 表

序号	发文时间	发文部门	政策文件名称	主要观点
9	2016 年 2 月	国家发改委	关于加强物流短板建设，促进有效投资和居民消费的若干意见	推进快递服务制造业的示范工程，积极融入智能制造、个性化定制等制造业新领域
10	2015 年 1 月	贵州省人民政府办公厅	省人民政府办公厅关于加快发展现代物流业的若干意见（黔府办发〔2015〕3 号）	大力推进制造业与物流业联动发展，引导工业企业剥离物流资产与业务生成第三方物流企业，开展社会化物流业务
11	2015 年 5 月	甘肃省发改委	关于印发 2015 年进一步促进全省物流业发展实施方案的通知	推动制造业与物流业联动发展以及物流企业与生产、商贸企业联动发展
12	2015 年 6 月	山西省政府	山西省物流业发展中长期规划（2015—2020 年）	推进物流企业与制造企业深化合作，促进制造业与物流业联动发展
13	2015 年 11 月	山东省人民政府办公厅	关于转发省经济和信息化委山东省物流业转型升级实施方案（2015—2020 年）的通知	加快推进物流业与其他产业联动发展

（三）我国制造业物流发展现状

在“中国制造 2025”“互联网 +”“大数据”“一带一路”等新形势下，我国制造业物流发展取得了新的突破与进展。

1. 制造业物流总体规模快速增长，外包程度不断增加

制造业物流是中国社会物流规模增长的主要动力。2009—2015 年，全国工业品物流总额由 87.4 万亿元增至 220 万亿元，年均复合增长率达到 17.6%，增速比同期全社会物流总额增速高 0.4 个百分点，占全社会物流总额的比例一直保持在 90% 以上，是社会物流规模增长的主要动力。在制造业物流规模增长的同时，我国制造业物流外包比例增长迅速。根据国家发改委经济运行调节局和南开大学现代物流中心于 2014 年 1—4 月对我国工商企业物流业务外包总体情况的调查，在外包干线运输或配送的工商企业中，88.3% 的工业企业对干线运输或者配送实施了外包，这一数据在 2009 年的调查中仅为 61.2%，五年时间增加了 27.1%，显示出制造业物流外包快速增长的趋势。在外包物流的环节中，销售物流是制造业外包比例最大的环节，采购供应物流和生产物流次之，回收与废弃物物流外包比例最小。

2. 制造业企业加快物流系统升级改造，智能物流系统开始应用

制造企业加快物流系统升级改造。在采购物流、入厂物流、交付物流、回收物流以

及信息追溯等方面，制造企业加快对现有仓储设施、转运设施、运输工具、信息系统的标准化和现代化改造，利用先进的物流系统技术，提升物流能力。许多制造企业受成本压力影响，纷纷采用工业机器人、自动化立体仓库等智能制造装备，推进智能化物流系统集成。以自动化立体仓库为例，从分布来看，自动化立体仓库应用行业覆盖面越来越广。据统计，自动化仓储系统主要分布在烟草（17%）、医药（13%）、汽车（10%）、食品饮料（8%）等制造行业①，自动化立体仓库应用行业分布情况如图6所示。以物流信息化技术为例，根据《中国现代物流发展报告（2014）》的调研数据，有70.3%的工业企业采用了条码技术，36.3%的工业企业使用了全球卫星定位系统和地理信息系统，22.7%的工业企业使用了射频识别技术（RFID），这三项信息技术在2009年的使用比例仅为67.4%，32.6%和14.3%，我国制造业物流信息化程度显著提升。

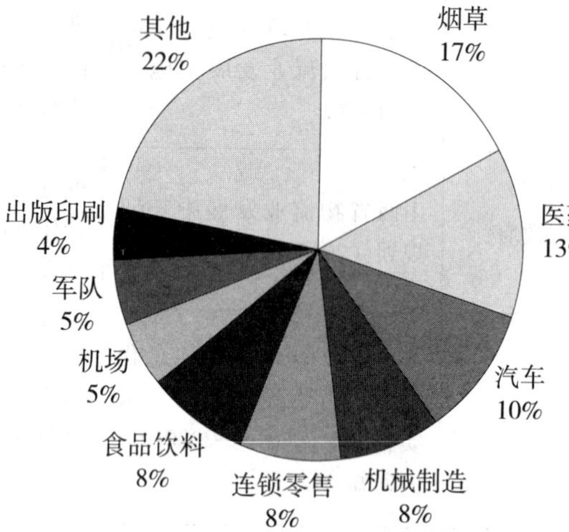

图6　自动化立体仓库应用行业的分布情况

资料来源：根据中国物流技术协会信息中心《2013年中国物流系统技术与装备调研报告》相关数据整理。

3. 制造业物流专业化服务能力不断增强，服务水平日益提高

近年来，制造企业积极开展物流服务能力提升工程，借助先进管理技术和现代信息技术，优化生产布局，再造物流流程，强化企业物流竞争力，采用精益物流、零库存管理、循环取货等先进管理技术，降低库存，缩短生产周期，提高物流运作水平。例如，青岛啤酒的保鲜度战略，依赖于专业化的物流管理和物流运营体系，把“过期”的啤酒收回、新鲜的啤酒推出去，保障啤酒品质的同时拓宽了市场战略发展方向。丰田汽车通过看板管理技术，实现企业零库存，把市场需求、原材料采购、生产计划等融为一体，形成无缝衔接的精益生产过程，极大地降低了物流成本②。

4. “一带一路”倡议提出，制造业物流国际化步伐加快

伴随“一带一路”倡议的提出，我国制造业物流走出去步伐加快。以共建“一带一路”构想为标志，我国制造企业大规模“走出去”，参与沿线国家基础设施互联互通

① 党小红．自动仓储系统：在探索中前进［J］．物流技术（装备版），2012（9）：13－18.

② 王乃超．物流专业化——一个关乎国民生计的话题［J］．中国储运，2009（8）：44－46.

建设，并在全球范围内输出高铁、核电、工程机械等高端装备和钢铁、水泥、建材等优势过剩产能。2015 年，我国企业在交通运输、电力、通信等优势产业对外直接投资约 116.6 亿美元，同比增长 80.2%，其中，装备制造业对外直接投资 70.4 亿美元，同比增长 154.2%。这些优势制造产业“走出去”，带动了工程设备物流需求的持续增长。一些物流企业通过自建、合作、并购等方式设立境外分支机构，延伸服务网络，为制造业“走出去”提供配套服务。例如招商局物流集团在白俄罗斯明斯克配套中白工业园的中白商贸物流园项目。许多快递企业提高国际快件通关效率，开发国际航空快递专线，支持“走出去”的制造企业打造区域化和全球化生产链，从而在更大范围内开展资源配置和价值链整合。

5. 制造企业主动推进两业联动发展，高级化发展趋势明显

受两业联动政策的持续影响，我国许多地方制造企业改变以往姿态，纷纷围绕企业物流需求，主动与物流企业合作，创新物流和供应链运作模式，通过流程优化、效率提升和模式创新等手段，发挥两业联动的协同效应。以山东为例，作为制造业大省，山东省制造业物流占全省社会物流总额的 78% 左右。近年来，全省扶持了 185 个制造业与物流业联动发展示范项目，带动和影响全省 85% 以上的规模企业，采取多种方式分离外包物流服务，形成了多种两业联动发展模式。中国重汽、海尔集团、潍柴动力等一批龙头制造企业主动和物流企业实施融合发展，开展供应链一体化管理，使企业物流成本下降 11% 以上，取得了良好的联动效果。此外，两业联动高级化发展日益成为主流。在《物流业发展中长期规划（2014—2020 年）》中，提出要实施制造业物流与供应链管理工程。许多制造企业如上海大众、一汽丰田、上海天原化工等公司均将供应链管理作为企业发展方向，与之联盟合作的物流企业则通过提供供应链计划、采购物流、入厂物流、交付物流、回收物流、供应链金融以及信息追溯等集成服务，使两业联动开始迈向供应链管理的高级阶段。

（四）我国制造业供应链管理发展现状

1. 制造企业供应链的内涵与特点

我国 2006 年发布实施的国家标准《物流术语》（GB/T 18354—2006）中对供应链的定义是：生产及流通过程中，涉及将产品或服务提供给最终用户活动的上游与下游企业所形成的网链结构。而供应链管理定义为：利用计算机网络技术全面规划供应链中的商流、物流、信息流、资金流等，并进行计划、组织、协调与控制。

从内涵来看，供应链是围绕核心企业，通过对信息流、物流、资金流的控制，从采购原材料开始，制成中间产品以及最终产品，最后由销售网络把产品送到消费者手中的，将供应商、制造商、分销商、零售商直到最终用户连成一个整体的网链结构和模式。现代供应链的概念更加注重围绕核心企业的网链关系。如核心企业与供应商、供应商的供应商乃至与一切前向的关系，与用户、用户的用户及一切后向的关系。此时的供应链概念形成一个网链的概念。

2. 我国制造企业供应链管理现状分析

“2012 年中国供应链管理（金融）调查”，对我国企业供应链管理现状做了较为全面的描述，根据该调查报告，在改革开放的 30 多年中，我国借鉴和汲取了发达国家的

先进理念和实践，取得了长足的发展。

（1）组织管理方面。调查发现，一是企业高层对供应链管理的熟悉程度一般。二是大多数企业（72%）没有在企业内部设置供应链管理部门，企业内部缺乏统一协调和组织计划、采购、生产、销售等活动的专职部门对客户需求和变化做出快速反应。三是供应链管理方面人才短缺。调查显示90%的企业缺少供应链管理方面的专业人才。四是资金投入方面相对不足。有专门的资金与拨款的受访企业仅占14%，必要时才投入或资金不足的占了53%。五是大部分企业对上下游合作共赢没有形成共识。

（2）成本方面。调查显示，大多数企业将成本控制列为供应链管理的主要任务。59%的被访企业特别是钢铁、煤炭行业的企业明显感受到成本压力；47%的企业认为成本是非常重要的考虑因素。调查认为，通过改进业务流程、运用信息技术、使用供应链金融等手段可提升供应链的可视化、自动化，提高供应链的运作效率，降低运营成本，保持供应链的整体稳定性。调查发现，企业对供应链在降低企业成本上起到的作用总体持肯定态度。同时，企业的规模越大，企业成本的降低程度越明显。

（3）风险方面。供应链管理的各个环节存在着形形色色的风险。总体来说，首先，供货风险成为影响企业供应链管理的最主要风险，其次为安全风险及政策风险，环境因素的影响相对较小。但煤炭行业和钢铁行业将政策风险列为与供货风险同等程度的影响要素。大型企业和中小企业对影响供应链管理的风险要素排序基本上无差异。调查显示，有超过一半的企业已经开始在风险识别、风险规避或风险监控方面有所动作；有38%的企业已开始思考如何管理风险；只有不到一成的企业还未进行任何行动。大型企业在风险管理机制建设方面要远远领先中小型企业。

（4）可视化方面。调查显示，大多数企业由于缺乏支持内部业务流程的系统，或有系统但缺乏与上下游及外围系统之间的延伸和集成能力，供应链的可视化程度不高，运输环节尤为明显。调查显示，只有46%的受访企业采用了企业资源计划（ERP）或核心业务系统支持供应链管理流程。其中，采用的ERP或核心业务系统也没有对企业的业务流程做到全覆盖。大部分企业往往不能直接在系统中看到货物在途信息，而需要单独登录到物流企业的网站查询此类信息。总体来看，整个物流过程中的信息透明性一般，有70%的受访企业只能看到部分数据或由于缺乏系统支持，看不到数据；同时能看到的数据部分存在更新不及时、不准确等现象。

（5）数据分析和挖掘方面。调查显示，绝大多数企业（74%）缺乏商业智能（BI）类的系统支持，不能对采集到的数据进行有效的加工和解读。零售和医药行业对BI系统的应用相对较其他行业广泛。大型企业在ERP或核心系统及商业智能类系统的应用方面较中小企业更为普及，系统模块所支持的供应链各环节也较中小企业更全面。

（6）在上下游的协同方面。企业与其上下游之间的数据传递有相当部分还采用较原始的完成方式，通过系统接口的比例少，也一定程度上影响了上下游信息的共享。企业对下游最终客户或经销商处获得的库存、实际销售、销售预测等数据的满意度不是很高，只有30%左右的企业认为该类数据能满足需求。同时，在与上下游分享数据方面，有33%的受访企业与上下游供应商没有分享任何数据。钢铁和汽车两个行业的企业与上游供应商分享数据的程度较其他行业高。

（五）我国制造业供应链管理发展趋势

随着全球化、市场化、信息化和网络化的发展，全球采购、全球制造、全球销售已成为国际企业新的生产经营模式。因此，全球供应链管理在现代企业管理中被引入并得到普遍应用，成为跨国企业的一种新的管理模式。世界已进入全球供应链时代，我国企业无论是制造企业还是物流企业都需要找准企业在全球供应链中的位置，制定适应新的格局的供应链管理发展战略，构建全球供应链体系。

1. 伴随"一带一路"倡议的实施，全球化供应链步伐迅速加快

伴随着"一带一路"倡议的全面实施，我国企业的走出去步伐明显加快。我国企业在全球纷纷设立分拨中心和营销网点，一些制造企业还在全球新建分支机构，设立区域生产中心，由此带来的是我国企业全球化供应链体系建设不断加快。2015 年 3 月，吉利汽车投资 2.5 亿元在英国考文垂新建工厂，生产下一代二氧化碳零排放及超低排放的伦敦出租车，这座占地面积 8.5 万平方米的新工厂融研发和生产于一体，未来伦敦出租车将在新工厂进行研发和组装，并销往世界各地①。

2. 互联网 + 模式下的供应链新兴技术加快应用

日新月异的互联网和信息技术带动了电子商务的应用和发展，企业的可视化、全球定位系统（GPS）、地理信息系统（GIS）、射频识别（RFID）、物联网、大数据和云服务等新技术的应用，促进供应链模式进行变革。大型企业是新技术应用的主力军。与此同时，越来越多中小企业也利用第三方电子商务平台开展在线销售、采购等活动。

3. 供应链标准化建设与共享应用步伐加快

供应链的快速发展和稳健运营离不开标准化建设。供应链上的各方系统的良好对接是促进供应链发展的重要因素。实现供应链上的物流、资金流、信息流的交互与共享的一个前提条件是实现商品编码的统一。"互联网 +"时代的本质是价值共享，跨界连接。因此，在"互联网 +"的强力推动下，我国的供应链标准化建设和共享步伐加快。

4. 供应链专业人才需求更加旺盛

在"互联网 +"的时代，供应链管理将获得广泛的重视。随着电子商务的广泛应用，正在加速供应链优化变革的进程，特别是各类垂直网站、电子商务平台发挥了巨大的产业聚集效应，掀起了去渠道化的产业升级和商业模式创新浪潮，给供应链管理学科发展与人才培养带来了空前的挑战。由于供应链涉及了电子商务、供应链金融、物流管理、信息技术等多领域知识，需要专业化的人才弥补这个市场的巨大缺口。

（六）《中国制造 2025》对制造业物流与供应链的要求

《中国制造 2025》，是我国实施制造强国战略第一个十年行动纲领，纲领目标就是使"中国制造"加速向"中国智造"转型，实现我国的第四次工业革命。这对于我国制造业物流行业来说，无疑也是一个新的机遇。过去的中国具有低成本竞争优势，而随着企业用工成本不断提升，经济发展放缓，中国经济"高成本时代"逐渐来临，这些都给企业带来了前所未有的巨大压力。这种背景正是传统制造业物流向现代智能物流发

① 环球网，吉利在英投资进展顺利考文垂工厂奠基［EB/OL］. http://auto.huanqiu.com/globalnews/2015-08/7181680.html，2015-08-04.

展的强大动力①。

1.《中国制造2025》在物流与供应链方面的相关论述

在《中国制造2025》中，关于物流与供应链方面的相关论述详列如下。

（1）网络众包、协同设计、大规模个性化定制、精准供应链管理、全生命周期管理、电子商务等正在重塑产业价值链体系。

（2）促进工业互联网、云计算、大数据在企业研发设计、生产制造、经营管理、销售服务等全流程和全产业链的综合集成应用。

（3）加快人机智能交互、工业机器人、智能物流管理、增材制造等技术和装备在生产过程中的应用。

（4）加快产品全生命周期管理系统、客户关系管理系统、供应链管理系统的推广应用，促进集团管控、设计与制造、产供销一体、业务和财务衔接等关键环节集成，实现智能管控。

（5）发展基于互联网的个性化定制、众包设计、云制造等新型制造模式，推动形成基于消费需求动态感知的研发、制造和产业组织方式。

（6）加快开展物联网技术研发和应用示范，培育智能监测、远程诊断管理、全产业链追溯等工业互联网新应用。

（7）开展质量标杆和领先企业示范活动，普及卓越绩效、六西格玛、精益生产、质量诊断、质量持续改进等先进生产管理模式和方法。支持企业提高质量在线监测、在线控制和产品全生命周期质量追溯能力。

（8）在食品、药品、婴童用品、家电等领域实施覆盖产品全生命周期的质量管理、质量自我声明和质量追溯制度，保障重点消费品质量安全。

（9）加快制造与服务的协同发展，推动商业模式创新和业态创新，促进生产型制造向服务型制造转变。

（10）发展个性化定制服务、全生命周期管理、网络精准营销和在线支持服务等。

（11）鼓励互联网等企业发展移动电子商务、在线定制、线上到线下等创新模式，积极发展对产品、市场的动态监控和预测预警等业务，实现与制造业企业的无缝对接，创新业务协作流程和价值创造模式。

（12）建设和提升生产性服务业功能区，重点发展研发设计、信息、物流、商务、金融等现代服务业，增强辐射能力。

2.《中国制造2025》对制造业物流与供应链发展的指导意义

1）有效推动制造业物流战略规划与物流外包升级

制造企业将逐渐把物流规划纳入战略层面来考虑。以往制造企业只考虑如何把产品生产出来，而如今制造企业将会更多地考虑如何高效组织原材料的采购以及成品的分销、配送，进而缩短提前期、压缩供应链周期，提高效率。实施《中国制造2025》后，在物流服务采购，或者物流业务外包方面，制造企业将会对物流服务供应商提出越来越高的要求。

① 李冰漪．“中国制造2025”与物流智能化［J］．中国储运，2015（7）：72－73.

2）对第三方物流企业的服务能力提出更高要求

物流企业需要考虑如何满足制造企业的定制化生产，精准供应链管理，以及产供销一体的物流服务需求。传统的物流运作过程中，各物流环节较为独立，做运输的只考虑运输，做仓储的只考虑仓储；而在制造业升级的情况下，仓储、运输、配送都更加精准和细化，且更加关注各环节之间的衔接。物流企业的经营，需要考虑制造商的服务需求转变，及时调整经营管理策略。

3）更好地推动互联网融合及产业链透明化

产品全生命周期以及全产业链的质量追溯，要求产业链的每一个环节都对外分享信息，需要与上下游环节及合作伙伴共享信息和及时交互。这就要求全产业链、全流程实现透明，实现与互联网深度融合。因此，制造业物流的运单流转过程、货物流通过程、车辆运行过程、人员的活动等方面的信息透明，需要借助信息化和互联网的手段来实现。这就要求制造业物流有很强的信息化管理能力。

3.《中国制造 2025》战略视角下中国制造业物流与供应链的发展趋势

1）建立智能制造标准体系，实现智能供应链

《中国制造 2025》明确提出，要建立智能标准体系实现智能供应链。紧密围绕重点制造领域关键环节，开展新一代信息技术与制造装备融合的集成创新和工程应用。因此，未来中国制造业物流与供应链中，生产过程智能优化控制和智慧供应链将是发展的重要趋势。在基础条件好、需求迫切的重点地区、行业和制造企业中，围绕物流与供应链的一些新业态新模式、智能化管理、智能化服务等将得到大力应用与推广。

2）物流等生产性服务业支撑制造业转型升级

《中国制造 2025》明确提出，要加快生产性服务业发展。大力发展面向制造业的信息技术服务，提高重点行业信息应用系统的方案设计、开发、综合集成能力。鼓励互联网企业发展移动电子商务、在线定制、线上到线下等创新模式，积极发展对产品、市场的动态监控和预测预警等业务，实现与制造业企业的无缝对接，创新业务协作流程和价值创造模式。因此，以第三方物流企业为主体的物流产业将支撑制造业转型升级，对推动制造业跨越式发展起到重要的作用。

3）建设一批供应链物流生产性服务业公共服务平台

《中国制造 2025》明确提出，要强化服务功能区和公共服务平台建设。建设和提升生产性服务业功能区，重点发展研发设计、信息、物流、商务、金融等现代服务业，增强辐射能力。依托制造业集聚区，建设一批生产性服务业公共服务平台。鼓励东部地区企业加快制造业服务化转型，建立生产服务基地。支持中西部地区发展具有特色和竞争力的生产性服务业，加快产业转移承接地服务配套设施和能力建设，实现制造业和服务业协同发展。因此，未来中国的制造业供应链效能将得到优化，供应链物流生产性服务公共平台将得到建设，这些必将有力推进制造业的快速发展。

4）支持构建绿色物流等体系

《中国制造 2025》明确提出，要积极构建绿色制造体系。支持企业开发绿色产品，推行生态设计，显著提升产品节能环保低碳水平，引导绿色生产和绿色消费。建设绿色工厂，实现厂房集约化、原料无害化、生产洁净化、废物资源化、能源低碳化。发展绿

色园区，推进工业园区产业融合，实现近零排放。因此，未来制造业将积极打造绿色供应链，加快建立以资源节约、环境友好为导向的采购、生产、营销、回收物流体系，落实生产者责任延伸制度。推进实施绿色战略、绿色标准、绿色管理和绿色生产。

5）实现精准供应链管理

《中国制造2025》明确提出，要实现精准供应链管理。当前，伴随着新一代信息技术与制造业的深度融合，新的生产方式、产业形态、商业模式和经济增长点逐步形成并清晰。各国都在加大科技创新力度，推动3D打印、移动互联网、云计算、大数据、生物工程、新能源、新材料等领域的研究。基于信息物理系统的智能装备、智能工厂等智能制造正在引领制造方式变革，利用云网端的载体技术，精准供应链管理等正在重塑产业价值链体系。因此，实现精准供应链管理将成为制造业发展的一大趋势。

二、"互联网+"时代对制造业物流与供应链的影响

（一）"互联网+"的六大特征

"互联网+"就是互联网+各个传统行业，但这并不是简单地两者相加，而是利用信息通信技术以及互联网平台，让互联网与传统行业通过深度融合，创造新的发展生态，是两化融合的升级版——将互联网作为当前信息化发展的核心特征提取出来，并与工业、商业、服务业进行融合。创新是实现"互联网+"的关键。总体来看，"互联网+"有以下关键的六大特征①：

一是跨界融合。"+"就是跨界，就是变革，就是开放，就是重塑融合。敢于跨界，创新的基础就更坚实；融合协同，群体智能才会实现，从研发到产业化的路径才会更垂直。融合本身包括身份的融合，客户消费转化为投资，伙伴参与创新，等等。

二是创新驱动。中国粗放的资源驱动型增长方式早就难以为继，必须转变到创新驱动发展的道路上。用所谓的互联网思维来求变、自我革命，更能发挥创新的力量，这也是"互联网+"的本质。

三是重塑结构。信息革命、全球化、互联网业已打破了原有的社会结构、经济结构、地缘结构、文化结构。权力、议事规则、话语权不断地发生变化。

四是尊重人性。人性的光辉是推动科技进步、经济增长、社会进步、文化繁荣的最根本力量，互联网的力量之强大最根本的也来源于对人性的尊重、对人体验的敬畏、对人的创造性发挥的重视。例如用户原创内容（UGC）、卷入式营销以及分享经济。

五是开放生态。生态对于"互联网+"是非常重要的特征，而生态就代表着开放。在"互联网+"的时代背景下，各行业的业务边界被打破、融合、重构，推进"互联网+"的一个重要方向就是要化解过去制约创新的环节，把孤岛式创新连接起来，研发由人性决定的市场驱动，让创业并努力者有机会实现价值。

六是连接一切。随着互联网的不断发展，行业之中及跨行业之间的实体、个人、设备等基本要素被连接起来，并在"互联网+"的生态体系中相互渗透、实现新生、共

① 田宇."互联网+"模式对中国经济发展的影响［J］.现代经济信息，2015（18）：328；韩雪峰."互联网+"的六大特性［N］.现代物流报，2015-11-13（A04）.

生共存。

（二）“互联网+”对制造业的影响

“互联网+”的发展环境对制造业产生了许多深远的影响，制造业在技术、管理和组织模式等层面发生了深刻的变革。

1. 制造技术方式新变革：智能制造和云制造

“互联网+”的环境下，制造技术实现新的变革有两个重要趋势：智能制造和云制造。互联网的发展以及智能化物联网的推进使智能制造理论落地实现，而智能制造推进了智慧化的生产方式——云制造的发展。

智能制造是指充分利用信息技术和智能技术，在制造过程中实现产品和制造全系统与全过程的智能化和自动化。智能制造是一种由智能机器和人类专家共同组成的人机一体化智能系统，它在制造过程中能进行智能活动，诸如分析、推理、判断、构思和决策等，通过扩大、延伸智能机器作业领域可部分取代人类专家在制造过程中的脑力劳动。

云制造是指“一种基于网络的，面向服务的智慧化制造新模式和手段，它融合发展了现有信息化制造（信息化设计、生产、实验、仿真、管理、集成）技术与云计算、物联网、服务计算、智能科学、高效能计算等新兴计算机技术，将各类制造资源和制造能力虚拟化，服务化，构成制造资源和制造能力的云服务池，并进行统一的、集中的优化管理和经营，用户只要通过云端就能随时随地按需获取制造资源与能力服务，进而智慧地完成其制造全生命周期的各类活动”①。互联网+全球化的制造方式为中小企业的云制造创造了巨大机遇。中小企业以有限的自有资源为基础，通过整合社会化专业资源，实现复杂生产制造过程已经成为了可能。事实上，以微型企业带动复杂制造产业链的制造模式在欧美国家已经逐渐形成。例如美国的越野赛车制造厂洛克（Local - Motors）汽车公司，凭借一个只有干洗店大小的微型工厂，完成了汽车从设计到制造面市的全过程，而且只需要18个月的时间。这个时间仅相当于底特律对车门做技术规格调整的时间。其成功之道正是以低成本和高效率整合设计、制造等环节与资源，并实现了有效管理。我国中小企业面临的挑战众多，紧抓全球化的云制造模式是中小企业创新增效的重要机遇点。

我国已经有一些企业实现了智能制造，正向着智慧化的云制造迈进。如海尔的沈阳互联工厂10s就能下线一台冰箱。该工厂通过打造自动化、智能化的生产线，搭建信息化、数字化信息系统，率先建成了企业与用户需求数据无缝对接的智能化制造体系，在数据实时共享的基础上实现智能生产。可以说，高度集成的自动化制造模式及用户需求信息无障碍流通的信息系统共同造就了当前海尔冰箱的“互联网速度”。而长虹公司更是让人感到惊异，生产线可同时生产8款电视，每5.5s就有一台电视下线。

2. 制造管理模式新变革：精益制造

制造业管理模式上的新变化就是精益制造。在“互联网+”的时代背景下，越来越多的制造企业将进行更加精准的客户营销，客户可以利用移动智能终端发布生产需求信息，需求本身也朝着越来越个性化的方向发展。与此同时，个性化需求的满足必然推

① 李伯虎，张霖．云制造［M］．北京：清华大学出版社，2015：4－8.

动管理成本、制造成本的上升。因此，精益制造成为新的制造管理发展趋势。

精益制造是指采用精益化的生产制造思想，并通过互联网自动甚至智能地管理生产中的每一个细节。目前我国很多企业仍然采用粗放的生产方式，存在很多浪费现象。依靠互联网技术，结合精益生产的哲学，实现精益制造，推动成本节约，最大化企业利润。现今很多国际企业运用业务流程管理（BMP）、企业资源计划（ERP）和产品生命周期管理（PLM）等解决方案，整合各类应用软件对公司的管理和运营进行整合和优化，以资源和计划管理为重点，降低产品制造过程中的采购、库存、设备、人力和物流成本，提高企业运作的效率，对产品的整个生命周期进行管理，提供全方位的支持，实现人、过程、系统和信息的集成，让整个企业能够有条不紊地运作，实现整体管理①。通过应用即时响应（Just－in－Time，JIT）、约束理论（Theory of Constraints，TOC）、精益生产及敏捷制造理论实现制造企业变革。精益制造是我国制造业在“互联网＋”环境下实现变革的重要手段。

3. 制造组织模式新变革：柔性制造和生态化的组织结构

在“互联网＋”的背景下，制造企业通过外包非核心业务（如物流业务等），将更多资源投入核心业务和满足客户需求上，企业复杂的供应和服务关系通过互联网得以有效管理，制造企业内外部反应能力大幅增强，企业和消费者之间的关系由大规模生产变为更直接、更扁平化的定制化柔性制造。例如，从事服装定制的云衣定制，消费者在网上填完需求后，数据会被传送到工厂的设计部门，再通过网络对接计算机辅助设计（CAD）系统，一分钟之内就会自动生成样板。每件衣服还会生成一个二维码，在工厂里的每个工序上，只要扫描一下二维码，就会出现衣服的细节，所有流程同步实现。青岛的红领集团通过顾客对工厂（Consumer to Manufactory，C2M）模式将西服的定制周期缩短到7天，成本仅为非定制西装的1.1倍。互联网降低了用户、制造商和供应商的交互成本，成就了柔性制造。

互联网带来了个性化的需求和多元化的产品服务，而这些均对企业与客户的深度互动与随机应变能力提出了要求，传统的机器化组织结构只能解决既定问题，但无法应对当下的变化。于是，在互联网程度较深的领域，新兴的类似于自然界生态系统的“生态化组织”出现了，在这类组织中，每一个小团队或者员工都是独立的个体，能够有充分的资源对外部环境自行做出最优的判断，不断地改变自身适应环境，最终整个系统在渐进式的进化中，应对不确定性的外部影响。如今这种去中心化的组织形态已经开始影响越来越多的传统企业。比如，中国电信推进“划小核算单元”的改革，华为任正非提出的“让听得见炮声的人”做决策。

生态化组织的出现，让传统的企业管理理论也受到了不少挑战。传统管理模式服从于机器大生产的需要，是以机器为中心的管理，员工成为机器系统中的“配件”，人被异化为“物”，管理的中心是物。互联网降低了信息传递成本，极大减少了信息不对称现象，一方面通过自内向外的信息流动，让企业之外的群体（包括用户、利益相关方）更容易与企业内部发生交互作用，过去依靠企业内部合作的组织活动开始以外部市场交

① 马园妍．利用互联网从制造业变身“智造业”［J］．互联网周刊，2015（3）：66－68.

易的形态存在。另一方面自上向下的信息流动，导致员工的自我意识增强，团队协作更加强化，权威主义开始消融。因而，“互联网＋”时代配合生态化组织的新管理模式，即去中心化管理、分布式管理越来越多。管理即控制、计划的思想不断在弱化，而协调、授权的思想日益得到推广①。

（三）“互联网＋”对制造业物流的影响

随着“互联网＋”时代的到来，制造业物流管理进入了新的创新阶段。在物流维度，它主要推动了制造企业运输、仓储、包装的变革；在供应链维度，它驱动了采购、生产、销售、回收的转变。“互联网＋”对制造业物流影响的环节如图7所示。

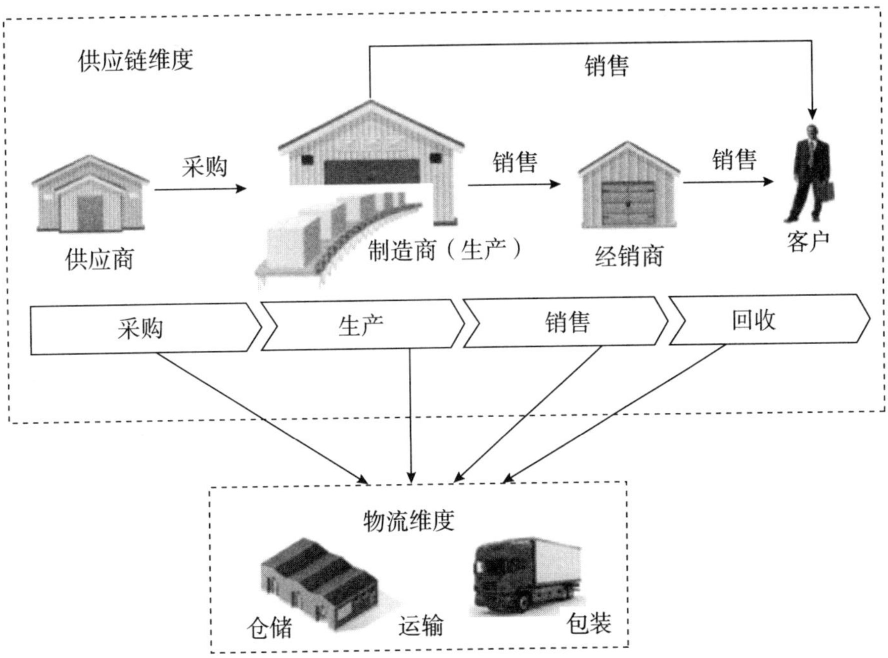

图7 “互联网＋”对制造业物流影响的环节

1. 互联网＋制造业仓储：智能仓库

对传统仓储的转型，“互联网＋”指出了方向。其中，最根本的变革体现在智能仓库的出现，其不仅可以帮助企业更加快速地获取库存信息，通过预测使库存控制更加精准，而且可以通过使用自动化设备大大提高库存管理的效率。

1）信息获取科学化

互联网平台和先进通信技术大量涌入市场，改变了传统制造企业的物流模式。在“互联网＋”时代，各级仓储单元应用二维码、无线射频识别等物联网感知技术，并利用大数据技术将相关仓储信息进行集成、挖掘和整理，实现货物的实时跟踪、网络化管理以及库存信息的高度共享，提高货物调度效率。通过现代信息技术的使用，制造企业可以更快、更科学地获取货物仓储信息。智能仓储系统网络结构如图8所示。

① 刘涛．信息时代带来三种关系变革，催生全新的互联网精神［EB/OL］．电信研究院，2014－7：http：//www.miit.gov.cn/n1146312/n1146909/n1146991/n1648534/c3489443/content.html.

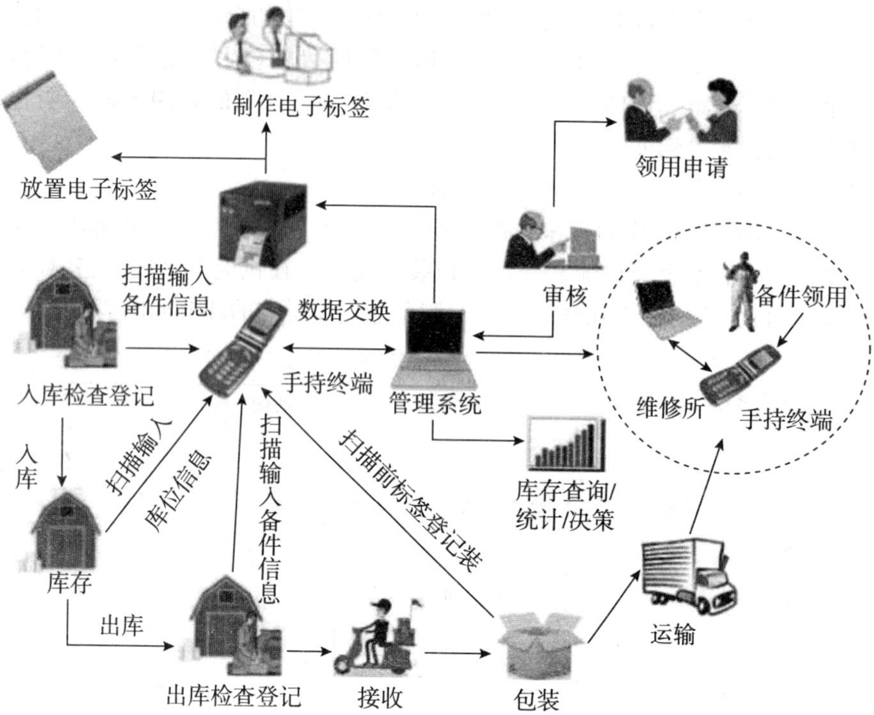

图8　智能仓储系统网络结构

2）库存管理精准化

未来传统仓库的转型，自动化和智能化将是重要方向，随着“互联网＋”的进一步优势显现，库存管理将更加精准、高效。

首先是实现取货自动化。其根本改变就是从“人找货”到“货找人”方式的转变。传统的仓库是“人找货”，即人在仓库货架甬道中移动寻找订单货品；而“货找人”则是利用自动化设备将需要拣选的货品传送到人工拣选工作台进行拣选。研究发现，传统的“人找货”拣选的速度是100件/人·小时，而“货找人”的拣选速度则可提升至1000件/人·小时。取货自动化节省了人力，缩短了拣货时间，且通过全自动订单拣选机的工作，减少了人工拣货差错。

其次是进、出货无缝化。随着智能化物流装备的发展，仓储、运输、分拣、包装等作业效率大大提升，各类复杂订单的出货处理能力也得到了增强。以京东的“华东一号”智能仓库为例。它结合了传感设备、动力设备、输送设备、信号设备、机械设备、电子设备在内的硬件和软件，做到了各设备设施在操作过程中的无缝对接。

再次是订单处理准确化。高架立体仓库、高速分拣系统加上输送带系统构成智能仓库的“骨骼”。当商品从仓库分拣出库后，输送带系统把货物直接运送到工人手中打包，以最快的速度进入下一个环节，充分保证订单处理速度和准确率。支撑“骨骼”的则是先进的信息管理系统，企业可以通过开发智能化软件系统，例如订单管理系统（OMS）、车辆管理系统（TMS）、客户服务系统（CSS）、客户结算系统（DMS）等模块，将其部署在云端和库内数据中心，使得仓库内的订单处理能力可达每秒一万个，实现效率上质的飞跃①。

2. 互联网 + 制造业运输：高效通行

无界限、全民化、信息化、传播速度快是互联网的典型特征。“互联网 + 制造业”除了利用互联网的信息化和传播速度之外，还加速了线上信息和线下资源的整合。“互联网 + 制造业”实现了“信息共享 + 物理共享”，从而开创了全新的共享经济。这为制造业的运输打开了新世界的大门。

1）运输“无缝化”

“互联网 +”对于制造企业运输模式产生影响的核心因素就在于信息。制造企业可以基于移动互联网建立货运网络，实现货运供需信息的对接，即将买家、卖家和第三方物流企业所有的资讯有效连接在一起，实现资源与数据的有效结合，所有的物流资源在数据的牵引下共同服务于信息平台的卖方和买方，既降低了成本，也提高了整个供应链配送领域的服务水平。

探索建立多式联运公共信息平台，制订统一的多式联运服务标准和规则，推动多式联运主要参与者之间的信息互联互通。出台多式联运管理办法，推广电子运单和电子发票。培育多式联运运营主体，建立全程物流代理人制度，探索在重点行业领域实行“一票到底”的物流服务。推动跨区域、企业联盟、干支衔接等甩挂运输发展。

总的来说，“互联网 +”将道路运输“多小散”整合起来，不仅通过“互联网 +”让运输的零散货源组织成批量货源变得高效和对称，而且通过“互联网 +”让运输的车辆资源组织变得适时和适用，从而有效地降低了运输成本，提高了运输效率，为制造企业提供网络化、标准化、组织化的运输服务，再造车辆与货源优化整合的新模式，为行业转型升级找到新的出路。

2）运输“透明化”

在“互联网 +”时代背景下，“运输过程透明管理”的理念可以得到充分实现，通过使用货物跟踪定位、无线射频识别、可视化技术、移动信息服务、智能交通和位置服务等关键技术在物流运输领域，特别是在产品可追溯、在线调度管理、全自动物流配送、智能配货等领域的应用，打通物流信息链，实现物流信息全程可追踪。实现货物从起点到终点的透明化运输，使制造企业对其进行更方便的管理②。

物流配送车辆调度系统如图 9 所示。首先，系统通过运输车辆的终端设备进行卫星定位，准确获得车辆的状态、位置、周边环境等信息，系统将获得的信息提取、计算、分析后，将其通过通信模块发布到监控平台的网络上。管理者只要登录网络，即可对车辆的所有运行信息一目了然。通过集成 GPS、GIS、无线通信技术等，车载终端完成车辆定位、报警信息、车辆状态等数据的采集及信息发送，监控中心服务器完成车载数据的接收及数据存储，监控平台完成车辆的可视化监控与调度、报警处理及系统维护等。

---

① 王旺旺．“互联网 +”助力仓储物流转型［J］．经济观察，2015（55）．

② 移动互联网：运输行业转型升级新引擎［EB/OL］．中国交通新闻网，www.zgjtb.com，2015－03－25.

实现“订单—车辆一体化”监控管理，降低了制造企业的运输成本，提高运输效率，减少了时间浪费①。

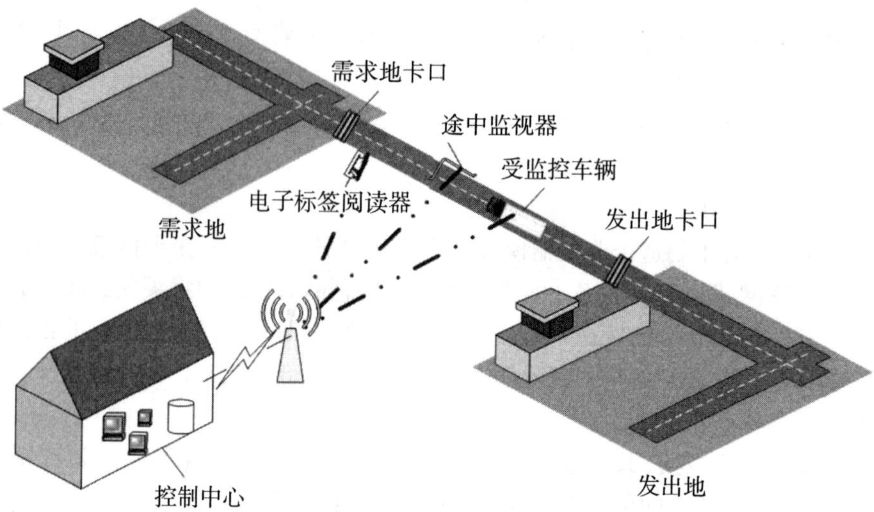

图9　物流配送车辆调度系统

除此之外，工业互联网的数据分析能力，可以帮助铁路运输更好地解决速度、可靠性和运能等挑战。大秦铁路公司使用工业互联网技术，实现了运营优化，在多个机车间实现同步控制，缩短了30%的刹车距离和22%的刹车时间，使得运行更安全。同时，通过将单列列车的最大运量从10千吨提升到近20千吨，帮助大秦线的年运输量由2006年的2.5亿吨提高至2012年的4.26亿吨，提升幅度高达70.4%②。

3. 互联网+制造业包装：定制化包装

作为“中国制造2025”的最终目标，智能制造是新一代信息技术与制造技术融合发展的结合点。在制造业包装环节，“互联网+”也产生了巨大的推动作用。随着消费需求的日益多样化，适应客户需求的定制化包装将成为生产企业首选，优势企业若能融入“互联网+”时代发展浪潮，扩大自身市场规模，将成长为未来的行业巨头。

随着客户对包装设备要求的不断提升，智能化包装机型将逐步替代传统机型成为未来的主流。将机器人和包装设备整合到一条生产线上，通过工业互联网、大数据技术进一步提升生产的效率，为用户实现“智能工厂”服务。采用高自动化、低能耗的包装设备不仅可以提高生产率，减轻劳动强度，同时还能为生产商创造更多的价值。

目前已经有不少包装生产线开始引入机器人。比如，2015年，方太集团宁波工厂启用全新ABB机器人自动化包装冲压线，而机器人的投入不仅能保证产品质量，提高生产效率，同时还避免大量的工伤事故。无独有偶，2015年金属饮料包装罐龙头企业奥瑞金也在“互联网+”方面积极行动，在包装设计制造、灌装集成、智能包装领域

① 王建鹏．GPS/GPRS/GIS集成技术在车辆定位与监控中的应用［D］．武汉：武汉大学，2005.

② 王旺旺，“互联网+”助力仓储物流转型［EB/OL］．半月谈网，2015-09. http://news.cntv.cn/2016/02/01/ARTI2qwnTNrG3a8gf15uQkQs160201.shtml.

积极开展相关业务。合兴包装也在积极把握互联网经济的发展机遇，以互联网信息技术为核心，打造集合机械、光学、化学等多种介质的智能包装生态链，实现对商品信息存储的跟踪、食品质量安全防伪溯源以及商品流通过程的实时监测，并以此形成翔实的数据库，通过大数据的分析，为客户提供更为个性化、精细化的服务。

国内包装领域的一些制造企业也积极开展拥抱“互联网 +”行动。2015 年 7 月，包装领域拥有众多世界 500 强客户资源的美盈森公司计划募集不超过 26.5 亿元资金投资位于重庆和东莞的两个智慧型包装印刷工厂项目，并建设互联网包装印刷产业云平台、生态系统建设项目和智能包装物联网平台项目。智能包装可帮助美盈森公司切入大数据、物联网产业，通过智能包装 + 物联网 + 互联网，实现公司包装业务的转型升级，实现包装印刷产业由“中国制造”向“中国智造”转变。

（四）“互联网 +”对制造业供应链的影响

1. 互联网 + 制造业采购

“互联网 +”对制造业供应链的影响主要表现为：制造企业利用互联网技术实现供应链内产品采购、生产、销售的高效运行，最终通过改变业务经营模式与方式达到资源最充分利用的目的。它强调信息快速传递、信息共享范围扩大、信息不对称减弱和信息的公开透明。“互联网 +”对制造业供应链影响的总体框架如图 10 所示。

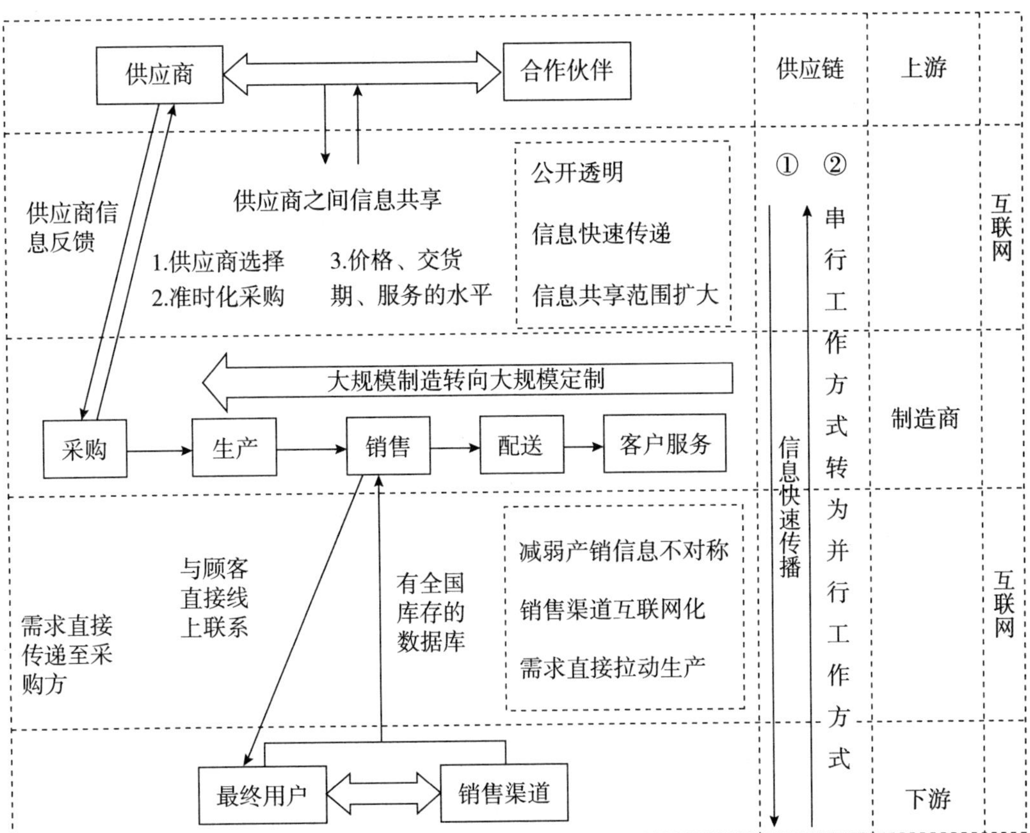

图 10 “互联网 +”对制造业供应链影响的总体框架

在“互联网＋”的环境下，制造企业采购将呈现以下重要特征。

（1）公开化。企业用计算机根据设计的采购流程自动进行价格、交货期、服务等信息的确定，并完成供应商的选择工作，整个采购活动都公开于网络之上，方便监控，避免采购中的暗箱操作，使采购过程更透明、更规范，有利于进一步公开物资采购过程，实现对物资采购过程中业务操作与结果的实时监控。

（2）标准化。企业应对传统的采购流程进行重组，以最大化地发挥基于电子商务的采购过程中各个环节的作用。按照设定好的标准化软件流程进行，则可以规范采购行为及采购环节，要求采购业务操作必须按照标准化流程进行，大大减少采购过程的随意性。

（3）准时化。首先，在互联网模式下进行采购，相关企业可以利用大数据、云计算等先进的分析方法，为采购者提供更多准确的、高度量化的决策信息，消除了传统采购决策中的通病，如信息量缺乏、信息传递缓慢、采购各环节数据无法量化的问题，同时，互联网模式下的采购方式可以实现采购环节上的信息快速传递，使得采购管理结构从原来的塔形结构向着扁平化结构方向发展。其次，互联网模式下的采购大大改善了企业与供应商之间的关系，双方信息沟通更加快捷，信息共享范围也不断扩大，从而使得企业可以实现准时化采购；企业可以针对消费者的个性化需求进行相应的采购，以实现即时生产和柔性化制造，增加企业的市场竞争力。

（4）联盟化。目前更多的企业实施互联网采购的主要目的是构建完整的供应链，以此利用互联网来实现对整个供应链的管理和调节。现代企业的竞争更多的是供应链与供应链之间的竞争，因此，要求企业与产业链条上的上下游企业合作，建立长期的、稳定的、互利互惠的供应链体系，以此实现双赢。上游企业可以向采购方及时反馈原材料、半成品的价格、供应等信息，下游企业可以给采购方反馈消费者的偏好及需求情况，采购方企业可以根据这些信息实施准时化采购和生产，降低供应链总成本。

2. 互联网＋制造业生产

面对产业成本逐年升高的新挑战，传统制造业需要调整结构以应对日趋激烈的竞争环境，互联网模式下的客户到企业（C2B）商业模式应运而生。互联网利用其自身特点，消除了产销之间长期存在的信息不对称问题，加强了生产企业与消费者之间的紧密联系。与传统企业到客户（B2C）商业模式下标准化、大批量、刚性缓慢的生产模式不同，C2B 模式要求制造企业具备高度柔性化生产、个性化定制以及快速响应等特点。事实上，“互联网＋”倒逼制造业在生产方式上具备更强的柔性化能力，并将进一步推动整条供应链乃至整个产业发展，使之在响应效率、行动逻辑和思考方式上逐步适应快速多变的需求。

在“互联网＋”背景下，与以往不同的是，互联网可以把刚上线的商品通过小批量试售实时测试市场。并通过建立生产商与品牌商之间的动态补货 ERP 系统，使生产商可以根据销售和库存情况，安排下一步物流及生产前准备。当出现供不应求时，生产商利用多频次小批量补货等手段最大可能地满足市场要求，获取最大利润；品牌商与生产商之间协同发展，共享利润①。例如海尔的互联工厂致力于打造按需设计、按需制

① 肖斌，赖新峰．“互联网＋”背景下中国制造业的柔性化生产研究［J］．企业经济，2015（9）：148－152.

造、按需配送的体系。为实现从大规模制造向个性化定制的转型，企业必须转型为开放的平台，以模块化为基础的互联工厂是为用户提供个性化定制体验的“主体”，而用户交互定制平台和模块商资源平台为用户提供个性化定制体验的“两翼”。海尔互联工厂的架构构建了一张动态抓取用户需求、快速整合全球最优资源的强大网络，将碎片化、个性化的用户需求与智能化、透明化的制造体系高效对接，是对“中国制造 2025”战略纲领的率先实践。

3. 互联网 + 制造业销售

1）销售渠道互联网化

互联网时代，越来越多的厂商可以通过“脱媒”产生效能，在商品分销过程中，减少甚至完全去掉中间环节，实现商品流通的“点对点、端对端、直通直达”。随着移动互联网向纵深推进，移动终端的快速普及，使得传统的营销模式也在发生巨大变化。生产商将销售渠道互联网化，实现“从工厂直达顾客”。通过这种营销模式，企业不仅可以减少渠道环节、降低销售费用，也可以和顾客建立直接联系，了解顾客具体特征，进而可细分客户群体，精准开发差异化、个性化产品，网络营销逐渐成为企业热衷的营销平台。以华为卓越电商云平台为例，它为企业搭建了一个 O2O 交互式客户体验平台，保障海量用户高并发响应，为制造企业打造 3D 展厅、图片和视频的产品宣传和订购集散地，帮助企业整合线上线下资源，实现精准营销模式。

同时，通过互联网平台品牌商可以对消费者的偏好与销售数据进行精确预测，同时将数据实时传递给生产商车间。制造业在线交易一直是供应链生态体系发展的方向。通过“互联网 +”平台的搭建，更多的优质生产商将与电子商务卖家建立连接，通过生产商电商化的结构转型，进一步打通整个线上供应链的生态体系。“互联网 +”给传统制造业带来的变革不仅是针对新技术应用，而且引发了商业模式的大变革。随着“互联网 +”的应用，生产制造企业打破一次销售获取利润的模式。通过从销售产品转向“销售产品 + 提供服务”以获取持续的收入。比如三一重工通过在设备上增加通信功能，实现超过 10 万台设备与企业的控制中心及快速反应团队连接。企业控制中心可远程实时监控设备的运转情况，基于工业大数据实现故障预警，有针对性地提供维修等服务，实现了“服务型制造”。

2）易货贸易让库存实现“点石成金”

互联网和大数据的兴起弥补了传统易物的不足，成为可以让亿万元的库存积压商品实现“点石成金”梦想最理想的助推器。由此可以说，“互联网 +”时代，以物易物将会以新的姿态登上发展的新高峰，实际上，这些上万亿元的库存积压商品中的大部分并不是低价品，而是放错了位置的有效商品。在“互联网 +”时代，企业完全可以利用现代网络技术，线上与线下相结合，进行库存商品的调剂。各大制造企业可以通过搭建国内外立体化的易物大平台，用闲置的人力资源和积压的库存资产，最大限度整合资源，共同破解企业资金短缺、库存积压严重、流通渠道不畅的重大难题。

4. 互联网 + 制造业回收

伴随着中国制造业产品总量的快速发展，我国制造业废旧产品也增长迅速。截至 2014 年年底，我国废钢铁、废有色金属、废塑料、废轮胎、废纸、废弃电器电子产品、报废汽车、报废船舶、废玻璃、废电池10大类再生资源回收总量约为2.45亿吨，同比增长4%，回收总值为6446.9亿元①。

废旧产品回收具有巨大的再利用价值。以手机为例，我国是更换手机频率最高的国家之一，很多人每隔一两年就要换手机。旧手机因为配置落伍、审美疲劳或者其他问题被淘汰。工信部等有关部门数据统计显示，我国每年有大约4亿部被淘汰的手机，以每部单价500元计算，这就是一个约2000亿元的市场。手机是标准化程度较高的商品，这类商品在二手市场往往供不应求，有大量买家。

长期以来，制造企业废旧产品回收是一个难题。这是因为，在我国制造企业中，产品核心技术不足，企业缺乏知识产权保护意识和环境保护意识，很少有企业主动介入废品回收再利用。与此同时，制造企业建立逆向回收体系需要投入巨大的管理成本，导致国内许多制造企业在回收环节不重视或者无法重视。

由于受传统经营模式的影响，我国再生资源行业长期存在的低效率、高成本、盈利模式单一、流动资金短缺等问题，日益成为制约行业发展的瓶颈。一方面，我国再生资源回收模式简单、粗放，基本延续传统的单一回收方式，没有实现回收层面的精细化分类；另一方面，虽然我国再生资源企业已达10余万家，但是其中80%为中小企业，这些企业由于抵押物有限、贷款手续烦琐、互保风险高、信用贷款门槛高等限制，使企业融资渠道受阻，发展步伐缓滞。因此，创新企业回收方式、拓宽融资渠道成为当前再生资源行业亟须解决的难题。

“互联网+回收”的经营模式无疑是促进传统回收行业转型升级的重要手段之一，通过互联网线上服务平台和线下回收服务体系两线建设，将逐步改变传统回收“小、散、差”的状况，还可减少行业中间环节，使信息更加透明化，同时还有助于降低企业经营成本。从需求侧来看，采取“互联网+回收”的模式还可以有效地连接再生资源回收企业与广大居民，避免居民再度陷入“找不到回收站”以及“对回收价格不明确”的尴尬境地。

在“互联网+制造业回收”中，应积极鼓励制造企业利用互联网、大数据和云计算等现代信息技术和手段，建立或整合再生资源信息服务平台，为回收企业与下游拆解和利用企业搭建信息发布、竞价采购和物流服务平台，提高回收企业组织化水平，降低交易成本，优化再生资源回收、拆解利用产业链。以废弃电器电子产品、废弃饮料瓶等为突破口，在有条件的社区、商场等公共场所试点设立智能型自动回收机；以智能信息卡为载体，完善线下回收网点，通过激励机制，鼓励居民与企事业单位主动交投，实现线上信息流和线下物流的统一。鼓励互联网企业参与再生资源移动手机App、微信和网站回收服务，实现线上交互与线下回收的有机结合。

鼓励有条件的企业与上游生产商、销售商合作，通过“以旧换新”等方式，利用现有物流体系，试点开展废弃电器电子产品等再生资源品种逆向物流体系建设。鼓励有条件的制造企业建设回收物流中心，提高再生资源回收的收集、仓储、分拣、包装、加

① “互联网+回收”将成为回收新趋势［EB/OL］. http://news.feijiu.net/infocontent/html/20156/4/4336884.html.

工水平，借助社会化、专业化物流企业的力量，建立安全、高效、环保的物流系统。

政府部门要积极鼓励制造企业研发再生资源回收、分拣、加工设备，提供再生资源分拣加工整体解决方案。鼓励引进现代化、自动化、智能化技术设备，提高分拣加工的科学化、精细化水平，促进与产废环节的充分对接，实现与利用环节的有效衔接。

5. 互联网 + 制造业供应链协作关系构建

在“互联网 +”背景下，所有有关商品、人和交易行为的数据都会迁移到互联网上，实现在线化。在线化的数据流动性强，不会封闭在某个部门或企业内部，可以随时被调用和挖掘，在供应链上下游、协作主体之间以最低的成本流动和交换。制造业的供应链协作关系将得到重构。这种重构突出的表现在协作生态圈的形成，纵向协作呈现扁平化趋势，层级结构逐渐取消，而横向合作呈现平台化发展。

第一，传统的企业协作关系未来将演化为一个商业生态系统关系，协作生态圈将形成。因为企业掌控某一核心能力，在利益共同体里面，吸引并组织大家在一个价值链上共同创造价值。在这个生态中，每一个企业和产品有自己独特的位置和竞争力，不仅仅生态帮助自己成长，自己也为整个生态做出贡献。当然，因为生态存在，企业自我控制命运的能力也在不断下降，更多依赖于生态的成长。没有融入到生态或者没有营建生态体系的大多数中小型公司，将会受到互联网公司巨鳄生态体系的影响，可能是归顺、是自建、是融入、是对抗，也可能是灭亡。

第二，纵向协作将呈现扁平化，层级结构逐渐取消。随着未来企业的发展，互联网无组织力量、个性化需求、无界的供应链等，所组成的是一个平台型的商业系统。在这个系统中，内部高度扁平化，层级结构逐渐取消，自主经营型的组织成为企业的组成部门；未来的企业边界已经模糊——外部能够吸收多方知识资源、资金资源、创意资源、设计资源、渠道资源等，原来的供应商正演化成为利益相关者，与组织相连，可提供更好的解决方案，成为企业的一个部分。

第三，横向协作呈现平台化发展。在“互联网 +”发展下，未来制造企业自建生态也好，融入生态也好，都需要最大限度地扩展协作，从恶性竞争都可以转向协作型创新，同类型供应商之间将演化为互补协作关系，共同提高供应链竞争能力。互联网的作用就是把更多制造企业更大范围地卷入协作。所以，传统企业的互联网化之后，企业之间的竞争都可以转向平台型发展。利用平台已有的优势，广泛进行合作伙伴间横向或者纵向的合作。

例如，在“互联网 +”环境下，2015 年国美成功开启首届“国美杯·智能生活全球创客设计大赛”，率先对线下实体店进行智能化改造。国美在线先后与 18 家国内领先的家电企业和智能技术公司签署了战略合作协议，上线智能家居频道，打造涵盖智能家电、智能穿戴、智能安防、智能厨卫等品类的智能家居生态圈。在供应链方面，国美在线与海尔、三星、格力等 10 大品牌深度合作，通过包销定制、定点生产合作（OEM）、原始设计制造（ODM）等合作模式，在需求预测、研发、生产、销售、售后及双方优质资源互补等方面进行全面的供需链合作。

6. 互联网 + 制造业供应链协同运作

一方面，复杂制造业产业链长，制造工艺复杂，供应商和协作单位多，需要通过互联网络创建协同化的环境，即建立供应链网络，在此网络中，供应商、制造商、分销商和客户可动态地共享客户需求、产品设计、工艺文件、供应链计划、库存等信息。任何客户的需求、变动、设计的更改，在整个供应链的网络中快速传播，及时响应，避免了传统管理中的“牛鞭效应”。

另一方面，“互联网 +”下制造业从传统的“串行”工作方式，转变成“并行”工作方式，从而最大限度缩短新品上市时间，缩短生产周期，快速响应客户需求，提高设计、生产的柔性。通过面向工艺的设计、面向生产的设计、面向成本的设计、供应商参与设计，大大提高产品设计水平和可制造性、成本的可控性。它有利于降低生产经营成本，提高质量，提高客户满意度。协同制造将“串行”工作方式改变为“并行”工作方式如图 11 所示。

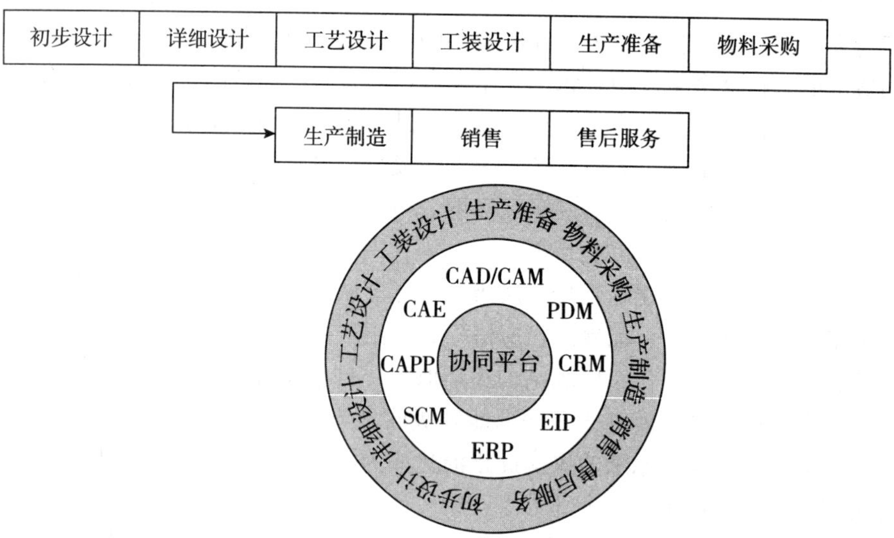

图 11　协同制造将“串行”工作方式改变为“并行”工作方式

最典型的协同供应链管理是汽车制造业，随着人们对汽车产品个性化需求的增加，如何将国内外众多的供应商、协作配套厂商、分销商、最终用户集中在一个供应链平台上共享客户需求信息，是协同供应链管理的重要课题。通过供应链计划，可以将客户的个性化需求精准地发布到整个供应链上，以快速响应客户需求，最大限度降低库存，准时供货①。

（五）“互联网 +”时代制造业及其物流与供应链存在的问题

互联网对制造业商业环节的渗透和影响是逆向进行的，从与消费者最近的广告营销端开始，进入零售环节，渗透分销环节，最终倒逼生产制造环节，在此过程中生产方式、管理理念、生产设备，甚至原材料都将发生重大变化。由于这种倒逼模式，“互联网 +”时代下，传统制造业发展模式不再适用，而制造业物流亦会随着制造业的发展而发生改变。

① 蒋明炜．工业互联网与智能工厂［J］．中国工业评论，2016（1）：30－36.

1. 互联网+制造业存在的问题

1）侧重消费服务的互联网与制造业生产需求尚未匹配

当前我国互联网服务主要是侧重消费型，重在用户体验，发展的模式也是重市场开拓，轻资源和技术的研发与整合。这种互联网基因导致了互联网时代需求端的信息传递到供给端需要一定的时间。时间差则可能导致供需匹配的差异。同时，“互联网+”模式改变了企业的生产模式，柔性化生产将成为制造业的核心竞争力。“互联网+”时代，客户的需求越来越多样化、独特化，而企业必须具有小批量生产、多种类生产、快速响应这些能力，而互联网所带来的智能制造，更是未来实现大规模定制这种柔性化生产的基础。因此，当前的互联网模式与制造业生产需求存在供需不匹配情况。

2）核心技术制约着我国互联网与制造业融合创新

技术不仅仅是机器与设备，更是软件和控制系统。大量核心技术仍严重受制于国外厂商，制造企业在开展创新应用模式的时候往往受到技术瓶颈约束，由此导致我国制造业深度应用互联网受限，网络化、智能化的生产组织能力薄弱。

与国际先进制造企业相比，我国制造企业大多处于价值链底端，原始创新能力和设计研发能力不足。且我国工业正处于工业2.0向3.0过渡阶段，关键基础材料、核心基础零部件（元器件）、先进基础工艺、产业技术基础“四基”资源依赖进口。同时，我国大多数制造业的机器操作软件都是依赖从国外进口，甚至于一些国产的机械都依赖于外国的进口软件运行。要想拥抱互联网，仍需突破技术瓶颈。

3）资源的利用率较低在互联网时代还是一个难题

互联网时代，“跨界融合，连接一切”是互联网时代的特质。尤其是在制造业，供应链上存在大量的信息和资源。然而，这些资源并没有得到良好的利用，仍存在着大量的资源浪费。这些浪费不仅仅是物料的浪费，更多的是信息浪费。资源的低效运用使得市场中供需不能更好地匹配。

4）支撑创新转型的旧体系改造仍然存在较大的困难

保证安全可靠的前提下将既有生产运营、管理体系更好地与互联网有机结合，是传统企业互联网化转型中普遍面临的问题。在旧体系改造计划中，大多数制造企业没有创新精神，无法拥抱互联网。此外，相应的标准体系目前在行业上下游间暂未统一，接口比较困难，各方自行推动的标准建设带来较高的重复建设成本，相关的政策法律也有所缺失。同时，我国的基础设施建设也不够完善。互联网+制造业对于制造业以及国家基础设施建设与法律来说，都是新的挑战。

5）“羊毛出在狗身上”的扭曲性商品价值论伤害

侧重消费服务型的互联网企业，利用所谓的“羊毛出在狗身上”的做法，基于资本力量为争夺市场份额的手段而负利润运营破坏了基本的商品制造价值论，从而挫伤了品质生产的积极性和动力，对制造业产生了负面影响。

2. 互联网+制造业物流与供应链存在的问题

1）现有制造业物流系统运作缺乏柔性，无法满足需求变化

“互联网+”时代，客户的需求越来越多样化、独特化，柔性化生产成为制造业的核心竞争力。智能制造是实现柔性化生产的基础。因此，制造技术和制造组织方式的改

变、消费者消费方式的改变、物流装备的进步都会直接影响制造业物流体系管理创新。

从整个制造业角度来讲，从服装、鞋包到钢铁、原材料，各行各业都在加速提升制造柔性。以炼钢厂为例，以前订单生产都是以月为交期，以“炉”为单位批量生产（一个品种一炉至少50吨）；而现在钢厂面临的多品种、小批次订单越来越多，交期计算时间也从月改为周，这样的市场形势倒逼钢厂改变生产模式。比如，将连续生产变为半连续生产，炼钢炉不停变化钢种，优化钢种排产顺序，合并小批次灌浇，精细排产计划。这种高柔性的制造给制造业物流带来了巨大的挑战，对制造业物流系统提出了新的要求。

2）新兴物流技术普及程度低，限制了制造业和物流业协同发展

在“互联网+”时代，智能化是制造业物流发展的一大趋势。智能感知的第三方物流云服务平台是实现物流业与制造业协同联动的现实依赖。物流业与制造业协同联动机制是依靠服务模式创新方式实现的，而服务模式的作用就是能够提供可信的服务，因此，在技术实现方案上主要以可信服务的实现为核心目标。智能感知物流全程可视化技术体系和基于一体化智能终端的物流移动计算技术研究实现了物流过程信息的透明，保证了物流服务的可信性。通过发展智能物流，制造业企业基本可以完成产品从离开生产线到客户手中的全过程物流信息感知和监控，通过建立产品的智能可追溯网络，实现智能配送的可视化管理，建立智能配货的物流网络化公共信息平台。

另外，由于我国第三方物流发展还不完善，社会化的物流软硬件资源还比较落后，物流主体从业人员的素质也比较低，技术应用能力和互联网思维亦比较弱，故规模稍大的企业往往选择自建物流，致使其竞争力不强。根据2012年由《国际商报》主持的《2011年跨国公司物流服务需求调查报告》①，在调查的近百家外商投资企业中高达70%的企业对目前第三方物流服务商的满意度评价为“一般”，受访的40%的企业认为物流服务商需要改进的方面依次为信息传递效率、运作成本、满足需求的波动能力、作业速度、服务内容和服务态度等。关于我国物流环境的调查显示，目前在我国自动化仓库的运作管理水平方面，三分之一的企业还是采用“手工信息处理”，仅有尚且不足10%的企业采用“机械化作业、信息化处理”②。

3）供应链物流信息共享互通体系建设落后，“信息孤岛”现象严重

当今“互联网+”时代，很多制造企业和物流企业都建立了管理信息系统，但基于信息技术标准化的问题、信任的问题、安全性的问题等，使得各个信息资源相对独立，制造企业的物流需求信息与物流企业的物流供给信息不能实现快捷的流通与共享，形成“信息孤岛”。物流信息化不能停留于基础信息化，而要通过信息的弹性和柔性，建立以全物流要素透明连接为基础的物流信息化，即突破物流信息化各个模块、系统的割裂③。

我国现在大多数制造企业内部信息系统不完善，且各部门间信息系统不兼容，信息

① 跨国公司物流服务需求［EB/OL］. http：//www. docin. com/p－510778963. html.

② 黄滨. 弹性和柔性，制造业物流体系管理创新的方向［J］. 物流技术与应用，2016，21（3）：110－112.

③ 逄锦荣. 基于服务模式创新的物流业与制造业协同联动体系研究［D］. 北京：北京邮电大学，2012.

共享程度低。企业难以准确、全面、动态地掌握物流信息，难以实现物流资源的优化配置。同时也很难对市场做出快速反应，满足多变的市场需求。如中国仓储协会公布的中国企业物流信息系统的调查结果显示，在我国拥有物流信息系统的物流供给企业中大多数的信息数据系统都是相互独立和静态的，一些现代化的物流手段如计算机网络技术、机电一体化技术、射频识别技术、管理信息系统等的使用还不是很广泛，这直接影响了物流中心与用户各方的沟通和协作，阻碍了物流服务质量的提高，从而也严重降低了我国制造业物流的竞争力与服务质量。

4）缺乏完善的物流公共信息化平台

“互联网+”时代下，制造企业是物流资源的需求方，它需要通过物流信息平台获得优质的物流服务和物流解决方案，“一站式”地解决企业的物流需求，包括仓储、运输、配送、流通加工、拣选、包装、物流保险、费用结算等业务需求。同时，通过物流信息平台能够保障货物的运输安全和交易安全。

而物流企业是物流资源的提供方，它需要通过物流信息平台提供物流与供应链服务和客户资源，找到与其业务对应的其他物流服务供应商，以连通整个物流环节。同时，通过物流信息平台找到目标客户，通过为客户提供物流及增值服务，为企业创造利润。物流企业需要通过物流信息平台整合、共享行业现有资源，发挥物流行业的整体优势。

目前，我国物流公共信息平台仍然有待加快布局。尽管浙江、上海、山东、黑龙江、安徽、福建、青海、四川、内蒙古、宁夏等省市区在2009年签订了《省际物流公共信息平台共建协议》，但相对于发达国家或地区的物流公共信息平台而言，我国物流公共信息平台仍然处在起步阶段。目前，基础设施陈旧，服务模式单一，业务规模不大，地方保护严重，物流标准不统一等都是物流公共信息平台急需解决的问题。其中最关键的是物流公共信息平台的商业模式问题。正如戴定一先生所说：“物流公共信息平台的发展瓶颈不在技术上而在商业模式上。”无论是民营资本的小本经营，还是国有资本的重金投入，国内物流信息平台仍然未找到合适的商业模式，如何实现物流公共信息平台的持续健康运转仍然是国内大多数物流公共信息平台运营者共同面临的问题。

（六）工业4.0下制造业物流与供应链的国际经验借鉴

“工业4.0”概念于2013年德国汉诺威工业博览会上正式提出，工业4.0是相对于18世纪引入机械制造设备的工业1.0、20世纪初电气化的工业2.0及20世纪70年代信息化的工业3.0而言的第四次工业革命。工业4.0主要可分为三大主题：一是“智能工厂”，重点研究智能化生产系统及过程，以及网络化分布式生产设施的实现；二是“智能生产”，主要研究智能生产管理、高柔性自动化生产线、人机互动以及3D技术在工业生产过程中的应用；三是“智能物流”，主要通过传统互联网、物联网以及智能服务（Smart Service），整合社会物流资源充分发挥现有物流资源的效率，使需求方能快速获得服务匹配，得到智能物流支持①。这里，以德国工业4.0相关经验为例，介绍其制造业物流与供应链的典型经验。

① 房殿军．面向工业4.0的智能工厂与智能物流系统建设［J］．物流技术与应用，2015（6）：91－94.

1. 面向工业 4.0 的智能工厂建设

智能工厂是构成工业 4.0 的核心元素。在智能工厂内不仅要求单体设备是智能的，而且要求工厂内的所有设施、设备与资源（机器、物流器具、原材料、产品等）实现互联互通，以满足智能生产和智能物流的要求。通过互联网等通信网络，使工厂内外的万物互联，形成全新的业务模式。从某种意义上说，工业 4.0 是用信息物理系统（CPS）对生产设备进行智能升级，使其可以智能地根据实时信息进行分析、判断、自我调整、自动驱动生产，建成一个具有自律分散型系统（ADS）的智能工厂，最终实现制造业的大规模、低成本定制化生产。在建设智能工厂时，要重点关注模块化、数字化、自动化和智能化四大技术课题。模块化是实现智能工厂规模化生产和客户需求个性化定制的前提条件，这需要主要零部件供应商向模块供应商转型，全程参与产品设计、供应模式选择以及单元化物流的规划。数字化，纵向看是实现工厂内各个层面，乃至每台设备数字化建模与互联互通；横向看是打造从客户需求，到产品设计、供应商集成、制造以及物流服务的全流程供应链集成体系。自动化和智能化是制造企业应搭建一个虚实融合系统，根据客户个性化定制需求，实现虚拟的设计、制造与装配，再通过智能工厂完成生产制造过程，有效解决定制产品周期长、效率低、成本高的问题。由此，在智能工厂里企业可与客户实现零距离对话，客户也可通过多种方式参与到产品“智造”全过程中来。

2. 面向工业 4.0 的智能供应链技术

工业 4.0 时代，随着信息技术向制造业全面渗入，可实现对生产要素的高灵活配置和大规模定制化生产，由此打破传统的生产流程、生产模式及管理方式。未来是智能联网式生产的时代，不仅是单一工厂，而是企业多个工厂之间将通过联网构建起虚拟制造体系，为企业生产提供全面智能供应链支持。而标准化、模块化和数字化的产品设计，是实现智能生产的前提。德国汽车工业已率先引入低成本客户化定制的概念，产品设计实现了标准化与模块化，生产制造实现了全面信息化与深度自动化，基本达到了智能生产、智能装配、智能物流以及智能供应链管理。以宝马 3 系轿车为例，从 325i 到 335i 多个车型的发动机共用同一生产线，绝大部分硬件是通用的，只是通过选配不同的电控和软件产品来实现发动机产品多样化，这种低成本、定制化生产的核心基础即是标准化。为此，宝马公司能在不改变生产节拍的前提下，实现每台下线车型都能满足大规模定制的市场需求，即每一台宝马汽车都是根据客户化定制生产出来的。工业 4.0 时代的制造企业不再自上而下地推动生产，而是从客户需求开始，实现订单、客户化设计，采购、物流、生产计划到生产的全流程拉式生产，并通过虚实融合实现各环节的互通互联。这种高效灵活的拉动生产方式也代表着制造业未来的发展方向。

3. 面向工业 4.0 的智能物流管理

工业 4.0 时代，客户需求高度个性化，产品创新周期继续缩短，生产节拍不断加快，这些不仅是智能生产面临的重要课题，也是对支撑生产的物流系统提出的巨大挑战。智能物流是工业 4.0 核心组成部分。在工业 4.0 智能工厂框架内，智能物流是连接供应、制造和客户的重要环节，也是构建未来智能工厂的基石。智能单元化物流技术、自动物流装备以及智能物流信息系统是打造智能物流的核心元素。作为欧洲权威的物流规划和应用研究机构、工业4.0物流技术研发和应用研究的前沿阵地，德国物流研究院（Fraunhofer IML）自主研发了“inBin”智能周转箱技术。通过在周转箱上加装感知与智能控制单元，实现了物流单元的智能化。智能箱既能自主管理箱内的库存，又能及时向上级系统报告智能箱的状态，实现自动要货和补货的功能。基于智能箱的输送系统可采用分散控制技术，智能箱不再是被动单元，而是给输送系统发号施令的“主人”。在智能箱的指挥下，输送系统可以自动地将箱子送达目的地。另外，可通过智能箱与智能物流设备（如穿梭车）集成，实现面向工业4.0的智能、高效、灵活的物流系统。2003年，德国物流研究院率先研制出全球首台轻型高速穿梭车“Multi Shuttle”，开启了高柔性自动化物流系统的新纪元。在“Multi Shuttle”基础上，德国物流研究院于2011年研发出可在货架和地面行走的两栖穿梭车“魔浮”（Multi Shuttle Move），打通了物流与生产环节的传统壁垒。2014年又推出可自行攀爬的蜘蛛车“RackRacer”，打破了穿梭车技术的最后一个瓶颈——提升机对流量的限制。与传统穿梭车不同的是，“Multi Shuttle Move”能独立“思考”，即在行走过程中，需要与哪些设备联网通信，遇到障碍物如何处理等，都可以智能地独立解决。

4. 国际经验借鉴

基于上述分析，我们发现未来制造业物流将迈向高端服务，为此，总结得到工业4.0对我国制造业物流与供应链发展的经验借鉴如下。

1）制造业高端物流为制造企业提供供应链整合服务

工业4.0时代，工业生产进入“智能生产”时代，生产速度和效率获得质的飞跃，制造企业需要彻底改变过去劳动密集型和资源密集型的产品生产思维，树立工业生产信息化、智能化、数字化思维，将信息网络技术与现代生产相结合，提高作业效率。同时，制造企业还需培育新的商业模式，形成精准供应链体系，以供应链的形式进入竞争市场，才能在企业竞争中取胜，而高端物流企业将成为制造企业供应链上重要环节之一①。

高端物流企业利用其卓越能力和创新服务，为制造企业提供供应链整合服务。不但参与操作供应链销售环节的包装、仓储、分拣、运输、配送、制单等传统的普通物流业务，同时，还将物流服务延伸至制造企业供应链前段的采购、中段的生产、后段的售后服务等环节。高端物流企业通过组建专业的采购团队，为制造企业甄选和评估供应商及提供代理采购业务，利用其集中采购的规模优势，为制造企业获得规模采购效益；高端物流企业通过驻厂服务，将物流业务运作融入生产过程的看板管理和质量控制（QC）管理，第一时间配置资源至看板生产的各个环节，并在产品包装、储存前做好质量检验工作。通过对制造企业的供应链进行整合，高端物流企业将供应链前段供应商、中段生产商及后段销售商有效衔接在一起，实现供应链的高效整合，提升制造企业供应链竞争力。

2）制造业高端物流能够敏捷响应制造企业的物流需求

工业4.0时代，制造企业生产更加数字化、智能化、虚拟化，在先进生产设备和信息技术网络系统的支撑下，企业生产模式从过去的“人脑分析判断＋机器生产制造”

① 李晓娜. 基于工业4.0的高端物流价值分析［J］. 装备制造与教育，2015，29（4）：63－64.

的方式转变为“机器分析判断＋机器生产制造”的方式，产品生产速度迅猛提升。同时，由于市场环境变化多端、客户个性化需求日益明显以及电子商务销售模式的普及，制造企业面临全新挑战，开始在传统柔性生产模式的基础上构建更加快速响应生产、市场客户及售后服务的敏捷供应链体系。

制造企业敏捷供应链体系的构建需要高效、灵敏的物流服务融入整个供应链条，高端物流企业利用其自动化拣选线、自动化立体库、自动化输送线、智能料箱、新一代穿梭车等先进设备和ERP、电子数据交换（EDI）、RFID、GPS、GIS等先进信息技术，为制造企业提供高效、快捷的高端物流服务。同时，高端物流企业还可以利用库存预测和需求预测模型系统，对制造企业的大数据进行分析、加工，为其提供采购、生产、销售决策依据，使制造企业更加精准、快速地响应生产、市场和客户订单需求。最后，高端物流企业还可以利用其对制造企业供应链上的供应商、销售商的对接和信息跟踪，提供供应链优化解决方案，提升制造企业供应链的敏捷性。

3）制造业高端物流助力制造企业缩减运营成本

降低运营成本与提升利润空间是每个企业始终追求的目标。在工业4.0时代，制造企业通过“智能工厂”和“智能生产”，减少了人工投入，提高了生产效率，直接节约了人力成本。但新一代革命性技术的研发和创新以及新设备的投入运行，将会直接增加企业的研发费用和设备成本，造成企业运营成本负担，为此，制造企业仍需向第三利润源泉——物流寻求利润空间。

高端物流服务的主要目标之一就是通过提供高效、创新的物流服务，为客户持续不断地压缩物流成本，创造利润。高端物流企业可以提供供应商管理库存（VMI）服务来履行库存管理的职责，通过对制造企业的库存策略、采购策略、配送策略以及资金流进行计划和管理，加快制造企业供应链上库存和资金周转效率，节约库存成本。同时，通过高端物流企业的集中采购，获得采购价格优势，为制造企业节约采购成本。另外，高端物流企业通过提供即时制（JIT）配送服务，与制造企业信息系统对接，能够即时掌握制造企业生产进展、库存状态和销售数据，在生产用料和产品销售的第一需求时间将原材料、零部件和产成品配送至制造企业及其客户，实现配送与需求无缝对接，提高配送效率的同时实现制造企业零库存，降低库存成本。

4）制造业高端物流优化企业组织结构和业务运作流程

工业4.0的实施过程是制造企业创新发展的过程，在信息技术催化下，制造技术、产品生产模式、商业模式不断创新，加之现代管理理念的革新，制造企业传统的基于职能分工的组织架构将被整合成基于供应链过程导向的、跨职能部门的项目式组织结构，制造企业组织结构运作效率将得以提高。基于信息物理系统的智能工厂加速普及，制造企业为培育核心竞争力，将不断优化企业业务运作流程。

高端物流具有推动制造企业组织结构和业务流程优化的功能，这是高端物流运作对制造企业的现实要求。要实现高端物流运作，首先必须形成供应链上相关组织的协同化和一体化，要求供应链企业组织结构扁平化和网络化，快速整合与协调供应链资源，发挥各自的卓越能力，才能确保高端物流服务的有效开展。在组织协同化基础上，高端物流企业针对制造企业的采购、生产、销售及供应链设计基于“工业4.0”的优化流程。

制造企业和高端物流企业根据各自业务对企业组织结构和业务流程的要求相互推进、相互适应，共同构建基于供应链战略导向的跨职能部门的项目式组织结构，并在业务流程上齐头并进。

三、“互联网 +”时代制造业物流与供应链存在的问题与发展趋势

（一）“互联网 +”时代下制造企业物流与供应链发展现状调研

为了深入了解当前我国制造企业物流与供应链发展现状，课题组设计了调研问卷。问卷包括三部分：第一部分是制造企业物流发展现状调研，了解制造企业的总体情况；第二部分是制造企业对“互联网 +”下制造业物流与供应链政策的评价；第三部分是针对制造企业物流现状提出的开放式问答。

课题组于2016 年5 月6 日—2016 年6 月6 日发放了问卷，并对专门的制造企业物流人员进行了访谈。问卷收集后，课题组最终选择整理了5 家具有代表意义的企业，这些企业包括青岛海尔日日顺物流有限公司、鞍钢股份有限公司（以下简称“鞍钢”）、沈阳中深国际物流服务有限公司、迁安市众鑫环保设备结构有限公司、长春一汽国际物流有限公司（以下简称“长春一汽”）。这5 家制造企业在企业性质上包括国有企业、民营企业、股份制和外商合资企业，涉及了大型、中型和小型企业，企业处于成长期、成熟期和再生期三个不同阶段，企业的类型涉及钢铁、汽车、机电等典型制造企业。因此，从这些企业的具体回复中，可以看出目前我国制造企业供应链物流发展情况以及“互联网 +”对企业的影响。

1. 问卷的调研结果

1）“互联网 +”给企业带来的价值

调研的企业表示，“互联网 +”能够方便客户、降低成本、营销精准化、提高效益、减少渠道、提高效率。其中，5 家企业中，全部都认为可以提高效率，有4 家认为可以提高效益，有4 家认为可以方便客户，有4 家认为可以降低成本，有4 家认为可以营销精准化，有2 家认为可以减少渠道。这说明，提高效率是“互联网 +”给企业带来的最重要价值，而方便客户、降低成本、营销精准化也是被普遍认可的价值。

2）制造企业发展“互联网 +”的必要性

调研的企业显示，5 家企业中有3 家认为制造企业发展“互联网 +”非常必要，有1 家认为比较有必要，1 家认为可以考虑，说明大多数的制造企业都认为“互联网 +”是非常有必要的。但比较这些企业之后，发现国有企业对发展“互联网 +”的认识也存在差异。例如，鞍钢对“互联网 +”发展非常感兴趣，认为非常有必要，而长春一汽则认为可以考虑。

3）制造企业发展“互联网 +”的战略行动

在关于“贵公司是否已针对‘互联网 +’环境制定了相应的发展战略规划?”的问题上，受访的5 家制造企业有3 家认为已经制定了相应发展规划，另外2 家表示开始考虑。这显示出不同企业的层次差异性。

4）“互联网 +”国家政策对公司物流与供应链变革的影响

在关于“目前‘互联网 +’的相关国家政策对贵公司物流与供应链运作变革的影

响程度?”的问题调研中，受访的5家企业有2家认为影响一般，有1家认为影响较大，有2家认为影响较小。这显示出“互联网+”国家政策对企业的影响程度仍然有待进一步提高。

5）制约本企业物流与供应链向“互联网+”方向转型的因素

在关于“制约本企业物流与供应链向‘互联网+’方向转型的因素有哪些?”的问题调研中，受访的5家企业有3家选择了“物流信息平台整合缓慢”，此外，有2家企业认为市场秩序混乱、标准化程度低、物流基础设施待完善、制造业与物流业协同化程度低、生产弹性柔性与需求不匹配也是主要因素。有1家企业认为企业文化及从业人员专业素养缺乏也是制约转型的重要因素。

具体的问卷调研结果如表6所示。

2. 部分受访企业在“互联网+”模式下物流与供应链的经验

1）青岛海尔日日顺物流公司

①海尔简介。

海尔集团（以下简称“海尔”）创立于1984年，经过30多年创业创新，从一家资不抵债、濒临倒闭的集体小厂发展成为全球家电第一品牌。海尔秉承锐意进取的企业文化，不拘泥于现有的家电行业的产品与服务形式，在工作中不断求新求变，积极拓展业务新领域，开辟现代生活解决方案的新思路、新技术、新产品、新服务，引领现代生活方式的新潮流，以创新独到的方式全面优化生活和环境质量。2015年8月，海尔集团荣登中国制造企业协会主办的“2015年中国制造企业500强”榜单，排名第24位。

2016年1月18日，据世界权威市场调查机构欧睿国际（Euromonitor）发布2015年全球大型家用电器品牌零售量数据显示：海尔大型家用电器2015年品牌零售量居全球第一，这是自2009年以来海尔第7次蝉联全球第一。同时，冰箱、洗衣机、酒柜、冷柜也分别以大幅度领先第二名的品牌零售量继续蝉联全球第一。海尔在全球有5大研发中心、21个工业园、66个贸易公司、143330个销售网点，用户遍布全球100多个国家和地区。

②海尔对“互联网+”的实践。

海尔对互联网的认识有独特的见解，并进行了实践，具体可以分为两个阶段。一是全球化品牌战略发展阶段（2005—2012年），核心理念是创造互联网时代的全球化品牌。互联网时代带来营销的碎片化，传统企业的“生产—库存—销售”模式不能满足用户个性化的需求，企业必须从“以企业为中心卖产品”转变为“以用户为中心卖服务”，即用户驱动的“即需即供”模式。互联网也带来全球经济的一体化，国际化和全球化之间是逻辑递进关系。“国际化”是以企业自身的资源去创造国际品牌，而“全球化”是将全球的资源为我所用，创造本土化主流品牌，是质的不同。因此，海尔整合全球的研发、制造、营销资源，创全球化品牌。二是网络化战略发展阶段（2012—2019年），核心理念是网络化的市场，网络化的企业。互联网时代的到来颠覆了传统经济的发展模式，而新模式的基础和运行则体现在网络化上，市场和企业更多地呈现出网络化特征。在海尔看来，网络化企业发展战略的实施路径主要体现在三个方面：企业无边界、管理无领导、供应链无尺度。即大规模定制，按需设计，按需制造，按需配送。

表 6 **问卷调研结果**

序号	问题	青岛海尔日日顺物流有限公司	鞍钢股份有限公司	沈阳中深国际物流服务有限公司	迁安市众鑫环保设备结构有限公司	长春一汽国际物流有限公司
1	企业所有制性质与企业的类型	有限责任公司（外商合资）大型企业	国有企业 大型企业	股份公司 小型企业	民营企业 小型企业	国有企业 中型企业
2	企业所属的行业	机电设备、汽车及配件、食品、电子产品、通用设备制造业（家用电器）、电气机械和器材制造业、纺织服装	钢铁	其他	钢铁企业所用生产设备构件	汽车及配件
3	员工数量	5001～10000 人	超过 10000 人	101～500 人	小于 100 人	5001～10000 人
4	年营业收入	1 亿元以上	1 亿元以上	5000 万～1 亿元	小于 1000 万元	1 亿元以上
5	目前的发展阶段	成熟期（稳定期）	再生期（二次创业期）	成长期	成长期	成熟期（稳定期）
6	总部位于哪个地区	华东	东北	东北	华北	东北
7	“互联网+”能够给本企业带来的效益有哪些方面	方便客户、降低成本、营销精准化、提高效益、减少渠道、提高效率	方便客户、降低成本、营销精准化、提高效益、提高效率	方便客户、降低成本、营销精准化、提高效益、减少渠道、提高效率	营销精准化、提高效益、提高效率	方便客户、降低成本、提高效率
8	贵公司是否需要紧随“互联网+”发展大潮	非常有必要	非常有必要	非常有必要	比较有必要	可以考虑
9	贵公司是否已针对“互联网+”环境制定了相应的发展战略规划	已经开始实施	已经开始实施	已经开始实施	开始考虑	开始考虑

续　表

序号	问题	青岛海尔日日顺物流有限公司	鞍钢股份有限公司	沈阳中深国际物流服务有限公司	迁安市众鑫环保设备结构有限公司	长春一汽国际物流有限公司
10－1	目前“互联网＋”的相关国家政策对贵公司物流与供应链运作变革的影响程度	影响程度一般	影响程度较大	影响程度一般	影响程度较小	影响程度较小
10－2	地方政策对贵公司物流与供应链运作变革的影响程度	影响程度一般	影响程度较大	影响程度较小	影响程度一般	影响程度较小
11	从行业角度来看，您觉得当前国家“互联网＋”相关政策设计是否能够解决目前本行业物流整体发展过程中的痛点问题	应该可以解决	应该可以解决	不好说	完全可以解决	不好说
12	对于贵公司来说，您认为制约本企业物流与供应链向“互联网＋”方向转型的因素有哪些	市场秩序混乱，标准化程度低；物流信息平台整合缓慢；企业文化及从业人员专业素养	物流基础设施待完善	市场秩序混乱，标准化程度低；物流基础设施待完善；制造业与物流业协同化程度低；生产弹性柔性与需求不匹配	物流信息平台整合缓慢；制造业与物流业协同化程度低	物流信息平台整合缓慢；制造业与物流业协同化程度低；生产弹性柔性与需求不匹配

③“互联网+”时代下海尔的物流与供应链运作策略。

海尔在企业物流与供应链方面转型的战略就是建设互联工厂，在冰箱、洗衣机等白色家电领域，以用户为核心，将碎片化需求整合起来。物流是连接工厂的重要方式，工厂直接配送到客户，全流程可视化。通常的流程是：收到原材料订单—大数据预测分析—大规模定制—按单生产、按单配送。生产线上物料2小时配送到生产线。产品下线后，通过用户定制和大数据分析，将货物放置在靠近用户的地方，3小时极速送达，有时候甚至会将商品放置在移动车辆上。

在采购方面，通过海达园平台，一流资源无障碍进入，只要注册达标就可以进入平台。在这个平台里面，供应商能够参与模块化定制与设计、研发、制造，进入这个平台，供应商能够清晰地看到采购需求，海尔与供应商双方实施对等关系，共创共赢生态圈，一起分享为顾客创造的价值。

在库存管理方面，海尔从2008年开始就去库存，前端是订单驱动模式，后端是模块化供应。这种方式不同于美的公司，美的公司采用的是压缩分销商库存模式，库存主要体现在渠道节点上，实际上并没有真正压缩库存。

④期待的相关政策。

在向“互联网+”转型升级过程中，受访的海尔集团日日顺物流公司表示，希望国家出台支持物流与供应链方面的政策如下。从制造企业销售物流方面来看，具体包括：a. 车辆运输标准规范；b. 开放信息平台的共享政策；c. 对物流园区建设的相关政策落地；d. 加快物流标准化服务，如仓储、托盘标准化工作；e. 支持家电物流企业协同规划和共享，建立对流合作关系，减少物流成本。

从制造过程其他物流环节来看，具体包括：a. 支持企业利用“互联网+”实施VMI计划，助力供应商集中采购和物流管理；b. 支持企业开展大宗材料的采购运输，降低物流成本；c. 支持有实力的企业面向社会开放采购系统，鼓励制造企业的采购平台共享。

2）鞍钢股份有限公司

①鞍钢简介。

鞍钢股份有限公司（以下简称“鞍钢”）经过近七十年的建设和发展，已形成从采矿、选矿、炼铁、炼钢到轧钢综合配套，以及焦化、耐火、动力、运输、冶金机械、建设、技术研发、设计、自动化、综合利用等辅助单位组成的大型钢铁企业集团。能够生产700多个品种、25000多个规格的钢铁产品。形成年生产铁1600万吨、钢1600万吨、钢材1500万吨的综合生产能力。鞍钢是中华人民共和国最早成立和恢复建设的大型钢铁联合企业，也是我国最早建成的钢铁生产基地。在恢复生产和建设发展中，为我国钢铁工业的发展和经济建设做出了巨大贡献，创造了巨大的物质财富。

②鞍钢物流与供应链运作情况。

2016年，鞍钢物流管理中心（以下简称“中心”）围绕供应物流、生产物流、销售物流等方面不断发展，为钢铁主业全系统降低成本提供支撑。

随着钢铁行业持续低迷，如何用物流费用辅助主业降本已成为各钢企的关注点。对此，鞍钢物流管理中心积极想办法、谋对策，不断为用户提供仓储、加工、配送等系列增值服务，以谋取更大利润。同时，为扶持现有物流企业走出去，除满足鞍钢现有用户需求，做好物流服务外，中心还争取更多的外部物流收入，使鞍钢的物流服务质量和水平真正与市场接轨。

在供应物流方面，中心对标先进企业的采购物流结构，力求优化物流半径和物流费用。不断细化港口大宗原燃料回运全程物流费的结构分析，与供应链合作伙伴开发新的物流合作模式，以此降低物流成本。通过提高到达物资直付率，减少二次倒运发生的装卸费和铁运费。提高矿发大宗原燃料铁运方式的直装率，降低铁运费用，争取实现直装率93%以上。提高物流效率、减少物流二次倒运、优化物流路径是中心工作的重点，他们与大宗原燃料供方、中国铁路总公司等相关单位共同研究新的合作模式，减少运费，降低采购物流成本。

在生产物流方面，中心实施备品备件的集中配送模式，优化车辆运行，进一步增加车辆利用率，不断优化车辆配置和路径，实施减量运输；不断优化大型吊车及工程机械包月车辆台班管理，使其在满足生产所需的前提下，降低生产物流成本。

在销售物流方面，中心树立“服务创造价值”的宗旨，完善东北、华北、华东、华南四大区的物流服务。首先，加快推进联通国内销售区域的物流通道建设，努力形成华东、华南、东北、西北等若干条货畅其流、经济便捷的跨区域物流大通道。其次，加强物流园区规划布局，进一步明确功能定位，整合和规范现有园区，节约、集约用地，提高资源利用效率和管理水平。用扩大航线全社会公开招标的模式，最大限度地降低海运运输价格。同时，与相关铁路局沟通，进一步降低从成品库至东北销售区一级库的铁路运费，增加鞍钢在东北销售区的竞争优势。进一步结合客户的需求，细化和增加个性化物流服务方案，在满足客户各种需求的前提下降低销售物流成本。

③鞍钢在“互联网 +”方面的典型经验做法。

受访的鞍钢侯海云经理表示，鞍钢是国内率先实践“互联网 +”行动的钢铁企业之一。鞍钢一直非常重视信息化建设，在2014年5月，鞍钢被国家工信部评选为2014年全国502家两化融合管理体系贯标试点企业之一。此后，按照工信部的总体部署，鞍钢全面开展了两化融合管理体系贯标工作，成立了两化融合管理体系贯标工作领导小组，使该项工作得以快速反应、及时行动、有效落实。2015年3月，工信部电子科学技术情报研究所两化融合现场评估审核组对鞍钢进行了现场评估审核。经过全面评定和网上公示后，鞍钢正式通过两化融合管理体系评定。

作为钢铁行业的领军企业，鞍钢高度重视信息化建设，多年来，以“标准化、规范化、流程化、自动化、智能化”为目标，建立了设备控制系统、过程控制系统（PCS）、制造执行系统（MES）和覆盖产、供、销、人、财、物的ERP系统，提升了产品、装备、生产、管理、服务的智能化水平和质量效益。

在“互联网 +”的背景下，鞍钢的物流与供应链发展战略是由制造型向服务型钢企转型，开发并实施物流电商平台。在运作模式方面，在仓储运作中，实施云仓策略；运输运作中，实施运网策略；在供应链采购方面，网上集中公开采购；在企业管理模式方面，将大数据应用至企业战略、精准营销和风险管控。

举例来说，在库存实现“云仓”策略后，2015年，鞍钢设备资材采购中心（以下简称“中心”）资材类辅助材料入库品种新品采购实现零库存目标。这标志着该中心资材零库存管理取得阶段性成果，有效地提高了材料采购计划精度，缩短供货周期，降低了企业资材库存资金占用。资材类辅助材料入库品种主要包括电缆、五金、橡胶、有色金属、劳保品等常用常耗的专用材料和通用材料。过去，中心在采购此类材料时，供货商发货后直接入库，生产厂按需从库房领取，这就造成了库存积余，产生了资金占用。为解决这一问题，该中心在采购此类材料时采取直付生产厂的方式，不占用库存，实现了保供与零库存的双重目标。

再如，在生产设计中，鞍钢计量厂牢牢抓住技术创新和管理创新两个关键，以“检测准确齐全、控制先进可靠、高质量长寿命、低成本网络化”为目标，致力为钢铁生产提供准确可靠的计量服务，以此弥补人力资源缺口。该厂紧盯国内外集中计量前沿技术，积极践行“互联网+”理念，创造性提出以“互联网+衡器计量”为核心，以采购、内转和销售物流为主轴，立足现有衡器设备，自主集成和运用自动化控制、多媒体、数据库、物联网、云存储、手机短信平台等多项技术，建立集图像、声音、数据、现场设备控制于一体，方便快捷、运行可靠的衡器远程集中计量管控系统。从此，鞍钢厂区范围内的23台汽车衡、21台轨道衡、9台皮带秤实现了“无人值守、集中计量”，彻底告别了以往分散计量人工作业的传统模式，标志着鞍钢“互联网+衡器计量”时代正式启动。

（二）实证调研发现的主要问题

根据受访企业的问卷调研和实际访谈，课题组认为，“互联网+”时代下制造企业物流与供应链存在的主要问题有以下几个。

1. 物流信息平台缺乏有效整合

制造企业实施“互联网+”行动战略，需要物流信息基础设施如信息平台作为发展的支撑。信息平台是实现服务资源互联互通、信息共享和服务协同的重要基础设施。尽管中国物流与采购联合会已经联合60家有代表性的运力平台企业，构建了覆盖全国的优质运力网络。然而，许多制造企业在推进物流与供应链发展战略过程中，并没有对物流信息基础设施进行有效整合、改进和提升，也没有与物流公共信息平台进行有机联合，导致企业“互联网+物流”战略的实施停留于表面，难以落到真正实处。

2. 制造业与物流业协同化程度低

虽然我国的制造业与物流业联动发展取得了积极进展，但是总体来看，制造企业与物流企业的协同化程度较低，加之制造企业物流本身运作水平不高，导致制造企业在推进物流与供应链向“互联网+”发展中，难以实现快速突破。制造业与物流业协同化程度较低的原因有以下几个方面。

（1）受当前制造企业经营效益持续下滑和第三方物流市场不规范的双重影响，制造企业物流需求释放的规模和积极性正在减弱，许多制造企业减少物流外包环节，增加物流自营，而第三方物流企业粗放式的单一化经营和低价恶性竞争严重，也进一步制约了双方协同发展。

（2）两业协同的政府部门协调机制还未建立，制约了两业协同发展。制造企业的管理隶属于工信部，而物流业则尚无统一的部门进行综合管理，部门条块分割影响了两业协同的政策协调，也影响了两业联动政策的落实与深化。

（3）我国制造业企业规模偏小，组织化程度较低，因此，对物流系统的需求较弱；加之物流成本的统计方式、物流成本对企业的影响还未得到大多数企业的重视，所以降低物流成本的动力不足，也导致联动的弱化。

（4）我国制造业拥有自有品牌的比例不如发达国家，很多企业还是国外品牌的代工厂，不说供应链管理，就连物流一体化管理还很难做到，因此，其对物流的需求还停留在物流功能阶段，所以物流企业仅提供诸如仓储、运输、快递等功能性服务就能满足制造业的需求，不能满足联动的系统性。

3. 实际生产运作模式不能满足快速转变的需求

互联网广泛融入生产制造全过程、全产业链和产品全生命周期，催生一批新技术、新业态和新模式，成为引领产业转型升级的重要驱动力。在需求个性化的模式下，众包设计、个性化定制、协同制造等新兴生产模式快速兴起。但一是由于这些新兴模式尚处于摸索性的不成熟期；二是由于传统的生产制造业基于观念问题、风险问题、能力问题、环境问题、资本问题等尚处于旁观期。故大多数制造企业的实际生产运作模式仍然局限在传统的大规模生产范畴，并没有对生产运作方式进行快速切换，难以对新兴的市场需求做出有效准确的反应。

4. 物流基础设施待完善

在受访的企业调研中，许多物流负责人都反映相关的物流基础要素亟待完善。这些基础要素包括运输车辆标准化、仓储设施基地建设、物流信息化建设与投资、物联网基础设施投资、多式联运和物流平台整合等。基础要素的完善，需要政府从战略层面进行规划协调，企业通过传统业务模式优化改造和系统升级，实现物流服务能力的提高和便捷、高效运行的目标。

5. 标准化程度低

标准化是对产品、工作、工程或服务等普遍活动规定统一的标准，并且对这个标准进行贯彻实施的整个过程。标准化是国民经济管理和企业管理的重要内容，也是现代科学体系的重要组成部分。受访企业反映，“互联网＋”的概念边界太宽广，缺乏必要的标准化经验借鉴。而且，在一些具体业务落实中，运输工具、物流设备等衔接标准，托盘、周转箱、集装箱等标准化装载单元循环共用等工作仍有巨大的完善空间，迫切需要加强对物流信息数据标准、物流设施设备的衔接标准、物流服务活动的管理标准进行制修订，并加大宣贯和落实力度。

6. 市场秩序混乱

市场秩序混乱也是受访企业关注的重要问题。由于“互联网＋”的跨界特征，许多制造企业改变了传统的生产与销售渠道，企业之间的竞争维度变得更加复杂，因此，市场秩序混乱是不少制造企业担忧的问题。例如，在销售物流环节，随着移动O2O时代的到来，“互联网＋物流”正是利用了互联网庞大的信息平台，整合供应链，高效连接生产者和消费者；同时，也伴随着对传统运输业冲击产生的阵痛。目前车货匹配App总数已超过200家。在货车帮宣布获得数亿元资本的同时，运满满、罗技等公司也都拿到了不菲的融资，货运O2O“百团大战”已经硝烟弥漫。不少企业为了获得市场份额，使出各种竞争手段，市场秩序混乱，亟待整改和规范。

7. 企业文化及从业人员专业素养有待变革与提高

在“互联网+”的发展背景下，企业的营销理念、生产经营方式、物流决策方式都在发生很大的变革，对于制造企业而言，将改变原有的生产经营模式和方法，对人才的要求也提出了相应的变革，尤其是要加快引进互联网人才。互联网人才可以通过内部培养和外部引进两种方式进行补充，但这其中也存在着矛盾。内部的员工对于本企业文化、企业产品以及各种流程更为熟悉，但这些内部提拔的员工能否适应互联网电商环境下的高节奏状态，能否适应并快速学习新技术解决新的信息技术问题值得商榷，同时很多传统线下的思维也不是短时间内就可以改变的。对于外部招聘的人才，如何更加有效地让其融入本企业已有的文化，适应制造企业的发展战略，也是一个不小的挑战。

(三)“互联网+”时代下的制造业物流与供应链发展趋势

在“互联网+”时代，物联网、云计算、大数据等基于互联网的新一代信息技术正在成为驱动制造业产业变革的核心力量。传统制造业企业必将拥抱互联网，使物流与供应链环节呈现新的发展态势。

1. 全球供应链协同

“互联网+”时代下，信息交融更为便捷，伴随的是制造企业供应、生产和销售关系的复杂化，该过程涉及的不同地域的厂家将越来越多，最终呈现全球供应链协同。制造企业全球供应链管理的形成，将使得物流、信息流和资金流变得更加畅通，不仅会增大整个供应链的总体效益，还会使单个企业借助庞大供应链的整合优势，在竞争中更主动、更有发言权。下例说明了“单纯制造”与“供应链协同”的区别。

某服装工厂在某年3月1日接到品牌商订单，生产A、B两个款式各1000件衣服，要求同年4月1日前交货。工厂赶工，保质保量生产出衣服，在4月1日前把货发出，这叫“单纯制造”。而“供应链协同”的做法是，工厂在生产过程中了解到品牌销售信息：A款式畅销，在3月中旬已经低于最低安全库存了，马上就要断货；而B款式滞销，尚有大量库存。那么工厂应该加速A款式的生产，提前交货，而延缓B款式的生产甚至减少订单量，这就是“供应链协同”的做法。

在互联网尚未普及的时候，一些优秀的企业已经在这方面进行了卓越的探索，比如思科、沃尔玛、丰田汽车、戴尔、华为等。而互联网作为一种广域的连接工具，则可以更低成本地将供应链的上下游连接起来，通过数据协同实现更大范围的供应链协同。

要实现供应链协同，从供应链维度看需要构建供应协同、生产协同、需求协同、资金流协同和物流协同，如图12所示。当产业链所有系统都全面集成之后，一条连接市场最终客户、制造业内部各部门、上下游各方的实时协同供应链就形成了。“互联网+”时代下制造企业供应链的最高境界——协同规划、预测与补货系统就也就能得以实现。

“互联网+”时代下，企业内部的系统集成通过以太网（局域网）即可完成，而跨企业之间的协同互联网则扮演重要角色。特别是电商出现之后，基于电商交易的数据丰富度、实时性和预测准确性，远非销售终端（POS）信息单一维度的日报所能比拟。在

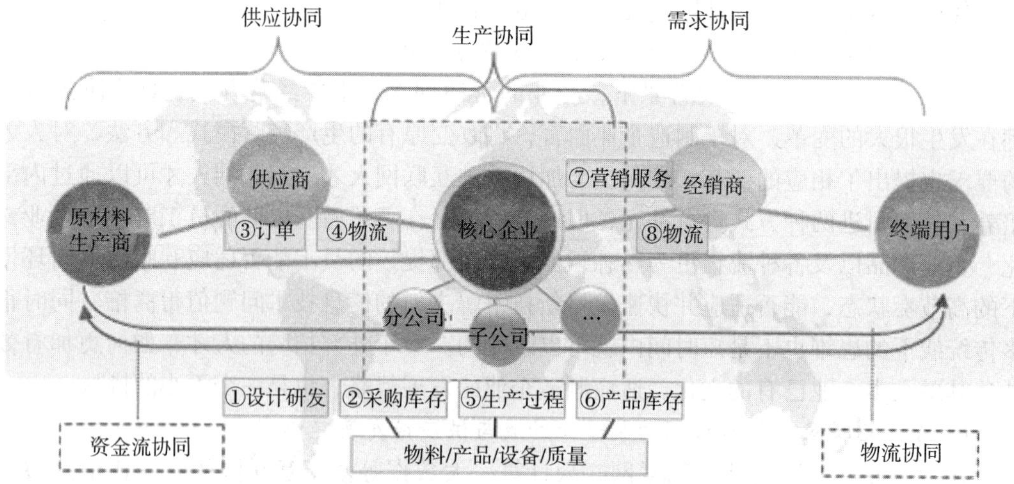

图 12　制造业供应链协同模型

电商平台上，平台级的供应链协同系统出现也将是一大趋势，可行性较强。

2. 智慧生产运作

从概念来看，“互联网 +”时代下，制造企业的物流运作将借助于大数据、云计算等新一代信息技术向智慧供应链迈进，以完成智慧化供应链。传统的制造企业要在当下竞争中取得优势地位，必须采用以云计算、大数据、物联网为代表的新一代先进信息计算进行供应链的优化和重组，实现供应链上各个节点的信息共享，从而提高供应链整体的竞争力。

从技术核心来看，互联网 + 制造业智慧化的根本要义，正是在产品的设计、物流管理到销售服务过程中，充分融入互联网基因，将用户大数据收集、用户个性特点分析作为参考，以用户的需求推动商品的每一个生产销售过程，实现需求侧为主导的经营模式，并由此激发消费者消费潜力，实现生产经营的有的放矢。

从发展模式来看，已有两种典型发展模式：第一种以美国为代表，把互联网延伸到工业物流和供应链管理，通过高功能设备、低成本传感器、互联网、大数据收集及技术分析等组合，大幅度提高现有产业的效率并创造新产业；第二种以德国为代表，从工业领域、物联网延伸，提出工业 4.0 计划，实行以智能制造为主导的第四次工业革命，并创造新的物流管理方式①。

3. 敏捷高效支持

基于“互联网 +”下的网络集成信息、科学管理决策方法和高效的决策支持系统，敏捷化是制造业物流与供应链管理的必然趋势。

敏捷化在制造企业生产模式上的具体体现为由传统的大规模生产转变为大规模个性定制化生产。传统制造业在经历了长期的行业紧缩之后，众多巨头开始将注意力转向“互联网 +”与“个性化”的产品开发。由于互联网条件下的信息化与工业化深度融

① 中国贸易金融网“互联网 + 再生资源 + 供应链金融”深度解析［EB/OL］. http://www.sinotf.com/GB/SupplyChain/1082/2016-03-24/yMMDAwMDE5OTUyMQ.html，2016-03-24.

合——以工业化的效率控制成本，以个性化产品增强竞争力①。以大规模个性化制造为体现的供应链敏捷化得以实践。

就已有实例而言，在传统家电行业，美的与阿里巴巴联合巨制专为80后设计的“i青春”系列智能云空调，不仅在功能上实现了家电物联网智能控制，还充分利用网友票选的结果决定产品的外观设计，真正实现“需求从消费者调研中来，产品到消费者满意中去”。借助于“互联网+”时代下的多样技术手段，传统家电也以多样化定制形式面世，转型敏捷化供应链，吹响了白色家电的升级号角。

4. 绿色可持续发展

绿色可持续发展是指综合考虑环境影响和资源优化利用的制造业供应链的发展方向，使整个供应链对环境的负面影响最小，资源效率最高。未来，互联网+闭环供应链管理将是制造业物流与供应链可持续发展的重要发展方向。

在模式层面，要实现供应链绿色可持续发展，可推行互联网+闭环供应链管理，创新回收交易新模式。再生资源由专业回收企业进行进一步筛选、分拣、预处理后，运往再生资源生产性企业进行循环再造，产出的再生资源产品又作为新商品进行交易，从而形成循环式的资源再生利用，以实现环境友好的目标，实现供应链绿色化。

在运作层面，要实现供应链绿色可持续发展，“互联网+闭环供应链管理”要求在充分依托定点资质，布局覆盖社区、街道、商场的回收网点基础上，建立交易电子商务平台，将回收交易终端深入城市社区，把城市中产生的废旧资源回收到线上，并转换为线上的虚拟货币或积分等，实现再生资源云回收。通过虚拟货币兑换成各种有形和无形的商品，从而实现线上、线下资源的无缝衔接。因而，实体制造企业与互联网企业合建或者自建“互联网+回收”交易平台，打通线下回收渠道和线上回收网络，从现有多环节、多层次的线下回收网络走向覆盖全国的线上回收网络，强化再生资源回收利用产业的原料保障体系建设，可进一步提升再生资源公司的盈利能力和核心竞争力。未来，还可以进一步与物联网深度结合升级。通过积极实施“互联网+物联网+再生资源”交易平台战略，充分利用已有集散市场的线下资源，建立专供再生资源回收体系的物联网平台，完成废物的GPS实时跟踪，全程监管废物从进园到入园拆解、交易再到加工的整个过程，确保废旧物资被最大限度利用。

四、“互联网+”时代制造业物流与供应链发展战略

“互联网+”时代下，制造业的所有关键领域与环节都将融入互联网和物联网技术。深度协同制造、超越所有权的资源共享、高度自我适应的物流、大规模定制化的生产、直通用户体验的市场营销、方便快捷低成本的交易环境等特征将广泛存在，因而，设计“互联网+”时代下制造业物流与供应链的发展战略极为重要与迫切。

（一）发展战略总体设计思路

“互联网+”时代下，信息技术的革新带来了制造业生产方式的变革，也影响到物

① IT世界网．“互联网+”与“大规模个性定制生产”提速多个行业格局变化进程［EB/OL］．http://www.it.com.cn/news/hlw/cn/2015122110/1221274.html，2015-12-21.

流体系构建、物流企业运作模式的改变。为了更好地拥抱“互联网 +”，建议制造企业采取智慧化、协同化、一体化的发展战略。

1. 智慧化战略

在“互联网 +”的发展大潮下，智能制造已成为全球制造业发展的新趋势，我国也力图通过智能产品、技术、装备和理念改造和提升传统制造业，推动制造业向智能化发展转型。而制造业物流的智慧化是真正实现智能制造的重要保障，然而，目前我国新一代信息技术在物流行业的应用和推广水平仍然较低，自主创新和产业支撑能力不强，物流设施设备的自动化、智能化程度以及物流管理的信息化水平与发达国家相比，还存在较大差距。因此，在“互联网 +”的机遇下，提出制造业物流智慧化的发展战略。具体来讲，智慧化发展战略可体现为以下两个维度。

1）借助“互联网 +”构筑云制造资源池，建设智能集成物流模式

利用“互联网 +”的技术，融合现有的网络化制造、动态服务器网页（Active Server Poges，ASP）平台、物联网和制造网格等概念和技术，将各类制造资源和制造能力虚拟化、服务化构成云制造资源池，进行统一的、集中的智能化经营和管理，通过网络和云制造服务平台为用户提供标准规范、可共享、可随时获取、按需使用、安全可靠、优质廉价的物流服务。积极构建“互联网 +”的大规模定制化物流模式和面向物联网的智能集成式物流模式，设计具有小批量、多品类、快速生产、快速交货和连续补货的柔性化物流服务解决方案。

2）“互联网 +”推动企业优势业务整合，实现精益化控制过程

建立面向成本控制的精益物流模式，通过信息化实现企业优势的快速整合，充分集成整合仓储、销售、采购等信息系统，合理设置原材料、中间品和产成品的库存，实现销售预测、经济采购批量设置、库存设置的有效管理。在生产管控中以精简为手段，减少甚至去除不增值环节，实施 JIT、看板管理和准时供货，拉动上游产业链和供应商长期战略合作。要结合精益管理增值原则，分析仓储、分拣设备的负荷和人员负荷，消除各工序间的等待、停滞时间，进一步提升仓储、分拣自动化和智能化水平。

2. 协同化战略

制造业企业及相关产业链要降低成本，关键在于降低采购与流通环节的消耗，根据高效传导的需求信息调整产业结构，提升整体供给效率，即推动制造业与物流业的“两业联动”。但是从国内制造业目前的整体发展状况来看，整个制造业物流信息化、自动化、网络化、智能化、柔性化的发展还不能独立存在，在互联网与工业融合创新推动下制造业与物流融合的强度、交互性、清晰度和多维性空间很大。所以，借助互联网工具，连接产业集群供应链上下游，建设平台级的“互联网 + 制造业 + 制造业物流供应链”协同系统，对提升企业生产制造、供应链管理、产品销售及物流服务效益具有聚变效应。

“互联网 + 制造业 + 制造业物流供应链协同平台”如图 13 所示，“互联网 +”下的制造业协同化发展战略，通过平台级的“互联网 + 制造业 + 物流与供应链协同系统”的建设，打通了包括方案设计、结构、生产管理、服务等环节在内的完整数字化产业链，真实反映供应链客户的真实需求。以互联网对信息的集成整合为核心，打造实时数

据和流程两个层面的供应链计划与执行联结体系，实现制造业与制造业物流在战略、策略和技术上的三重协同，最大限度地实现业务共享、知识技能共享、信息共享、整体形象共享等。将供应链内所有的企业集成，实现能力流、信息流和资金流在平台上的自动流转，通过该平台实现企业内部和企业之间的各种业务活动、资源的有效集成和共享，消除信息孤岛和资源浪费，促进整个供应链的优化。

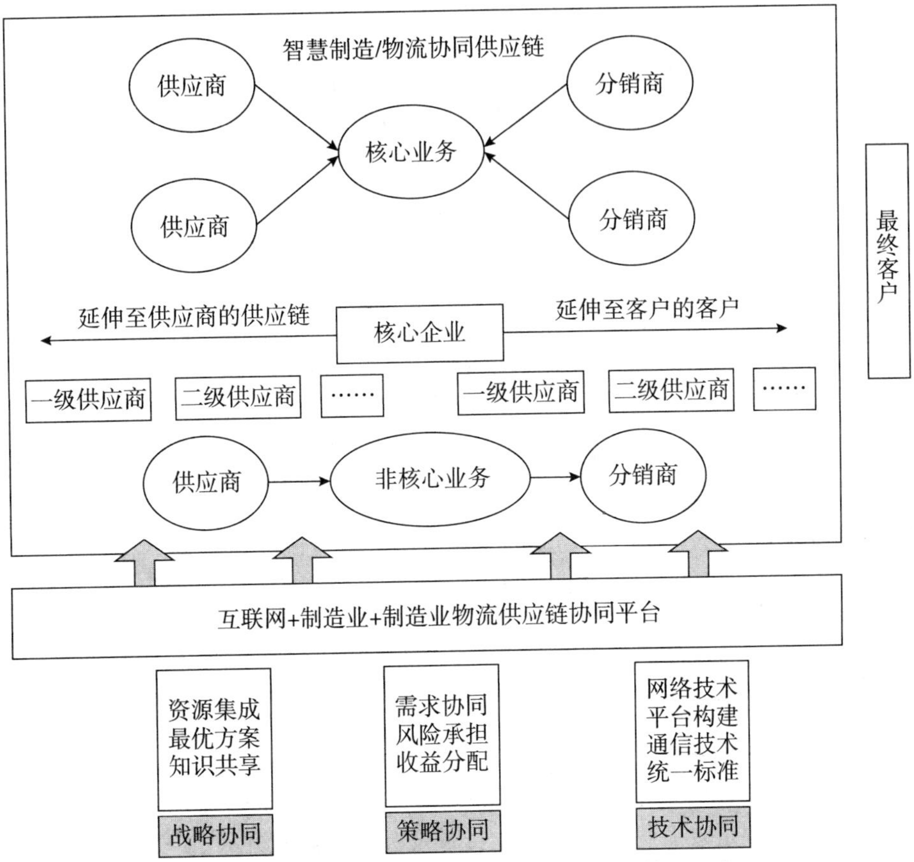

图 13　互联网 + 制造业 + 制造业物流供应链协同平台

3. 一体化战略

伴随着制造业生产方式的变革，消费者消费习惯的变化以及物流装备的不断升级换代，“互联网 +”时代下的制造业物流应该采取一体化的战略以适应发展需要。制造业物流的创新发展，其核心目的在于更好地配合制造与消费，更好地提升物流效率以压缩整个物流过程的时间，满足客户多样化需求。在互联网时代下，客户需求的多样化、个性化拉动制造过程已经成为制造业发展的必然趋势，所以尽最大限度提升物流效率，推进采购、生产、运输、仓储等环节一体化发展势在必行。

在采购物流的环节，建议采取集中采购的模式。伴随移动互联信息技术的发展，制造企业也应当推动物资采购业务的移动终端布局，积极利用阿里巴巴等公共电商采购原材料，发布产品信息，拓宽销售渠道，促使企业产品、库存、价格等信息互联网化。以此提高采购效率和透明度，为配合企业高效定制化生产打下基础。

在生产物流环节，通过厂内设施设备智能化改造，提升生产物流效率。配合企业原有的ERP系统，尽快建立完善厂内智能物联网，实时更新生产进程，配合生产计划进行生产物流的高效运作与管理。通过提升物料周转率来降低临时库存水平，降低生产物流成本，提高效率。

在运输环节，通过应用新技术，打造智能运输服务。应充分利用互联网时代下高水平的信息技术，货物全程跟踪定位（GPS）、智能无线射频识别技术（RFID）、货物监控预警技术等应用都会促进物流运输效率的提升。企业通过应用这些新的技术，构建智能运输体系，可以大大提升效率，缩短货物在途时间，更好地推进物流一体化战略。

在仓储物流环节，推行现代化智能仓储模式。所谓智能仓储，就是通过建立智能化立体仓库等现代化设备，应用智能化物流装备提升分拣、储存、包装等作业的效率。仓储是物流环节中唯一的停滞点，所以，只有努力打通这一点，保证材料和货物在系统中的正常流转，才能够整体提升物流效率。

综合来看，推进“互联网+”下的物流流通一体化战略，就是利用信息技术，建立功能强大的一体化信息平台，配合设施设备之智能化改造，将各个环节纳入平台的管理与监控之中，实施流通环节的全程管控，打破环节之间的间隔，尽最大限度提升物流体系的运作效率，更好地配合制造业新的服务型制造模式，促进二者之间的联动发展。

（二）“互联网+”时代制造业物流战略任务

“互联网+”时代下，制造业物流的发展离不开政策的支持与协调，接下来将从智慧物流、高效运输、智能仓储、便捷配送、物流金融五个方面开展战略任务的相关研究。

1. 互联网+智慧物流

1）推进物流活动数据化

建立健全物流数据采集、管理、开放、应用等方面的标准规范，促进物流活动的数据化。统一数据编码、格式标准、交换接口规范等，研制一批基础共性、重点应用和关键技术标准，研究制定政府物流数据开放目录及标准，规范开放的方式、内容、对象，制定数据商业化服务规则，明确公益性与商业性信息服务界限。围绕物流诚信、安全监管、公共服务等专题，开展数据交换、存储、监控、查询与统计分析、大数据挖掘等工作，为政府决策、市场运行和公共服务提供信息服务支持。

2）加强云、网、端基础设施建设

鼓励行业协会、公共服务机构和骨干物流企业等各类主体参与云、网、端等物流云计算、大数据基础设施建设。推动物流企业上云，促进物流云的发展。加强物联网、车联网、移动互联网等物流数据传输网络建设，拓宽物流信息传输渠道，增加网络信息容量。扩大智慧物流园区、智能仓储设施、车载GPS、货运App等智能物流终端建设、应用比例，提升云计算、大数据在物流业的应用条件。

3）建设物流信息共享互通体系

制定与物流信息共享相关的标准，包括技术标准、交换标准、交易标准和服务标准，建立数据合作、交换和共享机制，建设物流信息共享互通体系，推进互联网模式的在线交易。加强对各类物流服务平台的引导，促进企业线上线下多点互动运行，支持制造业物流服务平台与供应链上下游企业间信息标准统一和系统对接，强化协同运作。鼓励电信企业和大型互联网企业与工业园区、产业集聚区联手打造开放共享的资源平台。打造一批制造业物流公共服务产品，推广共享服务移动终端应用。

4）推进智慧物流系统建设

结合物流创新城市试点，鼓励物流企业应用北斗导航、物联网、云计算、大数据、移动互联等先进信息技术，鼓励企业使用物流云服务，支持企业创新云计算、大数据服务模式，降低物流信息化成本。鼓励信息化基础较好、用户数量较多、技术手段较先进的平台型物流企业，推动线上线下融合发展。

2. 互联网＋高效运输

1）鼓励运输新技术的研发应用

支持货物跟踪定位、无线射频识别、可视化技术、移动信息服务、智能交通和位置服务等关键技术研发及在物流运输领域，特别是在产品可追溯、在线调度管理、全自动物流配送、智能配货等领域的应用，打通物流信息链，实现物流信息全程可追踪。

2）鼓励无车承运人的发展

适应“互联网＋”发展需要，加快修订完善《道路运输条例》和《道路货物运输及场站管理规定》，明确“无车承运人”的道路货运经营资质。鼓励无车承运人利用物联网等先进信息技术，优化物流业务流程，提高物流流程标准化和物流过程可视化水平。完善无车承运人税收征管制度。促进货源、车（船）源和物流服务等信息的高效匹配，优化社会物流资源配置。

3）大力推广多式联运

探索建立多式联运公共信息平台，制定统一的多式联运服务标准和规则，推动多式联运主要参与者之间的信息互联互通。出台多式联运管理办法，推广电子运单和电子发票。培育多式联运运营主体，建立全程物流代理人制度，探索在重点行业领域实行“一票到底”的物流服务。推动跨区域、企业联盟、干支衔接等甩挂运输发展。

3. 互联网＋智能仓储

1）加快智能仓储设施应用

鼓励物流企业建设智能化立体仓库等现代物流设施，应用智能化物流装备提升仓储、装卸、分拣、包装等作业效率。大力促进物流机器人产业发展，鼓励扶植物流机器人技术开发应用，包括拣选机器人、末端配送机器人、机器人影像识别拣选、高密度存储机械臂拣选、语音拣选等技术，仓内机器人多模式应用等。

2）建设智能化示范基地

通过试点示范，引导企业在重要物流节点或物流集散地规划建设或改造一批国家智能化物流示范基地（园区），推动仓储设施从传统结构向网格结构升级，建立深度感知智能仓储系统，实现存、取、管全程智能化。

4. 互联网＋便捷配送

1）实行生产线配送，推动快递服务制造企业发展

生产线配送是指企业（供应商或者物流企业）将制造企业所需要原材料直接配送

至生产线的一种物流活动。这种配送直接由制造商进行配送而无须将产品发运到物流配送中心进行配送。由于减少了一次物流环节，可节约物流成本，减少物流费用，有一定优势。鼓励制造企业与物流企业或者供应商建立密切合作关系，实行生产线配送机制，减少物流成本。支持技术密集型制造业和个性化定制企业通过服务外包优化生产流程，依托航空快递、限时快递等开展精益制造、准时制造、网络化制造和个性化制造，实行生产线配送服务，降低物流成本。鼓励快递企业提供样品、设计图样等限时寄递，开发数据库等增值服务，提供从厂商到最终用户的产品递送方案。

2）推动城市配送模式创新

加强城市配送数据资源的统筹利用，建立物流配送云服务平台，搭建城市配送公共运力池，完善城市通行管理，加强 RFID 等物联网技术的应用，实现信息互联，鼓励开展共同配送、越库配送、夜间配送等先进配送模式。建立托盘信息循环共用系统，发展包含物流信息的智能化托盘。

3）加快开展城市配送车辆标准化建设

加强《电子商务物流服务规范》（SB/T 11132—2015）、《城市物流配送汽车选型技术要求》（GB/T 29912—2013）、《道路车辆外廓尺寸、轴荷及质量限值》（GB 1589—2016）的实施，引导企业推广使用符合标准的配送车型，加快开展城市配送车辆统一标识管理工作。

4）着力解决“最后一公里”问题

依托“电子商务进社区”等工程，新建或改造利用现有资源，完善社区电商物流便民基础设施，发展网购自提点，推广智能终端自提设备。支持连锁零售企业、快递企业、末端配送企业、生活服务类企业共同打造便民利民的社区电商物流服务体系，解决“最后一公里”“最后一百米”末端配送难题。

5. 互联网 + 物流金融

1）推进“物流 + 互联网 + 金融”的发展战略，推动物流企业转型升级

支持传化集团、林安集团等领先的物流企业，率先利用大数据技术和金融服务平台，开展基于物流平台的一体化金融服务，优化物流生态圈。

2）深化互联网在物流金融行业中的应用

不断完善物流金融法律法规制度，明确优先权顺序和担保权执行程序，加大对违法行为的处罚力度，对实践中出现的重复质押、骗贷等违法行为提出明确的罚款条款。建立健全质押物信息披露制度，向社会公众及时、准确、真实地发布有关企业、机构的名单，使参与主体受到合作者与社会公众的监督。积极培育和借助社会中介机构力量，加强对融资主体资产审计和信用审查，发挥第三方机构的协调作用。引导舆论监督，健全信访举报、电话投诉等监督举报制度，鼓励社会公众及时参与，共同监督。

3）积极建立行业物流金融市场诚信体系

建立信用资料库，建立涵盖融资企业信息动态收集、分析与查询，质押物相关市场信息动态收集、分析与查询，物资、金融信息动态收集等功能为一体的跨行业信息平台。

4）政府部门可以建立统一的在线监测平台

将互联网金融企业接入平台，对其风险水平进行评估，对其运营情况进行监测。坚

持负面清单管理的方式，对互联网金融企业采用准入制管理，要求互联网金融采用实名制，对互联网金融平台的管理制度、组织结构、人员构成、风险管理设置准入门槛，将违法违规企业记入负面清单，取消其经营资格和进入资格。

（三）“互联网+”时代制造业供应链战略任务

“互联网+”时代下，制造业供应链的发展离不开政策的支持与协调，接下来将从协同采购、精益制造、联合销售、回收和供应链一体化五个方面开展战略任务的相关研究。

1. 互联网+协同采购

1）鼓励企业建立电子采购平台，改进采购管理模式与决策方式，加快企业互联网进化步伐

推进企业物资采购业务移动终端布局，积极利用阿里巴巴等公共电商平台采购原材料。加强集团型企业物资采购业务的集中管控和全流程管理，推进上下协同、内外协同以及一体化的新型物资集中采购管理模式，实现采购管理向供应链管理转变。鼓励企业通过大数据分析进行精准采购，构建面向信息和数据驱动的企业生产快速响应模式和柔性化决策方式。支持加工企业、制造业企业、流通服务企业通过电子商务开展网上购销和洽谈签约等业务，促进实体购销渠道和网络购销渠道互动发展。积极打造行业性的综合电子商务平台，通过兼并、引进、合作等方式，打造一批交易规模大、商品类别全、市场覆盖面广、特色鲜明的大型行业性综合电子商务平台。鼓励本土跨境电商企业与“一带一路”沿线国家合作共建跨境采购平台，推动我国电子商务走出去。

2）加快政府采购领域的智慧应用和信息服务

积极推进政府采购网上卖场项目，实现与电商平台的系统和数据对接，推动资源配置依据市场规律向智慧经济合理流动。培育一批网络零售领域的总代理、总经销，支持针对特色商品和特定消费人群的专业化网络零售平台。鼓励企业将自建网络零售平台向其他企业和个人开放。鼓励发展客户对企业（C2B）、线上到线下（O2O）等多种模式的电子商务。

3）加快生产制造企业与供应商协同化采购步伐，支持协同化采购生产试点

加快生产制造企业与供应商协同化采购步伐，构建面向“互联网+采购”全程解决方案的生态型采购管理系统，为大型生产企业采购创新提供强力支撑。在功能上，实现采购电商化、采购集中化、采购阳光化、采购全程化、采购去中介化五个方面，缩短了供应商与企业用户之间的距离，打破了双方之间的信息不对称，实现采购协同化发展。同时，在协同化发展平台基础上，构建开放的云平台，为供应商、行业采购构建自由生态圈，由提供单纯的内部服务扩展到可为其他的制造企业进行服务，提供行情、价格对标等大数据服务，通过会员费、广告费、服务费等形式，为制造企业采购增加新的盈利模式。

2. 互联网+精益制造

1）积极落实“中国制造2025”的战略部署，深化互联网在制造领域的应用

发展基于互联网的个性化定制、众包设计、云制造等新型制造模式，推动形成基于消费需求动态感知的研发、制造和产业组织方式。加快开展物联网技术研发和应用示

范，培育智能监测、远程诊断管理、全产业链追溯等工业互联网新应用。实施工业云及工业大数据创新应用试点，建设一批高质量的工业云服务和工业大数据平台，推动软件与服务、设计与制造资源、关键技术与标准的开放共享。以数字化制造、智能化制造、国际化制造为发展方向，全力打造“智慧工厂”，有序推进互联网与工业生产的有机结合，将智能制造贯穿产品生产全过程，加大力度推进“互联网＋精益制造”工程。

2）加快精益制造模式在制造业生产中的推广

依托电子商务，将精益生产的思想融入信息系统、嵌入式软件、智能设备和管理模式中，推进网络化协同研发、制造和经营管理，加速研发设计、生产制造、业务重组等向全球体系演进，促进产业创新模式向高效共享和协同转变，推动工业从生产型制造向服务型制造转变。提高管理人员在智能控制、人工智能、人机接口、基于大数据管理等方面的技能水平，推动知识工作自动化。

3）建立面向成本控制的精益物流模式，通过信息化实现企业优势的快速整合

积极构建“互联网＋”的大规模定制化物流模式和面向物联网的智能集成式物流模式，建设具有小批量、多品类、快速生产、快速交货和连续补货的柔性化物流服务解决方案。结合大数据方法，利用O2O技术，优化供应链结构，推进物流可视化、自动化、集成化和智能化。

3. 互联网＋线上线下联合销售

积极利用阿里巴巴等公共电商平台发布产品信息，拓宽销售渠道，促使企业产品、库存、价格等信息互联网化。鼓励企业通过大数据分析进行精准营销。拓展制造业产品网上交易公共渠道，积极打造制造业产品网上购物平台，为企业提供便捷、安全的销售渠道。加快线上线下深度融合，依托实体网点、货源、配送体系等线下优势，积极开展“网上看样、实体网店提货”“网上下单、实店消费”等商业模式应用。培育一批网络零售领域的总代理、总经销，支持针对特色商品和特定消费人群的专业化网络零售平台。

要积极贯彻国务院《关于深化制造业与互联网融合发展的指导意见（国发〔2016〕28号）》文件，支持制造企业与电子商务企业开展战略投资、品牌培育、网上销售、物流配送等领域合作，整合线上线下交易资源，拓展销售渠道。

随着企业产品的销售范围遍布全国乃至全球各地，各级售后服务网点及服务资源配置也需要分散在全国或全球各地，形成了复杂的售后服务供应链网络。鼓励制造企业利用“互联网＋”技术整合优化售后服务供应链资源，创新售后服务供应链运作模式，优化企业售后服务决策方式。要关注售后服务供应链中的维修服务备件、故障信息管理和维修人员等资源管理的三个方面，优化售后服务的逆向物流管理。

4. 互联网＋网络化回收

积极推动制造企业建立环境保护、资源节约和绿色社会责任意识，鼓励制造企业实施“互联网＋网络化回收”策略。制造企业要积极建立再生资源回收信息管理平台，利用“互联网＋”创新手段，回收企业产成品和废旧物资，提高回收企业组织化水平，降低交易成本，优化再生资源回收、拆解利用产业链。

鼓励有条件的企业与上游生产商、销售商合作，通过“以旧换新”等方式，利用现有物流体系，试点开展废弃电器电子产品等再生资源品种逆向物流体系建设。鼓励有

条件的制造企业建设回收物流中心，提高再生资源回收的收集、仓储、分拣、包装、加工水平，借助社会化、专业化物流企业的力量，建立安全、高效、环保的物流系统。

各地工信部门要建立重点联系的分拣加工企业制度，加强与重点联系企业的沟通交流，掌握行业发展情况，了解企业政策需求，协调解决企业发展中的突出困难和共性问题，并及时报送有关行业情况。推出“互联网+回收”和智能回收等具有代表性、典型性和创新性的回收模式并总结、宣传和推广。

5. 互联网+供应链一体化

1）加快供应链协作关系构建

借助互联网工具，连接产业集群供应链上下游，通过数据协同实现更大范围的供应链协同。基于现有的公共电商平台，建设平台级的供应链协同系统，推动产业集群内部供应链的分工协作，建设面向客户订单的敏捷供应链管理模式，建设数据协同的供应链快速反应和有效反应体系。鼓励大型制造企业建立商业生态协作平台，允许各类符合要求的供应商、分销商、零售商等进入系统，参与产品模块化定制与设计、研发、制造，推动库存和运输订单的流程再造，实现物流服务的快速响应。

2）鼓励供应链公司主导构建数字化产业链

积极鼓励现有的供应链管理与服务公司建设智慧供应链管理服务体系，打通包括方案设计、结构、生产管理、服务等环节在内的完整数字化产业链，真实反映供应链客户的真实需求。实施供应链全程可视化建设，在供应链全过程、国内、国外市场及时反映和追踪物流、交易的状态和活动，做到对供应链运营过程的及时监测和操控。建立模块化的供应链运营构架，进行供应链快速集成，具有良好的智能反应和流程处理能力。建设实时供应链计划与执行连接体系，两者的连接能在数据和流程两个层面同时实现。运用供应链分析工具比较预期与实效，实现统计性流程控制，可防范供应链风险，建设良好的供应链预警体系，实现供应链活动的持续进行。

3）加快重点行业的智慧供应链建设

利用互联网和物联网技术，政府要积极建设重点物流行业（如食品、药品、危化品等）的供应链物流基础设施和监管设施，并按照特定规则向企业开放，企业在利用该系统向监管部门反馈信息的同时，对自身物流进行实时监控，帮助企业建设智慧供应链。借助大数据技术，构建大数据物联网供应链服务平台，通过对产品生产、加工、包装、仓储、运输、配送等环节产生的海量数据进行挖掘与分析，帮助企业进行供应链管理决策，创造新的价值。

（四）发展路径

推动“建设互联网+制造业+物流业协同平台”这一发展战略，关键在于打破组织内部及组织间业已存在的业务孤岛、信息孤岛，有效地规划和管理产业链上发生的供应采购、生产运营、分销和所有的物流活动，特别是产业链所有相关方之间的协调和合作，实现商流、物流、信息流和资金流的高效整合①。基于此，进一步提出三步走发展路径，如图14所示。

① 宋华：从“互联网+”看智慧供应链［J］.21世纪商业评论，2015（8）：22-23.

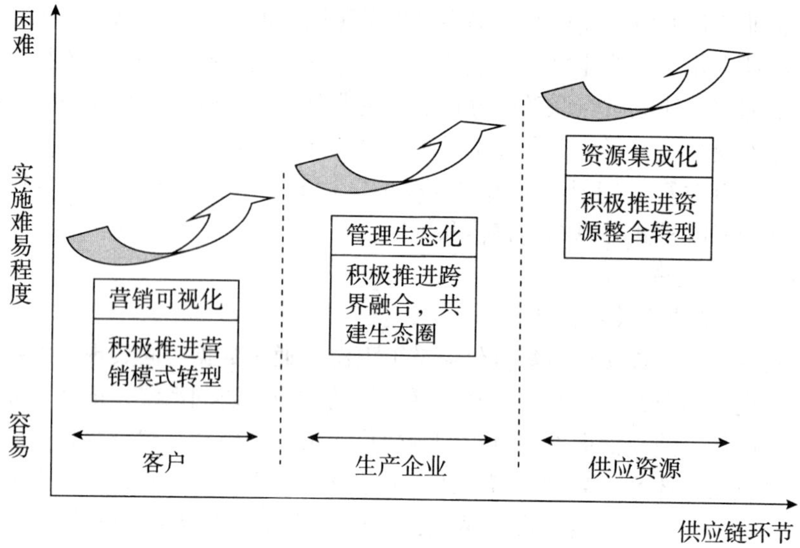

图 14　“互联网 +”制造业物流的三步走发展路径

1. 切入客户视角，实施营销可视化发展，推进营销模式转型

传统物流信息化系统受限于信息系统的产品模式和业务的经营模式，升级空间十分有限。然而随着“互联网 +”趋势的加强，云联网思维使制造业物流与供应链不断突破效率边际。大数据时代下，组织以及个人相互之间的信息交换越来越容易。企业有机会直接与目标群体交流，甚至做到一对一交流。以信息技术为支撑的社会性媒体，利用自身的开放性、互动性、丰富性等优势迅速崛起，为企业推销提供了平台和工具。通过将销售渠道互联网化，实现“从工厂直达客户（F2C）”。通过自己建立电子商务平台，企业不仅可以减少渠道环节、降低销售费用，更可以和客户建立直接联系，了解客户具体特征，进而为细分客户群体精准开发差异化、个性化产品①。

2. 推进制造业管理生态化发展，实现跨界融合

“互联网 +”时代下，要实现制造业物流的升级改造，管理生态化已成为趋势。商业生态系统理论认为众多的组织和个体都是价值创造的一部分，相互之间共同作用。应大力推进物流业与制造业、商贸业、金融业等“多业联动”，将产业合作层次从运输、仓储、配送业务向集中采购、订单管理、流通加工、物流金融、售后维修、仓配一体化等高附加值增值业务、个性化创新服务拓展延伸，发挥不同的角色，推动商业网络的形成、发展和自我更新。

3. 推进制造业资源集成化发展，加快资源整合转型

通过互联网实现融合创新，制造企业的内外部组织正从有界趋向无界、从有形走向无形、从垂直变为扁平，众包研发、协同创新、个人制造等基于网络的分布式、柔性生产方式成为变革的主要方向。在供应链运行中能有效地整合各种要素，使要素聚合的成本最低、价值最大。这种客体要素的整合管理不仅仅是通过交易、物流和资金流的结

① 童有好．互联网 + 制造业的路径与机遇［J］．企业管理，2015（6）：7 - 8.

合，实现有效的供应链计划（供应链运作的价值管理）、组织（供应链协同生产管理）、协调（供应链的知识管理）以及控制（供应链绩效和风险管理），而且更是通过多要素、多行为交互和集聚为企业和整个供应链带来新的机遇。

课题组成员名单

课题主持人： 贺登才　中国物流与采购联合会副会长

课题组成员： 周志成　中国物流与采购联合会研究室主任

刘伟华　天津大学管理与经济学部教授、博导

黄　萍　中国物流与采购联合会学会工作部主任

冯耕中　西安交通大学管理学院副院长、教授、博导

姜超峰　中国物资储运协会名誉会长

宋华东　大连经济贸易学校物流系高级物流师、讲师

参考文献

［1］国家统计局．服务业规模持续扩大新兴产业快速成长——十八大以来我国服务业发展状况［EB/OL］．http：//www. stats. gov. cn/tjsj/sjjd/201603/t20160307_ 1327678. html，2016－03－07.

［2］国家统计局．我国企业电子商务增长快发展空间大［EB/OL］．http：//www. stats. gov. cn/tjsj/zxfb/201401/t20140107_ 495862. html，2014－01－07.

［3］齐二石．物流工程［M］．北京：中国科学技术出版社，2007：61.

［4］中华人民共和国工业和信息化部．《中国制造 2025》解读之二：我国制造业发展进入新的阶段［EB/OL］．http：//www. miit. gov. cn/n11293472/n11293832/n11294042/n11481465/16595200. html，2015－05－19.

［5］千讯咨询．2011—2015 年我国工业增加值及增长速度［EB/OL］．http：//www. qianinfo. com/index/59/4503178. html，2016－03－07.

［6］中国物流技术协会信息中心．2013 年中国物流系统技术与装备调研报告［R］．中国物流产品网，2014－02－19.

［7］党小红．自动仓储系统：在探索中前进［J］．物流技术（装备版），2012（9）：13－18.

［8］王乃超．物流专业化——一个关乎国民生计的话题［J］．中国储运，2009（8）：44－46.

［9］李冰漪．“中国制造 2025”与物流智能化［J］．中国储运，2015（7）：72－73.

［10］田宇．“互联网＋”模式对中国经济发展的影响［J］．现代经济信息，2015（18）：328.

［11］李伯虎，张霖．云制造［M］．北京：清华大学出版社，2015：4－8.

［12］马园妍．利用互联网从制造业变身“智造业”［J］．互联网周刊，2015（3）：66－68.

［13］刘涛．信息时代带来三种关系变革，催生全新的互联网精神［N］．电信研究院，2014－07. http：//www. miit. gov. cn/n1146312/n1146909/n1146991/n1648534/c3489443/content. html.

［14］王旺旺．“互联网＋”助力仓储物流转型［J］．经济观察，2015（9）：55.

［15］移动互联网：运输行业转型升级新引擎［EB/OL］．中国交通新闻网，www. zgjtb. com，2015－03－25.

［16］王建鹏，GPS/GPRS/GIS 集成技术在车辆定位与监控中的应用［D］．武汉：武汉大

学，2015.

［17］肖斌，赖新峰．“互联网＋”背景下中国制造业的柔性化生产研究［J］．企业经济，2015（9）：148－152.

［18］蒋明炜．工业互联网与智能工厂［J］．中国工业评论，2016（1）：30－36.

［19］黄滨．弹性和柔性，制造业物流体系管理创新的方向［EB/OL］．http：//www. chinawuliu. com. cn/zixun/201604/06/311026. shtml，2016－04－06.

［20］逄锦荣．基于服务模式创新的物流业与制造业协同联动体系研究［D］．北京：北京邮电大学，2012.

［21］房殿军．面向工业4.0的智能工厂与智能物流系统建设［J］．物流技术与应用，2015（6）：91－94.

［22］李晓娜．基于工业4.0的高端物流价值分析［J］．装备制造与教育，2015，29（4）：63－64.

［23］中国贸易金融网．“互联网＋再生资源＋供应链金融”深度解析［EB/OL］．http：//www. sinotf. com/GB/SupplyChain/1082/2016－03－24/yMMDAwMDE5OTUyMQ. html，2016－03－24.

［24］IT世界网．“互联网＋”与“大规模个性定制生产”提速多个行业格局变化进程［EB/OL］．http：//www. it. com. cn/news/hlw/cn/2015122110/1221274. html，2015－12－21.

［25］宋华．从“互联网＋”看智慧供应链［J］．21世纪商业评论，2015（8）：22－23.

［26］童有好．互联网＋制造业的路径与机遇［J］．企业管理，2015（6）：7－8.

［27］冯耕中，吴勇，赵绍辉．物流公共信息平台理论与实践［M］．北京：科学出版社，2015.

［28］韩雪峰．“互联网＋”的六大特性［N］．现代物流报，2015－11－13（A04）．

“一带一路”背景下的物流与供应链模式创新研究*

内容提要：“一带一路”倡议的目的是要通过全方位的互联互通，重塑世界和中国的经济地理，改变已有国际贸易格局。在此背景下，本报告研究了我国沿“一带一路”投资对产业转移的影响，明确了制造业向“一带一路”沿线聚集的趋势，找出了具有承接产业转移可能性的备选国。然后，结合世界海运格局的现状和发展趋势，提出考虑产业转移的“一带一路”沿线港口投资规模与定价优化模型，把产品的生产＋运输环节类比成运输需求从出发地到目的地的移动过程，模拟港口投资和产业转移之间的相互关系，以科伦坡港集装箱码头建设为例进行了实证研究。

之后，围绕阿尔及利亚的新建港口，研究中国出口非洲的家电和农产品的物流供应链面临的问题，结合“一带一路”和阿尔及利亚新港建设，进行农产品和家电出口供应链创新设计，提出家电和农产品的物流供应链发展对策。最后，基于中欧班列的发展，围绕电子信息产品和汽车产品供应链，研究中国电子信息产业和汽车产业的供应链和物流问题。基于“渝新欧”班列沿线国家及德国周边的10个国家的电子信息产品和汽车产品的需求以及我国电子信息产品和汽车出口物流供应链所面临的问题，提出我国的电子信息产品和汽车出口供应链的创新性发展策略。

“一带一路”是指“丝绸之路经济带”和“21世纪海上丝绸之路”，“一带一路”不是一个实体和机制，而是合作发展的理念和倡议，它将充分依靠中国与有关国家既有的双多边机制，借助既有的、行之有效的区域合作平台，旨在借用古代“丝绸之路”的历史符号，高举和平发展的旗帜，积极主动地发展与沿线国家的经济合作伙伴关系，共同打造政治互信、经济融合、文化包容的利益共同体、命运共同体和责任共同体。2013年10月习近平主席访问东盟时提出“21世纪海上丝绸之路”构想，旨在使中国与东南亚、欧洲、非洲实现全方位互联互通，提升“海上丝绸之路”沿线的区位优势。博鳌亚洲论坛2014年年会开幕大会上，中国全面阐述了亚洲合作政策，并特别强调要推进“一带一路”的建设。

我们认为“一带一路”倡议旨在以“推”和“拉”的方式重塑世界和中国的经济地理，即重塑沿线国与国间的原材料供应、生产协作、产品市场、金融信贷、客货运输、科技信息交流等方面的联系，沿海上丝绸之路构建新的产业空间形态，改变已有的国际贸易格局。“推”是指在沿线投资建厂；“拉”是指在沿线建设基础设施来提升区位优势，促进当地经济社会的发展。随着海上丝绸之路倡议的实施，沿线各地的区位条件必将发生变化，伴随着劳动力和土地优势的改变，全球的产业，尤其是生产制造业必

* 本课题（2016CSLKT1－001）为2016年度中国物流学会重大课题。

将在沿线地区转移和重组。

很显然，“一带一路”倡议是要通过全方位的互联互通，提升“一带一路”沿线的区位优势，以“推”和“拉”的方式重塑世界和中国的经济地理，沿“一带一路”构建新的产业空间形态，改变已有的国际贸易格局。未来一段时间，“一带一路”沿线国家将在由互联互通带来的交通运输供给与产业转移诱发的运输需求的相互作用下得以发展。

在上述背景下，有必要基于经济地理学、交通地理学、运输经济学和产业经济学等，研究建设投资对产业转移的影响，明确随着“一带一路”倡议的实施，国际贸易格局和航运物流系统将发生的变化；有必要选定部分产业，基于区位、成本、资源及风险等方面，分析它们在沿线的选址行为及“推”“拉”之间相互影响的均衡。在考虑制造业转移、选址地资源约束以及港口群分工协作的基础上，解析沿线制造业的运输需求与运输基础设施供给刺激制造业发展的均衡过程，进而优化沿线物流与供应链模式。

国际性产业转移是政治、经济、地理、供应链与物流、交通运输等学科领域的重要研究内容，其目的是明确全球性的区位变化趋势、产业选址行为、国家间投资及贸易活动等内容，为国家促进产业发展和企业生产经营提供理论依据。为准确识别21世纪“一带一路”倡议下产业转移的初步趋势，需要在已有研究的基础上，结合国家经济发展、工业增加值占GDP（国内生产总值）比重等宏观数据，根据经济发展、工业发展等与产业转移现象之间的逻辑关系进行判断。

国际性产业，尤其是生产制造业的转移使得原材料产地、生产地与消费地严重分离，产业全球化造就了繁荣的国际贸易。由于海运承担了90%的国际间贸易货物的运输任务，因此随着生产制造业在全球范围内的选址和再选址，港口和航运业得以高速发展，过去30年我国港航物流业的发展验证了这一逻辑关系。受外向型产业经济的影响，围绕工业品出口在中国形成了强大的供应链与物流产业集群和上下游产业链。目前，全球排名前10位的港口中有7个在中国，而日本由于将大部分制造业转移到发展中国家，其港口物流业萎缩，神户、横滨等港口的地位已经被釜山港、上海港甚至青岛港所取代。因此，有必要研究“一带一路”倡议下，新的制造业转移行为与动向及其对上下游产业的影响，尤其要研究我国供应链与物流模式所受到的影响以及需要采取的对策。

一、中欧航运现状分析

（一）中欧贸易现状分析

1. 中欧贸易现状

目前，全球经济复苏状况尚未明显改善，各个国家及地区的经济走势出现分化，希腊债务危机的暂时缓解使欧洲经济步入缓慢的复苏阶段，而新兴经济体此时正处在资本外流、货币贬值、股市动荡和经济下滑的痛苦阶段。与此同时，我国正处于“三期叠加”阶段，产业结构调整正在积极进行中，经济逐渐步入新常态。由于国际和国内等多种因素的影响，我国对外贸易也进入新常态。在全球脆弱的经济环境下贸易和投资关系继续保持稳定发展。全球经济复苏脆弱、外需不足虽然给中欧贸易带来了负面影响，但双方继续互为重要贸易伙伴。欧盟连续 11 年成为中国第一大贸易伙伴，中国连续 12 年是欧盟第二大贸易伙伴。中国在世界贸易中所占的份额继续稳步上升，中欧相互投资也在继续增加。

2015 年中欧双边贸易额为 5747.3 亿美元，减少 6.7%。其中，欧盟 27 国①对中国出口 1870.8 亿美元，减少 13.9%，占欧盟 27 国出口总额的 9.4%；欧盟 27 国自中国进口 3876.6 亿美元，下降 2.9%，占欧盟 27 国进口总额的 20.2%；欧盟 27 国逆差 2005.8 亿美元，增长 10.3%，中国是欧盟 27 国第二大出口市场和第一大进口来源地。2015 年中国与欧洲主要沿海国家贸易情况如表 1 所示，2015 年中欧进出口额分布如图 1 所示，2015 年中欧进口额分布如图 2 所示，2015 年中欧出口额分布如图 3 所示。

表 1　2015 年中国对欧洲主要沿海国家贸易情况

国家（地区）	进出口额（亿美元）	出口额（亿美元）	进口额（亿美元）	累计比 2014 年同期（%）		
				进出口	出口	进口
德国	1567	691	876	-11.8	-4.9	-16.6
法国	514	268	246	-7.8	-6.8	-8.9
英国	785	596	189	-2.9	4.3	-20.2
意大利	447	278	169	-7.0	-3.2	-12.6
荷兰	682	595	87	-8.1	-8.4	-5.9
西班牙	274	218	56	-0.9	1.7	-9.7
比利时	232	162	70	-14.9	-5.8	-30.3
瑞典	135	71	64	-3.1	-1.0	-5.5
波兰	171	144	27	-0.6	0.6	-6.5
希腊	39	36	3	-12.8	-12.4	-17.4
葡萄牙	43	29	14	-9.1	-7.6	-11.9
丹麦	102	61	41	-3.4	-6.0	0.9
合计	4991	3149	1842	-6.9	-4.1	-12.05

数据来源：中华人民共和国商务部欧洲司。

根据 2015 年中欧贸易数据显示，中国与德国、法国、英国、意大利、荷兰、西班牙、比利时、波兰、瑞典、希腊、挪威、葡萄牙、丹麦 13 个欧洲主要沿海国家的进出口贸易额占到中国与整个欧盟 28 个国家进出口贸易额的 82%。而在中国与这 13 个沿海国家的贸易中，海上运输的占比高达 95% 以上。由此可见，中欧航运在中欧贸易中扮演了极其重要的角色。

① 欧盟成员国共 28 国，但在查找相关数据时，欧盟统计局统计的双边贸易数据表示为欧盟 27 国。数据来源：https：//countryreport. mofcom. gov. cn/record/view110209. asp？news_ id = 48429。

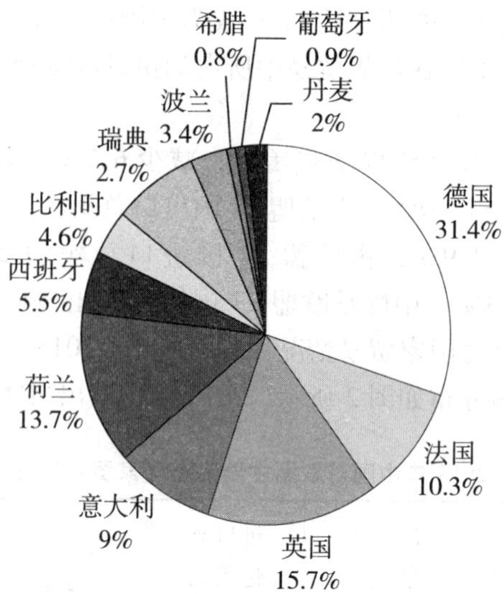

图 1　2015 年中国对欧洲主要沿海国家进出口分布情况

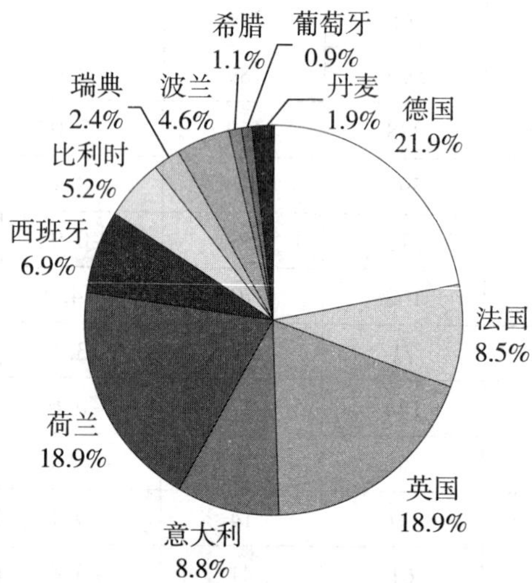

图 2　2015 年中国对欧洲主要沿海国家进口分布情况

2. 中欧贸易商品构成

2015 年，欧盟 27 国对中国出口的主要产品为机电产品、运输设备和化工产品。其中，机电产品出口额为 561. 6 亿美元，同比减少 19. 0%，占欧盟 27 国对中国出口总额的 30. 0%；运输设备出口额为 422. 7 亿美元，同比减少 26. 4%，占欧盟 27 国对中国出口总额的 22. 6%；化工产品出口额为 186. 0 亿美元，同比减少 4. 9%，占欧盟 27 国对中国出口总额的 9. 9%。此外，贵金属及制品的出口额增幅较大，增幅为 86. 7%；而矿产品降幅明显，降幅为 19. 6%。

2015 年，欧盟 27 国自中国进口的主要产品为机电产品，纺织品及原料，家具、玩具、杂项制品。其中，机电产品进口额为 1878. 9 亿美元，同比增长 0. 9%，占欧盟 27 国自中国进口总额的 48. 5%；纺织品及原料进口额为 439. 4 亿美元，同比减少 10. 3%，

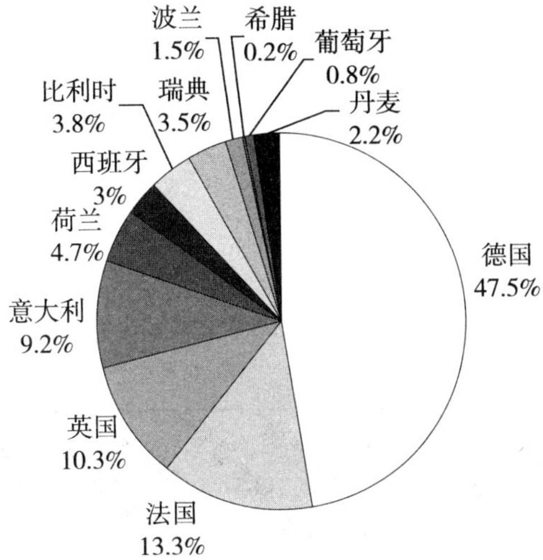

图 3　2015 年中国对欧洲主要沿海国家出口分布情况

数据来源：图 1、图 2、图 3 均来源于中华人民共和国商务部欧洲司。

占欧盟 27 国自中国进口总额的 11. 3%；家具、玩具、杂项制品进口额为 358. 5 亿美元，同比减少 1. 8%，占欧盟 27 国自中国进口总额的 9. 3%。此外，光学、钟表、医疗设备进口额有所增长，增长 0. 3%。而运输设备进口额降幅较大，下降 10. 7%。2015 年中国对欧盟 27 国主要出口商品构成如表 2 与图 4 所示。

表 2　2015 年中国对欧盟 27 国主要出口商品构成

海关分类	HS 编码	商品类别	2015 年（百万美元）	上年同期（百万美元）	同比（%）	占比（%）
第 16 类	84 – 85	机电产品	187886	186177	0. 9	48. 5
第 11 类	50 – 63	纺织品及原料	43941	48977	– 10. 3	11. 3
第 20 类	94 – 96	家具、玩具、杂项制品	35848	36516	– 1. 8	9. 3
第 15 类	72 – 83	贱金属及制品	25975	27057	– 4. 0	6. 7
第 6 类	28 – 38	化工产品	16296	17167	– 5. 1	4. 2
第 7 类	39 – 40	塑料、橡胶	13714	14489	– 5. 4	3. 5
第 12 类	64 – 67	鞋靴、伞等轻工产品	12774	13655	– 6. 5	3. 3
第 18 类	90 – 92	光学、钟表、医疗设备	12033	11992	0. 3	3. 1
第 17 类	86 – 89	运输设备	8480	9494	– 10. 7	2. 2
第 8 类	41 – 43	皮革制品；箱包	7847	8495	– 7. 6	2. 0
第 13 类	68 – 70	陶瓷；玻璃	5489	5998	– 8. 5	1. 4
第 10 类	47 – 49	纤维素浆；纸张	3448	3652	– 5. 6	0. 9
第 9 类	44 – 46	木及木制品	3083	3264	– 5. 5	0. 8
第 2 类	06 – 14	植物产品	2522	2614	– 3. 5	0. 7
第 1 类	01 – 05	活动物；动物产品	2451	2664	– 8	0. 6
		其他	5868	6865	– 14. 5	1. 5

注：HS 编码指海关编码。

数据来源：国别报告。

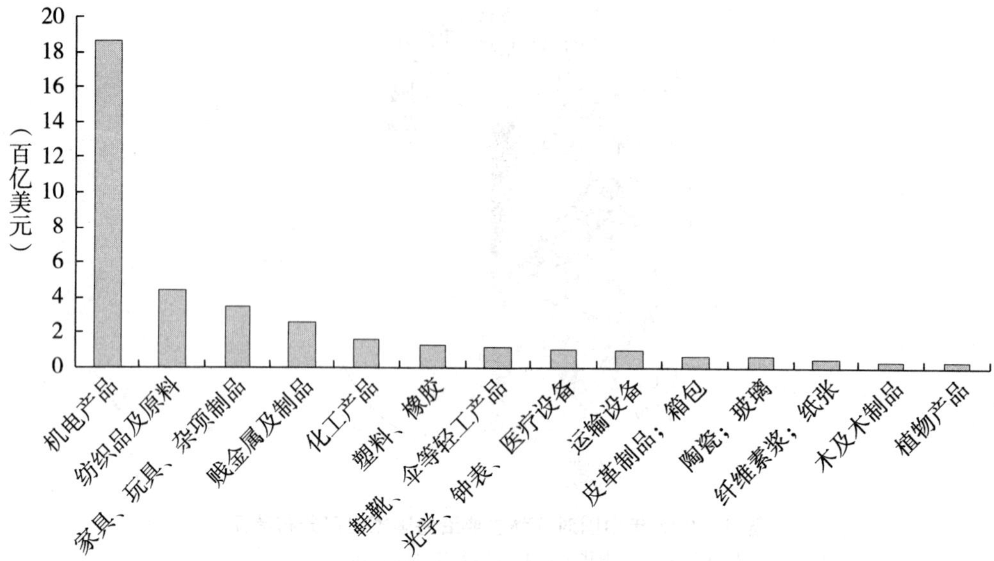

图 4　2015 年中欧贸易商品构成

从表 2 与图 4 中可看到，中欧贸易以机电产品为主。由于中国出口商品结构不断优化，机电产品出口额仍在持续增长。而这类商品的运输主要通过海上运输进行，因此海上运输在中欧贸易中占有绝对的主导地位。

（二）中欧沿线港口基础设施情况及我国对外港口投资情况

1. 沿线港口基础设施情况

（1）东南亚地区港口基础设施情况概述。

东南亚地区是“一带一路”沿线经过的重要地区，是“一带一路”发展的核心区域之一。该区域内坐落着众多国际干线枢纽港，如新加坡港、巴生港。其中，新加坡港由于其得天独厚的地理位置，成为世界集装箱运输的主要中转节点之一，在全球集装箱货物运输中发挥着重要的作用。此外，该区域内的印度尼西亚、马来西亚等国的制造业发展迅速，其海上运输贸易量也在稳定增长。

东南亚地区的港口中除了众多集装箱枢纽港外，还有马尼拉港、巴生港等重要的散杂货港口。由于东南亚地区是“一带一路”发展的重点区域，其港口设施情况不仅影响港口自身的作业能力及发展空间，而且影响“一带一路”的发展。

东南亚地区海岸线资源丰富，沿海坐落着众多规模各异的海港，是该地区货物进出口的重要门户，为该地区海上运输提供了重要保障。东南亚地区主要港口泊位基本情况如表 3 所示。

表 3　　东南亚地区主要港口泊位基本情况

港口	国家	泊位个数	泊位最大水深（米）	集装箱泊位数	液体散货泊位数	散杂货泊位数	其他泊位数	规模
新加坡港	新加坡	96	18	59	37			亚太地区最大的转口港

续 表

港口	国家	泊位个数	泊位最大水深（米）	集装箱泊位数	液体散货泊位数	散杂货泊位数	其他泊位数	规模
巴生港	马来西亚	53	16.1	24	9	18	2	马来西亚最大的港口
丹戎不碌港	印度尼西亚	81	14	15	5	8	53	印度尼西亚最大货运港
林查班港	泰国	18	16	11	0	0	7	泰国最重要的集装箱枢纽港
胡志明港	越南	25	11.2	13	4	5	3	越南最大的港口
马尼拉港	菲律宾	40	14	7	0	18	15	菲律宾最大的海港
丹戎佩拉港	印度尼西亚	17	14	6	0	9	2	印度尼西亚最大的商港
曼谷港	泰国	38	8.23	8	0	10	20	泰国最大的港口
帝力港	东帝汶	6	9	3	0	3	0	东帝汶最大多用途港口

数据来源：各港口官网。

（2）南亚地区港口基础设施情况概述。

南亚地区具有重要的区位优势，在国际航运网络中占据重要的地理位置，是“一带一路”发展的核心区域之一。虽然南亚地区的国家数目较少，但是该区域内坐落着尼赫鲁港、科伦坡港等国际干线港，此外，该区域内的印度等国家也是进出口贸易十分活跃的国家。表 4 展示了南亚地区主要港口泊位基本情况。

表 4　　南亚地区主要港口泊位基本情况

港口	国家	泊位个数	泊位最大水深（米）	集装箱泊位数	液体散货泊位数	散杂货泊位数	其他泊位数	规模
孟买港	印度	28	9.14	6	1	3	18	印度最大的港口
尼赫鲁港	印度	4*	14	3*	1*	0	0	印度第一大集装箱港
加尔各答港	印度	48	14	4	9	29	6	印度第三大集装箱港
钦奈港	印度	26	16.5	7	2	17		印度第二大集装箱港

续 表

港口	国家	泊位个数	泊位最大水深（米）	集装箱泊位数	液体散货泊位数	散杂货泊位数	其他泊位数	规模
坎德拉港	印度	19	10.4	1	6	12	0	印度海港
维萨卡帕特南港	印度	24	17	1	5	3	15	印度第四大港
科钦港	印度	16	22.5	1	7	5	3	印度商港
吉大港	孟加拉国	26	10	11	3	6	6	孟加拉国最大的港口
卡拉奇港	巴基斯坦	33	12.8	5	3	25	0	巴基斯坦最大的港口
卡西姆港	巴基斯坦	12	11	3	4	1	4	巴基斯坦第二大港
科伦坡港	斯里兰卡	14	15	13	0	0	1	斯里兰卡最大的港口

数据来源：各港口官网，* 代表码头数。

可以看出，南亚地区港口液体散货泊位以及散杂货泊位较多，集装箱泊位较少。该地区港口基础设施相对薄弱。各国政府迫切希望改善港口基础设施、提高集装箱作业能力。目前，南亚地区内有众多码头建设项目，港口基础设施的投资建设较多，整体改观程度明显，众多码头建设项目近期已投入运营。印度政府计划新建码头提升该国集装箱港口处理能力，例如，尼赫鲁港将新建第四座集装箱码头；恩诺尔、坎德拉、加尔各答三港计划各建一座集装箱码头；孟买港也计划建一座多用途码头。印度政府发表声明称，此举将使印度港口每年增加1.5亿吨的货物处理能力。

近年来，中国关注对外港口投资建设，重点就是南亚的港口群建设，如孟加拉国的吉大港、巴基斯坦的瓜达尔港、斯里兰卡的汉班托塔港和科伦坡南港。南亚是“一带一路”的重要组成部分，这些投资项目有助于改善南亚地区的港口基础设施水平。

（3）中东及北非地区港口基础设施情况概述。

中东及北非地区是“一带一路”沿线重要地区之一，区域内石油资源丰富，在全球石油贸易链中占据着重要的位置，区域内坐落着重要原油码头。在集装箱运输方面，该区域有全球重要的集装箱码头——迪拜港、吉达港、加沙港等。此外，该区域是全球干散货海上运输网络的重要节点。

中东及北非地区的港口发展情况良好，且中东地区港口发展水平略高于北非地区，该区域内港口的发展呈现上升态势。中东及北非地区内主要港口泊位基本情况如表5所示。

表 5　　中东及北非地区主要港口泊位基本情况

港口	国家	泊位	泊位最大水深（米）	集装箱泊位数	液体散货泊位数	散杂货泊位数	其他泊位	规模
迪拜港	阿拉伯联合酋长国	79	17	29	11	32	7	中东北非最大集装箱港口
吉达港	沙特阿拉伯	62	16	11	2	29	20	中东北非第二大集装箱港
朱拜勒港	沙特阿拉伯	27（运营 19）	15.2	0	8	9	2	沙特阿拉伯第一大石油港
延布港	沙特阿拉伯	20（在建 1）	32	2	14	2	1	沙特阿拉伯第二大石油港
达曼港	沙特阿拉伯	39	16.5	4	2	25	8	沙特阿拉伯第二大港
毫尔费坎港	阿拉伯联合酋长国	6	16.5	6	0	0	0	阿拉伯联合酋长国第二大集装箱港
伊斯坦布尔港	土耳其	26	14.5	8	0	15	3	土耳其最大港
索哈港	阿曼	12	16	3	5	2	2	阿曼石油大港
苏丹卡布斯港	阿曼	14	13	4	8		2	阿曼重要港口
亚历山大港	埃及	67	12.81	5	5	35	12	北非第二大集装箱港
塞得港	埃及	35	14.5	6	3	10	19	北非最大集装箱港

数据来源：各港口官网。

可以看出，该地区港口码头水深充足，最深的原油码头水深可达 32 米，最深的集装箱泊位水深也达 17 米，岸线资源丰富，设施配备先进，专业化程度高，港口基础设施水平较高，区域内除了迪拜港等综合性大港，还有众多以原油进出口为主的专业化港口，区域内各港口间分工较为明确。

与中东地区港口相比，北非地区港口的基础设施水平还比较低，有待进一步完善与升级，虽然其部分港口配备的泊位数等情况较好，但其水深、设施配备情况，与世界大多数区域内的重要港口之间存在差距。该地区港口之间发展状况差异较大，虽然塞得港等港口的集装箱作业能力较强，但多数港口基础设施发展水平依旧较落后。

此外，目前中东地区港口仍处于发展阶段，众多港口正处于扩建的进程中。如：阿拉伯联合酋长国（以下简称“阿联酋”）的迪拜港刚建成第三个集装箱码头，阿布扎比哈利法港区二期建设也正在计划中；沙特阿拉伯的朱拜勒港、延布港都有泊位正处于建设中；正在建设中的科威特的穆巴拉克·奥卡比尔港也于2016年正式投入运营，这些都体现出了中东地区港口蓬勃发展的态势。

（4）地中海沿线港口基础设施情况概述。

地中海是欧洲货物进出口的重要门户，沿线港口挂靠有大量的国际班轮航线（众多亚欧、亚洲—地中海航线选择挂靠的节点），该地区包括西班牙、意大利等欧洲发达国家，是对外贸易较为活跃的区域。地中海沿线主要港口泊位基本情况如表6所示。

表6　　地中海沿线主要港口泊位基本情况

港口	国家	泊位	泊位最大水深（米）	液体散货泊位	集装箱泊位数	散杂货泊位	其他泊位	规模
马赛港	法国	182	21.5	54	99		29	法国最大的港口
巴塞罗那港	西班牙	32*	16.5	10*	2*	6*	14*	西班牙最大的港口
阿尔赫西拉斯港	西班牙	22	30	5	6	9	2	西班牙最大的集装箱港
巴伦西亚港	西班牙	12*	17.6	2*	3*	3*	4*	西班牙第三大集装箱港
热那亚港	意大利	50	22	10	10	30	0	意大利最大的港口

数据来源：各港口官网，*代表码头数。

可以看出，地中海地区的港口基础设施情况较好，有众多天然的深水港，配备的基础设施、设备完善，港口发展情况良好，港口配备泊位均衡，可以满足区域内各种货物的运输要求。作为亚洲与欧洲联系的桥梁，该地区高水平的基础设施现状对于“一带一路”的健康发展具有重要作用。

目前，该地区内的港口扩建势头虽不及中东、南亚等区域，但还是有很多港口正在进行或计划进行新码头建设，例如，比雷埃夫斯港已计划扩建其三号码头，瓦伦西亚地中海航运公司（MSC）码头也在进行扩建。

2. 中企海外港口投资情况

我国企业不断活跃于中欧航运沿线港口的投资建设中，这当中不仅有招商局国际有限公司、中国远洋运输（集团）总公司（简称中运）、中国港湾工程有限责任公司（简称中国港湾）这样常年有港口投资传统的央企，也有上海港、青岛港、盐田港、北部湾港等地方港口运营商以及主要投资建设国内码头的中建港务。中企海外港口投资情况，如表7所示。

表 7　　中企海外港口投资情况

国家	项目	时间	中国企业	中国企业持股或经营方式
希腊	比尔埃雷夫港口管理局股权转让	2016 年 4 月	中远海运集团	69%
荷兰	鹿特丹 Euromax 集装箱码头	2016 年 5 月	中远太平洋有限公司	47. 50%
土耳其	土耳其伊斯坦布尔港康普特（Kumport）码头	2015 年 9 月	招商局国际有限公司；中远太平洋有限公司；中投海外直接投资有限责任公司	65%
斯里兰卡	科伦坡国际集装箱码头	2011 年 8 月	招商局国际有限公司	85%
	汉班托塔港二期集装箱码头	2014 年 9 月	招商局国际有限公司	64. 98%
吉布提	吉布提港	2013 年 1 月	招商局国际有限公司	23. 50%
以色列	海法新港码头	2015 年 3 月	上港集团	自 2021 年起 25 年码头经营权
巴拿马	巴拿马集装箱码头	2016 年	岚桥集团	特许经营权
巴基斯坦	瓜达尔港	2015 年 11 月	中国海外港口控股有限公司	2281 亩土地的使用权租期 43 年
意大利	瓦多港	2016 年 10 月	中国海运港口	40%
	那不勒斯集装箱港码头	2015 年 12 月	中远太平洋有限公司	50%
阿联酋	哈里发港二期集装箱码头	2016 年 9 月	中国海运港口	合资经营
新加坡	集装箱码头	2016 年 3 月	中国远洋海运	49%
马来西亚	关丹港	2013 年 10 月	中国广西北部湾国际港务集团	40%
缅甸	皎漂港马德岛	2015 年 9 月	中石油	50. 90%

续　表

国家	项目	时间	中国企业	中国企业持股或经营方式
埃及	赛德港	2007 年 11 月	中远太平洋有限公司	20%
	埃因苏赫纳港	2015 年 3 月	中国港湾	—
	达米埃塔港	2015 年 3 月	中国港湾	—
比利时	安特卫普港集装箱码头	2004 年 11 月	中远太平洋有限公司	25%
	泽布吕赫集装箱码头	2014 年 5 月	上港集团	25%
法国	法国达飞旗下的 Terminal Link	2013 年 1 月	招商局国际有限公司	49%

数据来源：各港口、企业官网。

3. 我国对外港口投资方式

随着对外投资经验的提升和我国港口战略地位逐渐得到重视，中资企业投资海外港口的策略也在不断变化，从以往的要求参股向要求控股转变、从参与建设向参与运营转变。中资企业参与海外港口建设的方式已从参建码头、港口逐渐发展为获得长期的特许经营权、收购港口股权，对投资港口的功能定位、投资目标也逐渐清晰。

目前中企海外港口投资主要方式如下。

（1）独资与合资：以独资和合资的方式投资港口，可以有效控制港口服务与生产过程，提高服务过程的可靠性，同时还可以根据市场变化，自主、灵活地调整营销策略和服务模式。合资模式中，合作各方共同管理、共同经营、共负盈亏、共担经营风险。目前，合资是多数港口进行基础设施建设时采用的方式。港口企业根据自身发展需要，选择目标港口进行投资，进而延伸港口服务、拓展港口功能、提升市场竞争力。例如，埃及近期在推动港口建设中采用合资的方式：埃及与阿联酋 Al－Suwaidi 集团和中国港湾签署协议，后两者将负责投资埃及埃因苏赫纳港和达米埃塔港的开发。中国港湾不仅作为项目主承包商参与建设，还将以运营商的身份参与两个港口的开发。该模式的缺点是资金投入量多，政治和经济风险较大。

（2）兼并与收购：海外并购是中资企业进行海外港口投资的重要途径之一。并购也是我国企业对外投资中较早采用的方式，我国在这方面积累了一定的经验。目前，中资企业海外港口投资采用的收购模式，主要是收购正在经营的码头资产或者收购已有的港口运营商的部分股份。例如，2013 年广西的北部湾港务集团收购了马来西亚东岸的关丹港 40% 的股权，而这个港口也是马来西亚政府新提出建设规划的港口。

（3）BOT（建设—经营—转让）：BOT 是发展中国家吸引外资投资基础设施建设广泛采用的方式。对于海外港口投资 BOT 的模式，其基本操作过程是：项目发起人组建一家用以承担新建港口开发和运营的项目公司；政府或港口当局授予该公司特许经营权，允许其在一个固定期限内经营该港口；期满后，港口设施将无偿交给当地政府。

（4）特许经营：特许经营是特许经营权者以合同约定的形式，允许被特许经营者有偿使用其名称、商标、专有技术、产品及运作管理经验等从事经营活动的商业经营模式。特许经营的典型案例是：上港集团成功中标以色列海法新港自2021年起25年的特许经营权。海法新港位于以色列特拉维夫北部，该港规划码头岸线1500米，设计年吞吐能力186万TEU（标准集装箱），将具备装卸目前世界最大集装箱船（19000TEU）的能力。预计该项目的投资将超过6亿美元。

（三）中欧航运

1. 航线

中国与欧洲航运贸易来往密切，课题组统计了2016年11月7日至14日一周时间内中国七大集装箱港口（上海港、深圳港、天津港、大连港、青岛港、广州港、宁波—舟山港）向欧洲排名世界集装箱吞吐量前100的17个港口发约2261个航次，如表8所示。

表8　中欧航运航次

港口	航次数量	港口	航次数量
鹿特丹港	429	里斯本	34
汉堡港	471	南安普顿	169
不来梅	89	费里克斯托	172
安特卫普港	217	比雷埃夫斯	82
巴塞罗那港	267	热那亚港	277
阿尔赫西拉斯港	14	焦亚陶罗港	53
勒阿福尔	229	拉斯佩齐亚	108
格但斯克	19	圣彼得堡	24
里加港	7	总计	2661

数据来源：锦程物流网，2016年11月。

2. 运价

由于BDI（波罗的海干散货指数）持续走低，中欧航运运价一般为铁路运价的1/9，为航空运价的1/45，在运价上占有绝对的优势，如表9所示。

表9　中欧航运运价

港口	平均运价（美元）	港口	平均运价（美元）
鹿特丹港	630	里斯本	713
汉堡港	600	南安普顿	676
不来梅	525	费里克斯托	682
安特卫普港	564	比雷埃夫斯	585
巴塞罗那港	647	热那亚港	593

续 表

港口	平均运价（美元）	港口	平均运价（美元）
阿尔赫西拉斯	573	焦亚陶罗港	752
勒阿福尔	662	拉斯佩齐亚	612
格但斯克	825	圣彼得堡	1390
里加港	719	平均值	691

数据来源：锦程物流网，2016 年 11 月。

3. 运输时间

在中欧贸易中，海上运输时间为铁路运输的三倍，如表 10 所示。

表 10　　中欧航运运输时间

港口	平均运输时间（天）	港口	平均运输时间（天）
鹿特丹港	31	里斯本	34
汉堡港	34	南安普顿	29
不来梅	34	费里克斯托	30
安特卫普港	36	比雷埃夫斯	22
巴塞罗那港	30	热那亚港	29
阿尔赫西拉斯	25	焦亚陶罗港	26
勒阿福尔	34	拉斯佩齐亚	28
格但斯克	37	圣彼得堡	35
里加港	36	平均值	31

数据来源：锦程物流网，2016 年 11 月。

二、中欧班列现状研究

（一）中欧班列介绍

1. 简介

中欧班列（英文名称为 China Railway Express）是由中国铁路总公司组织，按照固定车次、线路、班期和全程运行时刻开行，运行于中国与欧洲以及“一带一路”沿线国家间的集装箱等铁路国际联运列车。中欧班列是深化我国与沿线国家经贸合作的重要载体和推进“一带一路”建设的重要抓手。

中欧班列具有安全快捷、绿色环保、受自然环境影响小等综合优势，已成为国际物流中陆路运输的骨干方式，为服务我国对外经贸发展，贯通中欧陆路贸易通道，实现中欧间的道路联通、物流畅通，推进国家“一带一路”倡议提供了运力保障。

2. 运行环境

随着“一带一路”倡议不断推进，我国与欧洲及沿线国家的经贸往来发展迅速，物流需求旺盛，贸易通道和贸易方式不断丰富和完善，为中欧班列带来了难得的发展机遇，也对中欧班列建设提出了新的更高的要求。

中欧班列运行于亚欧大陆，沿线国家都是发展中国家。亚欧大陆人口占世界总人口的75%，地区生产总值占世界生产总值的60%（见图5、图6）。亚欧大陆的东面是活跃的东亚经济圈，西面是发达的欧洲经济圈，中间广大腹地经济发展潜力巨大，特别是“一带一路”沿线国家资源禀赋各异，经济互补性强，合作空间广阔。“十二五”期间，中欧贸易进出口总额为30230亿美元，同比增长33%，双向开放、产业联动效益初显。为促进中欧及沿线国家经贸往来，我国充分利用多双边机制，推动与沿线国家铁路、海关、检验检疫等方面合作，简化国际铁路运输过境手续，为班列开行创造有利条件。沿线国家急需通过贸易值的增加来促进经济的发展，中欧班列的开通给沿线发展中国家带来了机遇。

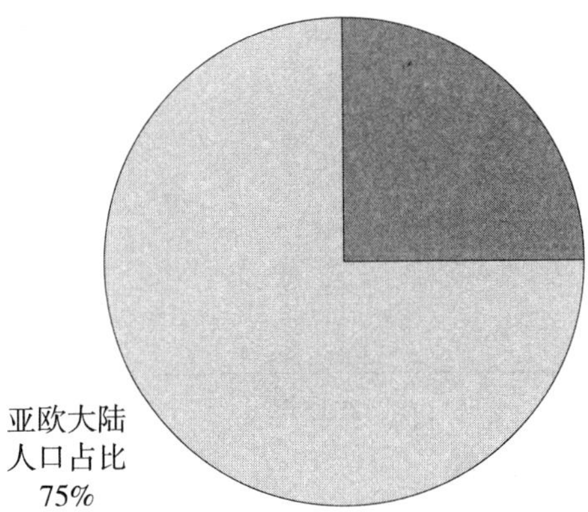

图5　亚欧大陆人口占世界总人口比值

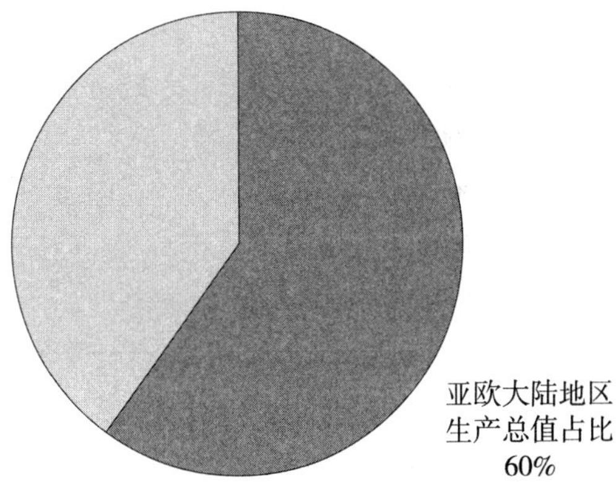

图6　亚欧大陆地区生产总值占世界生产总值比值

数据来源：图5、图6均来源于百度百科。

3. 开通意义

2011年3月19日，满载着IT（信息技术）产品的中欧班列从重庆团结村出发，经阿拉山口出境，最终抵达11179千米外的德国杜伊斯堡。这是第一趟运营成功的中欧班列，为中欧班列的后续发展拉开了精彩序幕。截至2016年6月底，中欧班列已成功开行1881列。在“一带一路”倡议实施以前，即在2011年至2013年年底，中欧班列开行不足200列。“一带一路”倡议实施以来，中欧班列开行数量增长迅速，为沿线国家带来了经济机遇，促进了中国与沿线国家的贸易发展。

亚欧之间的物流通道主要包括海运通道、空运通道和陆运通道，中欧班列以其运距短、速度快、安全性高的特征以及安全快捷、绿色环保、受自然环境影响小的优势，已经成为国际物流中陆路运输的骨干方式。中欧班列物流组织日趋成熟，班列沿途国家经贸交往日趋活跃，国家间铁路、口岸、海关等部门的合作日趋密切，这些有利条件，对铁路进一步发挥国际物流骨干作用，在“一带一路”倡议中将丝绸之路从原先的“商贸路”变成产业和人口集聚的“经济带”起到重要作用。

（二）中欧班列成果

自2011年首次开行以来，中欧班列发展势头迅猛，辐射范围快速扩大，货物品类逐步拓展，开行质量大幅提高。截至 2016 年 6 月底，中欧班列累计开行 1881 列，其中回程 502 列，国内始发城市 16 个，境外到达城市 12 个，运行线达到 39 条，实现进出口贸易总额约 170 亿美元，中欧班列日平均运行 1300 千米，最快 12 天到达欧洲。中欧班列全程服务平台组建运行，服务范围逐步拓展，全程服务能力稳步提升。

1. 历年中欧班列发行量

“一带一路”倡议实施以前，中欧班列发行量并不多，数量不足 200 列。“一带一路”倡议实施以后，中欧班列数量迎来大幅度增长。图 7 通过比较 2013 年、2014 年和 2015 年中欧班列发行量，观察中欧班列的增长幅度。

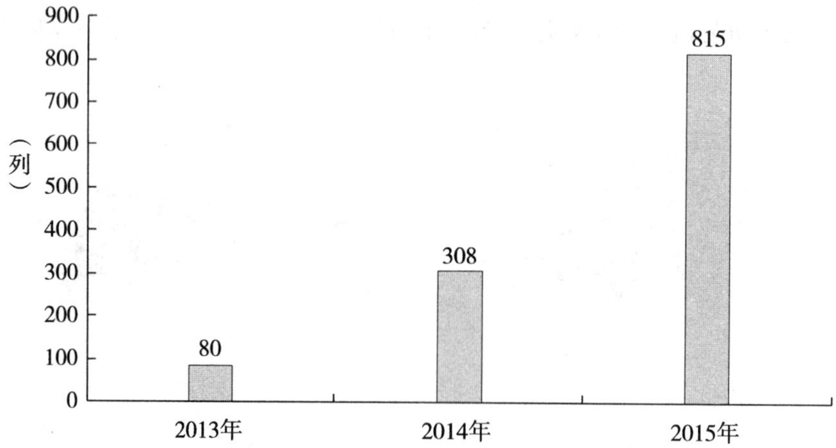

图 7　2013—2015 年中欧班列发行量

数据来源：网页新闻。

观察图 7 得到，2014 年中欧班列发行量较 2013 年增加 228 列，同比增长 285%；2015 年中欧班列发行量较 2014 年增加 165%。

中欧班列数量的持续高增长，为“一带一路”倡议实施提供了运力保障，给中国和沿线国家的经济可持续发展带来了机遇。

2. 历年中欧班列贸易进出口总额

“十二五”期间，中欧贸易进出口总额为 30230 亿美元，同比增长 33%。2014 年，中欧贸易进出口总额为 7752 亿美元；2015 年，中欧贸易进出口总额为 6184 亿美元。

在保持高进出口总额的前提下，中欧班列贸易进出口总额表现出增长的趋势。2014 年，中欧班列贸易进出口总额约为 50 亿美元；2015 年，中欧班列贸易进出口总额约为 70 亿美元（见图 8）。

通过观察图 8，2015 年中欧班列贸易进出口总额较 2014 年同比增长 40%，随着中欧班列数量的不断增长，中欧班列贸易进出口总额将会持续增长。

3. 中欧班列贸易进出口总额占中欧贸易进出口总额分析

将前文内容所提供的数据（中欧班列贸易进出口总额以及中欧贸易进出口总额）进行对比，分析中欧班列贸易进出口总额占中欧贸易进出口总额比值如图 9、图 10 所示。

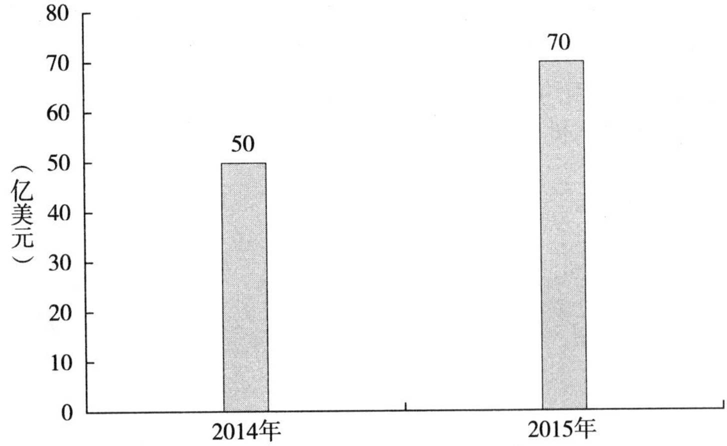

图 8　2014—2015 年中欧班列贸易进出口总额

数据来源：网页新闻。

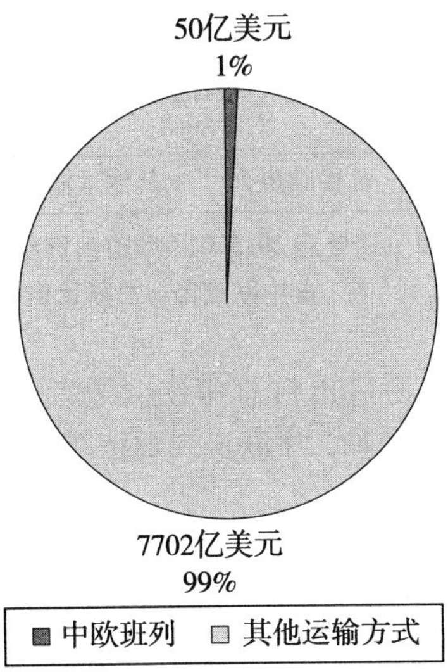

图 9　2014 年中欧班列贸易进出口总额占中欧进出口总额比值

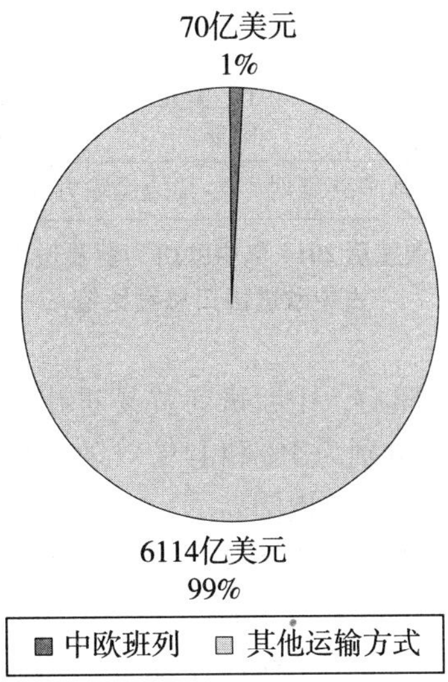

图 10　2015 年中欧班列贸易进出口总额占中欧进出口总额比值

数据来源：图 9、图 10 均来源于对外投资统计公报。

通过观察图 9 和图 10，发现 2014 年和 2015 年中欧班列贸易进出口总额占中欧贸易进出口总额的比例都约为 1%，占比过小的原因需要探究。

2014 年，中欧班列贸易进出口总额约为 50 亿美元，共装载约 26070 个 TEU。2015 年，中欧班列贸易进出口总额约为 70 亿美元，共装载约 68983 个 TEU。以 2014 年为例，通过计算，每 TEU 的平均货值约为 19 万美元（500000 万美元 ÷ 26070 箱 ≈ 19 万美元/箱）。单箱货值过低是中欧班列贸易进出口总额占比过低的主要原因。

造成单箱货值过低的原因有以下两个。①中欧班列存在很大程度的空箱情况。例如，回程货少，一些班列仅装载约 10 个集装箱。②装载货物参差不齐，货值偏低。例如，服饰类单箱货值不足 10 万美元。

理想状态下每 TEU 货值为 100 万美元，据此重新计算中欧班列贸易进出口总额。2014 年中欧班列贸易进出口总额约为 261 亿美元（26070 箱 ×0.01 亿美元≈261 亿美元）；2015 年中欧班列贸易进出口总额约为 690 亿美元（68983 箱 ×0.01 亿美元≈690 亿美元）。据此，重新分析中欧班列贸易进出口总额占中欧贸易进出口总额比值如图 11、图 12 所示。

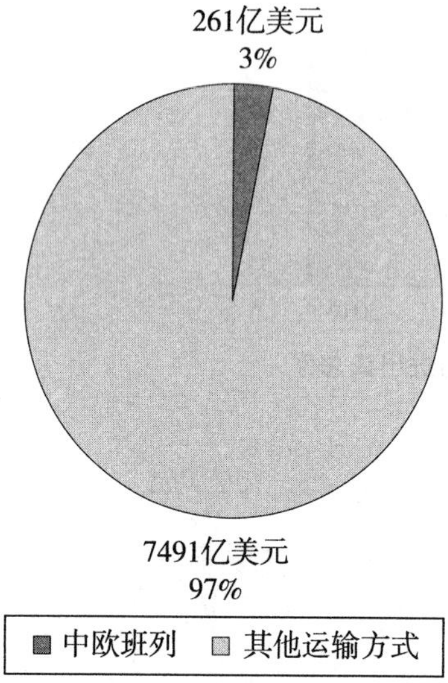

图 11　调整后 2014 年中欧班列贸易进出口总额占中欧进出口总额比值

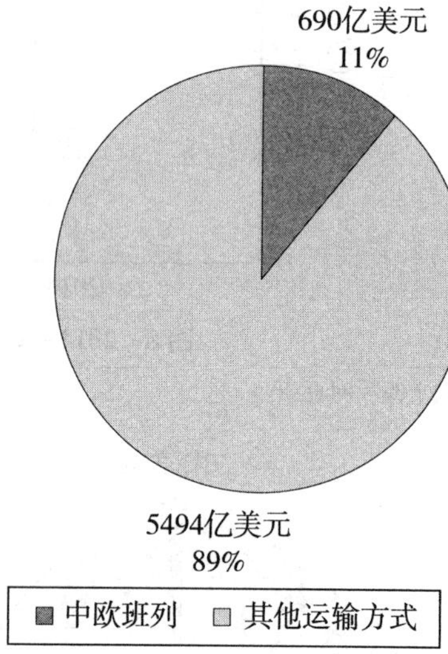

图 12　调整后 2015 年中欧班列贸易进出口总额占中欧进出口总额比值

调整后，中欧班列贸易进出口总额占中欧贸易进出口总额比例增大，2014 年和 2015 年分别为 3% 和 11%。随中欧班列数量的持续增加，中欧班列贸易进出口总额将不断增加，增长比例高。

4. 2015 年典型中欧班列信息

2016 年 6 月 8 日，中国铁路正式启用“中欧班列”统一品牌。比较典型的中欧班列包括：重庆—杜伊斯堡、郑州—汉堡、成都—罗兹、武汉—帕尔杜比采、苏州—华沙、义乌—马德里。具体情况如表 11 所示。

表 11　2015 年典型中欧班列信息

发/到城市	到/发城市	运输里程（千米）	运输时间（天）	每 TEU 运输费用（美元）	2015 年开行情况
重庆	杜伊斯堡	11179	14 ~ 16	6149	257 列
郑州	汉堡	10214	16 ~ 18	5618	156 列
成都	罗兹	9826	12 ~ 14	5404	—
武汉	帕尔杜比采	10324	15 ~ 17	5678	228 列
苏州	华沙	11200	12 ~ 15	6160	约 100 列
义乌	马德里	13052	21	7179	约 30 列

数据来源：网页新闻。

上述典型中欧班列运输的货物类型有一定的区别。重庆—杜伊斯堡的中欧班列运输的货物类型为：IT 产品、服装、机械和家具等；郑州—汉堡的中欧班列运输的货物类型为：电子产品、高档服饰和机电产品等；成都—罗兹的中欧班列运输的货物类型为：IT 产品、汽车零配件、家电产品和服装等；武汉—帕尔杜比采的中欧班列运输的货物类型为：电子产品、服装及医用产品；苏州—华沙的中欧班列运输的货物类型为：电子产品、机械和服装等；义乌—马德里的中欧班列运输的货物类型为：小百货、五金工具等。

（三）中欧班列的影响

中欧班列从第 1 列到第 500 列，历时 4 年；从第 501 列到第 1000 列，历时 7 个多月；从第 1001 列到第 1500 列，历时 5 个月；从第 1501 列到第 2000 列，仅用时 3 个半月。中欧班列的数量呈爆发式增长，给中国经济、沿线国家经济以及中欧贸易运输方式带来很大程度的影响。

1. 对中国的影响

在中欧班列大幅度增长之前，即“一带一路”倡议实施以前，中国经济面临着很多问题。如国内经济面临艰难转型问题，制造业及建筑业等面临产能过剩问题。中国急需实施一些政策来促进经济的可持续发展。

“一带一路”倡议的实施，带动了中欧班列的开行，给中国经济发展注入了新的活力。中国企业“走出去”的步伐加快了，对外投资不断增加，促进了国内各行各业的发展，使中国经济重新进入了活跃期。

中欧班列的开行，延伸并拓宽了贸易通道，“以线带面”地促进了地区经济的发展，拓宽了运输渠道，创新了运输模式的转换，实现了“海铁联运”“空铁联运”等多式联运的有机结合，开发铁路枢纽、沿海重要港口、沿边陆路口岸等地区成为产品运输的集散地，带动地区经贸的快速发展。

2. 对沿线国家的影响

“一带一路”，不是中国一家的“独奏”，而是沿线国家的“合唱”。在 2013 年，习近平主席出访欧洲期间就表示，中方提出的建设“丝绸之路经济带”倡议，秉承共同发展、共同繁荣的理念，联动亚欧两大市场，赋予“古丝绸之路”新的时代内涵，造福沿途各国人民。

要发展就需要有扩建。近年来，一些沿线国家在基础设施建设过程中，对钢铁、建筑机械、汽车零配件需求量增大，急需进口。“中欧班列”的开行，恰恰为这些沿线国家解决了这一问题，既帮助了中国钢铁、建筑等企业“走出去”，又促成了中国与这些国家的优势产能合作，助力沿线国家加快现代化建设。

2013 年，中国对外直接投资净额为 1078.4 亿美元，较 2012 年增长 22.8%。2013 年中国企业对“一带一路”相关国家的投资流量为 126.3 亿美元。

2014 年，中国对外直接投资净额为 1231.2 亿美元，较 2013 年增长 14.2%。2014 年中国企业对“一带一路”相关国家的投资流量为 136.6 亿美元。

2015 年，中国对外直接投资净额为 1456.7 亿美元，较 2014 年增长 18.3%。2015 年中国企业对“一带一路”相关国家的投资流量为 189.3 亿美元，同比增长 38.6%，是对全球投资增幅的2倍，占当年流量总额的13%。流量位列前10的“一带一路”沿线国家（地区）有：新加坡、俄罗斯、印度尼西亚、阿联酋、印度、土耳其、越南、老挝、马来西亚、柬埔寨。

2013—2015年，我国对“一带一路”沿线国家（地区）加大投资，投资流量高于10亿美元的国家（地区）共计13个（详见表12）。

表12　2013—2015年我国对“一带一路”沿线国家（地区）投资（10亿美元以上）

单位：万美元

国家（地区）	2013年流量	2014年流量	2015年流量	2013—2015年流量总计
新加坡	203267	281363	1045248	1529878
俄罗斯	102225	63356	296086	461667
印度尼西亚	156338	127198	145057	428593
老挝	78148	102690	51721	232559
阿联酋	29458	70534	126868	226860
泰国	75519	83946	40724	200189
马来西亚	61638	52134	48891	162663
巴基斯坦	16357	101426	32074	149857
越南	48050	33289	56017	137356
柬埔寨	49933	43827	41968	135728
印度	14857	31718	70525	117100
缅甸	47533	34313	33172	115018
沙特阿拉伯	47882	18430	40479	106791

数据来源：对外投资统计公报。

中欧班列的开行，为沿线国家带来了经济机遇。中国企业“走出去”的步伐加快，加大了对沿线国家的投资（具体举例见表13）。

表13　中国企业对“一带一路”沿线国家投资项目

时间	企业	投资项目
2014年1月	中国石油天然气集团公司	收购俄罗斯诺瓦泰克公司持有的亚马尔液化天然气（LNG）公司20%股权
2014年4月	中国建筑工程总公司	俄罗斯哈巴罗夫斯克市住宅项目施工工程（项目金额44.5亿元人民币）
2015年4月	中国建筑工程总公司	科威特大学萨巴赫－萨利姆大学城附属设施项目（项目金额28.7亿元人民币）
2016年1月	中国建筑工程总公司	巴基斯坦卡拉奇－拉合尔高速公路项目（项目金额184.6亿元人民币）

数据来源：各企业年度工作报告。

随着“一带一路”倡议的深入实施，中欧班列将持续高速增长，中国企业也将借助中欧班列“走出去”，加大对沿线国家的投资，促进沿线国家经济发展。

3. 对中欧货物运输方式的影响

在没有开行中欧班列前，亚欧各国间的商品流通和贸易往来往往依靠海运和空运，少部分依靠陆运。运输方式受到恶劣天气的影响较大，且运距长、运载量少、周期长等因素严重制约其发展。而中欧班列刚开始尝试的是固定班列发行单一产品的模式，经3年的摸索开行，如今的中欧班列发展势头迅猛，辐射范围快速扩大，货物品类逐步拓展，开行质量大幅提高，基本形成布局合理、设施完善、运量稳定、便捷高效、安全畅通的中欧班列综合运行服务体系。

跟海运与空运相比，中欧班列具有以下优势：时间约为海运时间的1/3，运价约为空运运价的1/5。中欧班列的运输时间大部分为15天左右，相对于海运极大地缩短了货物运输时间。中欧班列的单位集装箱运输费用约为5000美元，相对于空运极大地降低了货物运输费用。此外，中欧班列自身具有稳定性，几乎不受天气等因素的影响，极大地改善了货物运输的环境。

中欧班列开行5年来，改变了中欧货物运输的网络格局，形成了“海运—陆运—空运”相互竞争的新格局。

（四）发展规划

随着“一带一路”倡议不断推进，我国与欧洲及沿线国家的经贸往来发展迅速，物流需求旺盛，贸易通道和贸易方式不断丰富和完善，为中欧班列带来了难得的发展机遇，也对中欧班列建设提出了新的更高的要求。但是也要看到，中欧班列仍处于发展初期，还存在综合运输成本偏高、无序竞争时有发生、供需对接不充分、通关便利化有待提升以及沿线交通基础设施和配套服务支撑能力不足等问题，迫切需要加以规范和完善发展。

1. 中欧班列运输通道

目前，依托西伯利亚大陆桥和新亚欧大陆桥，已初步形成西、中、东三条中欧班列运输通道。

（1）西通道。一是由新疆阿拉山口（霍尔果斯）口岸出境，经哈萨克斯坦与俄罗斯西伯利亚铁路相连，途经白俄罗斯、波兰、德国等，通达欧洲其他各国。二是由阿拉山口（霍尔果斯）口岸出境，经哈萨克斯坦、土库曼斯坦、伊朗、土耳其等国，通达欧洲各国；或经哈萨克斯坦跨里海，进入阿塞拜疆、格鲁吉亚、保加利亚等国，通达欧洲各国。三是经由吐尔尕特（伊尔克什坦），与规划中的中吉乌铁路等连接，通向吉尔吉斯斯坦、乌兹别克斯坦、土库曼斯坦、伊朗、土耳其等国，通达欧洲各国。

（2）中通道。由内蒙古二连浩特口岸出境，途经蒙古国与俄罗斯西伯利亚铁路相连，通达欧洲各国。

（3）东通道。由内蒙古满洲里（黑龙江绥芬河）口岸出境，接入俄罗斯西伯利亚铁路，通达欧洲各国。

中欧班列通道不仅连通欧洲及沿线国家，也连通东亚、东南亚及其他地区；不仅是铁路通道，也是多式联运走廊。运输通道的完善将促进我国与沿线国家的经济发展，给亚欧经济发展提供运力保障。

2. 货源吸引区

根据中欧班列运输通道的建设，我国共分为三个货源吸引区，分别为：西通道货源吸引区、中通道货源吸引区、东通道货源吸引区（详见表14）。

表14　三大货源吸引区

货源吸引区	范围
西通道货源吸引区	西北、西南、华中、华南等地区，经陇海、兰新等铁路干线运输
中通道货源吸引区	华北、华中、华南等地区，经京广、集二等铁路干线运输
东通道货源吸引区	东北、华东、华中等地区，经京沪、哈大等铁路干线运输

资料来源：中欧班列建设发展规划。

中欧班列的开行，促进了国内中欧班列枢纽节点的形成。

内陆主要货源地节点：重庆、成都、郑州、武汉、苏州、义乌、长沙、合肥、沈阳、东莞、西安、兰州。

主要铁路枢纽节点：北京（丰台西）、天津（南仓）、沈阳（苏家屯）、哈尔滨（哈尔滨南）、济南（济西）、南京（南京东）、杭州（乔司）、郑州（郑州北）、合肥（合肥东）、武汉（武汉北）、长沙（株洲北）、重庆（兴隆场）、成都（成都北）、西安（新丰镇）、兰州（兰州北）、乌鲁木齐（乌西）、乌兰察布（集宁）。

沿海重要港口节点：大连、营口、天津、青岛、连云港、宁波、厦门、广州、深圳、钦州。

沿边陆路口岸节点：阿拉山口、霍尔果斯、二连浩特、满洲里。

3. 发展目标

中欧班列需要全面贯彻落实中央关于推进“一带一路”倡议的部署，牢固树立和贯彻落实创新、协调、绿色、开放、共享的新发展理念，以提高发展质量和综合效率为中心，以优化服务、提供有效供给为主线，统筹兼顾当前和长远、地方和全局、陆运和海运、我国与沿线国家利益的关系，充分发挥政府、市场、企业的作用，着力完善国际贸易通道，提升贸易便利化水平；着力优化运输组织，提高班列运行质量；着力加强资源整合，降低全程物流成本；着力创新服务模式，增强综合服务能力，将中欧班列打造成为具有国际竞争力和良好商誉度的世界知名物流品牌，成为“一带一路”倡议的重要平台。

到2020年，基本形成布局合理、设施完善、运量稳定、便捷高效、安全畅通的中欧班列综合服务体系。具体发展目标有：

（1）中欧班列运输通道基本完善，中欧班列枢纽节点基本建成，货运集聚效应初显。

（2）中欧班列年开行5000列左右，回程班列运量明显提高，国际邮件业务常态化开展。

（3）方便快捷、安全高效、绿色环保的全程物流服务平台基本建成，品牌影响力大幅提升。

（4）通关便利化水平大幅提升，“单一窗口”模式基本实现全线覆盖。

三、制造业沿“一带一路”转移研究

（一）引言

2013年10月，习近平主席访问东盟时提出21世纪“一带一路”的倡议构想，旨在使中国与东南亚、欧洲、非洲实现全方位互联互通，提升“一带一路”沿线的区位优势，以“推”和“拉”的方式重塑沿线国与国间的原材料供应、生产协作、产品市场、金融信贷、客货运输、科技信息交流等方面的联系，沿“一带一路”构建新的产业空间形态，改变已有的国际贸易格局。随着“一带一路”倡议的实施，沿线各地的区位条件将发生变化，全球的产业，尤其是生产制造业必将在沿线地区进行转移和重组。

国际性产业转移是政治、经济、地理、交通运输等学科领域的重要研究内容，已有研究主要有三个方面的内容。其一，产业转移动因分析，傅允生将产业转移归因于国家产业结构调整和成本上升两方面；杨菊萍等将产业转移归结为政策、战略方面；杨菊萍与贾生华将产业转移归结为政策、战略、经济、情感四个要素。其二，影响产业转移承接国选择的因素分析，多将影响因素归结为：技术创新能力、经济要素等。其三，产业转移的趋势识别方法研究，常用的理论方法包括：综合区位商和产品生命周期理论、区域间投入产出模型，基于投资转移指数、企业转移指数、就业转移指数的识别方法等。

国际性产业，尤其是生产制造业的转移使得原材料产地、生产地与消费地严重分离，产业全球化造就了繁荣的国际贸易。由于海运承担了90%的国际间贸易货物的运输任务，因此随着生产制造业在全球范围内的选址和再选址，港口和航运业得以高速发展。过去30年我国港航物流业的发展验证了这一逻辑关系，因此有必要研究“一带一路”倡议下，新的制造业转移行为与动向及其对上下游产业的影响，尤其是要研究我国港航物流业所受到的影响以及需要采取的对策。

目前，这类研究主要分为两个方面：一是港航物流发展的经验及规律总结与借鉴，包括国际大港的发展经验总结、基于港口代际演化的港口发展经验总结、港口发展历程回顾及问题分析等；二是在不同背景下港航物流的发展策略和趋势分析，包括“一带一路”倡议背景下我国港口物流发展的策略研究、北极航线开通背景下港口的发展策略等。这些研究较为完善地给出了不同背景下港航物流的发展策略，但较少分析发展策略与宏观背景间的逻辑关系。因此，本节根据产业转移趋势及其对海运需求格局的影响，基于过去30年我国港口的经验，研究“一带一路”倡议下产业转移承接国的港航物流发展情况，针对我国港航物流业及制造业的发展提出相关的对策与策略。

（二）产业转移趋势分析

为识别“一带一路”沿线的区位变化以及制造业沿“一带一路”转移的趋势，可从“一带一路”沿线国家的经济发展形势、工业增加值占GDP的比重以及生产制造业空间分布形态三方面展开研究。研究对象包括东盟十国、南亚四国、肯尼亚、沙特阿拉伯、阿联酋、意大利、希腊、埃及、苏丹。这些国家涵盖了“一带一路”的重要节点以及承接制造业产业转移的主要潜在地。

1. 沿线国家经济及发展趋势分析

2000—2014年沿线国家的GDP增长了2.05倍，而同期全球GDP总值增长了1.34

倍。可以说沿线国家的发展速度高于全球，15 年间沿线国家 GDP 占全球 GDP 的比重呈上升趋势，由 8.75% 上升到 11.39%，因此沿线国家发展潜力巨大，将会是世界经济重要的增长极。

2. 工业增加值及其占 GDP 的比重

从除缅甸（数据缺失）以外的 20 个沿线国家的 2000—2014 年的面板数据可以看出，8 个国家的工业增加值的占比下降（包括希腊、印度尼西亚、马来西亚、意大利、巴基斯坦、菲律宾、新加坡、泰国），另外 12 个国家的占比上升（包括阿联酋、孟加拉国、文莱、埃及、印度、肯尼亚、柬埔寨、老挝、斯里兰卡、沙特阿拉伯、苏丹、越南），上升的国家占 60%。20 个国家的工业增加值总量占其 GDP 总量的比重由 2000 年的 32.1% 上升到 2014 年的 34.4%。

另外，2000—2014 年沿线国家工业增加值增长了 2.16 倍，远高于同期全球年均增速，也远高于世界 GDP 的平均增速。因此，可以说制造业是沿线地区经济发展的重要引擎。这预示着“一带一路”沿线国家工业发展的聚集趋势，制造工业很可能向沿线聚集，“一带一路”将成长为新兴的世界级制造基地，且有望成为与中国并驾齐驱的“世界工厂”。

3. 生产制造业空间分布格局分析

课题组分别在东京、华盛顿和埃因霍温进行了日常穿戴品（包含 T 恤衫、上衣、裤子、衬衫、鞋子、手机和手表等）的产地国别抽样调查。得到的日本东京明治大学校、美国纽约的伦斯勒理工学院、荷兰埃因霍温科技大学的师生日常穿戴品的产地国别调查情况如图 13 所示。可以看出三个地方消费的产品在中国生产制造的比重高达 50% 左右，而“一带一路”沿线其他国家生产制造的日常穿戴品数量也非常可观，仅次于中国，远高于发达国家，可以说沿线其他国家制造业的影响力已经初步显现，但与中国的 50% 相比还有很大的上升空间。

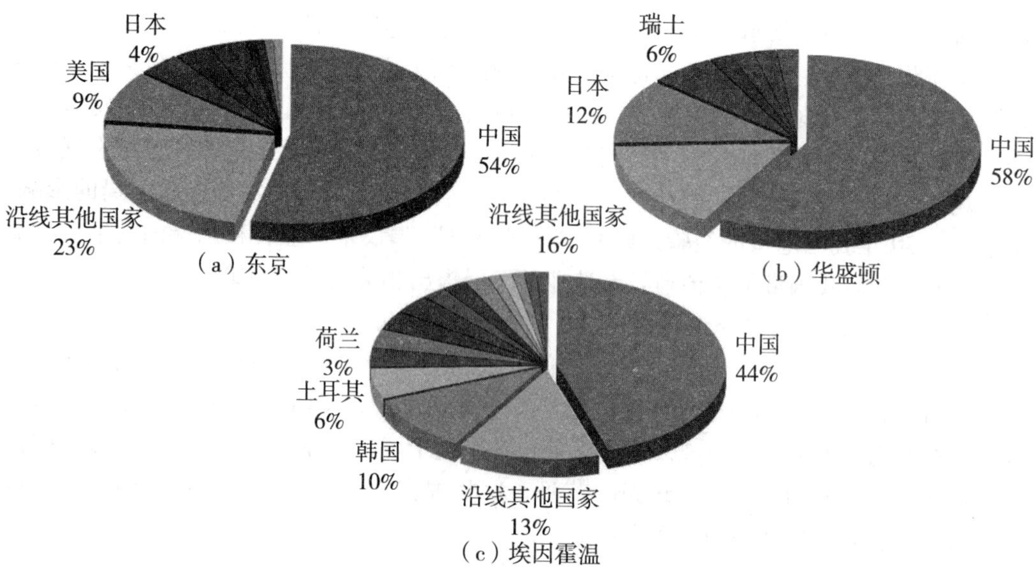

图 13　以三地为例的发达国家居民日常穿戴品产地国别调查情况

（三）制造业转移的承接国识别

基于区位商理论和产业生命周期理论，分析沿线各国工业的发展趋势，确定可能承接产业转移的国家。

区位商 $LQ_i=(x_i/y_i)/(X/Y)$ 可用来衡量某产业在特定区域相对集中的程度，区位商大于1表示该产业是地区的专业化部门，小于或等于1表示该产业是自给性部门。其中，LQ_i 为国家 i 的工业总产值区位商；x_i 为国家 i 的工业总产值；X 为所有国家的工业总产值；y_i 为国家 i 各行业总产值之和；Y 为所有国家各行业总产值之和。产业生命周期曲线是指一个产业要经历开发、引进、成长、成熟、衰退的阶段。将区位商理论与产业生命周期曲线相结合可识别产业转移的趋势。这里用20个沿线国家的2000—2014年的工业增加值数据替代工业生产总值。基于区位商可将20个国家分成以下3类。

第一类包括5个国家，区位商恒小于1，工业专业化程度和产业聚集度偏低。产业聚集度是企业发展的有利条件，因此向这类国家转移制造业，需要相对较高的初期投入。其中，意大利、希腊、巴基斯坦区位商呈下降趋势，制造业发展逐渐弱化，因此承接制造业的可能性小；肯尼亚和柬埔寨区位商呈上升趋势，处于制造业发展的初创期或成长期，有可能承接制造业的转移，但还需通过成本因素和行业开放态度等进行再验证。

第二类包括6个国家，区位商接近于1，制造业积累到一定的专业化程度，为承接制造业提供了基础条件。其中，新加坡区位商呈持续下降势态，下降的初始点较低（区位商=1.2），较早进入衰退阶段，说明新加坡逐渐以服务业为支柱产业，不适合承接制造业；苏丹区位商先上升后下降，下降趋势可能是由于国家产业转型升级，也可能是由于其他随机因素所导致的短期波动；老挝、印度、斯里兰卡和孟加拉国区位商呈上升趋势，表明处于产业成长期。从产业聚集度和产业生命周期的角度看，这些国家处于制造业发展的最佳时期，可以成为制造业转移的理想承接地。

第三类包括9个国家，区位商恒大于1，表明产业的专业化程度和产业聚集度较高，能够为产业转移提供有利的条件。其中，马来西亚和菲律宾区位商呈持续下降趋势，处于产业衰退阶段，不适合承接制造业；沙特阿拉伯、文莱、埃及、印度尼西亚、泰国、越南、阿联酋区位商呈上升趋势，处于工业的成长期或成熟期，是理想的承接制造业的备选地。

可以看出以上20个国家中，可能承接制造业转移的备选国有14个，分别是肯尼亚、柬埔寨、苏丹、老挝、印度、斯里兰卡、孟加拉国、沙特阿拉伯、文莱、埃及、印度尼西亚、泰国、越南、阿联酋。

（四）“一带一路”策略下港航物流业及制造业的发展对策

1. 世界工厂与世界海运格局状况

根据UN Comtrade Database（联合国商品贸易统计数据库）官方数据，目前贸易运输需求主要集中在中国与北美、中国与欧洲、北美与欧洲之间，其中中国出口量占这些地区出口量之和的50.6%，进口量占这些地区进口量之和的38.8%，中国的进出口量在全球贸易中占有显著地位。与之相比，“一带一路”沿线其他国家的国际贸易量较小。在这种国际贸易格局下，承担外贸运输的90%的海运航线主要布设在中国与北美、中国与欧洲、北美与欧洲之间。可以预见随着“一带一路”倡议的深入，沿线国家很可能跟随中国脚步，在未来10～20年内大幅度吸引外资，大力发展制造业。届时，在全球消费市场上，中国制造的产品份额很可能会有较大幅度的下降，而沿线其他地区生产制造的产品份额会逐步上升。由中国运往北美和欧洲的货物数量（很可能是份额）会随之减少，而由沿线其他国家运出的货物的数量和份额会逐步上升。结果是全球远洋运输系统将发生结构性变化，目前的枢纽港可能会失去枢纽地位，主航线可能沦落为支线航线。因此，港航物流业需关注这种变化，预判全球国际贸易物流格局变化，抢占“一带一路”沿线的先机和商机。

2. 中国港航物流业及制造业的发展对策

（1）港口业发展策略。

制造业向外转移将导致我国港口运输需求萎缩，我国港口需要分析货运需求的转移方向，通过在其他地区投资港口码头，转移服务供给，降低货运需求转移引起的港口收益流失。我国前六大港口的固定资产都在1000亿元以上，这些港口有能力作为外资进入到“一带一路”沿线国家的港口领域，建设经营码头。在其他国家投资港口运营码头，一方面可以提升当地的海运可达性，降低运输成本，“拉”动我国的产业向这些港口的周边转移，增加港口直接腹地的货运需求，提升港口的吞吐量；另一方面还可以提升这些港口的辐射能力，使其拥有更大的腹地。与此同时，投资获得的股权及特许经营权有助于我国港口企业在“一带一路”沿线抢占市场先机，扩张港口企业的市场份额，争取行业话语权。在港口投资者自身获益的同时，还会提升当地的交通运输可达性，增加当地制造业的成本优势，进而加快我国企业“走出去”的进程。“一带一路”倡议是全局性共赢的战略，我国的港口在其他国家投资港口运营码头，可以进一步增加承接国的区位优势，港口投资所产生的溢出效益将促进临港产业的发展，拉动就业，提升当地的经济水平。

（2）航运业发展策略。

与港口企业类似，航运企业为弥补我国制造业出口量下降所导致的运输需求的流失，需要研究新的外贸运输需求格局，调整全球航线网络，包括航线设计和船型规划等。这种调整也将进一步促进产业转移，导致货运需求向新的方向聚集，这种调整所引起的规模效应也将成为港航物流业的附加效益。例如，20世纪80年代以来，我国开始承接由其他国家转移过来的制造业的时候，我国的港口并不发达，进出口货物需要通过我国香港港等门户港中转进出境，世界海运的主航线在我国香港、日韩和欧美之间。随着我国其他港口的发展，大量中国出口的货物直接由国内的港口装船，原本挂靠我国香港的干线航线开始逐渐挂靠上海港、盐田港等。全球航运网络伴随着港口发展和货物运输需求的变化进行相应的调整。

（3）物流业发展策略。

随着港口的代际更替，产业逐渐向内陆转移，内陆综合物流的重要性逐渐增加。因此，我国的物流企业应该抓住机遇，努力服务于国家战略，凭借自身积累的经验，到我国企业在海外投资的地区从事产业物流活动。日本物流企业在我国的发展经验值得我们借鉴：1980 年以来，随着我国逐渐承接越来越多的制造业，日本物流企业开始在我国投资，他们与日本在我国投资的工业制造商紧密联系，相互促进，如日邮、宝井、日通等企业都以服务日资企业为主，通过与日本在华投资的工业企业的相互合作，获得稳定的物流业务量，而且还获得了可观的我国及其他国家在华企业的物流业务。

（4）制造业发展策略。

我国的制造业可凭借自身的技术优势和资本优势，在沿线投资建厂，开拓国内国际市场。我国制造业的转移将刺激沿线国家的土地需求，供需关系变化又将导致土地溢价，我们的投资方与沿线国家会实现双赢的局面。新加坡制造业的海外投资经验可以充分证明这一逻辑关系。

（五）结语

本节验证了制造业向“一带一路”沿线聚集的初步趋势，对沿线 20 个国家进行分析，找出具有承接产业转移可能性的备选国，为我国产业转移选址提供了理论依据。借鉴本土港航物流业的发展经验和世界各国在产业转移背景下港航物流业及制造业的经验教训，结合世界海运格局的现状和发展趋势，深入分析新的制造业转移行为与动向及其对上下游产业链的影响，针对中国制造业沿“一带一路”转移的动态过程，提出“一带一路”倡议下能够与承接国双赢的港航物流业发展策略，将产业转移带来的负面效果转化成我国港航物流业及制造业发展的机遇。

四、“一带一路”沿线集装箱港口投资决策研究

（一）引言

经济全球化导致产品的生产制造地与消费地严重分离，在生产地与消费地间诱发了大量的交通运输需求。过去 30 年，随着我国成为世界工厂，我国与欧洲及美国间的贸易量持续增加。由于海运承担 90% 的国际贸易运输任务，因此，随着我国制造大国地位的提升，围绕产成品的进出口，在我国和欧洲及北美之间，形成了为国际贸易提供运输服务的世界级海运主走廊，走廊两端出现了庞大的港航物流产业集群。目前，全球排名前 20 位的港口中有 10 个在我国，5 个在欧洲或北美，例如，我国的上海港、盐田港，欧洲的鹿特丹港、汉堡港，美国的长滩港、洛杉矶港等都拥有享誉世界的集装箱码头，集装箱年吞吐量达千万 TEU，上海港集装箱年吞吐量更是高达 3653. 7 万 TEU。

主航线中间地带由于既没有大的制造业集群也没有大规模消费地区，因此港口规模与地位都无法与两端的世界级港口相提并论。例如，“一带一路”沿线地区，只有 5 个港口排名进入世界前 20 位。其中，新加坡港、巴生港、丹戎帕拉帕斯港均借助中转功能奠定其世界级港口地位。但是，这种现象正在发生变化。21 世纪以来，由于劳动力和土地成本的大幅提升，对于制造业而言我国的区位优势正逐渐消失，相当数量的制造企业开始向其他区位优势明显的区域转移。由于“一带一路”沿线国家工资水平普遍低于我国，部分地区的工资水平甚至仅是我国的 14. 8%，因此，“一带一路”沿线国家有望成为新的全球制造业基地。

随着制造业的国际性转移，“一带一路”沿线与世界各国间的贸易量逐渐增多，原本服务于区域经济的地区性港口已经很难满足新的运输需求，港口能力不足逐渐成为制

约区域制造业发展的瓶颈。由于国际间货物运输需求与港口供给之间具有“蛋与鸡”的因果关系，因此在外向型产业经济迅速发展的情况下，港口需要通过投资提升供给能力，在满足运输需求的同时改善所在区域的可达性，提升区位优势，促进制造业向其母国转移，从而诱增运输需求，增加港口收益，形成产业转移背景下货物运输需求和港口供给间的正向反馈。但是，很显然这种互为因果的正向反馈存在上界，例如，港口供给提升极大地促进了制造业发展，进而大幅度诱增劳动力、土地等需求，导致生产成本上升，进而承接国际性产业转移的优势下降，额外的港口规模所带来的制造业转移规模逐渐降低，此时，港口投资的边际收入无法覆盖边际成本，港口投资总收益负增长；反过来，当制造业增加所导致的港口运输需求超出地区土地和岸线资源、生态环境以及 Access 和 Egress 交通的能力上限时，物理上已经不能再增加港口的供给能力，此时亦达到供给上界。

因此，考虑制造业向“一带一路”沿线国家转移趋势，明确沿线地区港口需求与供给之间互为因果的关系及其上界，合理优化沿线港口的投资规模，实现港口利益最大化，成为“一带一路”沿线向新的世界级制造中心演变过程中面对的关键问题。由于港口投资与产业转移之间形成了主从式的逻辑关系，因此可采用双层规划进行描述。其中，港口投资是领导者，在上层决策决定着被投资港口的服务水平，进而影响制造业向港口腹地转移的规模；制造业转移是跟随者，在下层的生产选址和运输选择行为决定着上层决策的目标是否能够实现。通过上下层之间的反馈关系，可以仿真不同港口投资方案下的产业转移情况，进而得到考虑产业转移的集装箱港口的最优投资方案。

现有关于港口投资的研究主要分为三类：①港口投资规模优化，研究港口投资规模的优化方法、算法及影响因素；②港口规模与城市经济之间的关系研究，研究单位港口规模对区域经济的影响；③港口投资方案评价研究，从不同视角对港口投资的可行性进行分析。

在第一类研究中，丹（Dan）采用动态规划的方法，以投资金额、在港时间与内陆运输成本之和最小为目标，建立港口投资及定价优化模型。梅尔斯曼（Meersman）考虑了港口竞争环境、港口交通波动性等不确定因素对投资规模的影响。德米尔吉（Demirci）考虑了装卸车环节对港口服务能力的影响，用仿真代替优化方法研究港口投资。黎继子等将遗传算法与神经网络相结合，建立投资决策模型，加快了求解的收敛速度。李和忠等和光（Kuang）等关注港口运营效率低等问题，借助扩张型实物期权描述港口投资决策的柔性价值，实现港口多阶段投资的有效整合。艾拉维亚罗（Allahviranloo）等建立考虑投资成本、货物运输网络等约束的模糊整数规划模型。匡海波等借助动态规划和随机规划等理论，建立考虑港口运营效率及生态承载率的港口多期投资优化模型。穆索（Musso）等指出过小的港口规模将产生港口拥堵成本，过大的港口规模将增加操作成本，因此以总成本最小化为目标建模。此类研究为港口投资规模决策提供了方法，但对产业转移趋势下的港口投资问题缺乏针对性。因此，本节在现有研究的基础上考虑港口投资与产业转移之间的相互反馈，建立港口投资优化模型。

在第二类研究中，张燕等对上海港等进行格兰杰检验和 VAR（风险价值模型）动态分析，验证港口与区域经济间的因果关系。郭秀娟与申勇锋等、姜超雁等，还有叶宜丹基于投入产出法，测算单位港口规模对区域 GDP、就业等的贡献程度。杨家其等和高琴等依据柯布—道格拉斯生产函数，测算单位吞吐量对腹地经济增长的贡献。此类研究充分解释了港口规模和区域经济发展、劳动力需求之间的逻辑关系及数量关系，是港口投资优化问题的基础。本节将充分利用现有研究成果，考虑港口投资及产业转移过程对工资及土地成本的影响，提高模型的可靠性。

在第三类研究中，李新然等建立了基于 RBF（经向基函数）神经网络的港口投资效益预警模型，通过数值试验验证模型预测的准确性。桑（Sang）等充分考虑国家风险、基础设施水平等因素，对跨国港口投资方案进行评价，为港口投资方案的选择提供依据。此类成果是港口投资优化研究的前提，本节将影响投资方案可行性的投资回报率指标作为约束条件，提高了港口投资优化结果的实用性。

（二）问题描述

如引言所述，“一带一路”沿线投资建设港口和产业转移之间存在图 14 所示的正反馈关系。首先，投资建设港口可以提高航运服务水平，减少货物通过港口的阻抗，同时影响港口所在地的劳动力工资和土地成本（①）；其次，全球的制造产业将根据港口阻抗、劳动力和土地成本进行再选址，即产业转移（②），产业转移的规模决定着港口的运输需求、区域劳动力需求及经济水平，进而又反作用于港口阻抗、劳动力和土地成本（③）；系统均衡状态下，港口投资规模和产业转移规模确定了投资港口所能得到收益（④）。

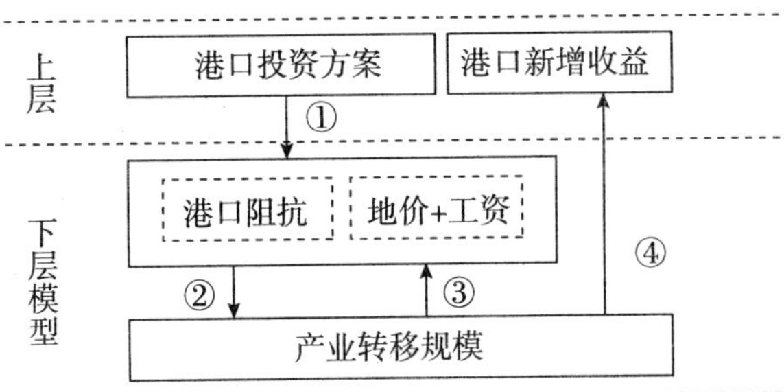

图 14　产业转移背景下港口投资双层决策模型结构

产业转移是企业个体再选址行为的宏观体现，为研究港口投资对产业转移的影响，可以把制造业看作是以年产值为单位的连续个体。假设货物销售价格不变，则个体企业以广义成本（“生产 + 运输”成本）最小为目标进行再选址。此时，“产品生产 + 运输”过程类似于交通运输需求在运输网络上由出发地移动到目的地的过程。

例如，图 15 为 2 个产地（1 和 2）和 3 个消费地（j'）构成的网络。不考虑产业转移时，可将生产与运输各环节抽象成具有不同阻抗函数的路段。其中，路段集合 $\mathbf{A}_1$ 代表生产环节，其阻抗包括土地、劳动力和税收；路段集合 $\mathbf{A}_2$ 代表生产侧的内陆运输环节，其阻抗包括运输费用和运输时间；路段集合 $\mathbf{A}_3$ 代表在港环节，其阻抗包括港口收费和在港时间；路段集合 $\mathbf{A}_4$ 代表海上运输环节，其阻抗包括海运费用和海上运输时间；路段集合 $\mathbf{A}_5$ 代表消费侧的港口卸船环节和内陆运输环节，成本包括港口使费、在港时间和内陆运输成本。假设各消费地需求不变，因此不同投资方案下 $\mathbf{A}_5$ 路段的阻抗为常数，不影响优化结果，在模型中可忽略掉。

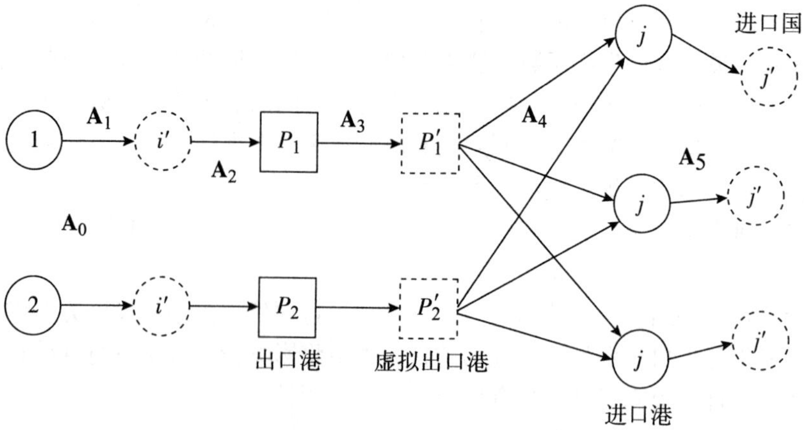

图 15　不考虑产业转移情况下产品生产与运输网络

当考虑产业转移时，如果产地 2 有明显的区位优势，则产地 1 的产业将向产地 2 转移。为描述产业转移过程，在图 15 所示的网络中增加虚拟路段 $\mathbf{A}_0$（图 16 虚线箭头），不考虑企业搬迁成本，因此路段阻抗为 0。

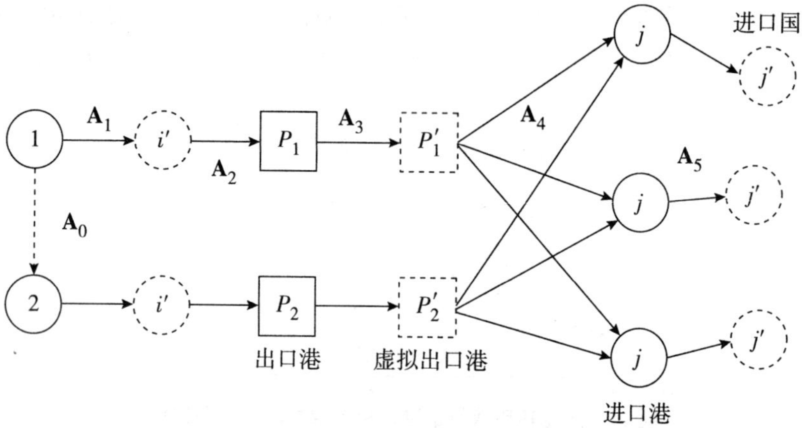

图 16　考虑产业转移情况下产品生产 + 运输网络

用 $\mathbf{A}$ 表示网络中所有路段的集合，则 $\mathbf{A} = \mathbf{A}_0 \cup \mathbf{A}_1 \cup \mathbf{A}_2 \cup \mathbf{A}_3 \cup \mathbf{A}_4 \cup \mathbf{A}_5$。节点包括：运输起点 $i \in \mathbf{I}$，对应虚拟节点 $i' \in \mathbf{I}'$；产业转出国港口 $p \in \mathbf{P}_1$，对应虚拟节点 $p' \in \mathbf{P}'_1$；投资建设的港口 $p \in \mathbf{P}_2$，对应虚拟节点 $p' \in \mathbf{P}'_2$，$\mathbf{P} = \mathbf{P}_1 \cup \mathbf{P}_2$，$\mathbf{P}' = \mathbf{P}_1' \cup \mathbf{P}_2'$；卸船港口 $j \in \mathbf{J}$。

利用上述虚拟网络可以分析制造产业转移前后，贸易货物在空间上的流向变化与流量变化以及在多式联运网络上的路径选择行为，进而确定港口投资对产业转移的服务与促进作用以及在何种港口投资情况下港口可以获得最大的投资利益。在下一部分将提出双层模型，下层模型基于以上网络描述产业转移过程。

（三）数学模型

1. 基本假设

H1：全球市场对产品的需求不变。

H2：不考虑制造企业的搬迁成本。

H3：其他港口的装卸费用不变。

H4：其他港口腹地的土地及劳动力成本不变。

H5：销往国际市场的产品均经由港口出口。

H6：海运和陆运的运输费率不变。

H7：不考虑资金的时间价值。

2. 建立模型

（1）上层模型。

$$\max Z_1 = (x_{pp'} + \hat{x}) \times (pf_p - pc) - fc \times (N_{Q_1} + N_{Q_0}) - C/T(p \in \mathbf{P}_2, p' \in \mathbf{P}_2') \quad (1)$$

$$(Z_1 - W)/C > r \quad (2)$$

$$N_{Q_1} + N_{Q_0} \leqslant N_Q \quad (3)$$

$$N_{Q_1} \in \mathbf{N}^* \quad (4)$$

$$C = hc \times N_{Q_1} \quad (5)$$

$$pc \leqslant pf_p \leqslant pf_{\max} \quad (6)$$

其中：$\hat{x}$：港口原有吞吐量；x：$OD(p,p')$ 间流量；pf_p：港口 p 集装箱使费；pc：每个集装箱的变动成本；fc：每个集装箱泊位的年均维护成本；N_{Q_1}：决策变量，港口新建的集装箱泊位数；N_{Q_0}：港口原有的泊位数；C：投资建设泊位及配套设施总成本；T：投资回收期；W：无投资时港口年均收益；r：贷款基准利率；N_{Q_1}：受岸线等限制，港口能够建设的最大泊位数量；hc：每个集装箱泊位建设及配套设施的平均成本；$pf_{\max}$：集装箱使费最大值。

目标函数式（1）为最大化港口收益；式（2）为投资回报率约束；式（3）为港口规模约束；式（4）为码头数量的非负整数约束；式（5）为投资金额和泊位数量之间的关系函数；式（6）为港口使费定价约束。

（2）下层模型。

$$\min Z_2 = \sum_a \int_0^{x_a} tc_a(w)\mathrm{d}w,\ a \in \mathbf{A} \quad (7)$$

$$\text{s.t.} \sum_k f_{ijk} = q_{ij},\ \forall i, j \quad (8)$$

$$f_{ijk} \geqslant 0,\ \forall i, j \quad (9)$$

$$x_a = \sum_i \sum_j \sum_k f_{ijk}\delta_{aijk},\ \forall a \quad (10)$$

$$tc(x_a) = \sum_i [(tp_i \times pv + hp_i \times nh + lp_i \times ns) \times \delta_{ai}],\ a \in \mathbf{A}_1 \quad (11a)$$

$$tc(x_a) = \sum_i \sum_p \{[\omega_{ip} \times (fr^{road} \times d_{ip}^{road} + \alpha \times d_{ip}^{road}/v^{road}) + (1 - \omega_{ip}) \times (fb^{railway} + fr^{railway} \times d_{ip}^{railway} + \alpha \times d_{ip}^{railway}/v^{railway})] \times \delta_{aip}\},\ a \in \mathbf{A}_2,\ p \in \mathbf{P} \quad (11b)$$

$$tc(x_a) = \sum_p \{pf_p + \alpha \times t_a(0)[1 + \beta_1 \times (x_a^{\beta_2}/C_a^{\beta_3})]\} \times \delta_{ap},\ a \in \mathbf{A}_3,\ p \in \mathbf{P} \quad (11c)$$

$$tc(x_a) = \sum_{p'} \sum_j [(fr_{p'j}^{shipping} + \alpha \times d_{p'j}^{shipping}/v^{shipping})] \times \delta_{ap'j},\ a \in \mathbf{A}_4 \quad (11d)$$

$$tc(x_a) = 0, a \in \mathbf{A}_0 \cup \mathbf{A}_5 \quad (11e)$$

$$\delta_{aijk} = \begin{cases} 1, \text{路段 } a \text{ 在 } i \sim j \text{ 间的第 } k \text{ 条路径上} \\ 0, \text{否则} \end{cases} \quad (12a)$$

$$\delta_{ai} = \begin{cases} 1, \text{路段 } a \text{ 起点为 } i \\ 0, \text{否则} \end{cases} \quad (12b)$$

$$\delta_{ap} = \begin{cases} 1, \text{路段 } a \text{ 起点为 } p \\ 0, \text{否则} \end{cases} \quad (12c)$$

$$\delta_{ap'j} = \begin{cases} 1, \text{路段 } a \text{ 起点为 } p'\text{，终点为 } j \\ 0, \text{否则} \end{cases} \quad (12d)$$

$$\delta_{aip} = \begin{cases} 1, \text{路段 } a \text{ 前置路段的起点为 i，路段 } a \text{ 终点为 p} \\ 0, \text{否则} \end{cases} \quad (12e)$$

$$GDP_i = \sum_a x_a \times pf + x_a \times pv \times [\kappa/(1-\kappa) + 1] + GDP_i^0, a \in \mathbf{A}_0 \quad (13)$$

$$lp_i = \rho \times GDP_i \quad (14)$$

$$hp_i = \begin{cases} hp_i^0, \text{当 } x_{12}/nh + x_a \times pf \times \upsilon + JN_i^0 \leq JN_i^{total}, i = 2, a \in \mathbf{A}_0 \\ hp_i^0 \times [(x_{12}/nh + JN_i^0 + x_a \times pf \times \upsilon)/JN_i^{total}]^{\tau}, \text{当 } x_{12}/nh + JN_i^0 > JN_i^{total}, i = 2, a \in \mathbf{A}_0 \end{cases} \quad (15)$$

其中：tc_a：路段 a 阻抗；f_{ijk}：$OD(i,j)$ 间路径 k 流量；q_{ij}：$OD(i,j)$ 间流量；x_a：路段 a 流量；δ：0—1 变量；tp_i：产地 i 的税收；pv：单位集装箱产品货值（美元/TEU）；hp_i：产地 i 的工资（美元/人·天）；nh：制造 1TEU 产品所需劳动力数量；lp_i：产地 i 的土地成本（美元/平方米）；ns：制造 1TEU 产品所需土地面积；ω_{ip}：产品由产地 i 到港口 p 的公路分担率；fr^{road}：公路运费率（美元/公里/TEU）；$fr^{railway}$：铁路运费率（美元/公里/TEU）；$fb^{railway}$：铁路基价（元/TEU）；α：货物时间价值；t_a：路段 a 自由流的阻抗（$a \in \mathbf{A}_3$）；β_1、β_2、β_3：待估参数；d_{ip}^{road}：产地 i 到港口 p 的公路运距；$d_{ip}^{railway}$：产地 i 到港口 p 的铁路运距；ν^{road}：公路运行时速；$\nu^{railway}$：铁路运行时速；$fr_{p'j}^{shipping}$：港口 p' 到港口 j 的海运费率；$v^{shipping}$：集装箱船的航速；$d_{p'j}^{shipping}$：港口 p' 到港口 j 的航行距离；GDP_i：投资后节点 i 的 GDP；κ：边际消费倾向，即增加 1 美元国民收入中用于消费的数量；ρ：GDP 对地价的影响系数；hp_i^0：没有港口投资时地区 i 的劳动力工资；JN_i^0：没有港口投资时，地区 i 的劳动力需求量；JN_i^{total}：地区 i 的劳动力供给总量；υ：单位港口投资诱增的就业需求。

式（7）为下层模型的目标函数；式（8）～（10）为流量约束，保证货物流量非负且守恒；式（11）为阻抗函数；式（12）为 0～1 变量；式（13）为 GDP 函数，与港口投资和制造业转移相关；式（14）为地价函数，由港口投资后的 GDP 决定；式（15）为工资函数，根据刘易斯拐点可知，以劳动力从过剩走向短缺为转折点工资开始上升。

（四）研究实例

“一带一路”是连接中国与欧洲的海上运输走廊，途经东盟十国、南亚四国、肯尼亚、沙特阿拉伯、埃及、苏丹等。目前，约 65% 的沿线国家具有承接制造业的可能，但港口服务制约着这些国家制造业的发展。例如，斯里兰卡是沿线中间地带的制造业承接国，斯里兰卡政府一直致力于发展科伦坡港，力争通过港口提升国家的区位优势，促进制造产业向斯里兰卡转移。因此这里选取科伦坡港作为研究对象，研究制造产业向斯里兰卡转移的情况下，科伦坡港集装箱码头的投资与定价优化问题。

1. 使用数据

斯里兰卡现有两个有集装箱码头的港口（科伦坡港和汉班托塔港）。根据中国商务部等部门联合发布的《对外投资合作国别（地区）指南》（2014 年版）得到斯里兰卡的几项数据如表 15 所示。

表 15　斯里兰卡的几项数据指标

指标	所得税港口项目	人员工资（美元/月）	港口集疏运方式	
			公路分担率	铁路分担率
数据	35%	420	99%	1%

将世界贸易按照洲际板块划分成 6 个区域（欧洲、亚洲、北美洲、南美洲、大洋洲、非洲），分别选取各区域内规模最大的港口作为卸货港（鹿特丹港、上海港、洛杉矶港、里约热内卢港、悉尼港、亚历山大港）。目前中国和斯里兰卡与世界各地间的贸易分布（即到各区域的货物值）如表 16 所示。

表 16　中国和斯里兰卡与世界各地间贸易分布　单位：亿美元/年

国家	欧洲	亚洲	北美洲	南美洲	大洋洲	非洲
中国	13119. 59	8472. 45	5847. 95	2690. 33	1243. 30	10110. 43
斯里兰卡	32. 94	63. 88	6. 08	2. 12	11. 07	33. 48

数据来源：根据 UN Comtrade Database 整理。

2. 求解结果与分析

双层模型采用经典遗传算法进行求解，其中，上层模型目标用于计算遗传算法中不同方案的适应度，下层贝克曼转换模型作为子函数采用经典的 Frank – Wolfe 法（一种求解线性约束问题的算法，以下简称 F – W 算法）求解，通过遗传算法对 F – W 的调用，实现上下层模型间的相互反馈。为了测算程序的计算效率，在遗传算法和 F – W 算法程序中加入 tic/toc 组合函数（程序运行计时函数）。F – W 算法运行时间为 3. 54 秒（CPU：Core i3，3. 4GHz[①]），遗传算法运行时间为 38. 61 秒（设置种群规模：2；代数：2），可以说算法效率满足本文的求解需求。

求解结果可知，在考虑制造业转移的情况下，科伦坡港应投资新建 8 个集装箱泊位，码头收费应为 111 美元/TEU。此时，港口新增收益 0. 73 亿美元/年，投资回报率为 7. 30%，高于 4. 5% 的银行贷款收益率；另外，在该投资建设方案下，斯里兰卡的 GDP 由 788. 24 亿美元增长到 1106. 59 亿美元，增长了 40. 39%。同时，制造业工资由

① CPU 指计算机的中央处理器，Core i3 是指 CPU 的型号为酷睿 i3，3. 4GHz 是指 CPU 的主频率为 3. 4GHz。

420 美元/月增长到 625 美元/月。可见港口投资对斯里兰卡的宏观经济和居民的生活水平均有正向刺激作用。

优化的港口投资和港口使费下，斯里兰卡到世界各地的货物出口量如图 17 所示。增加 8 个集装箱泊位后，斯里兰卡到各区域的出口量显著增加，出口额由原来的 149.6 亿美元/年增长到 462.7 亿美元/年，增长了 209%。基于本节的逻辑分析，可以认为每年增加的 313.1 亿美元出口货物就是中国向斯里兰卡转移的出口制造业的年生产产品的价值，可以看出港口建设对制造业向“一带一路”沿线地区转移有明显的促进作用。

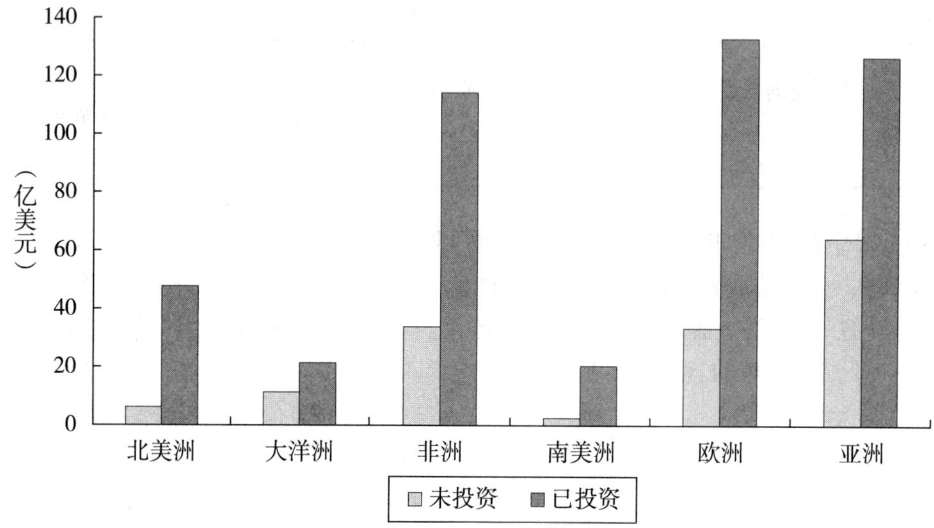

图 17　不同港口规模下斯里兰卡到世界各地的货物出口量

投资建设科伦坡港后，中国到世界各地的货物出口量都有所减少，但下降比例并不明显（见图 18）。这是因为中国制造业出口总量大，转移到斯里兰卡的只是一小部分。

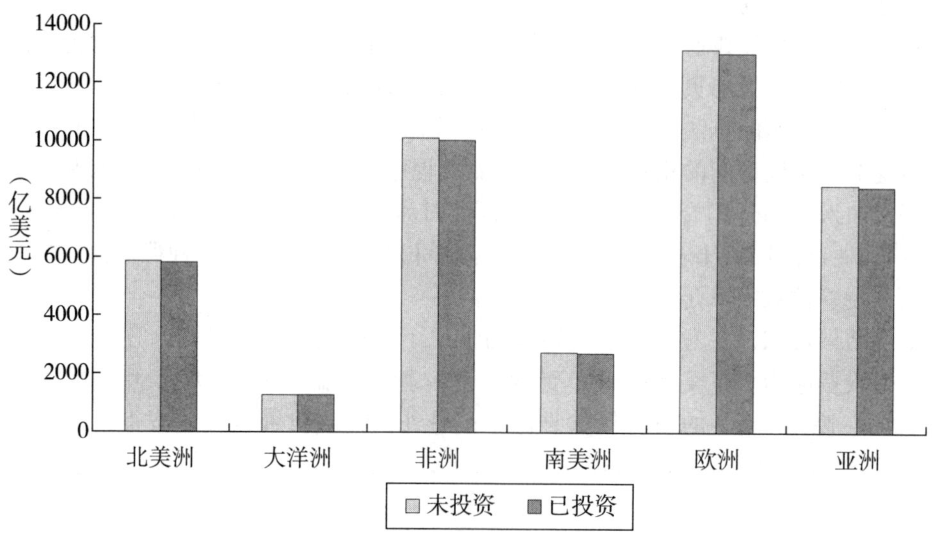

图 18　中国到世界各地的货物出口量

为分析新增泊位数量对港口收益的影响，分别计算不同的投资规模所对应的港口的边际收益和累计新增收益，如图 19 所示。可以看出，边际收益随港口规模先上升后下降，当新增泊位数量大于 8 个时，投资的边际收益为负。由于港口的新增收益等于其母国承接的制造业的出口运输成本与港口投资及维护成本的差值，因此可以从港口投资规模对产业转移的影响来进一步解释港口新增能力对港口收益的影响。

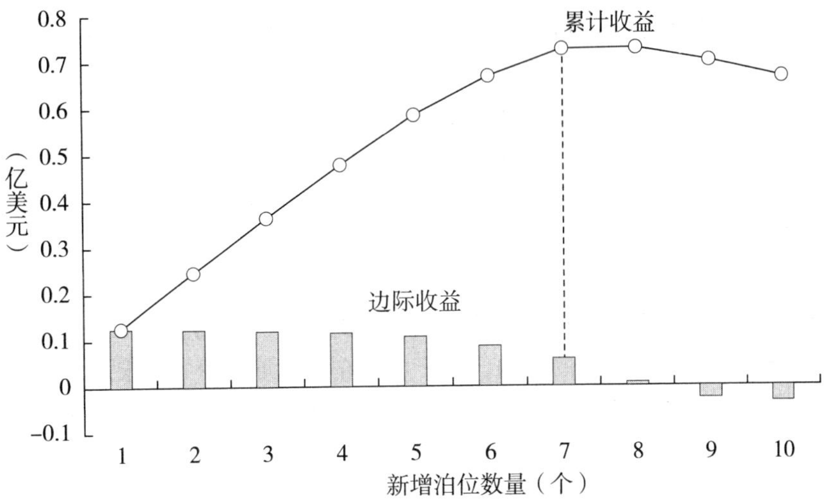

图 19　港口新增收益随投资规模变化情况

新增泊位数量对产业转移等的影响如图 20 所示，其中，累计产业转移货值与新增泊位数量正相关（见图 20 虚线），新增 1 ~ 4 个泊位时，上升速率接近常数；新增 4 个

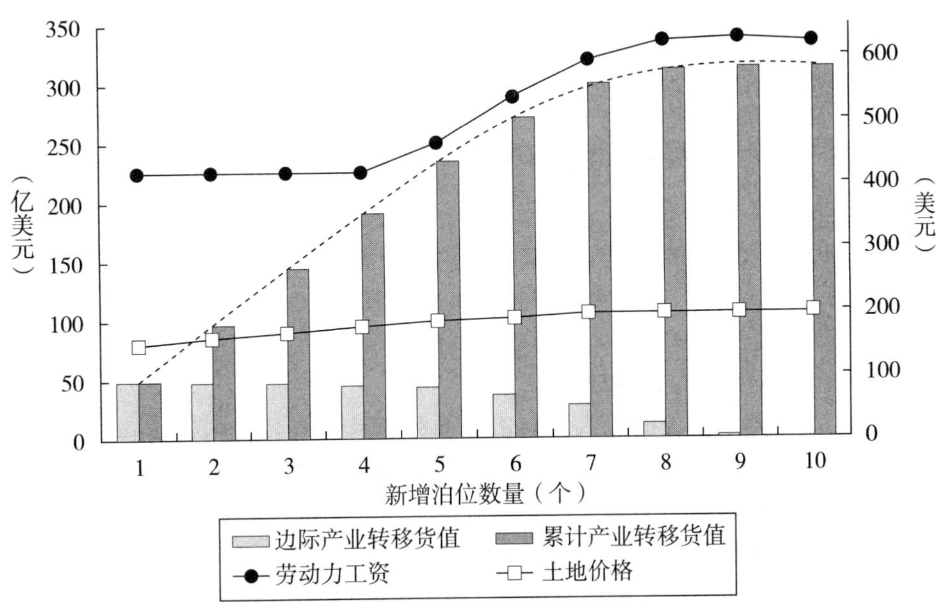

图 20　转移量、劳动力工资、土地价格随投资规模的变动情况

以上泊位时，上升速率明显降低；新增8个以上泊位时，上升速率趋近于0。这是因为，新增4个以下泊位时，劳动力供大于求，劳动力工资不随产业转移上升（见图20圆点折线），土地成本上升幅度较小（见图20方形折线），港口成本变化幅度较小，即港口需求量与供给能力的比值接近定值，新增泊位所诱增的边际产业转移货值相对固定；新增4个以上泊位，劳动力从过剩走向短缺，工资开始上升，土地成本上升，港口成本相应降低，因此边际产业转移货值逐渐降低；当投资新建8个以上泊位时，单位港口投资所诱增的产业转移规模进一步降低，逐渐趋近于0，额外港口投资所诱增的营业收入不足以覆盖投资成本，因此，该阶段中累计收益呈递减趋势（见图19虚线）。

随着投资规模的进一步增加，如新建10个泊位时，港口所在地的“生产+运输”成本就与中国持平，斯里兰卡无法通过港口投资吸引制造业向其转移，港口对制造业发展的抑制作用消失，由新增港口规模和制造业规模推升的劳动力工资和土地价格成为港口母国制造业发展新的短板。

（五）结论

本节提出了一种考虑产业转移的港口投资规模与定价优化模型，结合港口投资对区域劳动力工资水平及土地价格的影响，基于产业在再选址过程中追求总成本最小的用户平衡原理，将产品的“生产+运输”环节类比成运输需求从出发地到目的地的移动过程。在虚拟网络上，建立模型描述产业转移过程，通过港口投资与产业转移行为间的相互反馈，模拟港口投资和产业转移之间的相互关系，得到最优的港口投资方案。

为验证模型，以科伦坡港集装箱码头投资为例进行了数值分析，结果表明，产业转移规模与港口投资规模正相关，但由于新增港口规模和产业规模会导致区域劳动力工资上涨和土地溢价，当“劳动力+土地”成本与中国持平时，港口投资对产业转移的影响到达上界，产业规模不再随港口投资规模的增加而增加。另外，一定范围内港口投资收益与港口投资规模之间亦存在正相关关系，且同样存在上界。因此，对港口投资者而言，合理把握港口供给与港口需求之间的正反馈关系及其上界，找出港口收益曲线的拐点，从而最大化港口收益非常关键。

五、围绕阿尔及利亚港口建设下的家电和农产品物流与供应链模式创新

（一）引言

港口作为国家和地区的重要交通基础设施，是物流发展的重要前提条件，对于城市、区域经济的发展起着至关重要的作用。世界各国港口的快速发展，加速了世界经济一体化的进程，强化了各国经济与世界经济的联系。目前，港口已经成为物流链上的重要功能元素和各国对外交流的重要平台。

随着“一带一路”倡议的深入，制造业向外转移将导致我国港口运输需求萎缩，由我国运往其他地方的货物数量会随之减少，我国港口需要分析需求的转移方向，通过在“一带一路”沿线投资港口码头，转移服务供给，降低因需求转移引起的港口收益流失。在沿线国家投资港口运营码头，不仅可以提升当地的海运可达性，提升其港口的综合能力，打通“一带一路”的运输通道，减少运输时间，降低运输成本，还能“拉”动港口及其周边国家的需求，使我国的产业向这些港口的周边转移。与此同时，投资获

得的股权及特许经营权有助于我国港口企业在“一带一路”沿线抢占市场先机，扩张市场份额。

地中海地区作为中东、北非、西欧及东欧的交汇点，不仅是21世纪“一带一路”的重要区域，也是亚洲、北欧与北美海运的重要中转站。地中海南岸的阿尔及利亚地处非洲北部，国土面积238万平方千米，是非洲第一大国家，人口总数4000多万，经济总量位居非洲前列。但是，阿尔及利亚的商业性港口绝大部分停留在第一代港口的层次上，只具备了基本的船舶停靠和货物装卸、转运、仓储功能。有限的港口靠泊能力、较低的装卸机械专业化程度和亟待提升的港口服务水平限制了阿尔及利亚港口的发展。尤其是对大型集装箱货运输船的处理能力远不能满足其港口贸易的发展需求。阿尔及利亚国际贸易运输成本始终居高不下，主要原因在于没有货运枢纽港和国际直挂航线。以集装箱运输为例，受限于码头靠泊能力，远洋集装箱均需要通过马耳他、巴塞罗那等枢纽港进行中转，即便是地中海区域内的集装箱也大都需要通过中转才能到达阿尔及利亚港口；以亚欧航线为例，目前从我国启运的集装箱大致需要45~50天才能到达阿尔及利亚港，运价约为1000美元，如果开通直挂航线，20~30天即可到达，运价则可以减少至500~700美元。相比班轮直挂，中转在船期和费用上都有很大劣势。

为满足国内经济和对外贸易发展的需要，适应船舶大型化对港口条件和设备的要求、降低物流运输成本，改善国内港口建设较为落后的局面，提升港口总体水平和其在地中海中西部的竞争力，2016年11月，在阿尔及利亚公共工程和交通部制定的2035年行业战略规划（2016—2035）中，将国家中心港项目上升到国家行业战略的高度，要在满足经济、贸易发展需求的同时，中转地中海区域的部分集装箱，使该国家的港口发展成为地中海中西部区域和非洲地区重要的国际集装箱枢纽港之一。阿尔及利亚中心港项目由中交集团旗下的中国港湾、中国建筑与阿尔及利亚政府共同投资建设，项目包括港口、物流园区及高速公路三部分，旨在创建一个综合性的港口和物流平台，依托港口的口岸服务型物流园区，以提供转运、保税服务为特点。园区内既涵盖了常规的存储、运输、配送、装卸搬运等功能，也包括了包装、流通加工、配载、拼箱拆箱、分拣等升级功能，此外还包括金融、供应链物流管理、信息服务等增值服务功能。

项目将构建更为便捷的物流平台，为国内消费市场提供来自全球的质优价廉的商品，以此满足消费者多样化的需求，增加消费者剩余；与此同时，在疏港高速公路沿线，规划建设4个工业园区。完善的港口物流体系将使得园区及周边企业的原材料和产品运输更加便捷、经济，能够大幅度降低企业的总成本，增强企业及产品的竞争力，为该地区发展进出口贸易提供保障。

阿尔及利亚中心港项目位于阿尔及尔西部60千米处，具有紧邻亚欧航线的区位优势、岸线水深等自然优势和人力、能源等成本优势。港口建成之后，不仅能降低国际运输成本，还能节省运输时间。阿尔及利亚将成为“一带一路”的重要节点，其与“一带一路”沿线国家之间的产品进出口贸易会变得更加便利，同时将加强与沿线国家间的原材料供应、生产协作、产品市场、金融信贷、客货运输、科技信息交流等方面的联系，提高产品供应链的整体竞争力，拉动阿尔及利亚及周边国家的需求增长，促进他们的经济发展，更容易实现互联互通。除此之外，随着“一带一路”倡议和阿尔及利亚中心港项目的实施，一些制造产业将沿“一带一路”构建新的产业空间形态，在沿线地区进行产业转移和重组，其产业供应链也会随之改变和转移，已有的国际贸易格局也会随之改变。

2015 年，阿尔及利亚全国商业港口共完成集装箱吞吐量 180.1 万 TEU，其中进口重箱 90.7 万 TEU，出口重箱 2.7 万 TEU，这反映出了阿尔及利亚一般商品贸易以进口为主的特点。据中华人民共和国商务部的调查数据显示，2015 年中国出口到阿尔及利亚的货物贸易额达 75 亿美元，其中家电出口贸易额达 10 亿美元，占比 13.6%，可以看出，家电是阿尔及利亚与中国之间的主要贸易货种之一。另外，由于干旱等气候原因所致，阿尔及利亚农产品进口量较大，中国是阿尔及利亚农产品的主要进口国之一。因此，本节以家电和农产品为例，在 21 世纪“一带一路”的大背景下，围绕阿尔及利亚这个新建港口，研究如何发展中国农产品与家电的物流与供应链，并提出物流的创新模式和供应链的优化设计方案，如生产点的布局建设和优化、配送中心的选址等。

（二）需求分析

阿尔及利亚一般商品贸易以进口为主，目前是从中国进口家电和农产品的大国。要想围绕阿尔及利亚这个新建的港口，研究如何发展中国家电与农产品的物流与供应链，必须先分析阿尔及利亚及其周边国家从中国进口家电和农产品的情况，也就是说需要首先分析阿尔及利亚及其周边国家的经济发展水平，然后进一步分析这些国家对中国家电和农产品的需求情况。

我们选取阿尔及利亚及其周围的 7 个非洲国家以及地中海南岸的 4 个欧洲国家作为对象进行分析。其中，7 个非洲国家都在阿尔及利亚附近，摩洛哥、突尼斯、尼日尔和利比亚与阿尔及利亚紧紧相邻；埃及和苏丹是非洲较富有的强国，苏丹已经成为中国在非洲重要的贸易和投资伙伴并以中国作为第一大投资来源国；埃及也一直与中国交好，达成友好的经济贸易往来关系，除此之外，埃及地处亚非欧的交通要冲，境内有苏伊士运河，其战略地位十分重要。当阿尔及利亚的新港建成后，地中海北岸一些欧洲国家对中国家电和农产品的需求也可以利用这个新建的港口通过海运转运来满足，因此，西班牙、法国、意大利及希腊这四个紧邻地中海的欧洲国家亦在研究范围之列。

1. 阿尔及利亚及周边国家经济发展水平分析

2006—2015 年阿尔及利亚及周边国家的 GDP 如图 21 和图 22 所示，其中，非洲国家 GDP 走势平稳或呈现增长的趋势，部分国家在 2009 年、2011 年和 2015 年 GDP 出现下滑。而欧洲国家的 GDP 从 2008 年之后呈现波动的状态。

从图 23 可知，2015 年阿尔及利亚 GDP 为 1668 亿美元，人均 GDP 为 4318 美元。2015 年 GDP 最小的是尼日尔，为 71 亿美元，GDP 最大的是法国，为 24188 亿美元。非洲国家的人均 GDP 远远小于欧洲国家。

2. 阿尔及利亚及周边国家从中国进口家电的需求分析

（1）非洲部分国家。

本节在所有国家中选取阿尔及利亚、突尼斯、摩洛哥、埃及、苏丹、尼日尔、利比亚这七个具有代表性的国家进行家电需求分析。2006—2015 年上述七个国家从中国进口的家电贸易额及增长率情况如图 24 所示。

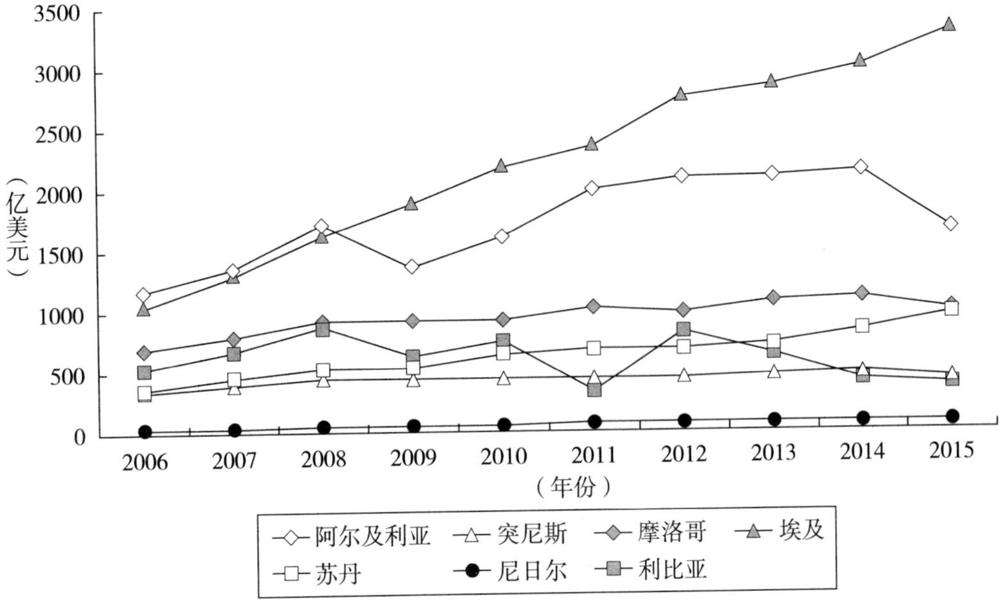

图 21　2006—2015 年非洲部分国家 GDP

数据来源：世界银行。

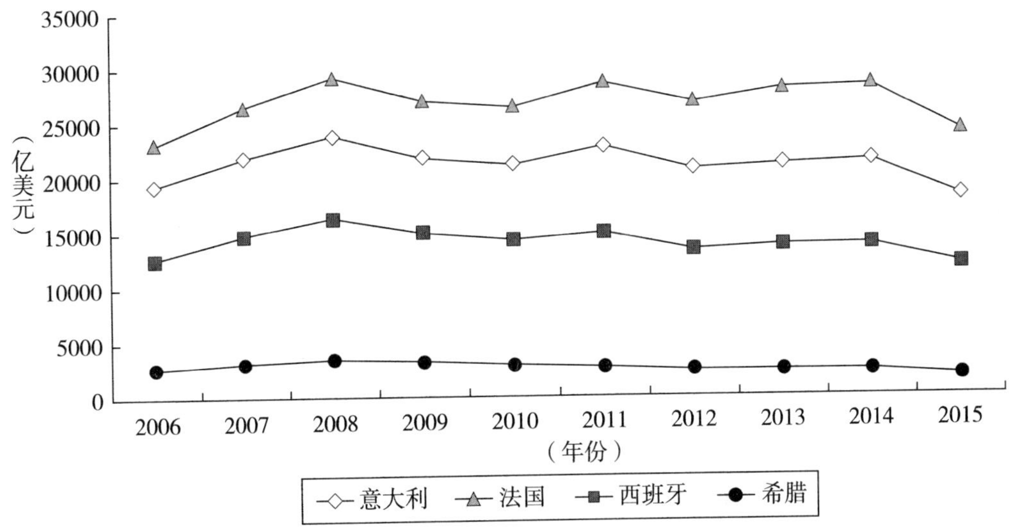

图 22　2006—2015 年欧洲部分国家 GDP

数据来源：世界银行。

如图 24 所示，2006—2014 年，上述 7 个非洲国家从中国进口的家电贸易额总和逐年增加，但 2015 年的贸易总额减少，同比下降 17. 8%。原因在图 25 中可以找到，由图 25 可以看出，2011 年之前，在我们研究的 7 个非洲国家中，从中国进口的家电贸易额最大的国家是摩洛哥，2011 年之后，贸易额最大的国家是阿尔及利亚，而这两个国家在 2015 年同时出现了进口家电贸易额大幅度下降的情况。摩洛哥同比下降 45. 4%，阿尔及利亚同比下降 19. 3%。除此之外，以图 24 还可以看出埃及和阿尔及利亚的增长趋势比较明显。

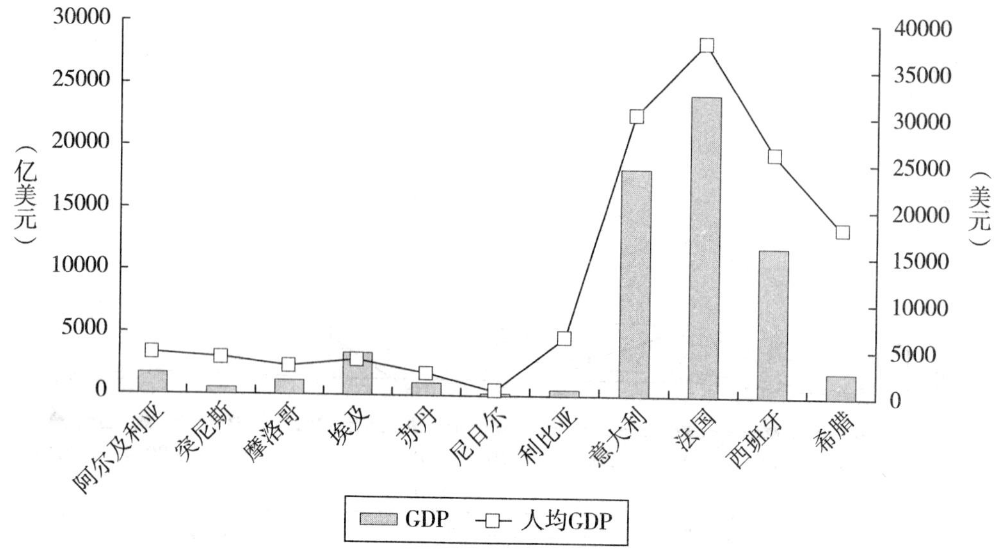

图 23 2015 年阿尔及利亚及周边国家 GDP 及人均 GDP

数据来源：世界银行。

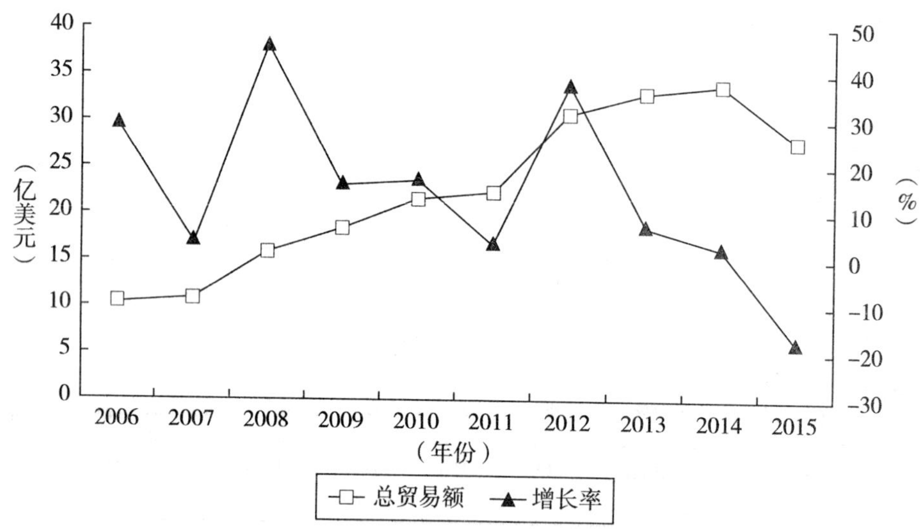

图 24 2006—2015 年非洲部分国家从中国进口的家电总贸易额及增长率

数据来源：根据 UN Comtrade Database 整理。

如图 26 所示，埃及 2015 年从我国进口家电贸易额是 2006 年的 6 倍多，阿尔及利亚 2015 年的我国进口家电贸易额是 2006 年的 3 倍左右。

（2）欧洲部分国家。

2006—2015 年意大利、法国、西班牙和希腊这 4 个国家各自从我国进口的家电总贸易额及增长率如图 27 所示，贸易额如图 28 所示。

如图 27 所示，上述 4 个欧洲国家从我国进口的家电总贸易额从 2006 年到 2011 年基本一直处于逐年增加的状态（除 2009 年之外），2011 年之后，总贸易额几乎维持在稳定的状态，2015 年总贸易额同比下降了 10.3%，和 2007 年的贸易额相近。从图 28

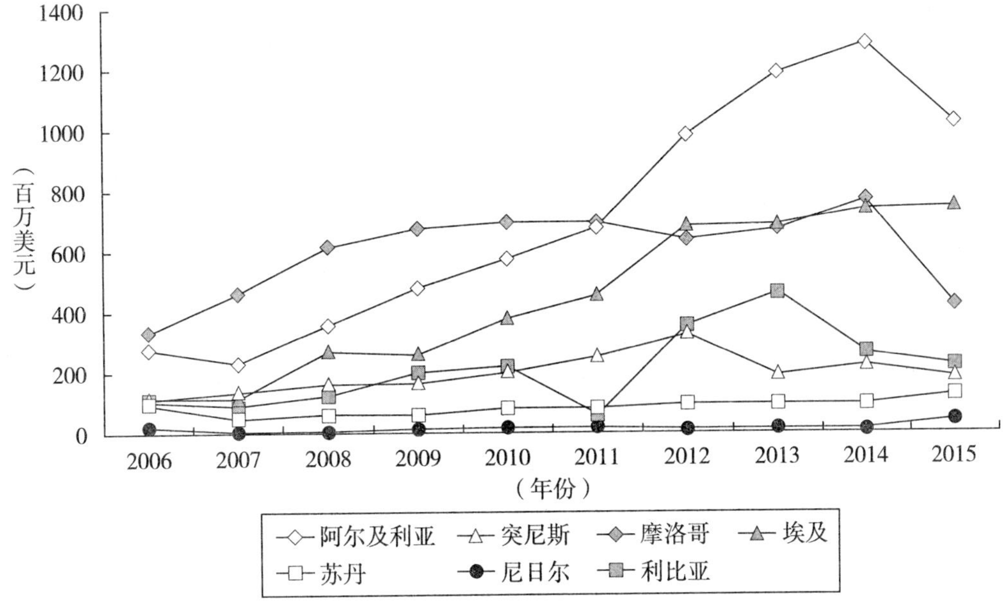

图 25　2006—2015 年非洲部分国家从中国进口的家电贸易额

数据来源：根据 UN Comtrade Database 整理。

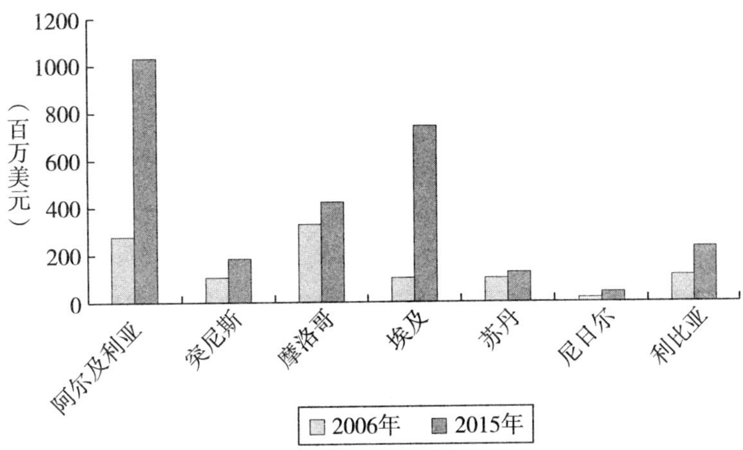

图 26　2006 年和 2015 年非洲部分国家从我国进口的家电贸易额

数据来源：根据 UN Comtrade Database 整理。

可以看出，意大利、法国、西班牙和希腊这 4 个国家从中国进口的家电贸易额都不是持续增长的状态，除了经济危机造成的贸易额下降外，这 10 年间的贸易额趋势大致上是先增长（除 2009 年之外），再下降，然后保持稳定，在 2015 年又出现下降。

从图 29 可以看出，在这四个国家中，法国从我国进口的家电贸易额最大，希腊最小，就 2015 年而言，法国的贸易额是西班牙和意大利的 2. 5 倍，是希腊的 12. 5 倍。对比 2006 年和 2015 年，法国从我国进口的家电总贸易额只增长了 2%，西班牙反而下降了 14%，意大利增长了 39%，希腊增长了 115%。

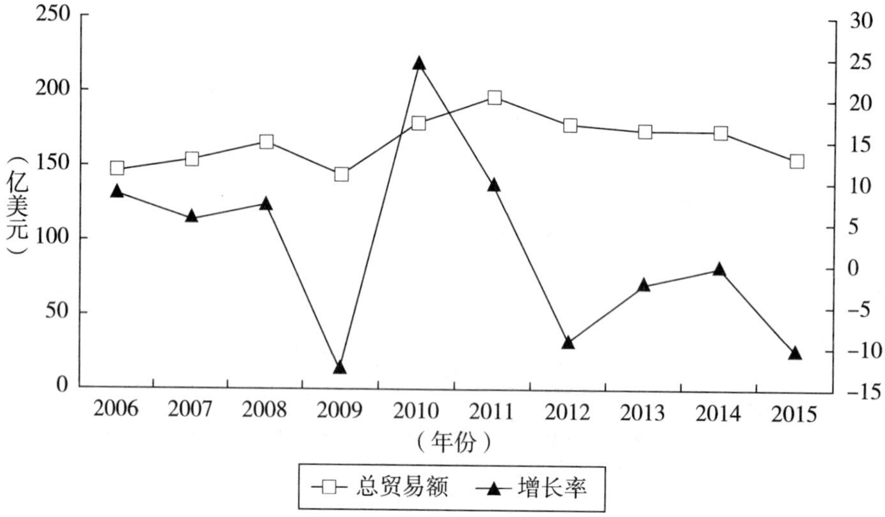

图 27　2006—2015 年欧洲部分国家从我国进口的家电总贸易额及增长

数据来源：根据 UN Comtrade Database 整理。

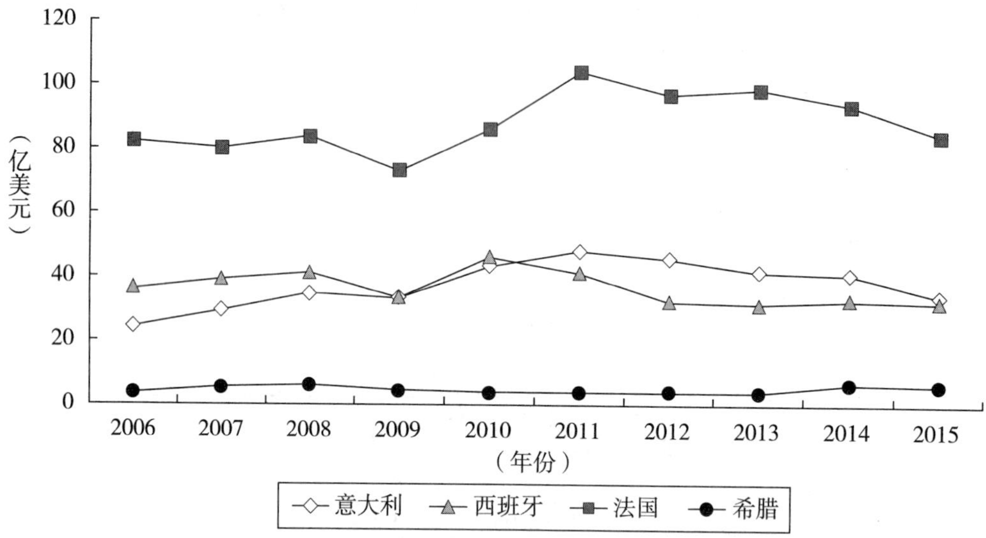

图 28　2006—2015 年欧洲部分国家从我国进口的家电贸易额

数据来源：根据 UN Comtrade Database 整理。

3. 阿尔及利亚及周边国家从我国进口农产品的需求分析

（1）非洲部分国家。

如图 30 所示，2006—2015 年，我们所研究的非洲地区从我国进口的农产品总贸易额呈现稳定增长的趋势，2006 年农产品总贸易额为 2.9 亿美元，2015 年达到 7.4 亿美元，只有 2009 年由于经济危机影响出现逆增长，增长率为 -0.5%。

如图 31 和图 32 所示，2006—2015 年，埃及、摩洛哥、阿尔及利亚、苏丹、尼日尔、突尼斯和利比亚这 7 个国家从我国进口农产品贸易额都各自呈现增长的趋势。埃及和突尼斯的进口农产品贸易额平均年增长率较大，而利比亚则是由于爆发战争导致与我

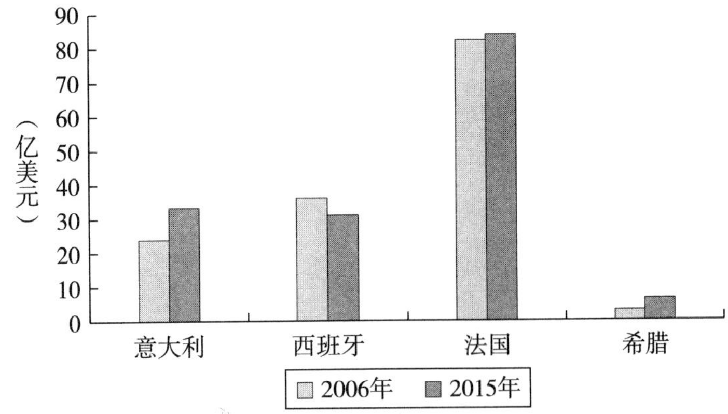

图 29　2006 年和 2015 年欧洲部分国家从我国进口的家电贸易额

数据来源：根据 UN Comtrade Database 整理。

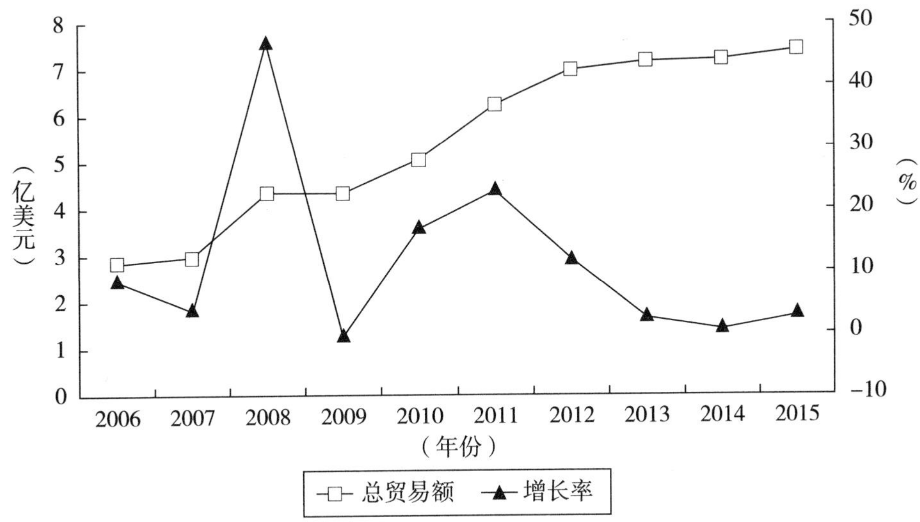

图 30　2006—2015 年非洲部分地区从我国进口的农产品总贸易额及增长率

数据来源：根据 UN Comtrade Database 整理。

国农产品贸易的波动，2011 年，利比亚战争导致该国家从我国进口的农产品贸易额由 2010 年的 3556 万美元降至 920 万美元。

从图 33 可以看出，在上述非洲国家中，埃及、摩洛哥和阿尔及利亚从我国进口的农产品量比较多，苏丹、利比亚和尼日尔较少，突尼斯最少。其中，摩洛哥从我国进口的农产品量最多，2015 年摩洛哥从我国进口的农产品贸易额达 2.6 亿美元，与 2006 年相比增长了约 1.5 倍，这与它的区位优势有关。摩洛哥是世界闻名的港口城市，所有港口坐落于地中海和大西洋之间，且其中几个港口是北非航线的主要挂靠港口，海运优势十分明显。

（2）欧洲部分国家。

从图 34 和图 35 可以看出，2006—2015 年，西班牙、法国、意大利和希腊这 4 个国家从我国进口农产品的贸易额总体来看呈增长的趋势，但在 2009 年和 2012 年，这 4 个

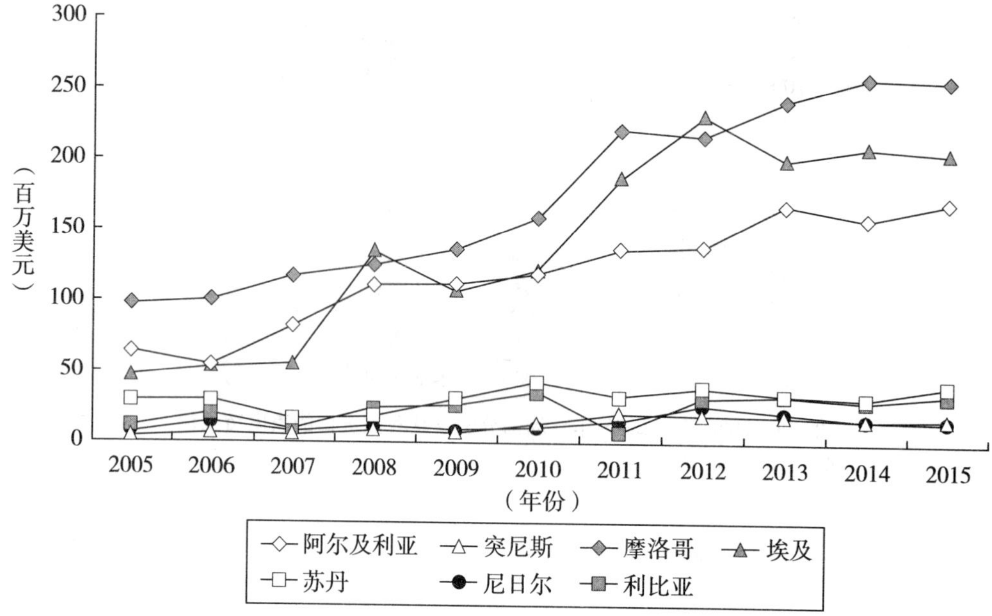

图 31　2006—2015 年非洲部分国家从我国进口的农产品贸易额

数据来源：根据 UN Comtrade Database 整理。

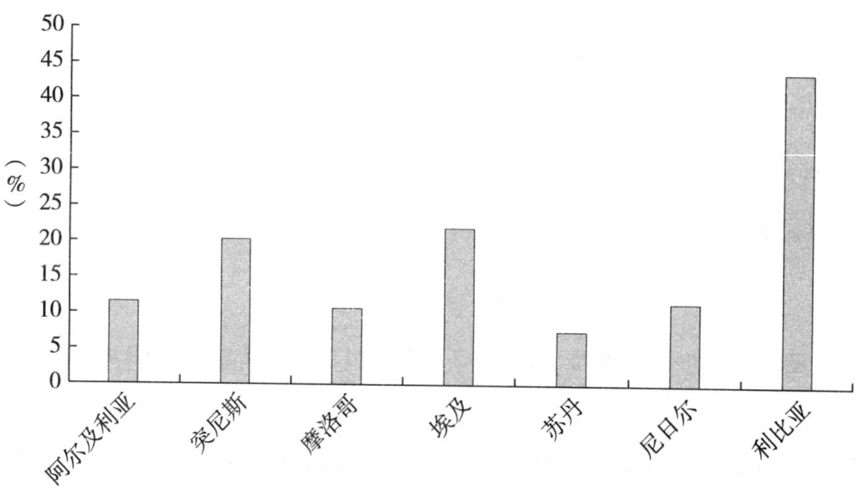

图 32　2006—2015 年非洲部分国家从我国进口农产品贸易额平均年增长率

数据来源：根据 UN Comtrade Database 整理。

国家从我国进口的农产品贸易额都出现下滑，2015 年，法国、西班牙和希腊从我国进口的农产品贸易额也出现下滑，只有意大利出现小幅度增长。所以，欧洲 4 国从我国进口的农产品贸易额总和也在 2009 年、2012 年和 2015 年出现了下降的情况，下降幅度分别为 13%、14.7% 和 3.7%。在这四个国家中，西班牙从我国进口的农产品贸易额最多，希腊最少。

从图 36 可以看出，虽然希腊的贸易额少，但它的平均年增长率却是最大的，平均增长幅度最大，达 10.3%。

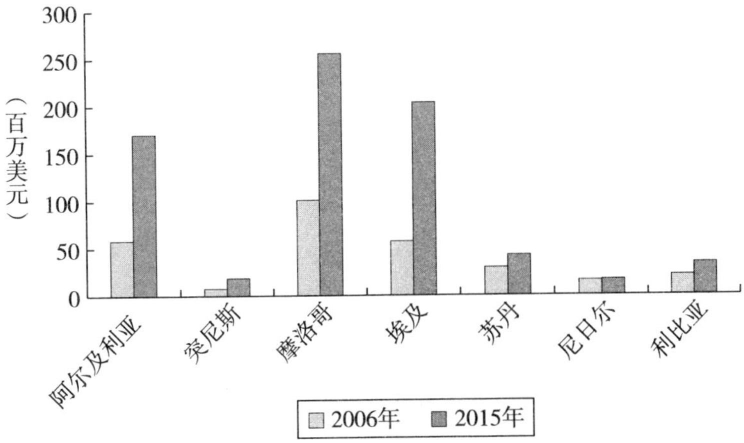

图33　2006年和2015年非洲部分国家从我国进口的农产品贸易额

数据来源：根据UN Comtrade Database整理。

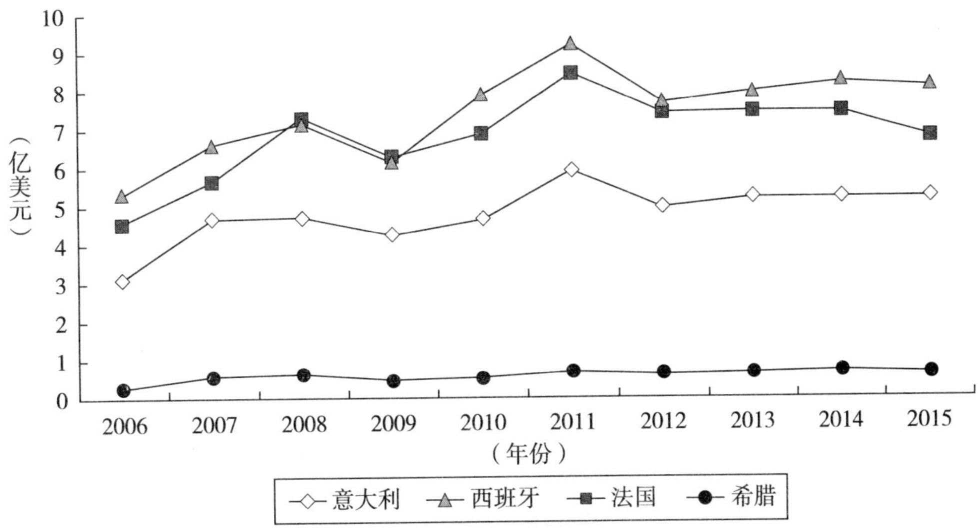

图34　2006—2015年欧洲部分国家从我国进口的农产品贸易额

数据来源：根据UN Comtrade Database整理。

如图37所示，2006年和2015年相比，意大利、法国和西班牙农产品贸易额的增长率都在50%左右，只有希腊的农产品贸易额增长了一倍。

4. 结论

通过上述对阿尔及利亚及其周边国家从我国进口家电和农产品的需求进行分析，可以总结出：阿尔及利亚及其周边的非洲国家从我国进口的家电贸易额是一直持续增长的状态，需求呈增长趋势。欧洲国家虽然贸易额增长趋势放缓甚至出现负增长，但与非洲国家相比，其进口贸易额较大。2015年，欧洲和非洲的家电贸易额均出现下滑，全球家电市场比较低迷。对于农产品，虽然阿尔及利亚及其周边的非洲国家从我国进口的贸易额不大，但贸易额的增长幅度较大，需求增速较快。而地中海北岸的一些欧洲国家虽然贸易额增长率小，但进口贸易额大。

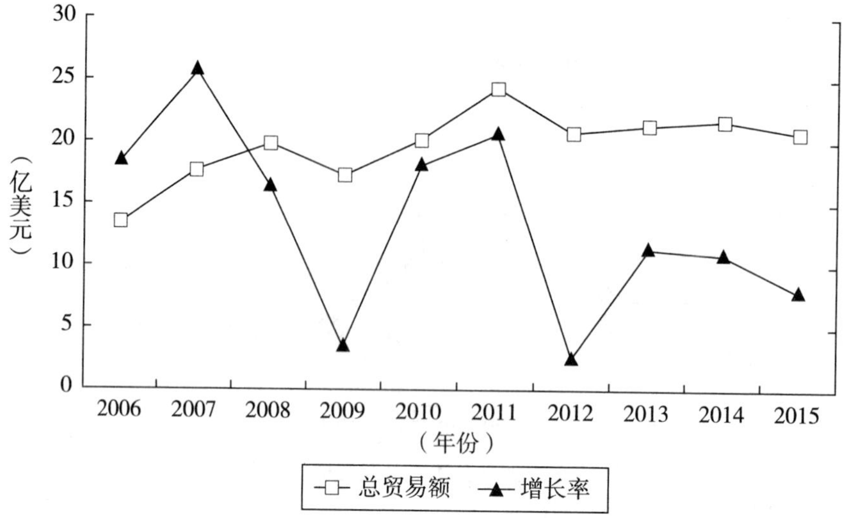

图35　2006—2015年欧洲部分国家从我国进口的农产品总贸易额及增长率

数据来源：根据 UN Comtrade Database 整理。

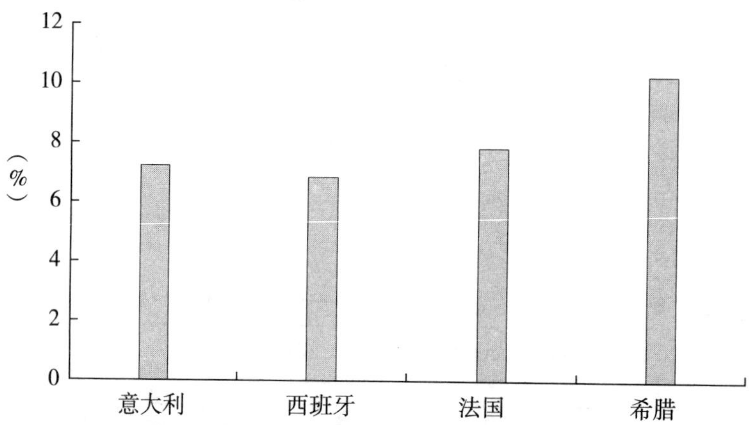

图36　2006—2015年欧洲部分国家从我国进口农产品贸易额平均年增长率

数据来源：根据 UN Comtrade Database 整理。

总之，阿尔及利亚及其周边国家的家电和农产品市场前景很好，在"一带一路"背景下，开展阿尔及利亚的港口建设，为我国的家电和农产品出口设计出创新性的供应链和物流模式，成为促进经济发展及提升我国家电及农产品在阿尔及利亚周边市场竞争力的重要举措。

（三）产业出口供应链的SWOT分析①

1. 我国家电出口供应链的SWOT分析

（1）优势。

①中国制造业发展经验丰富。中国依托于劳动力资源、土地资源等优势，迅速发展

① SWOT分析：即态势分析法，是一种战略分析方法，S（Strengths）是优势，W（Weaknesses）是劣势，O（Opportunities）是机会，T（Threats）是威胁。

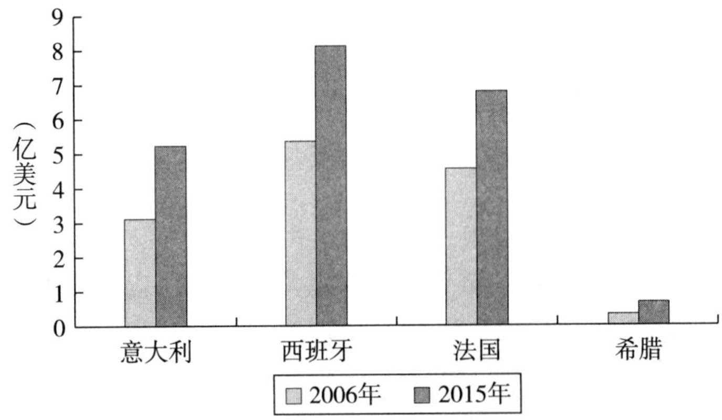

图37　2006年和2015年欧洲部分国家从我国进口的农产品贸易额

数据来源：根据UN Comtrade Database整理。

以沿海地区为中心的出口型制造业，并于21世纪初成为“世界工厂”，向全球市场大规模出口工业产成品。家电产业作为我国传统制造业的重要分支，早已在中国形成规模化生产。目前，在国内已形成三大产业集群：一是以广东顺德为主的珠江三角洲地区；二是以安徽、江苏和浙江为主的长江三角洲地区；三是以山东、天津为主的环渤海经济圈。这三大产业集群都位于沿海地区，由此可见，我国丰富的家电生产及出口经验，成为我国家电出口的重要优势。

②国际市场占有率逐步提升。国际市场占有率即该国家出口额占世界出口总额的比重，是衡量一国某一产业或产品在国际市场上竞争力强弱的常用指标之一。我国家电产业较早进入国际市场竞争，经过数十年的市场洗礼，主要产品的国际市场占有率逐步提升，在国际市场上表现出明显的竞争优势。

③行业创新能力增强。纵观我国家电行业发展轨迹，多数企业基本都是从单一的初级产品装配起步，逐步向以研发、设计、制造、销售为一体的纵向深化和产品类别横向拓展的多元化趋势发展。近两年，国内外家电市场消费升级态势日趋明显，中高端产品市场占比逐渐提高，尤其是2013年大规模消费刺激政策陆续淡出后，我国家电行业优胜劣汰趋势日益加剧，大型家电企业，尤其是部分龙头企业的发展路线已经由过去重生产规模、重市场份额，逐步转变到重技术创新、重质量的发展路线，这一转变势必会提升我国家电出口供应链的竞争力。

（2）劣势。

①成本上涨导致供应链成本增加。产品成本既包括劳动力成本，也包括原材料成本和土地成本等。我国家电产业劳动密集型特点明显，成本优势一直是传统出口的主要优势。但近年来国内外贸易环境发生了很大变化：全球油价上扬对化工、电力、运输等一系列下游产业产生重大影响，导致原材料、电力、运输等成本明显上涨；人口红利逐渐消失，劳动力成本不断攀升，据统计数据显示，2015年共有28个地区上调了最低工资标准，平均涨幅约14%；随着经济的逐渐发展，我国的土地不断被开发利用，造成土地价格上升、土地成本增加的局面。这些不利因素都导致了家电产品各项生产要素成本持续上升，家电产业出口产品价格优势日渐弱化，整个供应链的竞争力也随之减弱。

②供应链的信息化水平较低。我国家电产业还没有形成完善的管理信息系统，制造商、分销商与消费者之间还不能进行有效的信息共享。一方面，家电产业中的一些零售企业没有注重终端渠道客户数据库的开发，不重视对客户数据的收集；另一方面，很多中小企业与关键供应商、分销商的信息共享平台有待完善，信息无法在供应链各节点企业间通畅流动。

③供应链缺乏整体管理与规划。我国家电产业绝大多数是中小企业，大型企业较少，而且家电零售企业的供应链管理尚不完善，缺乏供应链管理理念与规划，很多企业仍缺乏对从上游的原材料供应商、自身内部的生产流程到下游的仓库配送商、承运商直到零售商等物流环节的全过程整体规划，致使“因在物流的某一环节压缩成本而导致整体成本上升”的事件时有发生，许多企业正在为供应链问题付出高昂的代价。

④企业间缺少协同合作和信赖。很长一段时间以来，我国家电产业整体格局呈现“小、散、乱”的特征。家电企业的主要竞争策略是“上规模、降成本”，主要举措是通过扩大网点规模和维持对消费者的低价优惠策略，不断提高渠道终端的市场影响力及销售规模，进而增加产品的绝对采购量，提高与供应商的谈判地位，压缩供应商的利润空间，并将资金成本转嫁给供应商。这表明一些零售企业与供应商之间没有建立互相信赖的协作关系，而且，为争夺海外市场，家电出口企业之间不惜大打价格战，盲目无序竞争，导致供应链成员之间无法形成长期合作关系，严重影响供应链的稳定性。由于企业彼此之间缺乏协同，产品同质化严重，大部分企业只能选择“单兵作战”，无法形成整体性优势。

⑤与高端市场差距明显。在近期原材料涨价、国际市场低迷、劳动力成本上升等不利因素的持续挤压下，中国制造的成本优势被不断地削弱，单纯加工贸易的产业发展模式已越来越难以适应新的形势。当前，世界发达国家家电企业生产经营所获利润，有60%～70%是依靠科技进步取得的；新兴工业化国家家电企业所获利润，也有50%左右来自技术创新；而我国家电企业本已微薄的利润中只有将近20%源于技术创新，差距相当悬殊。尽管目前我国优势家电企业已经具备了一定的技术创新能力，少数龙头企业在个别领域已达到甚至超过了国际水平，但与国际一流企业相比，我国多数企业在自主创新方面投入不足，创新能力存在差距，在核心领域和关键技术上突破较少，尚未从根本上摆脱粗放型外延式的发展模式。真正能够在高端市场占有一席之地的企业寥寥可数。

⑥人才和劳动力的不足削弱了供应链的竞争力。人才与劳动力的问题是企业发展的根本问题。科技水平的提升需要依靠人才，而生产制造环节则离不开普通劳动力。对于家电产业而言，企业要提高核心竞争力，更好地融入和占领国际市场，吸引高科技人才至关重要。而目前我国家电产业的现状是：一方面，传统劳动密集型产业对于高科技人才的吸引力普遍不足，与风头正劲的互联网企业相比，家电企业高科技人才明显匮乏；另一方面，家电产业作为典型劳动密集型产业，受人力成本高和产品毛利率趋降的挤压，越来越难以为一线从业者提供可预期的薪资待遇，不少熟练技术工人转而选择从事其他薪资待遇更丰厚的行业，家电产业普遍出现“用工难”现象。

（3）机会。

①“一带一路”倡议。

A. 新兴市场潜力可期。近年来，欧美等传统家电消费市场低迷，我国家电产业对其出口呈现出不同程度的下滑态势。随着“一带一路”倡议的实施与推广，沿途国家，如非洲、东盟等新兴市场呈现一派繁荣的景象，我国家电产业对新兴市场的出口保持较快增长。从长期来看，南美、东欧和非洲等新兴经济体的人口和经济增长迅速，对中低端家电消费品的需求量与日俱增，消费潜力巨大，有利于我国家电品牌的导入和推广。

B. 产业转移成为趋势。和我国相比，非洲国家具有劳动力、土地和资源廉价的优势。所以现在我国的很多家电企业选择在非洲建设生产基地，例如，美的在埃及建立生产基地，海尔在阿尔及利亚建立生产基地，海信在南非建工厂，等等。随着“一带一路”倡议的实施与推广，“一带一路”沿线国家的运输贸易将变得更加便利。为了快速满足需求、降低供应链整体成本、扩大市场，会有越来越多的企业选择将生产基地建在非洲，形成我国家电产业逐渐向非洲转移的趋势。

C. 港口建设促进发展。随着“一带一路”倡议的深入推广，我国会对“一带一路”沿线的港口进行投资建设。提升港口的综合能力，打通“一带一路”的运输通道，使我国与沿线国家的进出口贸易往来更加便利。相对我国而言，投资建设港口不仅能增加当地及周边地区对我国家电的需求，降低整个家电出口供应链的运输成本，而且，投资获得的股权及特许经营权能使政策贸易壁垒降低，有助于我国家电产业抢占市场先机，扩张市场份额。

②“互联网 +”模式增加供应链的整体优势。随着云计算和互联网（包括移动互联网）的发展，越来越多的企业正逐步尝试将内部的业务流程和外部的商务活动与互联网（包括移动互联网）结合起来，从而有效地提升企业整体的核心竞争力，这一趋势被称为企业互联网化发展趋势。目前，企业互联网化的大趋势正在到来，企业的互联网化将在我国迎来高速发展期。相对于其他行业，我国家电企业较早意识到了互联网的重要性，不少家电企业成为互联网转型的先行者，被社会寄予厚望。

③品牌海外本土化空间大。在国际市场不景气的大环境中，随着我国家电企业的日益成熟壮大，通过在海外投资建厂等方式开拓新兴市场成为我国家电企业的新选择。这种模式既可以利用最新的技术和设备，也可以避免因并购当地企业而遇到的企业文化冲突所产生的风险，还可以避免核心技术的流失，是我国骨干企业“走出去”的有效方式。

（4）威胁。

①传统市场放缓。2008 年开始的国际金融危机和 2011 年爆发的欧债危机加速了欧美、日本等国家和地区的经济衰退，劳动失业增加，消费能力减弱。据海关统计数据显示，2015 年我国家电产业对美日欧等传统市场的出口呈现出不同程度的下滑。我国家电企业在当地的合作伙伴多不看好中短期市场前景，加之进口成本上升，大部分合作伙伴保持观望态度，导致我国众多家电出口企业面临着前所未有的严峻考验。

②保护主义升温。随着全球经济缓慢复苏，各进口国为保护本国产业，针对我国的贸易摩擦持续不断。随着国际贸易保护主义抬头，各进口国开始对进口产品设立层层限制，新兴市场国家的贸易壁垒增长趋势更加明显，迫使我国家电出口企业不得不随时调

整生产标准以适应新的规定，地位较为被动。

③国外企业竞争。自从我国加入 WTO（世界贸易组织）以后，实现了本土化的国际家电巨头不仅与我国企业抢占国内市场，更以我国为生产基地，借助我国的低成本优势争夺全球市场。所以，摆在我国家电企业面前的一个最重要的问题就是如何与国外企业同台竞争，并能在竞争中立于不败之地。而这直接取决于我国家电企业核心竞争力的强弱。所以，加快培育我国家电企业的核心竞争力迫在眉睫。

2. 我国农产品出口供应链的 SWOT 分析

（1）优势。

①农业资源多样性优势。中国地大物博，跨越亚热带和温带，气候条件和自然资源多种多样，农产品生产具有多样性，能满足供应链末端的农产品国际市场的多样化需求。我国利用这种区位优势，尤其是南北独特的气候、土质、光照、水资源等优势条件建立优势农产品的生产基地。例如，在环渤海地区和西北地区建立苹果生产区；在沿海地区建立水产品养殖区；在内蒙古和西北地区建立牧区等。除此之外，我国大部分地区都可种植蔬菜水果、饲养牲畜。

②农产品价格优势。我国人口众多且是农业大国，据统计，2015 年我国乡村人口有 6.03 亿人，占全国总人口的 43.9%，由于农民的数量多，我国拥有着丰富的劳动力资源，这就为农业生产和农产品加工提供了有力的保障。劳动力价格相对便宜，成本低，因而农产品具有价格较低的优势，在国际市场上具有明显的成本优势和价格竞争力，能够提升整个农产品出口供应链的竞争优势。

③生产规模优势。我国国土面积较大，相对耕地面积也大。2015 年，我国农作物播种面积达 16637.4 万公顷。农产品生产基地相对集中，大体分为南方种植水稻、油菜、甘蔗等，北方种植小麦、玉米等。自从《物权法》颁布实施以来，政府大力鼓励土地的流转，部分地区也将率先实施农业规模化经营。随着加入 WTO，我国的市场日益开放，国际市场为我国农产品提供了巨大的消费市场空间，同时逐步提高了中国了农产品的市场竞争力，加快了实现我国农业现代化的进程，也将促进世界农产品贸易的发展和贸易格局的调整。

④与多个地区农产品贸易合作关系密切。目前，我国的农产品在国际市场上占据着重要地位，已经与一些国家和地区建立了友好合作伙伴关系。如表 17 所示，我国的农

表 17　　2015 年我国出口到不同地区的农产品贸易额

地区	农产品出口额（亿美元）	全球占比（%）
亚洲	812.60	57.24
非洲	94.28	6.64
欧洲	221.75	15.62
北美洲	165.52	11.66
南美洲	93.90	6.61
大洋洲	31.62	2.23

数据来源：中华人民共和国商务部。

产品虽然有着分布较广的出口市场，但所占贸易额比例较大的一直集中在亚洲、欧洲和北美地区，非洲地区虽然不是我国最大的出口市场，但我国出口到非洲的农产品贸易额呈现快速增长的趋势，增长幅度很大，2011 年我国出口到非洲的农产品贸易额为 24 亿美元，而 2015 年的贸易额达到 94.28 亿美元，5 年间贸易额增长了近 3 倍。

（2）劣势。

①供应链整体成本高。

A. 运输成本过高。农产品出口供应链的运输成本高，其原因有几点：一是农产品生产地多为农村，交通设施相对较为落后，农产品出口的需求地多在离生产地较远的国家，运输时间和距离长，导致运输成本和在途库存持有成本高；二是由于小农经济的盛行，生产多为一家一户，所以不易集中采摘与批量运输；三是农产品相比书籍等其他货物，运输时货物密度不能太小，否则容易造成腐烂，这使得产品单位运输成本上升；四是我国针对生鲜农产品这样专业性要求高的第三方物流企业占比很小，大多质量低下，低水平的服务容易导致在运输环节出现到货不及时、产品损耗大等情况。

B. 交易成本过高。交易成本过高的原因有以下几点：一是供应链的中转环节过多，农产品供应链两端小而分散，催生出层层集货、散货的格局；二是农产品供应链缺乏龙头企业，大多数企业规模较小，有些甚至都谈不上企业，因此要想成功选择到较优的可以长期合作的伙伴，调查交易对象信息的花费必不可少；三是农产品供应链主体之间的关系维护艰难，合作中断频发，而各个节点企业再次寻找合作伙伴时，往往又需要耗费大量成本。

C. 损耗成本过高。农产品的损耗十分严重，其原因有以下几点：一是冷链运输不足，造成产品腐烂严重，与发达国家相比，目前我国通过冷链流通的生鲜农产品比例不足 10%，而且在物流节点处缺乏冷藏功能；二是仓储技术不足，很多生鲜农产品要根据产品类别分冷冻、冷藏、常温储存，并且要求对温度实时监控，但目前这样专业的储存设备和技术都是相对匮乏的；三是在装卸与搬运的过程中，由于缺乏专业工具，很多都是人工卸运，造成损耗不可避免；四是在包装过程中，很多批发商为节约成本，对农产品的包装非常简陋，这样一味降低包装成本反而使损耗更加严重，导致总物流成本上升。

②农产品供应链物流基础设施和技术落后。近年来，虽然我国的农产品物流发展迅猛，不过至今仍未形成具有行业代表性的企业，没有强大的市场竞争力与服务能力，我国现有的农产品物流存在着规模小、质量不高、效益较低等多方面的问题，而且技术和经济实力都不足。我国农村尚未建立完善的物流交通网，导致产品无法及时输出，无意间造成农产品的物流费用与经营风险的增加。虽然我国农产品物流主体很多，但很大一部分是小贩和合作社之类的，由于物流不集中，终端消费者购买农产品要经历多层中间商交易，进而造成其物流周期增长、成本上升。此外，与世界农产品物流发达的地区相比，我国农产品物流缺乏完善的设施与装备作保障，尚未建立系统的标准体系，尤其在农产品物流的服务标准、技术标准、物流作业、物流术语、计量标准以及数据传输标准等方面还较为欠缺。

③缺乏供应链功能集成化。集成化供应链是指供应链的所有成员单位基于共同的目

标而组成的一个“虚拟组织”，组织内的成员通过信息的共享、资金和物质等方面的协调与合作，优化组织目标（整体绩效）。目前，无论是我国国内的农产品供应链还是与之衔接的出口农产品供应链都缺乏功能集成化，供应链上的核心成员未能将内部的供应链与外部的供应链有机地集成起来进行整体规划与管理，使得整个供应链成本较高，整体绩效不高，难以达到全局动态最优的目标。

④农产品供应链各环节信息化水平较低。当前，我国运输农产品的信息化建设还较为滞后，农产品供应链各环节信息化水平低，农产品物流信息缺乏快捷的传输通道，无法满足大量农产品运输和交易的需要。例如，在供应源头上，即使现在建立了很多关于农产品的网站，但从实际状况来看，这些网站由于缺乏技术维护，难以对农产品物流信息进行及时更新，以至于我国进行的农产品交易，很多还是依靠以前的模式去了解供求与价格信息，导致农产品信息网站的作用大大降低，没有达到预期的效果。不但如此，当前我国农村电商发展还不够成熟、完善，农村电脑、网络普及化程度还较低，农民的信息化素养也处于低位水平，使得农民无法及时有效地了解与掌握农产品的价格，也无法进行有效的农产品流通信息传递。甚至一部分市场投机者利用这种信息不对称，对农产品进行肆意炒作，对农产品物流相关信息进行错位传递，有的甚至造成产销脱节，在一定程度上误导了农业生产。

⑤农产品质量安全存在问题。农产品只有经过严格的监管才能确保“吃得放心，吃得安心”，质量安全监管是必不可少的重要环节。但我国经济高速增长的同时，环境问题也越来越严重，工农业产生的污染，通过土壤、水等介质作用于农作物，使农作物受到污染。我国一些农产品就因为农药、工业“三废”、施肥不当等原因使农产品内残留的重金属和有害化合物含量较高而被一些国家禁止进口，有的农产品则因为难以得到进口国的质量认证及其包装标签认可而不能出口。特别是近年来，我国食品安全问题频发，已经严重影响了我国农产品在国外的声誉，一些国家出于安全考虑，已经大量减少了对我国农产品的进口。目前，我国比较重视出口农产品加工环节的质量安全管理，但对生产源头控制力度还不够大，仍缺乏有效的监控管理体系。

⑥农产品出口企业竞争力不强。我国农产品出口企业生产经营规模较小，出口龙头企业较少，其中很多出口企业还没有建立生产、加工、储运、营销一体化的产业链条，没有形成有效的国际营销、市场开拓能力和品牌效应。大多数出口企业没有建立相对稳定的国际营销渠道，很多只能作为出口链条中的生产加工环节，缺乏市场风险控制能力，无法应对复杂而激烈的国际竞争环境。还有很多企业出口产品结构相同，为争夺国际市场，竞相压价、恶性竞争，缺乏有效的行业协调机制，既影响出口优势的发挥，又破坏了出口秩序，还引发了进口国的“反倾销”等保护主义措施的限制。

（3）机会。

①“一带一路”倡议。

A. 打通运输通道，消除贸易壁垒。近几年，我国部分农产品已经出现严重的产能过剩问题。例如，根据中国茶叶流通协会多年来的统计数据，我国茶叶产品的总产量减去出口和内销总量，还有1/3多的产品处于供过于求的滞销状态。农产品供过于求，销路不畅，直接影响农户的经济利益，而“一带一路”的建设为该问题的解决提供了一个良好的契机。贸易合作是“一带一路”建设的重点内容，“一带一路”区域内的各个国家将着力研究解决贸易便利化问题，打通运输通道，消除贸易壁垒，尤其是各种隐蔽的非关税壁垒，构建区域内和各国良好的营商环境，积极同沿线国家和地区共同商建自由贸易区，激发释放合作潜力，推动自由贸易的发展。

B. 减少运输时间，降低运输成本，增大农产品进出口规模。“一带一路”倡议能促使中国的港口企业对沿线的港口进行投资。提高沿线港口的综合能力，提升沿线国家的海运可达性，实现航线直挂，减少转运次数和运输时间，降低运输成本。这些不仅能增加沿线国家对中国农产品的需求，还有助于在沿线国家扩张市场份额。总之，“一带一路”倡议的提出与落实，能增大沿线国家农产品进出口贸易量，促进农产品发展。使得中国农产品能够获得更广阔的国际市场，有助于消化国内的过剩产能，促进农户增产增收。

C. 有助于调整农业产业结构，发展国际产能合作。“一带一路”沿线许多国家都是发展中国家，其农业经济技术水平落后于我国，因此在农业领域开展国际产能合作具有可行性与现实性。一些在我国已成为夕阳产业的行业，在“一带一路”领域内的其他国家尚有一定的发展空间。通过产能合作与产业战略转移，一方面，可以帮助其他国家提高本国技术水平、发展本国农业经济；另一方面，可以使我国成功实现产业换代与升级，实现农业产业结构的合理化调整。在国际农产品贸易中，我国应发挥自身的比较优势，着重发展技术密集型产品，尤其是农业深加工产品，提高农产品附加值，在获取更大经济利益的同时，完成农业生产的升级与转型。

②推广多种宣传模式占领国内外市场。近年来，我国媒体信息发展迅猛，不仅覆盖面大，宣传力度也强，并且微商、电商随之崛起。在对农产品宣传推广模式的选择上，可以从两个方面入手：一方面，保留原有的宣传模式，例如，针对国内市场，可以继续通过电视广告硬性植入，普及农产品品牌，加大宣传效应，也可以加入地方特色性元素，提升产品的文化内涵；另一方面，大力推广新兴模式，如微商、电商等，通过互联网平台进行信息传播与交流，不仅覆盖面广、宣传力度大，而且相对于电视广告宣传，更持久稳定、成本投入更小、信息反馈更快，这种方式可以更好地拓展国际市场。有效地进行良好的市场宣传，是提高产品知名度、产品品牌市场占有率的关键性因素，也能提高我国农产品供应链的竞争力。

③国际市场环境不断走向公平。中国加入 WTO 之后，取得了大多数成员国的无条件贸易最惠国待遇以及给发展中国家的优惠待遇，优势农产品获得了更大的市场准入机会，可以减少之前只对少数几个出口市场的依赖性，不会因为少数出口市场的需求波动而影响农产品出口供应链的稳定性，能进一步增强中国农产品出口的稳定性。

如图 38 所示，2006—2015 年，中国农产品出口额总体呈现稳定增长的趋势，只有 2009 年与 2015 年出口额出现小幅度下降，农产品出口额占总出口额的比例维持在 3% 左右。作为农业大国，我国农产品出口面临着一个不断走向公平竞争的国际市场环境，出口的稳定性将进一步增加。

④一系列扶农政策的实施。在我国国家中部崛起战略、工业反哺农业政策和建设社

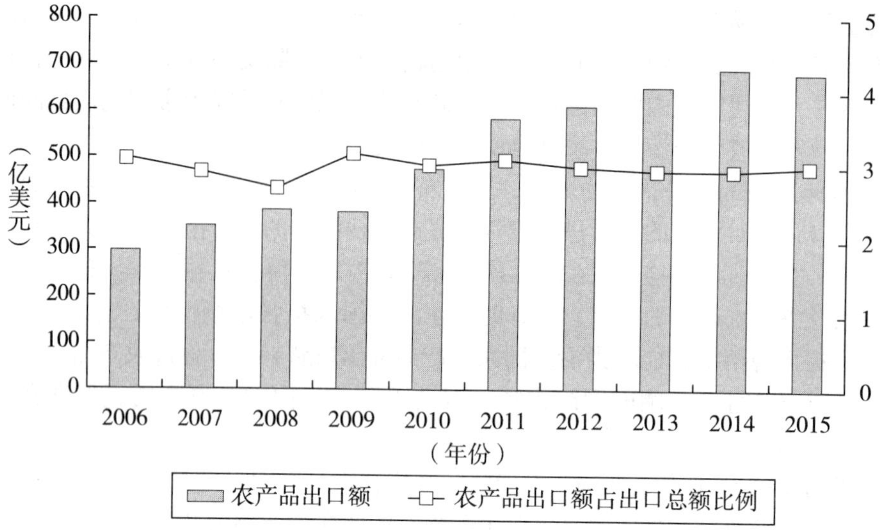

图 38　2006—2015 年中国农产品出口额及其占出口总额的比例

数据来源：国家统计局。

会主义新农村的大环境下，我国实施了一系列扶农支农的政策。全国各省市区积极响应，抢抓机遇、开拓创新、乘势而上、奋力崛起，多方面促进农产品出口，不断发展和壮大我国农产品贸易，这些都在农产品贸易中发挥着重要的作用。

（4）威胁。

①发达国家提供高额农业补贴。目前，我国虽然也有一些农民种地补贴等相关农业补贴政策，但和发达国家比仍显得很微薄，补贴力度有待进一步提升。一些发达国家对农业提供巨额补贴使一些补贴力度较小甚至没有补贴能力的国家面临严峻的挑战，国际农产品贸易秩序也因此遭到了严重扭曲，同时也给我国的农业发展和农产品出口带来了很大的压力。例如，美国曾给予国内棉农每年 30 亿美元的高额补贴，美国棉花以低廉的价格在国际市场销售，给我国棉花的出口带来了巨大的压力。

②反倾销严重影响我国的农产品出口供应链。自 1980 年美国对我国薄荷醇提出反倾销调查以来，我国农产品就不断地遭受到反倾销的指控，而且我国农产品出口遭遇的反倾销呈现出立案数量不断增多、涉案企业损失巨大、同一农产品多次遭到反倾销指控以及参与反倾销的国家越来越多等趋势。自 20 世纪 90 年代以来，我国农产品不仅受到发达国家的指控，而且也受到巴西、韩国等发展中国家的指控，且次数频繁。我国自 1995 年开始连续成为遭遇反倾销调查最多的国家之一，这对我国出口极为不利，不仅会导致失去进口国市场，严重影响我国农产品的出口供应链的稳定性，也会给国内市场带来压力。从长远看，国外对我国农产品进行频繁的反倾销起诉，对我国的农产品出口贸易发展带来了较大的负面影响，不利于我国经济和贸易的发展。

③“绿色贸易壁垒”呈现制度化趋势，增加整个供应链的成本。加入 WTO 以来，“绿色贸易壁垒”对我国农产品贸易影响越来越大。随着出口规模的扩大，我国的农产品出口不仅受阻的品种增多、进口我国农畜产品的检验项目增多，而且对我国农畜等产

品实施“绿色贸易壁垒”的世贸组织成员也逐渐增多，现在已从发达国家（欧盟、美国、日本等）延伸到发展中国家（韩国、新加坡等），这些国家利用消费者对食品安全的关注，不断提高农产品的市场准入门槛。例如，日本实施“肯定列表制度”，对进口农产品采取了非常严格的质量安全检验，有四万多个限量标准，涉及833种农、兽药。日本“肯定列表制度”的实施标志着发达国家的技术壁垒已趋向制度化、法律化。通过“绿色贸易壁垒”的实施，提升了农产品的绿色标准，使得我国农产品的生产成本大大增加，产品竞争优势也随之降低。不仅如此，发达国家常常通过禁止进口、退货、赔偿的方式进行贸易保护，这种情况下我国农产品的国际竞争力也被大大削弱了。总之，随着“绿色贸易壁垒”呈现制度化趋势，我国农产品供应链整体成本也随之上升，竞争优势减弱。

（四）中国家电与农产品的出口供应链和物流发展对策

1. 中国家电的出口供应链和物流创新设计

随着“一带一路”倡议的实施，制造业向沿线国家转移的现象将导致沿线国家的出口需求增加，中国出口需求变少，中国运输需求萎缩。

中国港口企业需要通过分析制造业的转移趋势，在“海上丝绸之路”沿线国家投资运营港口码头，弥补因产业转移造成的货流损失。阿尔及利亚中心港项目就是因此而产生的，是中国的港口企业和阿尔及利亚当地政府联合投资的。项目建成后，一方面，可以提升当地的海运可达性，降低运输成本，增加港口直接腹地的需求；另一方面，还可以提升港口的辐射能力，抢占市场先机，扩张港口企业在当地及周边国家的市场份额。

“一带一路”倡议背景下，阿尔及利亚中心港项目的建成必将“拉”动中国的家电企业向该港口周边转移，即在阿尔及利亚中心港周边建立生产基地。和中国相比，非洲的土地、劳动力等资源等较为丰富，成本相对较低，因此，降低家电的生产成本，与此同时，该港口周边的国家更接近非洲及欧洲市场，能够进一步降低运输成本，产成品具有明显的价格优势。因此，地中海南岸的非洲国家以及北岸的欧洲国家的家电需求将由阿尔及利亚中心港周边的生产基地满足，原本满足这部分需求的中国的家电制造业将向阿尔及利亚中心港周边的生产基地转移。

（1）选址因素分析。

为了降低家电供应链的整体成本，应将生产基地建立在土地和劳动力丰富且便宜，交通运输又相对发达的地方。因此，我们对中国、非洲和欧洲一些地区的土地、劳动力、地理位置、交通运输、家电原材料情况进行如下分析。

①土地。

如图39所示，以转让的形式进行土地交易，非洲地区的平均价格约21.5万美元/平方公里/年，中国是非洲的2.5倍，欧洲地区的平均价格是非洲的6倍，是中国的两倍多，与中国和欧洲地区相比，非洲的土地价格相当便宜。图40给出了阿尔及利亚及周边各国的土地面积，从中可以看出非洲的阿尔及利亚、苏丹和利比亚土地面积都非常大，土地资源丰富。

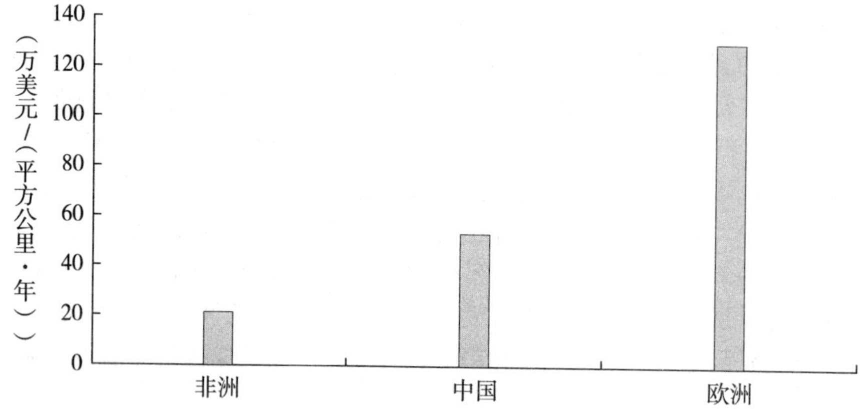

图 39　中国、非洲与欧洲的平均土地转让价格

数据来源：世界银行。

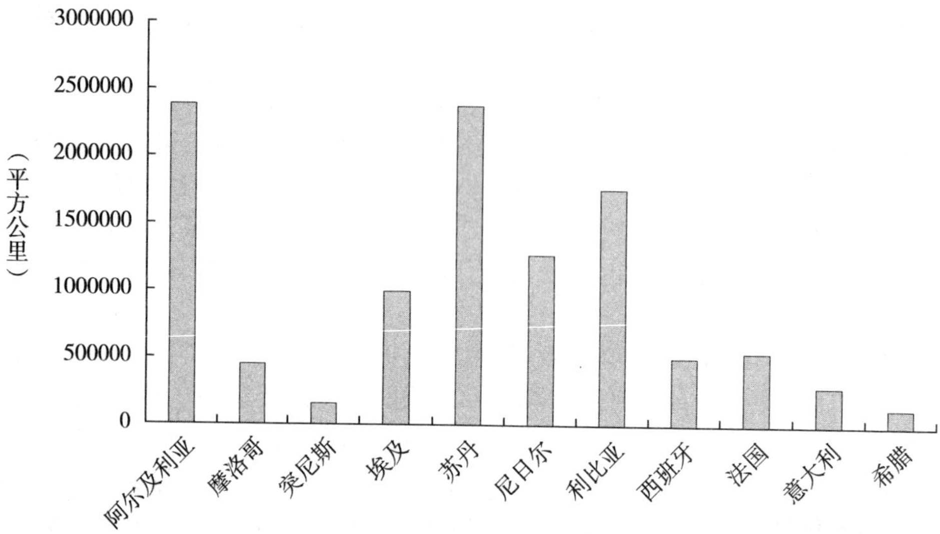

图 40　阿尔及利亚及周边各国的土地面积

数据来源：世界银行。

②劳动力。

从图 41 和图 42 可以看出，在图中涉及的非洲国家中，埃及的劳动力人数最多，阿尔及利亚、摩洛哥和苏丹劳动力人数基本一致，劳动力也相对丰富，利比亚劳动力最少。此外，法国、意大利、西班牙这三个欧洲国家的劳动力资源非常丰富，普遍超过非洲国家。但是，对比人均国民总收入可以看出，欧洲国家的富裕程度与发达程度远远超过非洲各国，图中所列的欧洲国家中，人均国民总收入最少的希腊仍是非洲国家中人均国民总收入最多的利比亚的三倍多，而人均国民总收入变相反映了劳动力成本，所以可以看出，欧洲国家的劳动力成本远超过中国，而非洲的劳动力又比中国便宜很多。综合来看，在图中涉及的非洲国家中，埃及、摩洛哥和苏丹是劳动力资源较多、劳动力成本较低的，阿尔及利亚属于劳动力资源较多、劳动力成本相对较高的。

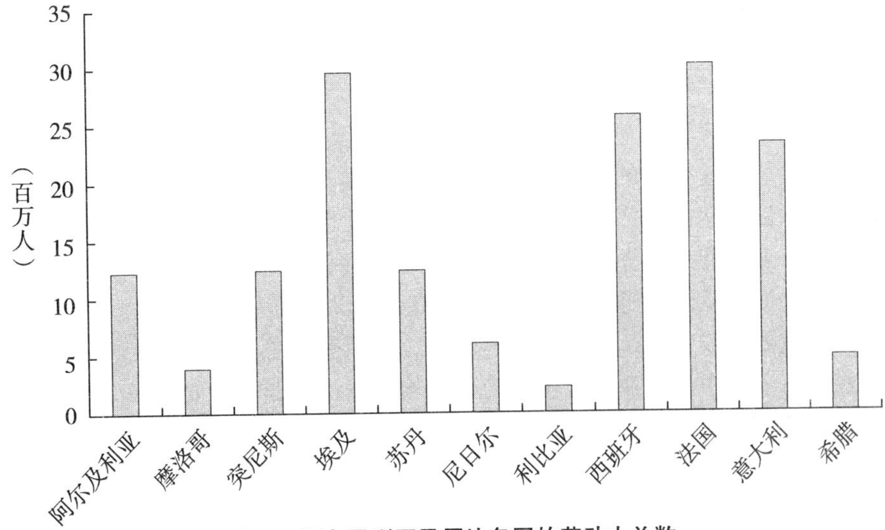

图 41　阿尔及利亚及周边各国的劳动力总数

数据来源：世界银行。

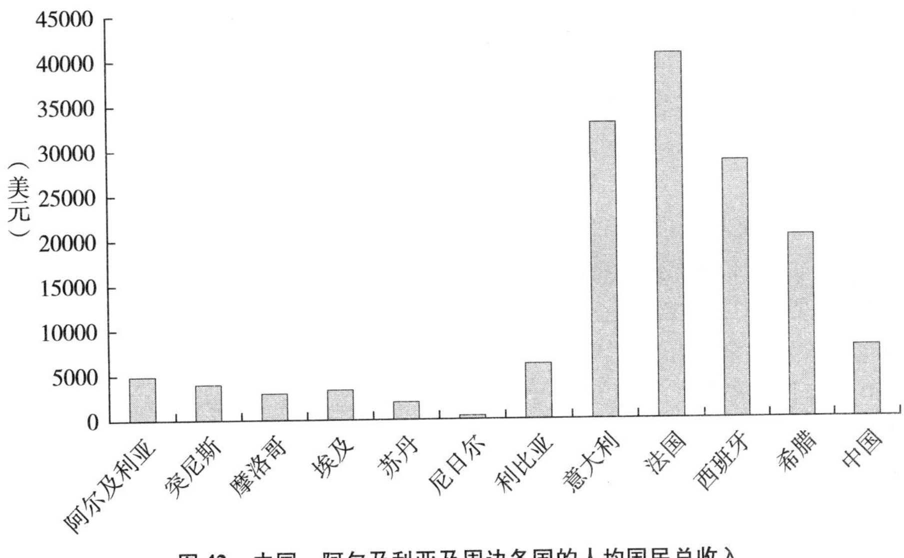

图 42　中国、阿尔及利亚及周边各国的人均国民总收入

数据来源：世界银行。

③地理位置和交通运输。

西班牙、法国、意大利和希腊都是欧洲的沿海国家，港口多且综合功能强，因此这些国家的海运都非常发达。除此之外，这四个欧洲国家的空运也很发达。

西班牙以陆路交通运输为主，铁路交通系统十分先进，在欧洲乃至世界都居于领先地位；西班牙的公路网由高速公路、国家级干道、自治区公路、地方公路等组成，交通便利，开车可以到达西班牙任何一个地方和任何一个城镇。法国的铁路网和公路网也都非常发达，法国的铁路网被公认为拥有欧陆规划最完善的铁路系统，法国的公路网是世界最密集、欧盟国家中最长的。

意大利基础设施较齐全，国内运输主要依靠公路，其公路系统是欧洲最发达、最高效的公路系统之一；意大利铁路网星罗棋布，有很多隧道，意大利是世界发展高铁项目最早的国家之一。

希腊由于长期以来交通基础设施薄弱，又不与其他欧盟国家接壤，高等级公路较少，近几年，希腊高速公路的建设发展较快，有明显改善；希腊的铁道网络的范围也相当有限，不仅铁路到达的地区较少、车次不多，速度也相对较慢。

埃及是欧、亚、非三大洲的交通要冲，也是大西洋与印度洋之间海上航线的捷径。埃及北部经地中海与欧洲相连，海岸线长 2700 多千米，苏伊士运河位于埃及境内，其战略位置十分重要。埃及有 7 条国际海运航线，内河航线总长约 3500 千米，现有 62 个港口分布在红海、地中海和亚喀巴湾，海运是埃及发达且非常重要的一个产业；埃及的铁路由 28 条线路组成，总长 10008 千米，共有 796 个客运站；埃及的公路总长约 49000 千米；有民航飞机 55 架，全国共有机场 30 个，其中国际机场 11 个。近几年埃及海、陆、空运输能力增长较快，交通运输较便利。

利比亚位于非洲北部，东西南分别与其他非洲国家相邻，北部临地中海，海岸长约 1900 千米，利比亚的海运较发达。利比亚境内没有铁路，陆路交通主要以公路为主，公路网遍布全国主要城市。利比亚境内管道运输较为发达，拥有 5000 余千米的能源运输管线和 5 个油港。利比亚国内各主要城市之间通航，外国多家航空公司在利比亚设有办事处，拥有多条国际航线，可通达欧洲和非洲的主要城市，空运相对发达。

突尼斯位于地中海航路中间，海岸线长 1300 千米，无论铁路、公路、海运还是空运都比较发达。

阿尔及利亚在突尼斯的西面，与多个非洲国家接壤，北临地中海，是较靠近欧洲的非洲国家之一。目前，阿尔及利亚陆地运输以公路为主，公路运载量占 83%，铁路占 17%。铁路主要集中在北部地区，总长 4219 千米，路线较密，运输能力较好，公路总长约 10.7 万千米。全国有 53 个机场，其中 29 个投入商业运行，21 世纪初已开通 20 个国家的 50 多条国际航线。阿尔及利亚最发达的是管道运输，国内有 9 条输气管道，总长 4699 千米，年输送能力 820 亿立方米；8 条输油管道，总长 3604 千米，年输送能力 6390 万吨；3 条凝析油管道，总长 1330 千米，年输送能力 2100 万吨；2 条液化石油气管道，总长 1331 千米，年输送能力 986 万吨。由于阿尔及利亚中心港项目包括港口、物流园区及高速公路三部分。项目建成后，不仅能成功打造出功能强大的第四代港口，还能通过高速公路的建设进一步加强阿尔及利亚国内的公路运输能力，使公路网更加发达，进一步加强阿尔及利亚与周围国家的运输能力。物流园区建成后，将凭借自身的集聚优势和基础平台作用，拓展港口物流中枢功能，实现港口物流业的规模化、集约化发展，成为集国际仓储、国际中转、口岸分拨、周边加工贸易配送、保税、国际商贸和物流增值服务于一体的现代物流业聚集区，促进阿尔及利亚及周边地区的进出口发展。

摩洛哥位于非洲西北端，东接阿尔及利亚，南部为撒哈拉沙漠，西濒浩瀚的大西洋，北隔直布罗陀海峡与西班牙相望，扼地中海入大西洋的门户。在这几种交通运输方式中，摩洛哥海运最为发达，主要为国际运输，摩洛哥拥有港口 30 个，其中，有 11 个为多功能港口，11 个为运输和捕鱼用港口。陆路交通较发达，在国内运输业中占主导地位，90%的客运和75%的货运通过陆路交通完成。空运也还算发达。

苏丹位于非洲东北、红海沿岸。苏丹的海运、陆运都不太发达，空运在苏丹运输中占据重要地位，苏丹国内90%的运输是通过空运进行的。

尼日尔位于非洲中西部，为内陆国，是世界上最不发达国家之一，境内无铁路，公路中沥青路占26%，其余为土路，进出口物资主要经邻国港口转运和空运，交通很不发达。

总体来说，欧洲国家的交通远比非洲国家要发达，但由于高速公路收费、运价较贵等原因造成其运输成本非常高昂。

④原材料资源。

家电的原材料是钢板、铜、铝、与石油相关塑料颗粒、发泡料等大宗原材料。目前，非洲已探明的矿物资源种类多、储量大。石油、天然气蕴藏丰富；铁、锰、铬、钴、镍、钒、铜、铅、锌、锡、磷酸盐等储量很大；黄金、金刚石久负盛名；铀矿脉的相继被发现，引起世人瞩目。许多矿物的储量位居世界的前列。在非洲，家电生产所需的原材料较丰富，与其他地方相比价格也比较便宜。

综上所述，通过分析土地、劳动力、地理位置、交通运输和原材料资源因素，阿尔及利亚和埃及都比较有优势。阿尔及利亚和埃及的地理位置都很好，埃及位于亚非欧交通要冲，战略地位十分重要，阿尔及利亚与非洲多国相邻，又靠近欧洲。由于两国的海、铁、公、空多种运输方式都较发达，所以埃及的交通能与亚非欧连接起来，阿尔及利亚的运输能延伸至非洲内陆国家和一些欧洲国家，覆盖范围都较广。阿尔及利亚和埃及不仅土地资源丰富，土地价格也相对便宜；可用的劳动力多，成本不高；而且阿尔及利亚和埃及的政治局势较稳定，供应链中的任何一个节点设置在这两个国家都能降低整个供应链的风险。

（2）家电生产基地的出口供应链和物流创新性设计。

①供应链的成员组成。

A. 投资企业。海尔、格力和格兰仕都是中国非常有名的家电企业。海尔的主要产品集中在大小家电上，大家电有冰箱、洗衣机、电视、空调等，小家电有热水器、太阳能、吸尘器、各种厨房家电等，比起小家电，海尔的大家电更有名。格力的名牌产品是空调，除此之外，还有电风扇、电暖器、电磁炉、电饭煲、格力电饭锅、电热水壶、饮水机、加湿器等小家电。格兰仕的支柱产业也是最出名的产业是微波炉，其次是空调，之后是小家电。目前，海尔在阿尔及利亚已经建立了生产基地，而格力和格兰仕在非洲并没有生产基地，只建立了分公司来进行产品销售。这三家公司在产品上既有互补的部分，又有相互竞争的部分，联合投资建生产基地能起到相互促进、共同发展的作用。

B. 设备与人员。中国企业采取控股的形式对外直接投资。中国为建设生产基地提供大量的资金，向非洲引进设备、技术、管理人员和技术人员，在当地聘请工人和部分管理人员。

C. 生产点、配送中心、仓储点。通过（1）对土地、劳动力、地理位置和交通运输的综合分析，已经分析出阿尔及利亚和埃及这两个国家较有优势，不仅适合建生产基地、也适合建配送中心或仓储点。例如，中国家电企业的生产基地可以选在阿尔及利亚的阿尔及尔（北部新港附近），配送中心可以建在埃及的开罗。这两个地方土地和劳动力资源都很丰富，成本又相对较低，不同的是地理位置和交通情况。阿尔及尔的各种交通运输方式都较发达，铁路网密集，覆盖面广，项目建成后，能提升当地的海运可达性，公路和海运也会变得十分发达，运输范围变得更加广阔，各种运输方式能衔接紧密，有效地实现海、铁、公、空多种运输方式的联运，运输网络能覆盖地中海北岸的南欧和西欧国家及北非和一些非洲内陆国家，满足它们的家电需求，在缩短整个供应链运输时间的同时，运输成本也相对较低。与此同时，阿尔及利亚中心港项目投资获得的股权及特许经营权也有助于企业抢占市场先机和市场份额，增加我国家电企业在该处建立生产基地的各种优势。配送中心之所以建在埃及开罗，是因为它的区位优势非常明显。借由苏伊士运河和当地多种发达的运输方式能使它很好地满足一些欧洲国家、东非和非洲南部的一些国家及“一带一路”沿线亚洲国家的需求。如果在阿尔及尔（北部新港附近）建生产基地，在开罗建配送中心，二者覆盖的需求区域能够互补，能更好地满足需求。

②原材料的来源问题。大宗材料的价格是影响家电行业的重要因素之一。如表18所示，美的、海尔和格力这三家的原材料成本占比主营业务成本基本都在85%～90%之间，所以在家电行业中，原材料占据了成本中的很大一块。因此对于原材料问题，遵循成本最小化的原则，例如，石油在非洲地区资源丰富且价格便宜，就可以就近取材；有些原材料从中国运过去后分摊的成本比当地购买便宜，那么就远距离采购。

表18　　2014年三家家电企业原材料成本

企业	主营业务成本（千元）	原材料成本（千元）	原材料成本/主营业务成本（%）
美的	97295261	82577228	84.87
海尔	44613120	40339190	90.42
格力	74740318	65276721	87.34

数据来源：网页新闻。

③运输网络。生产基地建成后可以满足一些非洲、欧洲及“一带一路”沿线的亚洲国家的需求。非洲的陆上交通不是很发达，海运较发达，是非洲的主要交通手段，在运输网络中发挥主要作用。在生产基地能服务范围内，北非国家的需求主要靠陆运或海运满足；南非、西非、东非和中非的国家主要靠海陆联运或海铁联运来满足；欧洲国家和“一带一路”沿线的亚洲国家的需求需要通过海运、铁运和陆运三种运输方式联合运输来满足。

④信息管理系统设计。通过信息管理系统设计，将一条供应链上的成员放在一个信息管理系统内，能实现有效的信息共享。一方面，家电企业可以通过该系统进行终端客户数据库的开发；另一方面，供应链上的核心成员也可以通过信息共享平台，掌握货物的实时动态，实现信息在供应链各节点间的通畅流动，做到对需求波动或突发状况做出及时反应。

（3）发展策略。

①我国政府。政府在我国企业国际化中的作用是不可忽视的，政府在国际化中的角色是服务。从宏观经济层面上讲，我国政府应该积极参与和促进对外经济发展战略，出台相关规定，为在海外建厂的企业提供便利条件和相关扶持政策，鼓励它们“走出去”。例如，为家电企业海外建生产基地提供技术支持，或者为中国在阿尔及利亚投资建设的港口对当地中国企业的出口提供优惠政策或特权；政府应设立为企业海外投资提供信息咨询服务的专门机构；外经贸部门要建立信息服务网络，拓展信息采集渠道，提供境外经营环境、政策环境、项目合作机会、合作伙伴资质等信息；鼓励企业在境外进行本地化经营，利用当地的智力资源，满足跨国经营对人才的需要，建立政府与企业新的协调配合关系。没有政府的支持和协调行动，要在海外建设生产基地甚至实现企业国际化是十分困难的，因此，有必要改善国家对企业的支持方式，调整与企业的联合和协调行动，进而促进企业的发展。

②投资企业。中国家电产业向外转移，在海外建立生产基地，能扩大海外市场，使品牌国际化，增强企业的国际竞争力。在海外建立生产基地，需要投资企业将技术和设备转移过去，换言之，就是将产能转移过去。然后，中国的进出口就会减少，需求枯萎，以生产基地为生产点会形成一个新的家电进出口供应链，而这条新的供应链就需要投资企业精心设计，进行整体的规划和管理，将供应链的总成本最小化。此外，投资企业应减少企业间的竞争，鼓励企业各自发展核心技术，例如，格兰仕在微波炉技术领域处于优势地位，美的就避免与格兰仕在微波炉领域进行激烈竞争，将用在微波炉上的成本投入到自己擅长的空调技术领域，并取得领先地位。目前，我国几大家电巨头已由原本纯粹的追求竞争逐步转向寻求合作，企业之间联合商讨和开发新技术的情况屡见不鲜。我国家电企业逐步懂得合并资源的重要性，在面对国外资源的冲击下，我国的投资企业应怀着不被打压的信念，努力合作开发新技术，只有这样具有合作意识的企业才能在竞争激烈的国外市场中立于不败之地。

③当地。中国在非洲建立了生产基地后，原有的非洲、欧洲、亚洲等地的需求会转移到这个新建的生产点。所以当地应该完善运输网络，加快配送，减少运输时间。此外，该地建立生产基地，从中国引进技术和设备，势必会对当地的相关企业造成影响。加强企业的价值链管理、找准自己的相对竞争优势，提高技术创新和研发能力，学习合作和竞争的战略等都是当地企业提高自己能力、不断壮大的发展手段。

2. 中国农产品的出口供应链和物流发展对策

（1）对中国农产品贸易的影响。

我们通过农产品需求分析发现，目前，阿尔及利亚及周围的非洲国家从中国进口的贸易额虽然不大，但贸易额的增长幅度特别大，而地中海北岸的一些欧洲国家虽然贸易额增长率小，但进口贸易额大。在“一带一路”倡议大背景下，中国与沿线国家的运输和贸易都会变得便利与频繁，阿尔及利亚中心港项目建成后，中国与阿尔及利亚之间的运输不必通过转运，可以航线直挂，大大降低了运输时间和运输费用。某些农产品由于易腐烂性，需要进行冷链运输，运输时间的减少还会减少货损率，降低损失，减少在途库存成本等。因此，“一带一路”倡议和阿尔及利亚的港口建设使中国与阿尔及利亚之间的运输时间、运输费用和运输效率等阻抗都变小，进而使得中国与阿尔及利亚及周边地区的农产品需求增大，农产品进出口贸易量增大，更进一步促进“一带一路”沿线国家的农产品贸易。

（2）发展策略。

目前我国沿着“一带一路”的农产品出口供应链具有整个出口供应链成本高、农产品供应链物流基础设施和技术落后、缺乏供应链功能集成化、农产品供应链各环节信息化水平较低、质量安全不达标等问题。针对这些问题，我国的农产品出口供应链和物流发展对策如下：

①建立具有冷藏仓储功能的配送中心。新港口建成后，中国与“一带一路”沿线国家的农产品进出口量都会增加。目前，整个农产品进出口供应链成本较高的主要原因是运输费用高。中国与“一带一路”沿线的一些国家距离较远，农产品属于消耗品，易腐烂，在没有冷藏条件下无法进行长时间储存，和家电相比农产品运输频率快、货值低，且运输距离又远，因此运输费用高。在“一带一路”沿线建立具有冷藏仓储功能的配送中心能有效地解决这一问题。因为土地、劳动力、地理位置和交通运输等因素，埃及比较适合建配送中心，不仅能覆盖亚非欧的大部分地区，而且建立配送中心后，运输时间、运输距离和运输费用都会减少。

②发展基于“互联网＋”的农产品供应链新模式。

A. 整合思想下的农产品供应链模式构建。

a. 以第四方物流主导的模式。第四方物流是供应链的整合者，它对内部和外部具有互补性服务的供应商的各种资源、信息、技术、能力进行统一管理，为客户提供整套供应链解决方案。未来的第四方物流为农产品供应链上的多种企业进行服务，集成第三方物流，向客户提供解决方案。它将是未来解决农产品出口供应链核心企业数量少、规模小等问题的有效方法。

b. 基于互联网的集成化战略联盟模式。集成化战略联盟是指包括运输、仓储配送、信息经营者等在内的企业以契约规定的形式结成战略联盟，内部实现信息共享、合理分配资源，相互协作，形成第三方物流集成化战略联盟。联盟内部可包括包装企业、运输企业、仓储企业等，可以通过互联网平台实现内部信息交流，如统一使用某一种信息处理软件。这种模式具有很多优势：首先，联盟内部实现了产销信息无缝对接，能合理分配各阶段资源，切实发挥资源优势；其次，内部信息平台的出现可以对用户的需求做预测，可以让用户做到对物流服务的提前预订；最后，联盟内部的各个票据可以统一，这对于多式联运来说具有无法比拟的作用，可以一票到底，减少壁垒，提升效率。这种联盟模式可以最大限度利用各方资源，解决农产品供应链物流损耗大和成本高等问题。

B. 基于平台商的农产品供应链模式构建。

互联网时代，各种媒体遍地开花，例如微信公众号、微博公众号、网页推送、高铁电视广告和第三方 App（手机软件）等。结合传统行业，有规模的农产品生产基地利用一定的资金和技术，建立自己的网站，通过高精度图像、文本、声音让自己的产品展示具体可感，吸引农产品出口供应链的其他成员，如批发商、生产加工企业甚至国外消费者通过各种渠道进行采购。这样"点对点"的交易可以减少中间环节，简化交易程序，提升供应链效率。

③政府出台政策加强管理。对于农产品供应链物流基础设施、技术落后和农产品质量安全问题，政府应该出资建设农村的物流基础设施和网络，推广新技术，同时也应该颁布相关条例对农产品安全质量进行检测监管。

3. 中国物流业在上述家电和农产品供应链中需要发挥的作用

（1）港口企业在家电和农产品供应链中需要发挥的作用。

"一带一路"倡议的实施带来了中国家电产业的转移，促进了中国农产品贸易的发展。家电向外转移将导致中国港口运输需求减少，中国港口需要分析需求的转移趋势，通过在其他地区投资港口码头，转移服务供给，降低因货运需求转移引起的港口收益流失。类似于中交集团旗下的中国港湾在阿尔及利亚投资的中心港项目，在其他国家投资港口运营码头，一方面可以提升当地的海运可达性，降低运输成本，"拉"动中国的家电产业向这些港口的周边转移；另一方面我国港口企业投资获得的股权及特许经营权有助于我国家电企业和农产品在"一带一路"沿线抢占市场先机，扩张市场份额。另外，已有的中国港口应该提高自身的功能和优势，为我国的家电和农产品提供更好的物流服务。

（2）新港口的建设导致我国家电产业的转移和农产品贸易的发展。

对于中国的家电产业而言，原有的家电出口供应链竞争力会下降，并且将以新的生产基地为中心形成新的家电进出口供应链。而在农产品供应链上，"一带一路"沿线各个国家的农产品进出口量会增加。所以航运企业需要研究新的外贸运输需求格局，调整全球航线网络，包括航线设计和船型规划等。这种调整也将进一步促进中国家电产业的转移和农产品贸易，导致需求向新的方向聚集，引起的规模效应也将成为港航物流业的附加效益。

（3）物流企业在家电和农产品供应链中需要发挥的作用。

随着我国的家电产业向外转移以及建立新的海外生产基地，我国的物流企业迎来了新的机遇。我国的物流企业应该抓住机会，努力服务国家战略，凭借自身积累的经验，到我国企业在海外投资的地区从事产业物流活动，参与供应链的设计，以最低成本为目的组织、协调和管理供应链的物流过程，为海外的我国产业提供方便高效的物流服务。

（五）结语

在"一带一路"大背景下，本节围绕阿尔及利亚的新建港口，研究如何发展我国家电和农产品的供应链和物流。结合阿尔及利亚及周边共 11 个国家家电和农产品的需求情况以及我国家电和农产品出口供应链的 SWOT 分析，找出我国家电和农产品出口供应链的不足和缺陷，再深入结合"一带一路"和新建港口产生的优势和机遇，对我国的农产品和家电出口供应链进行创新设计，提出供应链和物流的发展对策。

六、基于中欧班列沿线节点的中国物流与供应链模式创新

（一）引言

在当前全球经济缓慢复苏的大背景下，区域合作是推动各国经济互惠与文化交流、

促进区域发展的重要动力。“一带一路”倡议的实施，极大地推动了我国消化过剩产能的进程，加快了产业、产品和投资“走出去”的步伐。而国际、国内产业转移与空间布局的调整，将对全球供应链产生影响，引发物流格局的大调整，有利于我国构筑全球物流一体化的国家物流战略通道，为大规模、通道化和多向辐射的中国国际物流体系建设带来新的机遇。

随着全球经济和科技的迅猛发展，世界经济格局发生了重大变化，国际贸易发展呈现出新的特点，产业间贸易已无法完全满足消费者的多样性需求，产业内贸易应运而生；信息技术成为推动现代世界经济发展的重要力量，以电子信息产品为代表的高新技术产品产业内贸易带来的经济效应日益显著。中国是世界电子信息制造中心和最大的电子信息产品消费市场，欧盟是全球电子信息产业发展最快的地区之一，研究中欧电子信息产品产业内贸易发展问题，不仅有利于中国充分获取产业内贸易的经济利益，提高中国电子信息产品的国际竞争力，而且可以为中国企业进一步开拓欧盟市场提供参考和借鉴。

铁路在“一带一路”中，以其网络覆盖面广、适应性强、运能大、能耗小等优势，对亚欧之间的货物运输供应链产生重要的影响。而“一带一路”倡议则为我国铁路发展带来机遇和挑战，在健全进出口物流通道网络、推进跨境电子商务迅速发展等方面为中欧班列开行提供了重要支撑。

随着中欧班列物流组织日趋成熟，班列沿途国家经贸交往日趋活跃，国家间铁路、口岸、海关等部门的合作日趋密切，这些有利条件，为铁路进一步发挥国际物流骨干作用，在“一带一路”倡议中将丝绸之路从原先的“商贸路”变成产业和人口集聚的“经济带”的过程中起到重要作用。

目前为止，中欧班列的货源主要以 IT 产品、汽车配件、机器设备、服装百货等为主，其中，自重庆、成都、郑州、武汉、苏州等地开出的班列多以 IT 产品、汽车配件为主；自义乌开出的班列以日用小商品为主。中欧班列的运行时间普遍维持在 15 天左右，其运输费用约相当于空运的1/4，运输时间比海铁联运全程时间节省 20 天左右，但运输费用（包括运输成本及其他相关物流费用）大约为 1 美元/（FEU·公里），按照总行程平均 1 万公里计算，大致为 1 万美元/FEU，比海铁联运的总费用高出约一倍。由此可见，如果单从运输费用考量，中欧班列不如传统海运模式。但如果考虑高附加值货物的在途时间成本，则中欧班列具有一定的优势。以重庆始发的中欧班列为例，考虑高附加值货物的库存成本，中欧班列的物流总费用低于传统的“海铁联运”和“江海联运”总费用。

因此，本节以高附加值的电子信息产品和汽车产品为例，基于中欧班列分析产业的物流供应链，提出“一带一路”倡议下产业供应链的优化对策，即优化生产地布局建设、加强国际中转型物流节点建设、提升中欧班列服务质量、丰富中欧班列运输产品种类，使中欧班列真正成为带动沿线国家经贸发展的新引擎。

（二）需求分析

目前，中欧班列中从重庆出发的“渝新欧”班列主要货物为电子信息产品和汽车产品，因此以“渝新欧”班列为例，分析“渝新欧”国际班列沿途国家及其周边国家与中国进出口电子产品和汽车产品及其零部件的情况，选取俄罗斯、白俄罗斯、哈萨克斯坦、波兰、德国、荷兰、法国、意大利、乌克兰、比利时共十个国家进行分析。

本节在对上述十个国家的电子信息产品进口和汽车产品出口情况进行分析时，依托欧洲特殊的地理和经济区位，首先分析各国家整体经济发展水平，然后进一步分析这些国家的行业需求状况。

1. 欧洲部分国家经济发展水平分析

2006—2015 年，德国等国家的 GDP 如图 43 和图 44 所示，其中，除俄罗斯外，其他国家 GDP 走势平稳或者呈现增长的趋势，部分国家在 2009 年和 2015 年 GDP 出现下滑。

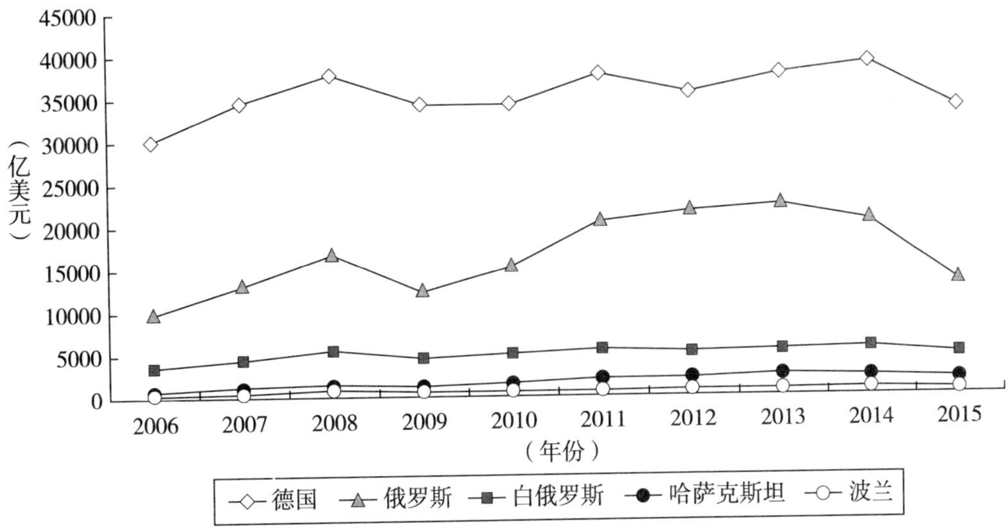

图 43　2006—2015 年“渝新欧”班列沿途国家 GDP

数据来源：世界银行。

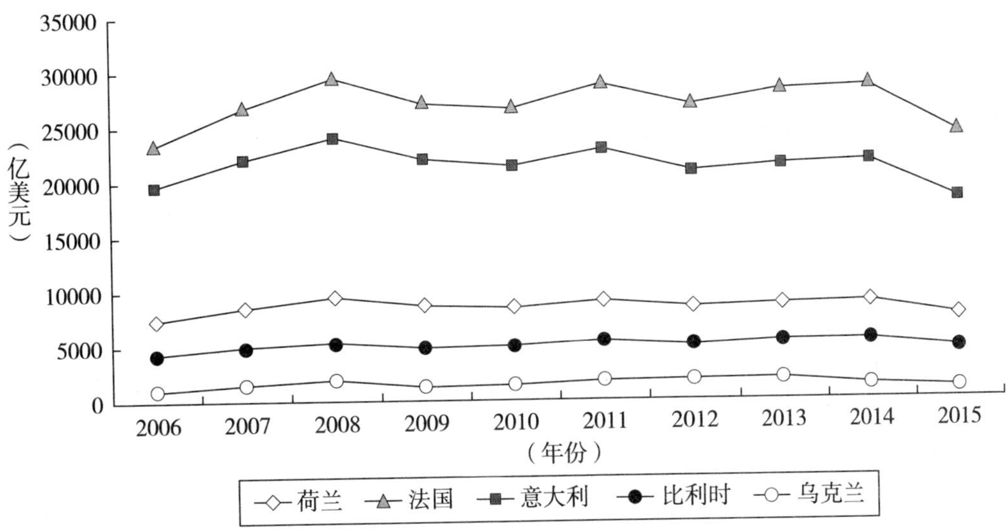

图 44　2006—2015 年其他部分欧洲国家 GDP

数据来源：世界银行。

除此之外，可以看出大部分国家GDP为10000亿美元之下，只有意大利、法国、俄罗斯三个国家的GDP保持在较高状态，这也从一定程度上反映了“渝新欧”班列存在的客观问题：“渝新欧”班列沿途大部分国家为发展中国家，经济状态一般，不同的经济状态决定了不同国家对电子信息产品和汽车产品的需求和供给情况的不同。2015年欧洲部分国家GDP及人均GDP如图45所示。

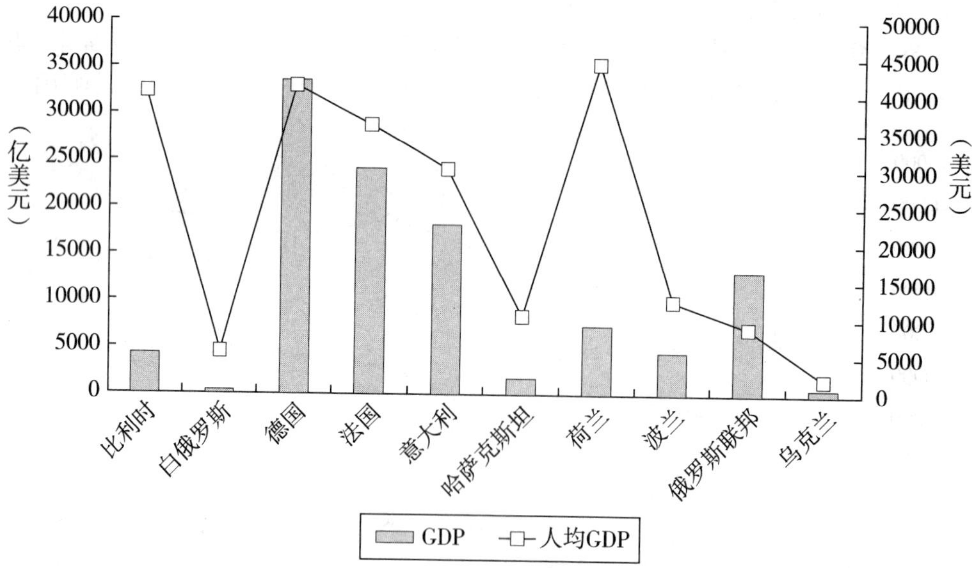

图45　2015年欧洲部分国家GDP及人均GDP

数据来源：世界银行。

从图45可知，2015年德国GDP为33634亿美元，居上述国家之首，其人均GDP为41313.1美元；其次是法国，GDP为24188.3亿美元；GDP最小的是白俄罗斯，为546.1亿美元。

2. 欧洲部分国家从中国进口电子信息产品的需求分析

20世纪80年代以来，特别是党的十三届三中全会以来，我国电子信息产品制造业发展取得了巨大的成就，产业规模迅速扩大，生产总值不断增加，国际竞争力日益增强，在全球产业格局中的地位不断提高。目前，电子信息产品制造业对经济增长速度的贡献率达到11.65%，对外贸易额也处于总体增长的趋势，其中以中欧间贸易额最多。2015年欧洲部分国家从中国进出口的电子信息产品情况如图46所示。

图46显示，2015年欧洲部分国家从中国进口的电子信息产品贸易额远远高于其出口贸易额，由此可见，我国的电子信息产品存在着进出口贸易顺差较大的问题，很多国家几乎没有电子信息产品出口到中国，欧洲大部分国家的需求表现为从中国进口电子信息产品。因此，我们接下来主要分析“渝新欧”国际铁路通道沿途各国家以及德国周边其他国家2006—2015年进口电子信息产品的情况。

如图47和图48所示，2006—2015年，欧洲部分国家从中国进口的电子信息产品总贸易额呈现增长的趋势，例如，2006年德国电子信息产品进口总贸易额为197.2亿美元，2015年为223.8亿美元，期间只有2009年受经济危机影响出现轻微下跌。

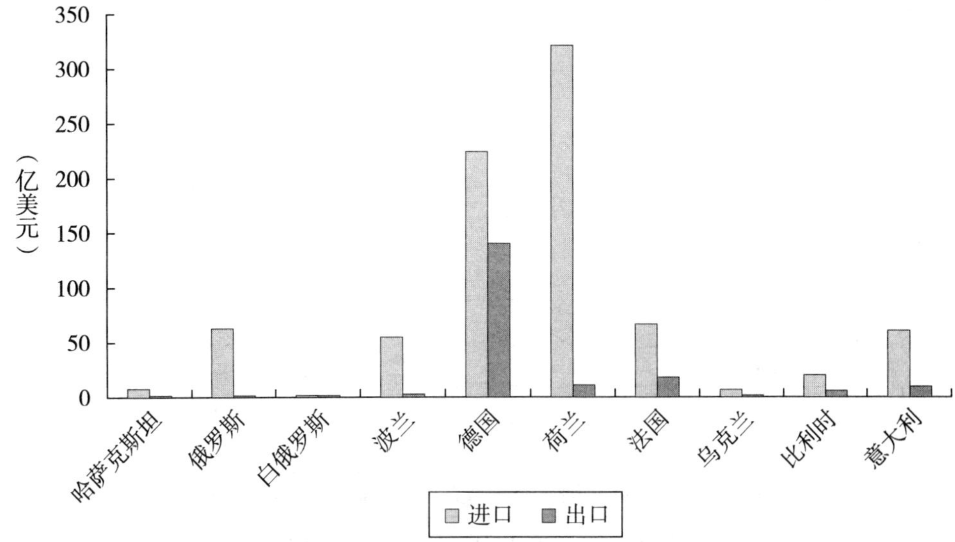

图 46　2015 年欧洲部分国家进出口电子信息产品贸易额

数据来源：世界银行。

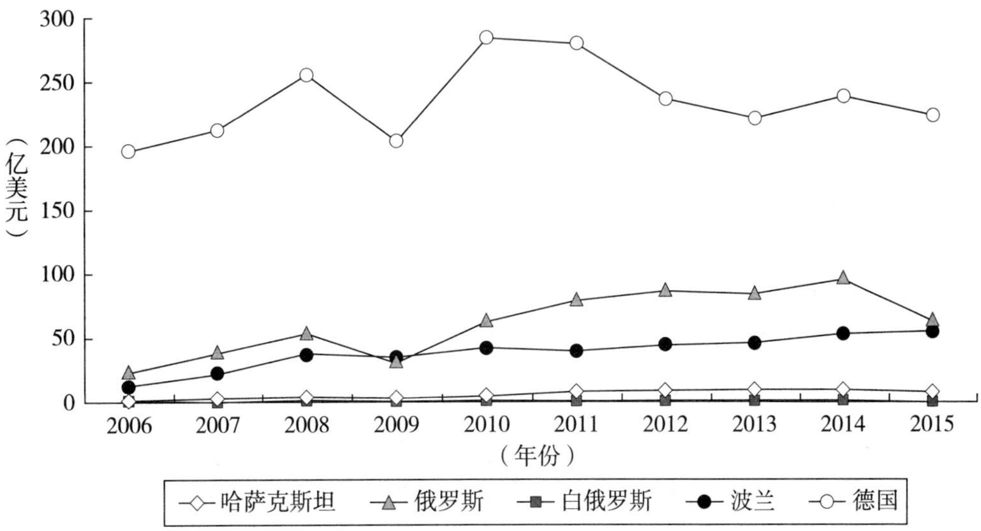

图 47　“渝新欧”国际铁路通道各国家从我国进口的电子信息产品贸易额

2006 年和 2015 年各国家从中国进口的电子信息产品贸易额的对比如图 49 所示。

由图 49 可见，上述欧洲国家从 2006 年到 2015 年对电子信息产品的需求都有明显上升的趋势，其中以德国、荷兰增长的幅度最大。

3. 中国从欧洲部分国家进口汽车产品的需求分析

近 10 年来，我国汽车业发展迅猛，已经超越美国、日本成为全球最大的新车市场和汽车生产国，2010 年我国汽车销售量为 1806 万辆，稳居全球第一，在 2010 年之后，中国民用汽车数达到了一个极大的数量级别，成为全球第三大汽车市场。我国汽车行业进出口历经几个阶段，进出口的增速特征也体现得较为充分。2002—2007 年，中国汽

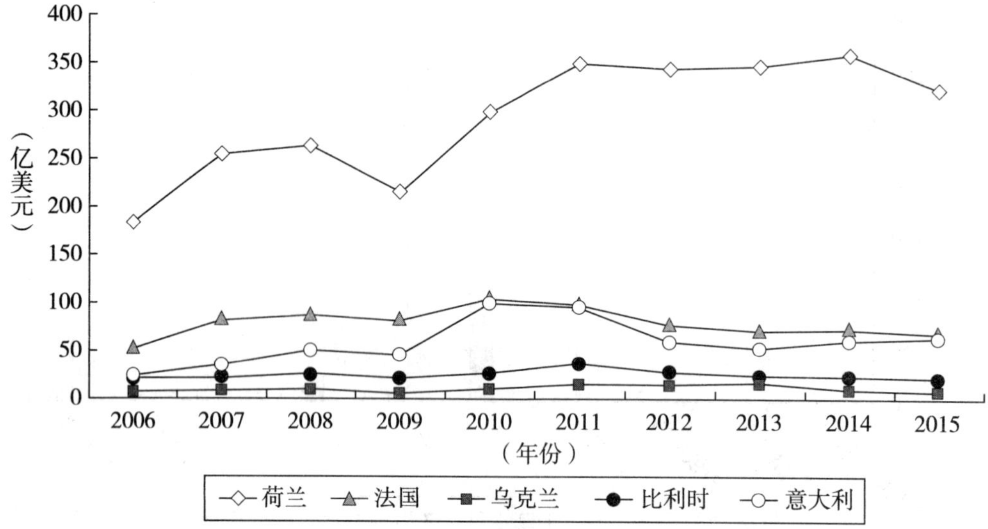

图 48 欧洲其他部分国家从我国进口的电子信息产品贸易额

数据来源：中国电子信息统计年鉴。

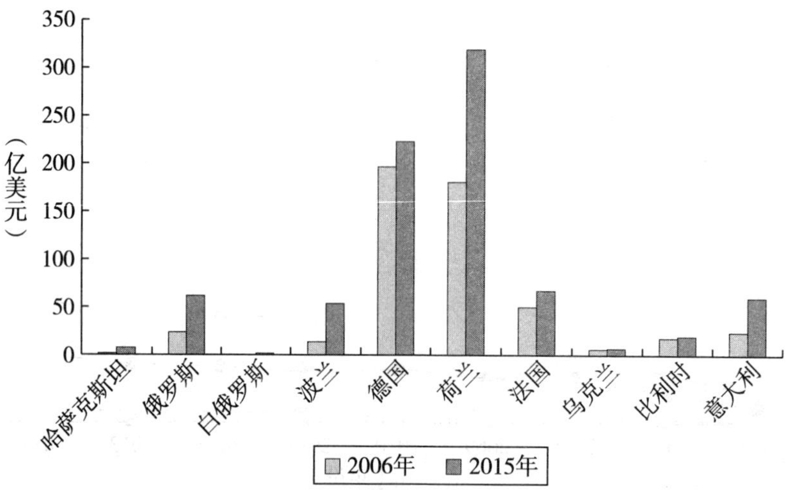

图 49 2006 年和 2015 年欧洲部分国家从我国进口的电子信息产品贸易额

数据来源：中国电子信息统计年鉴。

车行业出口增速高于进口增速；2008—2010 年，汽车行业进口增速超越出口增速，加之进口促进战略的实施，中国成为拉动世界经济和高端消费的主要市场；2011—2014 年，汽车行业的进出口都进行了调整，而进口近期恢复较快。

中国与欧洲之间汽车产品的贸易流动方向主要表现为中国从欧洲进口汽车产品，2006 年和 2015 年中国从欧洲部分国家进口的汽车产品贸易额如图 50 所示。

可以看出，2015 年和 2006 年相比，中国从欧洲大部分国家进口的汽车产品贸易额成长较为显著，只有从比利时和哈萨克斯坦的汽车产品进口贸易额下降。在贸易额增长的国家中以乌克兰和波兰的贸易额增长最为迅猛，乌克兰增长了近 25.3 倍，波兰的贸易额则增长了 15 倍左右。在上述欧洲国家中，中国从德国进口的汽车产品最多，2015

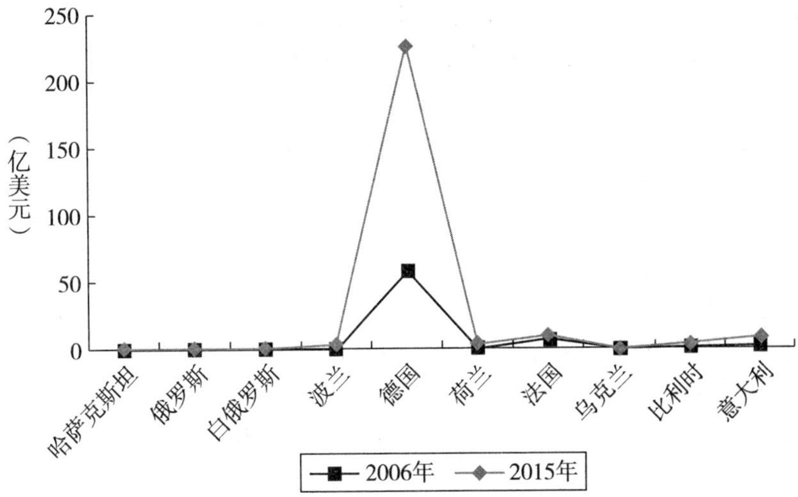

图 50　2006 年和 2015 年中国从欧洲部分国家进口的汽车产品贸易额

数据来源：中国电子信息统计年鉴。

年达到 227.5 亿美元，为意大利出口到中国贸易额的 26 倍以上。

4. 结论

通过上述对欧洲国家从中国进口电子信息产品的需求以及中国从欧洲进口汽车产品的需求进行分析，可以得出：对于电子信息产品，中国出口到欧洲的贸易额多于中国从欧洲进口的贸易额，所以，中欧之间的贸易方向主要是中国出口到欧洲，欧洲从中国进口电子信息产品的需求呈现增长的趋势；对于汽车产品而言，主要表现为中国从欧洲进口，近些年来中国从欧洲大部分国家进口的汽车产品贸易额均呈增长趋势。总体来看，欧洲大部分国家与中国的电子信息产品与汽车产品贸易往来前景很好，在“一带一路”背景下，中欧班列将进一步促进中欧之间的贸易，围绕中欧班列对中国电子信息产品出口和汽车产品进口供应链模式进行改进和创新，能够促进多方的经济发展及贸易往来。

（三）我国电子信息产业和汽车产业的 SWOT 分析

电子产品和汽车产品作为中欧班列的主要货源，其产业的发展直接影响着整个中国与欧洲之间的贸易情况，从产业链和供应链的角度，对“一带一路”倡议下我国电子信息产业出口和汽车产业进口情况进行 SWOT 分析。

1. 我国电子信息行业的 SWOT 分析

近年来，产业链作为产业经济学中的概念，在各行各业有着广泛的应用。从产业链视角对我国电子信息技术产业发展进行审视，不仅能为企业决策提供有效思维方法，而且还能为认识和判断产业竞争优势提供依据。

（1）优势。

①电子信息产业集聚格局初步形成。随着我国经济格局的不断优化，我国电子信息产业已经形成了多个产业集群，如长三角、珠三角和环渤海地区。产业集群的形成，有利于知识和技术的创新、传播、扩散和采用，有利于企业引进、消化、吸收和改进新技术新产品。产业集群的形成，一些配套、服务和支持设施不断完善，也有利于企业更有效率地发展。此外，内陆的武汉、西安、成都所构成的三角地块也是中国电子信息产业

发展较好的地区。珠江三角洲电子信息产业集群和福州—厦门电子带，包括深圳、东莞、中山、惠州、福州、厦门等地，都是消费类电子产品、电脑零配件以及部分电脑整机的主要生产、组装基地，目前主要承担制造职能；长江三角洲电子信息产业集群，包括南京、无锡、苏州、上海、杭州、宁波等地，主要是笔记本电脑、半导体、消费电子、手机及零部件的生产、组装基地，目前除主要承担制造职能外还承担部分的研发职能，其中上海还是国内外知名 IT 公司总部的汇集地；环渤海电子信息产业集群，包括北京、天津、青岛、大连、济南等地，主要从事通信、软件、元器件、家电的生产，目前除承担制造职能外还承担研发职能，尤其是北京，是全国电子信息产品的研发、集散中心，国内外知名 IT 公司总部的汇集地；而成都、西安、武汉等地，则主要是家电、元器件和军工电子的生产基地，目前主要承担制造职能。

②国内对于电子信息产品的需求不断提高。首先，我国是人口大国，并且近几年来随着科学技术的进步，我国经济发展水平逐渐提高，这也就意味着巨大的消费潜力，从这种层面上来说我国电子信息产业与国际相比具有天然优势。我国 GDP 及人均 GDP 情况如图 51 所示，可以看出，近十年来我国 GDP 和人均生产总值均不断增长，其中 GDP 从 2006 年的27521. 3 亿美元至2015 年的 110077. 2 亿美元，增长了 3 倍左右；人均生产总值从 2006 年的 2099. 2 美元增长到 2015 年的 8027. 7 美元，增长了大约 2. 8 倍。

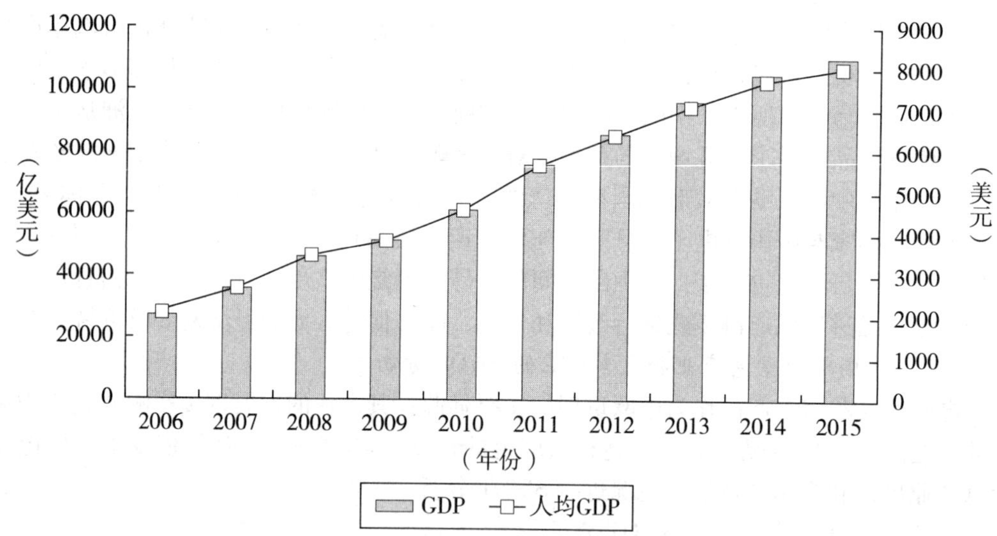

图 51　我国 GDP 及人均 GDP

数据来源：世界银行。

其次，随着我国经济发展水平不断提高、GDP 不断增长，人民的可支配收入不断增加，尤其是我国的经济发展增长速度较世界上其他国家较快，使得国内消费者的消费能力增加也比较快，对新产品的消费数量较多。我国居民总体消费水平从 2000 年的 3721 元，到 2014 年的 17806 元，十几年的时间消费水平增长了约 38 倍。其中，电子信息制造业的收入及利润情况如图 52 所示。

根据数据分析，2015 年收入较 2004 年增长了 1. 7 倍，利润增长了约 3. 1 倍。正是由于我国近几年来电子信息产品需求的增长，才引发了电子制造业的收入和利润的直接

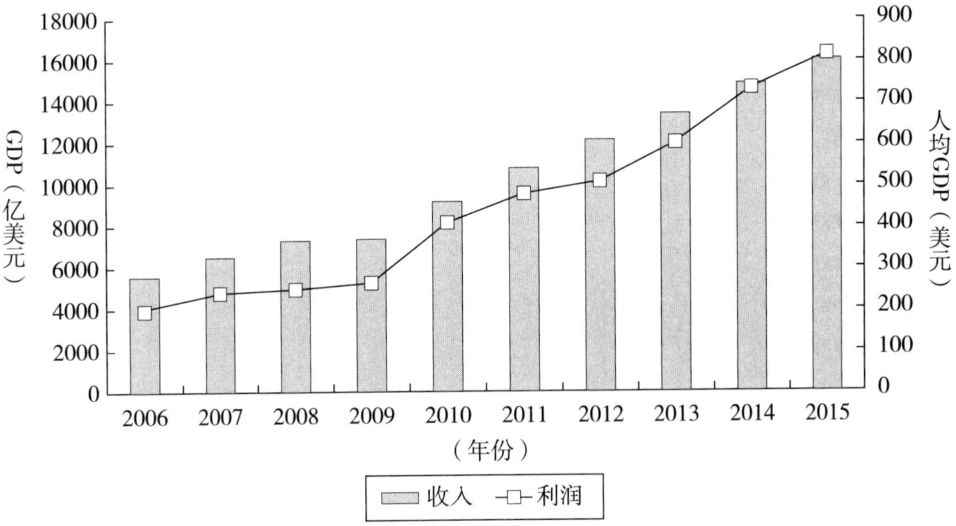

图52　我国电子信息制造业收入及利润

数据来源：中国电子信息产业统计年鉴。

增长。为此可见，我国近几年来消费需求的提高会是我国电子信息产业相对于其他发达国家的较大优势。

③我国电子信息产品具有技术经验。近些年来，随着我国经济的飞速发展以及加入WTO带来的影响，我国电子信息产品制造业发展取得了巨大的成就，产业规模迅速扩大，生产总值不断增加，国际竞争力日益增强，在全球产业格局中的地位也不断提高。事实上，中国目前已经成为世界重要的电子信息产品制造基地，且自主创新能力和产业竞争力不断提高。目前，中国电子信息产业实现了从新型产业到国民经济主导产业和支柱产业的历史性跨越，掌握着国家的经济命脉和国家安全。与此同时，中国的电子信息产品出口也成为全国外贸出口的重要引擎和主导力量，为经济增长做出了巨大的贡献。

首先，我国是电子信息制造大国，拥有丰富的电子信息产品制造生产经验。党的十六大来，我国电子信息制造业抓住国家经济社会发展和国际产业转移的重大机遇，克服国际金融危机的不利影响，积极推进结构调整，着力加强自主创新，实现了产业的稳步增长，对经济社会发展的支撑引领作用愈益凸显。2006—2015 年，我国电子信息制造业销售总产值及利润情况如图 53 所示。

可以看出，我国电子信息制造业销售总产值近些年来大幅度增长，利润也从 2006 年的 5626 亿美元增长到 2015 年的 16129.9 亿美元，证明我国电子信息产业具有了一定的制造经验。正是由于我国电子信息制造业的发展状况良好，才能够促进产业的出口。2015 年我国电子信息制造业进出口与全国进出口对比情况如图 54 所示。

由图 54 可以看出，2015 年，我国电子信息产品进出口总额达到 13088 亿美元，同比下降 1.1%。其中，出口 7811 亿美元，同比下降 1.1%，占全国外贸出口比重为 34.3%；进口 5277 亿美元，同比下降 1.2%，占全国外贸进口比重为 31.4%。贸易顺差 2534 亿美元，与 2014 年基本持平，占全国外贸顺差的 42.7%。我国电子信息产业名副其实地成为了国民经济的支柱产业，且出口额高于进口额，事实上，近些年来我国电

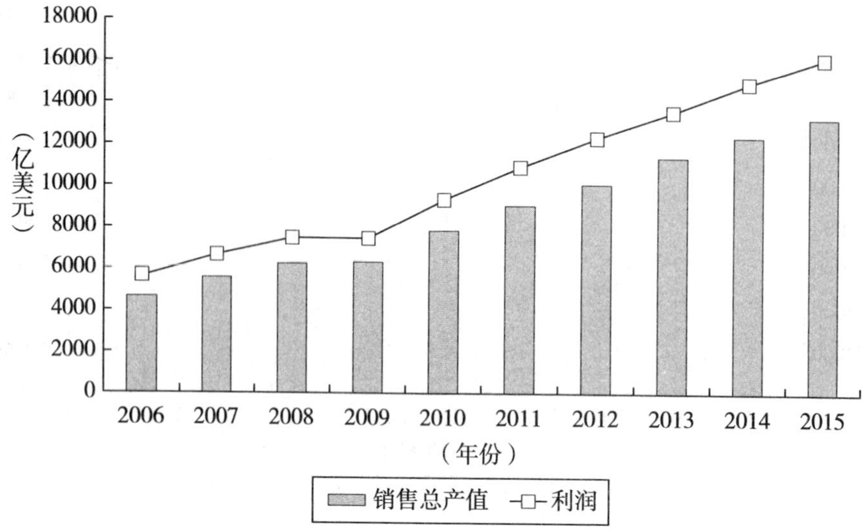

图 53　我国电子信息制造业销售总产值及利润

数据来源：中国电子信息产业统计年鉴。

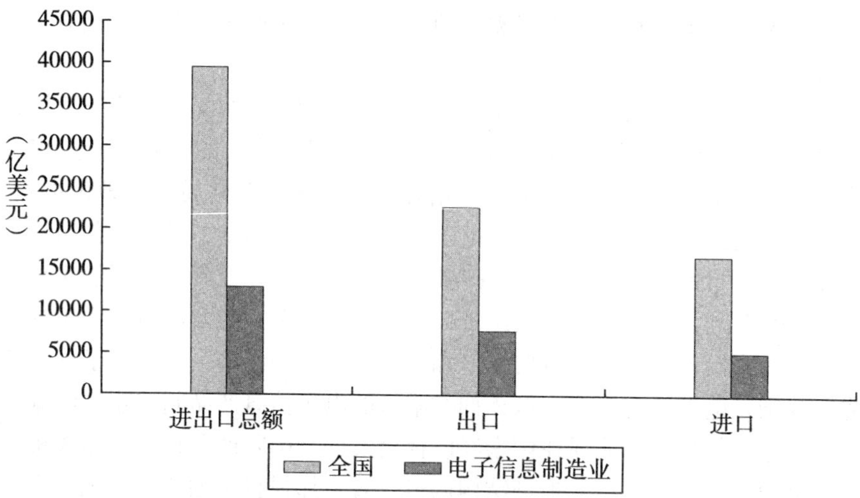

图 54　电子信息制造业进出口与全国进出口对比情况

数据来源：中国电子信息产业统计年鉴。

子信息产品进出口贸易顺差较大，出口额始终高于进口额。总而言之，我国在出口电子产品上具有丰富的经验。

④中国西部地区电子信息产业成本优势较为明显。虽然目前电子信息产业属于高新技术产业范畴，但仍有家电、电脑等资本密集型、人力密集型电子信息制造业的存在。虽然近年来，尤其是 2014 年以来，企业用工成本不断提升，但是由于我国西部发展比较落后，电子信息制造业人力资源成本仍处于较低的水平，这对于人力密集型电子信息制造业的影响巨大。我国西部地区 12 个省、市、区的总人口约占全国人口的 1/3，劳动力资源丰富。相比广东、北京、上海等东部地区，我国西部地区劳动力成本较低，具有绝对优势。电子信息制造业属于劳动密集型行业，在西部地区生产更能体现出劳动力成

本的优势。与此同时电子信息产业中软件、信息技术等信息服务业作为知识密集型产业，其主要依赖的投入要素是人力资本，需要大批的高素质的人才，其资本有机构成比较低，50%以上的成本来自人工成本，因而西部地区为其发展提供了成本较低、数量充足的人力资本。除了人力资本外，西部地区原材料的价格也相对较低，并且这种状态将会在未来一段时间内长期存在，企业可以选择在西部投资建厂，促进西部发展的同时也节省了产业成本，为企业产品的定价打下基础，进而加大电子信息产业的成本优势。

（2）劣势。

①供应链成本较高。首先，电子信息产业的库存持有成本较高。库存持有成本是指和库存数量相关的成本，它由许多不同的部分组成，通常是物流成本中较大的一部分。库存持有成本的发生主要由库存控制、包装、废弃物处理等物流活动引起，其组成包括库存商品所占用的资金成本、库存服务成本、仓储空间成本以及库存风险成本。电子信息产品属于高价值货物，通过海运运输，时间较长，物流较慢时会产生一定的库存，造成大量的库存持有成本。

其次，电子信息产品的运输成本居高不下。电子信息产业在我国国民经济中占据着重要的地位，近些年来产业的出口贸易额呈现增长的趋势。随着进出口的贸易增长，运输成本也是电子信息产业必须面临的问题，电子信息产品因为价值高、种类多、易损坏等特点，与普通货物相比需要更高质量的运输服务，因此运输成本也相对较高。

目前为止，我国大部分电子信息制造业主要集中在我国东部地区，如图55所示。

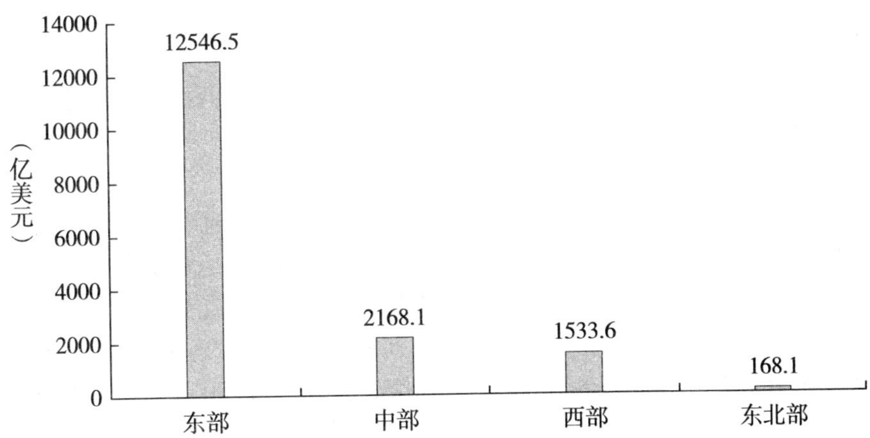

图55　2015年东部、中部、西部、东北部电子信息制造业销售产值对比

数据来源：中国电子信息产业统计年鉴。

可以看出，2015年东部电子信息制造业销售产值最高，达到12546.5亿美元，数值远远超过中部、西部、东北部销售产值之和。事实上，目前我国电子信息制造业主要集中在东部地区沿海城市，但是我国东部地区的人力成本和土地成本较高，高昂的成本对我国电子信息产业的总体发展也是一种冲击。

②电子信息产业还处于产业链低端。当前，我国电子信息产业不仅已发展成较为完整的产业体系，而且在技术和产品结构上不断取得突破，产品在全球具有较强的竞争

力，尤其是消费电子、计算机、电子元器件等已成为世界电子信息产品的主要出口基地，但这些电子信息产品的加工方式主要是直接引进国外先进技术进行的贴牌生产，也就是说电子信息产业赚取的只是加工费，产品多为技术含量较低的低端产品，关键核心和高端产品技术90%依赖进口。如2015年，我国计算机行业实现利润总额700多亿元，销售利润率只有5%，而同样作为计算机行业的微软却以垄断技术获利100亿美元，产品利润率高达50%。

③相关产业技术水平不高。电子信息产业发展离不开材料、装备等重要相关产业，但与国外先进的材料和装备业相比，我国还存在较大差距，当前，我国所有芯片生产线使用设备均为依赖于进口，高档数控机床也大量依靠进口，许多关键材料和加工技术也依赖于大量进口，材料和装备业工艺水平不高，直接导致材料产品质量不高，成为制约我国制造业发展的重要因素。此外，人才激励机制不健全、产业支撑环境欠佳，产业链衔接不完善、现代资本市场尚未形成在很大程度上影响了我国电子产业制造业的发展。

④贸易方向集中，顺差较大。从贸易区域结构来看，出口市场集中在欧美发达国家，进口主要来自亚洲，美国和欧盟是我国电子产品出口赚取外汇的国家，贸易余额长期顺差，而中国与亚洲周边国家和地区的贸易大多是赤字贸易。中国已经是世界上电子信息产品的第一生产大国，外贸出口额成倍地增长，更多的中国制造的电子信息产品正进入国际市场，这不可避免会与国外同类产业发生更激烈的竞争。为了使当地产品在竞争中处于有利的地位，经营下滑的当地企业常常把中国产品作为打击对象，引起贸易争端。

除此之外，我国电子产业物流存在的问题还有：缺少逆向物流流程，导致电子产品回收处理受到很大的限制，也成为其绿色物流发展的制约因素之一。以“渝新欧”班列为例，主要经营出口货源，然而回程货源几乎很少，这也是我国电子信息产业必须完善的一个方面。

（3）机会。

①中欧班列为产业链转移带来新机遇。中欧班列是从中国通往欧洲的铁路通道，其运输时间比海运短、运输费用比空运少，且不受气候的影响，运输安全性高，可以适应各种气候。与海运和空运相比，运输安全性是中欧班列明显的优势，一般不会因恶劣气候影响而停运或造成货物损失。目前，中欧班列的运行时间普遍维持在15天左右，其运输的费用相当于空运的1/4，运输时间大约比海铁联运节省20天左右，与海运业相比时间较少1/3，这就为货物的运输提供了新的机遇。尽管从运输费用考虑，中欧班列不如传统海运模式，但是对于电子信息产品这种高附加值货物来说，中欧班列可以缩短其在途时间进而减少库存成本。最重要的是，中欧班列的开展会促进产业链的转移，我国可以在欧洲选取电子信息产品生产较低的国家，设置生产基地，由中国投资控股，建设工厂。并选取中欧班列沿途经过的国家，进行配送中心的建设。一方面，可以使中国到欧洲各国的总配送成本最小；另一方面，能够全面满足欧洲对我国电子信息产品的需求，有利于扩大电子信息产品的需求市场。

②国际产业结构调整为中国电子信息企业带来新的机会。根据产业梯度转移理论，发达国家会把一些附加值低、技术含量低的产业转移到成本相对较低的国家或地区。我

国西部目前具有成本优势，所以会大量承接发达国家的生产业务及中国沿海高成本地区的产业。目前，这种转移为我国西部地区的发展带来了新的机会。

③国家政策支持为电子信息产业发展提供了有力保障。目前，相对于其他行业，我国和各个地方政府对于高新技术产业的扶持力度都非常大。2010 年，国务院出台了《国务院关于加快培育和发展战略性新兴产业的决定》，加大了对战略性新兴产业的支持力度。其中，信息技术是战略性新兴产业的重要构成，国家对电子信息产业的政策支持将会为产业发展提供有力保障和持续动力。

（4）威胁。

①过多依赖发达国家的核心技术导致我国电子信息产业发展动力不足。由于电子信息产业的核心技术大多集中在发达国家的一些大型跨国公司，而我国主要是靠引进和模仿，并且这种引进和模仿会一直持续下去，形成路径依赖，即发达国家总是在创新，我国企业总是在模仿，这种情形会严重抑制我国电子信息企业进行创新的积极性，企业缺乏创新的动力，山寨产品横行，最终必将导致我国电子信息行业的衰落。因此，这种跟随和模仿是目前我国电子信息产业的最大威胁。虽然我国电子信息产业近些年来出口贸易额增速平稳，但是大多数出口企业为外商独资型，而国有企业只占其中的很小一部分，如图 56 所示。

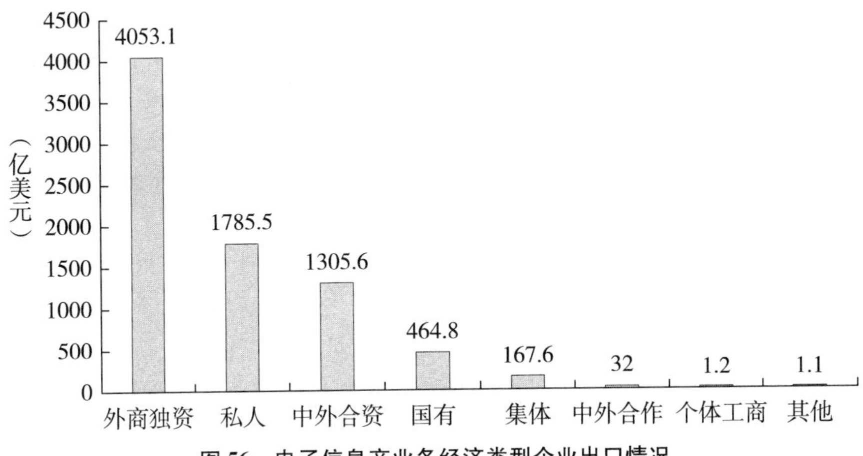

图 56　电子信息产业各经济类型企业出口情况

数据来源：中国电子信息产业统计年鉴。

②贸易壁垒的存在使得我国电子信息产业的产品总是受制于他人，会严重削弱我国电子信息产品在国际市场中的竞争优势。我国对外贸易依存度较高，投资形势与出口状况关系紧密。2016 年出口形势仍不容乐观，近期世界贸易组织下调世界贸易增长预期，将 2016 年全球贸易增长预测值从 4.0% 降低至 2.8%。近年来，随着我国电子信息产业竞争力的提升，美国等发达国家针对我国电子信息产业的贸易保护加剧，贸易摩擦频繁，电子信息产业面对的国际发展环境日益复杂。信息产业内部各个分支行业之间联系松散，缺乏互动的协调机制：一方的发展不能带动另一方发展，一方的落后却制约着另一方的进步。信息产品或服务仍以劳动密集型为主，出口产品附加价值低，企业综合竞争力不强。而自主创新能力亟待提高，科技投入不足，鼓励创新的配套政策还不完善，

管理体制和机制还不能满足自主创新的要求。核心技术掌握在欧美发达国家手中，技术受制于人。

2. 我国汽车产品的SWOT分析

（1）优势。

①产业组织结构调整取得很大进步。近十年来，行业内兼并重组取得明显进展，如长安重组江铃、上汽收购南汽、广汽重组长丰、兵装集团与中航集团重组汽车业务成立新的长安汽车集团等。通过兼并重组，主要汽车企业集团的产销规模不断扩大，2011年上汽接近400万辆，东风超过300万辆，一汽超过250万辆，长安约200万辆。2011年前十四家汽车集团生产集中度升至93.7%；前十家集团生产集中度达87%；前三家集团生产集中度超过50%。

②汽车进口贸易发展速度快。中国加入WTO以来，汽车进口数量逐年增加，从近十年汽车进口情况来看，2006年进口总额首次超过200亿美元，2014年接近千亿美元，创历史新高，2015年尽管进口贸易额下降，但十年来进口商品年均增速达到15.66%，总体呈现快速增长势头。

2015年，汽车进口量位居前十位国家依次是：日本、美国、德国、英国、韩国、墨西哥、斯洛伐克、匈牙利、葡萄牙和法国，分别进口26.3万辆、26.1万辆、21.9万辆、9.7万辆、5.5万辆、5.1万辆、2.7万辆、1.9万辆、1.7万辆和1.5万辆。与2014年相比，匈牙利进口量略有增长，其他国家均呈下降，其中英国、韩国、墨西哥和斯洛伐克降幅更为明显。2015年，我国从上述十国共进口汽车102.4万辆，占汽车进口总量的92.9%。从近十年汽车整车进口情况来看，2006年进口量仅有20万辆左右，2011年首次超过百万辆，此后五年整车均保持百万辆规模，十年年均增长19.1%，高于行业增幅。

事实上，除了汽车整车产品，我国汽车零配件产品近十年进口也总体呈现增长趋势。2006年汽车配件进口贸易额为105.3亿美元，之后逐渐递增，到了2014年进口贸易额增长到371亿美元，不到十年的时间贸易额增长到了三倍以上。尽管2015年汽车配件的进口贸易额略有下降，为317.2亿美元，但总体来看汽车零配件产品进口情况依然良好。

③劳动成本优势。在生产要素的价格方面，因制造业水平提高，大部分国家劳动力、资金等生产要素价格开始显著上升。我国总体上生产要素价格也有所增加，但是我国西部地区的劳动成本仍然较低，与我国东部沿海及欧洲中部大部分国家相比，我国西部地区对汽车行业而言仍然具有较为明显的成本优势。20世纪80年代以来，汽车业旨在提高资本密集度，降低劳动密集度的技术进步有所加快，但就汽车整车的成本构成来看，工资成本占7.1%，并且汽车强国的工资增长率远远超过劳动生产率。由于我国西部地区发展相对落后，存在大量的农村剩余劳动力，且其机会成本非常低，甚至没有机会成本，因此，西部地区在劳动力成本方面具有明显的优势。而对汽车产业所需的劳动力而言，其文化素质的要求也不高，因此，中国西部的劳动力成本不管是与发达国家相比还是与周边国家和地区相比都是比较低的，而且这种趋势还将持续20年左右。就目前而言，这对我国汽车产业的发展是个很大的优势。

（2）劣势。

①库存成本较高。改革开放以来，随着经济技术的发展，我国汽车行业的发展也驶入快车道，但我国汽车行业在不断发展的同时，库存管理问题也逐渐暴露，成为影响行业进一步发展的瓶颈。首先，中国与欧洲国家存在着汽车进出口贸易，且大部分时间主要表现为从欧洲进口。我国与欧洲进出口的汽车产品主要通过海上运输，运输时间相对较长，这就造成了库存成本较高的情况。再者，我国汽车备件供应商和汽车整车制造商之间的合作关系和合作效率的不协调性导致的牛鞭效应显著，大大增加了整个供应链的库存水平。汽车备件库存控制中没有供应链的整体观念，缺乏协调和合作。供应链中信息来源过于集中在企业内部，外部信息资源利用程度不高，顾客反馈信息也不多，市场出现的任何微小波动都会给汽车整车制造商带来巨大的不确定性，它们无法制订确切的生产计划，从而使它们向汽车备件供应商定货量的方差大于向顾客销售量的方差，并且这种波动会沿着供应链向上游不断地扩大，而产生企业库存结构不合理，安全库存量偏大的后果。

②技术落后，研究开发能力差，自主品牌产品少。我国新技术的发明和进展远远低于发达国家的平均水平，甚至跟发展中国家相比也不高。政府和行业对技术的重视也不够，基本上都是引进国外的二流技术，没有自己的知识产权，随着美国等发达国家对知识产权保护的力度加大，我国汽车业的发展乃至整个社会快速发展都会受到重大的影响。好在我国政府已经开始注意到这一点，党的十六届五中全会提出，要把提高自主创新能力作为调整经济结构、转变经济增长方式的中心环节。同时，形成一批拥有自主知识产权和知名品牌、国际竞争力较强的优势企业，被纳入“十一五”时期经济社会发展的重要目标。这是根据我国经济社会发展的阶段性特征提出的一项新的重要任务，也是一个指导性很强的方针。

我国机器设备的折旧和报废速度与发达国家相比相差甚远，发达国家的年折旧率高达20%～30%，而我国的机器设备的折旧只有5%～10%，也就是说，发达国家3～5年就可以更新设备，而我国却要10年甚至20年，这将大大阻碍新技术的采用和发明。

③分散化，隶属关系复杂。我国汽车整车制造业非常分散，分别分布在28个省（市、自治区），它们之间的差异也非常大。汽车产业规模最大的是长三角地区，其次是东北地区，第三是京津地区，第四是中西部部分地区，第五是珠三角地区。2004年中国前六大汽车企业集团一汽、上汽、东风、长安、北汽、广汽都和世界十大跨国公司组建了合资企业，呈现出“你中有我、我中有你”的复杂局面。由于多头引进，中国汽车产业，特别是轿车工业已被跨国公司所分割和控制。而一汽、东风属于中央直属企业，长安属于中国兵器集团公司，是军工企业，上汽、北汽和广汽都属于地方国有企业集团。由于属性不同，又存在税收与利润如何分配等问题，要想在这几大集团之间进行兼并重组是非常困难的，必然存在中央和地方、各不同利益相关者之间的博弈。最大的可能是首先以这六大汽车集团为核心，去兼并重组其他规模较小的汽车企业，然后根据产业的发展竞争状况和跨国公司加入的程度并配合国家的宏观调控再进行兼并重组。

（3）机会。

①“一带一路”促进中欧贸易往来。亚欧大陆是全球人口最多的区域，中国提出

的两个符合亚欧大陆经济整合的“丝绸之路经济带”和“21 世纪海上丝绸之路”倡议，不仅顺应和平、发展、合作、共赢的时代潮流，也符合世界上国家间相互共赢发展的愿望。最主要的是，在“一带一路”的背景下，中国和欧洲之间的贸易往来明显增多，这就为我国汽车产业乃至全行业打通欧洲市场带来了新的政策支持。

“一带一路”倡议的实施，旨在通路、通航的基础上通商，最后形成和平与发展的新常态。我国与欧洲地区经贸合作密切，中欧贸易额巨大，欧盟是我国第一大贸易伙伴，我国是欧盟第二大贸易伙伴，利益攸关。“一带一路”无疑会为欧洲和我国创造更多新的投资领域和贸易机会，使得中欧经济相互依赖、努力实现互利共赢。

②中欧班列为中国进口汽车零部件带来新的契机。在国家“一带一路”倡议推动下，我国铁路大力发展集装箱国际联运，陆续开行从满洲里、阿拉山口、二连浩特等边界站出境，抵达欧洲、蒙古、中西亚各国的中欧、中亚班列受到国际社会广泛关注，并取得较为显著的成效。截至 2015 年年底，国内已经在重庆、郑州、成都、武汉、苏州、义乌、长沙、昆明、兰州、沈阳、石河子 11 个城市陆续开行中欧班列，境外目的地可达 7 个国家的 11 个城市。2015 年，中欧班列共开行 1262 列，其中去程班列 969 列，回程班列 293 列。

中欧班列的去程货源主要以电子信息产品为主，同时也运输轮胎、高档服装、文体用品、工艺品等其他产品，总体来看去程货源较为充足。相比之下，中欧班列反向流量较少，大部分班列返回时为空载，大大浪费了运输资源。最近，从重庆始发的“渝新欧”班列回程时开始运载汽车零部件产品，这就对我国从欧洲进口汽车零部件产品带来了新的契机，在满足我国汽车产品需求的同时促进汽车产业总体的发展。

③降低汽车产业库存成本。目前为止，由于我国汽车备件供应商和汽车整车制造商之间的合作关系和合作效率的不协调以及国际间汽车产品运输时间过长，汽车产业库存成本居高不下。中欧班列开通之前，汽车产品主要通过海上运输，运输成本较低，较长的海上运输的时间则意味着较高的库存成本。中欧班列的运行则提供了一种新的运输方式，即通过定时、定点、定班的运输方式很大程度地缩短运输时间，仅为海运运输时间的 2/3，可以降低汽车产业的库存成本。

④中国加入 WTO，进一步促进汽车产业发展。随着经济、社会、科技等诸多方面的迅速发展，特别是世界经济全球化、一体化过程的加快以及全球信息网络的建立和消费需求的多样化，企业所处的环境更为开放和动荡。这种变化几乎对所有企业都产生了深刻的影响。这既给中国汽车产业带来了机会，也带来了威胁。加入 WTO 使得我国汽车产业不再着眼于国内市场的小循环，而是跻身于世界汽车产业的大循环之中，并成为世界汽车产业的重要组成部分。中国作为发展中国家，其产业技术发展具有后发优势，在中国汽车产业的发展过程中，学习对企业能力建设具有极其重要的作用，我们可以与世界跨国公司合作，学习它们先进的管理经验学习生产、引进技术并改进现存技术，引入组织变革、创新，进而有助于我国汽车产业快速发展。

（4）威胁。

随着我国关于 WTO 汽车方面承诺的兑现，汽车关税和非关税壁垒已逐渐放开或失效。届时大量高质量、低价格的外国汽车将进入中国，这将对我国汽车产业造成很大的冲击。而且我国汽车产品的价格与美国相比大约是美国的 1. 5 倍。同时，由于我国没有自己的专利，而且许多合资厂都没有对外出口的权利，如果国外跨国公司在专利上做文章，这将严重影响我国汽车产品的发展。

除此之外，我国必须遵守世贸组织的各种规则，保护政策被迫终结，给国内的汽车产业带来了前所未有的巨大压力。中国加入 WTO 对汽车工业的冲击，最为直观和明显的就是降低关税、取消配额。其依据是世贸组织的贸易自由化原则，所谓贸易自由化原则，是指所有世贸组织成员方应限制和取消一切关税和非关税壁垒，消除国际贸易中的歧视待遇，提高本国市场的准入程度。它主要体现为关税减让原则、禁止数量限制原则，具体表现为 2006 年 7 月 1 日开始，整车进口关税降到 25%，零部件进口关税降到 10%。

（四）物流供应链创新模式设计

1. 电子信息行业的物流供应链模式设计

电子信息产业是国民经济的战略性、基础性和先导性支柱产业，对于促进社会就业、拉动经济增长、调整产业结构、转变发展方式和维护国家安全具有重要的作用。随着经济全球化日趋日益激烈，作为制造业大国的中国应该进一步凭借制造优势，通过高效的供应链管理，提高企业价值，提升产业在国际的整体竞争力。

虽然目前我国电子信息产业存在着运输成本和库存持有成本较高的问题，但是中欧班列的开展为产业提供了新的运输途径。基于中欧班列对我国电子信息行业的物流供应链进行创新设计，主要是对整个供应链中生产基地和配送中心的设计。

（1）生产基地的建设。

生产基地的选址，主要从生产成本的角度考虑。由于我国西部地区相对其他地区生产成本较低，因此可以考虑在西部建设电子信息产业的生产中心。

近年来，西部地区的电子信息产业获得快速的发展，部分 IT 企业将生产基地从东部发达地区转移到西部地区，正逐步在成都、重庆、西安、昆明等地区酝酿形成新的信息产业集群。而中欧班列的开展更是会促使我国电子信息产业向西部转移。

中国西部地区包括四川、贵州、云南、重庆、广西、陕西、甘肃、青海、宁夏、西藏、新疆、内蒙古十二个省、自治区和直辖市。2016 年西藏自治区 GDP 增速为 11. 5%，高居榜首，重庆 GDP 增速为 10. 7%，紧随其后。由此可见，我国西部地区虽然目前发展不足，但经济增速状况良好，这也就增加了在西部建设生产中心的可行性。2015 年我国西部地区各省市区（除西藏）通信设备、计算机及其他电子设备制造业的生产价格指数情况如图 57 所示。

所谓生产者价格，是指生产者出售其商品所使用的价格，是商品离开生产领域进入流通领域或直接进入消费领域时的价格，是商品流转过程中第一层次的价格，是形成其他层次价格的基础。2015 年我国全国的生产价格指数为 98. 4，从图 57 中的对比可以看出，2015 年除重庆和四川外，我国西部其他城市的生产价格指数均高于国家平均水平，其中以陕西、青海、宁夏为首。而重庆和四川尽管生产价格指数在西部地区中最低，但是由于中欧班列的运行，重庆作为其中一列的起点站，虽和西部其他地区相比生产价格略高，但在此建设电子信息产品生产中心可以节省大量的运输费用。因此，西部大部分

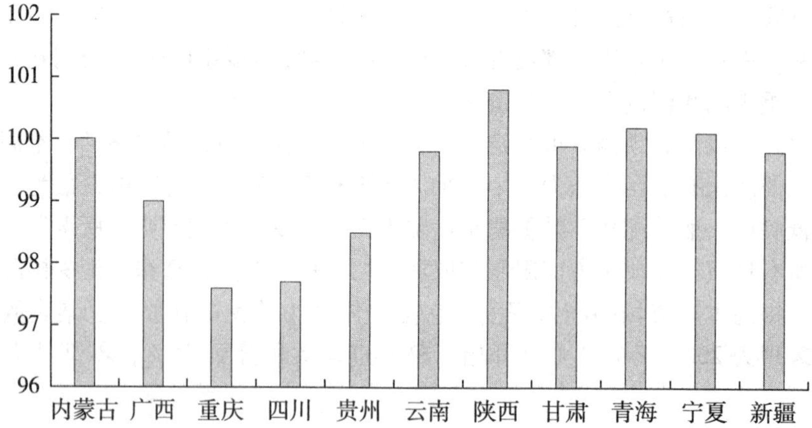

图 57　2015 年西部地区通信设备、计算机及其他电子设备制造业的生产价格指数

数据来源：中国电子信息产业统计年鉴。

地区在电子信息制造业具有一定的成本优势。

除此之外，2015 年部分中、西部省市区出口增速处于我国较高水平，贵州、青海、广西、甘肃、内蒙古出口增速分别达到 435.9%、70.9%、37.9%、32.3%、30.5%，更加验证了西部投资设立电子信息产业的优势。

在所有西部地区中，四川、陕西、重庆的电子信息产业发展水平相对较高。四川已经形成了数字视听、集成电路、军事电子、软件、网络及通信产品五大产业集群，军事电子装备与系统研发生产居全国第一；陕西省以关键元器件产业为主，产业增加值率高出全国 8 个百分点。同时，由于中欧班列的开通，重庆市的电子信息制造业也高速发展。因此，可以考虑主要在四川、陕西、重庆建设生产中心。

（2）配送中心的设置。

中欧班列运行后，为我国电子信息产品的运输和进出口带来了很大的便利。我国主要是对欧洲出口电子信息产品，未来的趋势是将电子信息产业链集中到西部地区，进行统一生产，然后通过中欧班列从重庆出发出口到欧洲各需求国家。因此，生产中心建立后，最主要的任务就是合理地设置分拨中心，既要满足欧洲各国的需求，又要使配送费用最小。

通过中欧班列对电子信息产品进行配送，可以选择中欧班列沿途的各节点国家，从中国直接通过铁路运输到配送中心，既方便又省时。

首先，其中一个分配中心必然要建在目前“渝新欧”铁路的欧洲终点站——德国的杜伊斯堡。杜伊斯堡是欧洲最大的内河港口，距离鹿特丹港水上距离为 230 千米，距离安特卫普港直线距离也不到 200 千米。并且，其周边是欧洲人口最为密集的地区，拥有巨大的物流需求和市场潜力。

其次，可以考虑在俄罗斯建设配送中心。从中国到欧洲出口电子信息产品的情况来看，近些年来中欧班列沿途各国家中向俄罗斯出口的电子信息产品仅次于终点站德国，2014 年达到历史最高值 956.3 亿美元。同时，俄罗斯独特的地理位置也占据一定优势。俄罗斯陆地邻国西北面有挪威、芬兰，西面有爱沙尼亚、拉脱维亚、立陶宛、波兰、白俄罗斯，西南面是乌克兰，南面有格鲁吉亚、阿塞拜疆、哈萨克斯坦，东南面有中国、蒙古和朝鲜（其中立陶宛和波兰仅与俄罗斯外飞地的加里宁格勒州接壤）。俄罗斯海岸线长 37653 千米，与多个欧洲其他国家接壤，因此其货物运输十分方便，建立分拨中心具有可行性。

除此之外，在中欧班列铁路回程运作模式不断完善的基础上，也可以考虑在其他国家建立分配中心，如比利时的安特卫普和荷兰的鹿特丹，这些城市的港口发展较好，有利于货物的流通。

2. 汽车零部件行业的物流供应链模式设计

近几年来我国虽然汽车产品的出口额有了大幅度的增长，且渐渐有超越进口额的趋势，但是由于中欧班列运行时间较短，汽车产品主要是回程货源。因此，我们基于中欧班列，对汽车产业的供应链进行创新，主要就是要对从欧洲进口的汽车及其零部件产品进行合理的配送，即在中国各地建立配送中心。

和其他产业相同，汽车产品的配送中心选址也要遵循一定的原则。第一，配送中心要适应区域经济发展方针、政策，充分考虑资源供应地与产品需求地的地理分布，与社会发展要求和供应链的发展战略相适应。也就是说，在中欧班列的背景下，汽车产品配送中心的建设必须要能够充分协调我国汽车产品的供需关系。第二，对配送中心的建设成本和运营成本进行综合优化，以总费用最小作为最终目标。第三，配送中心的选址要满足交通的便利性，即考虑中心与公路、铁路、港口、机场以及其他城市的衔接程度，提高配送中心的服务水平。

配送中心可以建在郑州、重庆、苏州。这些城市的进口汽车贸易额虽然远远不如上海，但是它们有一个共同特点——都是中欧班列的始发点，也是回程的终点。众所周知，中欧班列的运行，给我国汽车产品的进口带来了很大的便利。大部分中欧班列的回程货源主要为汽车及其零部件产品，虽然班列目前仍然无法完全达到“重去重回”的程度，但是近些年来通过中欧班列回程的汽车产品也有了很大的进展。其中，从重庆出发的“渝新欧”和从郑州出的“郑新欧”回程较为稳定。考虑到重庆和郑州良好的铁路连通性，将分配中心选在这两个城市可以充分满足交通的便利性，对于汽车产品的配送具有很大的优势，汽车产品在中欧班列卸下后可以通过最短的运输距离和最少的运输费用送到配送中心，再通过配送中心运往全国各地。其一，重庆作为西部唯一直辖市，地处“丝绸之路经济带”、21 世纪“一带一路”与长江经济带“Y”字形大通道的联络点上，具有承东启西、连接南北的独特区位优势，在“一带一路”发展倡议上有着举足轻重的作用。2014 年，“渝新欧”班列的进口整车回程更是为我国汽车厂商带来了新的惊喜，2015 年重庆汽车产量已经突破 300 万辆，成为全国第一大生产基地，因此在重庆建设配送中心不仅可以将从欧洲进口的汽车产品运送到国内各地区，同时还可以配送重庆生产的汽车产品。其二，郑州汽车整车进口口岸作为全国 22 个汽车口岸之一，更是国家特批的依托郑州铁路口允许进口国外整车的指定口岸，这也就增加了在郑州建设分配中心的实际可行性。

其次，配送中心需要根据各城市的不同需求将进口的汽车产品合理分配。2014 年我国进口汽车产品贸易额排名前十地区的进口情况如图 58 所示。

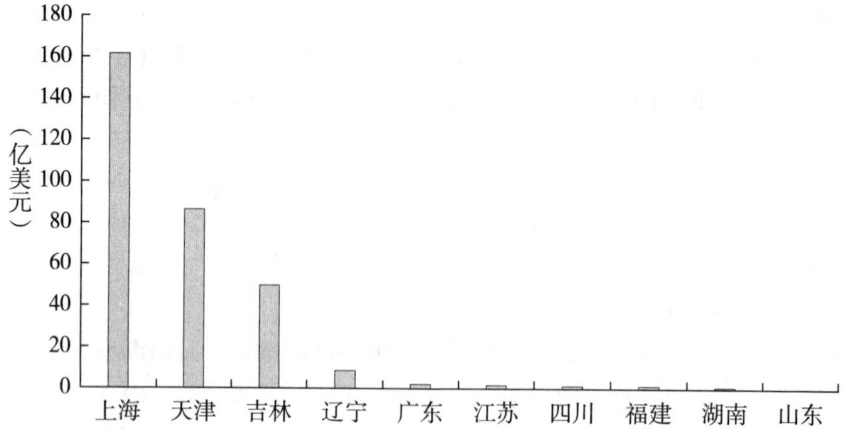

图 58　2014 年我国进口汽车产品贸易额排名前十地区的进口情况

数据来源：中国汽车市场年鉴。

可以看出，2014 年我国进口汽车贸易额最多的是上海，贸易额达到 161. 4 亿美元，天津紧随其后，贸易额为 86. 4 亿美元，贸易额为上海进口贸易额的一半左右。相比之下，其他地区进口的汽车产品则很少。在所有地区中，上海对汽车产品进口的需求程度最大，如果在上海建设配送中心，可以缩短配送中心与需求点之间的距离，节省配送成本。同时，在上海建设配送中心可以随时将汽车产品配送到上海本地汽车产品的需求地，这种实时配送模式也减少了仓储成本，进而达到对配送中心的建设成本和运营成本的综合优化，最大限度地降低总费用。因此，可以考虑建立汽车产品的分拨中心。同时，上海的经济和地理条件，也将成为建设分拨中心的良好支撑条件，最为主要的是上海铁路的发展状况良好，且运输线路覆盖全国大部分城市。上海铁路局 1994 年 11 月 15 日成立，营业里程 4129. 5 公里，延展长度 10810. 5 公里，其中跨省市的线路有京沪高铁、沪杭高铁、宁杭高铁、杭甬高铁、沪宁城际、合宁城际、甬台温、京九、京沪线、沪杭线、浙赣线、符夹线、宁芜线、皖赣线、陇海线、长牛线、甬台温线、杭线以及青阜、淮南、金千等省内线。双线以上营业里程 4928. 1 公里。自动和半自动闭塞线路长度 4374. 3 公里，电气化铁路 892. 3 公里。总体来看，上海与铁路以及其他城市的连通性良好，具有交通便利性，方便从上海到其他地区进行汽车产品的运输配送。

3. 中国物流业在上述供应链中需要发挥的作用

（1）港口企业在上述电子信息产品和汽车产品供应链中需要发挥的作用。

中欧班列的运行对我国电子信息产业和汽车产业供应链的发展有着不容忽视的作用，既促进了电子信息产业的出口市场，同时又可以通过中欧班列从欧洲进口汽车产品，满足我国汽车市场的需求。中欧班列虽然是铁路运输班列，但是其运输和发展也离不开海运业。一方面，港口可以增加各地区与其他区域的海运可达性，不仅可以降低运输成本，还能促进我国电子信息产业向西部地区转移，加速产业调整；另一方面，港口的发展在一定程度上会带动城市的发展，例如欧洲西部由于拥有比较发达的国际港口，带动了欧洲最活跃的经济区，进而为全行业的发展提供了有力的前提条件。中欧班列已经在大连港、营口港、天津港以及其他重要港口设立节点，这些港口应该提高自身的运营能力，进而为我国的电子信息产业和汽车产品提供更好的物流服务。

（2）运输业在上述电子信息产品和汽车产品供应链中需要发挥的作用。

中欧班列的运行势必会导致中国电子信息产业向西部地区转移，并增加汽车产品的进出口贸易。对于电子信息产业而言，原有的出口供应链竞争力下降，将以新的生产基地为中心形成新的电子信息产品出口供应链。而在汽车产品供应链上，欧洲各国与中国的汽车产品及其零部件的进出口量预计都会增加。所以运输业应该充分发挥其运输作用，作为中欧班列国际铁路运输的补充，应该积极研究新的外贸运输需求格局，调整全球航线网络，包括航线设计和船型规划等。这种调整也将进一步促进电子信息产业转移和汽车产业的贸易。

（3）物流企业在电子信息产品和汽车产品供应链中需要发挥的作用。

中欧班列的开展进一步打通了我国和欧洲的贸易渠道，去程主要以电子信息产品为主，促进了产业的出口情况；回程班列目前主要为欧洲部分国家的汽车零部件，也带动了汽车产业链的发展。但是目前为止回程运输的汽车零部件产品贸易额并没有很高。事实上，目前为止中欧班列面临的最大难题就是难以从欧洲市场揽到充足的回程货源，这就需要物流企业充分发挥其作用。中国物流企业应该适应新的时代机遇，在欧洲投资建设物流公司，一方面，扩大自身的海外市场；另一方面，当物流企业在欧洲具备一定规模时，可以招揽更多的汽车产品作为回程货源，增强中欧班列在欧洲的知名度和影响力，进而促进电子信息产业和汽车产业的供应链发展。

（五）结语

在中欧班列的背景下，本节围绕电子信息产品和汽车产品供应链的发展，研究如何发展中国电子信息产业出口和汽车产业进口的供应链和物流。结合“渝新欧”班列沿线国家及德国周边共10个国家对电子信息产品的需求和中国汽车产品从欧洲国家的进口需求情况以及我国电子信息产品进口和汽车出口供应链的SWOT分析，找出我国电子信息产业和汽车产业各自进口或出口供应链的不足和缺陷，并结合中欧班列这一机遇，对我国的电子信息产品出口和汽车进口供应链进行创新设计，提出供应链和物流的发展对策。

课题组成员名单

课题主持人：杨振忠　大连海事大学教授、博导

课题组成员：宫之光　大连市物流发展管理中心副主任

曾庆成　大连海事大学教授、博导

李　炫　中铁铁龙集装箱有限公司部长

贾　鹏　大连海事大学副教授

陈　康　大连海事大学副教授

我国物流成本现状深度调查与问题研究报告*

内容提要：物流业是国民经济的命脉。近年来我国社会物流总费用占 GDP（国内生产总值）的比重逐年下降，物流成本在 2012 年占 GDP 的比重为 18%，在 2016 年占比下降到了 15%。但是物流成本占 GDP 的比重和发达国家和地区相比依然很高，我国发展物流业、降低物流成本、提高物流效率有很大的潜力可以挖掘。

本文通过文献阅读、问卷调查、专家意见、统计分析、数学模型、比较研究、层次分析法等研究方法，对我国制造业、物流业中典型企业的物流成本管理现状进行深度调查，主要研究内容包括以下问题：

1. 我国物流企业成本现状、存在的问题以及其影响因素

本文分析了我国社会物流成本和企业物流成本的现状、分析了制造业、物流业、医药物流公司等多种类型的企业的物流现状。分别研究了企业物流成本和社会物流成本的评价指标体系，并通过 ANP（网络分析法）的方法分析了企业物流成本和社会物流成本的影响因素。

2. 我国物流成本高企的原因

本文分析了物流成本高企的真正原因，从企业物流成本和社会物流成本两个方面、以表层原因和深层原因两个维度进行剖析，以期找到造成我国物流成本高企的真正原因。

3. 控制物流成本的建议

本文从技术管理和政策两个方面给出了控制我国高企的物流成本的建议。在技术管理层面要提升管理技巧，并且应该在供应链环境下控制物流成本。在政策层面要积极发挥政府作用，降耗减负，推动供应链的发展并逐步提高物流效率。通过分析给出了具体的做法：加大对高科技物流设备的研发和应用力度，通过开发智能化的物流装备提高物流效率，比如物流智能机器人、冷链物流运载货车等设备的研发和使用，大力提高物流现代化水平；采用新技术改造物流装备，利用 RFID（射频识别）、物联网等技术，进行信息技术和大数据分析，提高物流企业信息化和自动化程度，实现货流全程监控、货车与管理平台信息交换等。

一、绪论

（一）研究背景及意义

1. 研究背景

作为国民经济的基础性、战略性产业，物流业不仅吸纳就业人员多，涉及领域广，

* 本课题（2016CSLKT1－002）为 2016 年度中国物流学会重大课题。

更重要的是连接着生产和消费两端，对经济的发展有着重要的推动作用。加快物流业发展是推进供给侧结构性改革、明确公共产品和公共服务供给的重点方向，扩大有效投资、促进城乡居民消费的重要手段，是消除瓶颈制约、补齐薄弱短板、提升国民经济整体运行效率的重要途径。在 2017 年召开的全国人民代表大会和人民政治协商会议上，李克强总理在《政府工作报告》中明确提出："加快破除体制机制障碍，以供给侧结构性改革提高供给体系的质量和效率，进一步激发市场活力和社会创造力。"为此要采取综合措施，降低物流等成本。

一般说来，物流成本可分为宏观物流成本（社会物流成本）和微观物流成本（企业物流成本）两个层次。宏观物流成本是从国民经济总量的角度出发，分析一个国家物流活动的总开支水平，常用的指标是社会物流总费用与当年 GDP 的比值。微观物流成本则是从企业成本管理的角度出发，分析一个企业物流活动的总支出水平，包括物流功能成本与存货相关成本。

近年来，我国社会物流总费用与 GDP 比率逐步走低，从 2012 年的 18% 下降到 2016 年的 15% 左右。同时，我国物流业的绩效也在不断改善。根据世界银行最新发布的《2016 年全球物流绩效指数报告》中，中国在中高收入组中排名第 1（2014 年排名第 2），在所调查的国家和地区中排名第 27。然而与发达国家、地区相比，我国在物流方面仍有很突出的"短板"，发展物流业、降低物流成本、提高物流效率等方面还有很大的潜力可"挖"。譬如美国和欧洲等发达国家和地区的社会物流总费用与 GDP 的比率这一数据仅为 8% ~10%，占据全球物流绩效指数排名前列的依然是德国、英国、美国等发达国家。

正如世界银行《2016 年全球物流绩效指数报告》指出的那样，"降低物流成本是个世界问题"。不管是美国管理大师彼得·德鲁克指出的"经济暗黑大陆"，还是日本早稻田大学教授西泽修所描述的"物流成本冰山理论"，都是基于企业物流成本过高而言的。但由于经济产业结构、交通基础设施、企业管理水平、市场竞争结构等诸多方面的不同，不同国家的物流成本均有其不同的成本结构、管理模式，表现出不同的特点和发展趋势。本课题就在对这些国内外物流成本比较研究的基础上，通过对我国制造业和物流业的物流关键环节的成本进行了深度调研分析，掌握了我国物流成本现状，并对其存在的问题进行了深度分析，而不是简单照搬国外的做法。本课题为降低我国物流成本的解决方案设计、政策建议和方案实施做落地性准备工作。

2. 研究意义

在我国，从整个社会来看，宏观物流成本占 GDP 的比重每降低一个百分点，可带来 4000 多亿元的经济效益。而对于企业，降低微观物流成本，把物流作为"第三利润源泉"已是越来越多企业的共识。制造业企业是物流行业的主要服务客户，物流企业是物流业的核心经营力量。通过对这两类企业的深度调查分析，可以了解我国物流业成本存在的主要问题，厘清企业物流成本的影响因素，找出物流成本高企的真正原因，设计物流成本的控制管理解决方案，提出我国物流成本的政策建议，对于提升企业竞争力、落实行业的"降本增效"、优化资源配置、促进区域经济发展、降低经济运行成本、加速产业结构调整等皆有巨大的现实意义和实际价值。

（二）研究内容

本课题通过对我国制造业、物流业中典型企业的物流成本管理现状进行深度调查，分析我国企业物流成本现状及存在的问题，定性定量研究企业物流成本的影响因素，以期剖析出我国物流成本高企的真正原因，设计我国物流成本的控制与管理解决方案，提出降低我国物流成本的政策建议措施，具体内容安排如下。

1. 我国物流成本现状及存在问题

在对物流成本研究相关文献进行分析的基础上，对我国制造业和物流业的物流关键环节成本进行深度调研，最后结合定性和定量的分析方法对我国物流成本现状以及存在的问题进行深入分析，为后续的研究奠定基础。

2. 我国物流成本的影响因素分析

运用定性和定量分析方法，对影响我国物流成本的主要因素进行深入分析，构建影响我国物流成本的评价指标体系，并确定各个因素对我国物流成本的影响权重。

3. 我国物流成本高企的原因分析

在对我国制造业和物流业的物流关键环节成本进行深度调研以及对我国物流成本现状及存在问题进行深入分析的基础上，对我国物流成本高企的表层原因以及根本原因进行探究，为降低我国物流成本提供相关支持。

4. 我国物流成本的控制与管理解决方案设计

通过分析物流成本的构成，明确物流成本控制与管理的内容，并从整体观念、系统角度进行物流成本控制与管理，运用定量方法对物流成本的优化过程进行探讨，设计基于供应链管理的物流成本控制与管理的解决方案，并提出具体的方法与策略。

5. 降低我国物流成本的政策建议

通过上述分析，提出降低我国物流成本的政策建议。

（三）物流成本相关理论简介

1. 物流成本的概念与特性

1）物流成本的概念

成本是为了进行生产经营活动或达到一定目的所耗费的人力、物力和财务等资源的货币表现。在现代成本管理中，成本形成了财务成本、管理成本两大体系。财务成本的概念体系主要围绕产品成本来建立，是以产品为对象形成的成本概念，反映了产品成本的各种不同内容，由国家用统一的会计制度的形式加以规定核算方法和内容，目的是正确计算产品成本和利润、税金，编制对外会计报表，实质上是一种制度成本。管理成本则是为了企业内部管理和经营决策的需要，在财务成本基础上根据不同的要求，采用不同的方法通过加工换算后的成本，企业可以自行决定核算方法和内容，不一定按照产品为对象进行核算。

物流成本的概念是20世纪50年代提出的。1956年，美国莱维斯、克里顿和斯蒂勒三位学者在研究航空运输在物资配送中的作用时提出：物流成本可以分解为固定物流成本和变动物流成本，航空货运的现款支付成本和存活成本之间有必要进行权衡；物流成本定位于实现物流需求所必需的全部开支，包括从供应商到消费者过程中的全部费用。在日本通产省1992年编制的《物流成本核算活用手册》中，物流成本被理解为用金额评价物流活动的实际情况，物流成本的大小取决于物流活动的范围和采取的评价方法。1999 年，美国人卡斯洛（Carlos F. Daga 20）在其著作《物流系统分析》中将物流成本归结为克服商品空间障碍的移动成本和克服商品时间障碍的持有成本，前者包括运输成本和装卸成本，后者分为租金成本和时间成本。

我国在 2006 年颁布实施的国家标准《企业物流成本计算与构成》（GB/T 20523—2006）中指出，“物流成本是物流活动中所消耗的物化劳动和活劳动的货币表现，即产品在运输、存储、包装、装卸搬运、流通加工、物流信息、物流管理等过程中消耗的人力、物力和财力的总和以及与存货有关的资金占用成本、物品风险成本、保险和税收成本。”在国家标准中，物流成本包括两部分内容：一是物流功能成本，体现的是运作过程中发生的物流功能活动的成本支出；二是存货相关成本，包括资金占用、风险损失和保险费用。从实践角度来看，把握物流成本的含义不能仅停留在概念理论本身，还必须对物流成本的计算范围、计算方法以及物流成本分析方法等有一个全面的掌握。

2）物流成本的特征

相对于产品成本，物流成本有如下基本特征：

①物流成本计算要素难以确定。物流成本计算范围大，计算对象不易区分，各企业的计算方法与范围不一致。

②物流成本是管理会计中的成本概念，既包括实际耗费的经济资源，也包括机会成本。它是以货币计量的费用支出，无法以货币计量的费用不能计入物流成本。

③物流成本不包括物流活动过程中物品的价值，是独立于物品价值之外的物流活动费用支出。物流成本是特定物流活动过程发生的费用支出，与物流活动无关的费用不能计入物流成本。

④物流成本的隐含性、隐蔽性。物流成本隐含在其他费用项目中，使企业难以准确把握物流成本的实际支出。能单独列出会计科目的物流成本只是很小的一部分，绝大多数物流费用，混杂在其他费用之中。物流成本的隐蔽性最早由日本早稻田大学教授西泽修提出的，他指出利润核算中“销售费和管理费”所记录的运费和保管费不过是冰山一角，如图 1 所示。

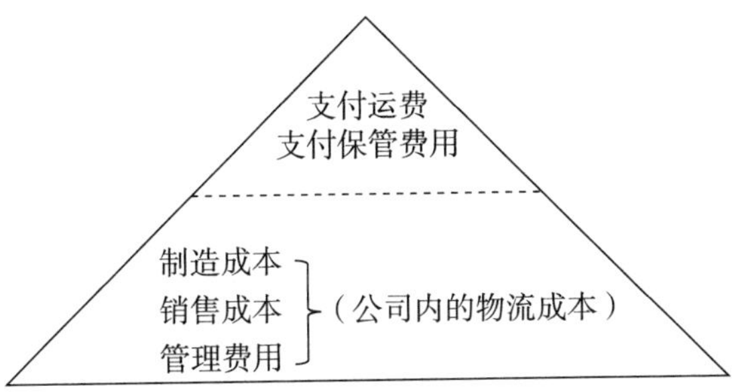

图 1　物流成本冰山理论

⑤物流成本的大小以客户服务需求为基准。这是物流成本与其他成本性质上最大的区别。正因为如此，企业销售部门或生产部门成为物流成本的决定者。图 2 是以销售部门为主体的物流成本形成机制，从图中可看出，由于销售管理政策的变化，物流成本也随之改变。

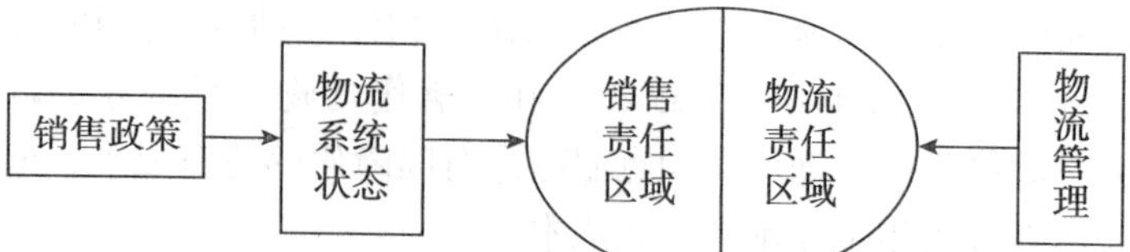

图 2　销售管理政策变化下的物流成本形成

⑥物流成本削减的乘数效应。假定销售 100 万元，物流成本为 10 万元，如物流成本下降 1 万元，就可得到 1 万元的收益，这是不言而喻的。现在假定物流成本占销售金额的 1%，如物流成本下降 1 万元，销售额将增加 100 万元，这就是物流成本削减的乘数效应，也意味着物流成本降低可能带来效益的巨大提高。

⑦物流成本的交替损益、二律背反性。改变物流系统中任一要素都会影响其他要素，或者系统中任一要素的增益都将对系统中其他要素产生减损作用，存在着一种“此消彼长”“此盈彼亏”的现象，具体包括物流成本与服务水平之间的效益背反和物流系统内部各功能要素之间的效益背反。

2. 物流成本的构成与分类

一般而言，物流成本可分为宏观（社会）物流成本、中观（行业）物流成本和微观（企业）物流成本。宏观物流成本不能用简单的微观数据相加而得，有其独立的构成与核算体系。中观（行业）物流成本，依赖于健全的微观物流成本与核算体系，实际上不需要直接核算，而是利用统计学的方法对采集到的微观物流成本数据样本进行分析。因此，实际当中，物流成本的构成按照宏观与微观，即社会物流成本与企业物流成本来进行。

1）社会物流成本的构成

社会物流成本，也称为宏观物流成本，是指一个国家可以在一定时期内国民经济各部门用于社会物流活动的总支出，包括支付给运输、储存、装卸搬运、包装、流通加工、配送、信息处理等各个物流环节的费用和应承担的物流在物流期间发生的损耗费用，以及社会物流活动中因资金占用而应承担的利息支出。目前，一个国家物流成本总额占国内生产总值（GDP）的比例，已经成为衡量各国物流服务水平和物流发展水平高低的重要标志。

最早提出宏观物流成本估算模型的，是哈佛大学的赫斯克特教授，他认为宏观物流成本由运输成本、保管成本和物流管理三部分构成。以之为基础，世界上不少国家、地区均在针对本国、地区的情况进行了改造，丰富和完善了赫斯克特的宏观物流成本测算体系。我国建立体系的时间相对欧美、日本等发达国家和地区较为迟缓。直到 2004 年，国家发展和改革委员会、国家统计局发布了《社会物流统计制度及核算表式（试行）》的通知，我国才具备了相对完善的社会物流成本统计计算体系。根据中华人民共和国国家标准《社会物流统计指标体系》（GB/T 24361—2009），我国社会物流总成本是指我国全部常住单位因社会物流经济活动而发生的总费用，具体包括运输费用、保管费用和管理费用。

①运输费用。是指社会物流经济活动中，国民经济各部门由于物品运输而支付的全

部费用。运输费用包括：支付给承运方的运费（即承运方的运输收入）；支付给装卸、搬运、保管、代理等辅助服务提供方的费用（即辅助服务提供方的货运业务收入）；支付给运输管理与投资部门的、由货主方承担的各种交通建设基金、过路费、过桥费等运输附费。具体计算时，根据不同的交通运输方式（公路运输、铁路运输、水上运输、航空运输和管道运输）及对应的业务核算办法进行计算。

②保管费用。是指社会物流活动中，物品从最初的资源供应方（生产环节、海关关境）向最终消费者用户流动过程中，所发生的除运费和管理费用之外的全部费用，包括：物流过程中因流动资金的占用而承担的利息费用；仓储保管方面的费用；流通中配送、加工、包装、信息及相关服务方面的费用；物流过程中发生的保险费用和物品损耗费用等。

③管理费用。物品供需双方的管理部门，因组织和管理各项物流活动所发生的费用，包括：管理人员报酬、办公、教育培训、劳动保险、车船使用等各种属于管理费用科目的费用。计算公式为：管理费用＝社会物流总额×社会物流平均管理费用率，其中社会物流平均管理费用率为管理费用额占物流总额比例的综合平均数。

2）企业物流成本的构成

根据国家标准《企业物流成本构成与计算》的要求，企业物流成本构成包括企业物流成本项目构成（见图3）、企业物流成本范围构成和企业物流成本支付形态构成三种类型（见图4）。下面主要对企业物流成本按成本项目的基本分类、对企业物流成本构成做简要介绍。

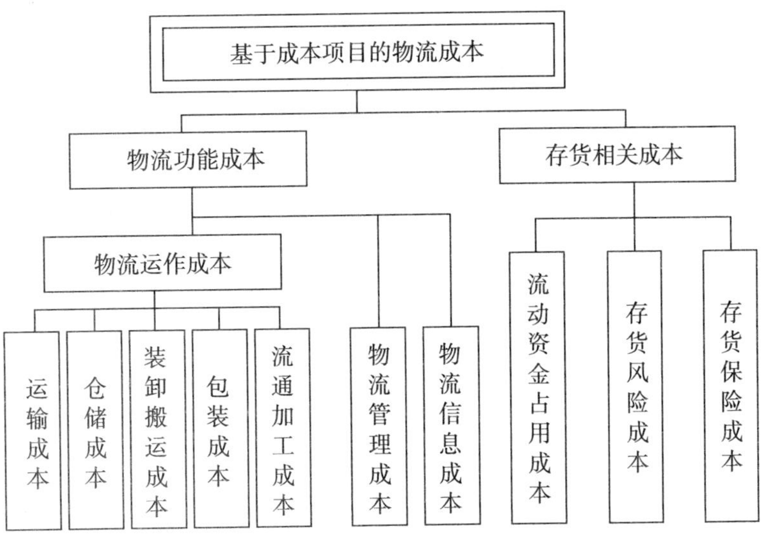

图3　企业物流成本项目构成

①物流功能成本。物流功能成本包括物流活动过程中产生的运输成本、仓储成本、装卸搬运成本、包装成本、流通加工成本、物流管理成本和物流信息成本。

a. 运输成本。运输成本是指在一定时期内，企业为完成货物运输业务而发生的全部费用，包括支付的外部运输费用和自有车辆运输费，具体包括人工费、维护费和一般

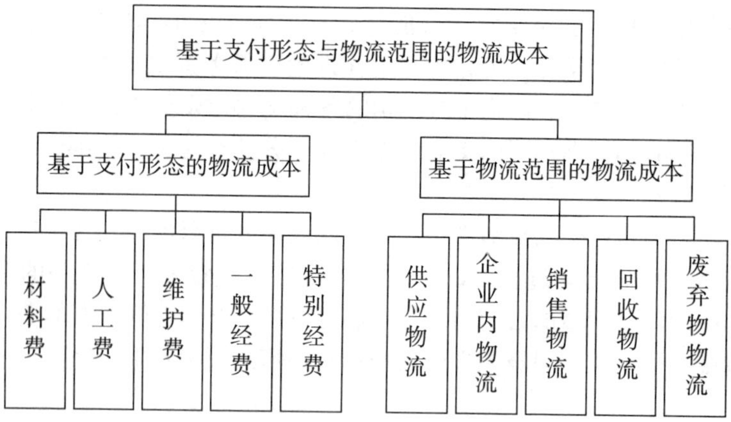

图4　企业物流成本支付形态与范围

经费等。就物流范围而言，它存在于企业供应物流、企业内物流、销售物流、回收物流和废弃物流全过程。物流合理化在很大程度上依赖于运输合理化，进而影响物流成本的高低。

b. 仓储成本。仓储成本是指在一定时期内，企业为完成货物存储业务而发生的全部费用，包括支付的外部仓储费和使用自有仓库的仓储费用，具体包括人工费、维护费和一般经费等。就物流范围而言，它存在于企业内物流。企业物流成本的高低与仓储成本息息相关。

c. 装卸搬运成本。在一定时期内，企业为完成装卸搬运业务而发生的全部费用，具体包括：人工费、维护费和一般经费等。就物流范围而言，它存在于企业供应物流、企业内物流、销售物流、回收物流和废弃物流全过程。

d. 包装成本。在一定时期内，企业为设计、研制、生产包装而支出的全部费用，包括运输包装费和集装、分装包装费等，具体包括：材料费、人工费、维护费和一般经费等。就物流范围而言，它存在于企业供应物流、企业内物流和企业销售物流阶段。

e. 流通加工成本。在一定时期内，企业为完成货物流通加工业务而发生的全部费用，包括支付的外部流通加工费和自有设备流通加工费，具体包括：材料费、人工费、维护费和一般经费等。就物流范围而言，它存在于企业销售物流阶段。

f. 物流管理成本。在一定时期内，企业为完成物流管理活动而发生的全部费用，包括物流管理部门以及物流作业场所发生的管理费用等，具体包括：人工费、维护费和一般经费等。物流管理活动贯穿于企业物流活动全程，存在于企业供应物流、企业内物流、销售物流、回收物流和废弃物流全过程。

g. 物流信息成本。在一定时期内，企业为完成物流信息的采集、传输、处理等活动所产生的全部费用，包括：人工费、维护费和一般经费等。就物流范围而言，它存在于企业供应物流、企业内物流、销售物流、回收物流和废弃物流全过程。

②存货相关成本。存货相关成本包括流动资金占用成本、存货风险成本和存货保险成本。与物流功能成本不同的是，存货相关成本的支付形态在“特别经费”中反映。

a. 流动资金占用成本。在一定时期内，企业在物流活动过程中因持有存货占用流动资金所发生的成本，包括因负债融资所产生的利息支出（显性成本）和因存货占用资金所发生的机会成本（隐性成本）。就物流范围而言，它主要存在于供应物流、企业内物流和销售物流阶段。

b. 存货风险成本。在一定时期内，企业在物流活动过程中所发生的物品损耗、毁损、盘亏以及跌价损失等。就物流范围而言，它主要存在于供应物流、企业内物流和销售物流阶段。

c. 存货保险成本。在一定时期内，企业为预防和减少在物流活动过程中因物品丢失、损毁造成的损失，而向社会保险部门支付的物品财产保险费用。就物流范围而言，它主要存在于供应物流、企业内物流和销售物流阶段。

3. 物流成本管理的内容

1）社会物流成本管理的内容

宏观（社会）物流成本管理主要涉及一个国家的宏观经济、技术、行业管理等法规制度政策的制定落实。下面以美国、欧洲、日本等发达国家和地区的经验做简要介绍。

①美国社会物流成本管理。在美国，没有一个集中统一管理物流的专职政府部门，政府机构按其职能对物流的基本环节进行分块管理。如运输部下属有国家公路交通安全管理局、联邦航空局、联邦公路管理局、联邦铁路管理局、海运管理局、海岸警备队等政府机构，各管理局依运输方式的不同而各司其职。司法方面，联邦法院从合同法的角度管理与物流服务相关的合同。一些民间物流行业组织，主要是由对物流管理感兴趣的个人组成的非营利性学术组织。作为完全市场经济类型的国家，美国政府只负责掌控企业设立及其行为的合法性。至于企业是否从事物流业务以及制定何种物流发展战略、经营模式、竞争手段等，则完全由企业自主决定。物流企业只要依法登记即可自主经营，自负盈亏，政府不会多加干预。美国的物流管理体制，倾向于通过法律和市场对物流企业实施调控，借此推动物流行业发展。为了协调各种不同运输方式之间的衔接，从根本上实现物畅其流，美国已在考虑对现行的物流管理体制进行某些改革，酝酿筹建“大运输部”（One DOT），作为集中统一管理物流中交通运输环节的机构。

②欧洲社会物流成本管理。为提高欧洲各国之间频繁的物流活动效率，欧盟组织之间采取了一系列协调政策与措施，大力促进物流体系的标准化、共享化和通用化。同时，为了优化整个欧盟地区（未解体前）的物流资源，使之实现资源共享，欧洲还建立了欧洲空运集团，由 7 个国家（比利时、法国、德国、意大利、荷兰、西班牙和英国）组成。并在荷兰的 Eindhoven（埃因霍温）空军基地建立了空运联合协调中心，该中心在 2002 年正式开始运作。协调中心的职责是规划并协调空中运输支持、紧急事件处理、空中加油机、重要人物运输和医疗抢救等任务。此外，欧洲的运输与物流业组织——欧洲货代组织（FFE）为了达到扩大行业影响力的目的，该组织决心紧跟国际潮流，全面采用 IT 管理，进一步扩大在本行业和相关行业的影响力，与 TAPA（技术财产保护协会）成员洽商高科技产品在运输、装卸、管理过程中的安全

要求，并达成一致意见；向欧盟委员会提交有关行业建议，要求欧盟在交通运输政策“白皮书”中反映出欧洲交通运输行业尤其是物流业的利益；运用先进的经营管理手段（包括 IT 技术）维护客户的利益，巩固与客户的合作关系。

③日本社会物流成本管理。由于日本政府和企业的共同努力，形成了有效的物流成本管理体系，日本物流成本整体呈下降的趋势。首先，从宏观上强化的物流系统和物流成本管理上，日本政府不断制定了一系列具有重要影响力的政策和法规，为物流成本管理提供了保障。其次，日本政府和企业强调按照多种标准进行划分，从不同的角度或侧面反映相应的问题和物流组织程度，通过综合的成本测算，来全面核算物流成本。

2）企业物流成本管理的内容

企业（微观）物流成本管理是企业成本管理的重要组成部分，其主要相关理论学说有“黑大陆学说”“物流成本冰山理论”“第三利润源”学说和“效益背反理论”等。所有这些理论均表明，企业物流成本管理应以物流成本信息的产生和利用为基础，按照物流成本最优化的要求有组织地进行核算、预测、决策、计划、控制、分析、考核与评价等一系列的科学管理。对于企业而言，物流成本管理不仅是计算与核算物流成本，更多地在于通过成本去管理物流活动，其内容如下。

①物流成本核算。根据企业确定的成本计算对象，采用相适应的成本计算方法，按照规定的成本项目，通过一系列的费用汇集与分配，从而计算出各物流环节的实际总成本和单位成本。物流成本核算是物流成本管理的前提和基础，有两个关键因素：一是明确物流成本的构成内容；二是确定物流成本计算对象。物流成本核算应从物流系统的角度出发，全面清晰地确定物流成本的构成内容。

②物流成本预测。根据有关成本数据和企业具体的发展情况，运用一定的技术方法，对未来的成本水平及其变动趋势做出科学的估计。成本预测是成本决策、计划和控制的基础，可以提高成本管理的科学性和预见性。不同规模、不同管理模式的企业，其物流成本预测方法与模型均有所差异。

③物流成本决策。是在成本预测的基础上，结合其他有关资料，运用一定的科学方法，从若干方案中选择一个满意的方案过程。物流成本决策以价值为基准，要求成本尽可能低，在此基础上，再考虑净收益尽可能高，也就是说其决策是以资金耗费的经济合理性为衡量基准。进行物流成本决策、确定目标成本是编制成本计划的前提，也是实现成本的事前控制、提高经济效益的重要途径。

④物流成本计划。根据成本决策确定的方案、计划期的生产任务、降低成本的要求以及有关资料，通过一定的程序，运用一定的方法，以货币形式规定计划期物流各环节的耗费水平和成本水平，并提出保证成本计划顺利实现所采取的措施。通过成本计划管理，可以在降低物流各环节方面给企业提出明确的目标，推动企业加强成本管理责任制度建立，增强企业的成本意识，控制物流环节费用，挖掘降低成本的潜力，保证企业降低物流成本目标的实现。

⑤物流成本控制。根据计划目标，对成本发生和形成的过程以及影响成本的各种因素和条件施加主动的影响，以保证实现物流成本计划的一种行为。企业应加大信息化建

设力度，采取各种措施，将控制关口前移，突出事前控制，强化事中控制，完善事后控制，确保物流成本计划和成本目标的实现。

⑥物流成本分析。在成本核算及其他有关资料的基础上，运用一定的方法，揭示物流成本水平的变动，进一步查明影响物流成本变动的各种因素。通过物流成本分析，可以正确地评价企业物流成本计划的执行结果，明确影响物流成本变化的各种因素及其原因，以寻求进一步降低物流成本的途径与方法。

⑦物流成本考核与评价。在物流成本分析的基础上，对物流成本计划的完成情况或执行结果进行总结与评价，并实施奖惩的机制。物流成本考核要以责任中心为对象，以其可控成本为界限，按责任归属来考核物流成本指标的完成情况。通过物流成本考核，可以评价责任单位对当期降低物流成本的贡献率，然后促进各责任单位和相关管理人员树立物流成本管理意识，激发其参与物流成本管理的积极性。

物流成本管理的内容是一个相互联系、相互配合、相互依存的有机整体。物流成本核算为物流成本管理提供所需的数据来源，是成本管理的基础；物流成本预测是成本决策的前提；物流成本决策时成本计划的基础；物流成本计划是成本决策目标实现的具体方案，同时又是成本控制及成本考核与评价的依据；物流成本控制可以通过监控计划的执行来实现；物流成本分析可以揭示成本构成与其变动趋势，揭示各因素变动对成本变化的影响，为正确进行成本绩效考核提供依据，同时为下一步的成本计划与成本决策反馈有用信息；物流成本考核与评价可以对各责任中心实施奖惩，激发员工的工作积极性，促进物流成本计划顺利完成。

物流成本管理的方法有很多，总体上说可以分为两个维度。其一是物流成本管理的内容，即如上所述的物流成本管理的内容，称为横向的物流成本管理方法；其二是物流功能，即纵向的物流成本管理方法。现代物流成本管理系统突出利用计算机信息系统实现物流成本的横向管理和纵向管理，以形成一个不断优化的物流循环系统，从而实现物流成本管理的目标，提高企业的整体管理水平。

（四）研究方法与技术路线

1. 研究方法

本课题的研究主要应用了文献阅读、定性分析、实证研究、定量分析等研究方法，具体如下。

①文献阅读。

本课题通过广泛阅读企业物流成本管理与控制的相关文献数据，总结分析我国物流成本的现状及存在的问题，为进一步的深入研究奠定基础。

②定性分析。

本课题对企业物流成本及其关键环节、影响因素等进行梳理，运用归纳、比较等方法，提出物流成本管理与控制的基本框架思路、解决方案和具体途径。

③实证研究。

本课题在深度访问相关制造业、物流企业，调查收集它们的物流成本数据；咨询专家意见，了解他们对物流成本的看法；对物流成本的相关问题、关键环节进行深入调研。

④定量分析。

本课题利用各种统计分析方法如回归分析方法，数学优化模型如运筹学模型、层次分析法等对物流成本的影响因素进行深入研究，对不同企业物流成本计算方法、关键环节进行比较研究；为提出的物流成本管理控制解决方案论证支持。

2. 技术路线

本课题技术路线如图 5 所示。

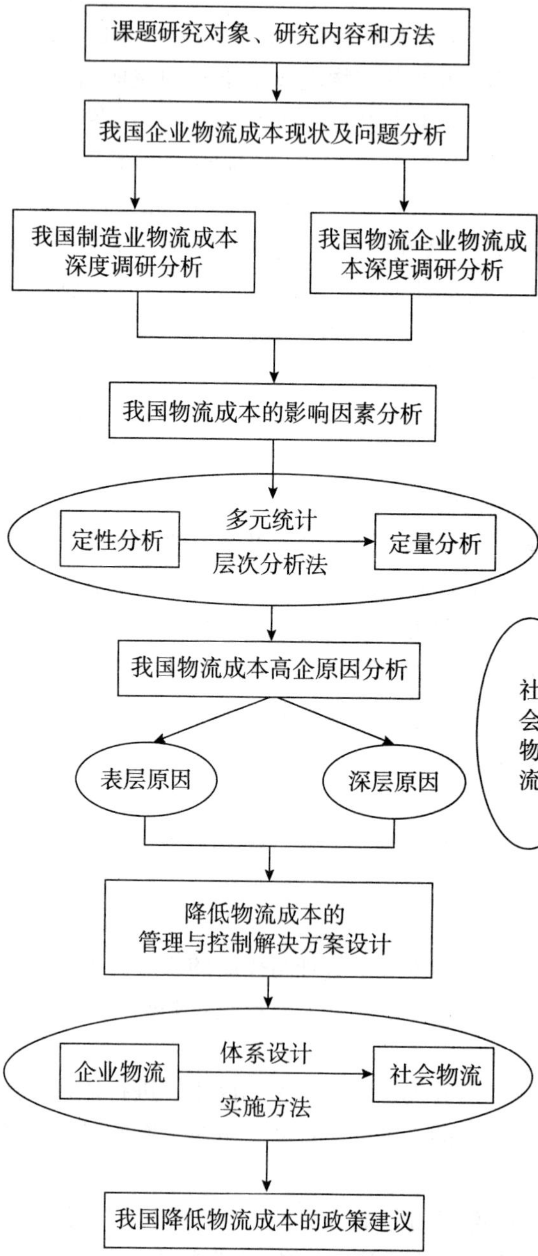

图 5　课题技术路线

二、我国企业物流成本现状及深度调查分析

本章首先利用相关文献资料从社会物流成本、企业物流成本通过两个方面对我国物流成本的现状进行分析总结，在此基础上针对制造业、物流业的企业物流成本，设计了相应问卷并深度调查了它们的物流成本数据，同时咨询行业资深人士意见，了解他们对物流成本的观点，对物流成本的相关问题、关键环节进行深入调研。

（一）我国物流成本现状分析

1. 社会物流成本现状分析

（1）社会物流总费用与 GDP 比率不断降低，物流业发展的质量和效率在不断提升，物流领域“降成本”取得了积极成效，但相对于发达国家或部分发展中国家，仍有改善空间。

2016 年社会物流总费用及其增长变化情况如图 6 所示。当年社会物流总费用为 11.1 万亿元，同比增长 2.9%，增速比上年提高 0.1 个百分点，继续保持低速增长。在社会物流总费用中，运输费用 6.0 万亿元，增长 3.3%，增速比上年提高 0.2 个百分点；保管费用 3.7 万亿元，社会物流总费用与 GDP 的比率为 14.9%，比 2015 年下降 1.1 个百分点，表明 2016 年每万元 GDP 所消耗的社会物流总费用为 1490 元，比 2015 年下降 6.9%。由此可见，经济运行中的物流成本有所下降，物流运行的质量有所提升，物流领域“降成本”取得了积极成效。但发达国家如美国这一比重仅为 8.5%，在发达国家平均比重为 9%，发展中国家如印度物流成本占 GDP 的比重为 13%，巴西物流成本占 GDP 的比重只有 11.6%。

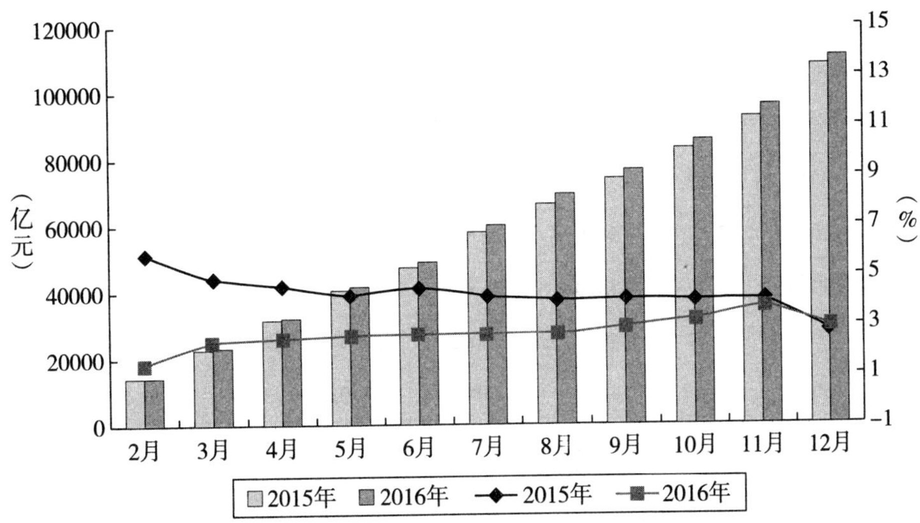

图 6　2016 年社会物流总费用及增长变化情况

为了能更好地观察社会物流成本变化趋势，我们选取了从 1991 年至 2016 年的 26 年间我国社会物流总量与 GDP 比例的数据，如表 1、图 7 所示。可见，总体上出现逐年下降的趋势，从 1991 年的 24% 下降到 2016 年的 14.9%。物流业发展的质量和效率在

不断提升，其中运输费用、保管费用、管理费用占比均表现为下降的趋势。但由表 1 也看到，物流运输费用长期居高不下。1991—2016 年（除 1997 年），运输费用占物流总成本的比重均超过了 50%。据有关调查在居高不下的运输成本构成中，燃油费占比 46%，公路、桥梁收费占比 25%，两者占比合计达到七成多，其余人工成本、车辆保险损耗占比不到三成。其中管理费用约占到社会物流总费用的 13%，同年美国的这一数据仅为 4.8%。

表 1　1991—2016 年社会物流总费用及其与 GDP 比例关系

年份	社会物流总费用金额（亿元）				社会物流总费用与 GDP 的比例（%）			
	运输费用	保管费用	管理费用	社会物流总费用	运输费用	保管费用	管理费用	社会物流总费用
1991	2879	1512	691	5182	55.56	29.18	13.33	24.0
1992	3379	1922	836	6137	55.06	31.32	13.62	23.0
1993	4507	2317	1074	7898	57.07	29.34	13.60	22.4
1994	5579	3276	1483	10338	53.97	31.69	14.35	21.4
1995	6455	4459	1970	12884	50.10	34.61	15.29	21.2
1996	7633	5109	2250	14993	50.91	34.08	15.01	21.2
1997	8218	5820	2629	16667	49.31	34.92	15.77	21.1
1998	8668	5525	2728	17021	50.93	32.46	16.03	20.2
1999	9533	5344	2937	17814	53.51	30.00	16.49	19.9
2000	10070	5975	3185	19230	52.37	31.07	16.56	19.4
2001	10813	6458	3348	20619	52.44	31.32	16.24	18.8
2002	12000	7281	3450	22741	52.77	32.02	15.17	18.9
2003	14068	8057	3570	25695	54.75	31.36	13.89	18.9
2004	16932	8981	4089	30002	56.44	29.93	13.63	18.8
2005	18639	10632	4590	33860	55.05	31.40	13.56	18.5
2006	21196	12595	5056	38957	54.41	32.33	12.98	18.4
2007	26640	15544	6074	48266	55.19	32.20	12.58	18.2
2008	31436	18560	6745	56741	55.40	32.71	11.89	18.1
2009	33628	19955	7244	60826	55.29	32.81	11.91	17.6
2010	38321	24044	8619	70984	53.99	33.87	12.14	17.8
2011	44414	29478	10231	84123	52.80	35.04	12.16	17.5

续 表

年份	社会物流总费用金额（亿元）				社会物流总费用与GDP的比例（%）			
	运输费用	保管费用	管理费用	社会物流总费用	运输费用	保管费用	管理费用	社会物流总费用
2012	49166	32986	11571	93723	52.46	35.20	12.35	17.6
2013	53690	35922	12820	102432	52.42	35.07	12.52	17.6
2014	57233	36436	13833	109503	52.27	33.27	12.63	16.6
2015	58000	36800	14000	108800	53.31	33.82	12.87	16.0
2016	60000	37700	14200	111900	53.62	33.69	12.69	14.9

数据来源：国家发展改革委、国家统计局、中国物流与采购联合会，1991—2016 年的数据根据各方公开发布数据估算。

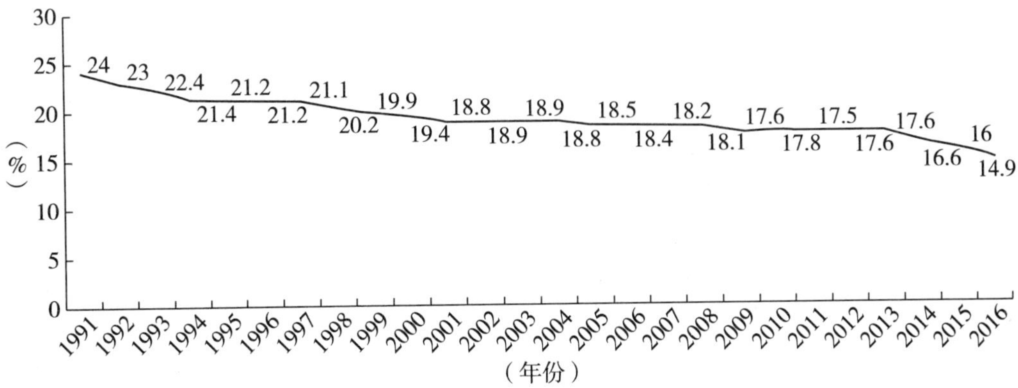

图7　1991—2016 年社会物流总费用及其与 GDP 逐年比例

（2）社会物流费用与社会物流总额比重也呈现出下降的趋势，进一步说明物流业质量和效率在提升，但社会物流粗放，供需不平衡。

宏观上，社会物流费用占社会物流总额比重能够表示所有的、无差别的物流活动的成本状况，是对要素物流活动所需成本“一般性”的衡量。社会物流费用体现各种物流模式下的物流总费用，社会物流总额代表物流活动所有商品价值的总额，二者比值反映了物流成本对要素流动的边际效应。本课题进一步以此来测算物流成本，因为这种方法不仅弥补了“社会物流费用占 GDP 比重”这种方法忽略商品价值和物流需求系数两个因素对评价结果的影响；同时，它具有体现物流成本“宏观”性质和“微观”功能的双重能力，减弱了“社会物流费用占 GDP 比重”这种测算方法与微观物流成本衔接不畅的弊端。

从图 8 可以看到，在时间维度上，随着交通运输基础设施的完善、运输工具技术的进步和物流管理能力的提升，物流成本总体上表现出一个动态递减的趋势。中国社会物流总额由 1991 年的 3.02 万亿元增加到 2016 年的 229.7 万亿元，增长了 76.05

倍之多，而相应的社会物流费用从 0.52 万亿元增加到 11.1 万亿元，增长幅度仅为 21.34 倍，同时期社会物流价值总额的增加幅度约为社会物流费用增长幅度的 3.69 倍之多。

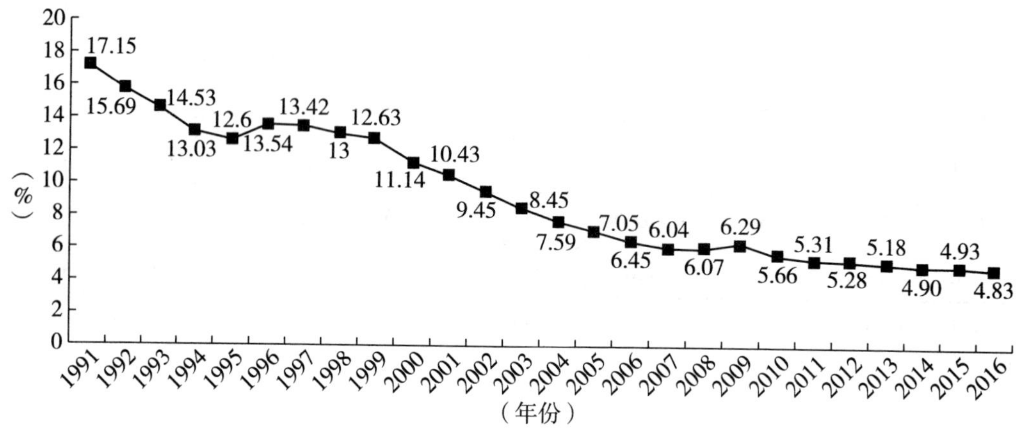

图 8　1991—2016 年社会物流总费用及其与 GDP 逐年比例

但分地区看，物流供需不平衡，社会物流粗放。据中国财政科学研究院在全国开展“降成本”大型调查研究的过程中调查结果发现，中部地区的运输占比最高，其次是东北地区，部分原因在于东北地区相对落后的基础设施网络。

（3）物流运输基础设施能力增强，运输方式转型升级，运输成本低速增长。

总体来看，我国现有的物流基础设施虽然有了很大发展，在不断增强。截至 2016 年年底，全国铁路营业里程 12.4 万千米，其中高速铁路 2.2 万千米；全国公路总里程已超过 457 万千米，其中高速公路已突破 13 万千米；“十二五”期末，全国内河和内河高等级航道通航里程分别达 12.70 万千米和 1.36 万千米，比“十一五”期末增加 2759 千米和 3420 千米。全国内河和沿海航道养护里程达 10.8 万千米，其中内河航道一、二类维护里程分别达 2.38 万千米和 2.27 万千米，长江干线提高航道维护尺度里程累计 2100 余千米；2015 年年末，沿海港口万吨级以上泊位 2100 个，比 2012 年年末增长 38.4%，民航运输机场 206 座，增长 12.6%。2015 年年末，海运船队运力规模达 1.6 亿载重吨，位居世界第三；与我国签署航空运输协定的国家增至 118 个，国际航线增至 663 条，通航 56 个国家和地区的 138 个城市；我国已建成油气管道总里程约 11 万千米，其中天然气管道 6.4 万千米，原油管道 2.6 万千米，成品油管道 2 万千米，预计到 2020 年油气管道总里程超过 16 万千米；至 2015 年年末，商业、粮食、物资、供销和外贸等流通领域的仓库面积达 9.55 亿平方米，比 2014 年的 9.1 亿平方米增长 5%，其中立体仓库约占 26%，平房仓库约占 58%，楼房仓库约占 16%；至 2015 年年底，我国冷库总容量为 10699.55 万立方米（静态存储能力约 2733.32 万吨），比 2014 年增长 11.90%；物流园区数量大幅上升由 2012 年的 348 家上升至 2016 年年底的约 1000 余家。虽然，在物流基础设施方面取得了比较大的成绩，但相较许多其他国家而言还是比较落后。按国土面积计算的运输网络密度，我国仅为 1344.48 千米/万平方千米，而美国为 6869.3 千米/万平方千米，德国为 14680.4 千米/万平方千米，印度为 5403.9 千米/万平方千米。这方面，我们不仅落后于欧美发达国家，与印度等发展中国家相比也有较大差距，如果按人口计算则差距更大。

2016 年，物流运输以提高发展质量和综合效率为中心，以优化服务供给结构为主线，通过发展甩挂运输、多式联运等先进的运输组织方式，推动运输方式转型升级。运输费用与 GDP 的比率为 8.0%，比 2015 年下降 0.03 个百分点，据此推算可减少运输成本消耗超过 200 亿元。

物流实物量稳中有升，货运量比 2015 年增长 5.7%，增速同比提高 1.3 个百分点；货运周转量由下降 0.5% 转为增长 4%。随着物流实物量回升，运输费用增速小幅回升，但总体仍保持低速增长。运输费用增速分别低于货运量、货运周转量 2.4 个和 0.7 个百分点，反映出物流运输服务价格总体仍处于较低水平。

“去库存”成效显现，保管环节成本回落。保管环节的成本费用主要是指在资源供应方（生产环节、海关）向最终消费用户流动过程中的静态环节中所发生的全部费用。包括物流过程中因流动资金的占用而需承担的利息费用，仓储保管方面的费用；流通中加工、包装、信息及相关服务方面的费用；物流过程中发生的保险费用和物品损耗费用等。2016 年“去库存”等举措的稳步推进，保管环节成本回落较为明显，与 GDP 的比率比 2015 年下降 0.2 个百分点，据此推算可减少保管成本消耗约 1400 亿元。

“去库存”等相关举措取得初步成效：一是库存水平有所降低。2016 年年末，规模以上工业企业产成品存货增速比上年回落 0.1 个百分点；产成品存货周转天数为 13.8 天，比 2015 年减少 0.4 天。二是产成品库存率有所下降，2016 年产成品存货率为 3.45% 左右，比 2015 年下降 0.06% 个百分点。

资金占用、仓储成本明显回落。随着库存水平总体回落，相关的仓储保管等成本增速有所回落，物流资金占用成本随之明显下降。2016 年保管费用中的仓储费用增速比 2015 年下降 0.3 个百分点，据此推算可减少仓储物流成本约 400 亿元；在仓储成本回落的同时，相关的资金占用成本持续下降，保管费用中的利息费用比 2015 年下降 2.7%，降幅进一步扩大 0.3 个百分点，据此推算可减少物流资金占用成本约 1000 亿元。

（4）物流管理水平提升，管理成本平稳增长。

管理环节的成本费用是指社会物流活动中，物品供需双方的管理部门，因组织和管理各项物流活动所发生的费用。主要包括管理人员报酬、教育培训、劳动保险等各种费用。2016 年管理环节成本保持平稳增长，与 GDP 的比率比 2015 年下降 0.02 个百分点，物流管理水平有所提升，据此推算可减少管理成本消耗超过 100 亿元。

（5）物流市场化程度逐步提高，物流运行效率提升。

物流市场规模稳步扩大。近年来，物流企业与相关行业深度融合，物流市场化程度稳中有升，物流市场规模稳步扩大。2016 年物流业总收入为 7.9 万亿元，比 2015 年增长 4.6%，继续保持平稳增长态势。

物流市场细分趋势明显，新业态快速发展。2016 年，伴随着产业结构调整和居民消费升级步伐不断加快，电子商务与邮政快递业等新业态发展明显快于传统行业。数据显示，快递服务企业业务收入比 2015 年增长 43.5%，增速高于运输、仓储等行业。

仓储物流周转效率加快。2016 年中国仓储指数中的库存周转次数指数全年平均为 53.8%，比 2015 年增长 6.5 个百分点，该指数自 3 月起，连续 10 个月位于 50% 以上的扩张区间内。

电商物流持续高效运行。2016 年中国电商指数中的物流时效指数全年平均为 114.8 点，比 2015 年回升 16.7 点，物流送达时效提高 17%。反映出电商物流时效性明显增强，运行效率维持较高水平。

2. 企业物流成本现状分析

为了能更好地了解企业物流成本情况，我们设计了相应的物流成本问卷（见附录 2：物流企业物流成本调查问卷）进行了物流成本核算方法、物流成本计算结果、物流成本绩效等数据的实际调查，调查企业涉及运输企业、第三方物流企业、仓储企业等，结果如下。

（1）物流业企业均实现了物流成本的独立核算，但超过 80% 的没有单独设立物流成本会计独立科目，如图 9 所示。

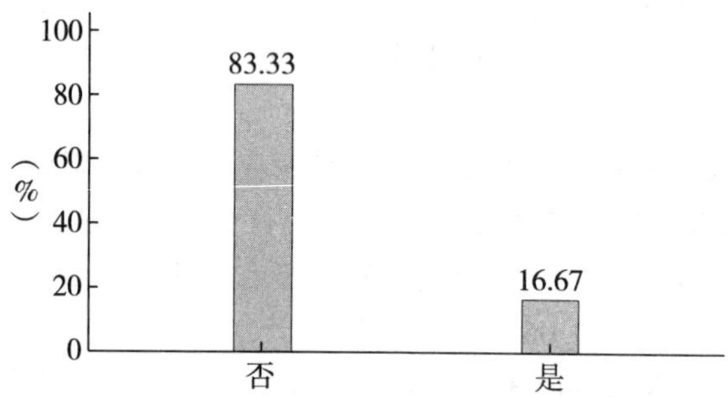

图 9　物流成本会计明细科目设置情况

（2）调查中反映出的物流成本核算问题如表 2 所示，主要问题是核算科目不细不清。

表 2　物流成本核算问题（一）

物流成本核算问题	百分比（%）
核算科目不细不清	60.0
核算内容不全	15.0
核算标准不一	10.0
核算过程复杂	15.0
总计	100.0

（3）在获取物流成本数据的方法中，大部分企业应用的是统计方法获取成本数据，占比约 80%；20% 采取会计的方法获取成本数据，如图 10 所示。这也反映出物流成本数据不会很准确。

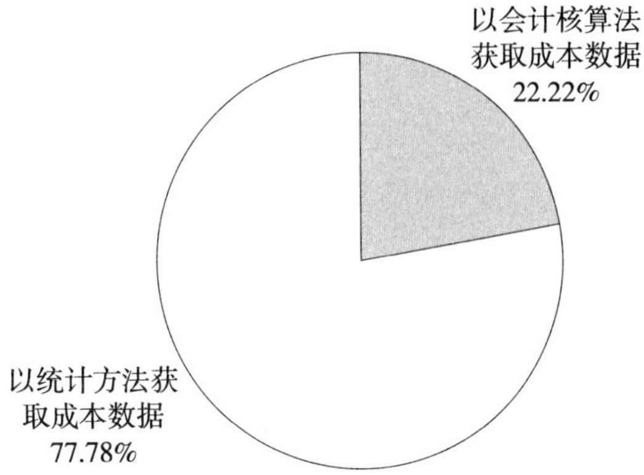

图 10　获取物流成本数据方法的情况

（4）物流成本计算的对象主要是按支付形态、功能成本进行计算（见表 3），在调查的企业中超过 80%。

表 3　物流成本核算问题（二）

物流成本计算对象	百分比（%）
按物流成本项目（功能成本、存货成本）	27.8
物流范围	16.7
支付形态	55.5
总计	100.0

（5）在计算物流成本的方法中，绝大部分企业应用的是传统成本会计法去计算物流成本，占比约 90%；大约 10% 采取作业成本法计算成本，如图 11 所示，说明物流成本计算的方法有待进一步提高。

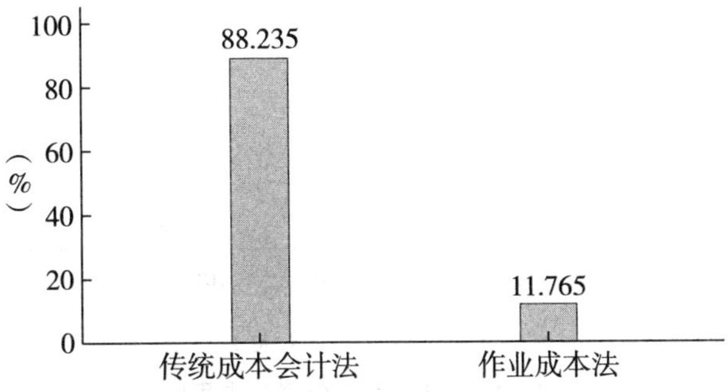

图 11　物流成本的具体计算方法

（6）在企业物流成本构成情况中，我们把物流成本分成采购运输、进货检查、系统处理、原材料存储、劳动作业、生产过程、产成品库存、产品运送等几个方面，根据调查结果进行了简单平均计算，各部分比例如图 12 所示，可见采购运输成本、产成品库存成本占比最高，进货检查、系统处理成本最低。

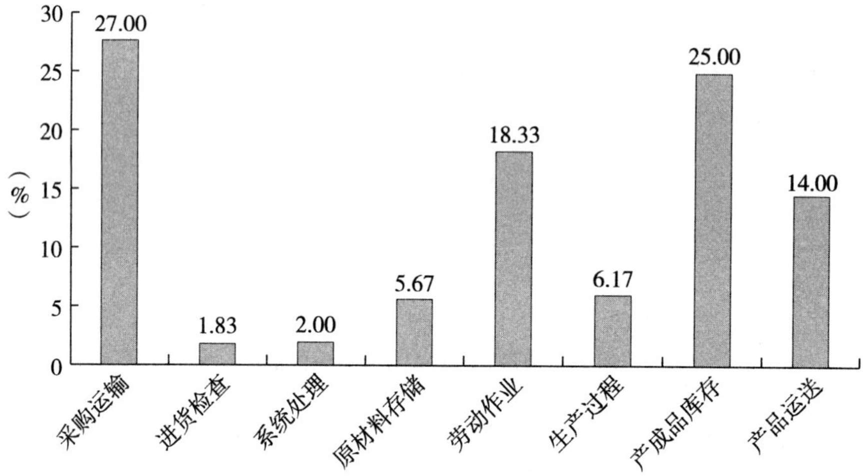

图 12　物流成本各部分比例

（7）在企业资金成本占用情况中，我们同样把资金占用成本分成采购运输、进货检查、系统处理、原材料存储、劳动作业、生产过程、产成品库存、产品运送等几个方面，根据调查结果进行了简单平均计算，各部分情况如图 13 所示，可见资金占用时间长达 2 个月，原材料存储时间、产成品库存时间均较长。

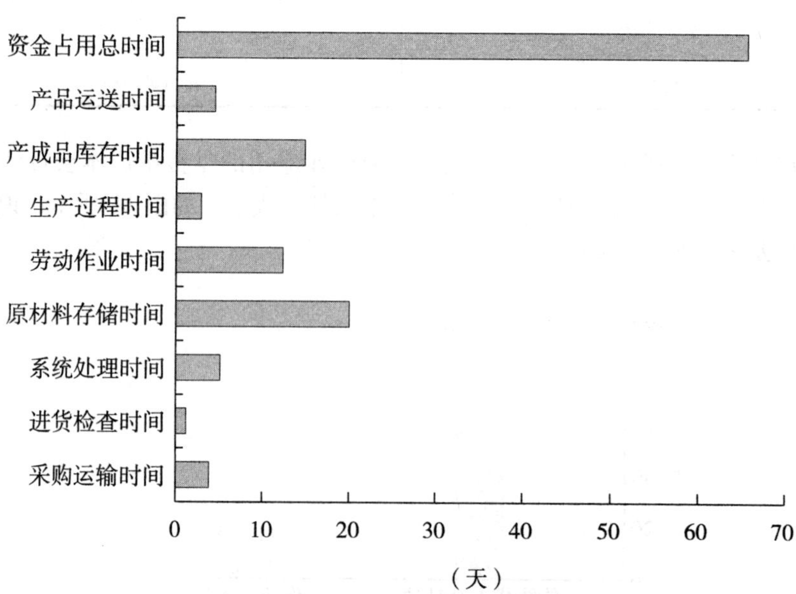

图 13　物流成本各部分资金占用时间

（8）在自营物流与委托外包物流成本的比例中，绝大部分自营物流成本比重超过了 50%，甚至有企业的自营物流比重达到了 93%，说明企业物流业务以自营物流为主，少部分外包，如图 14 所示。

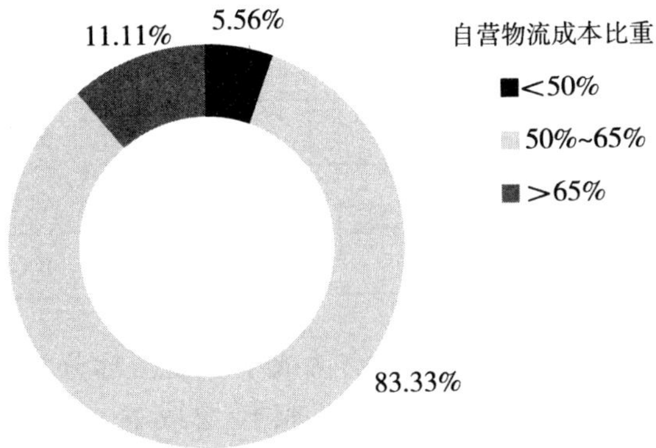

图 14　自营物流比重分布情况

（9）在自营物流各部分成本中，我们把物流成本分为运输、仓储、包装、装卸搬运、流通加工、信息处理、物流管理、存货相关（流动资金、存货风险、存货保险）、其他相关成本等。各部分占自营物流总成本的比例如图 15 所示，由图可见，运输成本占比最大，其次为存货相关、物流管理、仓储等。其中，尽管物流管理、物流信息处理的成本比重不大，但已经不可忽视。

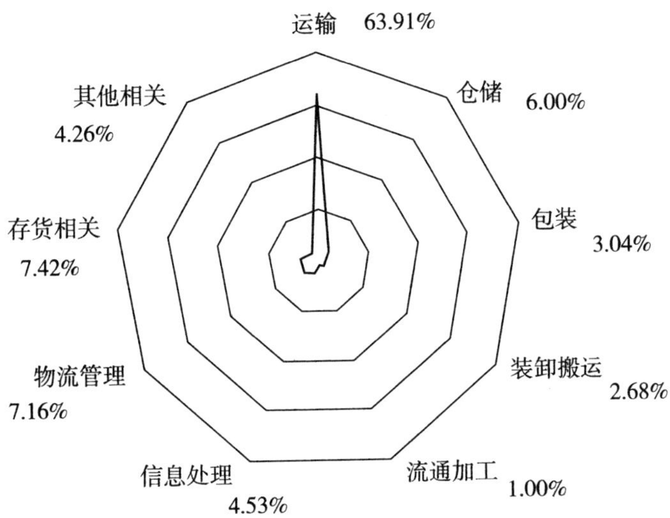

图 15　自营物流各部分成本比例（雷达图）

（10）在自营物流成本的支付形态中，把各物流功能成本划分为材料费、人工费、维护费、一般经费、特殊经费，各部分占的比重如表 4 所示。由表可见，物流成本支付形态以一般经费、材料费、维护费为主。

表 4　　物流成本核算问题（三）

物流成本支付形态	百分比（%）
材料费	15.09
人工费	6.37
维护费	13.04
一般经费	62.64
特殊经费	2.86
总计	100.0

（11）在物流成本效益的调查中，把物流成本效益指标分为物流成本率（物流成本/销售额×100%）、单位物流成本率（物流成本/总成本×100%）、单位营业费用物流成本率（物流成本/（销售费用+一般管理费用）×100%）、产值物流成本率（物流成本/企业总产值×100%）、物流成本利润率（利润总额/物流成本×100%）、物流费用增长率（物流成本本年增长率/销售额本年增长率×100%），调查结果如表 5 所示。由表 5 可见，在物流企业的物流成本中，物流成本比重很高，物流成本是总成本的绝大部分，物流成本利润率不高，但物流费用增长率较快。

表 5　　物流成本效益指标情况　　单位:%

物流成本效益指标	最小值	最大值	均值	标准差
物流成本率	75	89	78.8	0.03262
单位物流成本率	51	99	93.3	0.11233
单位营业费用物流成本率	299	5700	2731.2	14.08448
产值物流成本率	67	80	74.5	0.03824
物流成本利润率	18	45	28.3	0.06589
物流费用增长率	72	120	105	0.09430

（二）我国制造业物流成本的深度调查分析

物流业的主要客户之一是生产制造业，同时生产制造业本身就包含了规模巨大的物流活动。为了深入了解生产制造业的物流成本，本课题组通过深度访谈的方式对我国典型的生产制造企业进行了实地走访调查，并收集了企业物流活动的流程管理文件，并用传统会计法具体计算了一家机械制造型企业的物流成本，分析探讨了其中的关键环节。

1. 制造业物流活动的一般流程

1）典型生产制造企业的物流流程

对于一般生产制造业，企业的物流包括从原材料采购，经过原材料的加工、装配等基本制造过程的转换，形成最终产品到达最终客户的全过程的物流活动。典型的生产制造企业物流系统的一般流程如图 16 所示。

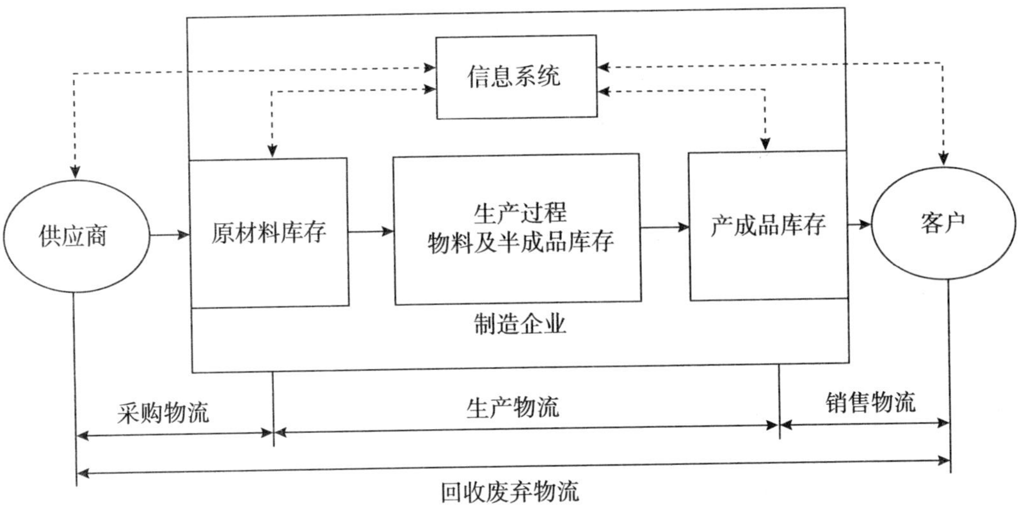

图 16　生产制造企业物流系统的一般流程

2）物料物流管理（供应链管理）运作流程

以下是一家被调查企业的物料管理运作流程。

物料物流管理（供应链管理）运作流程

物料是企业最重要的资源之一，约占企业运营成本的 30% ~80%。物流信息的顺畅与否，将对企业的全盘运作产生极大的影响。同时物料物流管理的水平高低，也极大地显示企业的管理水平的高低，并影响企业能否有竞争力地持续经营。为了完善企业内部运营机制，使公司的物料运作以最低成本达到生产及销售要求，特制定物料物流管理运作流程。

1　目的

1.1　保证生产所需的物料在适当的时间、适当的地点、以适当的成本、适当的品质和适当的数量满足生产需求。

1.2　使物料对环境的索取，和对人畜的不利影响负荷达到公认要求，并力求不利影响最小。

1.3　物料管理系统化、流程化、可追溯，并持续改善。

2　适用范围

本公司所有物料 BOM（物料清单）、需求计划、请购、采购、到货追踪、进料验收、收料、发料、仓储保管、库存管控和呆滞料处理。

3　定义

3.1　MRP（物料需求计划）：保证生产正常进行所需各种物料计划的总称。由订单、

BOM、库存、已购采购单、购备周期等相关要素构成，所反映的是企业的需求计划、采购计划、到货计划、库存计划。

3.2 BOM：指出货产品所需原料、辅料、半成品的用量，相互工艺流程关系，及其他身份属性的说明清单，如零组件、版本、来源、材料、规格、仓位、单位、用量等。

3.3 库存：如成品、半成品、原物料。

3.4 已购状况：已请购未采购和已采购但未交货状况的总和。

3.5 购备周期：请购、采购作业时间，合同传递时间，供应商生产时间，报关送货时间，入库品检时间的总和。

3.6 订单：含正式订单，默认协议，或口头上约定的需求预测。

4 权责

4.1 销售部（业务部）

4.1.1 订单交期评审时应参考物料购备周期。

4.1.2 紧急订单评审应会签到物控、采购部门。

4.1.3 接收客户样品或图纸要求，并传递给相关者。

4.2 工程技术部

4.2.1 产品 BOM、标准作业指导书、工程图纸的制定和绘制。

4.2.2 样品制作的指导，样品物料的确认。

4.2.3 样品（含客供样品）的整理、留底、归档，最好设置专门样品室进行管理。

4.3 物控部

4.3.1 物料需求计划的制订、审核。

4.3.2 物料请购。

4.3.3 安全库存的制定。

4.3.4 库存管控，呆滞物料处理。

4.3.5 负责物料使用的监督和改善。

4.3.6 物料损耗标准的制定、执行、改善。

4.4 采购部

4.4.1 寻找供应商。

4.4.2 与供应商就合同条款进行谈判，并签订合同。

4.4.3 接收请购单，开立采购单，传真给供应商并要求签回。

4.4.4 到料跟催，并反映到料异常。

4.4.5 进料检收异常的处理。

4.5 仓管部

4.5.1 来料数量和单据的验收。

4.5.2 物料的储存管理（先进先出、储位管理、品质管理、安全管理）。

4.5.3 向生产部门发料。

4.5.4 盘点：全盘和抽盘。

4.5.5 库存报表的提供和库存改善。

4.6 品控部

4.6.1 物料品质标准的制定。

4.6.2 检验来料品质、制程品质、出货品质。

4.6.3 品质异常的原因分析、根本改善与责任判定。

4.6.4 负责物料使用过程品质控制，减少不良损耗。

4.6.5 供应商产品品质确认书的制定。

4.7 生产部

4.7.1 原材料按订单领料。

4.7.2 产成品按订单入库。

4.7.3 物料使用控制，减少和杜绝不合理的用料及浪费。

4.7.4 车间用料记录，制定并执行车间物料使用规章制度。

4.7.5 及时上报物料品质异常和物料欠缺相关事项。

5 相关文件

5.1 《BOM 制定规则和发放保管程序》

5.2 《物料需求计划制订和请购作业程序》

5.3 《采购管理程序》

5.4 《仓储管理程序》（含收发退料程序）

5.5 《进料检验管制程序》

6 作业内容

6.1 BOM 制定

6.1.1 销售业务部接收客户的样品、图纸及相关描述要求。

6.1.2 工程技术部据客户要求制作并确认样品、BOM、作业指导书等。

6.1.3 资料需分发给相关者，并做电子档和存档。

6.2 物料需求计划制定与请购作业

6.2.1 物控部接销售订单或主生产计划，结合 BOM 展开计算原物料毛需求。

6.2.2 结合库存（成品、半成品、原料、在制品）、已请购未到货采购单、实际损耗率等，展开计算物料的实际需要请购量（净需求）。

6.2.3 请购单经物料经理以上级别人员审核后转采购作业。

6.2.4 请购单需按订单请购，多订单需罗列明细。

6.3 物料采购作业

采购根据请购单和合格供应商相关信息开立采购单，注意多个供应商时的采购量分配比率（以下运作流程省略）。

3）企业物流具体业务描述

下面介绍某生产企业的物流中心业务工作。

①采购作业。自交易订单接受之后由于供应货品的要求，物流中心要由供货厂商或制造厂商订购商品，采购作业的内容包含由商品数量求统计、对供货厂商查询交易条件，而后依据我们所制订的数量及供货厂商所提供较为经济的订购批量，提出采购单。

采购单发出之后，则进行入库进货的跟踪运作。采购作业，自交易订单接受之后由于供应货品的要求，物流中心要由供货厂商或制造厂商订购商品，采购作业的内容包含由商品数量求统计、对供货厂商查询交易条件，而后依据我们所制订的数量及供货厂商所提供较经济的订购批量，提出采购单。采购单发出之后则进行入库进货的跟踪运作。

②进货入库作业。当采购单开出之后，采购人员进货入库—跟踪—催促的同时，入库进货管理员即可依据采购单上预定入库日期，做入库作业排程、入库站台排程，而后在商品入库当日，做入库资料查核、入库品检，查核入库货品是否与采购单内容一致，当品项或数量不符时即做适当的修正或处理，并将入库资料登录建档。入库管理员可依一定方式指定卸货及栈板堆叠。对于由客户处退回的商品，即退货品的入库经过退货品检验、分类处理后登录入库。

一般商品入库堆叠于栈板之后有两种作业方式，一种方式是商品入库上架，储放于储架上，等候出库，需求时再予出货。商品入库上架由电脑或管理人员依照仓库区域规划管理原则或商品生命周期等因素来指定储放位置，或于商品入库之后登录其储放位置，以便日后的存货管理或出货查询。另一种方式是直接出库，此时管理人员依照出货要求，将货品送往指定的出货码头或暂时存放地点。在入库搬运的过程中由管理人员选用搬运工具、调派工作人员，并做工具、人员的工作时程安排。

③库存管理作业。库存管理作业包含仓库区的管理及库存数控制。仓库区的管理包括货品于仓库区域内摆放方式、区域大小、区域的分布等规划；货品进出仓库的控制遵循“先进先出”或“后进先出”的原则；进出货方式的制定包括货品所用的搬运工具、搬运方式；仓储区储位的调整及变动。库存数量的控制则依照一般货品出库数量、入库所用时间等来制定采购数量及采购时点，并做采购时点预警系统。制订定库存盘点方法，于一定期间印制盘点清册，并依据盘点清册内容清查库存数、修正库存账册并制作盘亏报表。仓库区的管理还包括容器的使用与容器的保管维修。

④补货及拣货作业。由客户订单资料的统计，我们即可知道货品真正的需求量，而在出库日，当库存数足以供应出货需求量时，我们即可依据需求数印制出库拣货单及各项拣货指示，做拣货区域的规划布置、工具的选用及人员调派。出货拣取不止包括拣取作业，更应注意拣货架上商品的补充，使拣货作业得以流畅而不至于缺货，这中间包含了补货水准及补货时点的制定、补货作业排程、补货作业人员的调派。

⑤流通加工作业。商品由物流中心送出之前可于物流中心做流通加工处理，在物流中心的各项作业中以流通加工最易提高货品的附加值，其中流通加工作业包含商品的分类、过磅、拆箱重包装、贴标签及商品的组合包装。而欲达成完善的流通加工，必先执行包装材料及容器的管理、组合包装规则的制定、流通加工包装工具的选用、流通加工作业的排程、作业人员的调派。

⑥出货作业处理。完成货品的拣取及流通加工作业之后，即可执行商品的出货作

业，出货作业主要内容包含依据客户订单资料印制出货单据，制订出货排程，印制出货批次报表、出货商品上所要的地址标签及出货检核表。由排程人员决定出货方式、选用集货工具、调派集货作业人员，并决定所运送车辆的大小与数量。由仓库管理人员或出货管理人员决定出货区域的规划布置及出货商品的摆放方式。

⑦配送作业。配送商品的实体作业包含将货品装车并实时配送，而达成这些作业则须事先规划配送区域的划分或配送路线的安排，由配送路径选用的先后次序来决定商品装车的顺序，并在商品的配送途中做商品的追踪及控制、配送途中意外状况的处理。

⑧会计作业。商品出库后销售部门可依据出货资料制作应收账单，并将账单转入会计部门作为收款凭据。在商品购入入库后，则由收货部门制作入库商品统计表以作为供货厂商请款稽核之用。并由会计部门制作各项财务报表以供营运政策制定及营运管理之参考。

以上这些作业都是一环扣一环。科学的物流采购管理体系，关系到企业日常工作能否顺利开展，可以帮助企业提高效率，降低成本，增强企业的竞争力。下面是一家被调查企业的物流标准化流程。

物流管理标准化流程

1　目的

对物流过程进行控制，规定库房内物资出入库、物资保管、物资管理的工作，确保向客户提供完好无损的最终产品。

2　使用范围

适用于公司物流管理中各项工作，并规范各项工作，适用于产品的接收、搬运、储存、包装、防护和交付等每个环节的控制。

3　工作描述

3.1　职责

3.1.1　物流部经理负责公司物流管理，对物资的接收、搬运、储存、包装、防护和交付等全过程负责。

3.1.2　物流部主管负责公司库房原材料、零件、成品的搬运、储存、包装、防护和交付，负责库存物资的统计和分析，负责库房的“6S”工作。

3.1.3　物流部仓管员负责库房内物资的收发、搬运、定置定位、先进先出、“6S”工作。

3.1.4　主管人员按照业务部下发的交货期和车间的实际日产能编制生产计划排程表，建立一个不断完善的生产计划保证体系，负责生产计划完成情况的统计和分析，负责公司的在制品的控制、统计和分析。

3.1.5　资材采购人员负责按生产需求计划，编制小批量、多批次的供应采购计划。负责对供应商的交货准时率的统计和分析。

3.2　工作内容

3.2.1 接收

3.2.1.1 仓管员拿到供应厂家的“送货单”后，首先与资材下发的“订购单”上的内容明细进行核对，如有不符，则立即通知相关采购人员，并暂停验收；同时对照资材下发的“收货通知单”确认是否超期送货。严禁无单收货。

3.2.1.2 经审查无误后，仓管员须自己主动找栈板，不得要求厂商到仓库或车间里到处乱找。之后要求厂商卸货，要求每一料件包装必须粘贴“进货单”标志，特殊料件要求“挂卡”标志，如没有标志，应及时通知相关采购人员进行解决，并暂停验收，且不得入库。供应厂家卸货时要求把料件包装“粘贴标志或挂卡的一面”朝外且显目，以便辨认、查看。

3.2.1.3 仓管员在点收前应及时将“送货单”上的内容与料件包装标志上标注的内容进行核对，如有不符，则立即通知相关采购人员，并暂停验收。对“进货单”上填写内容不全的，不得点收不得入库，厂商填写完整后，方可进行正常的点收工作。

3.2.1.4 如出现同一规格不同订单号的料件整体包装，没有分开包装，仓管员将立即通知采购相关人员进行处理，并暂停验收。但分包后存放于整箱内除外。

3.2.1.5 供应厂家“送货单”上的填写内容如出现字迹模糊不清、数字难以辨认时，要求送货人员重新改过并签字确认。仓管员及其他人员不得擅自涂改。

3.2.1.6 对以上手续准确无误后，方可进行正常的点收工作，验收工作的标准：

（a）进料为整袋、整捆、整扎、整箱等散装料件时，抽点比率为5%；

（b）进料为小件物品须用称量工具测数时，抽点比率为10%；

（c）进料为容易点收的物品如纸箱和数量较少的料件，抽点比率为100%。

3.2.1.7 如出现抽点数量与包装上标注的数量不符合时，扣除短缺的数量的标准进行验收（零头除外），对“送货单”上的数字更改后，必须要求送货人在其上面签字确认。如某公司送A产品1000个，共10箱，每箱100个，如果抽点其中1箱数量为90个，那么实收数量应为：$10\times90=900$（个）

3.2.1.8 根据实点数量在“送货单”上填写实收数量及入库单日期并签名确认。严禁“实收数量”栏由厂商填写。若实点数量出现缺少情况时，应立即要求相关采购人员在“进仓单”上签名确认，以便采购及时跟踪补进。

3.2.1.9 “送货单”上有更改内容，必须将所有联次同时更改，不得在单张或缺联上更改。

3.2.1.10 若出现有送货明细而无相应实物料件时，应在“送货单”上的实收数量栏填写（“0”），不得将送货明细划掉，同时仓库开出“延款通知单”，要求采购人员在其上面签名确认，将供应商当月与我司发生的全部应收账款延迟1个月支付，交与财务。但在点收前收到采购书面告知供应商有交货数量明细而无实物料件通知时情况除外。

3.2.1.11 对生产车间急需的料件，急料到货经品管判定合格后，应在第一时间内通知生产车间领用，不得延迟。

3.2.2 搬运

3.2.2.1 在整个公司里的原材料、半成品和产成品，用人工或适当的搬运设备进行搬运。对于用铲车和吊装设备进行搬运的人员，应指定专人进行操作，相关人员应持相关操作证书。

3.2.2.2 在搬运过程中不准超出搬运设备的额定载货。

3.2.2.3 被搬运的原材料、半成品、产成品如有规定使用的工位器具，按规定的工位器具合理存放，要求有一定的防护措施，搬运时需要平稳，防止撞击、挤压、磕碰、变形以及其他原因毁坏。

3.2.2.4 被搬运的产品须按规定进行堆放，并要求摆放整齐。

3.2.2.5 搬运、交付过程中的产品必须附有产品标志，没有标志的产品不得搬运、交付。

3.2.2.6 在搬运过程中因撞击、挤压、磕碰、变形以及其他原因毁坏而产生的不合格品，须及时按《不合格品控制程序》执行。

3.2.3 储存

3.2.3.1 料件入库前，仓管员要严格检查每一包装上粘贴的产品标志是否齐全，若有丢失、损坏或内容不清的，则重新更换，并粘贴产品的包装两端。

3.2.3.2 及时将进入库房的料件进行整理摆放，摆放的要求是按类别进行定位摆放，不同的类别不得混放，同一规格的料件必须集中摆放且不得有间隙，但同一类别不同规格的料件存放必须有间隙，间隙的距离在6厘米以上，存放的标准是上轻下重，上小下大。

3.2.3.3 入库的料件必须存放在栈板上或料架上，不得将料件直接放置于地面上，以防止受潮、变质（以下流程省略）。

2. 制造业物流成本的计算要点

制造业物流成本的计算要点首先体现在物流成本计算的具体要求上，主要包括以下3个方面：

（1）物流成本计算的内容。对于物流成本的计算，其目的是更好地管理好物流作业的流程，为企业产生利润。所以，在核算成本前，需整体梳理并系统总结物流成本的内容，其中包括会计范围所能计算的具体数据，同时也包括一些会计部门未能反映出的隐性成本，根据之前提到的“冰山学说”，隐性成本这一部分的占比较显性成本要高得多，需要核算人员特别关注，以免疏漏了成本核算中的重要组成。只有将两部分结合起来才是真正我们需要计算的物流成本的内容。

（2）物流成本计算的具体条件。首先是了解成本的来源与形成原因，由于核算物流成本的人员通常不参与日常物流管理工作，对其成本的形成，物流的过程并不熟悉，容易导致计算的准确性降低。因此，准确计算物流成本的先决条件是让核算人员以全面系统的观点来观察整个物流过程，并对物流流程有深度的了解。其次，因为核算数据分别来源于采购、生产、销售、人事等多个环节，跨越企业多个部口。如何准确获得精确数据，则需要多个部门协调管理，统一目标与态度，这样才能得到可靠，分配合理的成本数据，尤其是那些隐性成本。

（3）有关费用的界限。对于物流成本的核算，企业首先是要分清哪些成本是可归类于物流成本之中，哪些成本是否需计入物流成本的，其次是根据统计与核算的时间，对物流成本的原始计算数据进行划分。最后是将所有应用于计算的物流成本数据进行分类，便于今后对物流成本的分析与优化工作。下面以物流成本的职能成本为例具体说明。

①采购运输费。把原材料或半成品从原材料供应商、贸易公司、本企业的其他工厂运输到材料仓库所发生的费用。如果是上游企业负责运输，企业交接时发生的金额在估算后计入。

②内部运输费。从材料仓库到工厂车间、从工厂车间到仓库，以及从工厂仓库到分支机构仓库（配送中心）所发生的运输费用。

③销售运输费。从分支机构（配送中心）或工厂仓库运输到批发零售配送中心所发生的运输费用。

④材料仓储费。只把材料仓库发生的保管费用计入在内。

⑤成品仓储费。只计算工厂仓库与分支机构仓库（如集团公司的配送中心）发生的保管费。

⑥包装费。在工厂、仓库、配送中心等场所有包装活动发生时，各类包装费加总后发生的费用，计入包装费的项目只包括内装费和外装费（有时称为工业包装费）两种。

⑦搬运装卸费。在工厂、仓库、配送中心等场所有搬运装卸（也包含分拣、归类、流通加工等）活动发生时发生的费用。

⑧物流信息费。工厂、仓库、配送中心等与物流信息系统有关的设备维护费用。

⑨物流管理费。仓库、配送中心等物流处理部门所属的办事机构的费用。

3. 制造业物流成本的计算方法

从制造业物流成本的计算过程来看，物流成本的计算实际上就是在企业成本基础数据上对物流成本对象进行归集与分配的过程。企业成本数据的获取一般有会计核算、统计方法以及会计核算与统计相结合3种方法。在生产制造业中，企业物流成本的计算方法有以下4种。

（1）品种法。以产品的品种作为成本计算对象归集和分配生产经营费用以计算产品成本的一种方法，适用于大批量的单步骤企业，不存在完工产品与在制品成本的划分问题。

（2）分批法。按照产品批别归集生产经营费用，适用于单件和小批量生产，管理上不要求分步骤计算成本的多步骤作业，也不存在完工产品与在制品的费用分配问题。

（3）分步法。按照产品的生产步骤归集生产经营费用，适用于大批量的多步骤生产。成本计算对象是各种产品及其所经过的各种步骤，需要在完工产品与在制品之间进行费用分配。

（4）作业成本法。突破了产品或服务本身的界限，将间接费用进行准确分配，把成本计算不仅仅限于局部与表面，而是引入作业层次，以作业为单位收集数据，以作业为中心、不仅能提供准确的成本信息，还能提供有利于企业发展的非财务条件。它以作业为媒介，将财务成本与非财务成本紧密连接在一起，以作业为基础，分配成本进入每个物流节点并进行优化管理。实践证明这种计算方法相较于前三种方法更为全面更为系统，渐渐被许多企业所接受，也被认为是一种先进的管理理念和管理模式。

4. 制造业关键环节成本分析

课题组对青岛一家国有畜牧机械制造厂物流成本数据进行了深度调查，该企业独立核算物流成本，并单独设立了物流成本会计明细科目，采取传统成本会计方法（分步法）对物流成本项目、物流范围等物流成本对象进行了计算分析，得到如下的物流关键环节的成本数据，如表6、表7所示。

从表6可知，此企业供应采购物流成本中，比重最大的是仓储成本，其次是物流管理成本、搬运装卸成本；销售物流成本中占比最大的是运输成本，其次是包装成本、装卸搬运成本和仓储成本；总的来看，在总物流成本中，成本最高的依次是运输成本、仓储成本和包装成本，其中自营物流中仓储成本占比最大，委托物流中运输成本最高，如图17所示。

表6　　青岛某国有畜牧机械制造企业的物流成本　　单位：元

①企业供应采购物流成本

成本项目		企业供应物流成本		
		自营	委托	合计
物流功能成本	运输成本	12000		12000
	仓储成本	2808224		2808224
	包装成本			0
	装卸搬运成本	230621		230621
	流通加工成本			0
	物流信息成本			0
	物流管理成本	485909		485909
存货相关成本	流动资金占用成本			
	存货风险成本			
	存货保险成本			
其他成本				
物流总成本				3536754

②企业销售物流成本

成本支付形态		销售物流成本		
		自营	委托	合计
物流功能成本	运输成本		20513690	20513690
	仓储成本	600000		600000
	包装成本		4403674	4403674
	装卸搬运成本	1671127		1671127
	流通加工成本			0
	物流信息成本			0
	物流管理成本	270912		270912
存货相关成本	流动资金占用成本			0
	存货风险成本			0
	存货保险成本			0
其他成本				0
物流总成本				27459403

③企业物流总成本

成本支付形态		企业物流总成本		
		自营	委托	合计
物流功能成本	运输成本	12000	22124751	22136751
	仓储成本	3408224		3408224
	包装成本		4403674	4403674
	装卸搬运成本	1947639		1947639
	流通加工成本			0
	物流信息成本			0
	物流管理成本	847946		847946
存货相关成本	流动资金占用成本			
	存货风险成本			
	存货保险成本	150000		150000
其他成本				
物流总成本				32894234

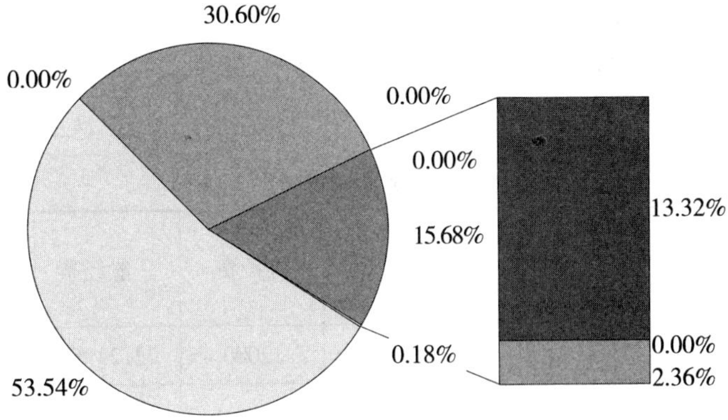

（a）自营物流关键环节成本比例

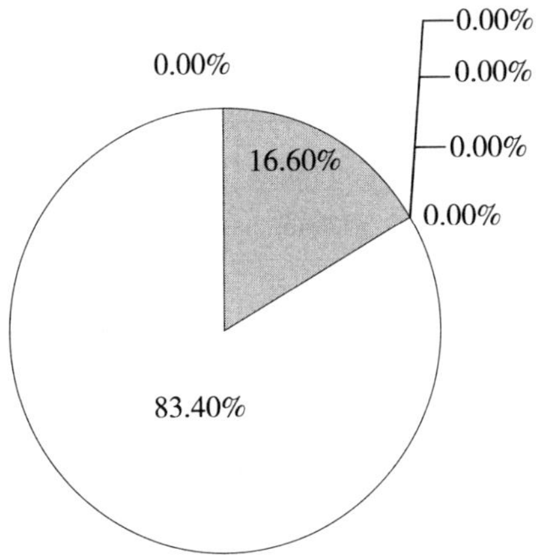

（b）委托物流关键环节成本比例

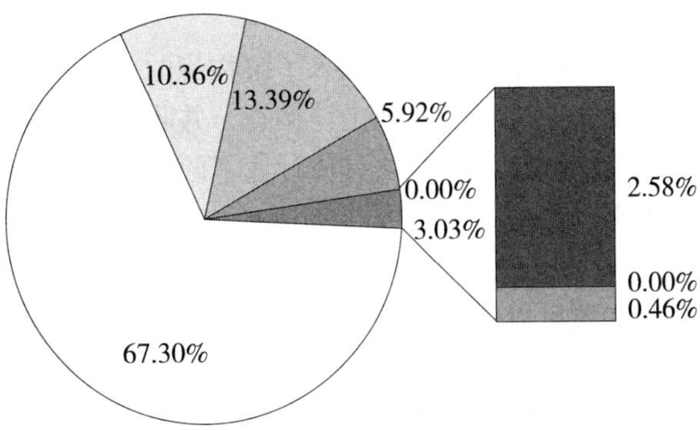

（c）总物流关键环节成本比例

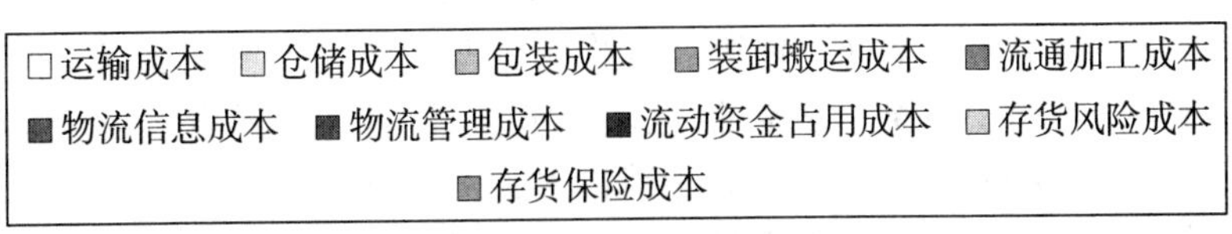

图 17　物流关键环节成本比例

注：图中 0.00% 代表其他成本占对应环节的比例。

表7是企业总物流成本支付形态汇总，可以看到，运输成本中主要是以一般经费形式进行支付；仓储成本中，则是人工费和一般经费；包装成本是材料费；搬运装卸、物流管理费用均是人工费。

表7　　企业总物流成本支付形态汇总　　单位：元

成本项目 支付形态		材料费	人工费	维护费	一般经费	特殊经费	合计
物流功能成本	运输成本			12000	22124751		22136751
	仓储成本		2808224		600000		3408224
	包装成本	4403674					4403674
	装卸搬运成本		1947639				1947639
	流通加工成本						0
	物流信息成本						0
	物流管理成本		847946				847946
存货相关成本	流动资金占用成本						
	存货风险成本						
	存货保险成本				150000		150000
其他成本							
物流总成本							32894234

（三）我国物流业物流成本的深度调查分析

物流企业是从事物流活动的主体，为了深入了解物流的成本，本课题组通过深度访谈的方式对我国典型的物流企业进行了实地走访调查，并收集了物流企业物流活动的流程管理文件，并用传统会计法和作业成本法具体计算了两家物流企业的物流成本，探讨分析了其中的关键环节成本。

1. 物流业物流活动的一般流程

我国现有的物流企业大致可以分为以下几类：①中央直属的专业性物流企业，即专营生产资料的物资储运总公司和外运总公司。仓储主要针对系统内部，因此商流与物流分离，受行政控制。②地方专业性物流企业，即地方商业系统的储运公司及粮食仓储系统，完全受当地行政领导。③兼营性物流企业，即集物流与商流为一体的物流企业，比重大且数量正在不断增多。本课题以第三方物流企业为例说明其物流流程作业，如图18所示。其提供的物流服务一般包括运输、仓储管理、配送等。在此过程中3PL（第三方物流）供应商既非生产方，又非销售方，而是在从生产到销售的整个物流过程中进行服务的第三方，它一般不拥有商品，只是为客户提供仓储、配送等物流服务。

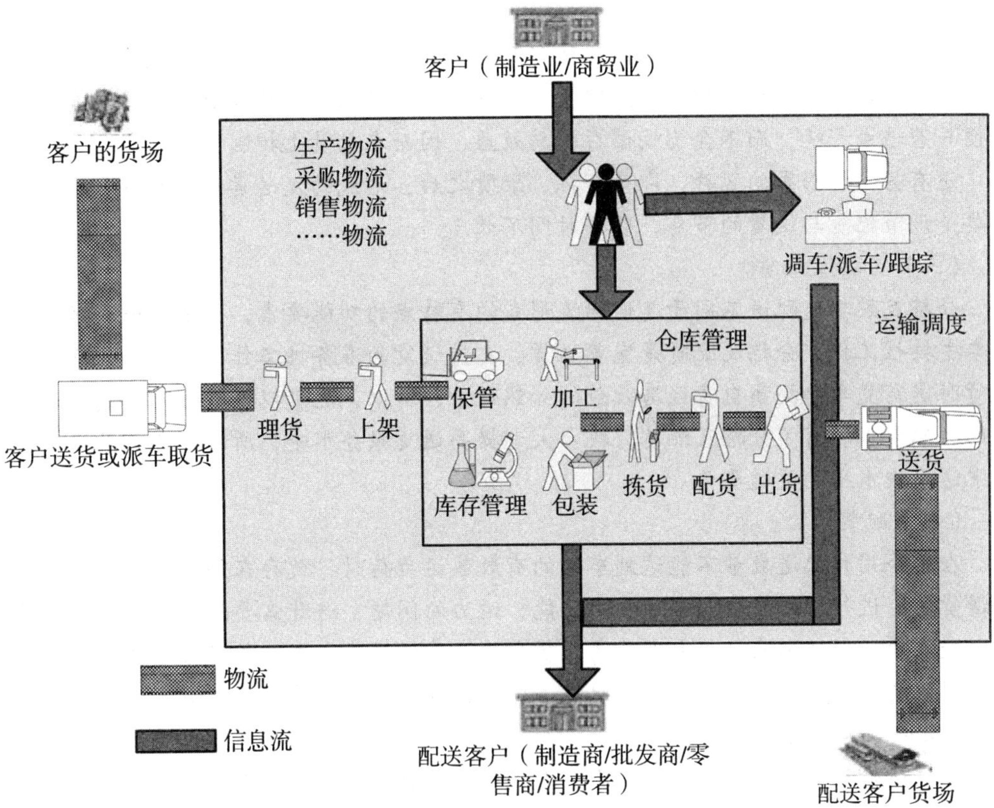

图 18　物流企业 3PL 物流活动的一般流程

以下两个文件是被调查物流企业的物流作业流程。

配送的主要操作

（一）备货

配送的准备工作和基础工作。备货工作包括筹集货源、订货、采购、集货、进货及有关的质量检查、结算、交接等。

配送的优势之一，就是可以集中若干用户的需求进行一定规模的备货。备货是决定配送成败的初期工作，如果备货成本太高，会大大降低配送的效益。

（二）储存

配送中的储存有储备和暂存两种形态。

1. 储备

配送储备是按一定时期的配送经营要求，形成的对配送资源的保证。这种类型的储备数量较大，储备结构也较完善，依据货源及到货情况，可以有计划地确定周转储备及保险储备结构及数量。配送的储备保证有时在配送中心附近单独设库解决。

2. 暂存

有一种储存形态是暂存，是具体执行配送时，按分拣配货要求，在理货场地所做的少量储存准备。由于总体储存效益取决于储存总量，所以，这部分暂存数量只会对工作方便与否造成影响，而不会影响储存的总效益，因而在数量上控制并不严格。

还有另一种形式的暂存，即是分拣、配货之后，形成的发送货载的暂存，这个暂存主要是调节配货与送货的节奏，暂存时间不长。

（三）分拣及配货

分拣及配货是配送不同于其他物流形式的有特点的功能要素，也是配送成败的一项重要支持性工作。分拣及配货是完善送货、支持送货的准备性工作，是不同配送企业在送货时进行竞争和提高自身经济效益的必然延伸，所以，也可以说是送货向高级形式发展的必然要求。有了分拣及配货，就会大大提高送货服务水平，所以，分拣及配货是决定配送系统水平的关键要素。

（四）配装

在单个用户配送数量不能达到车辆的有效载运负荷时，就存在如何集中不同用户的配送货物，进行搭配装载以充分利用运能、运力的问题，这就需要配装。和一般送货不同之处在于，通过配装可以大大提高送货水平及降低送货成本，所以配装也是配送系统中有现代特点的功能要素，是现代配送不同于传统送货的重要区别之处。

（五）配送运输

配送运输属于运输中的末端运输、支线运输，和一般运输形态主要区别在于：配送运输是较短距离、较小规模、频度较高的运输形式，一般使用汽车和其他小型车辆做运输工具。

与干线运输的另一个区别是，配送运输路线选择问题是一般干线运输所没有的，干线运输的干线是唯一的运输线，而配送运输由于配送用户多，一般城市交通路线又较复杂，如何组成最佳路线，如何使配装和路线有效搭配等，是配送运输的特点，也是难点。

物流配送作业流程

一、货物入库

1. 物流配送中心根据客户的入库指令视仓储情况做相应的入库受理。

2. 按所签的合同进行货物受理并根据给货物分配的库区库位打印出入库单。

3. 在货物正式入库前进行货物验收，主要是对要入库的货物进行核对处理，并对所入库货物进行统一编号（包括合同号、批号、入库日期等）。

4. 进行库位分配，主要是对事先没有预分配的货物进行库位自动或人工安排处理，并产生货物库位清单。

5. 库存管理主要是对货物在仓库中的一些动态变化信息的统计查询等工作。

6. 对货物在仓库中，物流公司还将进行批号管理、盘存处理、内驳处理和库存的优化等工作，做到更有效的管理仓库。

二、运输配送

1. 物流配送中心根据客户的发货指令视库存情况做相应的配送处理。

2. 根据配送计划系统将自动地进行车辆、人员、应的出库处理。

3. 根据选好的方式由专人负责货物的调配处理，可分自动配货和人工配货，目的是为了更高效的利用物流公司手头的资源。

4. 根据系统的安排结果按实际情况进行人工调整。

5. 在安排好后，系统将根据货物所放地点（库位）情况按物流公司自己设定的优化原则打印出拣货清单。

6. 承运人凭拣货清单到仓库提货，仓库那头做相应的出库处理。

7. 装车完毕后，根据所送客户数打印出相应的送货单。

8. 车辆运输途中可通过 GPS（全球定位系统）车辆定位系统随时监控，并做到信息及时沟通。

9. 在货物到达目的地后，经收货方确认后，凭回单向物流配送中心确认。

10. 产生所有需要的统计分析数据和财务结算，并产生应收款与应付款。

2. 物流业物流成本的计算要点

物流业物流成本的计算要点和制造业物流成本的具体要求类似，主要包括 3 个方面：①物流成本计算的内容；②物流成本计算的具体条件；③有关费用的界限。

相对于制造业中还可以物流范围作为成本计算对象，物流企业物流成本的计算对象除了物流成本项目之外，还包括支付形态。以支付形态表现的物流成本是企业物流成本发生的最原始的状态。企业的支付形态主要分为 5 类：人工费、材料费、维护费、一般经费和特殊经费。其中，人工费、材料费比较明确。维护费是指物流设施设备的折旧费、维修费、燃料动力消耗费等维护性支出；一般经费是指物流功能成本中除人工费、材料费和维护费外的其他支出；特别经费仅用于与存货有关的费用支出。

3. 物流业物流成本的计算方法

物流企业的物流成本计算包括显性物流成本计算和隐性物流成本计算。隐性物流成本计算是在会计核算体系之外，通过统计存货的相关资料，按一定的工时计算得出，计算方法相对简单，不涉及会计科目的选取和物流成本账户的设置。下面主要介绍显性物流成本的计算方法。

（1）选取相关会计科目。从会计核算中所有的成本费用类会计科目入手，逐一分析其发生的明细项目，必要时追溯至原始凭证，逐一确认是否属于物流成本的内容，找到计算物流成本的切入点。

（2）设置物流成本相关账户。主要根据物流成本计算对象设置相应账户，譬如成本项目、成本范围、支付形态等。实际应用中，无须设置所有账户，企业根据自身情况，分析相关会计资料，在各明细账户中逐一归集各物流成本，然后汇总计算。

（3）计算企业物流成本。在设置物流成本辅助账户、明确应选择会计科目的基础上，通过逐一分析各相关会计科目，确认哪些费用应纳入物流成本，对于应计入物流成本的内容，企业可选择在其中于会计核算同步登记物流成本辅助账户，或在期末集中归集计算物流成本，分别反映出按物流成本项目、物流范围、支付形态作为归集动因的成本数据。

对典型的物流企业如第三方物流企业而言，物流成本是公司的所有成本，直接成本占总成本的大部分，传统的成本核算方法是计算第三方物流成本的有效方法。

值得指出的是，前面提到的“作业成本法”同样也适合于物流企业，在物流发达国家视为一种最有前途的确定和控制物流费用的方法，适用于物流成本管理，有助于物流作业改进。

4. 物流业关键环节成本分析

1）传统成本会计法在3PL（第三方物流）公司的应用分析

课题组对一家第三方物流企业的物流成本数据进行了深度调查，该企业主要从事委托物流业务的组织运营工作，运输业务由外部有运输资格的车队负责，装卸搬运雇用外部搬运工完成；其他方面，企业除拥有一个仓库外，还租用了4个仓库，另有1辆10吨叉车和3辆卡车。该企业独立核算物流成本，并单独设立了物流成本会计明细科目，采取传统成本会计方法对物流成本项目、物流范围等物流成本对象进行了计算分析，得到如下的物流关键环节的成本数据，如表8、表9所示。

该企业自营物流中的物流管理成本最高，其次是仓储成本和运输成本；委托物流中搬运装卸成本最高，其次是运输成本，如图19所示。

表8　企业物流成本　单位：元

成本支付形态		物流总成本		
		自营	委托	合计
物流功能成本	运输成本	18213.05	9826.0	28039.95
	仓储成本	36966.67		36966.67
	包装成本	7592.35		7592.35
	装卸搬运成本	5437.3	48943.50	54380.80
	流通加工成本			
	物流信息成本	17713.05		17713.05
	物流管理成本	159027.73		159027.73
	合计	244970.15	58770.4	303740.55
存货相关成本	流动资金占用成本	15136.41		15136.41
	存货风险成本			
	存货保险成本	1550.31		1550.31
	合计	16686.72		16686.72
其他成本				
物流总成本		261656.87	58700.4	320357.27

表 9　　**企业自营物流成本支付形态**　　单位：元

成本项目支付形态		材料费	人工费	维护费	一般经费	特殊经费	合计
物流功能成本	运输成本		6001.20	12211.85			18213.05
	仓储成本		7334.80	29631.87			36966.67
	包装成本	3191.47	4400.88				7592.35
	装卸搬运成本		2933.92	2503.38			5437.30
	流通加工成本						
	物流信息成本			756.82	16956.23		17713.05
	物流管理成本		80938	5103.05	72986.68		159027.73
	合计	3191.47	101628.80	50206.97	89942.91		244970.15
存货相关成本	流动资金占用成本					15136.41	15136.41
	存货风险成本						
	存货保险成本					1550.31	1550.31
	合计					16686.72	16686.72
其他成本							
物流总成本		3191.47	101628.80	50206.97	89942.91	16686.72	261556.87

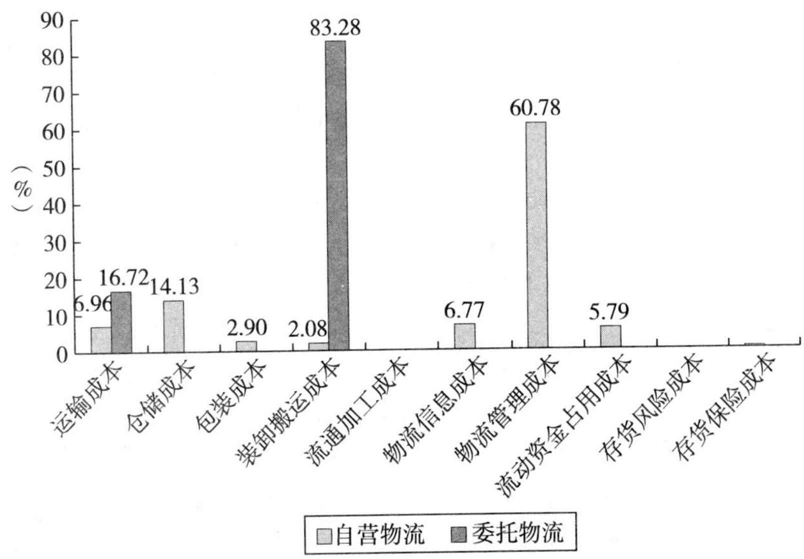

图 19　企业不同类型的物流成本比重

2）医药物流公司关键环节的物流成本分析

课题组还深入调查了一家医药物流公司，它是一家以医药商业为主，以药品批发、物流配送和电子商务为核心业务的现代医药物流企业。作为医药产品销售链中的一个中间媒介，医药物流企业从生产商采购，物流运输，到销售发货，售后服务，形成了一个完整的销售链，是医药流动市场中非常重要的一环。公司的企业治理模式是典型的现代企业管理制度，公司由股东授权的董事长，总经理领导，下设药品部、器械部、采购部、物流部、质控部、人事部以及财务部等多个部门。其中物流部负责药品与医疗器械两部分的物流业务以及仓库管理，所属 8 辆车则根据两个部门的业务平分使用。而采购部中分为药品与器械两个分支部门，分别由专员负责相应的采购。由于时间限制，课题组只针对药品部的业务所产生的物流成本进行了具体的调查分析。

①公司物流关键作业流程。

该公司物流作业的流程大致分为发货与收货两大部分。发货环节又可细分为客户点单叫货、下单、排货、安排送货路线、送货五个部分。客户点单叫货是在区公共电脑系统平台上操作，平台由企业与区级药品市场共同维护，客户可通过平台系统查询到企业货品实时库存，点货数量规定不得超过实时库存，若库存为 0 则不允许点货。企业负责对库存实时数量进行维护。这一特点使得企业无法实施零库存战略，不适合使用物流市场上比较先进的 JIT（准时制生产方式）系统来管理，控制库存持有成本，必须把库存数量与客户需求量紧密联系在一起，否则缺货成本的生成可能不只是成本上的提高，更有失去原有客户的风险。下单是由企业专门人员负责，按照客户实际点货量开票，并将数据传送到物流部门。排货是由物流部门负责，根据订单，从不同的仓库区域的货架上整理出订单所需数量的货品，接下来则由物流部口管理人员按照次日送货地点安排送货路线。这一环节变化多，路线选择也大，不同的送货路线造成的送货成本也不同，如何制定经济、实用、效率的路线是企业控制物流成本的一个关键。送货由两名物流部工作人员开车运送，这是货品送到客户手中之前的最后一道关卡，良好的服务态度、负责的运输过程，是客户服务方面的一大必需。物流作业过程中，影响企业物流成本的因素诸多，其中最主要的是运输路线对于运输成本的影响，这也是该公司物流关键环节之一。

收货部分即是指采购补货的过程，主要细分为订货、验收、上架三个环节。订货由采购部门负责，根据现有库存，结合客户平时一般的需求，采购货品，对库存进行补货。由于库存持有成本占物流成本的比例非常之大，所以采购环节对物流成本的控制至关重要，需要做到既不发生断货，在客户需要之前，及时补充库存，又不能积压太多库存，造成巨大的成本消耗。货品种类繁多，有些销售量稳定，有些销售量随时间变化而变动，而有些则无明显规律可循。不同种类的货品每周销售数量也有巨大差异，也需采购人员对货品进行主次的分类，并根据历来的点单大致分析出客户需求的规律。验收环节是由质监部门对供应商送来的货品进行检验抽查的过程，由于药品的特殊性，各类标准也十分严格，湿度、包装、时效都需一一检查，如有不合格产品，需及时退回，而原有库存中若发生损坏、过期、近效等情况，则首先需将其放入不合格区，等退货手续办理完毕后，由供货商负责运回生产厂家。其中有一特殊情况，即某种商品在一客户处处于滞销，而另一客户销售较好，这时需将该批货物退回仓库，放置在代售区，经过质量再检，就可发给使用量较好的客户处，避免商品过期导致的损失。验收完毕，则是上架环节，由仓库工作人员将已验收的货品放入仓库指定的区域，收货部分中对于仓库持有成本的控制是影响物流成本的重要所在。巨大的库存会造成巨大的库存持有成本，而库存持有成本占总的物流成本的比例是所有影响因素中最大的，因此采购环节是控制物流成本的重中之重，直接影响物流总成本。

②公司物流成本计算分析。

为更方便、更准确地对数据进行收集，对物流成本进行了新的分类。第一类为运输成本，主要是指物流部治下的运输车队在日常对药品进行运输流通作业时的成本支出。第二类为仓储成本，主要包括仓库用于日常储存药品而支出的成本化及存货相关的成本，主要涉及仓库与采购部两个部门。第三类为其他成本，即除了前两类成本之外的物流成本，比如管理成本，行政成本，信息维护成本等（见表10）。

表10　　某医药物流公司2016年上半年物流成本

成本类别	运输成本	仓储成本	其他成本	合计
成本（元）	328501.58	98512373.37	18463.67	98859338.62
百分比（%）	0.33	99.65	0.02	100

从表10清楚地看出仓储成本占总物流成本的比例最高，其他两项成本与之比较甚至可以忽略不计。其次是运输成本，占比最少的是其他成本。仓储成本中的采购成本是指企业在采购药品上所花费的成本，随着药品的销售，采购成本也会随之收回，与之相对的则是运输成本的支出，这一项的成本是单方面消耗的，没有收回的可能。所以运输成本对于企业物流成本的控制优化也是极其重要的一项，虽然与仓储成本相比，其占比甚少，但由于其单方向支出的原因，应该采取措施加以控制。

a. 运输成本的计算分析。表11是对运输成本的计算分析，可见燃料费、人工费、车辆折旧费是较多的部分，需要控制。经过调查分析，发现运输成本大的主要原因是运输路线设计不合理。运输路线决定了运输距离的大小，而运输距离是直接影响运输成本的主要原因之一。随着运输距离的增长，燃料费、维修费、保养费和运输人员的补贴奖金都会随之增加，造成运输总成本的上升。但理论上单位运输成本则会随着运输距离的增长而下降，前提是要有有效的载重里程，而不是空车行驶。这种现象被称为运输距离的经济效益。在实际操作中，往往是短距离的运输作业比长距离的运输作业成本高，所以企业设计运输路线时若能制定出长距离、多客户的运输路线，那么由于输送的目的地增多，既可以提高车辆的满载率，又可以降低单位距离的运输成本，从而减少运输的总成本。

表11　　某医药物流公司2016年上半年运输费用明细

费用名称	费用支出（元）	百分比（%）
燃料费	100243	30.52
轮胎费	7978	2.43
修理费	4280.58	1.30

续 表

费用名称	费用支出（元）	百分比（%）
车辆折旧费	60000	18.26
人工费	120000	36.53
相关交通费用	36000	10.96
事故费	0	0.00
合计	328501.58	100.00

b. 仓储成本的计算分析。该公司仓储成本计算如表 12 所示，由表可见，库存持有成本占物流总成本比例超过 80%，是影响物流总成本的最大因素，其中最大的部分是采购成本。我们给出的建议是对采购计划的设计（即优化全年最佳订货次数、订货周期、订货数量）、药品库存的 ABC 分类法、仓储设施区域布置优化，达到降低仓储物流成本的目的。

表 12　　某医药物流公司 2016 年上半年仓储成本明细　　单位：元

储存成本	仓储作业成本	出入库、验备货人工费用	9000
		材料损耗、能源	18650
		设备折旧	6000
		维修费	2760
		装卸搬运费	192600
	仓储空间成本		14022
库存持有成本	采购成本		97806780
	订货成本		43295
	资金成本		322762.37
	库存服务成本		12000
	库存风险成本		3504
总计			981431373.37

（四）我国企业物流成本存在的问题分析

基于上面的调查分析，结合之前国内文献对目前企业物流成本的现状总结，我们不难得出这样的结论：物流成本意识薄弱、物流成本管理水平较低、物流成本居高不下。

1. 物流服务意识、理念依然落后，供应链管理的理念有待加强

企业物流服务意识不强，缺乏统一的物流管理，对物流成本管理、物流成本控制及其对企业经济效益影响程度重视不够，忽略了对物流成本的管控。不少企业物流服务意识不强，只一味地追求自身利润的最大化，往往忽视了消费者的真实感受，使得顾客满意度持续下降，没有从整个供应链角度去考虑；部分企业甚至存在“物流腐败”的现

象，具体表现在勾结货运回扣、不按程序办事、不按顺序发货、向下游索要物品、私扣赠品物料，倒卖内部货物等问题的出现，极大地损害了企业的利益，造成成本增加。虽然知道物流是“第三利润源泉”的观点，但能落到实处的还不多。物流是“第三利润源泉”这一观念并未在制造企业中“深入民心”。企业物流总成本管理观念比较淡薄，只关心直接的仓储和运输成本，而不考虑存货持有成本和物流行政管理成本，没有将物流看成为优化生产过程，强化市场经营的关键，而将物流活动置于附属地位。大多数企业将仓储、运输、装卸搬运、采购、包装、配送等物流活动分散在不同部门，没有纳入一个部门对物流活动进行系统规划和统一运作与管理。长时间以来，企业重视研发领域、生产领域和市场营销方面的成本控制，而忽略了对物流成本的管理和控制。很多企业不能完全理解什么是物流成本和它的构成要素，如何对企业物流成本进行管理和控制以及其他对企业经济效益能产生多大的影响都认识不足。企业仅仅从企业内部因素来考虑降低企业的物流成本，没有共同与供应链的上下游企业实现对物流过程的整个管理，没有意识到整个物流过程中的各个因素之间是此消彼长的关系，企业没有充分运用物流成本的乘数效应来实现对企业物流成本的管理和控制。企业没有开发出一套适用于自身的物流成本管理系统，使得企业可以通过系统与上下游企业间的物流信息联动，提升整个物流过程的效率以达到物流成本的降低。

2. 物流成本控制观念淡薄，手段落后，物流成本核算制度不规范

物流成本控制观念缺乏，成本没有分列记账，缺乏对物流成本科学的会计核算方法。在目前现行的企业的会计准则中，企业现有的会计核算制度是按照劳动力和产品分摊企业成本的，没有单独设立会计科目对企业物流成本进行核算，企业的损益表中无物流成本的直接记录。物流在企业财务会计中没有科目，物流成本被分散在各个成本会计科目中，物流成本的信息不能被准确地披露出来，较难对企业生产的物流费用做出明确、全面的计算分析，导致企业无法对物流成本进行横向和纵向分析。例如物料运输成本常常包括在货物的购入成本或产品的销售成本中；厂内运输成本常计入生产成本；订单处理成本包含在销售费用中；部分存活持有成本可能包含在财务费用中。在通常的会计科目中，物流成本核算的是企业对外部运输所支付的运输费用或向外部运输仓库支付的商品保管费用等传统的物流费用。对于企业内部的物流基础设施建设和企业利用自己的车辆运输，利用自己的库房保管货物，由自己的工人进行包装，装卸等事物没有列入物流费用科目。因此，从现代物流管理的角度看，企业难以把握准确的物流成本。

3. 有效的物流成本管理方法不足，物流成本计算粗糙模糊

在成本管理方面，企业一直将注意力集中在生产成本的控制上，制定了许多管理与方法，但在物流成本管理体系上偏重于事后管理，忽视了事前的预测和计划。对于物流过程中的费用研究较少，缺乏有效的物流成本管理方法，一般采取的是将企业的成本都列在费用一栏中，因此，很难对企业发生的各种物流费用做出明确、全面的计算与分析。特别是对于物流全过程缺乏有效和全面的控制，造成此低彼高、物流系统整体效益不佳的状况。物流成本从计算上来看，我国现行的企业会计制度中习惯把一些杂七杂八的成本都列入费用一栏中，物流成本的界定非常不明确，因而很难对企业发生的各项物流费用做出准确、全面的计算与分析。有些企业只把企业支付给外部运输仓储企业的费

用列入物流专项成本，而企业内部发生的物流费用则是与企业其他经营费用混在一起计算的。库存资金积压一直没有在制造企业的物流成本计算中得到相应的衡量。物流会计核算范围与内容不明确导致实际物流成本的低估和模糊，影响了会计信息的真实性，没有核算，就没有控制。我国大多数企业并没有进行物流成本核算阶段，更不要说尽力控制其成本了。

4. 物流库存长、库存率过高、周转慢

我国国有制造型企业年流动资本周转率是1.2，国有商业型企业是2.3。许多商品物流成本的比例与美国相比要高出40%～50%。从库存来看，中国企业产品的周转期为35～45天。而国外一些企业的产品库存时间不超过10天。国际公认的库存商品与国内生产总值的比例在发达国家一般不超过1%，在发展中国家约为5%，而我国目前的工业库存为30%，这是商业物流不畅的重要表现，已严重影响了企业和产品的竞争力，亟须解决。据有关资料显示，目前我国生产企业成品库存月15天，原材料库存月30天，商业销售库存约35天，而国外一些企业的产品库存实践不超过10天。

5. 物流成本高，货损率、空载率高

我国企业物流费用平均占商品价格的40%，而美国物流费用平均只占商品价格的10%～20%，最多只占货价的32%。我国物流成本占生产成本的40%左右，而发达国家仅占10%。物流成本结构中，占比从高到低依次是：运输、配送、装卸与搬运、仓储、包装，运输成本高，货损率空载率高。物流企业流动资金周转率比上年下降0.03个百分点，流动资金趋紧，一定程度上推高了物流企业经营的成本。据2016年江苏省统计局的资料显示，物流成本占工业企业总成本的比重约为0.9%，物流成本的主体是产品运输费（占工业企业销售费用比重为22.3%）。以东部某企业的物流成本为例，运输费占87%，仓储费占5%，装卸费占8%。从运输能源价格数据来看，2015年布伦特原油价格下跌35%，但并未带动运输费用的下降，价格并未形成联动，因此工业企业的产品运输费用仍有下降空间。另外，生产企业、商业企业在物流经营过程中的平均货损率高于2%，货损率带来的成本仍然是物流成本的重要组成部分，每年因装卸不当的损失达500亿元，包装问题造成的损失达150亿元，保管不善的损失达30亿元。在运输车辆中，中国企业更愿意用自己的车队，货物自运车辆占70%，但空载率高达35%。

6. 物流信息技术应用水平落后，物流的信息化程度偏低

当前我国大多物流企业规模较小，无力发展物流信息化，行业信息应用水平依然较低，进而使得物流管理成本仍旧处于较高的状态。据中国物流信息中心数据表明，我国仅有18.3%的物流企业采用信息系统。由于物流行业信息化利用率低，使得仓储、管理成本长期较高。我国管理成本在GDP中占比为0.4%，超出美国五倍；仓储成本占GDP的比重为6.3%，高出美国近一倍。物流成本的概念中包括了包装、配送、加工和信息处理等环节，而在传统物流活动中的重点是储存、运输和装卸。物流成本的本质是物流、资金流和信息流一体化的过程，只有将它们有机地结合才能达到降低企业物流成本，完成提高企业经济效益的目标。而目前我国物流信息化水平低下，物流信息处理效率

偏低，造成了各种企业内外部资源在物流活动中的消耗和损失，影响企业的利润水平。

7. 物流人才知识结构有待提升，物流管理水平仍然需要提高

我国物流管理人员水平相对过低，物流人才总量相对不足，结构不合理，创新能力不强，在既懂物流又懂信息化的人才稀缺，精通会计熟悉物流业务的专业人才更是少见。大部分物流企业中管理者素质较低，具有中专以上文化程度的仅占整个物流行业职工总数的7.5%，大大低于其他行业；企业内部管理粗放，先进的物流管理技术和管理方法都还没有得到应用，不少管理者观念尚未彻底转变，不能及时适应市场需求。在企业中，物流管理人才不仅需要专业的知识技能，更要结合企业的发展状况，针对性的制定管理流程和措施。因此，企业如果缺乏专业的物流人才，必然会使整个物流供应链系统运行下降，影响企业的成本管理。

总而言之，对物流成本的计算和控制，各企业分散进行，根据自己的理解和认识把握物流成本，使得企业间无法在物流成本方面进行比较分析，也无法得出行业平均物流成本值，物流成本成了被遗忘的角落，成了阻碍物流成本降低和提高利润的“黑大陆”。

三、我国物流成本的影响因素分析

（一）企业物流成本的影响因素分析

在上面对我国制造业、物流企业的物流成本现状深度调查的基础上，结合理论分析，本章对企业物流成本的影响因素进行分析。

1. 企业物流成本的影响因素

1）物流基础设施

物流基础设施具有较强的公益性和效率性，各级政府管理部门应加强和重视物流基础设施的建设和管理，引导物流基础设施的建设与国家和区域物流发展规划相衔接，积极支持建设发展现代物流所必需的基础设施的大型物流园区、大型物流中心和公共物流信息网络平台建设及处于地方或部门边缘区的“节点”建设。政府应该通过适当方式参与前期投资，然后采取租赁、承包、入股、分期付款等形式，通过市场招标的办法交给企业经营管理，大力支持现代物流企业采取多种途径筹集资金，鼓励、引导多元化市场主体投资建设物流基础设施，以扩大资金来源，发展现代物流。

但正如国内一些知名物流专家指出的那样，“如果不能从物流的合理化、经济化、科学化角度设计物流流程，物流依托的资源未能有效的整合和系统化，而原先的系统化能力早已退化”，这正是我国付出高昂物流成本的重要原因。尽快从体制上打破分割，为企业创造一个系统化的物流平台，我国的物流才能得到突破。在条块分割、多头管理的传统模式影响下，我国各种物流基础设施的规划和建设缺乏必要的协调，物流基础设施的配套性、兼容性差，系统功能不强。各种运输方式之间、不同地区运输系统之间相互衔接的枢纽设施建设投入较少。各种综合性货运枢纽、物流基地、物流中心发展缓慢等问题均在一定程度上阻碍了我国物流产业的发展，也影响了物流成本。目前我国海铁联运比例远低于全球平均水平，澳大利亚、加拿大等国集装箱海铁联运比例都达到30%以上，虽然我国港口集装箱吞吐量位居世界第一，但海铁联运比例很低，很大比例

的物流费用都在物流运输方式转换过程中消耗掉了，极大地制约了物流成本降低，因此亟须提高加快多式联运发展，进一步整合港口、铁路等设施，实现船舶与列车的无缝衔接，提高不同运输方式的衔接效率。

2）体制管理政策

由于我国行政管理体系不清晰，各部门权责界定相互交叉，尤其物流业涉及多个行政管理机构，导致管理权严重分割，各相关部门或多或少对物流业都具有行政管理权，但缺乏统一的管理部门对物流业发展进行综合管理，从而引发物流业体制性成本居高不下。我国分部门管理，这与早期的计划经济有关，也与国民经济分工有关。因而，物流基础网络如铁路、民航、公路、水运都是分割的，而物流的特点则是不能单独依托一种方式，必须依靠几种方式的协作。这种分部门管理的体制，在不同方式转换时，就显得比较麻烦、费劲。对于企业来说，这种基础资源分割最直接的后果就是它们往往选择单一方式而避免衔接产生的新成本，在现代物流发展过程中，体制障碍表现得越来越突出，主要表现在：一是各类税费高企。以道路通行费为例，从国道、省道到县、乡公路，每一级都要收费，导致我国公路运输成本居高不下。二是地方保护主义导致物流业发展缺少跨区域统筹规划。各地区在物流业发展规划中，大都从本地利益出发，多以本地区为中心建设物流网络和节点，造成区域性物流基础设施重复建设，资源浪费严重，并且缺乏全局观念，影响了全国总体物流体系的构建。

3）信息通信网络

公共信息通信网络是物流信息畅通的基础平台，良好的信息通信网络有助于物流资源基础设施的整合，促进物流一体化，降低物流供应链上各主体企业之间的协调成本。2016 年电信网络干线光缆线路总长度 3041 万千米，互联网宽带接入端口数量达到 6.9 亿个，宽带城市建设继续推动光纤接入的普及，光纤接入（FTTH/0）用户总数达 2.28 亿户，互联网宽带接入端口“光进铜退”趋势更加明显。

4）企业所处地区

我国地域广阔、地区发展不平衡，存在着明显的区域差异，多数的经济不发达地区、贫困地区与一部分经济发达地区、比较发达地区并存。东部地区、南方沿海地区经济发达、交通便捷、政策灵活、观念新、物流规模大，中西部地区经济欠发达，交通运输系统相对落后，政策观念保守，物流规模小，这些或多或少都对物流成本产生直接或间接的影响。

以上主要是从宏观角度上对我国企业物流成本问题外在影响因素的分析，从企业自身看，物流成本的影响因素也有企业内部的自身原因。

5）成本管理基础

企业的成本管理基础包括企业现行会计制度、成本核算模式、流程与科目设置等，企业采用不同的会计制度，不同的成本核算模式，设置不同的核算科目，对物流成本计算结果都会产生不同程度的影响。譬如传统的会计方法是将各种物流活动费用与其他活动费用混在一起归集为诸如工资、折旧、租金等形态，这种归集方法不能确认运作的责任度；将传统成本的各项费用剥离出物流费用，通常是按物流功能分离的，在分配物流成本中却存在许多问题，很难为个别活动所细分，比如人工费分配率是由于每个人花费在物流活动上的经历所以很难确定；传统成本方法不能对物流供应链改造活动进行物流成本核算。

6）物流技术装备

企业物流技术装备包括物流运输设备、仓储设备、装卸搬运设备、包装设备和流通加工设备等，各种先进的物流机械设备在物流生产中发挥着越来越重要作用，对提高物流能力效率、降低物流成本、保证物流服务质量有十分重要的影响。

7）企业内部信息化

企业内部物流信息化应用程度较低，缺乏有效的信息管理系统。目前很多企业信息化程度较低，虽然有些公司应用了 ERP（企业资源计划）、WMS（仓库管理系统）、MES（生产信息化管理系统）等信息管理软件，但往往只是简单地统计、汇总，没有将内部物流各环节的单据实现自动流转。物流信息化是指企业运用现代信息技术对物流过程中产生的全部或部分信息进行采集、分类、传递、汇总、识别、跟踪、查询等一系列处理活动，以实现对货物流动过程的控制，从而降低成本、提高效益的管理活动。物流信息化是现代物流的灵魂，是现代物流发展的必然要求和基石。物流信息化的发展能提高物流效率，降低物流成本，整合各类物流信息资源，实现供应链信息的无缝接轨，实现物流信息的网络化、实时化传输，真正达到“物畅其流”的效果。

8）企业人才素质

企业人才素质对物流成本的影响是全方位的。如果高层管理者能从战略上重视物流成本，在物流意识上树立“第三利润源泉”的观念；中层管理人员、物流技术专业人才能全面了解现代物流新理念和运作模式，掌握商品配送和资金周转、成本核算等相关知识和操作方法；基层业务操作人员能熟练掌握各种物流设备操作，在具体的物流业务中能主动提高物流作业效率，那么物流成本的控制就能落实，不会浅尝辄止。

9）内部物流管理手段

企业内部物流管理的核心是管理物料的流动状态和停留时间，控制存货的数量、形态和分布，加快存货周转期，使物流、信息流和资金流畅通并形成完整的闭环反馈系统，做到物料供给精准化与生产需求同步化。良好的内部物流管理能将物流管理提升到企业战略高度，实现物流管理的系统化、信息化、一体化，降低物流成本，使企业上下须形成“向物流要效益”的氛围。

10）企业经营业务规模

企业经营业务规模对物流成本也有一定程度的影响。企业市场大，业务规模也就更大，物流成本分析与控制的范围余地更大。

11）企业供应链管理水平

当今企业的竞争不再是单个企业的竞争，而是供应链与供应链之间的竞争。供应链管理不仅需要在企业内部建立和推动整合的成本分析和管理，而且要能够面向客户和供应商进行成本优化，并将这些要素整合到所有的供应链管理流程中。供应链物流成本管理的框架和体系的分析表明，增强供应链物流成本的透明度对于加强供应链管理具有十分重要的意义，清晰地了解成本和利润的贡献度，可以帮助企业战略性地决策供应链的结构。

12）企业物流外包比重

企业的物流管理可以分成三大类：外包物流、自营物流以及外包物流和自营物流相结合的混合模式。外包物流和自营物流各有利弊，其重要性是相对的。中国仓储协会第三次全国物流供需求状况调查显示，有 43% 的生产企业从事自营物流，有 36% 的生产企业物流管理采取外包物流和自营物流的混合模式，而把物流外包的生产企业却只有 21%。一般来说，生产制造企业的关键业务并不是物流业务，并且物流业务也不是它们的专长。将物流作为核心业务的物流企业，具有非常丰富的物流运作经验，管理水平也非常高。而新兴的第三方物流企业由于其从事多项物流项目的运作，可以整合各项物流资源，使得物流的运作成本相对较低，物流作业更加高效。生产制业企业将物流业务剥离出来交给它们来做，就可以集中精力开展主流业务、发挥竞争优势、降低物流成本，这就是所谓的“物流外包”。

2. 企业物流成本的评价指标

基于以上对企业物流成本影响因素的分析，本课题构建了企业物流成本层次结构关系，如图 20 所示。

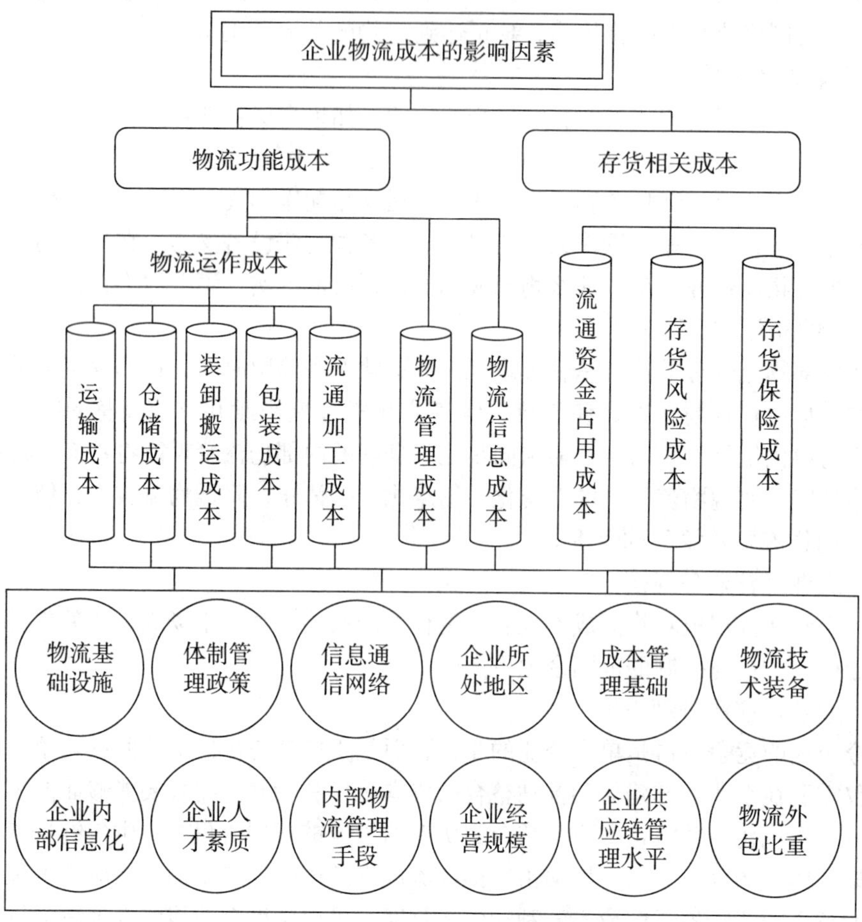

图 20　企业物流成本构成的评价指标体系

3. 基于 ANP 的企业物流成本影响分析

由于物流成本的影响因素之间存在错综复杂的反馈关系，各影响因素之间并非独立，而是相互依存、相互影响。因此，本课题尝试利用层次网络分析法 ANP 对各因素进行综合评价，尽可能给出科学合理的评价结果。ANP 是在 AHP（层次分析法）的基础上，针对评价指标间存在着相互影响关系的系统评价问题而提出的有效的决策方法。基于此，本研究构建物流成本影响因素网络结构图，给出物流成本影响评价的 ANP 方法，并通过 Super Decisions（超级决策）软件进行实现。

1）企业物流成本影响因素网络结构图

在图 20 的基础上，我们把企业物流成本影响因素分成三部分（见图 21）。第一部分是企业外部影响因素，包括物流基础设施、体制管理政策、信息通信网络和企业所处地区，这部分因素是企业物流成本的外生变量，企业一般只能适应而无法控制；第二部分是企业内部影响因素，包括成本管理基础、物流技术装备、企业内部信息化程度、企业人才素质、内部物流管理手段；第三部分是企业不能完全控制的因素，包括企业供应链管理水平、企业经营规模和企业物流外包比重。

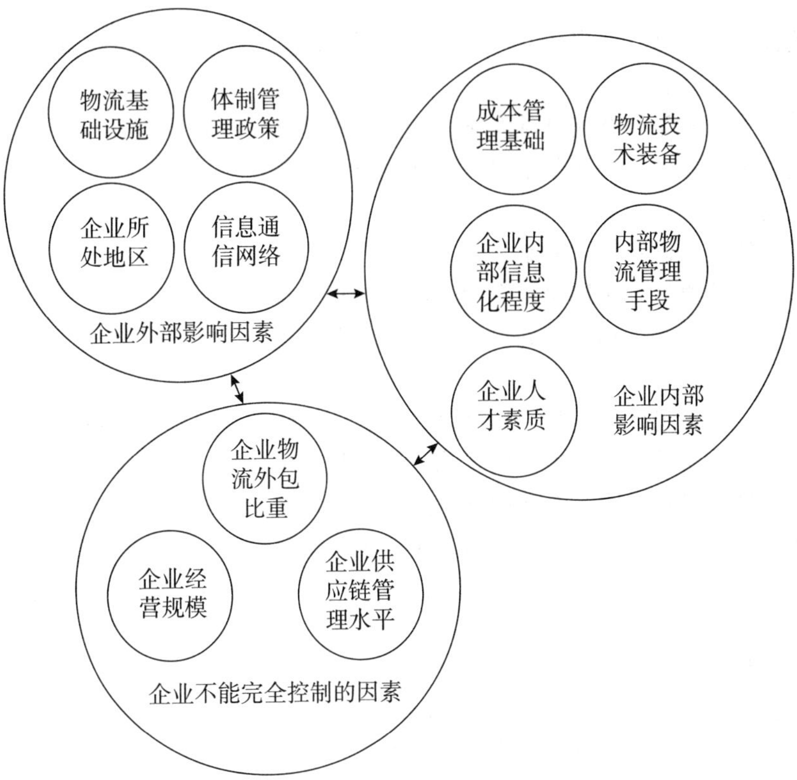

图 21　企业物流成本影响因素的网络结构

自上而下，由图 20、图 21 可知各项物流成本构成与影响因素关系如下：

①运输成本：物流基础设施，体制管理政策，企业所处地区、企业成本管理基础、企业经营规模、企业物流外包比重、企业供应链管理水平。

②仓储成本：物流基础设施，体制政策管理，企业所处地区、成本管理基础、内部物流管理手段、企业内部信息化、企业物流技术装备、企业经营规模、企业物流外包比重、企业供应链管理水平。

③装卸搬运成本：成本管理基础，物流技术装备，企业人才素质，企业经营规模。

④包装成本：成本管理基础，物流技术装备，企业人才素质，企业经营规模。

⑤流通加工成本：成本管理基础，物流技术装备，企业经营规模。

⑥物流管理成本：成本管理基础，企业人才素质，企业经营规模，物流管理手段，企业物流外包比重。

⑦物流信息成本：成本管理基础，企业内部信息化程度，信息通信网络。

⑧流通资金占用成本：成本管理基础，企业经营规模，企业物流外包比重，供应链管理水平。

⑨存货风险成本：企业所处地区，成本管理基础，供应链管理水平。

⑩存货保险成本：企业所处地区，成本管理基础，企业物流外包比重，供应链管理水平。

企业物流成本影响因素内部之间关系如下：

①物流基础设施：信息通信网络，企业所处地区，体制管理政策，企业物流外包比重。

②体制管理政策：物流基础设施，企业所处地区，企业物流外包比重。

③企业所处地区：物流基础设施，体制管理政策。

④信息通信网络：企业所处地区

⑤成本管理基础：物流基础设施，企业内部信息化水平，企业人才素质，内部物流管理手段，企业物流外包比重，企业供应链管理水平。

⑥物流技术装备：物流基础设施，企业经营规模，企业人才素质，企业内部物流管理手段。

⑦企业内部信息化：信息通信网络，企业人才素质，企业供应链管理水平。

⑧企业人才素质：企业内部信息化，物流技术装备。

⑨内部物流管理手段：企业内部信息化，物流技术装备，企业人才素质。

⑩企业经营规模：企业人才素质，企业内部信息化。

⑪企业供应链管理水平：物流基础设施，信息通信网络，企业经营规模，企业人才素质，企业物流外包比重。

⑫企业物流外包比重：物流基础设施，企业经营规模，企业供应链管理水平。

企业物流成本影响因素的 ANP 网络结构（见图 22）。

2）企业物流成本影响因素的 ANP 分析

利用 Super Decisions 决策分析软件，结合专家意见，得到物流成本影响的权重如表 13 所示。由表可知，从整体上来看，企业物流成本综合受企业内部、外部因素影响，外部影响因素约占 30%，内部影响因素约占 42%，不完全可控因素占 28%。其中，影响物流成本较大的因素依次是供应链管理水平、成本管理基础、物流基础设施、企业物流外包比重和体制管理政策。

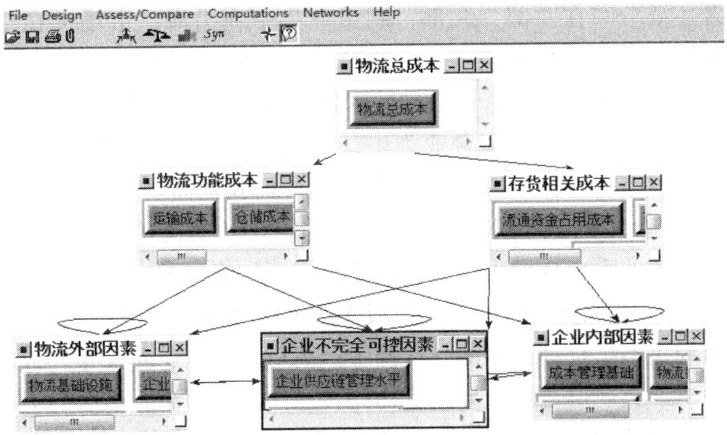

图 22　企业物流成本影响因素的 ANP 网络结构示意

表 13　　物流成本影响因素及其权重

影响因素类别	物流成本影响因素	权重
企业外部影响因素	物流基础设施	0.114
	体制管理政策	0.098
	信息通信网络	0.039
	企业所处地区	0.051
	小计	0.302
企业内部影响因素	成本管理基础	0.120
	物流技术装备	0.062
	企业内部信息化	0.059
	企业人才素质	0.085
	内部物流管理	0.094
	小计	0.420
企业不完全可控因素	企业经营规模	0.053
	企业供应链管理水平	0.127
	企业物流外包比重	0.098
	小计	0.278

(二) 社会物流成本的影响因素分析

1. 社会物流成本的影响因素

综合来看，影响社会物流成本的因素主要有以下几个方面。

(1) 产业结构和生产力布局。产业结构和生产力布局是影响物流成本的基础性因素。我国处于工业化中后期，我国第一、第二产业比重较大，大宗商品对物流需求总量极大，而且资源主要分布在西部、北部，制造业集中在沿海，市场又在全国乃至全世界。这种特点客观上决定了物流强度大，距离长。和发达国家相比，我国单位 GDP 的货运量和货物周转量要高得多，这是基础性因素。目前，我国经济主要以基础建设和制造业为主，发达国家则以服务和金融业为主，对物流的需求量不同。从单位 GDP 的货运量看，每万美元 GDP 美国只需要 7.7 吨货运量，而我国需要 48.7 吨，因此发达国家相对的单位 GDP 货运量较低，会对物流成本与 GDP 的比率有下降作用。通常来看，第一、第二产业对物流的需求规模大于第三产业，因而物流成本也高于第三产业。伴随着第三产业增加值占 GDP 比重的增加，物流成本与 GDP 的比率不断降低。除了产业结构外，我国产业布局也不尽合理，能源、资源生产地与消费地逆向分布，致使煤炭、钢铁等大宗商品长距离、大规模运输，导致货物周转量偏高，物流成本居高不下。

（2）物流管理水平和物流运行效率。物流管理水平的高低，直接影响着物流耗费的大小和物流运行效率的高低。因此，不管是生产制造型企业还是物流企业，要降低物流成本，就必须不断改进物流管理的方法，采用先进物流装备，提高物流运行效率，实现物流由成本中心向效益中心转变、由企业物流向行业物流转变。对于政府行业管理机构而言，要在推进物流基础资源现代化、标准化的同时，综合协调各种交通运输方式，一站式提升各部门之间业务流程服务水平。

（3）物流竞争结构和物流市场化程度。从物流业内部来看，目前物流企业同质化竞争严重，急需提高行业集中度，实现规模效益。比如像顺丰、圆通这种大规模的物流公司全国就有 10 家，盲目投资和无序竞争严重。未来物流业集中化规模化程度会大大提高，国内可能会只留下 3 ~ 4 家大规模、全产业链的物流公司。快递、电商、零担、医药、物流地产等细分物流市场品牌集中、企业集聚、市场集约的趋势进一步显现。

传统的物流竞争侧重于功能或环节的竞争，物流信息的分散和阻滞导致竞争手段集中于物流设施、运输工具、仓储设备和包装技术等有形部分。随着物流技术的发展和物流设施的完善，物流企业的竞争转向如何利用现代信息技术，整合物流流程、重组物流功能和协调物流环节，从而提高物流体系运作效率等领域，信息技术水平和协调管理能力等无形因素成为主要竞争手段。竞争关系从你死我活的竞争关系发展到既竞争又合作的对抗联合关系。物流服务需求的多样化、复杂化和全球化对物流企业的经营规模、服务能力、营销经验和风险承受等资源和能力提出更高的要求，竞争主体的多元化、竞争层面的交融化和竞争内容的多样化导致物流企业之间犬牙交错的竞争格局，只有与竞争对手建立战略联盟，形成既竞争又合作的互动关系，追求“双赢”的竞争效要，方能更好地满足顾客需求，有效应对竞争环境，实现企业竞争目标。

（4）物流商品价值及其运输结构方式。物流商品价值的提升表示物流成本在商品中的比例下降，在物流需求曲线不变的前提下，物流需求价格弹性将进一步下降，那么相应的物流成本对物流需求的边际效应也呈现下降趋势。不同价值的商品在选择物流运输方式的时候，呈现出不同的特点。譬如，趋向薄、轻、短、小、高价值的产品更趋向于航空运输，大批量低值产品的长距离运输倾向于铁路和水陆运；短距离、小批量的商品适合于公路运输。通过优化货物在各种交通运输方式的比重结构，有可能降低单位货物的物流运输成本，从而降低总物流成本。

总之，随着我国以及产业结构的调整升级、物流管理水平、物流效率的提高，物流竞争市场结构的优化及整体物流商品价值属性的进一步提升，可以预测的是未来“社会物流费用/GDP”这一比例还将下降，但下降幅度呈持续走窄态势。

2. 社会物流成本的评价指标

基于以上对社会物流成本影响因素的分析，本课题构建了社会物流成本的评价指标体系层次结构关系，如图 23 所示。

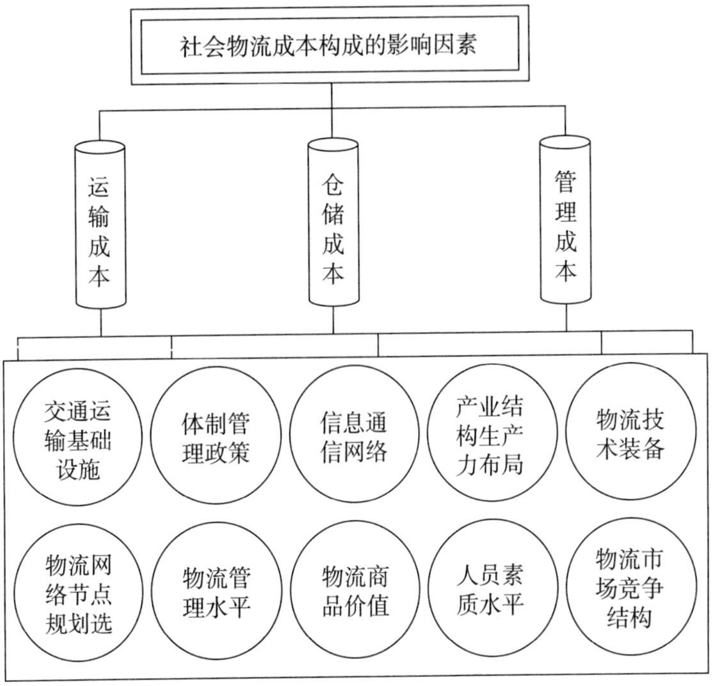

图 23　社会物流成本构成的影响因素

3. 基于 ANP 的社会物流成本影响分析

和企业物流成本类似，社会物流成本的影响因素之间并非独立，而是相互依存、相互影响。因此，本课题亦试图用层次网络分析法 ANP 对各因素进行综合评价，尽可能给出科学合理的评价结果。ANP 是在 AHP（层次分析法）的基础上，针对评价指标间存在着相互影响关系的系统评价问题而提出的有效的决策方法。基于此方法，本研究构建社会物流成本影响因素网络结构图，给出物流成本影响评价的 ANP 方法，并通过 Super Decisions 软件进行实现。

1）社会物流成本影响因素网络结构

在图 23 基础上，我们把社会物流成本影响因素按时间长度分成两部分（见图 24）。第一部分是长期性影响因素，包括产业结构及生产力布局、交通运输基础设施、物流网络节点规划、物流市场竞争结构、物流商品价值，这部分因素对社会物流成本产生长期性的影响；第二部分是短期性影响因素，包括体制管理政策、物流技术装备、信息通信网络、企业人才素质、物流管理水平。

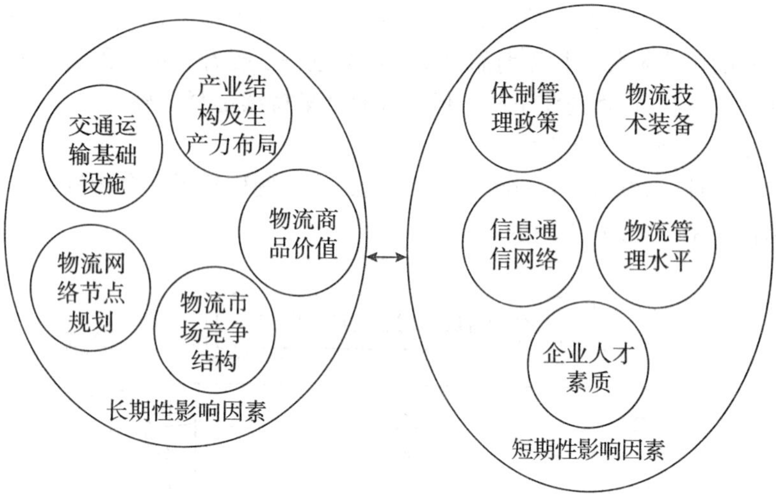

图 24　社会物流成本影响因素的网络结构

自上而下，由图 23、图 24 可知社会物流成本构成与影响因素关系如下。

①运输成本：产业结构及生产力布局，交通运输基础设施、物流网络节点规划、物流商品价值、物流市场竞争结构，体制管理政策、物流管理水平、物流技术装备。

②仓储成本：物流网络节点规划、物流商品机制、物流管理水平，物流技术装备、企业人才素质、信息通信网络。

③管理成本：体制管理政策、物流管理水平、企业人才素质。

社会物流成本影响因素内部之间相互关系如下。

①产业结构及生产力布局：交通运输基础设施，信息通信网络。

②交通运输基础设施：产业结构及生产力布局，物流商品价值，信息通信网络，体制管理政策。

③物流网络节点规划：产业结构及生产力布局、交通运输基础设施、企业人才素质。

④物流市场竞争结构：产业结构及生产力布局、交通运输基础设施、物流管理水平、体制政策管理。

⑤物流商品价值：产业结构及生产力布局、物流管理水平、体制政策管理、物流市场竞争结构、物流技术装备。

⑥体制政策管理：产业结构及生产力布局、交通运输基础设施、物流技术装备、物流市场竞争结构。

⑦物流技术装备：体制政策管理、物流管理水平、企业人才素质、信息通信网络。

⑧信息通信网络：企业人才素质。

⑨物流管理水平：物流技术装备、信息通信网络、企业人才素质、交通运输基础设施。

⑩企业人才素质：产业结构及生产力布局、信息通信网络。

根据上面的分析，利用 Super Decisions 软件实现。

2）社会物流成本影响因素的 ANP 分析

利用 Super Decisions 决策分析软件，结合专家意见，得到物流成本影响因素的权重如表 14 所示。由表 14 可知，从整体上来看，企业物流成本综合受长期趋势性因素、中短期性因素影响，长期趋势性影响因素约 58%，中短期影响因素约 42%。其中，影响社会物流成本最大的因素依次是产业结构及生产力布局、交通运输基础设施、物流管理水平、物流网络节点规划、物流技术装备、物流商品价值、体制管理政策和企业人才素质。

表 14　　社会物流成本影响因素及其权重

影响因素类别	物流成本影响因素	权重
长期趋势性影响因素	产业结构及生产力布局	0.164
	交通运输基础设施	0.138
	物流网络节点规划	0.105
	物流市场竞争结构	0.084
	物流商品价值	0.091
	小计	0.582
中短期性影响因素	体制管理政策	0.082
	物流技术装备	0.092
	信息通信网络	0.056
	企业人才素质	0.075
	物流管理水平	0.113
	小计	0.418

四、我国物流成本高企的原因分析

（一）企业物流成本高企的原因分析

1. 表层原因

1）物流成本计算的前提条件不同、物流成本计算内容不一

首先，企业要进行物流成本计算，第一需要对本企业物流成本的内涵及形成机理有相当程度的认识和理解，第二是会计基础工作扎实，有关部门密切协作。如果这些基本条件满足的程度不同，必然会对物流成本计算的结果带来偏差。

其次，虽然对企业物流成本的构成与计算有国家标准，但企业在具体成本计算的时候，物流成本的计算内容往往不统一，有的是按照物流功能成本计算，有的是按照支付形态计算，有的是按照物流范围计算，这样得到的物流成本汇总数据自然会存在误差。

2）物流成本数据的获得方法有差异、物流成本计算方法不相同

企业物流成本的基础数据来源于企业的原始凭证、会计科目和会计报表，从中加工

分离得到所需要的物流成本数据，获得这些数据的基本方法有会计核算方法、统计方法以及会计与统计相结合的方法。统计方法本来就是对物流成本各种数据的估计、模糊不清，计算结果的不确定性更大，误差难以控制。虽然会计方法数据比较确定，但在划分计入物流成本和不计入物流成本的费用界限等方面，企业会有自己的理解和掌握，造成物流成本的基础数据就不一致。

在物流成本的具体计算方法方面，企业也有各自的计算流程和步骤。有的是“品种法”，有的是“分步法”，有的可能是“作业成本法”，最终也会对物流成本的计算结果造成较大的差异。在具体计算流程，不少企业还停留在“纸笔时代”。有些企业虽然配备了电脑，但没有物流软件、物流信息网络支持，导致各个环节的物流成本数据分割。在物流成本数据采集方面，也缺乏明确的制度基础和选择标准，成本的归集和分配因此大打折扣。

以现行的传统成本计算方法为例，存在典型的一些问题：①传统的成本计算方法造成了“物流成本冰山说”。在传统的成本计算方法下，只把支付给外部的运输费用、仓储费用列入了企业物流成本。事实上，这些费用只是企业整个物流成本费用的冰山一角。传统的成本方法在各项物流费用的确认、分类、分析和控制上都存在缺陷。②传统物流成本计算方法提供的物流成本往往失真，不利于科学控制。现代企业的生产经营活动复杂，产品品种结构多样，生产工艺多变等情况经常产生调整，使得过去费用较少的订货作业、物料搬运、信息系统的维护等与产量无关的物流费用增加，投入的所有资源也随之增加。传统成本计算普遍采用与产量相关联的分摊，致使许多物流活动产生的费用处于失控状态，造成了大量的浪费和物流服务水平下降。③传统物流成本计算方法不能提供足够的物流量度，不能满足物流一体化的要求。物流活动及其发生的费用经常跨部门发生，而传统的物流成本计算方法是将各种物流活动费用与其他活动费用混在一起归集为其他形态，这种归集方法不能确认运作的责任。④传统物流成本计算方法的费用分配率存在问题。将传统成本会计的各项费用剥离出物流费用，通常是按物流功能分离的，但在分配物流费用中存在许多问题，很难为物流活动所细分。例如，人工费用分配率由于每个人花费在物流活动上的精力很难细分，传统物流成本计算方法不能对物流改造工程活动进行物流成本核算。

总之，目前我国企业物流成本的构成模式尚未完全建立，国家并未对物流成本的范围及其计算方法进行制度规范，致使企业难以进行系统的物流成本计算，给物流成本管理造成了困难。而在国外，譬如日本，在不断降低成本的过程中，积淀了一套行之有效的物流成本管理理论和方法。日本运输省早在1997年制定了《物流成本计算统一标准》规定了物流成本计算的三种方式。

3）物流成本控制观念淡薄，核算制度不规范，缺乏约束激励机制

企业进行物流企业的成本分析与控制意识淡薄，物流企业成本分析与控制不仅仅是企业负责人或者是所有者的任务，还需要物流整个过程的配合。目前，物流企业成本分析与控制还仅仅停留在基础层面上，没有成本分析与控制计划和目标，各个物流中心完全凭借自己的主观判断控制成本，依靠自己的估算评价成本分析与控制。这种完全依靠经验的成本分析与控制不具有科学性，也不准确。虽然有些企业出台了相对完备的物流

成本管理制度，也无法保证企业有合理的内控机制加以落实，管理者甚至可以任意接触更改成本资料，粉饰会计报表。

1993 年，我国进行了会计制度改革，企业会计准则发生了较大的变化，而成本核算只是由完全成本法改为制造成本法，其他变化不大。随着企业进一步发展，物流成本核算的问题日益暴露出来。物流成本在现行财务会计制度中没有单独的项目，通常将一些应计入物流成本的费用计入企业经营管理费用。同时，将物资采购过程中发生的运输费、保险费等计入物资采购费。在实际计算物流成本时，对上述费用的分解必然存在一个制度规范问题。而且，如果要分解这些隐藏的费用，在操作上也存在很大的困难，操作成本较高。此外，对物流成本管理较好、经济效益不断提高的集体和个人缺乏激励机制，企业难以调度管理者和广大职工的积极性。

总之，因为以上这些直接导致物流成本增高的表面原因，导致企业物流成本管理模式还停留在粗放、不规范的阶段。企业这种物流管理模式给物流成本分析与控制带来了巨大隐患，一方面，不重视成本分析与控制，另一方面，又比较粗糙，往往很多成本糊里糊涂地支出了，造成物流成本居高不下。

2. 深层原因

1）物流管理观念落后，传统物流服务需要革新

企业发展经营的重点通常放在销售、生产、研发等领域，而缺乏对物流的关注，“大采购、小批发”“重商流、轻物流”的观念在企业中仍有很深的烙印。企业物流的理解大多仅限于运输、仓储等低增值业务，而对物流系统设计、物流合理化、开发信息系统等高增值业务缺乏理解。企业没有树立现代物流意识，没有充分意识到现代物流管理是降低生产总成本、增强企业竞争力的重要手段。更为严重的是国内企业缺乏现代物流的“第三利润源泉”的理念，没有将物流看作是优化生产过程、强化市场经营的关键，而是将物流归于附属地位。落后的观念必将导致落后的物流体系的物流管理，降低物流成本也无从谈起。虽然不少企业对自身物流体制进行了改革，但并没真正理顺，体制设计缺乏科学性、前瞻性，与社会物流发展分工不协调，没有从供应链的角度，整合供应物流、生产物流和销售物流，在职能制或直线职能制的框架下，依然是条块分割、部门分割。物流一体化组织架构难以建立，企业物流中心的构建还有很多问题，内部配送难以实现。

随着市场经济的深入，企业越来越倾向于大量的定制化生产，对物流的要求也倾向于实行多批次、小批量配送和适时配送。而大多数企业仅是在过去物流系统的基础上降低物流成本，尚未建立适应现代化生产的物流系统。据统计，英国各种物流开支平均占货架总额的 14.8%，美国各种商品的流通费用最高不过 32%、最低的为 10%，而我国经济发达的珠三角地区，一般商品物流成本占商品总成本的 50%～60%，食品水果则高达 70%。

2）物流技术装备水平相对落后，物流管理方式制约了物流水平提升

物流系统效率决定企业的物流成本水平，先进的物流科技水平和管理方式是提高物流系统效率的重要手段。在物流作业方面，早在 20 世纪 60 年代，日本就开始广泛采用叉车等机械化装卸设备和自动化仓库，灵活运用托盘和集装箱，实现货物单元成组装

卸。同时，建立物流中心，推行物流网络系统，开发配送系统等物流软件，提高了物流作业质量。今天，条形码、卫星定位系统、RFID（射频识别系统）等信息技术更是广泛运用。在我国，这些应用水平有待进一步提高。

不管是制造型企业还是物流企业，尽管设备配备、基础设施建设初期投入资金较大，但从长远来看，它对提升企业运输、配送效率、降低运营成本十分有益。如目前国内一些企业运输量较大，采用集装箱运输方式，将商品运输与装卸有机结合起来，可以有效降低企业运输成本、提升配送效率。再比如铁路运输企业与其他物流企业合作，采取拼装方式，将商品化零为整、集中运货，可以实现运输资源充分利用。实践中，为有效实现物流成本控制，很多企业采取了物流业务外包模式，即企业将与物流相关的业务如装卸、搬运、配送等整体外包给更具专业性的独立第三方物流企业，这种模式对双方而言都有利：从企业角度来看，物流成本得到有效控制，相关投入减少，对终端客户的配送服务更专业、更有水准；从第三方物流企业角度来看，通过资源的优化配置与充分利用，企业的盈利能力更强，利用自身专业技术优势，可以最终实现企业做大、做强。

3）物流标准化工作、信息化管理水平需要进一步提升

标准化的物流不仅可以降低工作难度，减少物流损失，而且降低了物流综合费用。建立物流规范和费用标准：一是对装车、运输、仓储、装卸、配送、搬运等各种活动形成操作规范，建立物流标准。既有利于提高物流效率（如提高装车满载率、提高仓储空间利用率等）；也有利于做好各项活动之间的衔接和配合（如托盘与各类物流装备之间的配合衔接），提高效率。二是对各种常规性物流费用尽量建立标准，便于预算、分析、控制和考核。对配送来说，标准化可以加强物流作业现场管理，降低物流作业成本，提高服务质量。同时，标准化也是供应链合作的基础。以条形码为例，它是标准化应用广泛的一种，也是物流管理的基本手段。虽然条形码技术在我国应用相当普遍，但主要是应用在提高零售企业的结算速度上，在提高物流效率上的作用并不明显。对比国外的条形码发展，我国没有形成良好的应用环境，物流条形码标准尚未普及，为了在整个供应链中实现信息共享，必须统一标准，实现物流标准化，实现物流信息化，提高物流效率，降低成本。

我国企业的物流管理方式相对落后，客观上制约了物流水平。在欧美发达国家，计算机技术尤其是各种管理软件的应用发展，MRP（物资需求计划）、MRPII、ERP（企业资源计划）、KANBAN（看板）、JIT（准时制生产方式）、CIMS（计算机集成制造系统）等先进技术和管理方法的出现，引入并应用到物流管理中。美国物流模式强调“一体化的物流管理系统”，是一种以整体利益为重，冲破部门分管的体制，从系统角度进行统一规划的管理方式。日本的准时制 JIT 打破了规模经济学，立足于时间，强调要在恰好需要时达到，加快了物流速度，降低了库存成本。

现代信息管理技术在物流管理中的应用对制造业、物流业的持续、健康发展至关重要。现代企业通过购置、配备先进技术设备，实现数据信息化处理，可以大大提升订单处理效率和物资配送效率，同时实现对库存的优化配置，甚至实现“零库存”，有效降低成本，创造利润空间。对于终端用户而言，通过先进的信息管理技术可以实时了解订单处理、货物配送情况，实现用户与企业之间的信息共享。当前由于信息管理设备价格

高昂、维护成本较高，物流企业特别是中、小物流企业根本无力承担这一昂贵的费用。此外，国内由于专业管理人员匮乏导致物流信息管理技术水平较低，很多物流企业即使配备了先进信息管理设备，使用效率却十分低下，甚至没有人会操作。一些物流企业因此认为无须使用信息管理技术，先进信息管理技术在物流行业推广、应用因此受阻。

4）企业复合型物流人才缺乏，现有人才知识结构需要提高

目前企业物流人才结构单一，需要复合型的物流人才，既懂企业管理，物流管理，也懂信息技术和电子商务的T型人才，缺乏懂物流知识的财务会计与管理会计人员。很多企业关于物流成本核算与控制的工作都不是物流本专业的工作人员进行的，基本都是财务会计方面的人员在进行相关工作，而这些人员自身在接受财务会计方面的专业教育时，很少涉及物流方面的相关知识。所以专业物流核算与控制人员的缺乏是当前进行有效管理和控制的一大难题。

由于高校财务会计与管理会计教育中没有相关物流成本的知识，使得在职的会计人员没有物流成本核算和控制的概念。须加强会计人员培训对基础物流知识以及物流成本知识的培训、加强企业职工的成本管理意识，把降低成本的工作从物流管理部门扩展到企业的各个部门，并从产品开发、生产、销售的全生命周期中，进行物流成本管理，使企业具有长期发展的“战略性成本意识”。

（二）社会物流成本高企的原因分析

1. 表层原因

1）社会物流费用的计算问题

我国社会物流成本计算是借鉴美国物流成本的计算方法而来，由于两国不同的国情，不同的统计体系，因此计算结果势必会有误差，造成物流成本计算的不精确。在社会物流成本的三大组成部分中，运输费用根据不同的运输方式及对应的业务核算办法分别计算，所应用到的运价、货运量、周转里程等均和国外的统计计算有一定差异。保管成本中的仓储成本、存货成本、货损包装成本等是根据《中国财政年鉴》《中国统计年鉴》《中国税务年鉴》《中国工业经济年鉴》等数据进行计算，其中很多数据无法直接得到，只能采用估计值，数据统计口径不一等原因，更难以直接和国外数据进行比较。管理费用，我国采用的是社会物流平均管理费用率，是基于各部门物流总额比例的平均数，这样得到的社会物流管理费用自然有一定的偏差。

2）社会物流中的“两高一乱”现象较为严重

以普通物流公司为例，物流运输成本大致分为四大部分：路桥费占25%，油费占46%，人工成本占14%，车辆保险损耗占15%。所谓的“两高一乱”指的就是：一是超高的过桥、过路费，二是高昂的柴、汽油费，三是交警、路政人员的乱罚款。物流运输中各种收费太多，乱收费、多收费、高收费、不合理收费现象十分普遍，包括道路的收费、管理的收费、办理各种证件的收费等。油费方面，近两年汽油价格呈上涨趋势，高于同期国际原油价格，这些都直接推动了运输成本的增加。

近二十年新建的大部分高等级公路，由公共产品部分地蜕变为准公共产品，甚至是私人产品，高速公路以公共设施的名义，转化成某些利益集团牟取暴利的工具，并十分巧妙地以高工资、转移支出等途径实行利益输送。从投资主体选择、工程预算到工程招

标等就埋下了高收费的伏笔。一些公路投资部门或营运部门，实际上，就是一些半明半暗的小集团利益或私人投资，为了多收费和高收费，尽可能多地设置罚款机会和金额，成了一种“潜规则”。于是，本来是公共投资的公路却变成私人投资的公路，本来是免费的却变成收费的，本来是少收费的却变成多收费的，本来已经收费到期却一直延期收费。“贷款修路，收费还贷”这个在工业化初期和原始积累初期采取的短期对策，却被一些利益部门和集团无限放大，以致乐此不疲。

3）人工成本上涨，税收等政策制度的不完善导致管理成本居高不下

总的趋势来看，在社会物流总成本的结构中，保管费用、管理费用相对于运输费用比重增加的趋势更明显。欧美发达国家的管理成本大概是3%，如果管理成本超过4%就相当高了，那就反映出在机制、体制方面是存有问题的，或者是需要去改进的。在中国物流成本中，管理成本高达12.6%，这说明我国的管理成本相当高。

物流业原本就是劳动密集型产业，虽然现代物流业的发展更强调的是技术密集与资金密集，但是在整体物流现代化发展并没有达到一定高度的前提下，人力需求还是行业必不可少的，这导致人工成本依然是行业成本的重要组成。随着社会经济的发展，人们生活水平的提高，致使我国劳动者的工资水平也在不断提高，无形中也不断推高了物流业的劳动力成本。不解决技术升级与产业转型，高人力成本将是一种行业常态。

政府税收体制不完善，税收制度难以完全适应发展现代物流的需要，收费负担仍然较重。物流企业在“营改增”之前，主要缴纳营业税，但因为物流企业外包和物流代理业务的特点，重复征税的问题在运输、配送、仓储租赁等领域非常突出，除营业税外，依照税法，物流企业还要缴纳土地使用税、房产税、车船使用税、企业所得税等。近年来，实施结构性减税，大幅提高小型微型企业增值税和营业税起征点，实行“营改增”试点等，在一定程度上减轻了物流企业税负，但也存在一些环节也需要进一步调整完善，而且乱收费问题没有根除，部分运输型企业税负大幅增加。

2. 深层原因

1）国家的经济结构和产业布局

由于处于工业化中后期，我国第一、第二产业比重较大，大宗商品对物流需求总量极大。资源主要在西部、北部，制造业集中在沿海，市场又在全国、全世界，“西气东输”“北煤南运”“北粮南运”等现象普遍存在。我国产业布局也不尽合理，能源资源生产地与消费地逆向分布，致使煤炭、钢铁等大宗商品长距离、大规模运输，导致货物周转量偏高，成本居高不下。

2）运输基础设施结构协调性、联动性不够

总体运输基础设施结构协调性和联动性不够，也提高了物流费用。据测算，铁路运输比公路便宜1/4，水路比公路便宜2/3，但是现在我们主要还是靠公路运输，铁路、水路运输方式使用率还比较低。内陆地区这个问题更严重，重庆市靠在长江边上，公路货运量占总货运量的86%，水运只占11.7%，铁路只占2.3%，也就是说，黄金水道没出黄金。同时，我国综合交通运输体系尚未完全形成，不同运输方式难以有效衔接，也影响了物流效率。目前，港口集装箱吞吐量80%以上靠公路运输，海铁联运仅有2%左右，远低于全球20%、美国40%的水平。建设长江经济带，就提到要注重发挥水运运

量大、成本低、节能节地的优势，抓好综合立体交通走廊建设，提升长江黄金水道功能，建设快速大能力铁路通道、高等级广覆盖公路网和航空网络，加强各种运输方式与港区的衔接，大力发展江海联运、干支线直达和铁水、空铁、公水等多式联运。

3）物流行业组织水平、社会化程度低

长期以来，由于受计划经济的影响，我国物流社会化程度低，物流管理体制混乱，机构多元化，原物资部、原商业部、对外经贸部、交通部以及中央各部（煤炭部、林业部等）、城乡建设环境保护部均有各自的物流系统。这种分散的、多元化的物流格局，导致社会化大生产、专业化流通的集约化经营优势难以发挥，规模经营、规模效益难以实现，设施利用率低、布局不合理、重复建设、资金浪费严重。由于利益冲突及信息不通畅等原因，造成余缺物资不能及时调配，大量物资滞留在流通领域，造成资金沉淀，发生大量库存费用。

我国物流行业组织的总体水平低，管理模式需要创新和升级，集约化、规模化、网络化不够，制约了物流和供应链管理服务水平的发展提升，也提高了物流成本。近几年国内各地大量兴建物流园区，然而物流园区的同质化、重复建设现象在部分地区相当明显，全国物流园区的利用率不足 40%，范围经济没有得到充分体现。从行业集中度来看，物流业市场竞争结构很低，"多、小、散、弱"等结构性问题比较突出，不仅很难形成行业集约作用，使得整个产业难以在具体业务上实现规模化、标准化、高效化，继而推动物流成本的上升。据统计，我国约有 810 万家运输经营业户，其中，以个体运输业户为主的中小型物流企业占比超过了 90%。我国前 20 家公路运输型企业占的份额不到 2%，即市场集中度只有 2%，非常低。而美国前五家公路运输型企业占市场份额就到了 60%，我国 20 家还不到 2%。我国道路货运公司平均拥有 1.5 辆车，连 2 辆都不到，其中只有 1 辆汽车的公司占到了 40%。2015 年，物流企业每百元主营业务收入中的成本为 94.9 元，比上年增加 2.4 元，其中 30% 是物流成本，而发达国家只占 10% ~15%。

4）物流企业的技术及管理水平总体较低，物流效率不高

物流行业中的物流企业是社会物流的微观执行主体，它们的技术管理水平影响物流效率，继而影响物流成本。虽然有部分技术先进、管理水平高的现代物流企业，但总体来看，存在作业效率低、运输车辆空驶率高、物流集散中心布局不合理、信息化建设水平低、基础设备落后等问题，这些无形中抬高了总成本。

五、我国物流成本控制与管理的解决方案及政策建议

（一）我国物流成本控制与管理的解决方案

1. 物流成本控制与管理的理念：基于供应链的企业生态关系管理

通过上面对我国企业物流成本、社会物流成本的构成及影响因素的分析，可知造成我国物流成本高企的原因是多方面的。对于企业来说，既有外部不可控的变量如运输基础设施，也有内部因素如物流设施，更有需要企业与外界合作的因素如物流外包比重等，这些因素相互联系、相互依存对企业的物流成本产生复杂的影响。对于社会物流成本来说，影响因素既有长期趋势性的因素如经济结构和产业布局，也有中短期性因素如物流管理水平、体制政策管理等，这些因素综合影响着社会物流成本的高低。

因此，研究我国物流成本控制与管理必须从整体的角度、系统的视角去对物流成本进行分析。这个系统的整体视角不能仅仅是从单个企业，因为每个企业的实际情况不一而同，适用某个企业的物流成本方法不一定适合于另一个企业；也不可能针对每个企业提出具体的物流成本控制方案，因为我们不可能了解每个企业的经营情况。因此，要从整体系统的角度控制和管理我国的物流成本，较为现实的选择和途径是基于供应链乃至供应网的角度，把原材料生产商、生产制造业企业、物流企业、批发零售商、个人消费者等经济主体整合在一个大系统中，营造出一种各经济主体在系统中竞争又合作的企业生态关系。物流总成本相当于这个系统中的“熵”，只要“熵”在减，就说明系统在不断进化，系统的结构在改进优化，甚至可以促进经济结构的升级调整，与国民经济形成良性互动的关系。

2. 物流成本控制与管理的成本观念

控制与管理物流成本需要正确看待物流成本，并不是对所有物流成本不加区分的“一刀切”，应正确认识和理解各种物流成本，明确不合理的物流成本及其成因，从而为物流成本控制与管理指明方向与重点。

（1）正确认识长期性成本与趋势性成本，人工成本和资源环境成本的逐步上升是大势所趋。产业结构的变化，经济结构的调整不是一蹴而就的，交通运输基础设施的建设完善也如“罗马不是一天建成的”那样。这种长期性的因素对物流成本的影响也是长远的，不会马上发生变化。

同时，近年来人工成本和环境成本的上升是趋势性的。随着国内人口红利的逐步丧失和对生态环境保护的高度重视，企业的人工成本（尤其是工资成本）和环境成本在逐步提高，向企业、车辆征收排放税应是大势所趋。应正确理解人工成本（尤其是合理的工资水平）和资源环境成本等趋势性成本的增长合理性，不能片面地抑制工资收入和资源环境成本的增长。

（2）正确认识市场决定成本与非市场决定成本，由政府决定的企业物流成本是物流成本控制和管理的重点。如果不考虑企业管理等因素所形成的内部物流成本，企业涉及的外部物流成本主要包括两个方面：一是市场决定的成本，即企业在市场中与其他企业进行交易并由市场决定的成本，如运输价格等；二是非市场决定的成本，即企业遵从政府各种制度与管制措施并由政府决定的成本，如企业税费负担、路桥费等。

但从实际看，市场决定的物流成本往往又与政府的税费制度、行政审批、管制、行业垄断等政府干预密切相关，市场化的生产要素，政府干预却会导致相关市场机制的扭曲，并带来一些与市场运行无关的企业成本。如政府征收税费形成的企业负担，高速公路垄断所形成的路桥成本，金融市场垄断所增加的融资成本，政府管制形成的制度性交易成本等。这些由政府决定的企业成本构成对企业物流成本的直接影响，是物流成本控制和管理的重点。

（3）正确认识物流成本中的合理成本与不合理成本，企业物流成本控制与管理的焦点在不合理的物流成本。政府决定的企业物流成本也可进一步划分为合理成本和不合理成本。合理成本是指政府基于经济社会发展需要对市场进行合理干预所形成的企业物流成本，不合理成本是指政府不合理的制度制定、管制、行政审批和行业垄断等干预所形成的企业物流成本。譬如制定不合理的交通运输收费标准和一些乱收费行为推高了整体物流成本。

（4）正确认识物流的显性成本与隐性成本，隐性物流成本是物流成本与控制的难点。物流成本中既包括相对公开和透明的显性成本部分（如运输、仓储费用），也包括隐性的制度性交易成本，尤其是由于政府体制机制问题而造成的经济、时间和机会等成本。

3. 物流成本控制与管理的原则

由于控制与管理物流成本的主体是各种企业，物流成本控制应遵循如下的原则。

（1）物流总成本最低原则。企业物流活动复杂，涉及的作业很多，但不管按何种形式，物流总成本是一样的，但某部分或某种形式的物流成本会有所不同。物流成本的降低不应只是一味地降低某部分或某种形式的成本，而不注意由于背反效应该项成本的降低反而引起其他形式的物流成本的升高，也不能因为该项成本的降低引起其他形式物流成本的上升而放弃这些降低成本的措施，关键是要看该项物流成本的变动引起物流总成本变动的方向。只要坚持物流总成本最低原则，就可以采取适当的措施降低物流成本。

（2）经济控制与技术控制相结合原则。物流成本形成的原因与方式多种多样，超过控制标准的量也有很大不同，既有管理不善的原因，也有计量方面的原因；既有物流运作方式的原因，也有物流技术标准化方面的原因。物流成本既属于经济范畴，又是一项技术性很强的工作。因此，在实施物流成本控制时，一方面，必须遵循经济规律，尤其是价值规律的要求，要广泛地利用价格、利息、奖金等经济杠杆，利用定额、资金、利润等经济范畴以及经济制裁、责任核算、业绩考核等经济手段或措施对物流成本进行有效的控制；另一方面，要从技术上下工夫，既要合理地设计运输方案，建设选址合理、规模适宜的仓库，维持合理的库存，进行价值性包装、流通加工，又要实施物流作业的机械化、智能化、标准化运作。因此，物流成本的控制不仅要从物流成本的核算方式、管理方式上入手，更要从物流系统的设计、物流作业的标准化和物流过程的智能化上入手。

（3）成本与服务同步控制原则。物流成本与服务质量水平具有一致性，要结合相应的物流服务级别来控制物流成本。控制的重点是低质量、高成本的物流服务，而不能在享受高质量的物流服务的同时想把物流成本强行地控制在低水平，这样只会起相反的作用。

（4）事前控制与事后控制相结合原则。企业物流成本有些是一次性投资，如大型仓库的兴建，在建设时并没有发生，但决定了此后每年发生库存成本大小；而有些成本是临时性指出，如每次发生的运输装卸费用等在发生时才需要支出。在这两大类的物流成本中，前者需要预防性控制，因为其支出在物流成本发生之前就已经支出，必须在建设仓库时尽量准确地预测仓库的库存量，兴建与之规模相对应的仓库，尽可能降低仓库建设成本；而后者需要进行反馈型控制，若非必要的话，在物流成本发生前尽量避免该部分的物流成本，并在发生过程中尽量减少其需要支付额。

（5）推进控制与拉引控制相结合原则。物流活动由不同的作业、不同的阶段组成，形成不同形式的作业链和价值链。作业的连续性与互补性，以及价值的递延性和累积性使物流成本有不同的作业成因。有些物流成本是由于上一阶段或其他作业的物流活动引起的，对于本阶段及本作业来说是不可控成本，而有些物流成本的支出是由对下一阶段作业的预测决定的，对本阶段或本作业来说也有相对的不可控性。因此，对每一阶段或每项作业物流成本的控制必须从相邻阶段或相关的作业入手，而不是专门针对本阶段或本作业进行控制，对影响下一阶段或其他作业物流成本进行控制，对受下一阶段或其他作业影响的物流成本实行拉引控制，尽量使推进控制与拉引控制相结合，实现物流成本的最小化。

（6）全面控制与重点控制相结合。企业物流系统实际上是一个多环节、多领域、多功能构成的全方位开放系统，因此物流成本控制要遵循全面控制的原则。譬如，在物流信息支持、物流运作、物流管理各环节，在物流设计、供应物流、生产物流、销售物流、回收物流及废弃物流等各阶段，对运输、存储、包装、装卸、流通加工等功能都需要进行物流成本控制，忽视任何一个环节、阶段或功能的物流成本都将导致物流成本过高而失去效益。但这并不意味着对所有物流成本都进行同等程度的控制，必须根据重要性、价值量等指标把发生物流成本的事项进行分解，实施有重点、有差别的控制策略；对一些不重要，金额小的物流成本项目可以进行简易控制甚至外包给其他企业来运作，尽量降低企业的物流成本，符合企业的物流战略。

4. 基于供应链的物流成本控制与管理方案设计

1）基于供应链环境下物流成本的特点及构成

要设计基于供应链的物流成本控制与管理方案，首先要明确供应链物流成本的特点及构成。物流成本建立在供应链基础上与传统物流成本最大的区别就是供应链物流成本突破了传统物流成本局限在企业内部物流环节单一局面状态，其着眼点为供应链内部整个企业物流成本，而就构成物流成本项目来看，现在的供应链同原来的物流类成本费用并无很大的差别，然而就其物流类成本费用控制的范围而言，却发生了极大的转变，现在的供应链条上物流类成本费用内容远远的超出传统物流成本管理范围，显然供应链具有更大的控制难度，客户服务需求是供应链物流成本控制的基准，对客户服务需求给予满足是供应链物流成本控制的基础，服务企业的经营收益不是唯一的目标，这是两者的本质特征区别。所以，和原来物流类成本费用的差别为在供应链环境下物流类成本费用控制中更为关注客户服务保障水平和能力。运输和仓储以及交易和物流管理成本是综合考虑供应链管理环境下企业物流成本因素。

①运输成本费用。在企业物流活动当中占有十分重要的作用，而运输指的是采取专门性运输工具当作手段将产品由一地送至另一地的过程，其中集货和分配等一系列操作为其内容。在供应链物流中企业供应链上各个作业环节通过运输被连接到一起，为正常运行供应链物流提供保证，就供应链物流总成本组成来看，运输费用占重要地位。

②仓储类成本费用。公司相关储备及库存等活动均为仓储活动的范围。公司为实现企业生产运营能够实现顺利运转，在一般情形之下只要具有相应的库存数量，就会产生相应仓储类成本费用，而为了防范发生缺货问题、避免出现交货的时间延后并保持一定数量的成品，从而产生相应的仓储管理成本费用。可以考虑通过压降仓储类成本费用尽

可能实现控制供应链下物流类成本费用的目的，但就现阶段供应链下物流类成本费用来说，通常仓储类成本在整体成本费用中所占比例较大。

③交易类成本费用。企业要想在供应链中实现整体物流类成本费用最低化的目标，并能够同步实现物流和信息流，就要求企业内部支付相应的交易成本，确保企业实时性地完成信息交换，从而给供应链环境下物流类成本费用控制工作创造前提和基础。因此，在供应链条中物流类成本费用当中，具有重要职能的费用是交易类成本。

④物流控制类成本费用。现在很多大型企业已经把物流管理部门单独划出来成立公司或者把专业的物流工作人员安排在各个作业环节中，具体负责协调和管理物流工作。因此，在当前越来越精细要求控制物流工作背景下，在供应链物流成本组成中，物流管理成本费用占据重要地位。

2）基于供应链环境下物流成本控制与管理的思路

①基于供应链与相关企业构建发展合作伙伴的关系。由于客户需求与市场竞争形势的变化情况，该企业必须同其他公司发生关联。而该企业要想实现生产目标，则应当保证原材料的供应，因此就要求相关供应厂商对各项生产材料进行供应。

为了满足竞争的需要和顾客的需求，应搞好和其他企业之间的关系。需要由供应商提供生产的原材料，并且经过销售，才能使生产完的产品实现既定的利益。而对于独立的物流活动，当公司没有能力完成时，则必须要委托其他的企业。基于此，公司应对合作伙伴进行选择，以形成战略合作伙伴关系，实现企业间的无缝衔接，使信息顺畅的传递和交流，不断提升供应链的整体水平。

②满足供应链上的客户需求。营销对企业而言是其产品生产的终极目标，但由于客户购买能力在不断提升，客户在购买产品时对产品自身情况的关注程度有所下降，而对企业产品的保障服务措施更为关注。基于此，企业就不能以较低的服务质量，一味地追求低成本，完成物流成本。只有和整个供应链上的各类企业单位保持信息沟通的顺畅，方可及时应对，适应客户需求的不断变化。

③构建共享的网络信息平台。企业想要同供应链中各类单位保持顺畅的沟通和协调，必须有信息科技手段进行支撑。而信息科技手段可以促进信息资料的共用，可以提升对应的速度，使得成本费用得到有效压降。

信息技术的支持，是供应链上企业之间实现无缝对接的保障。所以只有实现信息的共享，才能将成本降低，反应时间大大缩短，降低成本并且提高工作效率。

④制定完善的激励机制。由于不确定的交易条件和交易环境，会出现一些机会主义。和公司保持合作关系的个别单位，由于过于重视局部私利，通常会忽视供应链的整体利益情况，这样会产生一些不必要的成本。因此，为了促进供应链上的企业良性和健康的发展与运营，必须制定完善的激励机制，并且评估整个供应链上的企业效益。

3）基于供应链的企业物流成本控制与管理的方法及策略

对面向供应链的企业物流成本的控制与管理，企业应当从思想观念上和管理体制上加以转变，研究制定可行的程序和方法，坚持运用系统化的方法综合考虑以得出合理的方案，最终追求总成本的最小化。将与物流相互联系的各项业务环节组合成统一的整体，并将计算机信息系统运用到企业物流成本的综合控制中，从系统整体出发，互相协调，为客户、本企业内各部门提供最佳服务，最大限度地降低企业物流成本，以下是具体的控制方法与策略。

①优化物流流程。企业降低物流成本应从优化物流流程，改善物流管理入手，从企业组织上保证物流管理的有效进行。设置专门的物流管理的部门，实现物流管理的专门化；树立现代物流理念，重新审视企业的物流系统和物流运作方式，吸收先进的物流管理方法，结合企业自身实际，寻找改善物流管理方法，有效管理企业物流成本。

②完善物流途径。传统的狭义的物资成本概念仅限于物资本身的购进价款，物资的质量成本及拖期交货成本对企业成本的影响往往没有得到计算、考核和控制。在物流成本构成中，仓储成本比重仅次于运输成本，因此企业应注重仓储成本的管理，采用JIT方法，完善物流途径，缩短物流运程，减少库存量和周转环节，合理库存，提高保管效率，这是降低物流成本最重要的方法之一。企业在保证物资质量和交货时间的前提条件下，可以免去为防止残次品和不按期到货而多储备物资，节省流动资金的占用，降低物资存储费用。

③再造业务流程。为适应当前的竞争态势，生产企业物流管理部门必须进行以市场、客户为导向的流程再造，变职能管理为流程管理，通过流程再造，建立以市场为导向、面向客户、以客户评判作为服务考核结果、体现运作效率和效果的流程，更好地满足客户需求。

与流程再造相配套的还包括将原有的基于职能部门的绩效评价指标过渡到基于业务流程的绩效评价指标体系，修改后的绩效评价指标体系应该能恰当地反映企业整体运营状况以及流程各节点部门之间的运营关系，从而促进整个物流上的资金流、信息流、物流、价值流、工作流高效流动，实现整个物流畅通无阻地高效运行。

④恰当选择物流模式。从产权角度看，物流模式大致可以分为自营物流、物流联盟和第三方物流。在物流实践中，企业应该以物流成本最小化为最终目标，从企业的资金实力、管理能力、物流在企业发展中的战略地位以及物流市场的交易成本四个方面进行综合权衡，选择物流模式。

物流外包作为一个提高物资流通速度、节省仓储费用和减少在途资金积压的有效手段，确实能够给供需双方带来较多的收益，企业选择第三方承担物流服务的情况将会更加普遍。因此，企业应根据自身的实际情况，选择理想的第三方物流企业，实行物流外包或局部外包，是降低物流成本的方法之一。如果物流对企业发展非常重要，企业的物流管理协同成本小于委托第三方物流的交易成本则应该选择自营物流。

⑤系统管理物流成本。追求物流总成本的最小化，对于企业构筑和优化物流系统，寻找降低物流成本的空间和途径具有特别重要的意义。随着物流管理意识的增强和来自降低成本的压力，不少企业开始把降低成本的眼光转向物流领域。

然而，在实践中发现，不少企业对降低物流成本的努力只是停留在某一项功能活动上，而忽视了对物流活动的整合。由于各种物流活动之间存在着效益背反，这就要求管理人员必须研究总体效益，以成本为核心，用系统论观点，按照总成本最低的要求，调整各个分系统之间的矛盾，把它们有机地联系起来，成为一个整体，从而达到物流总成本最小化，实现企业的最佳效益。

⑥加强物流成本核算。物流成本核算的基础是物流成本的计算，物流成本计算的难点在于缺乏充分反映物流成本的数据，物流成本数据很难从财务会计的数据中剥离出来。因此，要准确计算物流成本，首先要做好基础数据的整理工作。

⑦实施“全程供应链”管理。对于一个企业来讲，控制物流成本不单单是追求本企业物流的效率化，而应该考虑从产品制成到最终客户整个供应链过程的物流成本效率化。为了进一步降低企业的物流成本，企业管理应从过去关注企业“内部供应链”的管理转向关注从客户到供应商的“全程供应链”管理。生产企业对从原材料采购到产品销售的全过程实施一体化管理，企业与供应商和顾客发展良好的合作关系，建立比较完善的供应链，尽量减少“中间层次”，直接将货物送达最终顾客，减少开支，并能更有效地管理资源，无须承担仓储及存货管理的成本。

⑧构筑现代物流信息网络系统。局部物流效率优化无法保证企业在竞争中取得成本上的优势，为此，企业必须借助于现代化信息系统的构建，把物流系统内部各功能要素和外部的战略伙伴有效地联系起来，形成物流快速反应系统。具体来说，就是通过将企业定购的意向、数量、价格等信息在网络上进行传输，从而使生产、流通全过程的企业或部门分享由此带来的利益，充分应对可能发生的各种需求，进而调整不同企业间的经营计划和行为，从整体上降低物流成本。

4）基于供应链的社会物流成本控制与管理的方法及策略

对面向供应链的社会物流成本的控制与管理，以下是从整个物流行业提出的具体控制方法与策略。

①优化交通运输网络，促进多式联运模式发展。物流基础设施的建设具有周期长、收益低、投资大等特征，仅仅依靠政府的力量还远远不够。尤其是我国西部边远地区，地方财政捉襟见肘，无力承担高昂的基础设施建设费用，由此可以引入民间资本、物流企业资本，通过出台一系列的优惠政策，吸引资金进入物流基础设施建设中。同时政府应鼓励发展海铁联运、铁水联运、公铁联运、陆空联运等多种运输形式，以此实现多式联运。

②合理布局物流网络枢纽节点，控制库存数量，提高仓库利用率。合理的物流网络枢纽节点可以充分发挥物流网络的范围经济和规模经济作用。对我国物流行业而言，第一，引入信息化管理技术，提升仓库利用效率，并进行全局统筹规划现有仓库，提高仓库利用率。第二，加强仓储货物管理，对仓库中的货物实施分级管理，减少货物搜索时间，提高货物检索效率。第三，控制库存数量，降低资金在库存中的占用。鼓励客户与厂商之间的直接沟通、付运，加速资金与货物的周转，推行“零库存”战略，进而控制物流成本。第四，基于目前我国物流行业信息化发展水平程度较低，需要重点发展信息网络技术，完成物流配送环节资源优化配置，促进物流成本的科学控制与有效降低。

③转变现有物流运输模式，最大化地控制物流成本。我国现有物流运输模式依然是以粗放型模式发展为主，物流运输成本较高，抑制了我国经济快速稳定的发展，因此需要重点发展绿色物流运输产业，支持物流企业使用再生能源，并不断地研究开发节能型物流装备，以此减少仓储和配送中心能源消耗。要鼓励和引导企业在交通运输方式与低

能耗运输工具方面合理选择，必须制定合理的送货线路，提高物流组织化程度，科学调整送货周期，减少车辆空载率实现有效配载。同时，要以单元装载系统为介质，实现一体化运营物流，通过利用互联互通实现物流运输方式的有效转换，包括海运、海空运及铁路运输方式的转换。一体化物流使得整个物流系统更加流畅、完善，也可以大幅度减轻社会物流成本的负担。不仅如此，还需要在城市一定区域内进行有目的、集约化的联合配送，联合配送可由同一行业中小企业或同一区域单位协同进行，采用统一而又分散的集货、送货服务，这样也可以降低市内空载率，提高货物运输效率，减少环境污染，不断地完善物流配送体系。

④完善现有的物流管理体制，控制物流成本提高物流产业效率。首先，物流活动涉及经济发展中的各个领域，由此国家政府应协调物流各环节中各个经济部门合作，从而降低物流在各环节中活动的经济成本。其次，完善物流产业的法律法规。物流法律法规既能修正对物流产业发展不利的规章制度，又能对物流企业的行为规范作出正确的指引与监督，使物流产业得到更好发展。最后，物流产业的发展，除了要增加投入外，国家应对物流行业发展给予一定优惠政策，如税收优惠方面、物流园区建设优惠等，为物流产业发展提供更有力的环境支持，从而进一步提高物流产业利用效率，降低物流成本。

⑤加强物流运输过程中安全保障，控制流通环节的成本。解决物流运输过程中的安全问题，关键还在于运输过程需要透明化，通过对司机和车辆运输过程进行监控，实时获得车辆运行状况和货物状态的信息，切实保证运输安全，实现解决安全问题从“事后处理”向“预防避免”的转变。同时，物流运输公司需优化安全运输路线，减少物流运输环节的安全问题。物流服务人员在各分流节点受理保价运输的货物时，要认真检查货物包装和质量，严格依据流程办理；符合安全运输条件的货物需及时组织装运，并且要降低保价货物在站中转停留时间；保价货物运到站后要采取有效的防范措施，及时通知收货人领取。通过采取以上措施，可以充分保障货物及时、安全到达，减少因货物丢失、被盗等现象造成的损失，进而控制流通环节成本。

（二）降低我国物流成本政策建议

1. 创新政府机构职能，减少外部物流协调成本

政府作为宏观调控的主体，主要是弥补市场缺陷或市场失灵，提供市场无法提供或自由市场提供效率不高的公共产品。物流业具有产业融合特征，决定了它的发展是以打破地区封锁和行业垄断，促进行业和地区间经济资源的自由流动为前提的。在发展物流过程中，政府的责任在于统筹规划、协调发展、标准制定和数据调研。譬如，设立一个综合的协调机构，包括水陆空、邮政、相关行业协会，推动多式联运体系的发展；建立一个办公对话机制，统筹调整国内物流产业发展政策；改善交通运输环境，降低运输成本；完善通信网络设施，开放通信设备，降低信息处理成本。政府联合企业推动物流电子数据交换的建立，加强数据交换协调，减少物流协调成本。

2. 提高资源集约化利用程度，降低物流企业成本支出

（1）通过兼并、重组等方式整合现有物流企业，做大做强企业规模，实现资源集约化管理，提高规模效应，降低成本；

（2）完善全国、省地市、区域性物流骨干网，将物流园区规划与流通节点相结合，

减低物流企业运输费用支出；

（3）鼓励物流企业建立联盟，发展共同配送，实现资源共享，降低空载率，提高物流资源使用率；

（4）加快物流信息平台建设，加大物联网、大数据、云计算技术的开发、使用力度，加强公共物流信息资源的整合利用，减少企业独立投入支出，提高信息使用率，提高管理效率。

3. 消除体制性成本，减轻物流企业负担

近年来物流领域已减少了一批行政审批项目，但是由于物流企业涉及面较广，还有相当一批项目需要进行行政审批，应加快推进行政审批制度改革，系统评估和清理涉及物流领域的行政审批、备案等事项，最大限度地取消和下放行政审批权。一是建议有关部门对现有审批项目进行梳理，对关系到国家安全、人民生命财产安全的重大项目必须进行审批，要减少环节，提高效率；对一般性项目可由审批制改为备案制，简化程序；而对一些不必要的审批项目，则予以取消，促进企业发展。二是进一步减轻税费负担，提高发展质量。随着“营改增”的全面实施，物流企业的抵扣项目逐步完善，减轻了企业税负。建议在此基础上，本着“清费立税”的原则，严格控制收费政策的出台，对已有的收费政策全面清查，废止、取消不合理的收费政策。对涉及物流行业的行政事业性收费，要实行目录清单管理，进一步规范道路交通部门等对物流企业的各类收费行为，加大对乱收费的查处力度，杜绝各类“乱摊派”行为。

4. 加快社会资源整合，促进第三方物流发展

随着社会分工不断深化，物流专业化和社会化程度日益提高，第三方物流成为物流业发展的主要形态，通过与服务对象将来紧密协作机制，为其提供个性化、差异化服务，降低企业的物流成本，提高竞争力。

因此，大力发展第三方物流是经济新常态下提质增效、实现内涵式增长的重要举措，也是物流业提升功能、提高竞争力的重要组成部分。具体做法：一是将物流供应链上各物流企业的优势资源集中整合，以核心企业为主导，鼓励物流企业通过兼并重组，集中调配资源，提升物流效率。二是运用第三方物流信息平台，集成库存、发货、收货、账务、数据传输、业务决策支持等模块，提供商品在物流全过程的信息跟踪，并为客户提供物流规划、解决方案、流通加工和供应链管理等个性化服务，提高客户的满意度和忠诚度。三是建立集约化配送体系，在为客户提供仓储、运输等基本服务的同时，逐渐提供更多增值服务，提高业务附加值。

5. 推进供应链管理，提升物流服务能力

随着技术进步和管理水平的提高，各类现代技术在物流业得到广泛应用，物流一体化程度加深，供应链管理成为物流业发展大势所趋。在供应链体系中，物流企业需要根据服务对象的要求，对各环节进行整合重构，一方面加强自身对物流的管理能力，另一方面要及时与供应链上企业配合，将产品快速高效、准时可靠地送达目的地，为需求方提供更高质量的服务。尤其是网络技术高速发展，订单式生产日益普及，对物流供应能力提出更高要求，需要不同企业在共同目标下，实现深度融合，协同发展。因此，物流企业一方面要与上下游企业建立战略联动关系，通过建立协作机制，为相关企业提供仓

储管理以及供应链金融等专业服务，更好地提供物流支撑服务；另一方面要与相关企业通过资源整合、资产整合、平台整合、品牌整合等方式发展物流联盟，企业之间联合、不同行业之间、不同种类资源之间进行整合，不断提升物流业的服务能力，共同实施扩张战略和“走出去”战略，开拓市场，实现利益共享，成为物流业发展的重要内容。

6. 提高物流现代化水平，改善物流效率

我国物流成本居高不下、物流企业效率低下的主要原因在于物流现代化水平滞后。当前，随着信息技术和现代化水平的提高，大规模生产、大批量消费使物流规模和物流活动的范围进一步扩大，物流产业信息化、现代化水平不断提升，物流企业不断向集约化、协同化方向发展，物流产业内部整合加剧，与其他产业融合加速，系统化、组织化和集成化程度不断提高，物流业已由传统劳动密集型产业发展成为技术密集型产业。在此过程中，需要通过设施现代化、管理集成化、企业规模化等手段，降低物流成本，提高物流效率。

具体做法：第一，加大对高新科技物流设备的研发和应用力度，通过开发智能化的物流装备提高物流效率，比如物流智能机器人、冷链物流运载货车等设备的研发和使用，大力提高物流现代化水平；第二，采用新技术改造物流装备，利用 RFID、物联网等技术，进行信息技术和大数据分析，提高物流企业信息化和自动化程度，实现货流全程监控、货车与管理平台信息交换，打造高效快速的物流管理系统和物流决策支持系统；第三，制定物流标准化体系，紧抓物流标准化建设；参考国内外物流及相关标准，分析与描述现代物流系统典型工作流程，研究采购、运输、存储、装卸、搬运、包装、流通加工、配送、信息处理标准需求，形成中国现代物流标准的体系结构及标准体系表，作为现代物流标准研究和制定的总体规划及纲要，为物流标准规范体系的形成及物流企业的市场运作提供指导；第四，加强物流信息网络平台建设，通过客户和供应商的信息共享，实时掌握供应链信息，提升供应链的竞争力；第五，注重物流专业人才的培养，通过订单式人才教育和职业教育培训，提高物流专业人才素质，提高对现代物流技术设备的使用技能，从而提高物流业整体水平。

课题组成员名单

课题主持人： 陈丽华　北京大学光华管理学院教授、博士生导师
北京大学流通经济与管理研究中心主任
北京大学联泰供应链系统研究发展中心主任
中国物流学会副会长

课题组成员： 王其文　北京大学光华管理学院教授、博士生导师
何会辉　中国物流信息中心副主任
闫淑君　中国物流信息中心处长
李守林　北京大学光华管理学院博士后
汪芸芳　北京大学光华管理学院博士后
刘忠轶　中国人民公安大学管理学院助理教授

王丽颖　首都经贸大学商学院助理教授
赵西超　北京大学流通经济与管理研究中心主任助理
陈立洋　北京大学光华管理学院博士
种法辉　北京大学光华管理学院博士
郝兆伟　北京大学光华管理学院博士
王　江　北京大学光华管理学院博士
吕高燕　北京大学光华管理学院博士
刘靓晨　北京大学光华管理学院博士
孙　磊　北京大学光华管理学院博士
杨慧琴　北京大学光华管理学院博士
赵　瑞　北京大学光华管理学院博士

参考文献

[1] 张兆民，韩彪．以社会物流费用占社会物流总额比重测算物流成本［J］．中国流通经济，2016，10（30）：24－30.

[2] 付媛媛．美国、德国物流成本控制的经验分析及借鉴［J］．对外经贸实务，2016（4）：88－91.

[3] 郑波．中国与美国、南非物流总成本计算方法比较分析［J］中国市场，2011（12）：13－17.

[4] 依绍华．关于我国物流业发展若干问题的思考［J］．价格理论与实践，2016（9）：29－31.

[5] 陈正林．企业物流成本生成机理及其控制途径［J］．会计研究，2011（2）：66－72.

[6] 中国财政科学研究院“降成本”课题总报告撰写组．关于实体经济企业降成本的看法［J］．财政研究，2016（11）：2－18.

[7] 施连吉．HQ公司物流成本的控制与优化［D］．上海：华东理工大学，2015.

[8] 宋华．基于供应链流程的物流成本核算与管理［J］．中国人民大学学报，2009，3（3）：114－120.

[9] 杨芳．物流成本管理［M］．北京：清华大学出版社，2014.

[10] 常东亮．物流成本核算实证研究［M］．北京：经济科学出版社，2008.

[11] 中国物流与采购联合会，中国物流信息中心．全国重点企业物流统计调查报告［J］．中国物流与采购，2016（4）．

附件1　制造企业物流成本调查问卷

您好：

欢迎您填写这份调查问卷。本调查在于深入了解我国制造业企业的物流成本现状，调查问卷结果仅用于中国物流学会调查研究课题《我国物流成本现状深度调查与问题研究》，请协助填写，感谢您的支持！

温馨提示：客观选项部分请您直接打钩，主观部分请您根据实际情况填写。

第一部分　企业基本概况

<table>
<tr><td>企业所属类别</td><td colspan="2">A　轻纺工业　　B　机械电子制造业
C　资源加工工业　　D　其他，请您注明：______</td></tr>
<tr><td>企业性质</td><td colspan="2">A　国企　B　外资企业　C　民营企业　D　其他，请您注明：______</td></tr>
<tr><td rowspan="4">所处位置</td><td>A　国内贸易流通体制改革发展综合试点</td><td>上海、南京、郑州、广州、成都、厦门、青岛、黄石、义乌</td></tr>
<tr><td>B　全国性节点城市（国务院《物流业调整和振兴规划》中指明的除去选项中的试点城市，共14个城市</td><td>北京、天津、沈阳、大连、济南、宁波、杭州、深圳、武汉、重庆、南宁、西安、兰州、乌鲁木齐</td></tr>
<tr><td>C　区域性节点城市（国务院《物流业调整和振兴规划》中指明的17个城市</td><td>哈尔滨、长春、包头、呼和浩特、石家庄、唐山、太原、合肥、福州、南昌、长沙、昆明、贵阳、海口、西宁、银川、拉萨</td></tr>
<tr><td>D　地区性物流节点城市</td><td>请您注明：______</td></tr>
<tr><td>企业位置特点，毗邻</td><td colspan="2">A　高速公路　B　铁路　C　机场　D　港口　E　物流园区
F　工业园区　G　其他，请您注明：______</td></tr>
</table>

续 表

主营业务物流性质	A 采购物流 B 生产物流 C 销售物流 D 回收循环物流 E 其他，请您注明：______
产品类别	A 煤炭 B 钢材 C 食品 D 家电手机 E 医药 F 文件资料 G 日用品 H 农产品 I 建材 J 化工 K 服装 L 仪器设备 M 军工产品 N 烟草 O 水产 P 其他，请您注明：______
使用的物流信息技术	A 自动分拣系统 B 条形码技术 C 电子自动订货技术 D 电子数据交换系统 E 射频识别 F 全球卫星定位系统 G 地理信息系统 H ERP 等进销存系统 I 其他，请您注明：______
目前信息系统可实现的功能	A 订单处理 B 运输管理 C 仓储管理 D 设备管理 E 财务管理 F 存货管理 G 客户管理 H 包装、装卸管理

第二部分 企业的经营环境

政府服务效率	A 1	B 2	C 3	D 4	E 5
政策法规体系建设	A 1	B 2	C 3	D 4	E 5
物流系统、社会化运营网络建设	A 1	B 2	C 3	D 4	E 5
物流基础设施建设	A 1	B 2	C 3	D 4	E 5
市场化程度	A 1	B 2	C 3	D 4	E 5

注：1 ~5 程度由弱到强。

第三部分 物流成本概况

1. 物流成本计算情况

物流成本核算情况	是否独立核算	A 是 B 否
	是否单独设立物流成本会计明细科目	A 是 B 否
	物流成本核算问题	A 核算科目不细 B 核算内容不全 C 核算标准不一 D 核算过程复杂 E 其他，请您注明：__________
物流成本计算	获取成本数据的方法	A 以会计核算方法获得成本数据 B 以统计方法获得成本数据 C 以会计核算与统计相结合的方法获得成本数据 D 其他，请您注明：________

续 表

<table>
<tr><td rowspan="4">物流成本计算</td><td>企业物流成本计算对象</td><td>A　物流成本项目（如物流功能成本、存货相关成本等）
B　物流范围（如供应物流成本、销售物流、回收物流成本等）
C　物流成本支付形态（自营物流成本、委托物流成本）航空
D　其他，如以客户、部门或营业网点作为成本计算对象，请您注明：________</td></tr>
<tr><td>企业物流成本计算方法</td><td>A　传统成本会计法
B　作业成本法（或称活动基准成本法）
C　其他，请您注明：________</td></tr>
<tr><td>企业物流成本构成</td><td>A　采购运输，比例______
B　进货检查，比例______
C　系统处理，比例______
D　原材料储存，比例______
E　劳动作业，比例______
F　有效的生产过程，比例______
G　产成品库存，比例______
H　产品运送，比例______
I　其他，请您标明：______，比例______</td></tr>
<tr><td>企业资金成本占用情况</td><td>A　采购运输，时间______天
B　进货检查，时间______天
C　系统处理，时间______天
D　原材料储存，时间______天
E　劳动作业，时间______天
F　有效的生产过程，时间______天
G　产成品库存，时间______天
H　产品运送，时间______天
I　企业资金占用总的天数，时间______天</td></tr>
</table>

2. 物流成本计算结果

（1）企业各物流成本表：物流总成本 = 供应物流成本 + 企业内部物流成本 + 销售物流成本 + 回收物流成本 + 废弃物流成本。

①供应物流成本

成本支付形态		供应物流成本		
		自营	委托	合计
物流功能成本	运输成本			
	仓储成本			
	包装成本			
	装卸搬运成本			
	流通加工成本			
	物流信息成本			
	物流管理成本			
存货相关成本	流动资金占用成本			
	存货风险成本			
	存货保险成本			
其他成本				
物流总成本				

②企业内部物流成本

成本支付形态		企业内部物流成本		
		自营	委托	合计
物流功能成本	运输成本			
	仓储成本			
	包装成本			
	装卸搬运成本			
	流通加工成本			
	物流信息成本			
	物流管理成本			
存货相关成本	流动资金占用成本			
	存货风险成本			
	存货保险成本			
其他成本				
物流总成本				

③销售物流成本

成本支付形态		销售物流成本		
		自营	委托	合计
物流功能成本	运输成本			
	仓储成本			
	包装成本			
	装卸搬运成本			
	流通加工成本			
	物流信息成本			
	物流管理成本			
存货相关成本	流动资金占用成本			
	存货风险成本			
	存货保险成本			
其他成本				
物流总成本				

④回收物流成本

成本支付形态		回收物流成本		
		自营	委托	合计
物流功能成本	运输成本			
	仓储成本			
	包装成本			
	装卸搬运成本			
	流通加工成本			
	物流信息成本			
	物流管理成本			
存货相关成本	流动资金占用成本			
	存货风险成本			
	存货保险成本			
其他成本				
物流总成本				

⑤废弃物流成本

成本支付形态		废弃物流成本		
		自营	委托	合计
物流功能成本	运输成本			
	仓储成本			
	包装成本			
	装卸搬运成本			
	流通加工成本			
	物流信息成本			
	物流管理成本			
存货相关成本	流动资金占用成本			
	存货风险成本			
	存货保险成本			
其他成本				
物流总成本				

⑥总物流成本

成本支付形态		企业物流总成本		
		自营	委托	合计
物流功能成本	运输成本			
	仓储成本			
	包装成本			
	装卸搬运成本			
	流通加工成本			
	物流信息成本			
	物流管理成本			
存货相关成本	流动资金占用成本			
	存货风险成本			
	存货保险成本			
其他成本				
物流总成本				

（2）企业自营物流成本支付形态。

成本项目 支付形态		材料费	人工费	维护费	一般经费	特殊经费	合计
物流功能成本	运输成本						
	仓储成本						
	包装成本						
	装卸搬运成本						
	流通加工成本						
	物流信息成本						
	物流管理成本						
存货相关成本	流动资金占用成本						
	存货风险成本						
	存货保险成本						
其他成本							
物流总成本							

3. 物流成本效益分析

（1）企业物流成本效益分析的财务指标。

①物流成本率 = 物流成本（　）/销售额（　）×100%，______。

②单位物流成本率 = 物流成本（　）/总成本（　）×100%，______。

③单位营业费用物流成本率 = 物流成本（　）/销售费用 + 一般管理费用（　）×100%，______。

④产值物流成本率 = 物流成本（　）/企业总产值（　）×100%，______。

⑤物流成本利润率 = 利润总额（　）/物流成本（　）×100%，______。

⑥物流费用增长率 = 物流成本本年比上年增长率（　）/销售额本年比上年增长率（　）×100%，______。

（2）企业物流成本效益分析的非财务指标。

①劳动生产率 = 物流总吞吐量（　）/资源使用总量（　）×100%，______。

②客户满意度：（　）%。

第四部分　制造业物流存在问题及展望

制造业物流活动关键环节及问题	关键环节： (1) (2) (3) 主要问题： (1) (2) (3)
企业发展面临的物流问题	A　物流基础设施不完善 B　物流管理水平与仓储保管水平不足 C　企业的物流技术落后 D　物流发展环境需要进一步完善，如电商发展冲击较大 E　物流业成本核算方法不健全 F　其他，请您注明：__________
企业物流成本问题	A　物流成本管理观念落后 B　物流成本管理粗放 C　物流成本管理缺乏事前预测和计划 D　缺乏物流成本约束激励机制 E　物流成本基础数据不准确完善 F　物流成本事中控制措施不力 G　和原材料供应商、客户等供应链上主体企业的信息沟通共享不够 H　税收太重，如“营改增”税收政策没取到太大效果 I　其他，请您注明：__________
为了降低物流成本需要加强的工作	A　探索适合企业现状的物流运作方式 B　构建高效率的物流系统和社会化的运营网络 C　基于网络与信息技术建设物流共享公共服务平台 D　进一步挖掘和整合现有物流资源 E　制造企业加强供应链管理，积极创新 F　其他，请您注明：__________

调查到此结束，非常感谢您的配合！

附件 2　物流企业物流成本调查问卷

您好：

欢迎您填写这份调查问卷。本调查在于深入了解我国物流企业的物流成本现状，调查问卷结果仅用于中国物流学会调查研究课题《我国物流成本现状深度调查与问题研究》，请协助填写，感谢您的支持！

温馨提示：客观选项部分请您直接打钩，主观部分请您根据实际情况填写。

第一部分　企业基本概况

企业所属类别	A　运输企业　B　货运代理　C　快递　D　第三方物流 E　物流软件提供商　F　仓储业　G　其他，请您注明：________	
企业性质	A　有限责任公司　B　股份有限公司　C　合伙企业　D　个人独资企业	
所处位置	A　国内贸易流通体制改革发展综合试点	上海、南京、郑州、广州、成都、厦门、青岛、黄石、义乌
	B　全国性节点城市（国务院《物流业调整和振兴规划》中指明的除去选项 A 中的试点城市，共 14 个城市	北京、天津、沈阳、大连、济南、宁波、杭州、深圳、武汉、重庆、南宁、西安、兰州、乌鲁木齐
	C　区域性节点城市（国务院《物流业调整和振兴规划》中指明的 17 个城市	哈尔滨、长春、包头、呼和浩特、石家庄、唐山、太原、合肥、福州、南昌、长沙、昆明、贵阳、海口、西宁、银川、拉萨
	D　地区性物流节点城市	请您注明：________
企业位置特点，毗邻	A　高速公路　B　铁路　C　机场　D　港口　E　物流园区 F　工业园区　G　其他，请您注明：________	

续 表

主营业务物流性质	A 采购物流 B 生产物流 C 销售物流 D 回收循环物流 E 其他，请您注明：__________
主要经营范围	A 运输业务 B 仓储业务 C 物流方案设计 D 加工 E 货运代理 F 海关报关 G 金融物流 H 出租 I 物流软件服务 J 其他，请您注明：__________
主要客户	A 制造业 B 零售业 C 批发业 D 电商 E 其他，请注明__________
主要流转商品类别	A 煤炭 B 钢材 C 食品 D 家电手机 E 医药 F 文件资料 G 日用品 H 农产品 I 建材 J 化工 K 服装 L 仪器设备 M 军工产品 N 烟草 O 水产 P 其他，请您注明：__________
使用的物流信息技术	A 自动分拣系统 B 条形码技术 C 电子自动订货技术 D 电子数据交换系统 E 射频识别 F 全球卫星定位系统 G 地理信息系统 H ERP 等进销存系统 I 其他，请您注明：________
目前信息系统可实现的功能	A 订单处理 B 运输管理 C 仓储管理 D 设备管理 E 财务管理 F 存货管理 G 客户管理 H 包装、装卸管理

第二部分　企业的经营环境

政府服务效率	A 1	B 2	C 3	D 4	E 5
政策法规体系建设	A 1	B 2	C 3	D 4	E 5
物流系统、社会化运营网络建设	A 1	B 2	C 3	D 4	E 5
物流基础设施建设	A 1	B 2	C 3	D 4	E 5
市场化程度	A 1	B 2	C 3	D 4	E 5

注：1 ~5 程度由弱到强。

第三部分　物流成本概况

1. 物流成本计算情况

物流成本核算情况	是否独立核算：	A 是 B 否
	是否单独设立物流成本会计明细科目	A 是 B 否

续 表

物流成本核算情况	物流成本核算问题	A 核算科目不细　　B 核算内容不全 C 核算标准不一　　D 核算过程复杂 E 其他，请您注明：________
物流成本计算	获取成本数据的方法	A 以会计核算方法获得成本数据 B 以统计方法获得成本数据 C 以会计核算与统计相结合的方法获得成本数据 D 其他，请您注明：________
	企业物流成本计算对象	A 物流成本项目（如物流功能成本、存货相关成本等） B 物流范围（如供应物流成本、销售物流、回收物流成本等） C 物流成本支付形态（自营物流成本、委托物流成本）航空 D 其他，如以客户、部门或营业网点作为成本计算对象，请您注明：________
	企业物流成本计算方法	A 传统成本会计法 B 作业成本法（或称活动基准成本法） C 其他，请您标明：________
	企业物流成本构成	A 采购运输，比例______ B 进货检查，比例______ C 系统处理，比例______ D 原材料储存，比例______ E 劳动作业，比例______ F 有效的生产过程，比例______ G 产成品库存，比例______ H 产品运送，比例______ I 其他，请您标明：______，比例______
	企业资金成本占用情况	A 采购运输，时间______天 B 进货检查，时间______天 C 系统处理，时间______天 D 原材料储存，时间______天 E 劳动作业，时间______天 F 有效的生产过程，时间______天 G 产成品库存，时间______天 H 产品运送，时间______天 I 企业资金占用总的天数，时间______天

2. 物流成本计算结果

（1）企业物流成本主表。

成本支付形态		物流总成本		
		自营	委托	合计
物流功能成本	运输成本			
	仓储成本			
	包装成本			
	装卸搬运成本			
	流通加工成本			
	物流信息成本			
	物流管理成本			
存货相关成本	流动资金占用成本			
	存货风险成本			
	存货保险成本			
其他成本				
物流总成本				

（2）企业自营物流成本支付形态。

成本项目 支付形态		材料费	人工费	维护费	一般经费	特殊经费	合计
物流功能成本	运输成本						
	仓储成本						
	包装成本						
	装卸搬运成本						
	流通加工成本						
	物流信息成本						
	物流管理成本						
存货相关成本	流动资金占用成本						
	存货风险成本						
	存货保险成本						
其他成本							
物流总成本							

3. 物流成本效益分析

（1）企业物流成本效益分析的财务指标。

①物流成本率 = 物流成本（　）/销售额（　）×100%，__________。

②单位物流成本率 = 物流成本（　）/总成本（　）×100%，__________。

③单位营业费用物流成本率 = 物流成本（　）/销售费用 + 一般管理费用（　）×100%，__________。

④产值物流成本率 = 物流成本（　）/企业总产值（　）×100%，__________。

⑤物流成本利润率 = 利润总额（　）/物流成本（　）×100%，__________。

⑥物流费用增长率 = 物流成本本年比上年增长率（　）/销售额本年比上年增长率（　）×100%，__________。

（2）企业物流成本效益分析的非财务指标。

①劳动生产率 = 物流总吞吐量（　）/资源使用总量（　）×100%，__________。

②客户满意度：（　）%。

第四部分　物流企业存在问题及展望

物流企业物流活动关键环节及问题	关键环节： （1） （2） （3） 主要问题： （1） （2） （3）
物流企业发展面临的问题	A　物流基础设施不完善 B　物流业管理水平与仓储保管水平不足 C　物流企业管理模式混乱 D　物流业发展环境需要进一步完善 E　物流业成本核算方法不健全 F　其他，请您注明：__________
企业物流成本问题	A　物流成本管理观念落后 B　物流成本管理粗放 C　物流成本管理缺乏事前预测和计划 D　缺乏物流成本约束激励机制 E　物流成本基础数据不准确完善 F　物流成本事中控制措施不力

续 表

企业物流成本问题	G 和客户等供应链上主体企业的信息沟通共享不够 H 税收太重，如“营改增”税收政策没取到太大效果 I 其他，请您注明：__________
为了降低物流成本需要加强的工作有	A 探索适合企业现状的物流运作方式 B 构建高效率的物流系统和社会化的运营网络 C 基于网络与信息技术建设物流公共服务平台 D 进一步挖掘和整合现有物流资源 E 物流企业积极创新 F 其他，请您注明：__________

调查到此结束，非常感谢您的配合！

物 流 管 理 篇

管理协同视角下军民融合应急物流体系研究*

内容提要：开展军队与地方在灾难救援时应急物流的协同研究，有助于解决军地双方在救援过程中存在的供应链重叠、信息沟通不畅、资源浪费、指挥协调混乱等问题，提高军地应对突发灾难时的效率，有助于加速我国军民融合战略在应急物流领域的深化。

课题的主要创新成果包括以下几个方面。

第一，基于管理协同理论，本文创新性地提出了应急物流军地协同的形成机制、实现机制和约束机制。协同形成机制即应急物流军地协同的形成动因分析，包括当前运行状况、内外部环境分析、确定协同目标和协同效应分析等；协同实现机制即应急物流军地协同的实现方法和手段等；协同约束机制即保障应急物流军地协同实现的条件和平台等。

第二，在军地应急物流实现机制中，本文借助 ARIS 的建模思想，首次将应急物流军地协同的实现过程按照三个视图分别建模进行剖析和展开，即应急物流军地协同的组织视图建模、功能视图建模和过程视图建模，在每个视图中均对军地协同的方法和路径进行了阐述。

在组织视图中，建立了“规划—决策—指挥—执行”四层结构化组织模型，界定了各层的军地人员组成和职责；在功能视图中，阐述了军地协同规划、分工协作、沟通协商、信息管理的实现过程；在过程视图中，依据供应链思想，将应急物流划分为物资筹集、储备、运输、配送四个一级流程，并根据军地协同的需要，进行流程分析和优化。

第三，本文设计出应急物流军地协同评价指标体系，分为 5 个一级指标和 21 个二级指标，通过模糊综合评价的方法对其进行赋权、确定隶属度函数和评价计算，可以计算出应急物流军地协同度。

一、绪论

（一）问题的提出

1. 近年来突发事件频发

近年来，各种自然灾害、突发性公共事件等频发，如 2003 年的非典、2008 年的冰

* 本课题（2017CSLKT3－014）荣获 2017 年度中国物流学会课题优秀成果奖一等奖。

雪灾害和汶川大地震、2009 年的严重洪涝干旱以及 2010 年的青海玉树地震等，突发事件频发，使灾难应急工作变得日益重要和严峻。军队是抢险救灾和应对突发事件的中坚力量，在国家重大灾害和突发事件救援过程中，军事应急物流和地方应急物流往往相互关联、交织运行，两者目标相同，在相同区域和时间范围内展开。

突发事件是指突然发生，造成或者可能造成严重社会危害，需要采取应急处置措施予以应对的自然灾害、公共卫生事件和社会安全事件。当突发事件发生时，只有在第一时间实施救援，才能将人民群众生命财产损失降到最低。食品和药品等救灾物资越早运到灾区，就越能拯救更多的生命，在这样的情况下，应急物流的重大作用便凸显出来。

根据《中华人民共和国突发事件应对法》《国家突发公共事件总体应急预案》等法律法规，突发事件按照发生过程、性质和激励可以划分为以下几个主要类型，如表 1 所示。

表 1　　突发事件主要类型

序号	主要类型	子类型
1	自然灾害类	水旱灾害、气象灾害、地震灾害、地质灾害、海洋灾害、生物灾害和森林草原火灾等
2	事故灾难类	工矿商贸等企业的各类安全事故、交通运输事故、公共设施和设备事故、环境污染和生态破坏事件等
3	公共卫生事件类	传染病疫情、群体性不明原因疾病、食品安全和职业危害、动物疫情、其他严重影响公众健康和生命安全的事件
4	社会安全事件类	恐怖袭击事件、经济安全事件和涉外突发事件等

2. 军地协同困难成为制约应急物流的瓶颈问题

军队参与应急物流的立足点在于军队对于应急管理工作的人力和物资支撑，而难点和关键在于军队与地方政府在指挥权限、资源保障、信息沟通等方面的协同运作，即应急物流军地协同机制的构建。突发事件发生后，通常由属地政府统一领导，由某个专业部门牵头与其他部门配合行动，应急管理工作只在政府体系内运转，一旦突发事件需要军队协助，就从单体系运转转变为双体系运转，这样，应急物流的指挥决策、处置都必须由单一、平面指挥向多部门、立体式指挥转变，指挥权限不清、决策程序复杂、运作标准不一，造成应急物流整体效率低下，只有应急物流军地协同的体制理顺，才能建立起高效、统一、顺畅的运行机制，提高应急物流运行效率。

在历次军地参与的救援活动中，军队与地方在协作过程中暴露出大量的问题，如缺少权威有效的军地组织机构进行指挥协调；应急物资在采购、储备、运输和配送过程中的供应链重叠，造成资源浪费；军队与地方缺少沟通协调机制，导致信息无法共享、决策无法协同；缺少共享的信息收集、发布平台，信息资源无法整合；设施设备标准不一、不能通用；没有完备的法律法规体系对民用运力征集等进行补偿，等等。在应急救援中，各种不确定性因素很多，如供应链断裂、保障失效、信息障碍等，这些军地的协作问题加大了救援难度，降低了救援效率。

3. 国家和军委高度重视应急管理工作

关于军地协同应急物流的研究国外起步较早，第二次世界大战结束后，美国许多学者研究了战争中的后勤供给并提出了自己的见解，形成了应急物流雏形。到21世纪初，已经形成了比较完备的应急物流理念。针对应急保障的特点，美国应急理论方面的研究走在了世界的前列，从海湾战争到伊拉克战争和阿富汗战争，美军在实践中不断探究模块化保障、后勤配送和聚焦物流等理论，建立了比较成熟的应急机制。目前，以美国、英国、法国和德国等为首的西方发达国家，军地一体化的建设已比较成熟，它们的生产、运输、配送和回收等后勤保障体系已经部分或全部和民用物流资源相衔接，极大地提高了军事经济效益。

为了有效应对突发事件，各级政府高度重视应急管理工作。采取了一系列措施加强我国应急管理体系建设。在组织机构方面，2003年“非典”事件和2008年汶川大地震以后，军地物流领域的专家和研究者更多地关注应急物流的军地协同问题。如何将军地物流资源有效整合起来，提高应急物流资源整体利用效率和服务质量，形成各方有序参与的新型应急物流体系，建立风险共担和高效的军地一体化应急物流保障机制，已成为军民融合领域的重要研究领域。

4. 军民融合已上升为国家战略

据《中国军民融合发展报告2014》分析，我国军民融合正处于发展的深化期，目前军民融合度在30%左右，正是军民融合进入新阶段的重要标志。习近平主席在2015年3月13日第十二届全国人大三次会议解放军代表团全体会议上鲜明提出把军民融合发展上升为国家战略，推动军民融合深度发展是加强经济建设和国防建设的重要举措。习近平主席指出，今后一个时期军民融合发展，总的是要形成全要素、多领域、高效益的深度发展格局，丰富融合形式、拓展融合范围、提升融合层次。要强化改革创新，着力解决制约军民融合发展的体制性障碍、结构性矛盾、政策性问题，努力形成统一领导、军地协调、顺畅高效的组织管理体系，国家领导、需求牵引、市场运作相统一的工作运行体系，系统完备、衔接配套、有效激励的政策制度体系。

军民融合是国家战略行为，需要从发展规划层面搞好顶层设计，将军民融合纳入国家和地区经济社会的长期发展规划。继2011年《国民经济和社会发展第十二个五年规划纲要》以及一些省市、部委颁布的“十二五”规划将军民融合作为一项重要内容之后，2012年各地区、各部门出台的经济社会发展规划和部门发展规划，多数都将军民融合战略融入其中。军民融合纳入国家和地区发展规划问题目前已基本解决，标志着军民融合已成为国家、地方和各部门今后建设发展的一项重要内容和指标。

（二）研究目的和意义

1. 研究目的

在军队参与应急物流的情况下，应急物流军地协同机制的有效运转是应急管理工作成败的关键。基于此，本文的研究目的是以应急物流军地协同机制为对象，以协同理论为基础理论，以建模和实证为主要研究方法，借助集成信息系统体系结构（ARIS）的建模方法，重点研究军地应急物流的形成机制、实现机制和约束机制，研究目的如下：

（1）提高我国军队和地方在应急救援活动中的效率。

（2）丰富我国应急物流管理理论。

（3）加快军民融合战略在应急物流领域的具体应用。

（4）加快我国军地一体化物流建设。

2. 研究意义

1）理论意义

有利于完善我国应急管理理论体系。军地协同应急机制的研究能够有效解决目前军地联合应急过程中出现的指挥协调、资源保障、信息沟通等问题，提高军队参与应急管理的效率。目前，虽然我国出台了军队参加应急管理相关的法律法规，但是对军地各部门之间的权责关系并未做出明确规定，致使在应急过程中，军地双方在应急救援力量调遣、决策、决策指挥体系建立、救援任务分工等关键环节出现问题，致使在跨区域、跨部门应急协同时出现各种问题。

在分析国内应急物流研究成果的基础上，结合当前我国应对突发事件的现实情况，揭示出仅靠单一行政指挥体系应急处置还存在着不足。有必要汲取国内外应对突发事件处置的经验与军事指挥的启示，整合军地优势，节约资源，构建政府主导的军地应急配送体系，达到军民应急的无缝对接，为政府在处置与应对突发事件中提供科学帮助，完善我国应急管理理论体系。

2）实践意义

①有利于提高军队完成多样化物流保障任务。在近年的特大自然灾害中，军队和地方政府在为应急救援做出突出贡献的同时，也暴露出诸多问题，由于两者自然属性的差异，它们之间协同较少，如物流信息化协同共享少，缺少共同的指挥平台，救灾前线物资调度紊乱等。应急物流中的军地协同是提高整体运作效率、获得成功救援的重要方式，也是应急救援活动能够顺利、持续开展的重要手段。开展军地协同的应急物流体系建设研究，构建“平时应急、战时应战、平战结合”的应急物流保障体系，对于充分利用军地物流资源，统筹协调军地保障行动，快速应对各种应急灾害事件，构筑现代化国防，都具有深远的历史与现实意义。

在突发性很强的自然灾害和公共卫生事件发生的地区，如何准确搜集灾区物资需求信息，如何协调各种物流力量，快速高效地开展应急救援活动，是对我军完成多样化物流保障任务的现实要求。

②有利于提高军地应急救援活动效率。军地协同应急机制的研究能够厘清军队参与应急管理的方法和形式，有利于深化对军队参与应急管理的理解，丰富政府和军队参与应急管理的理论和方法。目前学术界在军队参与应急事务的研究工作较少，主要集中在对重大案例的分析层面，没有深入地研究军队参与应急管理的方式和方法。本文以军地协同应急机制构建为立足点，分析了军队参与应急管理的相关内容，从而丰富了军队参与应急管理的理论和方法。

为政府提供了完善应对突发事件的新思路，有助于提高政府的快速反应和综合服务能力。构建一个在技术上可能、经济上合理、法律上允许、操作上可行、政治上能为的体系机构。在平时，为国家节约了资源，对部队起到了锻炼作用；在战时，为地方保障部队后勤做了临战训练。使之平时为地方所用，急时为政府所用，战时为部队所用。

（三）研究综述

1. 军民融合应急物流的研究综述

伴随着近年来突发事件的频发，军队与地方在应对突发事件物流活动中的合作日趋频繁，2010 年后针对军民融合应急物流的研究也日渐增多，有十余篇文献从不同角度对军民融合应急物流进行了研究。研究主要涉及军民融合应急物流的意义和必要性、军民融合应急物流中存在的问题和构建军民融合应急物流体系的方法。

1）军民融合应急物流的基本理论

黄攀研究了军民融合式应急物流体系，是指为完成应急物流保障任务，由军队和地方各个应急物流要素、系统组成的相互联系、相互作用、形成合力的复杂大系统。李东坡等研究了军民融合与应急物流的内涵。张中强认为军事物流与民用物流是相互促进的关系。

2）军民融合应急物流的融合方式研究

关于军民融合要素的研究。张中强认为影响军民物流融合发展的重要因素是：专业化的第三方物流、物流信息与技术、社会动员物流和第四方物流管理。它们相互作用、相互促进，每一个要素的变化都将在整体上对军民物流的融合发展带来倍率效应。其中，专业化的第三方物流包括第三方物流的服务能力、信誉、响应速度、成本、信息能力等。物流信息与技术包括信息获取技术、信息处理技术、信息传输技术、信息保密技术、信息精确技术等；社会动员物流包括社会动员计划、社会动员组织、社会动员法规、社会动员技术等。第四方物流管理包括第四方物流的计划与实施、资源调动与协调、信息占用与反馈等。

关于军民融合模式研究。李东坡将军民融合应急物流保障模式划分为三类：一是地方主导，军方支援；二是军方主导，地方支援；三是军地联合应急保障。

关于军民融合层次的研究。刘俊等从物流本身发展的角度，从“物流要素—物流环节—物流供应链”的角度，提出了军事应急物流军民融合的三个不同层次：点融合、线融合和面融合。点融合，即军事应急物流基本要素的融合，包括人员、资金、物资、设施、装备、信息等的融合；线融合，即军事应急物流基本环节的融合，包括军事应急采购、仓储、运输、配送、包装等的融合；面融合，即军事应急物流供应链的融合，其运作由军民协作共同完成。

3）军民融合应急物流现存问题

李东坡从系统论的角度在环境层、数据层、战略层、控制层四个层面上分析了军民融合应急物流系统存在的问题。

王凤忠分析了军民融合式应急物流在发展理念、指挥体制、信息网络、法规制度、配送水平等方面存在问题。

严平指出军民融合的应急物流体系面临诸多困难，如军事应急物流指挥体系与地方应急物流缺乏协作、应急物流保障资源缺乏整合、应急物流保障信息网络缺乏贯通、应急物流军地保障运作缺乏联动、军事应急物流标准缺乏统一等。

4）军民融合应急物流体系建设研究

赵吉敏提出构建体系的指导思想，即“军民一体，有机融合”“平战结合、合理统筹”“完善机制、理顺关系”“系统配套、稳妥推进”的基本原则。

李东坡提出四条促进应急物流发展的策略：一是在环境层制定相应健全和配套的法规和制度；二是在数据层强化应急物流信息平台建设；三是在战略层加强应急理论研究和技术联合开发；四是在控制层加强物资共储，实现可视化操作，增强方案的效果。

赵吉敏探讨了军民融合式应急物流体系建设的主要内容，包括军民融合式应急物流指挥体系、采购体系、储备体系、配送体系、标准体系和法规体系。

王凤忠提出军民融合式应急物流建设的六项对策，分别是建设理念、指挥体制、信息化建设、法规标准建设、配送体系、预案及应急物流的演练。

田益友指出军民融合是军队物流体制改革的方向，从军地物流联动、物资供应、物资储备和国民经济动员四个方面提出三项完善对策：一是实现无缝对接，深化军民融合程度；二是物流信息共享，提高供应商开发效率；三是地方政府引导，实现保障力量编组科学。

刘飒提出军地物流界面的概念，并提出军地采购、仓储、运输和配送四个界面存在的问题和解决对策。

张姣芳借鉴美军应急物流经验，创新性地提出军民融合应急物流实践模式，如统一规划、合作开发、人才培养一体化，信息资源平台建设、标准体系建设、法规体系建设和物资储备体系建设。

张中强探讨了保证与支撑这些要素有序健康发展的融合发展机制，把这种融合发展机制分为形成机制、成长机制和协调机制，最后给出了各要素互动共生、协作发展的军民物流协调共生发展模式。

刘俊提出军事应急物流军民融合实现的四条途径：一是树立军民融合理念；二是建立完善的法规和制度；三是共享信息资源；四是培养复合型物流人才。

严平提出构建军民融合的应急物流体系的方法：一是建立应急物流法规体系，健全军地协调机制；二是构建军民融合物流信息平台，实现物资可视化；三是构建新型应急物资筹措模式，确保物资筹措迅速；四是完善应急物流指挥管理体制，提高物资管理水平。

钟孝红分析我国应急物流军民融合发展演化存在部分物流要素交互融合、物流环节交互融合和基于任务牵引的军地物流整体交互融合三种不同形态，演化过程要遵循效率优先原则、以双向互补为目标、以组织融合为先导、以资源融合为接口、以信息融合为纽带的基本规律。

闫慧分析了大城市军地应急物流建设现状，提出军地应急物流统筹建设的构想和建设思路。

刘浪分析军地应急物流在人事、资金、物资和信息等方面存在协调问题，提出了在航空应急物流领域完善这四方面的协调举措。

邵亨阐述了我国军地联合应急机制的现状和存在问题，通过 ARIS 方法从组织视图、功能视图和过程视图三个方面分别建模提出加强军地联合应急机制的方案。

5）军民融合应急物流的评价指标体系

在军民融合应急物流研究中，构建模型进行研究的很少。曹景建提出了四种军民融合物流体系创新模式：政府引导模式、市场拉动模式、以点带面模式和集成创新模式，并依据仿生学思想、蝴蝶效应与混沌理论，创新性地提出了军民融合物流“蛛网”结构。有不少学者研究了军民融合应急物流评价指标体系，如姜大立等在《军民融合物流》一书中建立了完整的评价指标体系。

2. 基于协同理论的军民融合应急物流研究综述

国内关于应急物流军地协同的文献比较少，国外在这方面的研究相对较多，但主要是针对军民合作的影响因素进行了分析。弗朗西斯（Francis）探讨了妨碍非政府组织和军队有效合作的各种因素，并为军民间关系的改善提供了相应的建议。佩蒂特（S. J. Pettit）和贝雷斯福德（A. K. C. Beresford）提出了在紧急情况下的物流需求细分模型，在军队与非军队现有的响应模型的基础上，提出了由第三方组织完成部分物流需求的物流模型。Rietjens 和塞巴斯蒂安（Sebastiaan）提出应急救援中不同阶段军民间的不同决策，及影响军民合作的不同因素，提出了军民合作的决策模型。大卫·皮博迪（David Peabody）探讨了冷战之后加拿大军队与民间组织在应急救援活动中的合作发展情况，指出非政府组织（NGO）对军队参与重建的质疑，认为军队与民间组织需要相互合作，提出了改善军民关系的措施。I. A. Ayongwa 和孙杰（Jie Sun）对应急危机的准备和反应阶段军民关系进行了分析，提出了军队和民间组织应急救援中存在的诸多问题，对现有应急救援工作模式提出了改进建议。南希·罗伯茨（Nancy Roberts）分析了 NGO 与军队在应急救援活动中由于意识形态、价值观、目标等方面的差异性及其引起的冲突，并认为通过建立军地协同机制可以有效地化解这些冲突。

在国内，伴随着协同理论的引入，逐渐有学者将协同理论应用于制造业、港口、物流、运输、供应链等各个行业领域。白列湖将协同理论应用于管理学领域，研究管理协同机制，将管理协同机制划分为协同形成机制、协同实现机制和协同约束机制三个方面。董存祥、范光敏、潘虹宇等做了应急物流和人道救援物流的建模与分析。王晓莉研究了协同理论视角下突发自然灾害社会动员问题。随之协同理论开始更具体的应用于应急物流的相关领域，周凌云研究了应急物流体系协同运作机理及评价；杜波研究了应急物流协同决策方法；王能等研究了应急物流综合运输协同决策体系；朱昌锋研究了虚拟应急物流体系协同的运作机理及耦合性。协同理论也逐渐渗透到军队与民间的协同，路旭等研究了军民一体化装备保障中的协同性；姜玉宏则在应急物流中军民协同的现状和对策作了大量的研究；李年生研究了应急救援中的军地协同机制。

（四）研究方法、内容和技术路线

1. 研究方法

（1）文献研究法。搜集应急物流军地协同的相关文献，总结前期的研究成果，在此基础上提出本课题研究思路和方法。

（2）定性分析法。对应急物流军地协同进行分析，提出应急物流军地协同原则、标准、指导方针，构造军地协同流程模型。

（3）模型法。在军地协同实现机制中，从组织视图、功能视图和过程视图三个视角分别建立模型，阐述应急物流军地协同的实现路径；在应急物流军地协同评估机制中，制定评价指标体系，建立数学模型进行分析计算。

2. 研究内容

（1）掌握国内外应急救援活动的展开情况，挖掘军地协同中存在的问题。

（2）基于管理协同理论，构建应急物流军地协同形成机制、实现机制和约束机制。

（3）综合考虑应急救援活动中时间、空间、成本等多方面因素，对物流要素进行整合，在实现机制中分别从组织视图、功能视图和过程视图探索军地协同方法和路径，并建模分析。

本文是基于管理协同理论，通过文献研究、建立模型和实证研究等方法，构建了应急物流军地协同机制。本文的技术路线如图 1 所示。

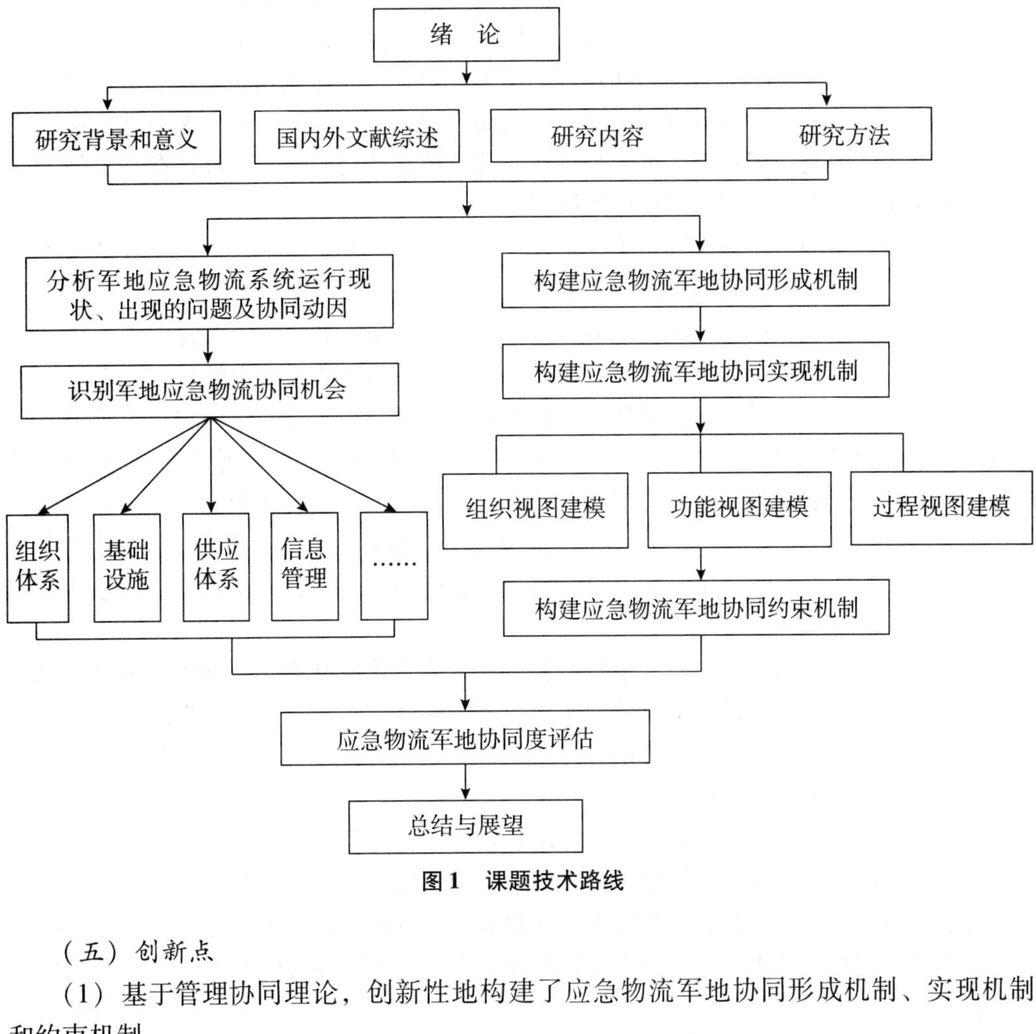

图 1　课题技术路线

（五）创新点

（1）基于管理协同理论，创新性地构建了应急物流军地协同形成机制、实现机制和约束机制。

（2）分别从组织视图、功能视图和过程视图三个角度建立模型，全方位解析应急物流军地协同的实现过程。

（3）对应急物流军地协同的协同度进行了研究，可以对应急物流军地协同度进行量化分析。

二、理论基础和建模思路

（一）相关概念和理论

1. 协同理论

“协同学”源于希腊文，意为“协调合作之学”。协同学起初只限于研究非平衡开放系统在时间和空间方面的有序，后来，赫尔曼·哈肯吸收了概率论、信息论和控制论的有关理论，从对一些平衡态理论的研究中发现，并不是远离平衡才能出现有序结构。哈肯提出大量子系统以复杂方式组成一个复杂、开放的系统，通过序参量支配，使各子系统之间以自组织方式形成新的有序时空。一个非平衡的开放系统不仅可以从无序到有序，而且，当外参量增大到一定程度时，可以从有序到混乱，从而扩大了协同学的研究范围。1981 年，哈肯在《20 世纪 80 年代的物理思想》一文中指出：宇宙系统也呈现有序结构，因而在宇宙学中也可应用协同学。从而表明：一切开放系统，无论是宇观系统还是宏观系统，或是微观系统，无论是自然系统，还是社会系统，都可以在一定的条件下呈现出非平衡的有序结构，都可应用协同学。

具有开放性质的供应链管理系统，是社会大系统的一个子系统，它存在着结构和秩序，协同理论同样可以作为探索供应链复杂系统结构和秩序的有效手段。应用协同学的基本原理，寻找影响供应链系统变化的控制因素，进而研究如何发挥系统内子系统间的协同作用。哈肯的协同学基本思想是：在生命和非生命的开放系统内的各个子系统，当它们处在一定的条件下时，就会通过非线性的相互作用而产生协同作用和相干效应，在一定范围内，通过涨落而达到一定的临界点，就可以通过自组织而使系统产生新的有序，使旧的结构发展成为在时间、空间、性质、功能诸方面都发生根本变化的新结构系统；新序产生的关键并不在于热力学平衡还是不平衡，也不在于离平衡态有多远，而在于大量子系统的非线性相互作用。这一思想为研究供应链协同管理问题提供了指导思想。

2. 管理协同理论

管理协同是指运用协同论的基本思想和方法，研究管理对象的协同规律并实施管理的一种理论体系。其目的是更加有效地实现系统的整体功能效应。对企业组织而言，企业管理协同就是指用协同的基本理论和方法来指导企业的管理实践活动而形成的一系列管理思想、理论和方法的总称。

与传统企业管理相比，管理协同在理论和思想、处理问题的方法以及对待问题的视角上都有很大的不同之处。传统的企业管理理论和思想是建立在高度的专业化分工和僵化的科层式组织基础上，强调分工的重要性而对整体重视不足；而管理协同则突出强调要素间协同、配合的思想。传统的企业管理注重企业所需资源或要素的寻求，认为企业只要拥有了资源优势，就可以在激烈的市场竞争中获得优势，往往忽略了企业环境变化；而管理协同不仅注重企业的自身资源优势，还关注企业与环境变化的适应性如何，即把企业与环境协同起来。传统的企业管理强调劳动分工和专业化的思想，企业经营、技术、管理等方面的界限比较明显；而管理协同则重视系统协同的思想，如研发、生产、营销以及服务过程的协同，把企业的各项活动作为“价值链”来研究。传统的对企业管理强调企业内部诸如人、财、物、技术等各项资源的合理配置和有效利用，研究范围更多关注企业内部；而管理协同不仅重视企业内部资源的优化配置和合理利用，还重视对企业外部资源的充分利用，重视把企业的内外资源结合起来纳入协同范畴，虚拟企业的组织形式是典型例证。传统企业管理的适应能力是一种无“自组织”的适应市场变化的能力；而管理协同的适应能力是有“自组织”的适应市场变化的能力。传统企业管理的市场条件相对稳定，可以预测；而管理协同的市场条件是快速多变、难以预测的。传统企业管理的组织特点是僵化的职能界限、有计划的学习；而管理协同的组织特点是“自组织”“自学习”和“自协调”。

3. 系统机制理论

机制（mechanism）一词始于机械工程学，“机”指机器，“制”指约束、控制，本意就是机器的自我运转机能和关联。它伴随着系统科学的发展而衍生，现在被广泛应用于各种学科之中，借以类比系统的构造、功能和相互关系。系统机制实际上指系统运动赖以生存的物质结构、动因和控制方式。它是系统为维持其潜在功能并使之成为特定的显现功能，而以一定的规则规范系统内部各子系统或各要素之间相互作用、相互联系、相互制约的形式和运动原理以及内在的、本质的工作方式。

4. ARIS 建模方法

ARIS（Architecture of Integrated Information System）集成信息系统体系结构，是由德国萨尔大学 Scheer 教授提出的一套企业建模和业务流程管理建模体系，ARIS 有一套标准的软件工具，包括 ARIS Toolset、ARIS Easy Design 等。ARIS 方法不是一个孤立的建模方法，而是一个集成了许多建模方法的建模框架和体系，是一个分视图、分层次的集成化信息系统结构框架。ARIS 建模的核心思想就是多视图、多层次、多关联、全生命周期的描述企业及业务流程的各个方面，为多种描述方法之间的自动转换和联合分析提供基础。

ARIS 建模体系的核心是横向分解视图和纵向划分阶段。在横向上提供了 ARIS 房式模型，包括四个视图：组织视图、功能视图、数据视图、控制视图。其中，控制视图通过扩展的时间驱动流程链（eEPC）等来描述业务流程。图 2 所示的是集成模型的 ARIS 房式模型。

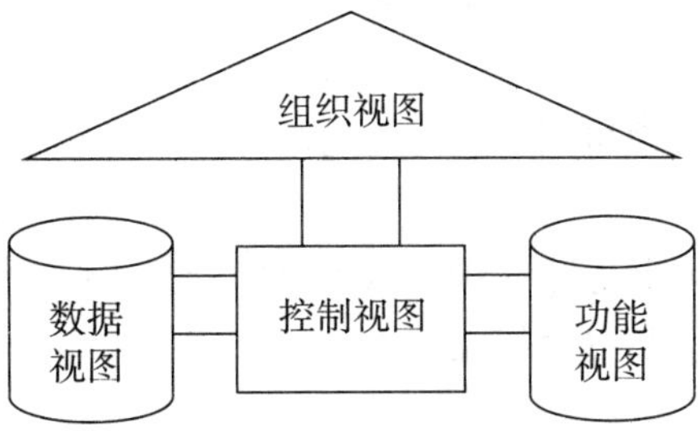

图 2　集成模型的 ARIS 房式模型

ARIS 在纵向划分阶段，将业务流程从上而下，从总到分划分为几个层次：流程地图、流程区域、主流程和子流程，并通过 eEPC 等建模方法对各个层次的流程进行建模描述。通过 ARIS 方法在纵向上对业务流程的顶层设计、中层控制和底层细化，能对业务流程进行全面、细致又有层次地建模描述。本课题借助 ARIS 建模思想对应急物流军地协同的实现机制进行建模分析。

（二）建模思路

机制一旦形成，它就会内在地作用于组织系统自身，使组织系统处在一定的状态，按一定的规律影响并支配其生存和变化。但是要研究军地协同机制，就必须通过构建军地协同机制模型来加以分析说明。本文重点探讨管理协同机制模型构建的思路，为构建军地协同机制模型确立基础。

1. 应急物流军地协同机制模型构建

1）军地协同形成机制建模

①认清管理协同目标与组织目标的关系。认识军地协同目标是什么，它是构建模型的基础和关键。确认军地之间的利益是否一致是构建军地协同模型的前提假设。无论军地协同目标和军地各自的组织目标在表达方式上存在多大差异，但它们所指向的深层内容或本质具有同一性，都在追求实现整体功能效应，获得最大化价值，所以有理由认为它们之间的利益具有一致性。

②分析系统运行状况。通过对组织系统目前所拥有的资源状况、能力水平以及面临的竞争环境等因素的审视，认识组织系统现实发展水平，找出与组织系统应该达到的理想水平之间的差距，使资源充分发挥效应。

③评估理想与现实的差距。如果组织系统的现实发展水平与理想发展水平之间非常接近或重合，说明组织系统本身具有很好的协同状态，不需要进行军地协同。反之，则表明组织需要通过军地协同，发挥其功能倍增效应来实现。后者才是我们研究的重点。

④运用军地协同解决或缩短差距。确定组织系统现实与理想之间的差距，可反应组织系统的运行状况。差距越大，则说明组织系统的运行状况越差，系统不稳定；反之亦然。实施军地协同的目的正是缩小现实与理想之间的差距。

2）军地协同实现机制建模

要把观念形态上的协同转换为实际的协同行为，发挥应有效应，还须研究军地协同实现机制，具体包括以下几个方面。

①协同机会识别。识别协同机会是实施军地协同的突破口，只有准确及时地识别协同机会，才能围绕协同机会采取各种管理措施和方法，取得军地协同应有的效果。同时，协同机会的识别也是军地协同后续行为的基础，军地协同的实施首先是建立在对协同机会的识别基础之上。

②建模分析。本文引入业务流程管理软件 ARIS 建模的设计思想和方法，将应急物流军地协同按照组织、功能和过程的视图予以划分，寻找应急物流在组织机构设计、功能职责分工和供应链环节中可以协同的机会，并建模进行分析，以保证应急物流军地协同的实现。

③序参量选择与管理。序参量是系统宏观有序程度的度量，它主宰着系统从无序走向有序。只要能确定组织系统的序参量，就能通过施加一定的管理手段和方法把握系统的发展方向，最终实现系统的整体功能倍增，即产生协同效应。对序参量的管理要注意塑造一个有利于其发挥效应的环境。

④结果的对照与反馈。如果反馈信息表明，达到的结果与军地协同目标一致，则实现了军地协同效应，反之则没有实现，需返回到军地协同实现机制的开端及后续环节给予重新考虑。

3）军地协同约束机制建模

约束或控制作为军地协同过程中不可分割的一部分，对保证军地协同的顺利实施以及军地协同效应的最终实现具有重要的作用。“无规矩不成方圆”，约束或控制就是军地协同过程中的“规”与“矩”，缺乏约束机制的军地协同将无法实现军地协同目标。

2. 军地协同机制模型框架及其说明

1）军地协同机制模型框架

根据军地协同理论和军地协同机制模型构建的思路，本文构建出军地协同机制的模型框架。课题的框架结构和研究逻辑就是根据所构建的军地协同机制模型框架展开的，模型框架如图3所示。

2）军地协同机制模型框架说明

根据构建的军地协同机制框架，本文把军地协同机制具体分为三大机制，即军地协同形成机制（动因）、军地协同实现机制（过程）和军地协同约束机制三大机制。

①军地协同形成机制。任何组织系统所追求的目标与军地协同目标在整体上具有一致性，但组织系统能否实现其目标，还需要分析其运行状况，了解其面对的机遇和威胁，找到其现存的困难，找出组织系统现实发展水平与军地协同目标之间的差距，认清进行协同的基础和动因。

②军地协同实现机制。即军地协同的基本过程。在协同实现过程中，本文参考ARIS的建模思想，将应急物流军地协同实现机制从组织、功能和过程三个角度分别建立视图模型进行分析。

组织视图建模中建立了应急物流军地协同的三层组织机构，分别是规划层、决策层、执行层，并对各个层次的人员组成、工作职责进行了界定。

功能视图建模是将应急物流军地协同的职能进行了划分，划分为顶层规划、分工协作、沟通协商、信息管理。

过程视图建模是将应急物流军地协同按照流程进行了划分，划分为四个一级流程，分别是物资筹集、物资存储、物资运输和物资配送。

③军地协同约束机制。这部分内容是实现军地协同的重要手段，贯穿于整个军地协同过程之中。它具体可分为法律法规约束机制、标准约束机制、反馈评估机制、风险管理机制、冲突管理机制、收益分配约束机制、奖惩约束机制。

三大机制间的关系：三大机制的具体内容将在后面几章中详细阐述。

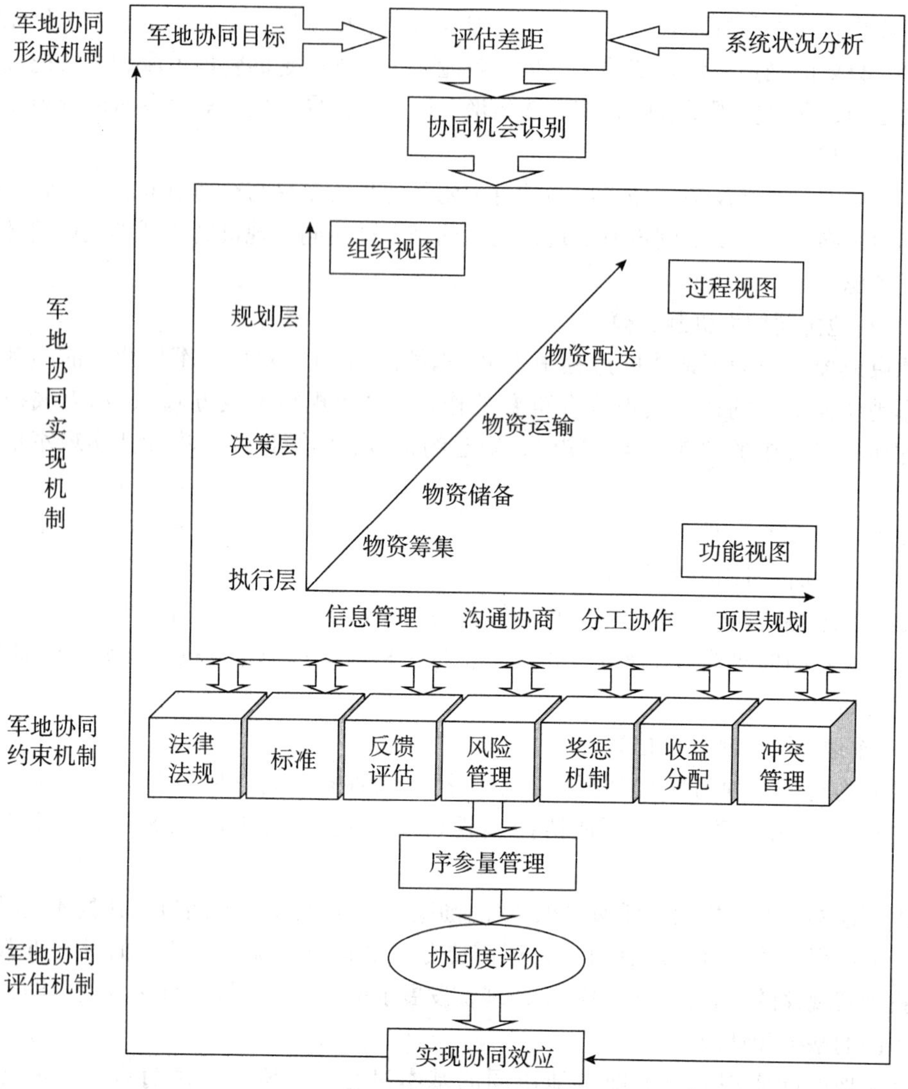

图3　应急物流军地协同机制模型框架

在军地协同机制中，形成机制虽然是一种观念意义上的协同，但它是整个军地协同过程的起点，因此军地协同的形成机制是军地协同实现机制运行的前提条件。而军地协同的实现机制正是在军地协同的形成机制基础上，通过协同机会识别、沟通交流、要素整合配置以及对达到结果的信息反馈等环节的具体操作，促使产生期望的序参量，进而使序参量主导整个系统向有序、稳定的方向发展。军地协同的实现机制最终把军地协同形成机制中观念意义上的协同变为现实意义上的协同。而军地协同约束机制作为军地协同效应实现的重要保障，它贯穿于整个军地协同过程之中，不论是在军地协同形成机制中，还是在军地协同实现机制中，军地协同约束机制都起着非常重要的作用，它保证了军地协同过程中所有协同行为的顺利进行。

总之，实现军地协同效应，三大机制缺一不可。它们三者之间形成了有机整体，共同发挥作用，实现军地协同效应。

三、应急物流军地协同形成机制

协同机制的形成并非一个自然而然的过程，而是组织管理者在对自身运行状况及所处环境等多因素的清晰认识下，为保证组织系统顺畅运转而进行的有目的的行为过程。本章通过探讨认清组织目标与军地协同目标之间的关系、组织系统运行状况分析、系统现实水平与理想水平之间的差距评估，寻求缩短差距的解决方法等影响应急物流军地协同的因素进行动因分析，进而揭示出军民双方应急物流协同的形成机制。

（一）认识应急物流中军队和政府的目标

从宏观层面上来看，组织目标是保持组织系统顺畅运转，向有序化、稳定化的方向发展，最终实现整体功能效应，这是组织的终极目标或高层次意义上的目标。将组织的宏观目标看作组织系统的总目标，在这个总目标下具有不同的逻辑层次目标，如运作层次目标、战略层次目标和规范层次目标。在此基础上，依据一些具体化的指标诸如组织竞争能力、总体规模、技术能力、生产能力、组织形象等来反映组织目标。

明确各自的目标是进行协同的基础和关键。军队和地方在应急救援时的目标是一致的，都是为了最大限度地减少人员伤亡、财产损失，因此，双方具有协同的基础。

（二）应急物流中军地运行状况分析

系统的要素、结构、功能和环境等基本概念以及它们之间关系的研究为分析系统运行状况提供了理论基础。系统的要素、结构、功能和环境之间的关系如图 4 所示。

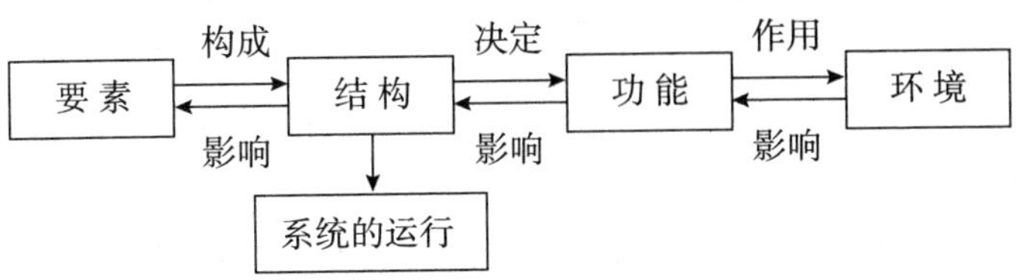

图 4　系统运行影响因素关系

可以看出，结构的变化直接对应着系统的运行。尽管结构是由要素组成的，但要素本身的变化并不能直接改变系统的运行，只有当要素的变化引起要素重组，并导致结构变化时，系统的运行状况才会发生根本性的变化。但在系统运行过程中，结构是相对稳定的，而由结构决定的功能则相对活跃。功能变化是结构变化的前提。因为功能的实现必须通过与环境的作用，而环境是不断变化的，环境的变化首先影响的是系统的功能。而功能变化到一定程度必然导致系统结构的变化，进而又影响到系统的运行状况。根据这一理论基础，我们在分析组织系统的运行状况，特别是分析组织系统不能顺畅运转的状态时，主要从组织系统环境分析、要素分析两个方面进行考察。

1. 系统外部环境分析

环境作为组织系统生存和发展的土壤，无时无刻不影响着组织系统的运行状况。组织系统环境一般分为宏观环境和微观环境两个方面。在突发灾难时，军民面对的政治、经济、技术、社会等宏观环境一般不会有太大变化，变化大的是微观环境。我们重点对微观环境的复杂程度和变化速度进行分析，即环境不确定性分析。环境的不确定性对组织系统的运行产生直接影响，因为组织系统要从环境中获取信息需求与资源的需求。分析组织系统的环境不确定性可以从环境的复杂性和稳定性两个维度进行考察。

环境的复杂性是指与组织运行有关的外部要素的数量和组织系统所拥有的与这些要素有关的知识广度；环境的稳定性是指环境因素变动的程度大小或外部环境变化的速度。通过这两个维度，就可以形成应急物流环境不稳定性的分析框架，如图5所示，应急物流面对的环境状况是复杂而不稳定的环境，不确定性程度最高，即组织系统面临诸多的外部因素，且变化频繁，严重影响组织系统的运行。

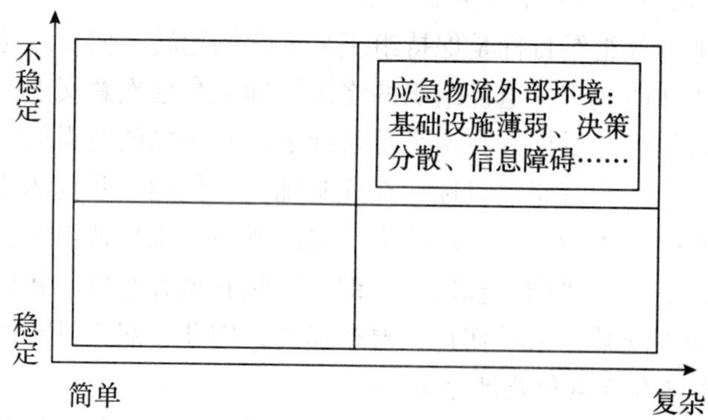

图5　应急物流军地协同系统外部环境

应急物流需要在高度不稳定的、高时间压力的环境下运作，应急物流的不确定性是指需求、人员、设备，提前期、流程不稳定性及资金来源等的不确定性，这些使应急物流应具备独有的特征和挑战，也使各方协同作业成为可能，具体分析如下。

1）基础设施薄弱

灾难常常发生在交通运输和通信设施比较落后的地区，限制了人员、物资和伤者的进出；特别是在灾难救援行动中，受灾人群的数量和需求，基础设施损坏的不确定性以及采购捐献物资的不确定性都很大。

2）信息障碍

通信的频率和许可证不同导致信息障碍；信息获取困难、信息不对称、信息不完全、信息延滞、信息不可观察以及信息不可证实。

3）决策的分散性

灾难救援的应急物流参与者众多，组织机构各自不同，常常会产生矛盾和冲突，造成指挥协同困难。救援各方的决策是独立、分散的，再加上信息障碍，会产生任务重叠、行为冲突和目标冲突，只有协同才能产生合力。

4）其他挑战

和其他领域的物流相比，应急物流主要是采购、运输和配送；应急物流的需求不仅包括物资和服务也包括相关人员；应急物流运作时间紧迫、波及面广、任务多元，单独一方无法完成复杂的物流任务，为达到共同目标，必须协同作战。

2. 系统内部要素分析

一般而言，组织内部要素是指人、财、物、技术、信息等几个方面，对内部要素分析的目的就是确认组织系统是否在环境影响下拥有维持自身生存发展的要素，以及拥有的要素是否合理配置发挥最佳效应。要素对组织系统的影响是通过要素重组以相互联结的方式实现，即形成一定的结构，进而确定组织系统内部的权力关系、信息沟通方式、产品和服务的配置联结，以及组织系统内部各个部门、各个层次之间的协调程度，最终以功能的方式体现出来。这种功能反映的是组织系统要素由于排列组合产生的效能总体。

1）军队与地方系统的相似性

军地应急物流的目标都是为了最大限度地降低人员伤亡；双方的运作都具有足够的灵活性，较短的前置时间，快速地响应，以保证短时间内建立稳定高效的供应链网络；军地双方供应链都是动态供应链，以应付多样化、差异性的不确定事件；军地双方人员因志愿兵转业、人才流动等因素都具有较大的变动性，因此增加了专业训练课目和培训等内容。表 2 从目标、运作特点、供应链、人员结构、能力生成因素五个方面概括了军队与地方组织的相似性。

表 2　　　　军地应急物流系统内部要素相似性比较

序号	项目	内容
1	目标	降低人员伤亡
2	运作特点	灵活性、快速响应
3	供应链	动态性、差异性、稳定的网络
4	人员结构	变动性、须加强培训
5	能力生成因素	训练水平、救援设备、人员素质、信息、组织条例、组织机构、组织基础设施（仓库等）、后勤保障条件等

根据物流“结合部”理论，军事物流与地方物流在系统结构、运作机理、服务功能和服务目标等方面紧密联系，具有相通性，这就为军地协同奠定了坚实基础。除此之外，在应急救援中军队和地方有相同的能力生成因素，如图 6 所示。

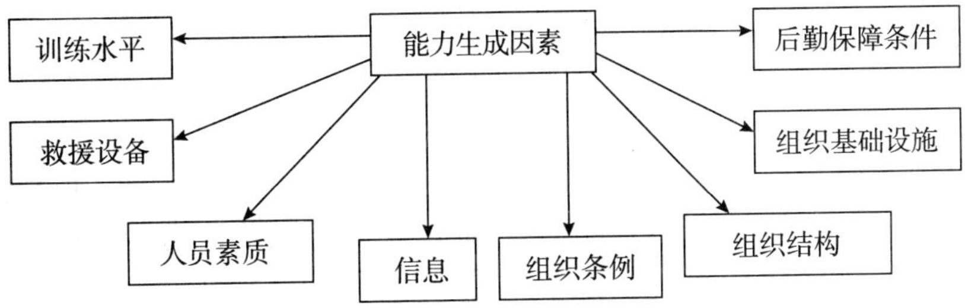

图 6　应急物流能力生成因素

2）军队与地方系统的差异性

由于军地的角色和属性不同，军队与民间组织不可避免地存在一些差异性，如表 3

概括列出了军队与地方组织的差异性。军队使用了大量的资源用于购置设备和培训人员，以确保他们在大多数灾难环境中能够独立的发挥作用；由于战争对后勤供给的要求很高，军队非常重视后勤保障能力建设，具有强大的物流能力，具有大型运输能力；军队装备拥有相对先进的自有通信设备，如北斗通信卫星。地方在物流基础设施规划、应急物资筹集、物流人才方面具有相对优势。

表 3　　军队与地方应急物流资源和能力差异性比较

项目	军队	地方政府
物流基础设施	自有物流基础设施有限	可以规划物流基础设施、交通网络、物流中心
物流设施设备	有大型物流设施、设备、特种运输、特种装卸设备；物流设备信息化水平高	缺乏大型设施、设备
物资筹集能力	以自有储备、采购为主	筹集方式多样，动用自有储备、采购、募捐、生产等
物资储存能力	应急物资储存能力较强	储存能力一般
物资运输能力	有大型运输能力，有特种运输、装卸能力	一般物流运输能力
物资配送能力	野战保障力量，可以完成民间运力无法达到的地区	可以动用民间物流企业的成熟网络优势完成终端快速配送
道路修复能力	道路抢修、道路急造能力强	一般
交通管制	能力很强	一般
物流人才	一般	人才来源广泛、专业性强
通信建设	有自用通信系统，如北斗、单兵通信卫星	灾后通信易中断
信息建设	信息化、自动化水平较高，有卫星通信、海事电话等先进设备	信息基础建设良好
指挥风格	强制、命令式、统一	民主、灵活

地方政府和军队的相似性为军地协同奠定了基础，他们的差异化也为双方协同提供了条件。在应急物流中，军队在命令的方式下行动，能够快速部署人员和设备，保证材料、设备稳定可靠送达灾区，军地间的物流协同运作在促进资源共享的同时也有利于开展高效的救援活动。

3. 军地应急物流系统的发展机遇

1）应急物流军地协同发展时机

①大军事变革时期。当前，中国特色军事变革正在积极稳妥地推进，无论是装备技术水平还是军队体制、作战理论都发生或正在发生着深刻变化，在后勤领域也进行了一

系列改革。在后勤保障的手段和方式上，逐步注重信息化技术运用；在后勤组织体制和结构层次上，开展了大联勤试点。现代军事斗争展开靠的是军事系统之间的博弈，而维持系统间战斗力的后勤保障能力不是单纯地依靠物质资源，更重要的是体制革新。大联勤体制改革为推动后勤社会化保障改革创造了有利条件，而后勤社会化保障也推动了应急物流军地协同的发展。

②军民融合上升为国家战略。国家高度重视军民融合问题，已将军民融合上升为国家战略高度，我国军民融合处于由初步发展向深度融合发展过渡的阶段。一方面，中央提出推动军民融合深度发展的总要求。2013 年 11 月 12 日，党的十八届三中全会通过的《中共中央关于全面深化改革若干重大问题的决定》进一步把深化军队改革纳入国家总体改革方案，把推动军民融合深度发展作为深化国防和军队改革的三大任务之一，并就如何推进军民融合深度发展做出了具体战略部署。如此明确、系统、全面地阐述军民融合问题、部署军民融合改革工作，为军民融合工作指明了方向和目标。将军民融合式发展改为军民融合深度发展，意味着我国军民融合进入新阶段。另一方面，军民融合正处于发展的深化期。目前我国的军民融合度在 30%左右，正处于由发展初期向发展中期迈进的阶段，处于由初步融合向深度融合推进的阶段。应急物流是军民融合的重点领域，也要进入到军民融合体制机制建设的快车道。

2）应急物流军地协同发展条件

①物流业迅猛发展。我国加入了世界贸易组织（WTO）后，物流业发展突飞猛进。在 2008 年下半年，作为国家经济十大振兴计划之一，物流业振兴计划的出台标志着我国物流业发展已进入一个新的里程碑。如今，我国物流业发展已经呈现出区域化、多元化现象，大量民营物流企业发展势头强劲，业务门类发展前景广阔，为军事物流业务的外包和供应商的选择提供了更多机会和更大范围，这为应急物流军地协同发展创造了良好的渠道环境。

②国防需求加大。在军民融合战略指导下，国防需求成为制定经济发展策略时需要考虑的重要因素，经济发展和国防建设有机结合已成为国家整体发展的重要战略，无论是国家层面的物流基础设施规划，还是区域性的物流业发展计划，都不可避免地会考虑国防的因素，考虑军事物流需求、军民两类物流的接口与转换，并纳入到政府工作体系中予以评价，这为军地协同物流建设创造了良好的政策条件。另外，在我国物流业整体发展势头迅猛的同时，物流市场竞争日趋激烈，民营物流企业在发展中遇到许多难题，主要体现为业务量不够饱满、经营规模不够理想，扩展市场、扩大业务成为物流企业的一大生存法宝，如果能和军事物流相融合，为军事物流保障提供服务，对物流企业而言就是一个重要的市场突破，可有力增强其竞争实力，这种竞争情形和压力为应急物流军地协同建设创造了良好的市场动力。

4. 军地应急物流系统面临的挑战

1）现代物流技术给协同带来挑战

现代物流尤其是军地物流协同发展的一些问题对于军地双方来说是新鲜事物。伴随着信息技术的广泛应用，物流行业受到了很大冲击，许多新概念和新技术不断涌现，物流业发展节奏加快。诸如物流中心、配送中心，条形码、第三（四）方物流、供应链、逆向物流、绿色物流、嵌入式操作系统（EOS）、电子数据交换（EDI）、全球定位系统（GPS）、地理信息系统（GIS）、准时生产（JIT）、零库存等概念、事物的出现，认识和接受这些新技术、新方法需要创新的意识和持续学习的精神，而采纳和使用这些新技术、新方法更需要一个较为长期的过程。这些新事物为军地应急物流协同向深层次发展带来了契机，也给双方协同带来新的挑战。

2）资本市场对军地协同的影响

物流业作为一个新兴产业急需缩短资金积累的周期，加大资本存量来提高技术水平、改善服务质量、拓宽业务范围、增大市场份额，这样才有利于开展深层次、多层面的军地物流协同。但由于资本市场的不完善，第三方物流公司面临着资金短缺、服务效率低的局面。一是市场缺少兼并重组机制。完善的资本市场中，当企业经营不善、面临破产时，可以通过资本运作，对其收购或控股，然后进行改组。二是缺乏融资渠道。通过开辟融资渠道，可以使中小物流企业更快地增长。只有加快资本市场改革，才能使中小型民营物流企业在竞争中迅速成长，培育出一批资金和技术力量雄厚的第三方物流，扩大军地物流协同的范围，促进双方合作向更深层面展开。

3）二元结构给协同带来阻力

我军现行的后勤法规对政府采购制度尚不具备法律效力，因此这种采购制度在执行过程中势必给军队带来两个方面的风险：一个是来自外部的，因信用问题导致出现合同失效、诈骗、假冒伪劣等行为以及对方发生事故案件对军队利益的侵害；另一个是来自内部的，因监督不力导致出现地方腐蚀军队管理人员、内外勾结对军队利益的侵害。因此，在这种情况下，必须完善法律法规，制定对军地双方均具有约束力的法规制度，以便抵御来自外部和内部的各种风险。另外，企业开展正常物流活动的制度环境或市场环境，主要是指融资制度、产权转让制度、人才使用制度、市场准入或退出制度等不能适应企业经营的需要，也不能适应市场经济体制改革的要求。由于上述制度改革尚未到位，企业根据经济合理原则对物流资源的再配置就会受到阻碍。因此，进一步深化制度改革，是军地物流协同发展的必要条件。

5. 军地应急物流系统运行情况

军地应急物流系统当前的运行现状及存在问题具体分析如下。

1）宏观规划

军民融合全面纳入发展规划，顶层设计取得实质性进展。军民融合是国家战略行为，需要从发展战略层面搞好顶层设计，将军民融合纳入国家和地区经济社会的长期发展规划。继 2011 年《国民经济和社会发展第十二个五年规划纲要》以及一些省市、部委颁布的“十二五”规划将军民融合作为一个重要的内容之后，2012 年各地区、各部门出台的经济社会发展规划和部门发展规划，多数都将军民融合战略纳入其中。例如，2012 年 2 月国家发改委发布的《西部大开发“十二五”规划》以及 2012 年 7 月 9 日国务院颁布的《“十二五”国家战略性新兴产业发展规划》等，对推进军民融合提出了具体要求，明确了发展方向。军民融合纳入国家和地区发展规划问题目前已基本解决，标志着军民融合已成为国家、地方和各部门今后建设发展的一项重要内容和目标。

2012 年 7 月 26 日，国务院、中央军委颁布了《统筹经济建设和国防建设“十二五”规划》（以下简称《规划》）。这是我国第一部统筹经济建设和国防建设的专门性规划，对推进军民融合式发展具有重要意义。该《规划》明确了今后一个时期统筹经济建设和国防建设的指导思想、目标任务、重点领域和保障措施，确定了一批对国家安全和发展有全局意义和深远影响、对经济建设和国防建设有明显带动效应、对破解军民融合发展瓶颈制约有重大突破作用的工程项目。这一《规划》的颁布，标志着我国军民融合规划建设已经实现了从总体规划到专项规划的突破。

2）管理体制

当前，我国实行的是应战的军队国防动员和政府应急管理“两种体制”。这“两种体制”的组织机构分别设置、自成体系、互不兼容。

①应急、应战两个体系独立运行。在应急管理方面，2006 年 4 月 10 日，国务院办公厅下发《国务院办公厅关于设置国务院应急管理办公室（国务院总值班室）的通知》，成立国务院应急管理办公室。国务院应急办成立之后，各省（自治区、直辖市）相继成立应急管理领导机构及其办事机构，国务院各有关部门也陆续成立或加强了应急管理机构，在国务院领导下，主要包括国务院应急管理办公室办事机构、国务院有关部门工作机构和各级地方政府和专家组。通过近些年的建设，我国已经基本形成了机构健全、运转有序的应急管理体系。

在国防动员方面，2010 年《中华人民共和国国防动员法》第三条规定：“国家加强国防动员建设，建立健全与国防安全需要相适应、与经济社会发展相协调、与突发事件应急机制相衔接的国防动员体系，增强国防动员能力”；2007 年《中华人民共和国突发事件应对法》第八条规定：“县级以上地方各级人民政府设立由本级人民政府主要负责人、相关部门负责人、驻当地中国人民解放军和中国人民武装警察部队有关负责人组成的突发事件应急指挥机构，统一领导、协调本级人民政府各有关部门和下级人民政府开展突发事件应对工作”。这些法律条款，明确了国防动员领导体制在决策、指挥、参与行动方面对应急管理体系的责任与义务，是国防动员机制发挥应急功能的行动指南。

在国家层面设有国防动员委员会，归国务院、中央军委双重领导，平时负责组织、指导、协调全国的国防动员工作；战时或紧急情况下，国家国防动员委员会通过平战转换作为国家动员总指挥部，负责全国范围内的动员指挥，下设的各个办公室也相应成为有关领域的指挥机构。各大军区、各军兵种和县级以上人民政府也设有国防动员委员会，平时作为议事协调机构代表国家行使国防动员职能，战时或紧急情况下则作为本区域、本军兵种的国防动员指挥部，负责本区域、本军兵种国防动员的组织指挥，其中主要成员包括本地区和本军兵种的党政军领导人。总体看，在国防动员委员会中，综合办公室主管综合计划和统筹协调；人民武装动员办公室、经济动员办公室、交通战备办公室、人民防空办公室则是相关领域的业务指挥机构。此外，还可以根据应战与应急需要增设政治动员和信息动员等机构。

②应战与应急体系融合趋势明显。目前，各地积极展开实践，促进应战、应急两大

系统融合，建立完善了相关工作机制，积极拓展和发挥国防动员系统的应急功能。辽宁、吉林、黑龙江等诸多省市国际动员委员会积极推进国防动员机制与应急管理机制有效衔接，采取国际动员委员会和应急委主任均由政府主要领导兼任的办法，实现了国防动员和应急管理在组织指挥上的衔接，统一使用和调配国防动员力量和资源，协调应急管理部门建立要事会商、情况通报、信息共享等机制，把应急管理有机融入国防动员之中，使两项工作逐渐走上了一体化、经常化发展轨道。内蒙古自治区按照“党委统揽决策、政府主导落实、系统分工负责”的原则，整合国际动员委员会、应急办和边防委的功能，在自治区、盟市、旗县均成立了军地联合应急指挥机构，政府主要领导担任指挥长，政府分管领导、同级军事机关主要领导担任副指挥长：成都、乌鲁木齐等地直接将国际动员委员会办事机构纳入应急委成员单位，实现机构功能衔接，使国防动员直接为应急管理服务。

③应战应急“两张皮”的问题急需解决。依据现行规定，国务院总理任国家国际动员委员会主任，在突发事件应急管理体系中，国务院总理也是负责处理突发事件的最高行政负责人。各省长、市长、县长一般任本级国际动员委员会主任，各级地方政府的主要领导兼任应急领导机构负责人。在这样的制度安排下，全国各省区“两委”的主任、副主任、执行秘书长等主要职务基本上均由政府主要领导、党政军相关领导相互兼任。国防动员和突发事件应急管理体系主要领导“一身两任”、交叉任职。应战应急体系相互独立，“两张皮”问题还没有解决。在国家层面上两大体系处在各自运行的分割状态，造成国防动员资源与应急管理体系资源不能统筹规划和统一部署使用，严重制约了国防动员应急功能的发挥。同时，国际动员委员会组织机构“上军下民”“躯干在军队，四肢在地方”的体制特征，降低了资源配置的整体效率，国防动员系统应急能力相对薄弱的问题，也影响了国防动员系统应急能力的充分发挥。

④应急机构职权不明确。目前，很多大城市已经初步建立应急预案机制，但城市各级政府的应急中心隶属于政府的办公厅（室），基本上只是一个起牵头和协调作用的部门，相对其他政府部门，其职权较“虚”。在应急救灾中，执行工作还必须依靠各部门配合。而由于不同部门之间的配合牵涉各自部门的工作任务，部门之间存有互相推诿、不协调的现象；且在机制管理上应急物流还存在两个主要矛盾：一个是应急的矛盾，应急工作需要牵涉各部门的协调；另一个是物流的矛盾，物流本身就跨部门、跨行业，多头管理。因此，应急物流在管理上显得尤为复杂，在这种情况下，建议成立实体化的应急物流分委会，重点负责政府救灾物资的储存、调度、运送等工作。

⑤缺少统一高效的联合指挥机制。军队、地方政府应急管理机制还没有形成有机衔接，长期形成的自我建设、独立保障、互不关联的状况还没有改变，军民一体行动缺乏平战结合，常态化机制，造成了各要素之间联系不紧、运行不畅，达不到“1 + 1 >2”的效果。现行应急物流行动主要以行政命令为手段，很少顾及物流成本，灾难或危机一旦发生，以对危机的及时处理作为压倒一切的中心工作，以行政强制力推动应急物流的保障。一方面，表现出浓厚的军事化色彩，确保了所需应急物资的及时到位；另一方面，由于缺乏正规化、法制化的保障机制，全民上阵。各自筹措物资，易造成整体秩序

混乱，应急物流社会成本过高，从经济学角度考虑，这样的应急物流属于“帕累托无效率”状态，应向实现“帕累托最优”方向努力。

3）基础设施建设

①基础设施重复建设还比较普遍。军地之间在基础设施建设、信息化建设等方面存在的重复建设、资源浪费问题，是拓展和深化军民融合必须着力解决的一个大问题。军队建设还没有完全摆脱传统发展模式的束缚，搞“大而全、小而全”的自我保障模式。地方相关部门在建设时未能顾及军事需求，一些铁路、公路和港口码头等大型基础设施难以满足部队重型装备的运输、装卸需求；一些民用飞机、船舶和大型机械装备征用后难以进行技术加改装，制约了军民融合式发展效率的提高。一些省区市为了争取国家投资，在当地已有军用机场，经过适当改造即可实现军民两用的情况下，纷纷建设民用机场，结果绝大多数支线机场因航空运输需求少、自身运营无法支撑机场运行而处于亏损状态。这样的重复建设，既导致了资源闲置浪费，又干扰了军用飞机飞行，影响了部队战备训练。

②优化资源配置，实现军地双赢。优化配置军地资源，促进经济和国防建资源和要素双向流动，加快军地两个体系的有机融合。应统筹军地建设，避免重复浪费，把资源投向国防和军队建设的关键领域、重点项目。发挥市场在军民融合发展资源配置中的决定性作用，尊重市场规律和军队建设规律。实现“民转军”和“军转民”的双向转移，形成军地资源顺畅流动的局面。

4）物流供应链

①物流供应链多个环节重叠。在应急物流过程中，军队和政府组织都筹集大部分相同的救援物资，使用大致相同的运输工具，处于一个共同的物流网络当中。军队与民间组织在物流供应链的重叠在环境不稳定、物流资源匮乏的灾区会出现由于重复作业造成的浪费，出现局部的阻塞进而导致救援链的瘫痪，造成灾难性的后果。在有限的资源环境下，应急物流军地协同不仅可以有效缓解资源压力，还能做到物尽其用，提高救援效率。

②物资储备机制不融合。在紧急状态下，军地物资储备信息不能共享，指挥调度难以统一，容易出现严重短缺和损失浪费并存，影响物资保障的效率和效益。地方储备物资也难以及时支援部队，不能充分发挥军地协同、效能倍增的威力。另外，军队战略战役储备结构与军队应急救援的要求不协调，现有的战役储备结构不能满足军队参加应急救援。战备物资的动用权限门槛高、规定严。在应急状态下，需要由党和国家以及军队最高领导人根据经验紧急处置，发布指示，容易丧失最佳的介入时机。在动用战略物资储备后，目前也没有储备物资补充更新机制，设有专门的标准制度和经费，只能采取先用后报，补偿经费下拨后自行补充更新或由上级追加补充更新的办法。这种缺少机制、一事一办的临时性举措，不但存在很大的随意性，也容易形成浪费。

③运输路线规划效率低。军地协同调配、配送过程中，由于涉及军地运输调配力量的综合使用，往往需要在多个节点上进行双方物资转交和信息交互，这就给运输和配送路线选择增加了许多约束条件和额外因素，使得正确选择运输线路十分

困难，往往造成运输线路选择不合理，进而无法避免各路线的流量饱和、迂回或对流等冲突的产生，无法实现物资调整补充的高效、可靠、精确及物流网络的优化。

5）协调机制

①协调机制不健全。在军地需求对接机制上，目前存在着需求生成提报程序不清、论证不充分、协调主体不明确、对接程序不规范、落实情况缺乏反馈等问题，缺乏对协同需求的有力统筹，散报、虚报、盲报和重报现象比较突出。由于缺乏有效的需求对接，政府有关职能部门对军队总体协同需求不清楚，军队对地方有哪些重点建设项目、哪些可用资源和先进技术也不是很清楚。虽然目前在国防动员领域建立了一些跨军地、跨部门的协调机制，但一些跨领域军地专项协调机制还存在职能交叉、分工不够明确等问题。

②沟通程序烦琐。由于大城市内没有专门负责应急物流管理的机构，危机发生后，由于城市政府、军队、各相关业务部门等多个部门信息沟通和一系列程序上的问题，政府救灾物资协调机构从灾情上报到正式成立，都要经历一个逐级上报、抽调人员、会议决策、分工负责的过程，使得政府救灾物资协调机构无法在第一时间内组织起来，正式投入运作则更要等待一段时间。这就使救援工作无法及时展开，致使灾情扩大，尤其是在大城市灾害连锁反应强烈，次生灾害严重的背景下，物流效率更是提升到战略的高度。权威的军地应急物流分委会可以促进军队、民兵预备役力量、武警、公安、政府各业务部门条块间的衔接，最大限度地缩短中间环节，节约时间，提高救灾反应速度。

③军地需求对接机制正在构建之中。一套完整的需求对接机制至少包含需求生成提报、需求论证评估、需求执行落实、需求调整反馈四个环节，它们相互联系、环环相扣，构成了需求的闭环反馈系统。科学、合理、高效的军事需求生成提报机制目前正在研究构建之中。

6）信息建设

①缺乏共享的信息平台。应急时，应急物流军地协同任务协调时信息交互比较困难，信息管理手段落后，缺少计算机网络技术、远程指挥、实时监控、网络管理和仿真等技术，致使军地因信息不透明导致协同水平低，常常出现军事物流部门无法及时、准确地了解地方物流实体情况，无法及时掌握物资生产和储备情况，无法正确做出决策和指挥调度军地物流资源。军地之间、地方部门之间信息系统缺乏彼此兼容，互联互通的问题没有得到有效解决。例如：某省新增加的运输器械没有及时更新到当年的数据库中，影响了应急物流运力的发挥。

②军地信息资源配置效益不高。一方面，我国光缆、微波、卫星、移动通信等国家公用信息网络基础设施技术先进、覆盖地域广、传输容量大，有大量富余资源可用，而军队战备执勤、训练演习、教育管理等尚不能充分利用国家公用信息网络和资源，影响了军队信息化建设的步伐。另一方面，军地之间、军兵种之间在信息化建设过程中各自发展、各搞一套、互不兼容，导致军地条块分割、重复建设严重、信息资源配置不够科学、效益低下等问题比较突出。

7）标准体系

①我国军民通用标准体系还没有真正建立起来。标准化是军地物流资源统筹的重要基础，只有军地衔接的物流标准体系，才能确保军地物流系统各个环节、各个要素紧密衔接、有机协同。物流设备、信息、流程、操作的标准化是协同作业的前提。目前，国家和军队信息化建设各自制订发展规划和计划，各自控制相关资源，各自组织技术研发，各自制定行业标准，军用标准与民用标准自成体系，军队各兵种间信息标准不统一，成为信息领域军民融合深度发展的壁垒。由于军、民用标准的通用程度低，地方相关部门在建设时未能顾及军事需求，一些铁路、公路和港口码头等大型基础设施难以满足部队重型装备的运输、装卸需求；一些民用飞机、船舶和大型机械装备征用后难以进行技术加改装，制约了军民融合式发展效率的提高。同时，部分军用标准已经过时，失去可用性或先进性。有些军用标准与民用标准差别过大，兼容性比较差，信息难以互通共享，军民融合的信息技术标准体系亟待完善。标准化的缺乏容易打乱协同进程，影响运作效率。例如，包装容器的标准化有利于物流过程中的运输、搬运、仓储等采用统一的信息。实际上，在我国军工技术中，军民两用的技术标准还较少，主要实行军用标准，存在民用标准与军用技术标准“两张皮”现象。

②军民标准融合工作稳步推进。调整和完善现行军用标准，按照军用标准向国家标准靠拢的原则，使国家标准最大限度地覆盖军用标准，增强标准的通用性、先进性；扩大民用标准使用范围，全面清理现有军用标准，加快制定统一的军民两用技术标准，为军用和民用技术的互通、互用提供政策和法规保障。国家标准委、总装备部共建北斗卫星导航标准化技术委员会，并研究推动国家军用标准转化为国家标准工作，目前已发布射频识别技术领域两项“军转民”国家标准。军地信息共享范围逐步扩大。军队积极推进对地观测资源共享，组织拟制对地观测数据资源军民共享政策，保证数据资源共享应用的有序性。

8）法律法规

①缺少军地协同法律法规。近年来，国务院、中央军事委员会相继颁布了《军队参加抢险救灾条例》《军队处置突发事件总体应急预案》，这些法规的出台，对军队参与处置应急行动进行了规范，但在实施过程中，军地双方指挥协调关系不明确，力量没有进行科学编配，缺乏必要的协调程序和方法，法律法规不够健全，造成在突发事件初期由于没有实施有效地组织指挥，组织指挥有时出现混乱、脱节、滞后等情况。另外，动员一体化建设的政策法规也不够健全，《中华人民共和国国防法》《中华人民共和国国防动员法》和《中华人民共和国应对突发事件法》均未对应战、应急动员一体化的组织构架、运行模式作出明确规定。

②法律法规建设进展顺利。在法律法规建设上，启动了《军民融合促进法》的立法进程，国家立法机关进行了专题调研，国家发展和改革委员会与解放军战略规划部正牵头负责“军民融合促进法”的起草工作。一些省市结合本地实际，出台了地方性法规和政策，制定了推进本地军民融合式发展的管理办法和实施细则。军地应急物流系统运行现状分析，如表 4 所示。

表4　　军地应急物流系统运行现状分析

序号	项目	描述
1	宏观规划	已有较为长远的宏观规划
2	管理体制	应急和应战两个系统独立运行，国防资源和应急资源不能统筹，没有军地协同机构，指挥协调关系不明确
3	基础建设	重复建设比较普遍，资源浪费
4	物流供应链	军地物资筹集、储备、运输、配送环节重叠
5	协调机制	自成体系，没有顺畅的沟通机制
6	信息平台	具有良好的技术基础，但军地没有共享、资源利用效益不高
7	标准体系	军地标准独立，无法通用
8	法律法规	已颁布《军队参加抢险救灾条例》《军队处置突发事件总体应急预案》等军地协作法规，但不健全

（三）军地应急物流系统理想与现实差距评估

评估系统运行状况的目的在于寻求组织现实水平与理想水平之间的差距，即“协同空间范围”，解决为什么进行军地协同，或者实施军地协同的必要性是什么，但这并非说明一定会形成军地协同。本文利用雷达对比图，对军地应急物流系统理想与现实的差距进行简单的评估。

本文结合多位学者对应急物流系统的评价指标划分方法，并采用专家打分法，对军地应急物流理想与现实的差距进行打分评价。本文将应急物流系统划分为8个变量，每个变量的赋分范围为1~10分。8个变量的理想状态均赋以10分，现实的状态通过专家打分法赋分，具体得分情况，如表5所示。

表5　　军地应急物流系统理想与现实差距评价

序号	变量	理想状态（10分）	专家赋分均值
1	宏观规划	统一规划、统一部署	7
2	管理体制	体制健全、指挥关系明确、统一行动	3
3	基础设施	统一调配物流设施	4
4	物资供应	资源高度整合、统一规划、共享共用、全程可视	4
5	协调机制	统筹协调、多层次沟通顺畅	5
6	信息管理	互联、互通、互控、互操作	4
7	标准体系	体系健全、军地通用	3
8	政策法规	体系健全、执行有力	4

根据赋分情况，得到雷达分析图，军地协同的理想状态如虚线所示，当前军地协同的现实状态如加粗的实线所示，如图7所示。

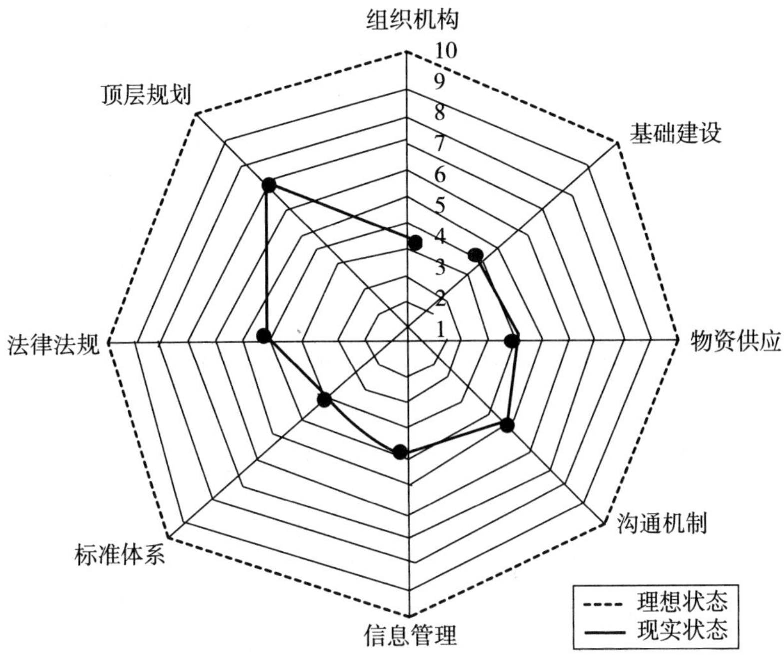

图 7　军地应急物流系统现状评价雷达分析

（四）协同效应分析

应急物流中军地协同主要的效应有：规模经济效应、范围经济效应、管理协同效应、时间效应、学习效应，如图 8 所示。

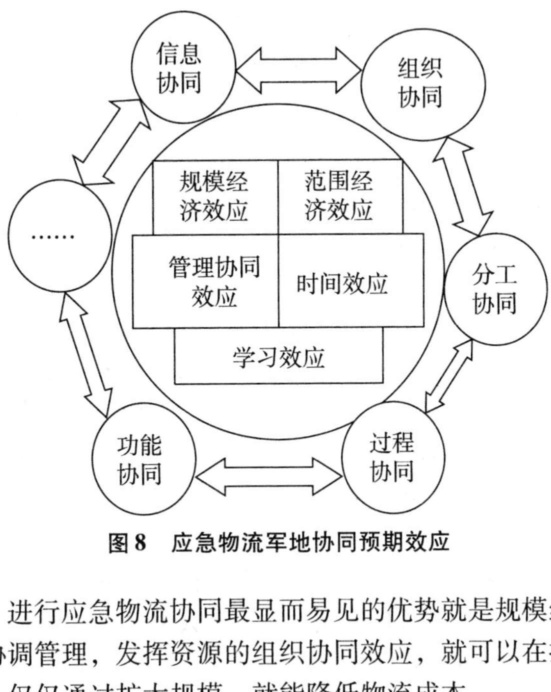

图 8　应急物流军地协同预期效应

规模经济效应。进行应急物流协同最显而易见的优势就是规模经济优势。通过对仓储和运输等过程的协调管理，发挥资源的组织协同效应，就可以在技术水平和要素组合比例不变的条件下，仅仅通过扩大规模，就能降低物流成本。

范围经济效应。范围经济优势主要体现在双方通过供应链环节协同，可以分摊物流费用；通过共用设施、设备和人力资源，能够节约成本。

管理协同效应。管理协同效应是指贯穿于不同物流业务之间，实现管理效率的提高和管理技能的顺利转移。军队与地方组织有不同的组织机构和决策结构，协同使得军队和地方物流组织都具有兼容性，可以很好地避免军队在决策时的失误。

时间效应。时间效应是评价应急物流协同是否成功的最重要的指标之一。良好的应急物流协同能避免重复工作和资源浪费，消除物流配送盲区，可以提高救援的效率和效益。

学习效应。协同活动可以加强组织间的沟通和交流，促进组织之间的学习以及汲取协同过程中的经验和教训，从而同时提高个体和整体的实力。

四、应急物流军地协同实现机制——组织视图建模

协同形成机制只说明在观念形态或理论意义上进行军地协同的可行性或动因，而要把这种可行性变为现实的军地协同，必须研究协同实现机制。由此认为，军地协同的形成机制主要解决为什么要进行军地协同的问题，而军地协同的实现机制要解决怎样或如何进行军地协同的问题。本文在建立组织视图模型、功能视图模型和过程视图模型的基础上，分别详细阐述军地应急物流的组织、功能和过程协同，以实现应急物流军地协同。

（一）当前应急组织体系

组织协同注重组织的整体性，强调把组织内部相对独立的横向子系统相互关联起来，通过资源共享和优势互补等系统协同，形成整体合力。机构是体制机制的“骨骼”。与发达国家军民一体化经历的自然发育过程不同，我国军民融合总体上带有一定赶超性质，这就决定了我国军民融合特别需要强化国家主导，特别需要加大“统”的力度，特别需要权威机构来协调管理、强力推动，而这恰恰是我们的“短板”。目前，虽然在几个重点融合领域建立了一些跨军地、跨部门的协调机构，但这些机构往往只是起牵头、协调、沟通作用，基本上没有决策权和监督管理权，难以对军地之间、政府各职能部门之间的不同意见进行高效整合。

城市应急物流主要由军队、政府、企业多个部门联合组织实施，仅军队力量就包括军队各级应急指挥机构、支援城市应急任务部队、各军兵种、武装警察力量，原城市驻军、省军区（卫戍区、警备区）所辖的现役部队、预备役部队、民兵预备役人员；政府应急物流力量包括公有制商贸企业、动员企业等。这给指挥、协同、控制和保障工作带来了许多困难，客观上需要对应急物流力量在整体上进行协调控制和合力保障。为此，必须统筹谋划，科学编组，构建军地一体化的力量体系。

1. 地方应急组织体系

领导机构：国务院是突发公共事件应急管理工作的最高行政领导机构。在国务院总理领导下，通过国务院常务会议和国家相关突发公共事件应急指挥机构，负责突发公共事件的应急管理工作；必要时，派出国务院工作组指导有关工作。

办事机构：国务院办公厅设国务院应急管理办公室，履行值守应急、信息汇总和综

合协调职责，发挥运转枢纽作用。

工作机构：国务院有关部门依据有关法律、行政法规和各自职责，负责相关类别突发公共事件的应急管理工作。具体负责相关类别的突发公共事件专项和部门应急预案的起草与实施，贯彻落实国务院有关决定事项。

地方机构：地方各级人民政府是本行政区域突发公共事件应急管理工作的行政领导机构，负责本行政区域各类突发公共事件的应对工作。

专家组：国务院和各应急管理机构建立各类专业人才库，可以根据实际需要聘请有关专家组成专家组，为应急管理提供决策建议，必要时参加突发公共事件的应急处置工作。地方政府应急组织体系结构示意如图 9 所示。

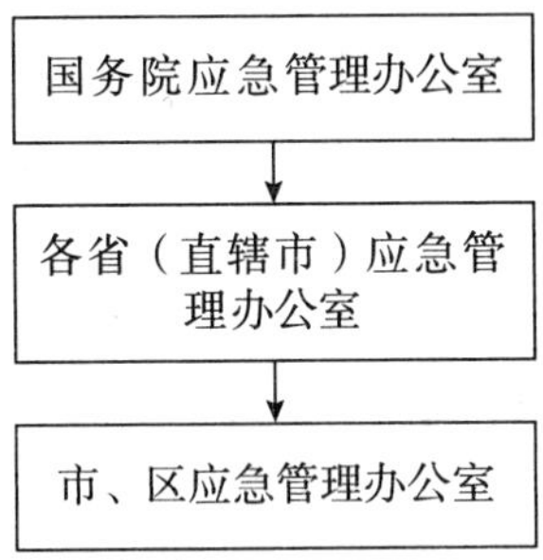

图 9　地方政府应急组织体系结构示意

天津市应急组织机构示意如图 10 所示。

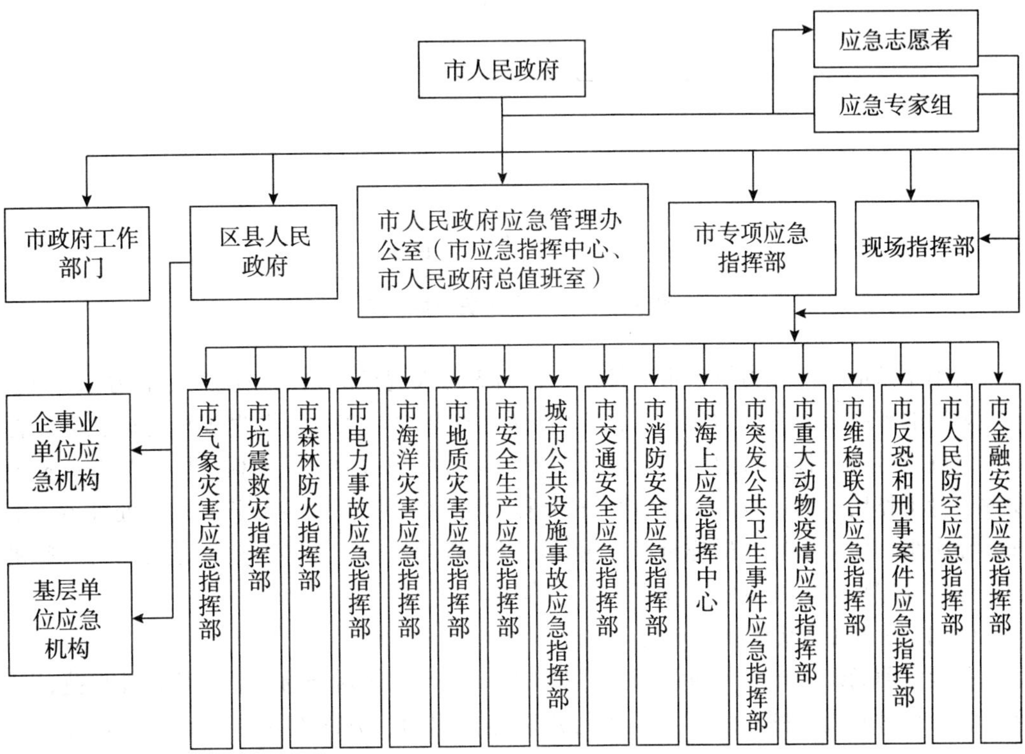

图 10　天津市应急组织机构示意

2. 军队应急组织体系

军队参加应急处置，是国防动员系统发挥应急作用的重要体现。《中华人民共和国应对突发事件法》第十四条规定："中国人民解放军、中国人民武装警察部队和民兵组织依照本法和其他相关法律、行政法规、军事法规的规定以及国务院、中央军事委员会的命令，参加突发事件的应急救援和处置工作。"《军队参加抢险救灾条例》中明确规定"军队是抢险救灾的突击力量，执行国家赋予的抢险救灾任务是军队的重要使命。"历次重大应急灾害救援军队参与人数如表6所示。

表6　重大应急灾害救援军队参与人数

序号	时间	应急灾害	救援军队人数
1	2008年年初	南部雨雪冰冻灾害	224000
2	2008年5月12日	四川汶川特大地震	14600
3	2010年8月7日	甘肃舟曲特大山洪泥石流	7600

中国军队武装力量构成如图11所示。

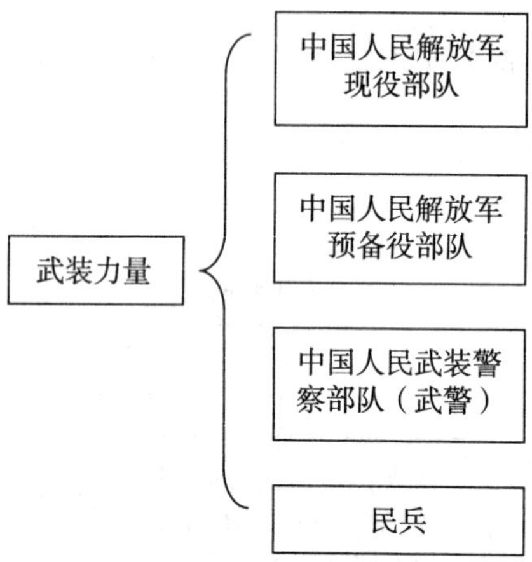

图11　中国军队武装力量构成

中国军队应急专业力量已形成体系，包括5万人规模的国家级应急专业力量和4.5万人规模的省级应急专业力量，如图12所示。这些力量在执行图例汶川地震救灾、青海玉树抗震救灾、甘肃舟曲特大山洪泥石流抢险救灾和海地、巴基斯坦国际救援任务中发挥了骨干作用。为适应国家处置突发事件工作需要，中国武装部队成立了处置突发事件领导小组，建立了应急指挥机制，组建了专家咨询机构，加强军地沟通协调。这些机制在近年处置重大突发事件中发挥了重要作用。

（二）当前应急救援组织形式

我国目前尚未发布有关应急指挥组织机构设置与职能划分的通用、综合性规范，仅在消防、森林防火、核和海事溢油等特定职能部门制定方面有初步规定。实际应急期间，参与单位往往根据各自情况设立应急指挥组织，最终形成互不相同的组织机构。从

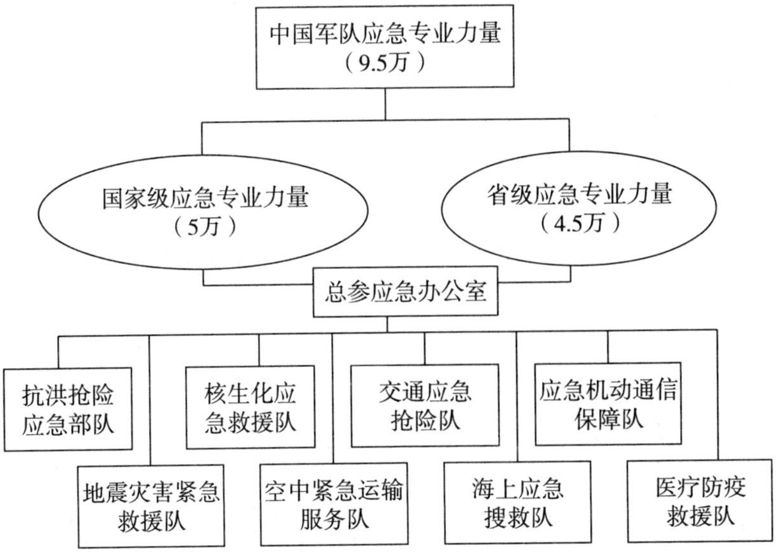

图 12　中国军队应急力量组成

2008 年的南方雨雪冰冻灾害和四川汶川“5・12”特大地震，到 2010 年青海玉树“4・14”地震，相应的应急指挥组织机构也从南方雨雪冰冻灾害和汶川地震初期的各自为政，到四川汶川地震中期初步形成可以对各种救援力量进行统一指挥调度的应急指挥组织机构，并在青海玉树地震中得到运用和发展。本文以玉树地震应急指挥组织机构为例进行分析。

青海玉树地震发生当日，国务院、青海省及玉树藏族自治州就成立了抗震救灾指挥部。国务院玉树地震抗震救灾指挥部由 1 名副总理任总指挥，有关部门负责人和青海省委书记任副总指挥，下设 8 个工作组，如图 13 所示。

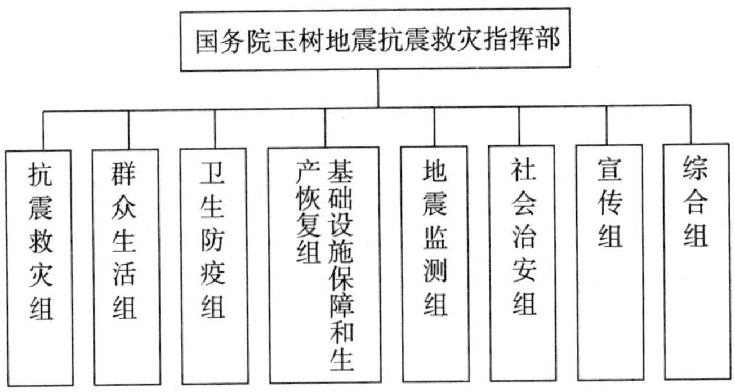

图 13　国务院玉树地震抗震救灾指挥部组织机构

青海省玉树地震抗震救灾指挥部由省委书记任总指挥，设玉树现场指挥点和西宁指挥点，分别由省长和常务副省长担任指挥，两个指挥点工作组设置有所不同，玉树现场指挥点设 10 个工作组，西宁指挥点设 5 个工作组，如图 14 所示。

玉树藏族自治州抗震救灾临时指挥部下设 7 个工作组，如图 15 所示。

军队抗震救灾联合指挥部由兰州军区于 2010 年 4 月 16 日奉命成立，负责统一指挥

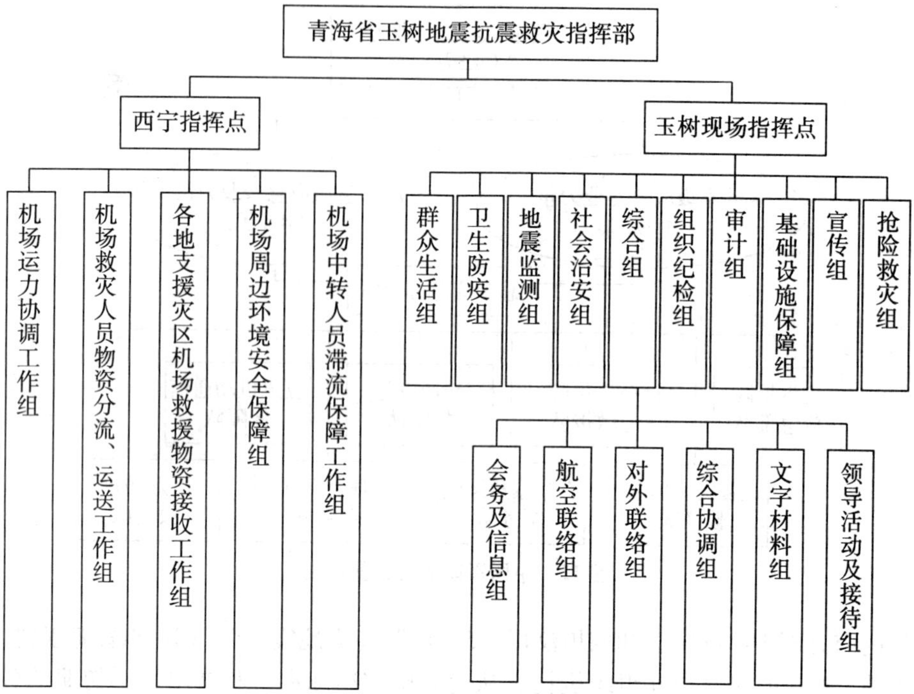

图 14　青海省玉树地震抗震救灾指挥部组织机构

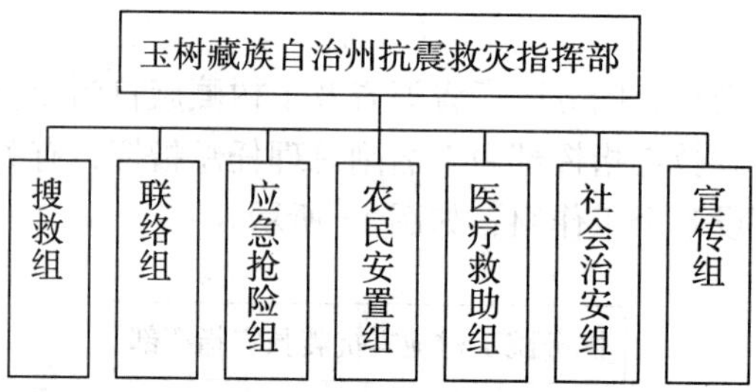

图 15　玉树藏族自治州抗震救灾指挥部组织机构

进入灾区的各军区部队、武警、特警、消防与专业救援队伍，实现了对参战部队的统一指挥与协调。军队抗震救灾联合指挥部组织机构，如图 16 所示。

（三）军地协同组织的设计理念和基本形式

1. 设计理念

应急状态下经常是多军兵种合作、军地联手，有时甚至还要多国参与，既有不同军兵种、不同隶属关系的部队，也可能有民兵预备役人员、武警公安和地方的专业队伍，既涉及国家和军队众多物资管理部门，还涉及交通、运输、安全保卫等相关部门，各种力量并肩作战，各项行动相互交织，牵涉部门多，物资种类多、数量大，协调任务重，指挥难度大。只有建立精干、权威、合成的组织指挥与协调机制，明确协调关系、协调方式、沟通手段、各自责任，统一领导各种力量，才能高效综合利用有限的战备储备资源，最大限度地提高保障能力。

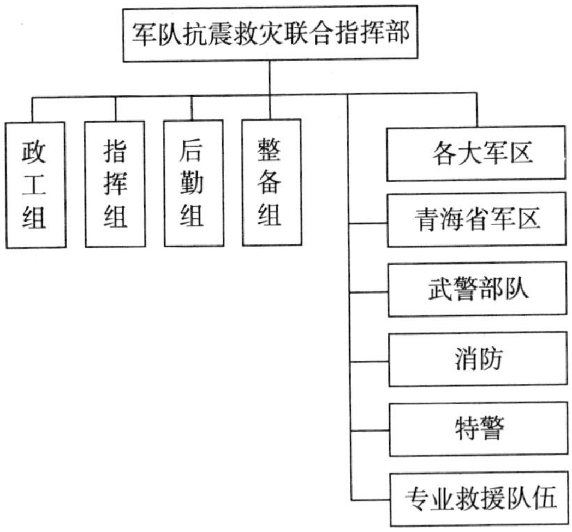

图 16　军队抗震救灾联合指挥部组织机构

目前，比较适用于应急管理指挥机构设计的组织设计理论有以组织决策理论、科层制理论为代表的理性系统视角和以系统权变理论为代表的开放系统视角。前者强调组织的理性特征，突出其规范结构；后者强调组织的开放性。

由于军地协同应急机构具有复合性、灵活性、开放性、目标性等特点，兼具理性系统和开放系统的特征，因此，在设计军地协同应急机构时要同时体现组织决策理论、科层制理论和系统权变理论的特点。同时，由于军地协同应急机构是一个非常强调效率、目标、成果的组织，本文在设计该机构时采取以科层制理论、组织决策理论为主，系统权变理论为辅的方法，力图在设计中贯彻以下设计理念，如表 7 所示。

表 7　军地协同应急机构设计理念

理念	概述
理性	强调组织中事务的处理和行为都以理性为前提，尽量排除人为因素干扰
权威性	强调组织中指挥命令的权威、有效
目标导向	组织中的职位及部门设置都以达成目标为最终目的
指挥链	强调指挥的单一性，避免政出多门、指挥混乱
等级制	职位的设计遵循等级制，较低等级职位接受上一等级职位的领导、控制和监督
分工及授权	组织中每个部门和个人均有明确分工、职责和授权范围
专业化	组织中的部门和人员均具有相当的专业化水平
扁平化	控制管理幅度，将组织中心下移，使决策速度快、响应能力强、运行效率高
权变性	保证组织机构的可变性、可防性，迅速适应快速变化的环境

2. 基本形式

基于上述设计理念，本文主要采用科层制组织形式来构建军地协同应急机构。“科层制”是现代社会各种社会组织中占主导地位的组织形态，是现代社会实施合法通知的行政组织，它是一种高度理性化的组织机构，意味着理性和效率。杰科斯认为："科层制是适合大型组织的最有效、最稳定，而且是最自然的管理方式。""科层制"组织具有精确、稳定、纪律严明、可靠和高效的优点，基本符合军地协同应急机构的设计理念。

但是，军地协同应急机构不是传统的组织形式，其具有临时性、可变性等特点，在设计中同样要贯彻权变性等设计理念。因此，本文创新的引入动态联盟的组织设计思路。动态联盟，又称虚拟企业，是一些相互独立的商业过程或企业的暂时联合，这些企业在诸如设计、制造、分销等领域分别为该企业联盟贡献出自己的核心能力，其组织设计强调临时性、目标导向和权变性，非常符合军地协同应急机构的部分设计理念。

因此，本文在设计军地协同应急机构时，在总体结构上以科层制为主，在部分机构的构建时引入动态联盟组织设计方法，如图 17 所示。

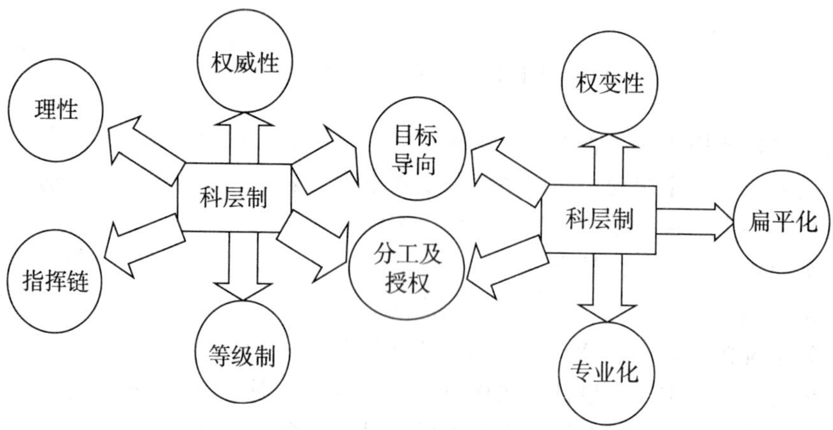

图 17　军地协同应急组织基本形式

（四）军地协同组织机构建模

根据军地现有编制体制情况和应急需求，依据现有国家国防动员体系，整合军地物流相关部门，建立以国家应对突发事件需求为牵引，以各种物流资源为基础，以地方政府物流资源为依托，以军队和企业物流资源为补充，从中央到地方的规划、决策、执行三层军地协同组织指挥体系，如图 18 所示。

1. 规划层：军民融合司

为便于军地应急物流能在顶层规划、资源配置等方面进行协同，建议在民政部下设立"军民融合司"。之所以命名为军民融合司，是因为"军民融合"是当前国内普遍接受的词汇，而且已上升为国家战略，军地协同只是军民融合发展的高级阶段。军民融合司是协调军地应急管理的最高组织机构，是应急物流军地协同的决策规划层，由国家有关部委、军队总部等相关部门组成。基本职能是应急物流军地布局规划、资源配置、信息综合，包括：军地应急物流建设的统筹规划，制定政策，协调合作，组织攻关，授权有关部门拟制应急物流军地协同流程、组织机构、运行机制、技术标准、法规制度的发展规划计划，发布应急物流军地协同建设进展信息，以及对军地协同建设的监督管理和评审验收等；统筹军地物流资源，配合应急指挥整体需求，保障多种类、多层次、多形式应急物流网络的畅通和运营，根据需要，提出平时应急物资保障总体需求方案；协调

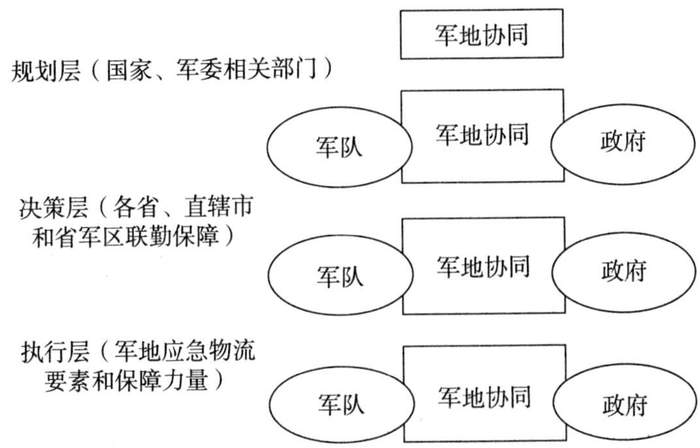

图 18　军地协同组织指挥体系结构示意

国家国民经济动员办公室、交通战备办公室；指导下层军地应急物流办公室工作。

在军民融合司下面设立统筹规划部、资源协调部、控制评价部、信息建设部四个职能部门，对军地资源进行统一规划、部署。统筹规划部负责军队与地方政府在应急管理事务方面的发展规划、建设统筹；资源协调部负责军地双方对应急资源的统一管理与协调、军地沟通协商制度的建立等；控制评价部负责对历次军地合作应急事务的反馈、评价和监控等；信息建设部负责军地双方信息资源融合事务。军民融合司组织机构如图 19 所示。

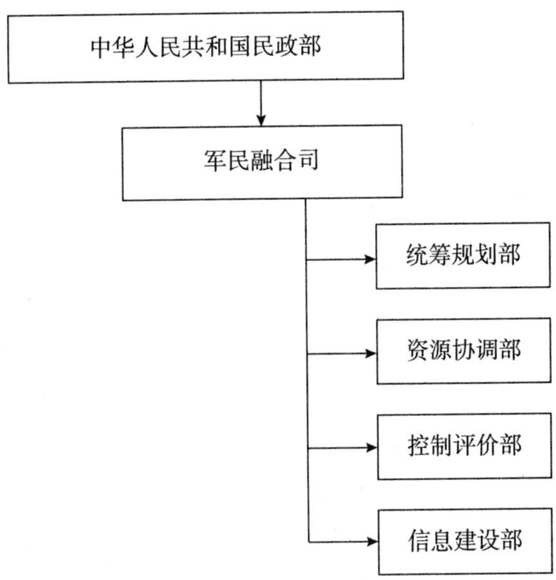

图 19　军民融合司组织机构

2. 决策层：军地协同委员会和军地协同指挥部

决策层根据平时和应急时分为两种组织形式，分别是省（市）应急物流军地协同委员会和省（市）应急物流军地协同指挥部。平时由应急物流军地协同委员会负责军地应急物流规划和建设，应急时临时成立省（市）应急物流军地协同指挥部，指挥区域内军地物流资源配置。

各省（市）应急管理办公室下设应急物流军地协同委员会，它是应急物流军地协同系统的平时决策层。政府方由各分管部门领导组成，平时在本部门从事日常工作；军队方由省军区应急联合指挥部下设的应急联合指挥席位组成，平时总部和军区、军兵种机关编配少量专业人员，军以下主要由战勤值班室兼任，遇有应急突发情况，有关人员迅速进入指定部位，作战值班转换为应急值班，按照预案展开应急处置工作。另外，决策层还增加了专家机构和人道组织的辅助决策职能，以利于决策的科学性。

（1）平时决策层。省（市）应急物流军地协同委员会是平时决策层，该层为虚拟组织，平时由应急物流军地协同办公室负责日常事务，其职责如下：根据应急物流军地协同办公室的总体规划对本区域内应急物流进行规划与管理；组织实施省（市）军地物流资源的调查，统筹区域内各种物流资源；根据平时保障任务提出物资动员需求，并制订军地一体化保障实施方案；进行物流信息网络维护，全面了解各加盟物流中心、企业的情况，并建立供应商档案；应对区域内各种突发事件，指导军地应急物流力量组织实施军地物流一体化供应保障；按照协同会商制度，按期组织军地物流专业人员协同会商，确保各项物流基础建设综合考虑国防和经济建设需要，最大限度保证军地协同发展；每年举行两次以上应急物流模拟演习。

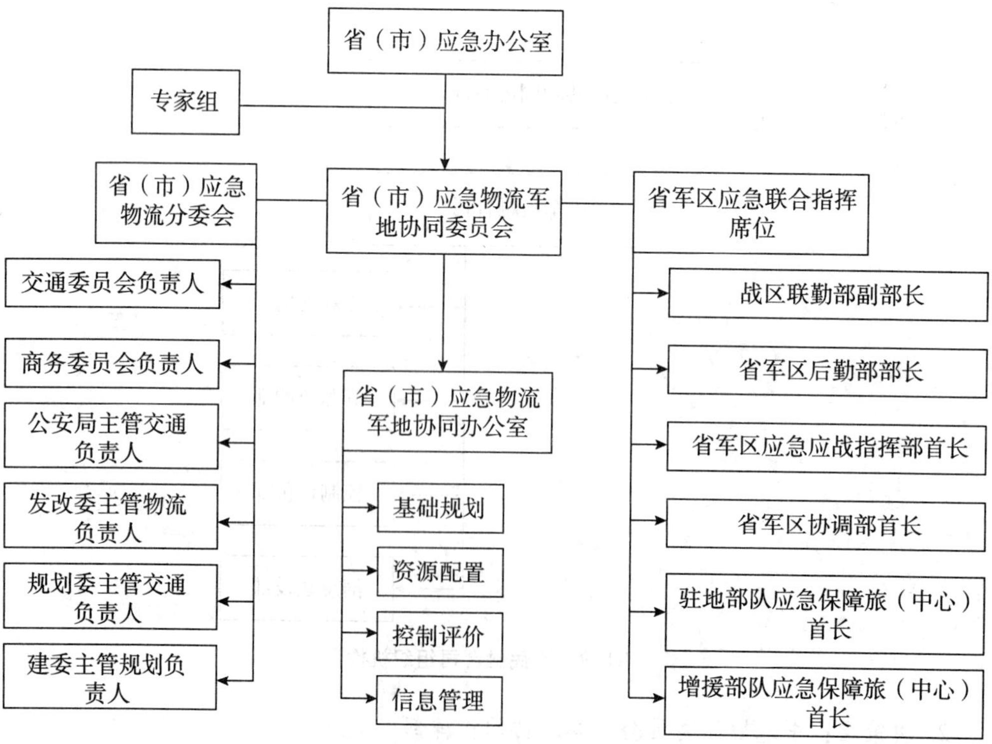

图 20　应急物流军地协同委员会组织机构（平时决策层）

应急物流军地协同系统决策层采取平时和应急时两种组织形式，既符合节约型社会的要求，避免不必要的投资，又实现了应急物流准备常态化和减少应急组织运营费用的协调统一，使机构处于良性高效的运作状态。应急物流军地协同委员会组织机构如图20所示。

（2）应急时决策层。应急物流军地协同指挥部是军地协同的指挥中枢，主要依托应急物流军地信息平台和自身指挥架构，统筹军地应急资源，统一指挥资源部署。政府组成主要包括市交通局、民政局、商贸委、其他相关各业务局及主管领导；军队组成机构主要包括城市所在战区联勤部、省军区后勤部、民兵预备役指挥机关、驻城市部队后勤相关机构及主管领导。应急时相关人员进入军地协同指挥中心，通过军地联席会议、情报会商、应急物流军地协同信息平台等形式进行沟通、协商。应急物流军地协同指挥部组织机构如图21所示。

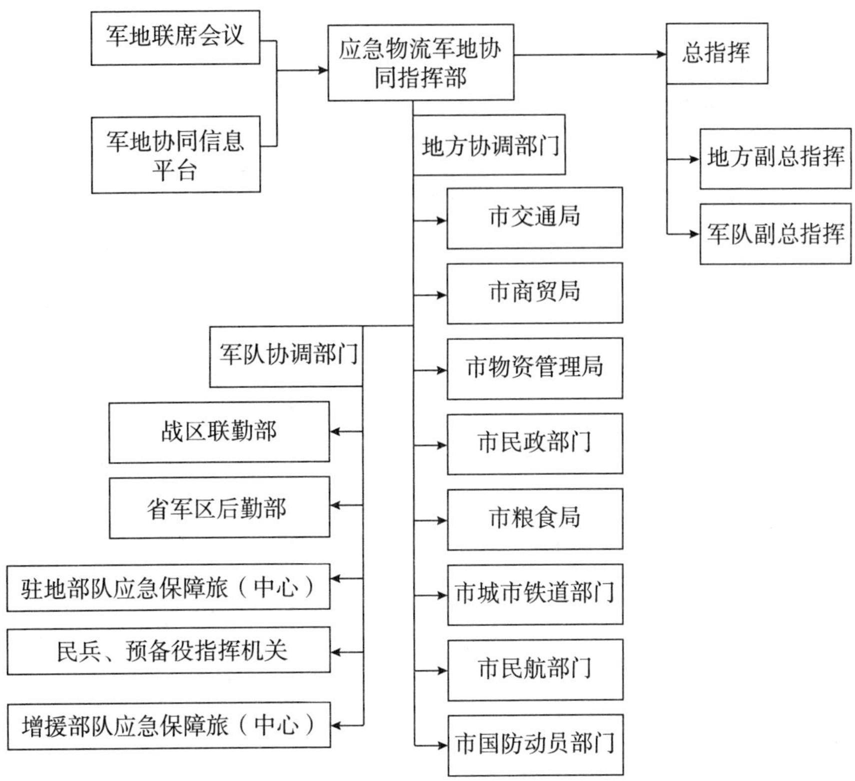

图21 应急物流军地协同指挥部组织机构（应急时决策层）

当发生突发灾难时，军队各主管领导直接到位，根据有关政策和应急预案，汇总军地信息，以城市应急物流中心为依托，配置军地的应急资源，对军地应急物流所涉及的物资采购、储备、运输、配送等环节进行指导，使整个应急物流体系高效有序地运作。

3. 执行层

应急物流军地协同执行层主要负责具体物流实施。地方应急物流执行层一般包括城市应急物流中心、应急避难场所物资发放点、配送中心、政府自有运力和社会参与运力等相应管理机构；军队应急物流执行层主要包括任务部队后勤力量、军队机场、站台、仓储点等临时应急物资管理与发放机构、军队兵站等相应管理机构。

执行层职责主要是贯彻执行上级应急物流政策、决定、指示，制定本级应急物流保障政策规定，领导本范围内应急物流工作，协调解决有关重要问题，制订应急物流保障活动预案，并根据未来可能发生的突发事件组织各种物流保障力量进行应急物流保障演练。

为便于及时、准确地判断、处置情况，在指挥处置、组织协调方面应急物流末端人员应始终保持靠近一线，实施靠前指挥，使指挥触角延伸至全空间，消除指挥死角，保持指挥渠道畅通。军地之间通过应急物流信息协同平台、军民情报会商进行沟通交流，如图 22 所示。

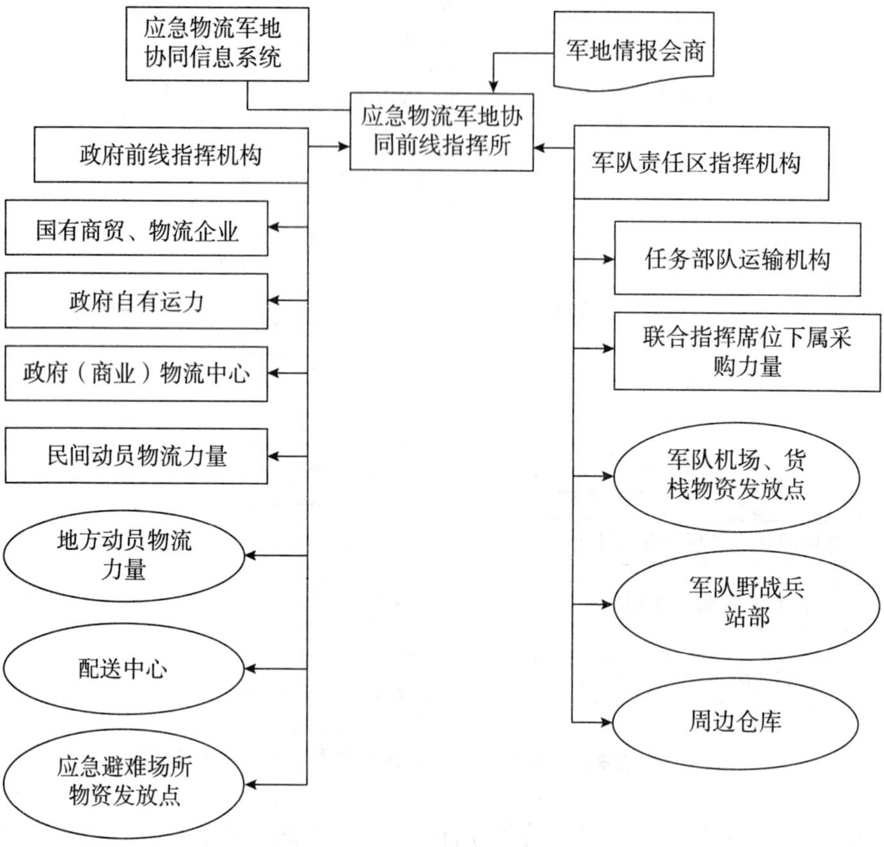

图 22　应急物流军地协同执行层

通过建立三层组织机构，结合课题后面将要论述的军地分工体系，最终本文建立了一个“横向到边、纵向到底”的应急物流军地协同组织体系，该体系并不一定局限于固定的三级，可以根据灾情的类型有所调整。

五、应急物流军地协同实现机制——功能视图建模

功能是为了支持目标而存在的，本章将应急物流军地协同功能划分为顶层规划、分工协作、沟通协商和信息管理四个功能模块。

（一）顶层规划

军地协同是国家战略行为，需要从发展规划层面搞好顶层规划，将应急物流军地协同纳入国家和地区经济社会的长期发展规划。

1. 顶层规划的必要性

（1）应急物流军地协同涉及要素多、范围广。应急物流是一个庞大、复杂的领域，涉及生产、流通多个领域，牵涉多个管理部门。这些领域的机构和管理部门都有自己的物流规划，相互之间缺乏沟通和协调；它们只关注自身的局部利益，对于物流大系统的有效性考虑不够，难以真正做到合理配置物流资源，难以达到应急物流的合理化和效益的最优化。只有对军队与地方进行统筹规划，将应急物流系统中各种资源及活动进行整体规划和管理，才能实现物流资源的合理配置。

（2）应急物流军地协同矛盾深、冲突多。应急物流军地协同系统需要打破长期以来军队和地方两个系统在多个组织、多个领域、多个环节的陈年积弊，可能会涉及多个部门和个人的利益，必须从高层进行统筹规划，才能推动两个系统的改革。在军地协同的过程中，由于本位主义、部门利益等原因，容易造成各种形式的冲突和矛盾，造成改革的阻力，只有高层从全局着眼，全方位统筹，才能推动协同顺利进行，如制定军地协同的相关法律、法规和制度，制定军地通用的标准体系等。

（3）应急物流军地协同耗时久、战线长。应急物流军地协同并不是一蹴而就的，需要一个循序渐进的过程，必须有国家和军委的高度重视，进行合理地顶层规划和统筹规划，才能将协同进程进行深入、进行到底。应急物流军地协同并不仅仅是建立一套组织机构，还需要明确各方职责，并根据双方协同的效果进行调整；不仅仅是建立一系列供应链协同的流程，还需要根据运行情况不断优化改进流程；不仅仅是完善军地协同的各种职能，还需要将信息管理、沟通协商等职能常态化、制度化，这些都需要较长的时间摸索和改进，因此必须制订长期规划，并按步骤稳步推进。

2. 顶层规划的着力点

（1）完善协同体制机制。建好适合应急物流军地协同的体制机制是军地协同发展的基础。要搞好国家层面的统筹规划，从宏观战略上明确军地协同的原则、范围、程序、政策等，确保军地协同按照国家战略意图有序高效推进；要明确军地之间以及军地各部门之间的权责关系，制定各机构各部门在军地协同中的职责，细化责任分工；理顺军地各级各类议事协调机构的关系，形成沟通协商的常态化体制机制；要明确各种资源协同共享的范围、原则、审批程序、补偿办法等，不断扩大资源共享范围；要加快军标和国标修订及“民参军”推荐目录编制步伐，尽可能实现军地技术标准的统一化、通用化和信息公开化，为更多的民营企业进入军工领域创造条件。

（2）整合有效资源。顶层规划要注重打好应急物流军地协同的各种基础平台。加强军地应急物资筹措规划，建立军地协同应急物资筹措预案；加强军地联储规划，优化

军地应急物资储备，实现军地应急物资的互相补充；加强应急物流军地协同配送规划，建立应急物流军地协同配送中心；加强物流标准体系规划，建立军地通用的物流标准体系；加强军地协同的法律法规配套体系的规划，推动应急物流军地协同法规体系建设；加强军地协同物流基础设施建设规划，建立军民共用的应急物流基础设施体系；加强应急物流军地协同信息平台规划，满足国家、军队、企业应急物流信息一体化处理的需要。

（3）突破协同发展壁垒。顶层规划重在打破应急物流协同进程中条条框框的限制，解决关键性的壁垒和难题。在领导管理上，要在国务院、中央军委层面切实解决协同过程中各自为政、多龙治水、分散管理的问题，以及管理领导机构的缺位、越位和错位的现象；在机制建设上，要在国家层面建立推动军民融合发展的统一领导、军地协调、需求对接、资源共享、监督考核等机制，从制度上突破经济建设和国防建设自成体系、自我封闭的发展格局，最大限度地超越两大建设非此即彼的二元对立现象；在建设规划上，打破经济建设和国防建设自成体系、自我封闭的发展格局，使经济社会建设与国防和军队现代化建设共用一个经济技术平台，在优化整个国家资源配置、提高资源使用效益中实现经济建设和国防建设的协调发展。

（二）分工协作

历次灾难救援实践证明，应急物流中分工不明确，短期内协同非常困难。以空中运力为例，救援队伍中既有军队运力，也有民航运力，军队空中运力又分为总参直属直升机力量、空军直属航空兵运输师、海军直属运输保障大队等多个条块组织。军队、地方政府只有建立一系列配套的分工措施，避免系统内各因素内耗，才能保证军地联合应急物流的顺利实施。

进行应急物流规划建设时，必须立足全局、统筹安排、合理配置，双方既明确职责，也要协同配合，本文从军队和地方的平时分工及职责进行了划分，军地应急物流平时分工协同如表8所示。

表8　军地应急物流平时分工协同

序号	协同领域	军队（驻城市军队、警备区等部队）	地方（应急物流委员会相关业务管理部门）
1	基础设施、设备建设	①进行物流设施和装备更新建设 ②加快传统装备的改造升级 ③加强特种运输、特种装卸等地方短缺运输力量，提高物流装备的智能化、集成化和野战化水平 ④驻城市部队有选择的编配部分具有自动识别、自动跟踪功能的立体仓储、物资分拣、装卸搬运等新型物流装备 ⑤加大物流设施设备信息化改造力度	①构建城市网络化交通运输网络，关键线路要有迂回线路 ②规划重要基础设施时赋予应急功能 ③利用军队仓库向物流中心转型的契机，将传统仓库整合为共用的应急物流物资仓储和配送中心；建设公有制物流中心，具备应急物流功能 ④建立运输装备资源数据中心 ⑤制定基础设施和物流设备标准，对指导军地物流设施和设备有一定的权威性

续　表

序号	协同领域	军队（驻城市军队、警备区等部队）	地方（应急物流委员会相关业务管理部门）
2	应急物资筹措系统建设	①评估城市潜在需求，从军地双方购买或调拨物资 ②制作应急生产商动态目录 ③制订针对不同灾情的应急物资筹措预案体系	①制定紧急征用、应急采购等相关法律，明确各类物资的补偿机制 ②组织应急潜力调查，遴选物资供应商 ③调整应急物资采购名录和数量 ④与本市商贸、物流企业签署协议
3	应急物资储备系统建设	①调整战备物资与救灾物资比例 ②合理配置物资储备资源，利用部分闲置军队仓储设施储备国家物资 ③探索合同储备、技术储备、组合储备等不同的储备思路	①利用自有仓库定期储备救灾物资 ②制定地方企业储备的相关法律 ③对不易储存的物资与地方企业签订储备合同 ④利用部队闲置仓库协调代储事宜 ⑤建立军地共享的物资储备体系
4	应急物资配送体系建设	①加强军事物流技术装备建设 ②熟悉本市内应急中心、避难场所、重要大型公共场地的分布和基本状况	①做好商贸、物流企业注册、备案、并建立数据库 ②选择应急物资配送集散中心 ③加大物流运输类企业扶持力度 ④完善民间运力动员相关法律
5	信息系统建设	①建立自成体系的现代化军事物流信息支撑系统 ②建设军队自用通信系统	①加快城市信息基础建设 ②鼓励物流企业信息技术改造 ③扶持物流技术的应用、研发企业

（三）沟通协商

军民信息沟通机制是指建立军队与地方之间的信息沟通渠道和交流平台，一方面使得地方政府和单位及时了解军队的需求及相关信息；另一方面使得军队及时了解政府和地方的发展现状和水平。应急物流军地协同体系中军地物流实体间进行有效沟通是实现资源优化配置和互补整合的有效途径。为此，平时军地各方要进行经常性的沟通、交流，建立信任关系，如实行正式或非正式的定期会晤制度，及时了解对方对当前合作状况所持的态度，开诚布公地反映合作中存在的问题，建立开放式合作体系等。

1. 信息沟通

应急物流军地协同在应对突发事件时，构建信息沟通机制十分重要。紧急情况下，必须着力关注信息的价值，并以此作为信息沟通的出发点，在时机的选择上，最快、最新的信息由应急管理机构发布。同时，应当在组织系统、信息数量、利益表达以及时间把握等方面构建一个多维度的信息沟通系统，从而提升应急物流军地协同就突发事件应对的有效性，可建立应急状态下信息沟通机制架构，该架构是一个多层分布式结构，其业务流程由三个部分组成：设备接口层、应急指挥应用层和应用支撑层。如图23所示。

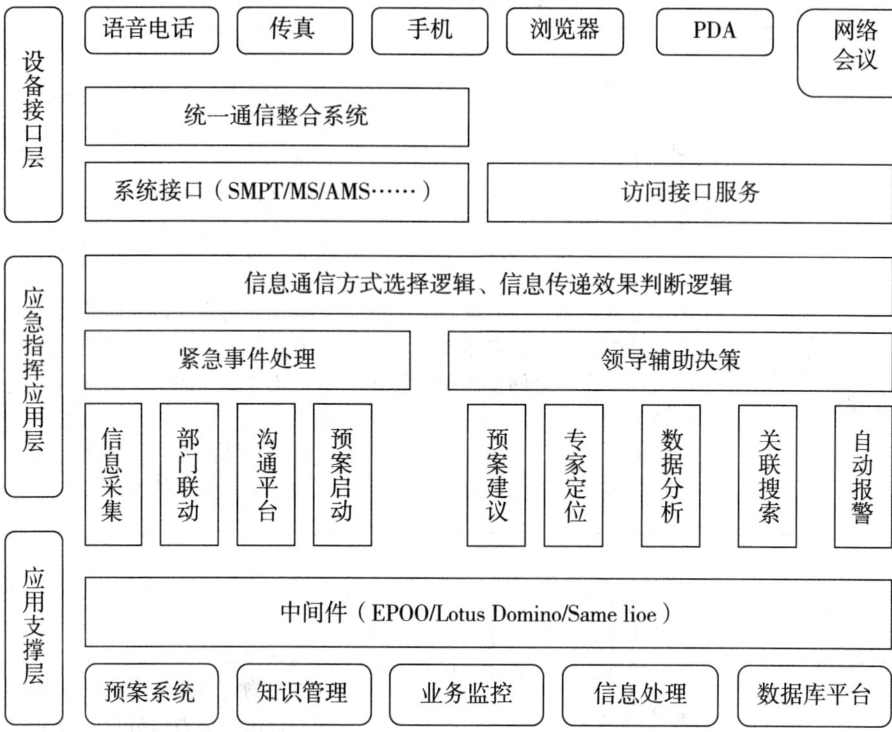

图23　应急状态下军民信息沟通体系结构

设备接口层包括语音电话、传真、手机、浏览器、PDA、网络会议、统一通信整合系统等。应急指挥应用层中“紧急事件处理”模块实现整个突发事件处理流程的自动化管理，使事件的处理过程更加方便快捷；“领导辅助决策”模块通过各种分析和宏观控制系统，辅助领导对突发应急事件的决策；“预案启动”模块根据突发事件的严重、紧急程度判断应启动的预案；“信息采集”功能可以根据我军需求快速定制数据和事件上报单，实现统计分析功能；“部门联动”实现了多部门对突发事件的自动化处理，同时将沟通过程自动化，方式多样化；“沟通平台”提供了多种沟通方式，集电脑、电视、电话、应急手持设备于一体，全面保障沟通的畅通；“预案建议”是将突发事件相关的行动预案建议给领导，由领导启动；“专家定位”模块将自动定位最有价值的专家，通过“数据分析”系统的统计分析报表、图形化分析工具对结构化数据进行统计分析；“关联搜索”是从相关的内部应用系统和互联网网站上，智能关联与突发事件最相关的文档，以便决策者参考；“自动报警”可以缩短突发事件应急管理的响应时间，使各部门在第一时间知晓并采取相应的对策。应用支撑层主要为应用层提供必要的业务支撑，其中包含预案系统、信息处理、知识管理、业务监控、数据分析与维护、智能备份、录音与存储、数据库平台等内容。

2. 协商制度

为保证应急物流军地协同保障工作顺畅有序运转，应当按照应急物流任务分工、应急物流保障关系、应急物流保障渠道和应急物流保障接口，建立军地协同的沟通协调机制。

1）联席会议制度

建立军地应急物流领导小组会议、专项工作会议、办公室会议制度。领导小组会议，由组长主持召开，会议每年召开一次，也可根据需要临时召开，主要研究部署军地应急物流重大工作及事项。专项工作会议，经领导小组批准后，一般由副组长主持召开，参加人员根据会议内容确定，主要研究部署军地应急物流专项工作。办公室会议，由办公室主任主持召开，有关成员参加，主要研究协商、通报交流军地应急物流工作有关情况，提出解决工作中遇到问题的意见建议，研究、部署和处理办公室工作中的有关问题。

为提高城市应急物流军地协同行动的反应能力和指挥效率，平时就应建立军委总部以及军兵种指挥机关与国家应急管理机构、省军区后勤部门与本省应急物流管理机构常态化的军地协调机制，定人员、定职责、定制度、定设备，并在军地双方建立预警监测、情报交流、联席会议、联合计划、联合演练、学术交流和交叉培训等制度，使军地应急物流沟通协调机制落到实处。

2）情况通报制度

建立军地应急物流保障情况通报制度。定期组织各部门、各专业办公室通报情况，及时通报相关单位编制体制调整、隶属关系变化、领导成员变动，进行信息交流和综合信息分析，对灾害事件尤其是各类季节性灾害事件做到早发现、早预测、早处置。

（四）信息管理

在满足各自需求和安全要求的前提下，加强应急物流信息网络建设，建设应急物流军地协同信息平台。实现军地物流信息标准一体化，为有效控制信息流、物资流与资金流创造条件；进一步完善信息报告和信息公布机制，利用现代化的通信手段加强信息采集处理能力；强化突发事件应急物流报告制度，使军地及时了解救灾物资的需求与供给状况。同时，应急物流信息的共享与紧急事件信息的公布，是政府对社会、公众负责任的体现，既可以缓解社会的紧张氛围，也增加了救灾工作的透明度。

可以以地方和军队现有的信息平台为依托，运用系统集成的手段，整合分散的应急物流系统，建立以实现应急物流军地各成员之间信息共享为目标的信息平台。本文建议规划设计以信息交换技术为核心、支持多种终端接入、提供多种业务系统连接和统一管理的多层级应急物流信息平台，如图 24 所示。

该平台从纵向上侧重国家级、省级、地级三个层级应急物流平台系统的互通互联，横向上侧重于同一层级政府机关和业务系统之间的业务处理和军地协同。根据应急物流业务需求，政府不同业务部门可以通过业务系统数据接口连接到平台，形成数据共享和业务联动，同时又为军队、组织和其他社会组织提供多种终端接入方式。

应用服务层包含了应急物流军地协同信息平台的基本功能和扩展功能。通过门户网站将人和系统连接起来。这一层是整个应急物流军地协同信息平台功能的实现层，它包括功能性物流服务和公共服务两个部分。其中功能性物流服务包括运输管理模块、仓储管理模块、货代管理模块、配送管理模块、订单管理模块、合同管理模块等；公共服务包括信息发布与查询模块、金融服务模块、在线交易模块、会员服务模块、商务智能分析模块等。

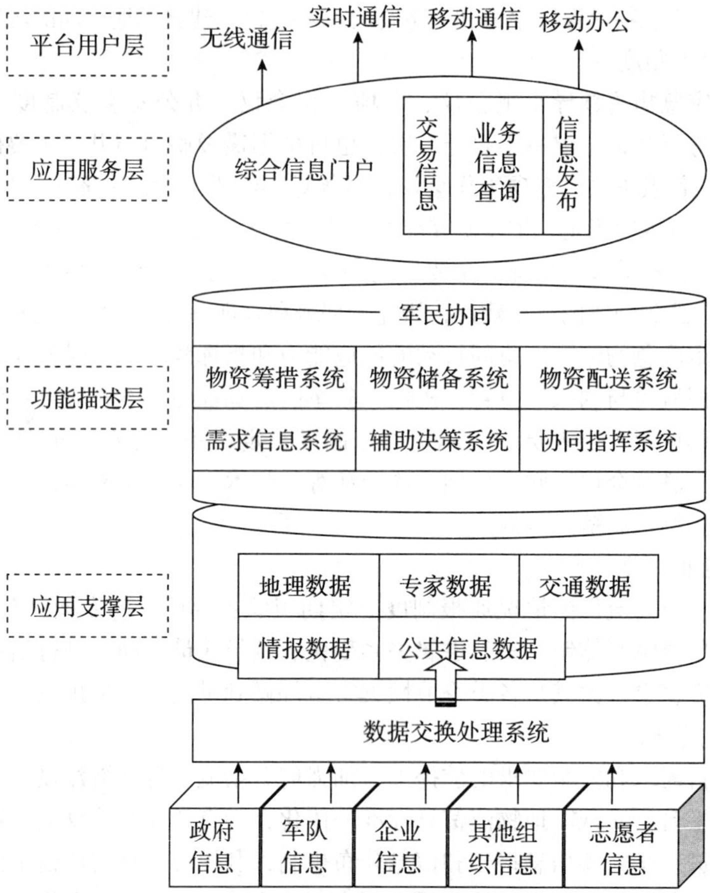

图 24　应急物流军地协同信息平台

（1）功能性物流信息系统模块：该模块实施 ASP 应用服务托管模式，将运输管理系统、仓储管理系统、货代管理系统、配送管理系统、订单管理系统、合同管理系统等功能性物流信息系统纳入其中，满足各种应急物流军地协同信息应用的需求。

（2）信息发布与查询模块：该模块实现基本信息和行业信息的发布与查询。其中基本信息包括物流新闻、政策法规、平台动态、天气预报等；行业信息包括货源信息、运力信息、运输价格目录、道路里程表、车牌代码、航空时刻表、列车时刻表、物流知识与培训等。

（3）金融服务模块：该模块属于前瞻性设计，它将银行、保险、审计机构等金融服务部门集成到应急物流军地协同信息平台，从而实现金融信息化和物流信息化的集成，加快商流、物流、资金流的速度。

（4）在线交易模块：该模块包括运输服务自动撮合与交易、网上报关、网上报检、在线缴（退）税、许可证申请、结算、电子单证翻译、转换、存证管理等功能模块，将海关、检验检疫、工商、税务等部门的信息系统实施成功对接。

（5）会员服务模块：该模块主要为会员提供一些个性化服务和增值服务。其基本模块有会员资信评估、会员基本资料管理、会员交易跟踪、会员交易统计与查询、会员客户联系管理、会员货物跟踪与查询等。

（6）商务智能分析模块：该模块同样属于前瞻性设计，一方面，未来商贸决策更需要建立在大量的数据分析基础上，科学决策的呼声越来越高；另一方面，应急物流军地协同信息平台将会积累大量的原始数据，容易进行数据分析和挖掘。因此，采用联机分析（OLAP）、数据挖掘等商务智能技术的模块是发展的必然趋势。

军地应急物流综合信息网为主要承载网络，北斗定位系统、无线自组网、物联网、互联网、军用CDMA网和军用卫星等网络互联互通，军地应急物流信息系统内数据共享，如图25所示。

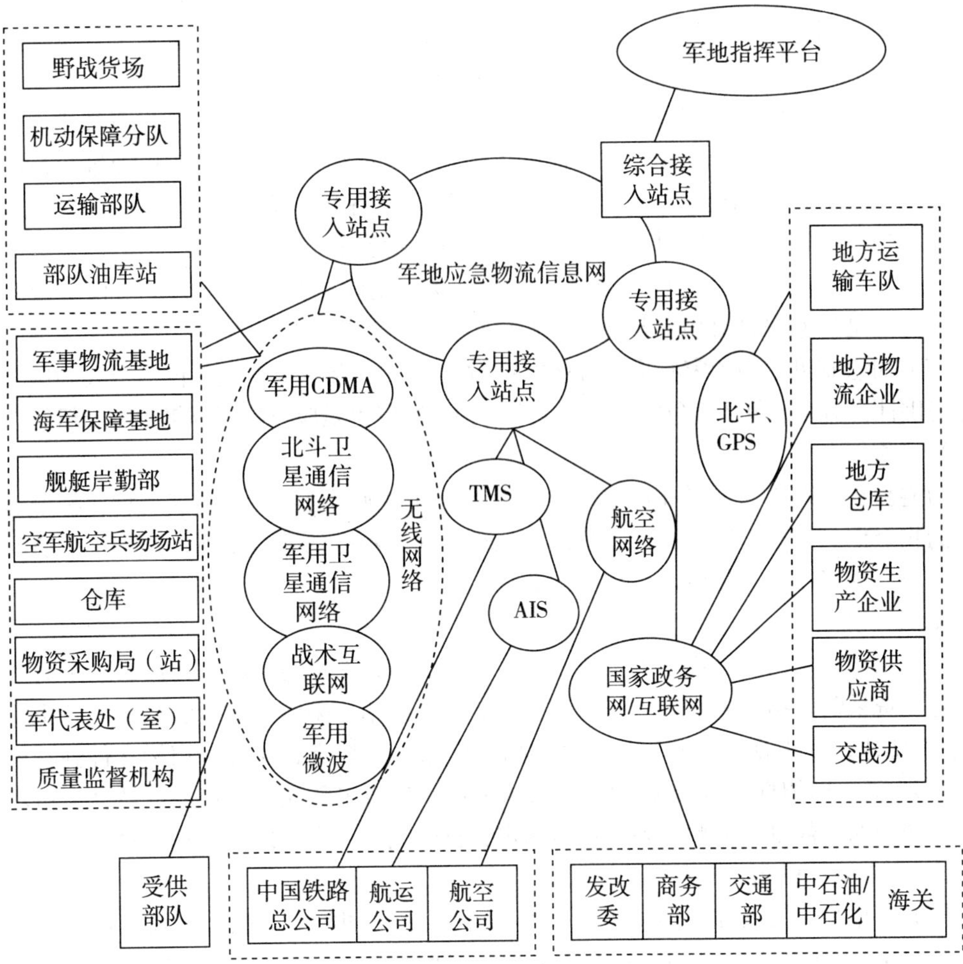

图25　应急物流军地综合信息网

六、应急物流军地协同实现机制——过程视图建模

应急物流的过程视图，实质就是应急物流的供应链各环节的分解。加强军地应急物流的过程协同，就是通过分析军队和地方在供应链各个环节和流程，在纵向上打破军地双方供应链各环节的脱节，促进军地应急物流供应链协同。通过加强供应链之间的协同

配合，可以缩短相应时间、减少业务成本。

本章将应急物流供应链划分为四个一级流程，分别是物资筹集、物资储备、物资运输和物资配送流程。

（一）应急物资军地筹集协同

1. 筹集渠道

应急物资需要量大，时间紧，军队和地方要在短时间内筹集大量物资，一般有如下几种筹集方式：动用储备、征用地方、紧急生产、应急采购、社会捐助等。

（1）动用储备。动用储备分为国家储备和军队储备两种。动用军队战备物资程序是：总参谋部作战应急办向国家发展改革委提交部队救灾工具设备需求清单，经济运行局、工业司、国民经济动员办和重大装备办部署，落实部队所需抗震救灾工具设备。

（2）征用地方。在应急物资筹措过程中，对一些物资生产流通企业，根据动员法规，可以在事先不履行物资筹措程序的情况下，对所生产和经销的物资进行征用，以满足应急需要。事后根据所征用物资的品种、规格、数量和市场平价对供应商进行补偿。

（3）紧急生产。当应急物资需求量巨大，地方储备和军队储备无法满足其需要量，或需要的应急物资种类紧缺时，需要紧急生产进行物资筹集。

（4）应急采购。应急采购，是指为紧急外援、抢险救灾和应付突发事件等紧急情况下，为满足任务需要由物资及设备采购机构实施的物资采购保障活动。

（5）社会捐助。当国家有重大自然灾害时，一般国内的企事业单位、个人和国外机构会提供社会捐助，包括应急物资和资金等，捐赠物资也是应急物资筹集的组成部分。

2. 筹集协同

为避免物资筹集的重复和短缺，首先需要分析和预测应急物资需求，将多种渠道筹集到的物资信息汇总，遵循物资筹集的一般程序采取不同的筹集渠道，达到军地协同的效果，应急物资军地筹集协同流程如图 26 所示。

3. 改进建议

应急采购是常用的筹集物资渠道，本文以此为例，对应急采购进行改进。平时状态下应急物资采购以招标采购为主，但这种法定程序的招标采购方式无法满足应急采购的“紧急”需求，如根据《中华人民共和国招标投标法》规定，从发售招标文件到开标不得少于 20 天，即招标采购最少需要 20 多天时间。应急采购应根据产品的特性、市场行情、生产周期、数量、采购时限等具体确定，目的只有一个，即“快速、高效”。

1）建立组织机制

依据《中华人民共和国国防法》《中华人民共和国国防动员法》以及《中华人民共和国合同法》《中华人民共和国政府采购法》，建立组织机制，在军地应急物流分委会下成立应急采购办公室，由军、地物资采购管理部门有关人员共同组成。应急采购办公室平时为虚，应急机制启动后为实。

2）简化采购流程

按照“快速、高效”的原则可将应急采购程序简化为四步：一是需求单位直接向物资应急采购办公室提出需求；二是应急采购办公室汇总下达采购任务；三是采购机构自行确定采购方式，并直接与供应商签订合同；四是货款结算。充分依托军地信息网络

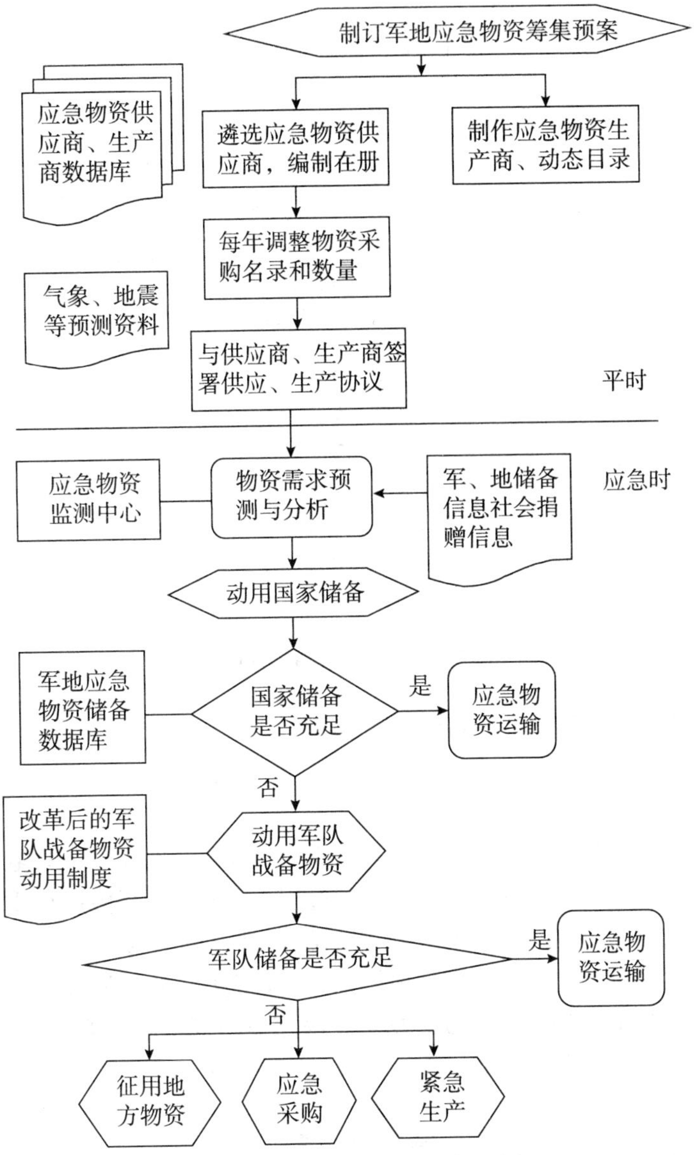

图 26　应急物资军地筹集协同流程

平台，及时了解掌握军地物资供需信息，快速反应、主动出击，如图 27 所示。

3）完善采购配套制度

应急采购面向市场，采取竞争择优的方式，吸收民用领域的先进成果和技术，建立竞争性采购制度。调整和修订应急物资生产许可目录，按“宽严相济”的原则减少限制范围，取消对保密层次较低的一般军品配套企业的许可限制，把许可重点放在军用核心配套能力上，降低准入门槛。促进许可证与供应商目录的衔接，避免重复认证，优化许可程序，降低许可成本。

（二）应急物资军地储备协同

应急物资储备包括仓库业务管理（接收、发付、维护保养等）、库房作业管理（出

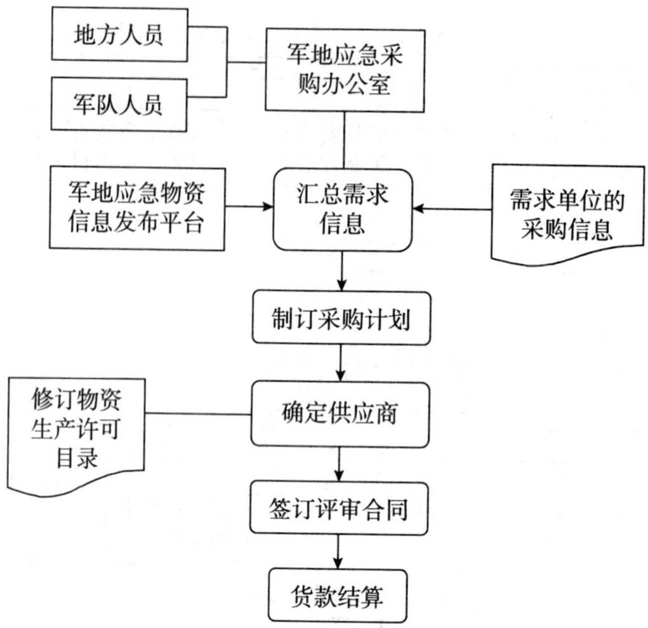

图 27　军地应急采购流程优化

入库、维护保养等）、库存管理、基础资料管理等。

1. 应急物资储备现状

1）物资分类

①应急物资分类。应急物资是指为应对严重自然灾害、突发性公共卫生事件、公共安全事件及军事冲突等突发公共事件应急处置过程中所必需的保障性物质。从广义上概括，凡是在突发公共事件应对的过程中所用的物资都可以称为应急物资。当灾难发生时，涉及应急救援的物资也种类繁多，根据我国民政部救灾物资回收处理现行办法可以将应急物资分为：生活类物资、救援类物资、医疗类物资、通信类物资、供电类物资，如表 9 所示。

表 9　应急物资分类

类别	描述
生活类物资	包括帐篷、食品、服装、活动板房、移动厕所、净水设备、照明设备等
救援类物资	包括挖掘机、运输车、装载机、吊车、拖车、推土机等大型机械设备和运输工具，以及铁锹、镐、撬棍、千斤顶等小型救援工具等
医疗类物资	包括常用医疗器械、大型医疗器械、监测器械、消毒器械，以及救护车和药品等
通信类物资	包括应急通信设备和卫星电话等
供电类物资	包括大型发电车和发电机等

②军用物资分类。军用物资包括从服装到核武器的众多物资种类。我国通常将军用物资分为三类：军事专用类、纯民用类、军民通用类，如表 10 所示。

表 10　　我国军用物资分类

类别	描述
军事专用类	如武器、弹药等，生产和使用单位均由国家和军队严格管控，产供销路径固定，管理条线单一
纯民用类	如文化用品，战时需求量不大，对提高部队战斗力影响小，生产单位分布于社会各阶层，需求部门只要有足够资金，就能满足购买需求
军民通用类	属于民用产品，但对提高部队战斗力具有重要意义，如药品、粮食、油料等，受原材料和生产条件等影响，地方供给能力有一定限度，一旦发生紧急情况，可能会出现供给困难

军用物资与救援物资中很多物资是相同的，军用物资的第 2 类和第 2 类所包含的物资与救援物资存在着非常多的重叠，相同的物资可能存在相同的供应商，相同的物流操作，为军地联储提供了契机。

2）储备体制

目前，应急物资储备实行国家和军队分工负责的储备体制，国家储备在应急物资储备工作中占有主导地位。

①国家储备。我国现实行国家物资储备局、储备物资管理局（或办事处）、基层处三级物资储备垂直管理体制。国家物资储备局组织国家战略物资的收储、动用、轮换和日常管理，领导所属物资储备管理机构等；我国已在 27 个省、自治区、直辖市设有储备物资管理局（或办事处），由国家物资储备局垂直领导，同时受省（市）委省（市）政府领导；每个储备物资管理局（或办事处）均下设许多基层处，以储备仓库为基础，负责国家储备物资的储存、保管、出库等工作。国家物资储备管理体制如图 28 所示。

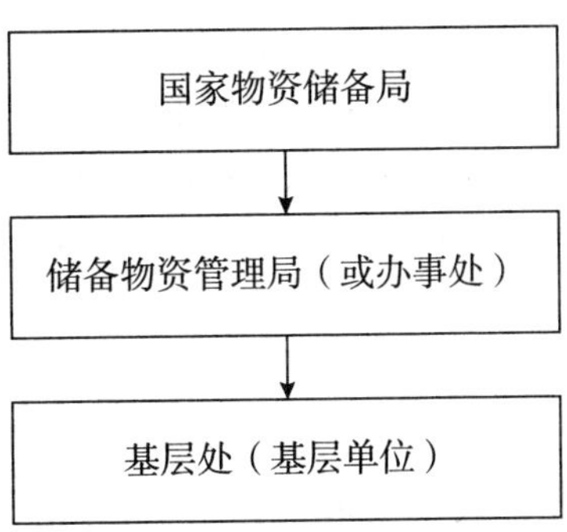

图 28　国家物资储备管理体制示意

我国在救灾物资储备方面形成了中央级应急物资储备、省级应急物资储备、县级应急物资储备的三级救灾物资储备体系。

a. 中央级应急物资储备。中央级应急物资储备库的建设始于1998年张北地震之后，财政部和民政部在天津、沈阳、郑州、武汉等城市设立了10个中央级应急物资储备库。2008年汶川地震之后，财政部和民政部又将中央应急物资储备库由原来的10个增加到24个，使中央应急物资储备库的布局更加合理。

中央级应急物资储备是国家应对大规模突发事件的重要物资保障，由中央财政安排资金，民政部购置、储备和管理，专项用于紧急抢救转移安置灾民和安排灾民生活的各类物资，由民政部负责管理。中央级救灾储备物资由民政部根据救灾工作需要商财政部后，委托有关地方省级人民政府民政部门定点储备。担负中央级救灾储备物资储备任务的省级人民政府民政部门为代储单位。每年年初民政部汇总各代储单位情况后，按照上年实际储备物资金额的3%核定上年度的管理经费。

b. 省级应急物资储备。省级应急物资储备是我国政府应急物资储备的主要组成部分。目前我国31个省、自治区、直辖市和新疆生产建设兵团建立了省级应急物资储备库。省级应急物资储备显著提高了省级政府应对突发事件的能力。

c. 县级应急物资储备。我国部分县（县级市）也有相应的应急物资储备。突发自然灾害具有显著的区域性，县级政府要根据当地的风险特征储备应急物资。县级应急物资储备不仅增加了需求的针对性，而且增加了调度的灵活性。

②军队储备。目前军队没有救灾物资储备，军队在执行救灾任务时动用的物资实质上都是军队战备储备。战备物资是为保障部队及时应对战争和突发事件的需要而预先进行的物资储备。主要用于战争初期衔接后续补给和应对突发事件需要，平时不得随意动用。按储备的层次，分为战略物资储备、战役物资储备和战术物资储备。

a. 战略物资储备。为保障战略行动和在全军范围内实施重点支援的需要而预先进行的物资储备，通常由国家有关部门和军队总部负责组织实施。

b. 战役物资储备。为保障战役作战任务需要而预先进行的物资储备，通常由军兵种、军区按规定组织实施。

c. 战术物资储备。为保持经常的战斗准备，或根据完成一定战斗任务的需要而预先进行的物资准备，包括移动储备和加大储备，通常由师以下部队按规定组织实施。

3）储备方式

应急物资储备模式主要包括三个方面：实物储备、经费（合同）储备和生产能力储备。

①实物储备。生产周期长、应急时难以筹措的物资主要采用实物储备。储存地点多样，包括军队仓库、国家仓库或以厂代储。实物储备是将应急物资以实物形式储存在仓库中，当突发事件发生后随时调用的应急物资储备方式。它可以在事件发生后的第一时间保障应急物资的供应。实物储备对于拯救生命、控制灾情具有重要意义。

②经费（合同）储备。生产周期短、战时容易筹措的物资采用经费（合同）储备。按照储备计划统一预留购置经费或草签采购合同。经费（合同）储备是通过与已经拥有物资的政府部门、企事业单位、社会团体、家庭和个人等签订合同，确保在突发事件发生后能够调用这些物资作为应急物资开展救灾活动的一种储备方式。除了政府部门和企业、社会团体之间可以通过签订合同来进行应急物资储备外，政府之间、企业之间也可以用合同的方式实现应急物资的共享，这对于降低储备成本、提高资源使用效率、保

障应急物资供给具有重要意义。

③生产能力储备。生产能力储备是通过和那些能够生产、转产或研制救灾物资的企业或其他单位签订有关协议，确保突发事件发生后这些单位能够按照协议要求迅速生产、转产或研制救灾物资的储备方式。生产能力储备也是一种协议储备，主要由政府部门负责，当突发事件发生后，相关单位可以按照要求生产或研制相应的应急物资。

2. 现存问题

（1）国家储备不足，布局不合理。国家应急救灾储备目前尚难以满足应对重大自然灾害需要，特别是西部灾害多发地区，受经济水平所限，储备更加不足。汶川抗震救灾仅帐篷需求量就达百万顶以上，10 个中央级救灾物资储备库在震后 48 小时内就已全部调空，连军队的战略储备帐篷也基本发完。总后勤部某后方基地在地震发生后 6 小时，就接到向灾区发运物资的命令，累计发运应急物资装备达 128 批次 1100 余节车皮、70 余架次飞机。军队后勤共动用战储物资 935 万台（套、件）、价值 6.5 亿元，基本涵盖现有储备的后勤物资种类，野战食品、帐篷等部分品种动用量占到总储备量的 70%。

（2）动用军队战备储备门槛高、程序严、补充慢。一旦有应急救灾任务时，军队一般需要动用战备物资。由于战备物资的特殊性，需要向军委高层领导请示，部队只有接到中央军委命令后才可动用，反应时间滞后。救灾结束后，没有相关法律和制度对动用战备储备物资的补充回馈方法，只能采取先用后报，补偿经费下拨后自行补充，或由上级追加补充办法。另外，军队战备物资为应急救灾行动提供了有力保障，但过多地动用军队战备物资特别是战略储备物资，必然对军队作战保障能力造成很大影响，使军队难以同时兼顾应急与应战。

（3）军地储备模式单一，储备效益过低。目前我国应急物资储备几乎是单一的实物储备，经费（合同）储备和生产能力储备所占比重很小。尽管有的政府部门也开始尝试进行经费（合同）储备，但当事双方的权利与义务并不明确，当突发事件发生后很难实现快速反应，最后往往还要依靠政府部门进行应急采购。实物储备占用库房和资金太多，而且由于轮换更新浪费太多，尤其是像生活和医药类物资储存保质期通常相对较短，并不适合长期实物储备。

（4）军地储备没有联动机制，造成资源浪费。军地双方储备自成一体，缺少信息共享和联动机制。一方面，国家如果增加储备需要扩建库房；另一方面，大部分军队仓库特别是战略后方仓库均有较大扩容潜力，直接利用军队空余库容进行应急救灾物资储备，在现有基础上进行扩容可以大幅节省经费。另外，国家储备的应急救灾物资，消耗补充的周期比较短；军队储备的通用战备物资在非战争时期较少动用，长期处于闲置状态，达到储备期限后往往作报废处理，价值损耗大，而两者的物资具有一定的通用性。应建立规范有序的军队战备物资和国家应急救灾物资交替轮换机制，采取补偿的方式将军队换装退役的通用物资转为国家应急救灾储备，或按照一定周期将军队战备通用物资与国家应急救灾物资进行轮换，打通军队储备的通用物资与应急救灾物资的转换渠道。

3. 改进举措

在军地应急物资储备体系建设中，要统筹军地备战与备灾的全面需要，统筹军地储备力量和区划布局，坚持分工合作、军地联储、协同发展。

1）建立军地联席会议制度

军地建立联席会议，审核应急物资储备规划及各有关单位应急物资储备方案，确定应急物资储备资金总量及各有关单位应急物资储备的目录、数量、金额，监督检查落实情况；统筹规划城市应急物资仓储场地布局；必要时请求国家财政支援应急物资；指导各区应急物资储备工作。联席会议不设办公室，日常工作由城市政府经贸委负责。各地级以上城区、各有关单位要参照城市政府的做法，建立健全相关机制。省军区后勤部长负责根据部队多样化军事任务的需求和本军区内城市特点，评估可能发生灾难，及时补充统筹保障城市的应急物资；通过军地应急物资储备工作联席会议制度，与地方定期交流物资储备分工机制，调整储备物资类别和数量，达到规模最优、最有利于调运的目的。

2）明确军地储备责任部门

由战区后勤部牵头，实行军地共管，以地方为主，以省为单位储存保管的管理办法，战区后勤部所对应战备物资与每个省所成立的应急物资管理机构有效对接，组成战区物资储备军地联合保障领导小组，并按“产、运、储、供”四个环节，成立相应的常设办事机构，与各省的各类战备物资管理子公司实行定期联席办公制度，审核下达军地联储、联供计划，检查计划完成情况，并针对存在问题，制定改进办法。

3）规划军地物资储备分工

合理区分国家和省（自治区、直辖市）、市、县的储备任务与标准，落实国家、地方储备。形成国家、企业、地方应急物资管理部门和战区后勤战备物资管理部门分工协作、平战结合、布局合理、渠道畅通的战备物资储备供应保障体制，在保障部队演习、抢险救灾等重大行动中，各级地方政府依托战备物资储备供应体制及战备物资储备，开设战备物资储备供应站，组织战备物资储备供应。

4）建立军地合同契约关系

2005 年总后卫生部开始由地方企业代储军队战备药材试点，已取得初步成效。这种形式从物资供应商源头解决军队通用储备与周转储备的衔接问题，解决了通用物资与市场的衔接，加速了储备物资流通，变静态储备为动态储备，使军队药材储备由“死”储备向“活”储备，形成动态的储备管理模式，有效提高了应急物资储备效益，采取该方式需要实施有效的合同管理。军队要对各种通用物资分类量化、明确标准，依托国民经济动员体系，定期对地方企业物资储备潜力展开调查，严格筛选契约对象，优先与国防观念强、信誉质量高的地方企业建立合同关系。

5）增加军队专项救灾物资储备

军队战备物资储备，要在满足战备需要的基础上，增加专项救灾物资份额，其经费占战备物资总额的比例可在 5% 左右。物资品种数量和储备布局根据各地实际，由军区联勤部和省军区后勤部与地方政府协商提出，经费由中央或地方财政列入预算专项管理。从而建立起军队救灾物资储备与地方救灾物资储备信息共享、联合储备、一体化保障机制。军队富余的储备力量，可以为地方代储救灾物资。

4. 军地储备协同流程

本文对应急物资的军地储备进行了流程优化，如图 29 所示。

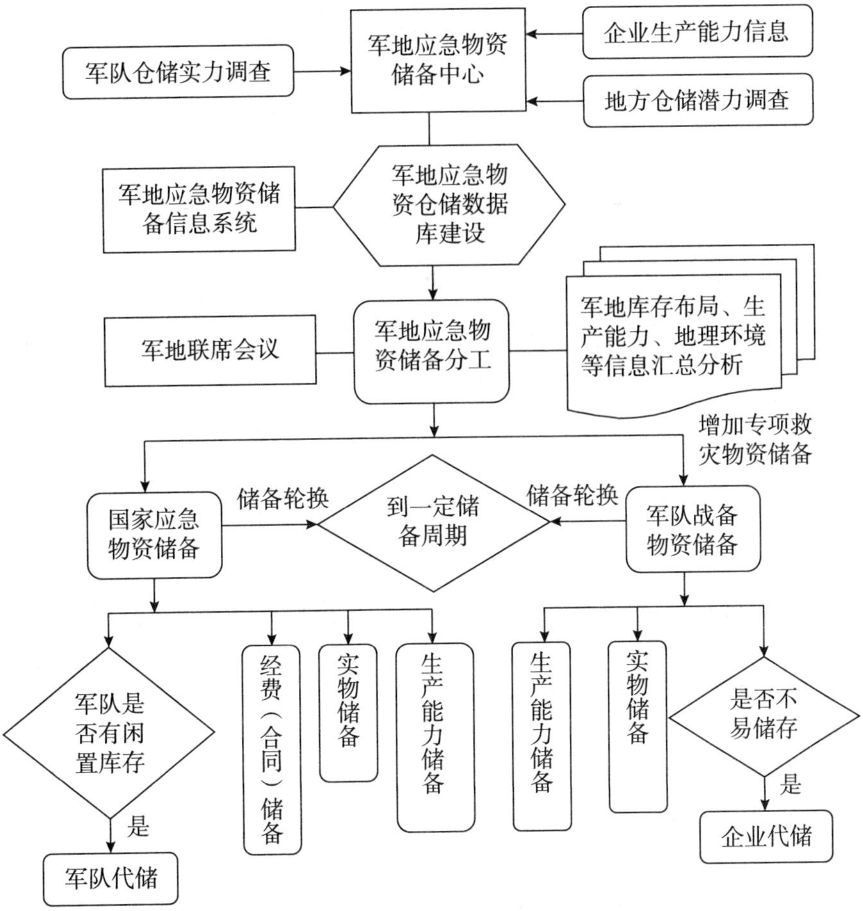

图 29　应急物资军地储备协同流程

（三）应急物资军地运输协同

运输环节主要任务是装载、运行和卸载过程管理，功能包括：部队运力管理、地方运力采购管理、运输执行、途中跟踪、回单管理等功能。在应急物流军地协同任务协调中，对运输路径的合理选择是重要的一环。如何在应急物流军地协同任务协调方案中有效地规划物资运输路线，在高效、准确运输物资的同时，准确把握物资运输在时间上的先后顺序，兼顾军地双方需求，是整个军地协同系统运输协同体系的要求。

1. 运输组织机构及职责

应急物流的交通运输涉及铁路、公路、水运、航空、管道等多种运输方式，还涉及运输与抢修、抢建、交通管制等交通保障活动，运输组织实施机构涉及中央政府、军队、武警、地方政府、交通行业等，军地主要运输组织实施机构如图 30 所示。

2. 应急运输业务流程

应急运输业务流程由运输命令下达开始，直至人员、装备、物资运输完毕为止。一般情况下，运输处置包括总体筹划、计划制订和组织实施三个阶段。应急物资运输业务流程如图 31 所示。

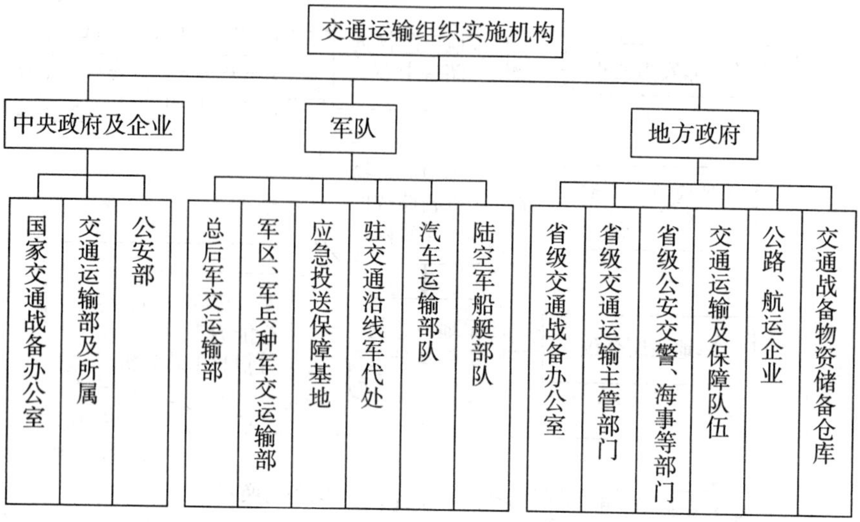

图 30　军地主要运输组织实施机构

（1）总体筹划阶段。首先是由应急指挥机构根据任务需求确定运输部队、运输方向、集结地域的内容；然后由指挥部根据任务目标进行路径规划工作，主要包括确立运输时机、明确运输需求，进行运输方式分担，计算运力需求，根据预测的交通量进行路径的初步规划。

（2）计划制订阶段。根据输送方案，结合实际的铁路、水运、公路、航空各运输方式运力资源，形成运输运力动员集结方案，制订具体运输计划，主要包括运输路径、输送进度、输送序列和装卸载计划。

（3）组织实施阶段。依据输送计划组织运输实施，如遇交通线路设施损坏，可重新进行路径规划和计划调整。

3. 应急物资军地协同运输

在应急物资的运输环节，以军地协同应急物资运输中心为主体，根据运输需求，协同军地运力资源，制订军地协同运输方案。

（1）分析运输任务。接到应急救援指令后，应急物资运输中心根据上级部署，分析应急物资运输的方向、地点和时限，预计运输人员、装备物资的运输任务，通过对比分析运输任务总量与可能的交通运输保障能力，得出能够完成机动任务的程度及其需采取的措施。

（2）确定运输方式。计划运输方式时，要根据运输装备物资的技术特征、运输距离、运输时限、运输环境等，结合不同运输方式的经济技术特性，合理选择运输方式。通过优化组合运输方式，最大限度满足救援运输需求。

（3）分配运力资源。根据各种方式运输任务的多少，计算需要的运力，统筹考虑军地运力资源进行合理分配。铁路运输以铁路部门的平车、客车为主；摩托化机动以建制运力为主，配属运力为辅，必要时征用部分民用运力；水路运输综合运用海军运输舰艇部队、陆空军船艇部队和国家地方船舶力量。航空运输以民用航空运力为主，军队航空运力为辅。

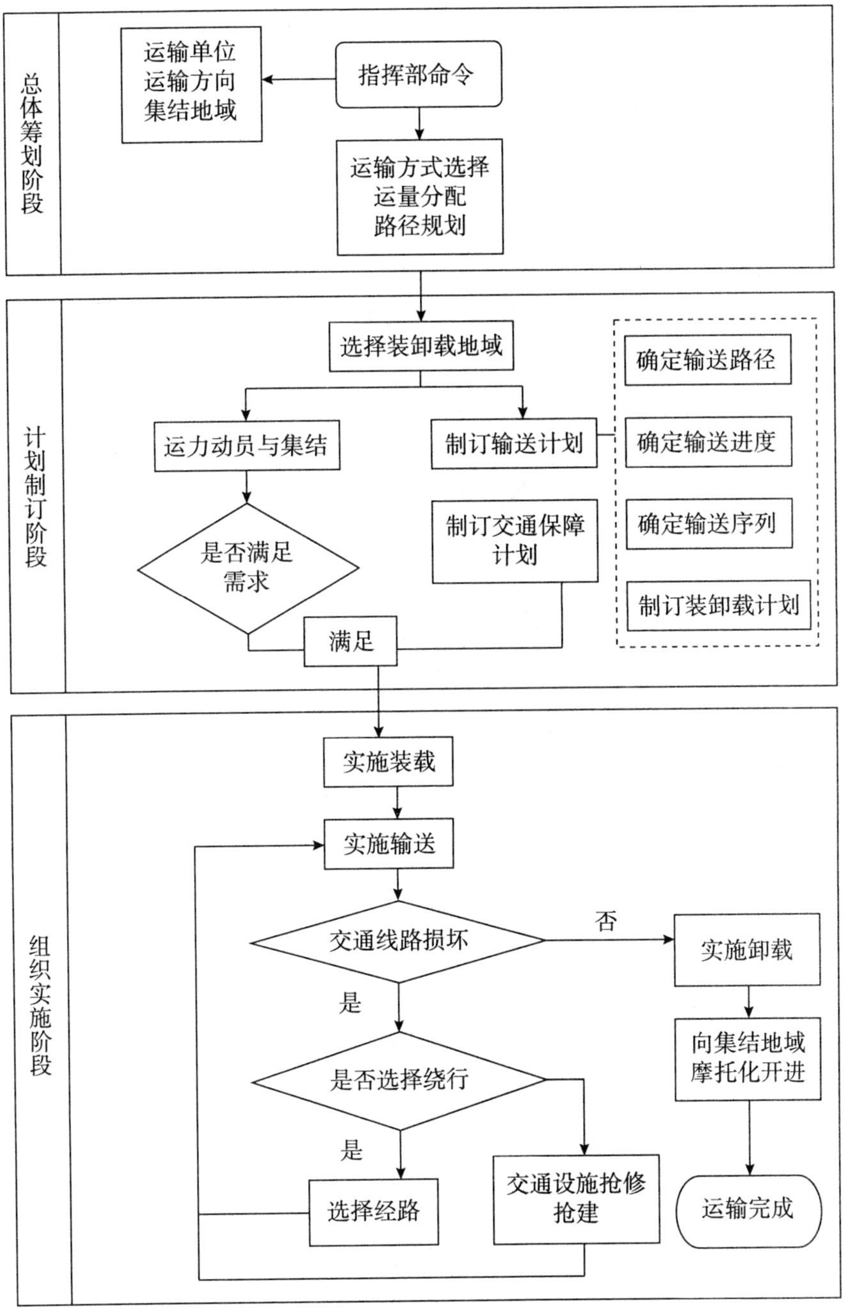

图 31　应急物资运输业务流程

（4）选择运输路径。针对每种运输方式，以最大限度发挥保障效能，完成运输任务为依据，结合救援环境合理选择运输路径。除确定路线外，铁路、水运、航空运输时，要确定装卸载点；摩托化机动要确定途中大小休息点位置；同一过程两种以上方式衔接时，要确定中转衔接位置。

（5）确立优先顺序。运输方式确定以后，区分运输方式分别制订铁路运输、摩托化机动、水路运输和航空运输等分计划（子方案）。由应急物资运输总体计划确定不同运输方式的运输序列、运输进度、运输持续时间等内容；同一运输方式有多个运输批次的，在总体计划指导下，由分计划确定每个批次的运输次序和时限。做到各种运输方式衔接紧密，高效配合。

（6）明确装卸及衔接事项。铁路、水运、航空运输时，制订装卸载方案，明确装卸载方式、装卸载时限等内容，并对装卸载过程中的防卫与警戒工作做出安排。当同一运输过程出现两种以上运输方式的衔接时，要制订应急物资运输衔接转换方案，明确不同部门在倒运中的职责分工，确定衔接地域和衔接倒运的方法。应急物资军地协同运输流程如图 32 所示。

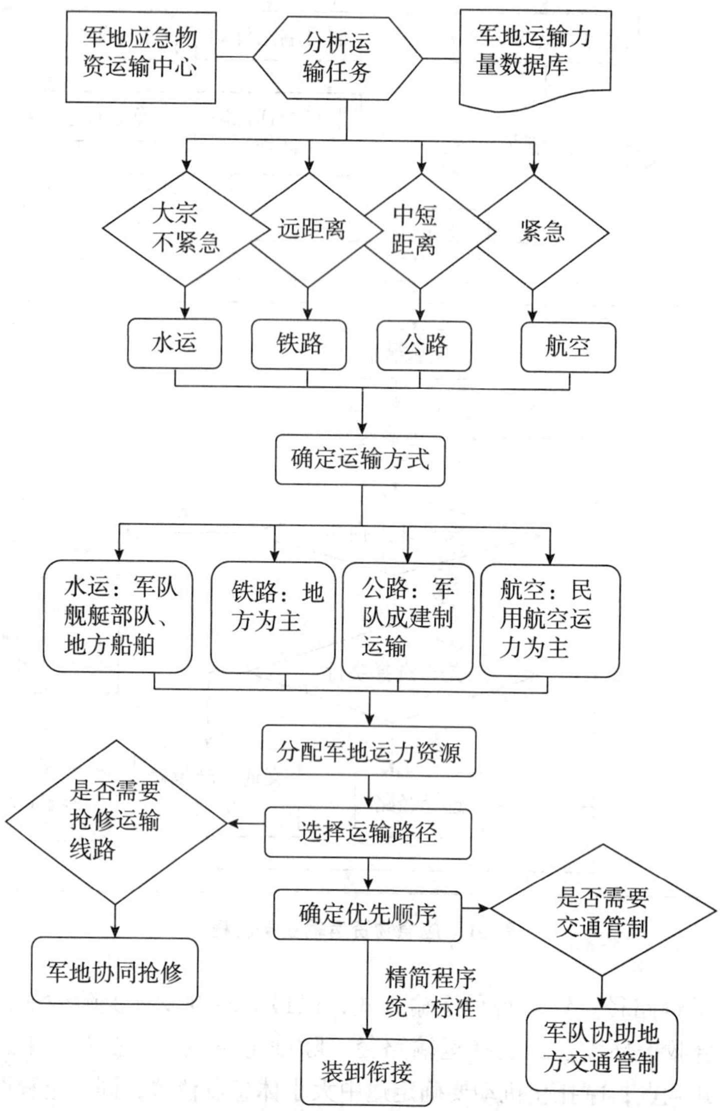

图 32　应急物资军地协同运输流程

4. 实施建议

1）加强军地及军兵种之间的联合投送

联合投送是指综合运用铁路、公路、水运、航空四种方式中的两种以上运输方式实施投送，如铁公联运、铁水联运、水公联运、空地联运等，具有军民融合、三军一体的性质。

①综合使用运力，立体联合投送。在应急物资的配送过程中，国家应统一调度，最大限度发挥铁路、公路、水运、航空等多式联运的优势，由政府部门统一负责军地运输力量，指挥和协调不同类型的运输方式开展通力合作，合理规划陆、海、空运输替代路线，并要求军队协助进行交通管制和治安维护，以保障应急物资运输工具的优先安排、优先调度和优先放行，确保运输线路畅通和运输工具效率的提高，使应急物资能在最短的时间内送达灾区。

②建立多式联运网络体系。我国目前应急物流的运输方式几乎都停留在飞机和卡车。采用飞机进行货物运输速度较快，而航空运输量非常低，卡车时效较慢，难以满足大城市海量应急物资的需求。高铁是一种处于飞机和卡车中间的运输工具，它的速度比卡车快，成本比飞机低，运送货物量也在三者中最大。大规模、短时间，快速实现兵力向某一方向的高效集结，是受灾城市对兵力投送的基本要求。高铁具备以下优点：一是可以远距离、大跨度集结救援物资和人员，可以解决我国主力兵员和物资不靠近大城市，调动需远距投送的现实问题。二是高铁可以整建制、全员集结救援人员。由于大飞机数量不足，空运能力有限，部队成建制远距离投送很难实现一次到位。高铁的快速发展并用于军事目的，其强大的运力使得部队可整师、整旅、整团调运，有效实现了救援部队的快速绵密集中。三是部分城市（比如上海虹桥机场、天津滨海机场二期）实现了高铁与机场的对接，有利于应急物资的空地联运。

③强化信息主导，着力精确投送。各种运输方式的综合运用需要信息为纽带，信息作为联合投送的核心要素，在投送能力中表现为投送要素信息化、投送体系信息化、投送活动信息化，在投送中发挥着聚合作用、倍增效应和基础支撑的作用。必须运用和发挥信息在投送系统和保障活动中的主导作用，实现联合投送需求实时感知、资源可知可控、决心及时正确、投送精确定向、行动全程调控。

④注重防修结合，安全高效投送。应急时可能伴随着交通运输线、交通枢纽、投送工具、投送指挥机构、投送行动等的破坏，采取各种警戒、防护、抢修措施和防卫作战行动，确保实施安全高效投送。

2）注重军地航空运输协同

①统筹考虑航空运输能力，科学制订空运方案。组织实施军事物流航空运输，往往是下达任务急，保障要求高，对军地航空运力的快速筹划整备提出了很高要求。保障军事物流航空运输的运力来源广泛，机型非常繁杂，既要使用部队建制航空运力，还要动员征用民航运力。从部队建制航空运力看，军用运输机数量规模较小，机型普遍老旧，特别是国产大型运输机运 -20 还未完全定型装备部队，军内运力投送能力十分有限；从民航运力看，平时隶属于各航空公司的客货运输机，在全国各地甚至世界范围内从事商业运营，调机时间长，军事运输适应性差，技术整备要求高，特别是可载运部队装备

的大型民航货机数量少，加改装技术难度大，耗费时间长，因此，必须根据军事物流航空运输保障要求，准确测算运力数量规模需求，周密筹划安排军地航空运力，科学制订空运方案，预先制订集结整备计划方案，确保在规定时间将军用物资装备投送所需运力集结到位。

②尽量实施物资的集装化，切实提高空运效率。使用民航货机装运军用物资装备，必须进行集装化作业，把军用物资装备集装和固定到航空集装板上，才能实施装载和空运。主要技术方法包括军事装备装上集装板的方法，装备在集装板上分载及系留加固方法，机场升降平台举升装备的方法，军事装备在货舱内的固定方法等。要尽量实施物资装备的集装化，切实提高空运效率。

军用物资装备航空运输采用军用运输机和民航商用运输机编成梯队，军用运输机主要用于输送军用大中型装备和物资，民航商用运输机分为客机和货机，民航货机主要用于输送军用中小型装备和物资，民航客机腹舱（下货舱）可以装载一部分轻型装备、携行物资等，按照军民融合保障方式，完成军用物资装备的航空输送任务。

③提前组织地面运输力量，密切衔接空地联运。军事物流航空运输大部分属于战略战投层次的投送，跨战区、跨大洋的远程投送，利用航空运力快速将作战物资装备投送到战役后方机场，由卸载机场到达预定作战地域这一阶段的运输，需要采取地面运输的方式。因此，在组织军事物流航空运输时，必须同步做好空地衔接转运工作。为了快速接转空运物资装备，地面接运单位应根据上级下达的任务，及时组织勘察行车路线，抽组汽车运力，合理编组车队。要科学制订接运方案、保障措施及特殊情况处理预案，做到周密计划、统筹安排。接运车队在行驶过程中，应合理编组成若干个梯队，每个梯队确定好头车和尾车，梯队由梯队长实施指挥，尾车要抽调修理所技术骨干进行收容和技术保障。接运车队到达卸载机场后，要组织车队按机场规定的停车位置待机。空运物资装备到达卸载机场后，应快速组织卸载和装车，空地物资接运应紧密衔接，加强机场安全警戒，按照预定计划迅速驶离机场，开赴应急地点。

④精简检验程序、统一空地标准。中国现行体制下，空运救灾物资的接收、转运涉及许多部门和单位，横向涉及机场集团、航空公司、货运公司、商务、交通、公安、卫生、药监、质检、红十字会等部门和单位，纵向涉及应急指挥部驻机场救灾物资受理组、政府应急办驻机场工作组、各级指挥部及接收捐赠和物资调运组、受灾各市、州抗震救灾指挥部及民政局等部门，协调难度极大，机场救灾物资的接收、调配和发送工作面临诸多问题。在使用民航机场执行军运任务时，须由总后和各军区军交运输部门及其所辖航空军代处会同民航部门实施，航线还需要空军航空管制单位做计划等，协调单位多、程序复杂，必须精简检验程序、统一军地空地标准。

（四）应急物资军地协同配送

1. 应急物资配送流程

应急物资配送环节指应急物资经由备货、储存、分拣及配货、配装、配送运输、送达服务等环节，将物资送到被保障单位。配送功能包括：配送管理、运力调拨计划、送货管理、闸口管理、月台管理和路径规划等。本文分解了应急物资的一般配送流程，然后对应急物资军地协同配送的过程进行了分析，并提出建议性举措。应急物资配送流程如图 33 所示。

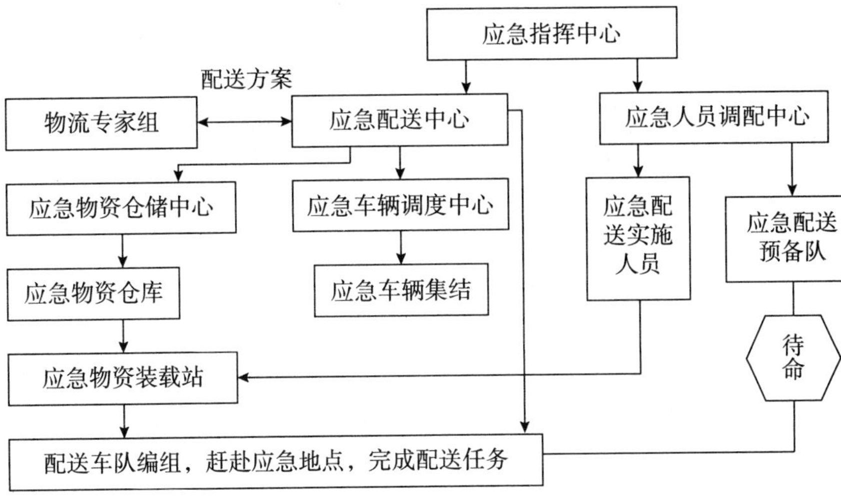

图 33　应急物资配送流程

2. 应急物资协同配送流程

应急物资协同配送是建立在对军地应急配送运力熟悉掌握的基础上的，首先地方要对军地应急配送的单位运力情况彻底摸清，然后与相关运力签署应急配送协议；军地要加强应急配送的基础设施设备建设，要熟悉本区域内的应急避难场所、物流基地、园区等；应急时，由部队将应急物资成建制配送到物流基地、园区等，地方物流运力，尤其是第三方物流企业等利用熟悉末端路线的优势，完成“二次配送”；对于艰苦的配送区域，部队可以利用特殊装备，如装甲运输车等完成最后一公里配送，完成应急物资军地协同配送过程，如图 34 所示。

3. 协同配送实施建议

1）多方参与配送机制

应急物流军地协同只有整合军地多种运输力量，充分利用民力，才能确保配送效能最大化，这一点美军、英军等军队做得较好，特别是美军利用民力增强配送保障的历史由来已久。美军认为，现代化的军队后勤保障通常是军队后勤力量与地方民力资源的兼容与共享。美军后勤保障力量已实现更大程度的军地一体化，国防后勤部门与私营部门已最大限度地全面合作。如美国民用后备航空队是美国国防部与民用航空公司根据相关法律和协议自愿结成的合作实体。民用后备航空队的飞机全部启用时，其理论运力大约为战略空运总量的 1/3。因此，可以借鉴其他国家的做法，并结合自身实际，充分利用地方力量，采取各种措施为我军提供更好的配送保障。

2）探索军民运力的结合运用

为了检验民力利用的效果，及时发现军民力量结合方面的问题并确定对策，军队要组织、筹划各种训练和演习。演习中，要把民力利用作为军队的战备训练课目之一，对

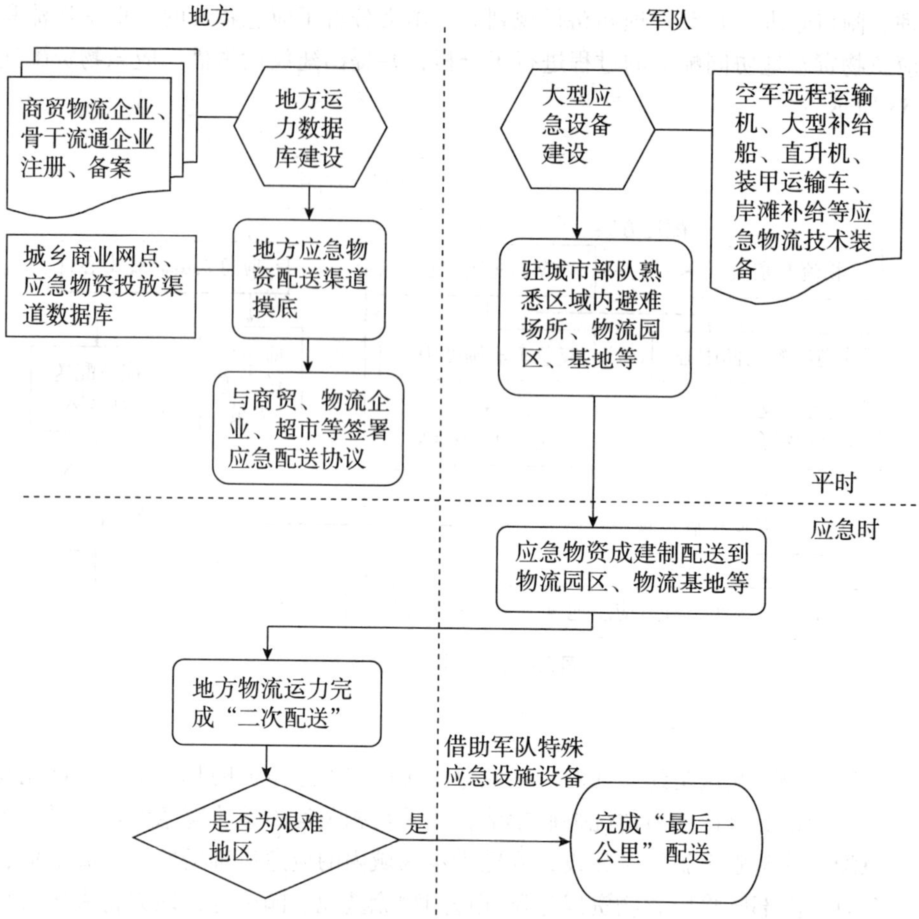

图 34　应急物资军地协同配送

高层领导和使用民力单位的领导人进行培训，把寻求民间资源和签订合同作为军官基础训练课程之一。领导者和指挥员必须懂得地方物流供应商的类型、在战场上的作用和配置、指挥与控制、对地方物流供应商的生活保障和安全要求等，熟悉选择地方物流供应商的程序，了解利用地方物流供应商进行配送保障的优点和局限性，以及一旦地方物流供应商不能执行或拒绝执行保障任务时的应急计划。

3）巩固与地方物流供应商的战略合作关系

实行民力保障的实质是军队在利用一种存储量巨大的战略资源，为使这种宝贵的资源发挥更大能量，我军必须同地方物流供应商建立一种长期的互利伙伴关系，这种关系的维持要靠合同来巩固和发展。一是要注重合同的长期性。长期合同的好处是：不但可以减少频繁更新合同而多付的费用，而且能长期把重点放在能力的建设、维持以及提高效益上。二是对地方物流供应商提出明确的绩效要求。明确绩效要求后可以使地方物流供应商把注意力集中到那些对军方真正重要的领域。三是建立并完善激励机制，鼓励地方物流供应商改进配送业务。我军要经常与地方物流供应商一起就如何改进配送流程、协调配合军事行动、提高运输效率等问题进行探讨，对地方物流供应商的业务改进及时给予肯定和支持，并可采用经济、行政手段对其进行经济奖励和政策支持。四是及时改进合同。军队经常了解地方物流供应商的经济能力，对不满足实际情况需要的合同内容及时提出修订意见，共同商定，促进保障能力整体优化。

4）完善民用运力征用相关法律

法律法规是实现军民物流融合、各种运力整合的根本保证。我国可以进一步完善《中华人民共和国突发事件应对法》《中华人民共和国国防动员法》《中华人民共和国国家安全法》《国家突发公共事件总体应急预案》等法律法规，加快制定《中华人民共和国船舶法》等法律及地方运力征用相关的法规体系，明确民用运力征用程序及补偿标准等。

七、应急物流军地协同约束机制

约束机制是指为规范组织成员行为，便于组织有序运转，充分发挥其作用而经法定程序制定和颁布执行的具有规范性要求、标准的规章制度和手段的总称。约束包括国家的法律法规，行业标准，组织内部的规章制度，以及各种形式的监督等。

（一）法律法规约束机制

军民融合涉及军地多个部门，要加强带有根本性、长期性、规范性的法律法规建设，加快推动《军民融合促进法》的立法工作，以法律形式明确军民融合的组织领导，规范军民融合的重要工作和程序方法，靠科学的制度彻底改变当前军民融合中“协调工作靠感情，解决问题靠关系”的局面。

近年来国家对应急物流特别是自然灾害下的应急物流体系建设高度重视，并颁布实施了一系列的政策进行支持。自 2003 年以来，国家相继颁布了《突发公共卫生事件应急条例》《国家突发公共事件总体应急预案》《国家自然灾害救助应急预案》《国务院关于全面加强应急管理工作的意见》等一系列的应急管理法律法规和预案。同时针对国家灾害频发而地方专业救援力量不足的现实，军队在加强作战能力建设的同时，开始有组织、有计划、有重点地增强自身的抢险救灾能力。2005 年 6 月 7 日国务院、中央军事委员会令第 436 号颁布了《军队参加抢险救灾条例》。该条例为国家军事行政法规，具体明确规定了军队参加抢险救灾的任务、原则、组织指挥、兵力装备使用，平时准备与行动保障等。同时对人民政府及其部门在组织和保障军队抢险救灾时的责任与义务作了明确规定，并规定了人民政府申请使用部队的权限、办理程序、指挥机构以及部队遂行任务所需经费、物资、装备、器材的储备与保障办法等，为确保军队更好履行抢险职能，加强军地双方合力救灾，保证抢险救灾工作顺利开展，夺取抢险救灾胜利，提供了坚强有力的法律保障。

（二）标准平台约束机制

为提高利用国家物流体系和社会保障资源的效率，需要整合物流技术领域的军用标准和技术标准，努力消除技术标准不同带来的障碍，实现军队与应急物流设施、网络、生产与物流企业的无缝衔接。完善《中华人民共和国标准化法》，补充统一的军民标准相关内容。2008年，国家标准化管理委员会调整物流标准体系，出台“2009—2011年物流标准体系”，在调整过程中，应急委把应急物流相关标准写入了该体系；2011年正式启动三项国家标准（应急物资包装与标识、企业应急物流能力评估、应急物流仓储设施设备等）的制定工作。这三项标准是国内列入物流标准体系第一批应急物流标准，具有开创性意义，能够解决一直以来应急物流方面很多难以解决的难题。

扩大民用标准使用范围，组织实施“军标瘦身”计划，严格制定军标使用条件和范围，凡是国家标准已经规范、能够满足军用要求的，不再另行制定军用标准。对现有军用标准进行全面清理，制订分布采用先进民用标准的计划，加强军民共用标准的制定和修订，逐步实现军民标准体系的协调。

物流技术标准委员会要更广泛地吸收军事物流部门和地方应急物流部门的专家，专门负责军地应急物流技术标准的制定和修改工作。重点对应急物流设施、设备、器具、作业方法以及与物流本身有关的技术、工作和作业标准，包括信息系统的建设和使用等制定统一的标准。需要强调的是，要重点加强物流信息技术标准的建设，对于应急物流信息交换格式、信息系统设计规范和技术体制、信息安全系统管理等，统一制定信息技术标准，打牢应急物流军地协同信息化建设的基础。

（三）调查评估机制

规范较大以上突发事件调查评估的组织及其工作流程，建立健全突发事件调查评估指标体系，逐步建立突发事件应对档案管理制度。建立全市应急能力评估工作机制，健全应急管理工作绩效考核流程和标准。推进专家参与的重大突发事件第三方调查评估机制建设。当突发事件发生后，首先应及时做好受灾调查研究工作，确认受灾事件、地点、区域、影响范围、等级，评估出防范和施救措施要求，如灾民安置、救灾物资的需求等，以提高应急救灾的效率。突发事件过后，应认真细致地做好调查评估工作，如实地撰写受灾评估报告、总结经验，发扬优势，吸取教训，以利于克服不足，完备管理体制，为此，要科学合理地建立调查评估指标和体系。

（四）收益分配约束机制

对于参与应急物流协同运作的成员组织而言，通过协同运作实现各自单独无法实现的目标，提高灾难救援的效率和效益，是其参与协同运作的根本原因。应急救援组织进行协同运作所期望的收益是以更低的成本、更短的时间获得更多、更好的资源来救援受灾群众等。由于应急救援组织都是非营利性质的，对于收益的分配可以更多地理解为对成本的分摊。公平合理的收益分配是维持协同各方稳定的基础，军地协同组织能否建立合理的收益分配机制，不仅关系到协同各成员的合法权益能否得到保障，而且直接影响成员组织参与协同运作的积极性、创造性、合作的效率，也决定了协同双方运作的成功与否。因此，建立良好的收益分配机制是应急物流横向协同战略必须解决的关键问题之一。

应急物流军地协同不论采取何种分配制度，其收益分配过程都包括六个必备要素，即分配对象、分配主体、分配参与者、分配依据、分配标准和分配方式。

（1）分配对象。应急物流军地协同机制的收益分配问题中，分配对象即是协同的总体收益。应急物流军地协同的收益分为两类：有形收益和无形收益。有形收益是指协同双方创造的、看得见摸得着的实体，如成本的节省，更多的救援物资、运输工具、设施设备以及获得更多的捐赠等。而无形收益是指除了有形收益外协同方所创造的收益，如协同双方在合作过程中产生的知识技术成果、经验，获得更多捐赠者和社会的关注，良好的声誉、品牌和社会形象等。

（2）分配主体。分配主体是指将分配对象按照一定的原则进行分配的、在分配过程中占主导地位及支配地位的利益主体。分配主体对分配给谁、分配多少、采取何种分配方式等问题，具有重要的影响力和相应的决策权。对于应急物流军地协同组织来讲，根据组织模式的不同，分配主体也就不一样。合作协同模式下协同双方通常实力相当，他们在平等的基础上参与协同的运作，不存在上下级的关系，因此在这种模式下所有成员都是协同的分配主体。而在核心协同模式下，核心组织在协同的运作过程中占主导地位，这时核心组织成为协同的分配主体。

（3）分配参与者。分配参与者是指通过分配获得分配对象的利益主体。他们对获得的收益具有索取权，对收益的分配具有建议权，对分配的方案、过程和分配的公平合理性具有监督权，最后作为分配对象的最终占有者，他们对自身分得的分配对象具有完全的使用权和处置权。在应急物流军地协同中，所有成员是在保持自身独立性的同时结成资源互补的、风险共担的、利益共享的、长期的、动态的联合体，所以协同的全部成员都是分配的参与者。

（4）分配依据。分配依据是指分配权力的来源，即凭什么参与分配。分配依据可以是人际关系资源，可以是对收入的贡献，也可以是对财产的占有权。应急物流军地协同分配依据应该是对收益的产生起到贡献作用的因素。因此，本文认为应急物流军地协同收益分配依据主要包括：一是协同双方的资本投入情况，例如资金、物品、技术、人力资源、设施设备和时间等。二是协同双方所承担的风险大小。协同双方在协同运作过程伴随着许多不确定性因素和潜在的风险，成员在执行不同的任务时，其所承担的风险程度也不同。三是协同双方的工作成效。成员组织的积极性、工作时间、工作效率以及所取得的工作效果将直接影响到协同运作的收益和收益的分配。

（5）分配标准。分配标准是指在收益分配时每个分配参与者应当按照什么标准获得自己应得份额。分配标准可以认为是对分配依据的量化，如应急物流军地协同的分配标准可以是协同双方参与协同的程度（即协同参与度）、成员组织所投入的资本多少、承担的风险大小、所取得的工作效果等协同双方为协同收益所做出贡献的量化数据。分配标准也可以理解为收益分配应遵循的原则。应急物流军地协同进行收益分配时应遵循以下三个基本原则。

一是收益共享原则。协同的收益是协同双方合作的结果，要保证每个参与的成员都能从中获益，否则将会打击成员的积极性。

二是贡献大小原则。各成员组织无论规模大小、实力强弱，在合作中的地位是平等的，每个成员都应根据自己的贡献大小来索取收益。成员组织所做出的贡献越大，分配的收益就应越多。

三是风险补偿原则。即在分配时要充分考虑成员组织所承担的风险大小。一般来说，协同双方所承担的风险越大，所得的收益也应越大。

（6）分配方式。分配方式是指如何对收益进行分配。应急物流军地协同的收益分配应该根据协同双方的贡献大小来进行分配，同时还要考虑其承担的风险。这种收益分配模式能充分体现出应急物流军地协同风险共担、利益共享的性质，我们称为基于贡献与风险共担的分配模式。

应急物流军地协同收益分配的过程分为事前和事后两个阶段。在事前阶段，协同首先对其能够获得的收益和成员的贡献、承担的风险，以及可能的影响因素进行预期分析和估计，再根据一定的收益分配原则给出事前分配方案。协同运行以后，根据实际获得的收益情况，分析整个协同的运行效率，客观评价和分析协同双方的贡献和承担的风险，并对事前收益分配方案进行补充与调整，制订出最终的收益分配方案。最后，由于任何分配方案都可能存在不尽完善的地方，因此还需要对方案的执行进行反馈和评价，以便及时对方案进行调整。应急物流军地协同收益分配流程如图35 所示。

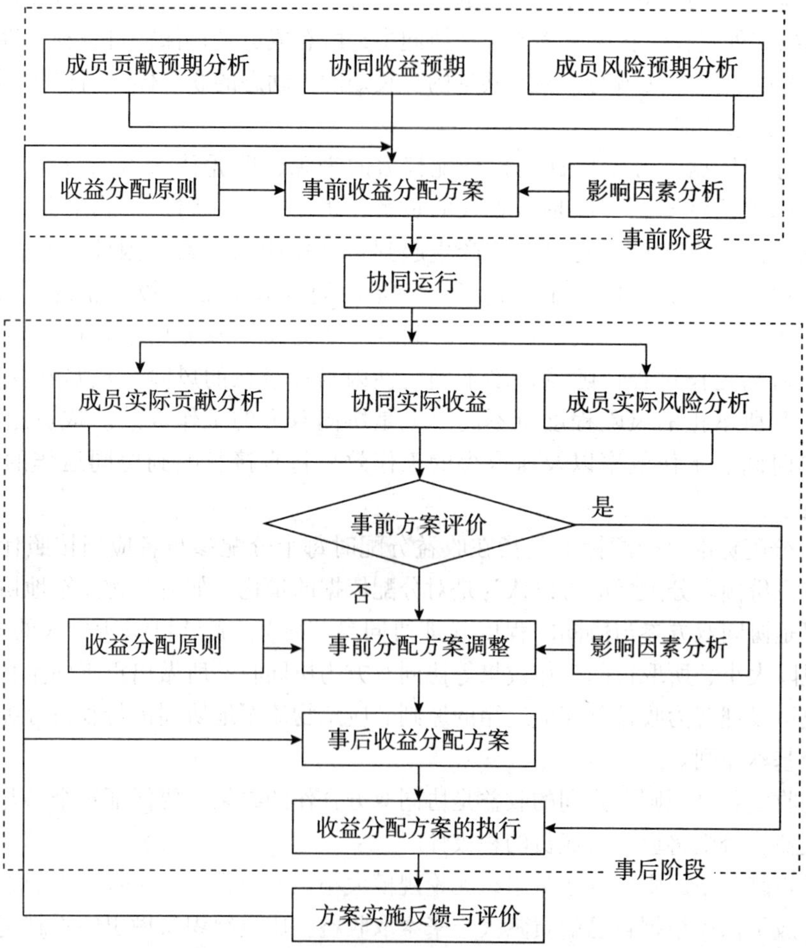

图 35　应急物流军地协同收益分配流程

八、应急物流军地协同评价机制

应急物流军地协同度是对应急物流军地协同效应的测度，可以直观地反映出物流标准化协同效应的强弱，决定着军地应急物流这一社会组织系统目标实现的效率，同时也是对其结构和功能进行改造的参考依据与客观尺度。在全面分析军地应急物流的形成、实现、约束机制基础上，本章以协同学的序参量原理和役使原理为基础，研究建立应急物流军地协同评价模型，并运用模糊综合评价法对应急物流军地协同度进行评价，旨在确定应急物流军地协同发展整体水平及薄弱环节，并为进一步调整应急物流军地协同系统的结构与功能提供依据。

（一）协同度评价概述

1. 基本概念介绍

1）复合因子

假定军地应急物流系统的整体机制为一个由 m 个子系统构成的复杂系统 $S=(S_1, S_2, \cdots, S_m)$，其中 S_j 为第 j 个子系统或要素（$j=1, 2, \cdots, m$），而且 $S_j=(S_{j1}, S_{j2}, \cdots, S_{jm})$ 即 S_j 也由若干元素组成。S_j 的相互作用及其相互关系形成 S 的复合机制。军地应急物流的整体机制 S 可以表示为：

$$S=f(S_1, S_2, \cdots, S_m) \tag{1}$$

这里称公式（1）中的 f 为军地应急物流系统机制的复合因子。

2）应急物流军地协同度

协同度，即协同的程度，是系统内各子系统之间或子系统组成要素之间在发展、演化过程中彼此和谐一致的程度。协同度越大，表明子系统之间、要素之间配合的一致性、紧密性越强，越有利于系统目标的实现；协同程度越小，系统快速有序发展的阻力越大，则越不利于系统目标的实现。应急物流军地协同子系统之间或子系统组成要素之间在发展演化过程中彼此和谐一致的程度称为应急物流军地协同度。

2. 协同度评价目的

应急物流军地协同度评价目的主要是：通过对应急物流军地协同度的评价，可以获得系统整体协同度的评价结果，直观地了解系统协同发展的水平，同时还可以得知系统在多个方面的协同度评价结果，并进行横向比较，明确系统协同发展中的薄弱环节及影响系统协同发展的主要因素，从而为进一步调整军地应急物流的结构与功能、更好地促进系统的协同发展提供依据。

（二）序参量的选择与管理

1. 序参量的选择

组织系统在临界点附近时往往不只是存在着一个序参量，而是有着多个序参量，其中每个序参量都对应着一种潜在的新的有序结构。组织系统的序参量一旦形成，就会具有两种功能，一方面支配其他子系统运动，另一方面它又为子系统所支持，从而使组织系统产生自组织行为。因此，在组织系统的临界点或突变分叉点上，选择我们所期望的序参量并对其施加一定的管理手段或方法，使其在涨落和非线性的相互作用下形成关联放大效应，实现组织系统的整体功能倍增效应。但这里又关系到序参量的选择和管理问题。对组织系统序参量选择要依据序参量的特征进行，具体包括三个方面。

（1）组织系统的序参量首先是宏观参量，它是在各子系统的相互作用中产生的宏观整体行为，而不是个别要素或子系统所体现出的行为。因此，仅把组织系统的单个要素或参量当成组织系统的序参量是一种错误的认识。

（2）组织系统的序参量是各子系统集体运动的产物，是合作效应的表征和度量，即序参量的形成不是外部作用强加于系统的，而是来源于系统的内部。

（3）序参量能支配组织系统内各子系统的行为，主宰组织系统整体演化的过程。通过这三大特征，可以初步认识组织系统的序参量。但在具体的组织管理活动中，由于组织性质的差异，管理序参量并不相同。对管理者来说，就要善于审时度势，在系统临界状态时选择我们所期望的对组织系统演化发展起支配作用的序参量，并通过强化管理使其促使组织系统向着对我们有利的方向发展。例如，对于一个处在临界点状态的组织系统而言，可能会出现效率、规模或产能等序参量，但在资源有限或资金不足的情况下，追加资本或资源实现规模经济是很困难的，这时可选择效率作为序参量，使其在现有资源状况下主导整个组织系统有序、稳定的发展。

2. 序参量的管理

序参量的选择明确了组织系统的演化发展方向，但组织系统是否如我们所期望的那样演化发展，还取决于选择的序参量能否在系统的临界点附近经过竞争“脱颖而出”而真正成为主宰或支配组织系统发展的序参量。通过对所选择的序参量施加管理，可以影响它向着我们期望的方向发展。对序参量的管理要把握以下两点。

（1）在组织系统处于临界点附近时要创造好条件。当组织系统处于临界点状态时，要积极创造各种条件，通过开放和改革等，强化或突出选择的序参量，有意识地促使组织系统向我们所期望的某一方向发生涨落。

（2）在组织系统处于临界点附近时要注意控制。当组织系统处于临界点时，要善于把握时机，因势利导，及时控制序参量的变化，使组织系统通过涨落向我们期望的分支跃进，朝着机制完善的方向发展。在实现这一跃进后，还要做好后续工作，继续强化序参量使其产生自组织效应，使组织系统达到新的稳定有序状态。

3. 协同效应的实现

在序参量的支配作用下，组织系统将会从处于变革阶段的无序走向一种新的有序，产生了新的时间、空间和功能结构，进而使组织系统实现整体功能效应。这种整体功能效应就是管理协同达到的结果。但这种结果是否就是管理协同所追求的协同效应，还必须通过反馈，把组织系统达到的结果与管理协同目标相比较而得出结论。如果管理协同达到的结果和管理协同目标相一致或在效果上非常接近，则说明实现了协同效应。如果管理协同达到的结果和管理协同目标不一致，则说明没有实现协同效应，需要对协同机会的识别、协同预先价值评估、交流沟通以及要素的整合和配置等运作环节给予重新考虑，并通过走持续不断、循环发展的道路，产生出新的支配系统发展的序参量，最终实现协同效应。

（三）协同度评价模型构建

在协同理论中，根据协同对象的不同，对协同度进行评价的研究很多，应用于不同的行业和领域，产业集群协同度评价、区域创新协同度评价、物联网产业协同度评价、乡村旅游与新农村建设协同度评价、物流标准化系统协同度评价、企业并购协同效益评价、财务协同效应的模糊综合评价、集装箱多式联运协同能力评价、战略联盟协同效应评价、应急物资供应链协同研究等，但评价方法大都是首先建立评价指标体系，然后采用模糊综合评价、灰色理论、层次分析法（AHP）、熵理论等方法赋予权重，再进行计算。

1. 指标体系设计

1）指标体系构建思路

评价指标体系的确立应基于对应急物流军地协同的深入研究。本文在前几章已经对应急物流军地协同进行了研究，因此可在此基础上构建系统的协同度评价指标体系，具体步骤如下：

①根据对应急物流军地协同内容的分析，尽可能全面地选取出对系统协同性可能产生影响的所有因素。

②将选出的因素进行分析和归类，确定影响应急物流军地协同性的因素组别。

③对各个组别中的影响因素分别加以具体分析，对同一组别中因素之间的关联度和相容性进行定性分析，把含义相近或相互包含因素加以简化和合并，最终形成多层次的协同度评价指标体系。

2）指标体系设计

军地应急物流是一个非线性的复杂系统，而对于复杂系统的协同测度，需要采用多指标综合评价分析。多指标综合评价分析的实质是将众多反映不同方面、不同性质的信息，经过数学变换或处理，使之成为具备评价功能的综合量值，该数值大小是对研究对象的量化评价。协同测度指标的设计应当遵循科学性原则、系统性原则、全面性原则、层次性原则、代表性原则、目的性原则及可操作性原则等，以便能够恰当、客观、准确地反映应急物流军地协同机制的演化状况和变化特征。通过定量测度军地应急物流的自组织协同演化的程度，可以从整体上把握军地应急物流整个运行过程的发展趋势，为制定相应的策略及措施提供依据。

本文将应急物流军地协同机制分成协同形成、协同实现和协同约束三个子系统，涉及多个序参量和子序参量，这些可以看作是对系统从无序到有序演化影响最大的序参量，即慢弛豫参量。根据实际研究的需要，结合应急物流军地协同的特点，建立如表11所示的应急物流军地协同度评价指标体系。各指标的选取主要根据其对协同的影响程度而定。

该体系在综合考虑应急物流军地协同内容的基础上，将系统协同度的评价指标划分为两个层级。一级指标包括目标协同度、组织协同度、功能协同度、过程协同度、关系协同度五个大类，二级指标是一级指标在各方面的具体体现。

表 11　　应急物流军地协同度评价指标体系

	子系统	一级指标度	二级指标	二级指标说明
应急物流军地协同度评价	协同形成机制	目标协同度	协同动因	达成协同目标
			协同效应预期	协同效应预期
			面临机遇	政府政策、市场需求、技术推动
			面临挑战	生存竞争
	协同实现机制	组织协同度	组织机构	结构合理
			运作模式	运作高效
			决策方式	决策准确率
		功能协同度	顶层规划	统筹规划
			分工协作	分工合理
			沟通协商	沟通渠道畅通
			信息管理	信息传递及时、准确率、共享程度
		过程协同度	物资筹集	筹措速度快捷
			物资储备	仓储科学合理
			物资运输	运输及时
			物资配送	配送准确
	协同约束机制	关系协同度	信任机制	快速信任
			法规约束	法规健全
			反馈评价	评价指标完整科学
			收益分配	分配合理公平
			冲突管理	冲突调解
			风险管理	风险可控

2. 评价指标赋权

1）评价指标赋权原则

评价指标的权重是该指标影响应急物流军地协同性的体现。由于评价指标的重要程度不同，只有通过对因素权重的科学确定才能正确揭示应急物流军地协同性的差异。评价指标权重的确定一般应满足下列原则。

①权重值的大小与评价指标对应急物流军地协同性评价的影响成正比。权重值越大，说明评价指标对应急物流军地协同性评价的影响越大。

②各指标的评价权重值在（0，1）区间内赋值，各评价指标的权重值之和必须为1。

2）评价指标赋权方法

在模糊综合评价中，评价指标权重的确定非常重要，它反映了各个评价因素在综合决策中的地位与作用，直接影响到综合评价的结果。评价指标的赋权方法主要分为定性的方法和定性、定量相结合的方法，前者是凭经验直接给出指标的权重，这种方法有较强的主观性，有时不能真实地反映实际情况；后者主要包括模糊统计法、德尔菲法、择优比较法、层次分析法和模糊层次分析法。本文采用层次分析法来确定权重，相对来说，这种方法较为科学，而且层次分析法是对非定量问题进行定量分析的一种重要方法，也是对主观判断进行客观描述的一种有效方法。运用层次分析法为评价指标赋权的步骤如下。

①建立递阶层次结构。建立各评价指标的递阶层次结构，确定上下层次之间评价指标的隶属关系，如图 36 所示。

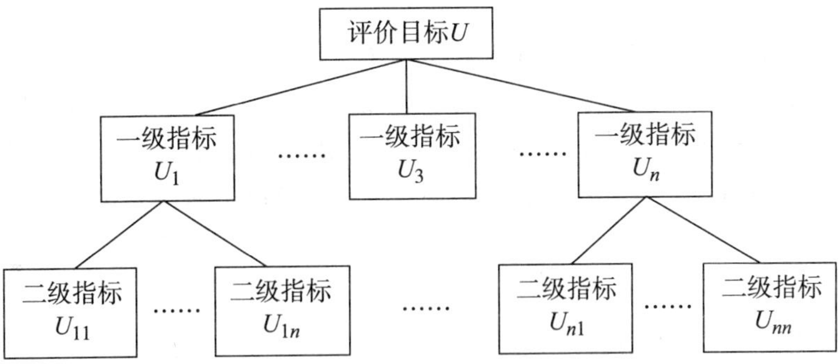

图 36　应急物流军地协同度评价指标的递阶层次结构

②构造两两比较判断矩阵。对每两个相邻的上下层级，需要回答这样的问题（以目标层与一级指标为例）：对于上一层级的指标 U，下一层级的两个指标 u_i 和 u（i，$j=1$，2，…，n）哪一个更重要些、相对重要程度是多少。在这里，需要对指标的重要程度赋予一定量的数值，这里采用 1～9 的比例标度，具体含义如表 12 所示。例如，$a_{ij}=1$ 表示指标 u_i 和 u 对于指标 U 同等重要，而 $a_{ij}=9$ 表示指标 u_i 对指标 U 的重要程度比 u 对指标 U 的重要程度多得多。

表 12　评价程度赋值对照

取值	1	3	5	7	9
两者关系	同等重要	较重要	重要	很重要	极重要

注：2、4、6、8 表示上述相邻判断的中间状态。

这样就得到了每一级指标针对上一层级指标的判断矩阵：

$$\boldsymbol{A}=\begin{pmatrix} a_{11} & \cdots & a_{1n} \\ \vdots & & \vdots \\ a_{n1} & \cdots & a_{nn} \end{pmatrix}$$

判断矩阵 $\boldsymbol{A}$ 具有以下性质：

$$\begin{cases} a_{ij} > 0 \\ a_{ij} = \dfrac{1}{a_{ji}} \\ a_{ii} = 1 \end{cases}$$

且 **A** 的元素未必有传递性，即 $a_{ij} \times a_{jk} = a_{ik}$（$i$，$j$，$k=1$，2，…，$n$）不一定成立。如果上式成立，则称 **A** 为一致性矩阵。

③用特征根法计算指标的排序权向量。计算各层指标针对上层指标的相对权重。以目标层和一级指标为例，这一步骤要解决的问题是对于目标 U，n 个指标 U_1，U_2，…，U_n 排序权重的计算。对上一步得到的判断矩阵 **A**，求解特征根问题：

$$\boldsymbol{A}w = \lambda_{\max} W$$

所求得的 w 经正规化之后作为指标在 U_1，U_2，…，U_n 下的排序权重。

在精度要求不高的情况下，本文采用“和法”来计算 $\lambda_{\max}$ 和 W。首先将 **A** 中的所有元素按列进行归一化处理，得到矩阵 $\boldsymbol{A}'$；然后将 $\boldsymbol{A}'$ 中的元素按行求和，得到向量 A''；再将 A'' 进行归一化处理，从而得到排序权向量 w；最后可以通过公式（2）计算 $\lambda_{\max}$：

$$\lambda_{\max} = \frac{1}{n} \sum_{i=1}^{n} \frac{(\boldsymbol{A}w)_i}{w_i} \tag{2}$$

式中 $(\boldsymbol{A}w)_i$ 表示 $\boldsymbol{A}w$ 的第 i 个元素。

④对权向量进行一致性检验。由于客观事物的复杂性以及人的认识的多样性，对于判断矩阵 **A** 并不要求其具有完全的一致性，但通常要求其具有大体的一致性，否则排序权向量的计算结果可能会有问题。因此，在得到 $\lambda_{\max}$ 之后，需要按以下步骤进行一致性检验。

a. 计算一致性指标 CI。

$$CI = \frac{\lambda_{\max} - n}{n - 1} \tag{3}$$

公式（3）中 n 为判断矩阵的阶数。

b. 确定平均随机一致性指标 RI。

平均随机一致性指标是对随机判断矩阵的特征值进行多次重复计算，并将计算结果取算术平均值得到的。这里采用 1~8 阶判断矩阵重复计算 1000 次的平均随机一致性指标，如表 13 所示。

表 13　1~8 阶平均随机一致性指标

阶数	1	2	3	4	5	6	7	8
RI	0	0	0.52	0.89	1.12	1.26	1.36	1.41

c. 计算一致性比例 CR。

$$CR = \frac{CI}{RI}$$

一般来说，当 $CR < 0.1$ 时，就可以认为判断矩阵 **A** 的一致性是可以接受的；否则

就需要重新确定判断矩阵，直到使之具有可接受范围内的一致性。

d. 计算各层指标的组合权重。为了得到递阶层次结构中的每一层中所有指标相对于总目标的权重，需要把步骤 c 的计算结果进行适当地组合，并进行总的判断一致性检验。

假设已经计算出第 $k-1$ 层指标相对于总目标的组合排序权向量 $a^{k-1}=(a_1^{k-1}, a_2^{k-1}, \cdots, a_n^{k-1})^T$，第 k 层针对第 $k-1$ 层第 j 个指标的排序权向量为 $b_j^k=(b_{1j}^k, b_{2j}^k, \cdots, b_{nj}^k)^T$，其中与第 j 个指标无关的指标的权重为零。令 $B^k=(b_1^k, b_2^k, \cdots, b_n^k)$，则第 k 层 n 个元素相对于总目标的组合排序权向量为：

$$a^k=B^k a^{k-1}$$

对于递阶层次组合判断的一致性检验，需要如步骤 d 类似地逐层计算一致性指标 CI。若分别得到了第 $k-1$ 层的计算结果 CI_{k-1}，RI_{k-1} 和 CR_{k-1}，则第 k 层的相应指标为：

$$CI_k=(CI_{k-1}^1, \cdots, CI_{k-1}^n)a^{k-1} \tag{4}$$

$$RI_k=(RI_{k-1}^1, \cdots, RI_{k-1}^n)a^{k-1} \tag{5}$$

$$CR_k=CR_{k-1}+\frac{CI_k}{RI_k} \tag{6}$$

这里 CI_k^i 和 RI_k^i 分别为第 k 层指标针对第 $k-1$ 层第 i 个指标的判断矩阵的一致性指标和平均随机一致性指标。当 $CR_k<0.1$ 时，认为递阶层次在 k 层水平上整体判断有满意的一致性。

由此即可得到二级指标 u_{ij} 对于所隶属的一级指标 u_i 的权重向量 W_i，以及一级指标对于目标层的权重向量 W。

3. 隶属度函数的确定

在模糊综合评价法中，隶属度函数是将对评价对象的定性描述转化为定量描述的关键环节。确定隶属度函数的方法主要有模糊统计法、例证法、专家打分法和二元对比排序法。考虑到所建立的应急物流军地协同度评价指标体系的特点和方法的可行性，本文采用专家打分法（德尔菲法）确定隶属度函数，具体步骤如下。

（1）成立专家评判小组，小组成员应包括不同知识背景的专家。

（2）制作二级指标评价等级调查表，并发送给所有专家，请他们在其认为该指标所属的等级下画"√"，二级指标评价等级调查表如表 14 所示。

表 14　　二级指标评价等级调查

指标	优	良	中	及格	差
指标 1					
指标 2					
⋮					
指标 n					

（3）统计调查结果，取该指标在某个等级下画“√”的专家人数与总参评人数的比值作为该指标对该评价等级的隶属度，隶属度 r_{ij} 表示第 i 个指标属于第 j 个评语等级的程度。

（4）隶属度模糊评判矩阵的构造。按照上述程序评判出所有二级指标对每个评价等级的隶属度 r_{ij}，由 r_{ij} 构成 n 个指标的等级隶属度决断矩阵，即模糊矩阵：

$$\boldsymbol{R} = (r_{ij})_{n\times 5}。$$

4. 评价结果分析

（1）一级评价。将得到的二级指标 u_{ij} 的权重向量 W_i 和等级隶属度判断矩阵 $\boldsymbol{R}_i$ 进行如公式（7）计算，可得到一级评价结果，其中向量 B_i 表示第 i 个一级指标下的所有二级指标的评价值。

$$B_i = W_i \times \boldsymbol{R}_i \ (i=1,\ 2,\ \cdots,\ 5) \tag{7}$$

（2）二级评价。令 $\boldsymbol{R} = \begin{pmatrix} B_1 \\ B_2 \\ \vdots \\ B_8 \end{pmatrix}$，$W$ 为一级指标针对目标层的权重向量，按公式（8）可求得二级评价的结果：

$$B = W \times \boldsymbol{R} \tag{8}$$

最后，按照最大隶属度原则确定评价结果，即取 Max（b_1，b_2，$\cdots b_m$）作为对 U 的评价结果（其中 b_1，b_2，…，b_m 是评价向量的 m 个值）。

九、总结与展望

（一）研究结论与成果

通过以上研究，本文主要获得以下几点研究结论和成果。

第一，我国应急物流军地急需协同运作。我国当前总体军民融合度为30%左右，这是我国军民融合进入深度融合的转折时期，也是军民融合进入深入实质性融合的关键阶段。应急物流作为军民融合的重要领域，需要打破瓶颈，进入攻坚阶段。在历次灾难的军民协作应急救援过程中，现有应急物流军地组织机构存在“两张皮”现象，缺乏权威的组织机构进行指挥协调；军民物流供应链重叠，其供应链各个环节缺乏协作和协商；军民缺乏畅通有效的信息平台，沟通过程困难重重等。这些已成为军民在应急救援过程中的制约因素。时代和环境为军民协作提供了机遇，军民在应急物流内部要素的相似性和互补性又为双方协同提供了基础，因此本文提出应急物流军地协同的协同目标，并对协同后的协同效率进行了分析。

第二，我国应急物流军地协同的实现过程。本文通过对应急物流军地协同的组织视图、功能视图和过程视图分别进行建模，来说明协同机制的形成机制。

在组织视图建模中，分析了当前应急管理机构的现状和问题，应急物流组织机构的要求，阐述了协同组织的设计理念和形式，然后构建了应急物流军地协同的“四层结构化”组织模型，划分为规划协同层、决策协同层、指挥协同层和执行协同层，实现了各层次之间信息与资源的链接，强化了军地协同应急组织的权威、目标导向和指挥链等特性。在横向上，每一层的组织单元均由军地双方共同构成，实现了军地协同应急机制在组织领域的决策指挥一体化、资源保障一体化等，并将每一层的人员组成和职责进行了界定。

在功能视图建模中，针对应急物流军地内部各部门职能交叉状况，本文按照平时和应急时的状态，将应急物流活动的职责功能划分为顶层规划、分工协作、沟通协商和信息管理四个模块。在顶层规划模块中，本文分析了军队和地方的规划建设思路；在分工协作模块中，本文按照平时和应急时的不同，对军队和地方的平时建设重点和应急时分工进行了界定；在沟通协商模块中，本文分析了军地沟通和协商协同的方法和制度；在信息管理模块中，本文阐述了军地协同进行信息化建设的目标和信息化平台建设。

在过程视图建模中，本文将应急物流供应链划分为应急物资筹集、储备、运输和配送四个环节，并优化了军地协同应急物流流程。

第三，设计出我国应急物流军地协同的评价指标体系，并进行评估。本文按照协同形成机制、实现机制和约束机制三个子系统，设计出应急物流军地协同度的评价指标体系，分为 5 个一级指标和 21 个二级指标，通过模糊综合评价的方法对其进行赋权、确定隶属度函数和评价计算，可以计算出应急物流军地协同度结果。

（二）研究局限

虽然本文在应急物流军地协同方面做了一定的研究工作，并获得一些结论和成果，但本文的研究过程仍存在一些研究局限。

第一，课题的超前性。在历次大规模应急救援中，军队与地方虽均参与过救援，也做出突出贡献，但大多是单独作战，深层次协同作业很少，暴露出一些问题，也给研究带来一定困难，这也正是课题研究的驱动力。

第二，军地协同实例较少。虽然应急救援活动中军民协作已较为常态化，但大都是军队和政府单方报道，缺乏军地协同的有效案例和资料，很多研究难以深入进行。

第三，缺少真实数据。由于涉密等原因，能够获取的资料和数据极少，导致仿真等定量研究工作很难开展。

（三）研究展望

应急物流军地协同研究是一个由实践驱动的新课题，具有广阔的研究前景，主要包括以下几点。

第一，在应急救援过程中，军队与地方在组织、功能、过程等领域的协同都需要深入研究，解决目前存在的各自为政的问题。

第二，从不同角度对应急物流军地协同机制进行研究，如从军事指挥学角度、政府公共管理学角度、经济学角度等。

第三，对应急物流军地协同的业务流程进行研究。在实践案例和数据可获得的基础上，综合运用数学建模、计算机仿真建模等方法对应急物流军地协同的业务流程进行定量研究，不断改进和完善业务流程，提高军地协同的运作效率。

课题组成员名单

课题主持人： 曹继霞　陆军军事交通学院军事运输指挥系讲师

课题组成员： 任　杰　陆军军事交通学院军事运输指挥系讲师

燕厚仪　陆军军事交通学院军事运输指挥系讲师

韩平阳　陆军军事交通学院军事运输指挥系讲师

张　静　陆军军事交通学院军事运输指挥系讲师

杜菲菲　陆军军事交通学院军事运输指挥系讲师

钱立峰　陆军军事交通学院军事运输指挥系讲师

参考文献

[1] 第十届全国人民代表大会常务委员．中华人民共和国突发事件应对法［Z］．2007.

[2] 国防大学国防经济研究中心．中国军民融合发展报告 2013［M］．北京：国防大学出版社，2013.

[3] 黄攀．我国西部军民融合式应急物流体系建设研究［J］．中国物流与采购，2012，19（8）：66－67.

[4] 李东坡，杜子平，张丽，等．军民融合背景下应急物流系统问题分析及对策研究［J］．物流技术，2010，29（12）：200－202.

[5] 张中强．军民物流融合发展的影响要素、机制及发展模式研究［J］．科技进步与对策，2011，29（23）：24－27.

[6] 刘俊，董千里，李毅斌，等．军事应急物流军民融合层次划分［J］．包装工程，2013，34（6）：117－120.

[7] 王凤忠，于殿祥，杨栋，等．军民融合式应急物流体系建设研究［J］．军事物流，2010，22（6）：117－119.

[8] 严平．完善军民融合的应急物流体系［J］．物流工程与管理，2012，34（9）：84－85.

[9] 赵吉敏，刘长虹．军民融合式应急物流体系建设研究［J］．物流技术，2010，29（9）：140－142.

[10] 田益友，黎明，胡振邦．完善应急物流保障机制研究［J］．军事物流，2012（16）：151－153.

[11] 刘飒．军地物流界面研究［D］．北京：后勤指挥学院，2010.

[12] 张姣芳，陈晓和．我国军民融合应急物流体系建设研究［J］．中国流通经济，2011（5）：43－47.

[13] 钟孝红，丁辉，田文灏．我国应急物流军民融合发展探析［J］．军事经济研究，2011（10）：34－37.

[14] 闫慧．大城市军地应急物流建设研究［D］．北京：后勤指挥学院，2011.

[15] 刘浪．非常规突发事件航空应急物流相应的军地协调机制［J］．北京理工大学学报（社会科学版），2012，14（2）：93－98.

[16] 邵亨．军地联合应急机制研究——以北京市为例［D］．北京：中国科学院大学，2013.

[17] 曹景建，姜大立．军民融合物流体系创新模式与“蛛网”结构［J］．军事物流，2010 (1)：25－27.

[18] 姜大立，姚平，姜玉宏，等．军民融合物流［M］．北京：国防工业出版社，2015.

[19] FRANCIS KOFI ABIEW. From civil strife to civic society：NGO－Military cooperation in peace operations［Z］. The Norman Paterson School of International Affairs Carleton University，2008（39）.

[20] S J PETTIT，A K C BERESFORD. Emergency relief logistics：an evaluation of military，non－military and composite response models［J］. International Journal of Logistics：Research and Applications，2009，8（4）.

[21] RIETJENS，SEBASTIAAN JOOST HENRIKUS. Managing civil－military cooperation：a 24/7 joint effort for stability［M］. Aldershot：Ashgate Publishing，2008.

[22] DAVID PEABODY. The Challenges of Doing good work：The development of Canadian forces CIMIC［J］. Journal of Military and Strategic Studies，2006，199（3）：164－170.

[23] IA AYONGWA，J SUN. Overlapping humanitarian logistics roles and attaining a strategic fit in civil－military relations［D］. Jönköping：Jönköping University，2010.

[24] NANCY ROBERTS. Spanning Bleeding boundaries：humanitarianism，NGOs，and the civilian－military nexus in the post－Cold War era［J］. Public Administration Review，2010，70（2）：212－222.

[25] 肖怀良．船厂与供应商物流协同机制及评价研究［D］．哈尔滨：哈尔滨工业大学，2010.

[26] 范继东．基于 VMI 的药品物流协同管理协同设计［D］．上海：复旦大学，2010.

[27] 朱长征．国际陆港协同机制研究［J］．物流技术，2011，30（8）：27－28.

[28] 赵雅．制造业与第三方物流业联动的协同发展研究［D］．长沙：中南大学，2011.

[29] 朱涛．基于协同机制的路局调度日计划编制过程建模研究［D］．北京：北京交通大学，2012.

[30] 付金龙，陈梅，李石山．构建协同的供应链［J］．科技与管理，2005（1）：70－71.

[31] 王晓丽，赵希男，丁勇．供应链企业技术嵌入式协同机制研究［J］．科技进步与对策，2007（9）：154－157.

[32] 白列湖．管理协同机制研究［D］．武汉：武汉科技大学，2005.

[33] 董存祥．应急事件处置流程建模及其过程协同研究［D］．天津：天津大学，2010.

[34] 范光敏．人道物流的协同机制研究［D］．成都：西南交通大学，2011.

[35] 范光敏，冯春，张怡．人道物流的协同机制［J］．工业工程，2011（6）：138－144.

[36] 潘虹宇．人道救援物流的协同建模与分析［D］．成都：西南交通大学，2014.

[37] 曹勇，王晓莉．协同理论视角下突发自然灾害社会动员研究［J］．福建省社会主义学院学报，2012，8（6）：97－101.

[38] 周凌云，赵钢，罗建锋．应急物流体系协同运作机理及评价研究［J］．生产力研究，2012（4）：128－129.

[39] 杜波．应急物流协同决策方法研究［D］．北京：北京交通大学，2010.

[40] 王能，钱勇生，曾俊伟，等．基于“情景—应对”模式的应急物流综合运输协同决策体系研究［J］．物流科技，2015，38（3）：1－5.

[41] 朱昌锋，李海军，张玉召，等．虚拟应急物流体系协同的运作机理及耦合性分析［J］．统计与决策，2014，40（4）.

[42] 路旭，刘彬，陈志明，等．军民一体化装备保障中的协同性研究［J］．军械工程学院学报，2013，25（6）：25－28.

［43］姜玉宏，姜大立，王会云．应急物流中军民协同保障现状及发展对策研究［J］．中国储运，2012（4）：126 – 127.

［44］姜玉宏，姜大立，颜华．基于 Multi – Agent 的应急物流军民协同管理研究［J］．物流技术，2012，23（3）．

［45］姜玉宏，姜大立，王会云．协同视角下军民融合应急物流现状及发展对策研究［J］．军事物流，2012（4）：126 – 128.

［46］曹景建，姜大立，邹春荣．“军民融合”及其相近概念浅析［J］．物流工程与管理，2010，31（2）：94 – 96.

［47］赫尔曼·哈肯．协同学大自然构成的奥秘［M］．凌复华译．上海：上海译文出版社，2005.

［48］王运峰，张蕾，徐明伟，等．管理协同研究［M］．北京：金盾出版社，2011.

［49］白列湖．管理协同机制研究［D］．武汉：武汉科技大学，2005.

［50］卢冰原，何力，彭扬．城市应急物流虚拟联合体的构建框架［J］．城市问题，2012，36（10）．

［51］朱丹．供应链应急物流系统构建研究［J］．北京交通大学学报（社会科学版），2011，10（2）：59 – 64.

［52］中国军民融合发展报告 2014. 国防大学国防经济研究中心［M］．北京：国防大学出版社，2014.

［53］邓富民，梁学栋．应急资源协同管理——面向地震灾害的研究［M］．北京：经济管理出版社，2013.

［54］张同江．基于军地物流一体化的食品应急物流运作模式研究［J］．物流工程与管理，2011，33（6）．

［55］杜磊，赵锐，郑桂生．应急物流组织本体模型研究及应用［J］．计算机应用研究，2012.

［56］梁清文，孟庆贵，兰卫国．军工集团军民融合发展机制研究［J］．西安财经学院学报，2010，23（6）：34 – 35.

［57］谭开明，魏世红．军民融合式发展的协同效应分析及实现路径［A］//2011 国防科技工业科学发展论坛论文集［C］．北京：国防科技工业出版社，2011：205 – 209.

［58］邹辉霞．供应链协同管理——理论与方法［M］．北京：北京大学出版社，2007.

［59］赵冉．基于 B/S 的应急物资仓储管理系统研究与设计［D］．大连：大连理工大学，2014.

［60］吴宇．救灾物资库存管理与调运研究［D］．成都：西华大学，2012.

［61］刘华硕．中心卫星模式产业集群形成及协同度评价研究［D］．沈阳：东北大学，2012.

［62］李林，杨泽寰．区域创新协同度评价指标体系及应用——以湖南省 14 地市州为例［J］．科技进步与对策，2013，30（19）：109 – 114.

［63］李晓钟，王莹．我国物联网产业协同发展机制及系统协同度评价研究［J］．软科学，2015（1）：42 – 46.

［64］卢宏．乡村旅游与新农村建设“协调度”评价的实证分析［J］．暨南学报（哲学社会科学版），2012，34（10）．

［65］胡洁．物流标准化系统协同度评价研究［D］．北京：北京交通大学，2012.

［66］杨玉龙．我国钢铁企业并购协同效益评价——基于武钢与鄂钢重组模式［D］．武汉：武汉科技大学，2010.

［67］蔡林峰，郭东强，黎结亮．协同商务财务协同效应的模糊综合评价［J］．工业技术经济，2010，29（8）：138 – 141.

[68] 朴惠淑，刘慧斌，张冰．集装箱多式联运协同能力综合评价［J］．中国航海，2013，36(4)：125-129.

[69] 陈甲华，邹树梁，刘兵，等．战略联盟协同效应评价的模糊综合评价方法与运用［J］．商业研究，2006，333（1）：39-41.

[70] 王薇，翁迅，陈传军．应急物资供应链协同调度算法研究［J］．物流科技，2013，36(1)：88-91.

军民融合背景下空军航材保障物流体系构建和模式创新研究*

内容提要：空军航材保障物流建设是空军装备保障物流发展的重要组成，是全军物流建设的重要方面。党的十八大对“推动军民融合深度发展”做出了战略部署，习主席指出：“要统筹经济建设和国防建设，努力实现富国与强军的统一，进一步做好军民融合式发展这篇大文章，坚持需求牵引、国家主导，努力形成基础设施和重要领域军民深度融合的发展格局。”推动军民融合深度发展是深化国防和军队改革的一项重大任务。

课题针对军民融合背景下，空军航材保障物流体系建设发展中面临的问题和趋势进行了分析研究；借鉴国内外、军内外物流发展过程中的先进经验，通过对比分析，指出了传统空军航材物流体系存在的不足，研究了军民融合式空军航材物流体系的构成；在此基础上，进一步对军民融合背景下空军航材物流体系的运行模式展开研究，为“军民一体化”“第三方物流”“基于性能的保障”“逆向物流”等理论在军民融合背景下空军航材物流保障中的实践应用，进行了理论上的探索；提出了三大模式，设计了实践应用流程，对现阶段落实空军首长关于航材物流开展“军民融合”的指示要求，适应空军航材保障任务需求具有重要的理论指导意义。

课题一是首次以军民融合深度发展为背景，以航材保障为对象研究军事物流体系构建和模式创新问题；二是从军民融合航材物流体系的目标属性、功能划分等基本概念内涵入手，明确构建军民融合式航材物流体系的思路和步骤，深入研究构成军民融合航材物流体系的系统要素，首次在理论层面论述了空军航材物流体系构成要素的类型、结构、关联关系、运行支撑等；三是进行科学的模式创新。在空军航材传统保障流程环节基础上，进行军民同筹共储、军供民运、返厂轮换等功能环节与模式的组合优化，研究创新军民融合空军航材物流运行模式。

一、军民融合背景下空军航材物流体系和模式概述

（一）背景与意义

1. 研究背景

物流业是社会生产力进步的产物，它伴随着科学技术的发展而成熟。军事物流是物流业的一个分支，从冷兵器时代到信息化条件下的作战，一路走来，战争需求是牵引、科学技术是条件，两者始终相伴，推动现代军事物流理论与应用进入了蓬勃发展的新时期。

航材物流作为军事物流的组成部分，当现代战争进入信息化条件下的体系对抗阶段，航材物流保障面临着航空武器装备跨越式发展、作战保障出现新特点新问题的压力。战争需求为航材物流保障提出了新要求，现代军事物流的快速发展为其提供了理论

* 本课题（2017CSLKT3－047）荣获2017年度中国物流学会课题优秀成果奖一等奖。

与应用准备，航材物流迎来了创新发展的大好时机。

厚积薄发，国家经济实力的增强和国防科技工业的进步，推动空军装备实现了跨越式发展，新装备不断列装，航空武器装备水平进入了快速上升期。然而，航空装备战斗力的形成是一个系统工程，需要部队多方面实力的齐头并进。空军航材物流保障作为影响空军战斗力生成的重要支撑，适应未来战争需要的科学有效的新机初始保障和后续保障的体制机制和模式方法等还没形成。新机交付部队后，初始保障阶段军地双方缺少一套考核评估备件推荐准确率、备件利用率等问题的方法机制；军地沟通协调不充分，工业部门对新机备件供应规划工作存在偏差。三代机航材保障中，由于装备技术复杂，配套成品品种、数量迅速增长，主要成品件价格昂贵，备件修理周期长，没有成品件周转储备等原因，一度出现了缺材停飞、严重影响飞机完好率的问题。分析三代机航材保障中不断暴露出的种种问题，单纯依靠部队单方面的努力，已经难以解决航空装备不断更新带来的空军航材保障中的难题，传统的保障二代机的模式方法需要优化调整。

为更好地适应空军装备发展，解决新机航材保障中的深层次问题，原空军航材部于 2015 年 10 月，在特种机任务系统航材一体化保障试点工作取得阶段性成效的基础上，针对歼 -11B、歼 -10B 等飞机，组织有关三代机部队开展了初始阶段军民航材一体化保障工作，尝试将成品厂等地方技术物力资源引入部队航材保障中，探索新装机型空军航材保障能力生成的新途径，为进一步开展空军先进机型的航材物流保障模式改革做好了铺垫。

以体系化对抗为特征的现代战争，呼唤综合集成体系化保障的功能模式，现代军事物流应运而生。以综合集成、模块结构、主动配送等为突出特点的现代军事物流，运行安全、可靠、机动、灵活、快速、高效，在以美国为代表的西方先进国家近几年发起的军事行动中获得了广泛应用。由于种种原因，我军现代军事物流发展比较缓慢，但是在我国国民经济快速发展中现代物流业的贡献是有目共睹的。所以，当三代机装备部队后出现的一个个保障性问题直接冲击着空军传统的航材保障模式，跨区驻训、轮训、演习等任务性保障和平时航材资源分区划片储备保管相互不适应的问题、昂贵航材空军统一调拨使用的问题、主动配送等问题一时难以全部找到解决方案时，面对国内社会物流的迅猛发展、已经形成的覆盖全国的物流服务网络，以及较发达的物流服务模式和先进的信息化水平，多数空军后方航材仓库、场站航材股，仅靠自身的运力难以实现主动配送，为满足时效性要求，就自行寻找地方物流公司进行运输保障了。尽管这种方式只是暂时解决了眼前空军航材保障中配送的时效性问题，但是，也为未来空军航材物流的发展提供了一个方向。

军事以经济为基础，当国民经济发展到一定阶段必将促进国家军事实力的提升。冷战结束后，美国为了保持其国家军事和经济双方面的国际竞争力，组织实施了一项名为“军民一体化”的重要措施，并以 1994 年 9 月完成的《军民一体化的潜力评估》报告为起点，以报告所称的“三步策略”为指导，全面展开、付诸实施。

自十八大以来，全军按照“军民融合国家发展战略”的部署，在进一步明确了军民融合式发展的战略地位和作用的基础上，制定了一系列统筹经济建设和国防建设的规划，加快推进了相关体制机制和法规建设，重要领域的军民融合不断深化，军民融合范围越来越广。军民两地顶层设计取得实质性进展，军民融合制度体系不断完善、法律环境日益优化，重点融合领域的建设全面提速，军民融合式空军航材保障物流体系构建和模式优化的环境条件日臻完善，军民融合式空军航材物流保障的大船已经乘风扬帆。

2. 研究意义

全面深入地开展空军航材保障物流体系构建和模式创新方面的研究和实践，借鉴美军以军事物流理论创新为动力、不断改造后勤保障模式、提升美军联合保障能力的发展思路，积极响应现阶段我军军民融合深度发展的战略部署，对于全面系统地解决航空兵部队先进机型航材保障中的深层次问题，促进战斗力的快速生成，破解凝聚军地双方优势，形成航空装备研、产、用良性机制的难题具有重要现实意义。对推进航材保障物流体系建设，提升航材综合保障效能、强化空军应对多种安全威胁、飞行多样化军事任务能力必将产生积极推动作用。

一是能够满足体系对抗、联合作战军民融合保障的客观需要。信息化条件下的体系对抗、联合作战，节奏快，精确性、时效性高，各作战单元只有在统一组织指挥下，密切协同才能取得胜利。航材保障系统作为空军作战单元的装备保障力量，必须改变传统的保障模式，适应现代战争的特点，以军事物流理论为指导，走军民融合式航材保障物流发展之路，共享军地保障资源，满足部队作战需求，主动实施跨越层级的直达式配送保障，实现空军航材保障的综合性、灵活机动性、精确性。

二是更好地适应新形势下空军装备建设发展的需要。科技进步促使空军航空装备更新换代周期缩短，空军呈现新旧机同在，国产、进口机并存的局面，有限的航材保障资源和巨大的器材需求造成航材供需矛盾；同时，在市场经济环境中，产品厂家效益主导、自我发展的模式使得部分航材生产企业使命任务意识淡化，利益观念加重，给航材筹措、储备和供应带来一定的影响。为此，在军民融合深度发展的大背景下，开展航材保障物流研究，探求军地共赢之路，对军民携手推动空军航材保障力的生成具有深远的现实意义。

三是有力推动空军航材保障物流建设持续发展。近年来空军航材系统为了解决航材保障中的问题，在特种机任务系统保障中以及某新装机型商保期内试点了“一体化备件保障”，探索了军民联手开展航材保障的新路子。通过跟踪调查、数据分析，证明了“一体化备件保障”能够提高空军航材保障能力、满足飞机战备完好性的要求，节约了保障资源。为了进一步解决航材保障面临的问题，推广“一体化备件保障”的先进经验，有必要开展航材保障物流体系、模式方面的理论研究与实践，总结“一体化备件保障”经验教训，完善模式机制，推动空军航材保障物流建设持续发展。

四是有利于破解空军航空兵部队航材保障中的深层次问题。现行的空军航材保障是在空军成立后，组建并形成的空军、军区空军和部队三级供应保障体制，在保障空军航空兵作战、应对多种突发事件、非战争军事行动和空军航空装备发展建设等活动中发挥过巨大作用。但是，近年来随着作战模式的转变和航空装备的发展，航空兵部队航材保障中出现了新装备保障困难等一些亟待解决的问题，影响着航材保障效能的进一步提高。当前，如果能够抓住军民融合深度发展的战略机遇，积极开展空军航材保障物流体系、模式等方面的研究，努力探索航材保障物流建设的方法思路，就一定能够为破解空军航空兵部队航材保障中的深层次问题争取更加广阔的空间。

（二）国内外发展现状

空军航材保障从根本上讲是对国家经济力量的一种考量，巨大的保障需求与有限的保障资源供给之间的矛盾，在任何时候都毫无例外地构成航材保障的基本矛盾。在社会资源配置中市场起决定性作用的条件下，构建军民融合式航材保障物流体系，成为解决空军航材保障供需矛盾的首要选择。

1. 外军军民融合发展现状

冷战结束后，美国一直致力于军民融合方面的研究，凭借其高度发达的市场经济，构建了完整高效的军民融合保障体系。美军军民融合保障的核心在于各保障要素的融合，通过以激励为基础的长期合同，将地方企业的保障和作战需求进行整合，以对效能进行付费的方式，实现在降低费用的同时，提高武器装备的战备完好率。

美军军民融合式保障经过多年的摸索已经进入系统化发展阶段，制定了比较完整的法规政策体系，在美国国会、国防部制定的与军民融合有关的法律法规的基础上，美国空军又发布许多条例和规程对军民融合保障进行指导和规范。实现了军民两用技术标准的融合，根据《1998 年国防授权法》，国防部制定了两用科学技术计划，同时授权技术转移办公室负责具体管理。通过两用技术战略的实施，充分利用民用部门的先进技术，缩短武器系统的研制周期，降低军队获得前沿技术的科研成本。最大限度地利用民用技术和产品，凡是军民通用的物资器材，主要从社会中获取；对民间没有替代品和民间无法承担的项目，减少专用物资种类，扩大军民通用物资范围，实现物资器材的标准化和通用化。有效地掌控军民融合的深度，美军严格执行国会军地双方保障工作量“双方各半”的法律规定，有选择地实施军民融合保障，针对具体项目无论系统级、子系统级、部件级，有些项目由军方保障，有些项目由地方保障，有些项目实施军地合作保障。

2. 我军军民融合发展现状

为应对世界军事变革、空军战略目标和作战任务的适时演进，近年来，空军航材系统在军民融合保障方面进行了一系列有益探索。

一是着眼于解决航材保障面临的主要矛盾和突出问题。当前空军航材保障中的主要问题有部队周转储备数量少、器材总体价格高、航材消耗呈非规律性增长等，探索空军航材军民融合式保障主要着眼于解决航材保障面临的主要矛盾和突出问题。二是着力于改进现有售后服务保障模式和内容。在探索空军航材军民融合式保障工作中，坚持了“统一领导、军地协同，主机牵头、集中管理，责权统一、有偿服务，严格标准、规范操作，需求牵引、快速反应，主动跟踪、持续改进”的原则，有效地改进了现有售后服务保障模式和内容，一定程度上提升了售后服务保障能力。

但是，现阶段空军航材保障中仍然存在着一些难以克服的问题。一是现行保障法规制度与军民融合保障体系不匹配。现行航材保障法规制度没有统一规范军地相关责任单位的工作范围、标准、保障职责、保障流程、组织方法和维修费使用等，无法为地方企业保障军方提供方向性宏观指导，不能解决航材军民融合保障的责任单位、双方责任义务和备件建立、归属、补充、供应、管理等一系列问题。二是空军航材军民融合保障的经费渠道不明确。航材军民融合保障涉及经费无来源渠道，航材军民融合保障涉及的部门广、内容形式多、工作量大，经费需求高，支付方式也无明确的规定，影响了空军航材军民融合式保障的开展。

（三）军民融合式空军航材物流体系与模式的内涵

1. 军民融合式空军航材物流体系的内涵

军民融合式空军航材物流保障就是在军民融合国家战略的指导下，根据空军航材保障的客观规律，借助市场经济的调节作用，统筹规划空军航材保障系统的诸要素组成，建立军民结合、寓军于民的空军航材保障体制，实现军地资源共享，保证空军航材保障所需资源按照现代军事物流的模式稳健运行的过程。

军民融合式空军航材物流持续平稳的运行需要有一个结构科学合理的物流体系。军民融合式空军航材物流体系是由能够跨接军地双方的物流组织指挥系统、物流信息系统、物流法规标准系统、物流保障力量实体系统、物流设施系统等要素构成的有机整体，具备满足信息化条件下体系作战能力要求和履行非战争军事任务保障能力要求的大系统。

军民融合式空军航材物流体系运用现代管理理论、方法和现代信息技术，对空军航材保障所需资源的筹、储、供、运、修等业务环节进行有效整合，实现空军航材物流各个保障环节的协同，提升空军航材保障的整体效能，是实现军民融合式空军航材物流的前提和保证。

2. 军民融合式空军航材物流模式的内涵

军民融合式空军航材物流模式是指具有稳定运行形态的军民融合航材物流要素和组织管理方式，反映了军民融合式空军航材物流组织行为内在规律的方式安排。军民融合式空军航材物流体系作为全面建设现代后勤的一项重要内容，应当具有创新性、系统性，而军民融合式空军航材物流模式作为体系建设的外部表现和链接形式，决定了机构组成、指挥关系、管理机制和任务分工，是军民融合式空军航材物流体系建设围绕效率、效益的一项重要内容。从军民融合航材物流的职能、任务、目标和现状出发，研究确定军民融合式空军航材物流模式创新是规划军民融合航材物流发展、规范组织运行方式和提高航材保障效能的客观要求。

二、军民融合背景下空军航材保障物流体系构建

军民融合航材物流体系的构建是一项复杂的系统工程，既要考虑体系的内部构成，又要考虑体系的外部环境，军民融合航材物流体系的形成与完善是一个渐进过程。

（一）军民融合式航材保障物流体系构建的目标

军民融合航材保障物流体系框架构建应立足现状，着眼未来，遵循平战结合、转换迅速的原则，既适应社会主义市场经济发展的要求，又适应未来高科技局部战争对后勤保障的需要，理顺军队后勤内外各种关系，实现“五个融合”。一是物流设施融合。物流基础设施即交通、仓储、配送中心等具有很强的军民双向性，加强这方面的融合，既能直接为地方物流建设提供服务，又能加快航材保障物流基础建设发展。二是物流技术融合。地方的物流技术、先进的物流理念等走在了军事物流的前头，个别领域的军事物流技术地方物流也可借鉴。三是物流生产能力融合。物流生产能力融合就是军工企业和

部分地方物流企业同时具备生产民用和军用物流装备的能力。四是物流产品融合。凡可以军民通用的物流产品，平时是民用直接的经济力，战时可直接转化为军事实力。五是物流人才融合。应注重建立科学、合理的人才培养机制。积极推进军民融合的物流人才培养模式，把院校培养与继续教育紧密结合起来，加强军地交流，建立健全人才的竞争机制和交流机制。

（二）军民融合式航材保障物流体系构成要素

军民融合航材物流体系内部构成的研究离不开对其构成要素的分析。航材物流要素是构成航材物流体系的基本成分，分析军民融合背景下空军航材物流要素的变化，清楚物流要素的新特征，是构建军民融合航材物流体系的前提。当前空军航材物流体系的构成要素包括一般要素、支撑要素、软要素、功能要素等几类。

1. 一般要素

1）人是军民融合背景下空军航材物流体系的主要要素，起主导作用

目前，空军以建制航材保障为主要形式，空军航材机关和部队各级航材单位的现役人员是实施航材保障的主体，承担着空军航材筹、储、供、运、修等航材物流运行各环节的工作，他们在空军航材物流体系运行中的作用，首先取决于其工作态度、专业知识和基本技能组成的基本素质；其次取决于他们和其他物流要素的优化组合程度。

另外，和平时期间接参与空军航材保障的人员还包括地方物流企业的人员、地方工厂的人员；战时还包括民兵预备役人员等。在现有体制下，这些人员只能是空军航材物流体系运作的辅助力量，起到协作和助力作用。

军民融合背景下，空军航材物流体系的人员主体结构会发生较大变化。随着我军军民融合深度发展，在有关法规体制的保证下，空军航材的承研、承制、承修厂商的人员将作为空军航材物流的重要主体构成，分布在相应岗位、承担相应的职责，与空军航材现役人员一道参与空军航材物流的运作，具有人员归属多样、身份复杂、组织协调难度大等特点。他们在空军航材物流体系运作中的作用，首先取决于对保障任务的认同度，是航材人员管理将面临的新课题。

2）航材是军民融合背景下空军航材物流的本体，是核心要素

航材是军民融合式航材物流的对象，航材物流从根本上讲就是航材的流通。传统航材物流体系中的航材包括航空备件、四站保障装备、原材料等，平时通常是指航空备件。传统航材物流所指航材按使用阶段不同可分为随机航材备件、初始航材备件和后续航材备件；按储备性质不同可分为周转航材储备和战备航材储备；按技术状况和质量等级不同可分为新品、堪用品、待修品、报废品；按使用性质不同可分为可修件、消耗件。

传统航材物流体系中航材主要在承制厂（或承修厂）、空军场站航材业务单位、空军外场航空装备维修单位之间流动，以新品（或堪用品）、废品等形式交替出现。在这种物流体系中，航材作为航空装备修理备件自部队订货承制厂组织生产开始进入物流，通过多个流通环节最后出现在飞机上，承载着保证飞机战备完好性的重要作用。整个流通过程，航材归部队所有，流通带来的最终效用是满足航空维修的航材需求。

随着军民融合航材物流的深度发展，航材的特点、性质将发生较大变化。从外军一

体化装备保障的过程和近年来空军特种机任务系统的一体化保障经验看，军民融合式航材物流中，被关注的重点已经从物流中的航材转移到航材承载的功用的流转；航材所有权、航材周转与储备等原有的特点、性质发生了改变，“不为所有只为所用”“储备不是目的，储备为了周转”“储的不只是航材，储备的还有技术”等新思想、新理论的出现，会逐渐改变军民融合式航材物流的形式、环节和流程等。

3）信息是军民融合背景下空军航材物流的导引，影响方向性

物流信息是一种已经被加工为特定形式的数据，这种数据形式对于物流信息接收者来说是有意义的，而且对当前和将来的决策具有明显或实际的价值。传统空军航材物流信息包括：与航材物流保障有关的政策法规信息、航材需求信息、航材消耗信息等；与航材物流本身运作相关的运输信息、库存信息、装卸包装信息等。航材物流体系的运作是靠信息刺激和引导的。没有信息的指令，航材物流不可能流通，也不知向何处流动。

传统空军航材物流信息可以说是在近乎封闭的一个链路式渠道中流转，自下而上或自上而下，逐级汇总或分发，很少出现外界的干扰，即使出现干扰也是出现在特定的环节。这种链路式单渠道信息流转机制中，信源与信宿之间环节较多，流转中不可避免地会窜入干扰；信源过于集中，单一航材供方或单个航材需求很难正确地引导航材物流的流向，并且很难过滤产生的干扰，航材物流运转的安全性、可靠性、稳定性不够高。

军民融合式航材物流是一个网络化的开放式物流信息流转机制。它基于一个军民共享的信息平台，具有很强的可视性、透明性、开放性。航材的供方增多、产生航材需求的点多且面广，这样一个多节点、信源信宿多样的网络化信息流转机制，保证了干扰度最低，信息的可靠性、安全性、准确性较高，物流运行具有较高的稳定性。

4）资金是军民融合背景下空军航材物流的动力源，影响持续性

资金流是航材物流的营养物，航材是空军航材经费的物化。由于航材物流的最终消耗者——部队的特殊性，使其投入产出不具有直接的经济效益性，所以空军航材物流链路中需要不断地注入新的资金经费，资金量的大小直接影响航材物流的流量和流速，甚至流向。传统空军航材物流的流通环节、程序受航材资金流影响较大，有时甚至将航材资金流比作“航材系统的血液”，在航材资金流的流转模式不变的情况下，传统航材物流模式将保持相对稳定；随着军民融合深度、广度、形式的改变，空军航材物流中的资金流的流转形式也一定会发生变化。

2. 支撑要素

空军航材物流体系除上述基本要素外，还需要有物质技术基础作为支撑，包括以下三个要素。

1）物流设施

空军航材物流设施是组成航材物流体系的基本物质条件，包括仓储设施、交通设施等。军民融合背景下空军航材物流许多设施的性质、类型会出现大的变化，例如，仓储设施、交通设施由部队拥有转变为军地共有或民有军用，航材仓库的功能由单纯存储变为配送或保障等。

2）物流装备

物流装备的水平在很大程度上决定了空军航材物流系统的运作效率，如装卸设备、

运输设备、包装设备、保管维护设备等。军民融合背景下空军航材物流的物流设备将出现较大的变化，部队储存航材和承制厂代储航材等模式的出现，使航材物流设备的品种、类型会随着航材储存形式、地点、运输的规模与速度不同而改变。

3）信息设施及网络

随着空军航材物流模式走向军民融合，空军航材物流的保障模式发生改变，供应保障的范围、数量、地域逐渐扩大，对物流的速度要求逐渐提高，对物流服务方式和水平要求的多样性，航材物流信息设施、工具及网络在军民融合式空军航材物流体系中的作用日益增强，信息设施作为航材物流中的中枢传导系统，担负着空军航材物流信息的链接、调运、协调、指挥等作用。

3. 软要素

如果说以上要素属于硬件，那么，要使这些要素所组成的体系真正运转起来，还必须有软件的支持，这些软件如下。

1）组织与管理

传统空军航材物流的运作是由部队单方面主导、组织、协调、控制和管理的，地方承制、承研方等多数情况下是作为航材物流的物品注入方出现的，没参与航材物流的流通过程。这种情况下的组织呈现建制化，组织结构稳定，组织成员性质单一，组织行为的目标指向性较强，方便控制和管理，因此，管理的方式和手段也简单直接。

军民融合背景空军航材物流的组织结构和管理方式，将会随着物流体系基本组成要素的变化、组织成员构成的变化而改变。军民联合机构可能发挥重要作用，军民联席会商机制可能会取代简单的沟通协调。军民融合式航材物流的运行将呈现军民全程参与、军地共同管理的特点。

2）标准化体系

军民融合背景下空军航材物流标准化体系的建立主要是解决军地诸多领域之间的接口问题，从而提高物流体系的运作效率和运作质量。随着军民融合深度和广度的推进，军用标准化体系和民用标准化体系的不统一问题成为军民融合前进路上的障碍。

由于空军航材具有科技含量高、产品质量要求高、品种多、数量大等显著特点，空军航材物流保障也有别于地方物流保障的性质要求，特别是战时条件下相对平时训练条件下的保障又提出更高要求，所以，为保证空军航材物流体系顺畅、稳定、可靠、安全地运行，军地双方必须有统一的标准化体系以确保物品、设施、设备、包装等物流体系基本要素更好地对接。

3）法规制度

适用于军民融合背景下空军航材物流体系的法规制度不仅是军队部门制定政策进行宏观调控和具体干预航材物流运行的法律依据，也是地方各参与单位部门必须遵守的共同“规则”。军民融合式航材物流的运作带有较强的市场调节的特点，所以，建立健全与军民融合航材物流相关的法规制度，是空军航材物流得以正常运作的基本前提。

4）科学技术水平

科学技术水平对现代物流的发展起着决定性作用，对军民融合式空军航材物流也不例外。从军民融合国家大战略布局的指导思想看，通过军民融合实现国防科技工业和民用科技工业共同发展是重要目标之一。军民融合式空军航材物流就是要在目前空军航材物流发展的基础上，学习引进地方物流业的先进理论、技术和经验、做法，改进目前空军航材物流运行过程中不能够满足未来空军作战航材保障需要的地方，从整体上提升空军航材物流保障水平。

因此，在军民融合背景下，空军航材物流科学技术水平的提高包括：引入物流的先进技术知识和经验，提高航材物流决策、体系设计、组织管理、运行水平和提高物流人员的素质；引入先进的科学技术成果，诸如物流技术装备、基础设施、运输工具和信息传输设备等决定物流运行水平的重要手段；采用新材料、新工艺和新方法，实现空军航材储存、保管、包装水平质量不断提高；不断学习先进的物流科学理念和方法，为空军航材物流资源的优化配置、物流能力的提高、物流成本不断下降及物流体系合理化程度不断加深提供支持。

4. 功能要素

传统的空军航材物流一直是在战略、战役和战术层级上储存大量航空器材，采用按梯次逐级前送的方法来满足作战需要。这种以“数量”为基础的物流体系库存数量巨大，成本高昂，航材物流基本上严格按照筹、储、供、运等物流环节运行，很难适应现代信息化条件下的体系化作战保障的需要。

军民融合背景下的空军航材物流将以现代物流理论为指导，以部队适时、适量获得准确的航材保障资源为目标，充分运用现代信息技术，灵活优化、调整、配置传统空军航材物流筹、储、供、运等各功能环节，实现空军航材物流快速、精确、可靠、高效、低耗地运行。

军民融合背景下，进一步调整优化空军航材筹、储、供、运、修等功能组成，引入供应商直达供应和战场承包商等新的保障模式，改革现有空军航材储存供应保障方式，形成空军航材部队建制保障、供应商直达供应保障和战场承包商保障等多种新模式。改变储存结构，提升航材物流的储存调节功能，构建基地、中心、站点等分级储存机制；改变现有空军航材供应运输方式，引入多式联运模式，融合发展多式联运技术和装备，开发航材保障信息共享平台，实现空军航材物流的可知、可视、可控，提升部队建制保障在军民融合式空军航材物流中的核心保障力。

科学分析论证未来作战空军航材保障的任务形势和条件要求，有针对性地开展供应商直达供应和战场承包商保障。根据任务要求，重建军民融合式空军航材物流筹、储、供、运、修等功能环节，有选择地实施供应商筹、储、供、运、修等一体化打包保障的形式，在协议约束下，部队履行监督职能，主导物流运行。

（三）军民融合式航材保障物流体系构建的主要内容

1. 组织指挥体系的构建

军民融合式空军航材物流体系必须建立具有权威性、统一性的组织指挥体系保证有效运行。空军装备部机关作为军民融合航材物流的牵总部门，起着规划、指导、协调军地全局工作的作用，应该设立具体办事机构，负责处理军民融合的日常工作。作为军民融合式空军航材物流运作的最高主体机构，通过航材物流运行控制信息系统获取军地总体供需信息、物资资源信息、运行环境信息以及战时态势信息等，并根据相关信息做出决策，协调航材物流运行的综合采购单位、综合战储管理单位、综合运力协调机构、综合交通管制单位等，实现对整个航材物流活动的控制。

战区级空军航材部门主要负责辖区内的航材物流的组织和领导，负责承上启下、横向协同调控的特殊使命，指导监督辖区内军民融合式空军航材物流的正常运行。作为上级航材物流运行控制指令的直接执行者，承担着依据航材物流运行的有关法规标准，协调本区军地航材物流资源，保证航材物流顺畅运行，并适时衔接各区航材物流互联互通的重任。

部队空军航材保障单位，是军民融合空军航材物流的终端，是航材物流体系各项功能的直接实现者，处于组织指挥框架的最外层。

2. 航材筹措体系的构建

航材筹措是指航材主管部门按筹措分工，对所需航材通过各种形式和渠道，有组织、有计划、有选择地进行请领、订（采）购和生产（修复）等一系列活动。目前，航材筹措分空军、战区空军和场站（部队）三级进行。通常，专用航材由空军和战区空军复杂筹措，装备小修维护用品由场站（部队）复杂筹措。其基本筹措方式有以下几种：统一订货、就地取给、自制修理、回收利用和取之于敌。

军民融合式航材筹措体系需要打破军地航材资源信息相互封闭、航材管理体系相互孤立的局面，建立在未来多样化军事行动中军地航材资源信息共享、应急航材共同筹措、扩大航材保障资源、提高保障能力。主要通过以下方式：一是依托军民融合航材筹措体系，实施战时物资补给供运；二是利用采购信息网，实现军地资源共享；三是区分不同保障要求，实施军地应急航材共享；四是构建稳定的航材保障机制。

3. 航材储备体系的构建

航材储备是为保障航空兵、空降兵部队作战训练所需航材进行的预先储存，它是航材保障的重要职能，是有效实施航材保障的物资基础，是航空兵、空降兵战斗力形成和再生的保障。分为周转储备和战备储备，其中，战备储备有专门的管理规定，周转储备分为空军、战区空军和航空兵场站三级，一般根据 ABC 分类（巴累托分析法）原则进行储备。

构建军民融合式航材储备体系，就是要合理利用国家、军队、地方、企业等设施和设备，形成军民两用、平战结合的航材储备体系。主要通过以下方式：一是整体考虑军地储备布局，合理区分军地储备力量，统筹构建军民融合航材储备的设施、设备。二是军地储备资源统一利用，针对一些通用性的器材，可以通过当地政府负者储备、划拨和供给等，对于一些常规的、消耗少的器材可以利用以厂代储，降低部队库存压力。三是军民融合储备航材动态轮换，储备要本着不同器材不同储备的基本原则，始终坚持严格的控制制度，根据器材的理化性能、最高保管年限等分门别类地设定各种物资储备期限，以储新用旧的方法将军地通用器材纳入国家部门流通环节或市场流通领域，并通过实现内部控制紧缩储量，做到定期更新，完善储备周转轮换制度。

4. 航材供运体系的构建

主动配送现代物流的核心理念，也是美军建立感知与反应式后勤的主要内容。当前，我军航材保障仍处于“被动请领式”的阶段，有待研究和改革，要积极探索空军航材军地联合配送的体制和机制，结合我国与我军的实际情况，充分发挥国家、地方、企业等民用物流力量的优势，逐步建立具有我军特色的军民融合航材供运体系，实现军队在未来多样化军事行动中所需航材的联合配送，达到主动、快速、精确、可靠、安全、低耗的航材保障目标。

一是加强配送中心建设。结合军民融合航材供运的实际情况，可分为战略、战役和战术配送中心，平时各级配送中心除担负航材日常基本物流保障任务外，主要服务于区域的地方经济建设。战时则战略配送中心主要承担对空军航材的应急配送任务。

二是加强信息配送系统的建设。信息技术是配送式航材保障的技术支撑，航材物流信息化是军民融合航材保障供运体系建设的核心。在供运体系构建中，应该重视信息系统的先导作用，重点建设全军统一、纵横连通，并可与国家信息网络连通的物流信息系统，实现物流信息共享，联动互通，为快速、精确、可靠、低耗的配送保障提供信息技术支撑。

三是加强配送运输力量建设。随着空军作战、训练、演习、抢险救灾等任务日趋繁重，极大地增加了航材零星发付和应急投送保障任务，航材物流保障呈现出小批量、多批次的特点，仅凭空军航材系统自身力量，难以满足航材物流保障要求。因此，航材部门须打破传统保障模式，实现由自我保障向"军民融合"式物流保障转型。以航材保障任务为中心，充分发挥地方物流力量优势，在军运计划安排的基础上，规范引入第三方物流企业灵活辅助航材部门完成保障任务，促进航材保障整体效能和服务水平的进一步提升。

5. 航材修理体系的构建

航材修理是航材筹措的一条重要渠道，它不仅可以节省航材购置成本，缓解经费压力，而且能加快保障速度，提高保障效率。目前，航材的军内修理体制为空军、战区空军和部队三级修理体制，按照"先部队后工厂、先军内后军外、先国内后国外"和"质量好、价格低、售后服务优良"的择优定点送修原则。在这种修理体系下航材修理存在着修理周期长，修理费用高等一系列问题。

军民融合式航材修理体系的构建，要求我们转变观念，改变传统的修理策略，充分利用地方优势，将"修理"任务外包，通过购买"性能"的方式来实现航材的修理，在这种体系下，航材部门只关注工厂修理的结果，对于以往那些烦琐的送理过程，不再关注，这样一方面可以减轻航材部门的工作，另一方面可以提高航材修理效能。

6. 法律标准体系的构建

一套科学完善的法规标准体系是军民融合背景下的空军航材物流顺畅运行的保证。通过建立健全军民融合式空军航材物流保障法规标准体系，可以科学、权威地界定空军航材物流领域军民融合式的实施对象、时机、方式和适用范围，有利于理顺军地双方的相互关系，明确双方的权利与义务，可以在一定程度上降低军地双方的逆向选择和道德风险。

军民融合背景下的空军航材物流法规标准体系的构建，可以在充分研究分析自身情况的基础上考虑借鉴外军的先进建设经验。美军在近几场高科技局部战争中为了充分发挥合同商保障的效能，建立了由三个层次构成的合同商保障法规体系，在国家、军队、地方政府三个层面立法，从上到下，从宏观到具体，形成了包括“指令、指示、条例、手册、便览、备忘录”等一系列配套完备的法规体系，从军队自身到承包商，从负责签订合同的军官到承包商代表，从合同的签订、管理到履行、违约问题，从承包商的核准、训练到部署、管理再到危险赔偿、违法处理等，都有具体详尽的规定，有效促进了社会资源与军队保障的全面融合。

建设军民融合式空军航材物流保障法规标准体系，应从航材物流运行和军地融合的两方面考虑，从保证物流系统集成、资源共享、运行安全高效的目标出发，厘清各级、各层、各环节、各行业、各部门法规标准之间的逻辑关系，形成顶层空军级、中层战区空军级、底层部队级三级军地融合法规标准体系。针对部队建制保障、承包商直达供应保障、战场承包商保障等不同保障模式，分别制定空军航材物流保障技术类、管理类法规标准体系，覆盖军民融合空军航材物流运行的筹、储、供、运、修等各环节，涵盖军民融合资源共享的各领域和各层面，将各环节的作业程序法规标准、设施设备法规标准、包装单元法规标准，融合过程中的航材共储法规标准、航材新旧轮换法规标准、航材资源信息共享法规标准等全部容纳。

（四）军民融合式航材保障物流体系架构

军民融合航材保障物流体系架构主要由构成要素、主要内容、业务功能和运行模式四个部分组成，其中，构成要素是军民融合式航材保障物流体系最基本的成分，是体系构建最基础、最根本的部分。体系构建的目的是实现空军航材保障的筹、储、供、运、修、回收等业务功能，为了实现这个目的，各要素间相互组合形成组织指挥体系、航材筹措体系、航材供运体系、航材修理体系和航材回收体系等一系列子体系，这些子体系是军民融合航材保障物流体系架构的主要内容。

但是，仅仅依靠这些子体系是不够的，如何保证这样的多环节、多要素的军民融合航材物流规范顺畅，实现各个环节适时、适地、适量地有序运行、柔性链接、整体联动、一气呵成，这需要指挥管理层次提出成熟、稳态的组织运行方式。而军民融合物流模式能够组织和管理物流体系的内部要素，从而实现一定的功能，达到特定的目标，是反映功能、影响效率的重要形式，是军民融合物流体系建设的外部表现和链接形式。

从组织管理角度看，目前我军军民融合物流体系主要有三种基本的运作模式，即军地联动模式、委托代理模式、建制保障模式。根据后勤专业保障任务需要，这三种基本模式可以形成四种组合，即军地联动与委托代理相结合的模式组合、军地联动与建制保障相结合的模式组合、委托代理与建制保障相结合的模式组合以及三者相结合的模式组合。不过这些物流模式都是针对整个军队后勤保障物流体系构建的，没有针对航材保障筹、储、供、运、修、回收六个业务环节，实践意义不大，且这些模式由于缺乏规范、具体的流程，在部队实践运用中也比较少，因此，我们需要对军民融合式航材保障物流模式进行创新，建立适合航材业务工作需要的物流模式，以便更好地实现航材业务功能。

目前，航材筹措主要通过统一订货、就地取给、自制修理、回收利用等方式，航材储备主要根据 ABC 分类法则进行三级储备，航材供应主要使用仓库供应、现场供应、定期定量下送、预约代理等方式，现行的筹、储、供模式中存在着随机备件清单制定不合理、库存结构不科学等问题，为了更好地实现军民融合背景下航材保障筹、储、供的功能，在现有筹、储、供模式基础上引进军民一体化航材保障物流模式，通过共同制定随机备件清单，以厂代储和航材轮换等方式，更好地实现航材保障筹、储、供功能。

目前，航材运输主要是铁路、水陆和航空三种方式，且进行运输时大都仅仅依靠自身的力量，然而第三方物流供运模式改变传统航材供运仅仅依靠自身力量的做法，利用快递、专车、航空等第三方物流辅助配送，更好地实现航材运输功能。随着空军作战、训练、演习、抢险救灾等任务日趋繁重，极大地增加了航材零星发付和应急投送保障任务，航材物流保障呈现出小批量、多批次的特点，仅凭空军航材系统自身力量，难以满足航材物流保障要求。因此，航材部门须打破传统保障模式，实现由自我保障向“军民融合”式物流保障转型。以航材保障任务为中心，充分发挥地方物流力量优势，在军运计划安排的基础上，规范引入第三方物流，通过借助快递、专车和航空等方式灵活辅助航材部门完成保障任务，使航材保障运输功能更好、更快、更准地实现。

目前，航材修理的主要方式是集中送修，按照部队修理厂—战区空军航空中心修理厂－后方修理厂三级体制进行。在这种模式下，器材修理的周期往往很长，且修理费用昂贵，为了更好地实现军民融合背景下航材修理功能的实现，引入基于“性能”的航材修理物流模式，通过购买器材“性能”将修理外包的方式实现航材修理功能，这样做一方面能节约大量资金，另一方面在减去部队工作量的同时，提高航材保障效能。

目前，我军在航材回收方面有着许多问题，一是程序复杂周期长，错过了最佳回收利用期；二是技术开发不足，资源再利用的效益不高；三是政策法规不健全，军民对接协调的规范性不足。针对这些问题，创新军民融合航材逆向物流模式，缩短航材回收周期，提高废旧器材利用率，规范航材回收流程，有利于航材回收功能更好地实现。

军民融合航材保障物流信息平台是连接军队、政府、社会、企业、用户的桥梁，为物流系统的统筹运行提供来自地方和部队的全面系统的基础资料收集和处理，为部队物流单位与地方物流企业提供市场分析和提出要求，并在物流活动中实现对军民两类物流资源的合理调配和优化控制，是整合军民物流资源、实现军民物流单位协同作业、进行军民融合物流管理与决策的基础和关键。

军民融合背景下空军航材保障物流体系架构如图1所示。

三、军民融合背景下军民一体化空军航材物流保障模式

现阶段，以苏－27、苏－30、歼－10A、歼－11B为代表的标准三代机，已逐渐替代以前的老旧机型，歼－10B、歼－10C、歼－20、运－20等更加先进的飞机也开始陆续列装部队，新型飞机技术含量高，结构复杂，造价昂贵，这给航材物流工作带来了巨大的压力。为了确保航材物流工作顺利开展，必须改变以往的物流保障模式，军民一体化物流模式在地方和外军有着大量的运用实践，取得了明显的成效，航材一体化保障在空军特种飞机中试验也比较成功，这些都为军民融合式航材军民一体化物流模式的创新打下了基础，下面主要以新机为例进行了研究。

（一）军民一体化空军航材物流保障需求分析

1. 保障责任划分和备件来源

新机航材保障分工厂保证期内的初始保障和工厂保证期外的后续保障两个阶段。按

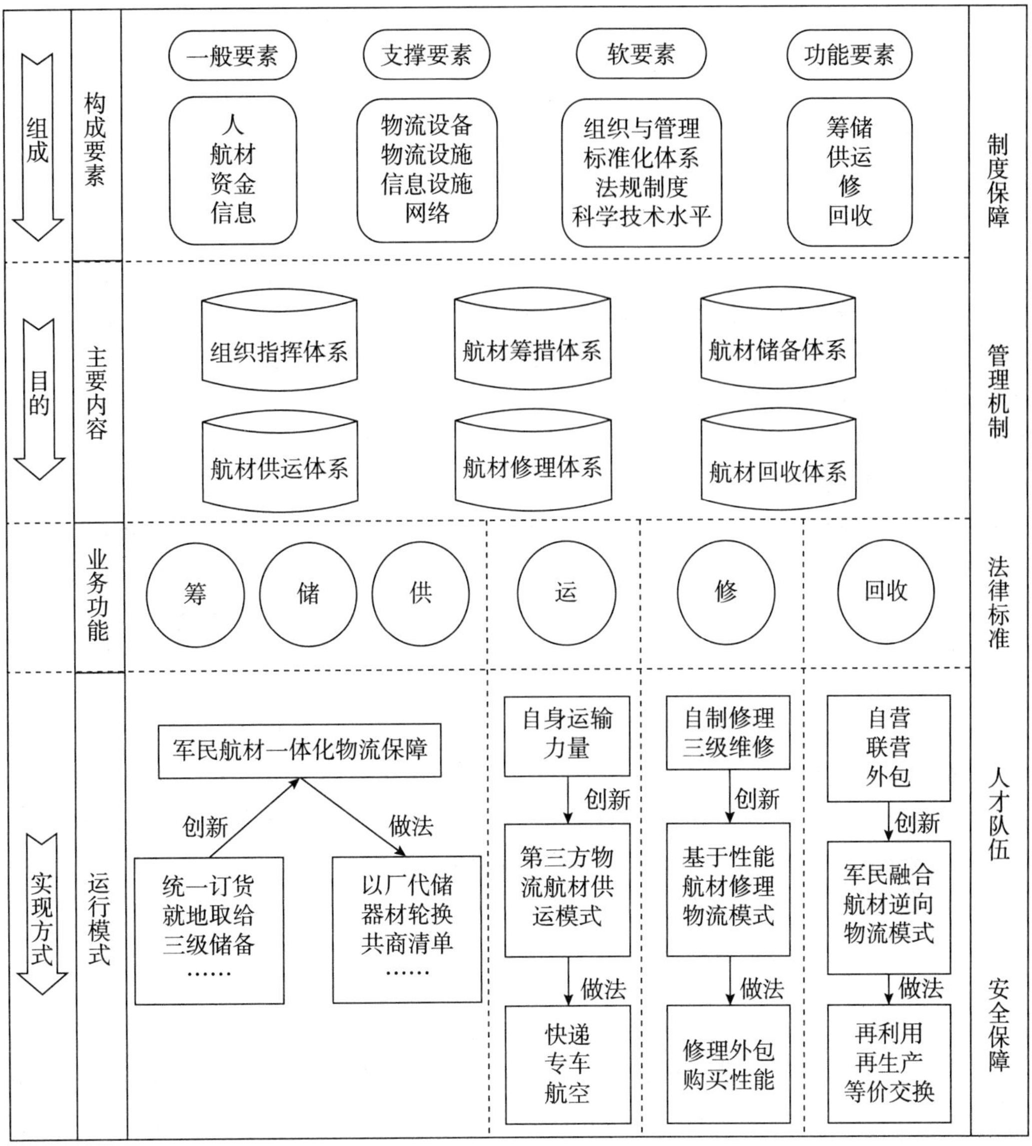

图1 军民融合背景下空军航材保障物流体系架构

装备采购合同和相关规定，新机两年（或18个月）保证期内由工业部门负责保障，军方只负责日常消耗性航材供应；飞机两年（或18个月）出保后由军方负责完全自主保障。

目前部队新机航空备件的来源主要有四个部分：一是随飞机同步交付的随机备件（1：1）。根据飞机数量按比例配置，用于飞机保证期内定期检修、维护保养，主要包括胶圈、胶垫、螺钉、螺帽、灯泡等价值较低的消耗性、易损性零备件和少量零组件。目前随机备件纳入飞机采购合同，费用计入飞机单价。二是军方集中筹措的初始备件。根据部队建制换装需要配置，用于飞机保证期内工厂服务组借用排故，主要包括故障率高、维修周期长的高价值可修性成品和轮胎、刹车片等日常消耗性航材备件。目前其采购费用不计入飞机成本，经费由保障部门在装备维修器材购置费中调剂解决。三是军方每年组织筹措的周转航材。根据部队航材实际需要和消耗情况，采取年度订货、临时订货、紧急求援、组织送修等方式筹措配置，用于满足部队战训任务航材供应保障需要。所需经费由保障部门在装备维修器材购置费中列支。四是军方组织筹措的战储航材。

2. 初始保障阶段面临的形势

20 世纪 90 年代以前，我国空军飞机主要为二代装备，技术简单，备件筹措较为容易，在飞机保证期内由随机备件保障即可满足需求。

20 世纪 90 年代以后，随着空军装备的发展，三代飞机开始批量装备部队。三代机技术复杂，配套成品品种、数量迅速增长，主要成品价格昂贵，以低价值零件为主的随机备件已不能满足飞机保证期内保障需要。由于主机厂没有成品备件周转储备，当主要成品发生故障并送修时，由于备件修理周期长，导致飞机因等待备件停飞，严重影响飞机完好率，使得新机装备部队后很长时间难以形成作战能力。为解决这些问题，按首长指示，从 1997 年开始由航材部门多渠道筹措新机初始备件，在新机交付的同时建立初始备件库，供工厂服务组借用排故，新机保证期内结束后，初始备件纳入正常周转备件。初始备件的建立有效地满足了新机保证期内备件保障的需要，保证了新机战斗力的快速形成。

2000 年以后，空装机关有关部门联合推动在新研飞机科研生产阶段，在原有 1 ∶ 1 随机备件基础上，增加大比例（1 ∶ 12、1 ∶ 24）随机备件概念，以系统解决飞机交付部队无成品备件、初始备件筹措周期长和使用效益低的问题。但目前各型新研飞机《综合保障建议书》中均将大比例随机备件列为单独采购项目，仍以保障部门筹措初始备件的形式为新机保证期内工厂服务组提供航材支援。

3. 后续保障阶段面临的形势

“十二五”期间，全空军飞机机队（除专机）装备价值从 1900 亿元上升到 2900 亿元，总增幅 53%，年均增幅 10.5%；航材消耗从 72 亿元上升到 117 亿元，总增幅 63%，年均增幅 12.5%；消耗机队比从 3.8% 上升到 4.1%。航材供应以修复的堪用品为主体，约占总航材消耗 3/4，工业部门、空军大修厂、航空中心修理厂等部附件承修单位的修理能力成为影响航材供应保障效益的核心因素。2015 年航材消耗达 117 亿元，其中新品 30 亿元，其余 87 亿堪用品所需修理费约为 8 亿元，合计实际使用维修经费 38 亿元。现有库存航材按新品价格计算为 244 亿元，库存/消耗比为 2 ∶ 1，与“一年消耗、一年储备”的库存标准要求基本持平。

后续保障阶段主要存在以下矛盾和问题。一是库存规模大，结构不均衡。航材紧缺问题与积压问题同步存在。二是航材筹措矛盾突出。航材订货生产周期超过 1 年，订货预测性难以把握；三代机质量问题突出，故障件在厂修理周期长，积压问题持续上升；运输机、直升机机载部附件寿控复杂，周转订货量成倍增加。上述问题导致航材消耗增长比机队价值增长高出 2 个百分点。三是与作战能力相关的雷达、数据链、任务系统等高价值电子类航材保障效费比低。百万元以上的设备、分机、板件达到 287 项，且故障率高、加改装频繁、升级换代快，大部分备件库存量不足，只能依靠空军范围内快速调剂使用，方能缓解部队供需矛盾，与目前空军演习、对抗、拉动等实战训练形势不相适应。四是二代机航材停产断供问题突出。配套承制厂停产随意，产品替代工作缺乏统一管控和规划机制。

4. 军民一体化航材保障的前期准备工作

1）初始保障阶段

1999 年空军装备部颁发了《建立新机初始航材备件组织实施办法》和《新机初始航材备件使用管理规定》，2008 年根据机关编制和职能调整对法规进行了修订和完善。历年部队飞机换装时，均按上述法规与主机厂、设计所共同商定初始阶段航材备件清单，并组织筹措使用。2014 年针对空警 - 2000、空警 - 200、心理战飞机，组织在空 76 团和心理战大队开展了特种飞机任务系统航材一体化保障试点工作，取得阶段性成效。2015 年 10 月，针对歼 - 11B、歼 - 10B 飞机和直 - 10 武装直升机，组织在空 6 团、空 19 团、空 56 团、空 61 团和空降兵 15 军直升机团开展了初始阶段军民航材一体化保障，目前工作正在展开。

2）后续保障阶段

2016 年，全面组织开展了库存航材清查和储备结构分析，彻底摸清航材家底，综合分析当前整体储备结构的特点，梳理部分器材利用率不高、积压呆滞的历史成因。开展航材保障能力评估，针对航材保障筹、储、供、管、修等环节的管理效率和服务水平，组织对航材保障进行全系统、全过程评价分析，客观反映航材保障军事、经济效益，及时发现航材保障倾向性问题和管理薄弱环节，摸清航材保障能力提升的相关制约因素。积极适应空军维修保障体制由三级向两级转变的改革趋势，分析对接装部队维修一线深度检测和三级修理航材需求；研究建立现役飞机以合作、合约和合同方式换服务、换效益、换装备完好率的军民融合航材一体化保障新模式。研究建立飞机航材停产管理机制，加强部附件修理能力建设，为下一步实施库存航材储备结构优化调整和实施新机全寿命军民航材一体化保障奠定基础。

（二）军民一体化空军航材物流保障的主要目标与基本思路

1. 主要目标

新型飞机航材保障技术含量高，保障难度大，保障成本高，目前仅靠军方自身的保障力量已很难满足航材保障需要，必须整合利用地方保障资源，加强新机航材军民一体化保障建设，逐步建立以合作、合约和合同方式换服务、换效益、换装备完好率的军民融合航材一体化保障新模式，切实提高新型飞机航材保障效能。重点解决新型飞机全寿命周期内，换装初期工厂不能同步交付备件导致装备完好率低、主战中期部队储备规模大导致航材积压呆滞、退役末期备件停产断供导致航材保障困难等问题，以经济效益最优实现军事效益最大。

2. 基本思路

通过对军地双方生产、修理、仓储等各个部门的资源进行优化重组和流程再造，逐步构建新机全寿命周期内“科研生产统筹规划、飞机接装同步交付、部队需求快速满足、保障资源高效利用”的良性互动式军民航材一体化保障模式。

科研生产阶段，军方提出飞机航材保障任务需求，地方工业部门统筹考虑装备全寿命周期航材备件总体规划，确定装备生产期内备件保障方案，以及装备停产、断供后相关产品转产或替代方案。

工厂保证期内，按照军方主导、工厂主责的保障思想，改变传统初始备件由军方在飞机换装后向成品厂、辅机厂分散采购的航材筹措模式，实行大比例随机备件主机厂集中筹措负责制。飞机交付前，军方根据保障目标和经费指标，组织设计厂、所共同制定保证期内大比例备件清单，并安排经费，主机厂集中筹措，飞机交付时，航材备件与飞机同步交付。

工厂保证期外，按照军方主体、军民融合的保障思想，改变航材备件军方采购、军方储备的单一保障方式，实行航材备件军地协同储备、共同保障的方式。军方负责储备高耗和常耗航材，并建立合理的库存规模，保障部队日常需要。主机厂通过依托飞机总装生产线、扩大生产线动态库存规模，储备非常耗高价值航材，军方每年根据非常耗高价值航材使用情况，向主机厂支付相关经费。

（三）军民一体化空军航材物流保障的实施流程

空军航材军民一体化保障按照工厂保证期内与工厂保障期外两个阶段分别实施。在工厂保证期内，由军方根据飞机价值和保障成本测算保障费用，组织主机厂、所共同制定备件清单，军方安排经费，主机厂负责集中筹措，备件同步交付，实施流程为：清单制定与评估、备件筹措与交付、备件使用与返还费用、费用结算；在工厂保证期外，由军地双方协同储备，军方负责储备高耗和常耗航材，主机厂负责储备非常耗高价值航材，共同实施航材保障，实施流程为：制定计划筹措备件、军地协调储备航材、备件供运及使用、备件定期轮换、费用结算与后续保障。具体流程如图2所示。

（四）实现军民一体化空军航材物流保障应把握的关键性问题

1. 制定合理的随机航材清单

目前，新机随机航材清单的制定主要存在两方面的难题，一是新机列装部队时间较短，缺乏历史数据支撑，消耗规律难以估计。二是随机航材作为一项新的探索，把以往的随机备件和初始备件合二为一，它的确定缺乏相应经验、制度和方法。在参考民航初始备件的制定方法的基础上，结合部队保障实践和以往备件清单制定的经验，提出了随机航材清单制定的方法。

1）随机航材清单的提出

军方审核经费要求，提出保障目标，工厂根据军方提出的保障目标拟定随机航材清单，并制定保障的具体方案。

2）随机航材清单的审核

军方对工厂提出的随机航材清单进行审核，若通过则以此为最终随机航材清单；若不通过，则提出清单的修改意见并反馈给工厂，要求工厂重新制定随机航材清单，在此过程中，双方可以就此进行协商、探讨，对不明白的地方进行说明，确保清单的准确性、可靠性。

军方对随机航材清单的审核主要以工厂提供的随机航材清单为主要依据，同时参考实际飞行可靠性数据、历年维修经验等；基于价值工程理论，制定随机航材计划，确定出随机航材的种类和数量修改意见。

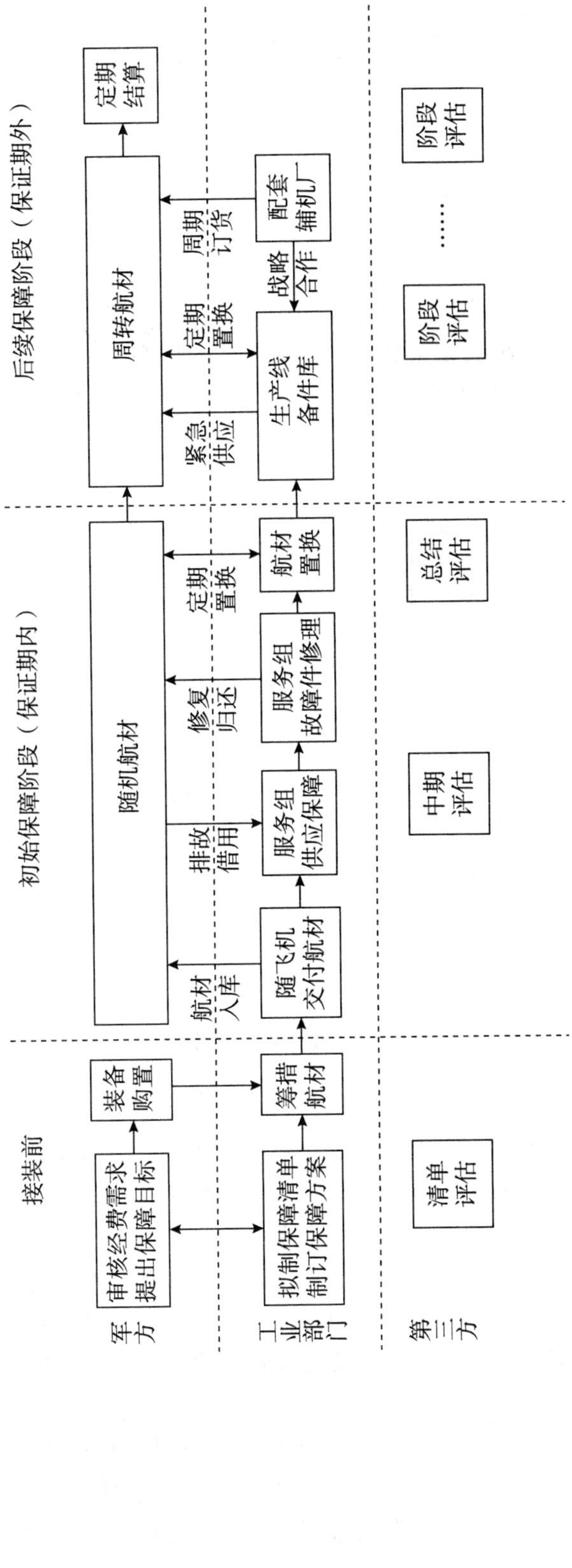

图2　新机航材军民一体化保障流程

3）随机航材清单的确定

通过对随机航材清单的反复审核、修改，得到最终的随机航材清单。具体流程如图3所示。

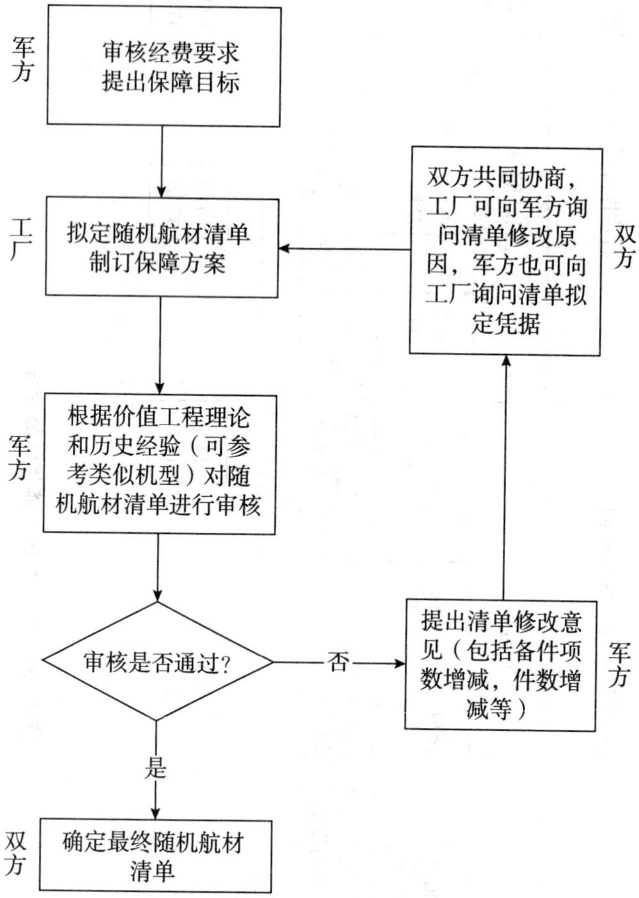

图3　随机航材清单制订流程

2. 构建科学的航材轮换机制

航材轮换的目的是提高航材的利用率，缓解库存积压，节约保障经费。航材轮换分为随机航材的轮换和周转航材的轮换，其轮换方法与机制有着一定的区别。

对于随机航材的轮换，由于随机航材的清单主要由工厂制定，且随机航材处于工厂保障期内，这部分航材的轮换应主要考虑工厂保障时限和航材本身的保管期。当军方储备的航材存放两年，工厂保障期就要结束时或储存量超过3年以上时，应当进行航材轮换。轮换应该遵循等价轮换、选择轮换、交互轮换的原则，轮换给主机厂的航材可用于装备生产、修理等。

对于周转航材的轮换，由于周转航材已经处在工厂保证期外，这时军方对于航材保障工作应当承担主要责任。这部分器材轮换时可参考空军战储航材轮换的方法，首先应确定要轮换器材的范围，接着对轮换器材进行合理的分类并确定相应类别器材的轮换时限，然后根据实践经验和以往数据计算器材重要度，确定轮换的优先级，最后跟工厂进行协商，签订轮换合同。由于周转航材的价值随着时间会有所降低，这时轮换应遵循公平轮换、选择轮换、分级轮换的原则，换给主机厂的航材可用于装备生产、修理等。

3. 构建科学的以厂代储机制

空军航材以厂代储，是指由地方工厂代替军队单位承担航材的存储、保养和轮换等任务，以提高库存利用率、资金利用率和保障能力的军地合作储备方式。随着我国市场经济的发展和空军建设现代化后勤步伐的加快，以厂代储已经成为空军航材保障工作的重要发展方向之一。

空军航材以厂代储，首先需要解决的是如何选择合适的代储企业。在选择代储企业时，必须建立严格的代储企业的入围门槛，有关单位应组织专家调研组对候选企业生产经营情况进行认真的调研和评审。主要考察的指标是：企业资质、产品质量、信誉程度、市场占有率、地理位置以及仓储服务能力等，应尽量选择上述指标优秀的国内大中型企业。并在后期的保障过程中，进行不定期的评审，及时提出意见。

选择合适的代储企业后，必须合理确定以厂代储的策略，弄清楚哪些航材可以以厂代储以及怎么储，储多少的问题。根据航材的价值，消耗规律和自身的性质，把航材进行合理的分类，针对不同类别的航材采取相应的策略，具体如下。

①涉密航材。如：各型频点设备、滤波器、双工器、图像接收机、敌我识别器等，这部分航材事关军事信息安全，具有较高的保密要求，为防止信息泄露，不宜交给地方工厂进行代储。

②高价值低消耗航材。目前，航材品种数量繁多高达十几万项，但是，据资料显示，其中几百项航材占据了总资金的90%以上，这些航材具有极高的价值但消耗的却并不多，将这些航材交给地方工厂代储、维护，可以提高库房利用率，而且不会影响平时航材保障能力。

③低价值低消耗航材。这部分航材本身价值不高，军队使用的也很少，可以考虑以厂代储，提高库房利用率。

④低价值高消耗航材。如飞机轮胎、降落伞、各型仪表、四站消耗类器材等。这些器材部队需求量极大，日常消耗多，为了提高航材保障效率，军队应当自行储备。

（五）对航材军民一体化保障效能进行合理的评估

采取工厂自评与第三方专家评估相结合的方式，对各型新机航材军民一体化保障效能进行定期评估，根据评估结果实施经济奖惩。

1. 评估指标

（1）保证期内在队飞机航材缺材停飞率不大于10%；保证期外在队飞机航材缺材停飞率不大于5%。

（2）紧缺航材筹措时间不大于48小时。

（3）库存可修性航材项目利用率不低于50%，数量利用率不低于50%，金额利用率不低于70%。

2. 评估方法

（1）工厂自评。主机厂根据评估指标独立完成保障期间的航材保障效能评估，并向军方和第三方专家评估组提交评估结果和评估依据。

（2）专家评估。第三方专家组按照评估指标，收集航材一体化保障相关数据及工厂自评数据，围绕保障目标完成情况、航材消耗使用情况、经费使用情况等开展评估。

四、军民融合背景下空军航材“第三方物流”供运模式

（一）空军航材保障引入“第三方物流”的需求分析

1. 美军“第三方物流”运用现状

随着信息技术的发展和经济全球化趋势，越来越多的产品在世界范围内流通、生产、销售和消费，物流活动日益庞大和复杂，而第一方、第二方物流的组织和经营方式已不能完全满足社会需要；同时，为参与世界性竞争，企业必须确立核心竞争力，加强供应链管理，降低物流成本，把不属于核心业务的物流活动外包出去。在此背景下，无论是经济活动还是现代战争，欧美对第三方物流的应用已相当普遍。

第三方物流服务包括物流系统设计、EDI 电子数据交换能力、报表管理、货物集运、选择承运人、货代人、海关代理、信息管理、仓储、咨询、运费支付、运费谈判等。第三方物流表现专业，综合成本低，配送效率高。

据美国权威机构 2014 年统计，在经济活动中，通过第三方物流的服务，企业物流成本下降了 37%，物流资产下降了 34.6%，办理订单的周转时间从 7.1 天缩短为 2.9 天，存货总量下降了 38.7%。据调查，在西方发达国家，第三方物流已经是现代物流产业的主体。欧洲的大型企业使用第三方物流的比例高达 76%，而且 70% 的企业不只使用一家。在欧洲，第三方物流所占市场份额：德国为 63%、法国为 57%、英国为 43%。美国、日本等国家使用第三方物流的比例都在 50% 以上。

在现代战争中，如海湾战争，美军后勤保障外包的优势得到了充分体现，整个战争中有 73 家公司为部队供应食品、服装和药品；全国 1/3 的民用企业突击生产沙漠地区急需的后勤装备和军需物资，总价值近 300 亿美元，9000 多名承包商为部队提供直接保障，26 家承包商承担了大多数装备技术维修工作。科索沃战争，美军物资的运输、储存和分发，主要由民营企业承担。伊拉克战争，美军为快速扩充保障能力，通过积极的外交手段和丰厚的经济报酬，大量租用有关国家甚至是反战国家的运输力量，特别是在科威特、沙特和阿联酋等国大量租用卡车和雇佣当地司机从事军事运输工作，形成了军用运力和民用运力的合理搭配，实现了运输保障的高度社会化。目前，美国国防部 50% 以上的空运和 85% 以上的海运都由民间力量完成，大量的物资供应由民营企业负责。

2. 我军“第三方物流”运用现状

近年来，随着国内社会物流的迅猛发展，现代物流产业已经形成了覆盖全国的服务网络，多数知名物流公司具有较发达的物流服务模式和先进的信息化水平，为开展空军航材物流“军民融合”工作奠定了坚实基础。目前，多数后方航材仓库、场站航材股，仅靠自身的运力难以实现主动配送。在航材零星发付和应急投送时，为满足时效性要求，只能自行寻找地方物流公司进行运输保障。以 2015 年为例，后方航材仓库、场站航材股等单位，依托地方 143 家物流公司（如中铁物流、德邦、EMS、顺丰、韵达、东北快运等）进行航材运输保障，全空军航材依托地方物流公司发运航材 34758 批，平均

到达时限为5天，丢件率约为1/100000，物流费用支出近5000万元，并每年以10%的速度递增。可见，利用地方物流公司实施航材物流保障已经成为一种发展趋势。但由于缺乏统一的组织管理，存在以下问题。

第一，物流信息无法实时掌控。目前，地方物流产业信息化发展日新月异，基本能实时查询货品转运具体位置和预计到达时间。但由于各企业之间发展水平不一致，数据接口标准不统一，且航材系统信息平台与这些企业网络物理隔离，无法实时掌控在途运输的航材物流信息，影响航材保障的精准性。

第二，发付时效无法保证。随着三代机不断装备部队，其航材备件普遍价格昂贵，受保障经费指标制约无法大规模储备，与部队战训任务重、消耗需求量大的矛盾较为突出，机关只能依靠全空军平衡调配来加速航材周转，满足战训任务需要。但由于缺乏规范的物流管控，各单位采用的物流公司不同，时常出现无法及时投送的问题，影响部队战训任务顺利开展。

第三，防护措施无法严格落实。近年来，部分物流企业发运过程中野蛮装卸、搬运经常出现航材损坏，对航材包装箱上的防摔、防水等标识视若不见，各级航材部门虽然就此问题不断与其交涉，但因缺少合作机制和相关协议制约，效果不佳。

第四，物流服务无法有效约束。由于缺乏统一的管控机制，在航材物流过程中，有的物流企业因部队地处偏远而拒绝提供“门到门”服务，部队只能派遣车辆赴物流点收发航材，占用部队较多精力，存在一定安全隐患。一部分物流企业规模小，航材运输过程中发生问题时，部队索赔困难。

因此，下一步急需加强航材物流“军民融合”发展规范化管理，构建科学合理的运行模式和保障机制，确保地方物流公司为航材部门提供高效、安全、可靠的物流服务。

3. 空军航材保障引入“第三方物流”的必要性

随着空军作战、训练、演习、抢险救灾等任务日趋繁重，极大地增加了航材零星发付和应急投送保障任务，航材物流保障呈现出小批量、多批次的特点，仅凭空军航材系统自身力量，难以满足航材物流保障要求。因此，航材部门须打破传统保障模式，实现由自我保障向“军民融合”式物流保障转型。以航材保障任务为中心，充分发挥地方物流力量优势，在军运计划安排的基础上，规范引入第三方物流企业灵活辅助航材部门完成保障任务，促进航材保障整体效能和服务水平的进一步提升。

充分利用地方现代物流产业资源，实现航材物流保障的高效服务，是有效解决航材物流保障服务质量不佳、信息掌控能力不强、安全性不高、时效性不足等问题的重要手段。因此，全面推进航材物流“军民融合”发展，是贯彻落实习主席关于“军民融合”论述精神的重要举措，也是降低航材物流保障成本，提高航材保障水平的关键所在，具有十分重要的现实意义。

（二）空军航材保障引入“第三方物流”的主要目标及基本思路

1. 主要目标

第一，物流信息动态实时可知。通过合作协议的形式，约束物流企业按照指定数据格式向航材管理机关推送实时物流信息，航材部门掌控航材物流全过程的变动信息和交接信息，提高航材保障的针对性。

第二，平均运输周期缩短3天。经统计，近年航材在途运输平均周期为5天，通过统一遴选实力强、服务好的物流企业，使航材平均运输周期降低到2天，紧急航材当日送达，进一步缩短在队飞机故障恢复周期，提高飞机完好率。

第三，损坏（丢失）率下降到1/1000000。以健全完善的督促考评机制，促使物流企业改变传统不良做法，加强在途运输航材安全防护，避免出现损坏、丢失问题发生，确保航材物流质量安全。

第四，配送方式改“点到点”为“门到门”。航材保障部门大多远离市区，大部分物流企业只提供“点到点”的服务，即发运时须送至市区指定营业点，接收时须前往指定营业点提取。部队车辆派遣频繁，牵扯人员精力多。实施“军民融合”物流模式，与物流企业进行深度交融合作，实现上门收件、上门派送的“门到门”模式，减轻部队车辆安全压力，提高航材保障整体效率。

2. 基本思路

依据航材供应保障需求，综合考虑航材配送的品种特征、数量规模、运距远近、时限程度、成本高低、信息监控等因素，通过统一运行机制和规划业务流程，推广快递、专车、航空等民用物流辅助配送新模式，有效解决零星航材、大批航材、紧急航材配送难题；同时与物流企业签订合作协议，完善航材军地联合保障协调机制和规章制度，提高航材运输安全保密系数，最终实现航材保障配送模式的变革，建立航材物流“军民融合”新模式。

（三）空军航材保障引入“第三方物流”的具体做法

1. 构建三级管理架构

空军航材物流“军民融合”保障在空军装备部统一领导下，战区空军装备部航材处的指导下，由空军后方航材仓库、空军场站航材股和相应物流企业具体组织实施，各部门按现有体制，行使相关职责职能。

空军航材业务机关成立航材物流“军民融合”军地协调小组，是空军航材物流“军民融合”工作的牵总机构，负责物流公司的审核、签约、评估等工作。

空军后方航材仓库、场站航材股，是航材物流“军民融合”保障主体，依据相关规章制度协调地方物流公司做好“军民融合”保障的发运接收工作。

地方物流公司是“军民融合”保障的具体实施者，按照协议规定，负责航材物流保障。

空军航材物流“军民融合”保障管理架构如图4所示。

2. 制定总体实施步骤

航材保障应用第三方物流，可以按照制定法规、培养人员、选择服务商、制定工作计划、实施过程管理、定期质量评估的基本步骤进行。

1）制定法规

法规是确保航材保障引入第三方物流能否成功的前提。建立和健全第三方航材保障相关的法律、法规，不仅能为民用力量开展保障活动提供法律依据，而且为航材部门实施该类保障工作树立尺度标杆。为此，航材部门应当综合考虑航材保障任务特点，明确

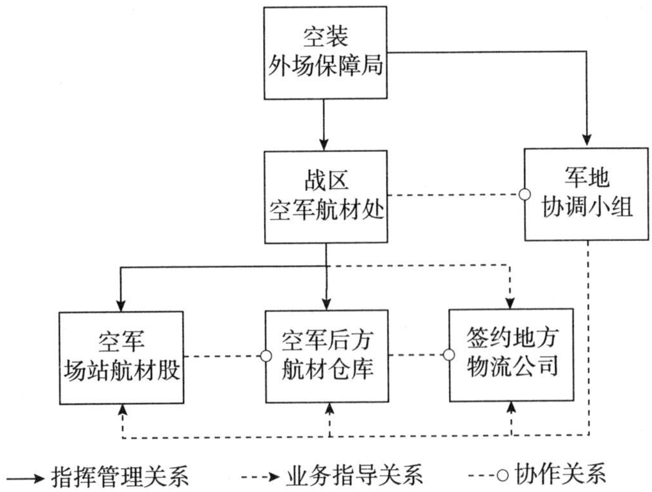

图 4　空军航材物流“军民融合”保障管理架构

各类保障标准，进而制定相关的法规及实施细则，使参与保障的民力有法可依，军力有章可循。

2）培养人员

在应用第三方物流进行航材保障业务中，专业人才起到了非常重要的作用。这类人才必须通晓航材保障的基本情况，而且对物流业务有比较深刻的认识。专业化的第三方物流航材管理人员要能够管理航材保障的规划设计过程，掌握航材需求以及服务商项目数据，懂得合同管理的知识及与服务商进行信息沟通的方法。

3）选择服务商

在选择服务商时，专业化的第三方物流航材管理人员要按照市场调查—审核资质—公开招标—签订合同—合同公证—付诸实施的程序与服务商签订航材保障合同。一方面要努力同选取的服务商建立伙伴关系；另一方面要本着互惠互利的原则争取预先与主要服务商签订合同，确保他们能在恰当的时间和地点，提供恰当的航材保障。

4）制定工作计划

航材部门想要获得服务商的高效保障，必须主动与服务商共同磋商，制定保障服务类型、指标和要求的非指令性“工作表”，并根据任务、敌情、地点、时间及民间因素的变化，确定保障区域服务商的部署方案、保障方式等细节内容，在他们明确了任务后，给服务商以自由，让他们运用自己的专长和创造力按自己的方式提供航材保障和服务。

5）实施过程管理

在服务商具体实施保障时，航材部门应当对其实施管理，并对服务商从事的各项活动进行监督，确保他们正常履行合同条款。同时，在航材部门和服务商发生矛盾和冲突时，要及时沟通协商。航材部门可制定一套高效的解决冲突办法，如围绕服务商在保障中可能出现的问题制定一些解决预案，使保障工作能顺利进行。

6）定期质量评估

航材部门应设定绩效评估系统来定期评估第三方物流服务提供商的绩效。通过航材保障绩效评价系统，对航材保障作业质量进行评价和控制，以促进他们能够有效、合理的配置保障资源，并向航材保障部队提供更有效服务，同时也为奖惩实施、服务商分级，以及与哪些服务商建立长期合作关系，提供重要依据。

3. 器材分类运输研究

在总体实施步骤基础上，应具体考虑第三方物流企业的不同特征，结合不同航材的自身特性和供应地点，分门别类地开展运用服务。比如可以分为以下四类。

①专用装（设）备。这类装（设）备普遍具有体积大、重量大、价格高、型号多、军事密级高等特点，且各个部队均要装备，每年的供应、修理和报废数量不低。

②大件器材。这类器材普遍具有体积大、重量大、容易损坏等特征，且对飞行活动的可靠程度影响极为明显，有些器材甚至直接关系到飞行安全，但这类器材消耗频率不是太高，数量需求也相对较低。

③中（小）件器材。这类器材种类繁多，型号复杂，普遍精密程度较高，重量（50 千克以内）和体积相对不大，运输要求各异，部队需求量也较多。

④涉密器材及危险品。这类器材有的事关军事信息安全，有的易燃易爆、带有腐蚀性。

根据各类器材的特点，选择合适的快递或物流公司进行运输。

4. 器材供运模式研究

依据航材供应保障需求，综合考虑航材配送的品种特征、数量规模、运距远近、时限程度、成本高低、信息监控等因素，通过统一运行机制和规划业务流程，推广快递、专车、航空等民用物流辅助配送新模式，有效解决零星航材、大批航材、紧急航材配送难题。

专车是指航材发货方对接收方进行批量航材发付时，由大型物流公司采用专用车辆将航材从发付单位直接送到接收单位的“一对一”保障模式，所用车辆专车专用，中途不再配货。专车运输保障模式主要用于军运计划以外的大批量航材的运输，或紧急大件航材的运输。该种模式可有效或提升货物运输安全程度，节省货物包装材料，提高装卸作业效率，降低运输成本，便于自动化管理。后方航材仓库是专车的主要应用单位，大型物流公司不仅可以实现基本的送货服务，还可辅助完成航材分拣、组套、包装、配载等工作。

快递发付运输模式主要用于小批量中小件航材的运输。这类航材种类繁多，型号复杂，普遍精密程度较高，重量和体积相对不大，运输要求各异，部队需求量也较多，配送运输时通常由快递公司上门取件，直接送抵航材接收方。快递发付运输模式可充分利用地方物流的网络资源优势，方便快捷地解决零散小件航材的配送运输问题。场站航材股及后方航材仓库是快递业务的主要应用单位，快递公司可增值提供航材整理与包装、预约上门取物、快递投送和送货到门等具体服务业务。

航空运输是指按照上级部门下达的应急保障任务，采用航空运输的方式，实现航材紧急运输的保障方式。场站航材股和后方航材仓库是该种保障模式的主要应用单位，遇有快速供应、临时调拨、紧急航材送修等突发任务时，可充分利用民用航空运输模式的时效性优势，更好地完成供应保障任务。

（四）空军航材保障引进“第三方物流”需要重点把握的关键性问题

虽然在航材保障工作中，利用第三方物流进行辅助业务，具备了许多明显的优势，但在实际的应用过程中，仍然需要重点把握好以下几个问题。

1. 注意风险防范，确保正常运行

第三方物流是一种长期的、战略的、相互渗透的、互利互惠的业务委托和合约执行方式，在航材保障中将其引入，存在一定的风险性。

1）信息泄露

服务商在为部队服务的过程中会掌握部队的很多业务信息，若他们处理不当，会给军队造成巨大损失或危及国家安全。同时服务商之间的通信联系相对于军队而言缺乏保密性和安全性，极易使信息遭到窃取或破坏，从而增大风险。如部分经营快递业务的企业，寄递详情单及该单据发放、使用、存档、销毁及业务联络等方面缺乏有效管控，敌方可以根据运送器材的种类、数量、质量和供应时间、地点等保密性数据，推测出我军的行动位置和人员编制情况。

2）故意抬高价格

垄断的形成一般源于资产专用性，或外包关系中所涉及的资源和提供公共服务的独特性。在航材保障使用第三方物流的过程中，可能产生专属于外包关系的、独特的情况，那么就存在资产专用性，在这种情况下，承包商居于垄断地位，不易被取代，因而承包商就有可能联合起来共同提高价格。如航材部门不接受，外包关系破灭，将不得不花时间和金钱寻找另一位承包商或将外包出去的服务职能再收回内部。为此，航材部门应谨慎选择信誉好的承包商，并以一定的机制稳定住承包商。

3）单方毁约

由于第三方物流企业总是以赢利为目的的，它就会无限地追求利益的最大化。所以在战争到来或者其他特殊情况来临时，第三方物流企业就有可能背弃合同条款，出现拒绝进行航材保障或者“背信弃义”地接受比政府和航材部门出钱更多的订单等毁约现象，使航材部门在特殊时期失去保障力量，从而有可能导致任务失败。比如航材部门无法及时有效地动员承包商按照规定的时间到达指定的地点；承包商随着航材保障实施的进程和态势的变化，当面临巨大亏损或危险时，停止再提供持续的保障。

2. 建立长效机制，获取最大利益

由于第三方物流企业追逐的是经济利益的最大化，因此，双方还需建立长效机制，通过长期的沟通和磨合，才能使第三方物流企业更好地为部队提供相关的保障服务。

1）竞争机制

要有效降低甚至杜绝军事物流外包中的各类风险，目前最为重要的是建立和完善第三方物流企业的竞争机制。航材部门应该建立代理方或潜在代理方信息数据库，收集了解代理方的成本信息以及行业动态，并培养潜在代理者，实施标杆管理，引入招标竞争机制，通过潜在的代理人，使第三方物流企业处于竞争压力下，从而提高第三方物流的服务质量，增大航材保障部门的收益。

2）监督机制

军事物流外包在我军改革中刚刚起步，现有的相关法律、法规中，制约、监督第三方物流企业的规定还不完善，导致对第三方物流企业的监督力度不够，存在死角或疏漏。在监督机制不完善的情况下，可能出现军事物流机构派出的监督者与代理人第三方物流企业合谋的现象。针对这种情况，航材部门在应用时，应尽快落实责任制，制定有针对性、可操作的与军事物流外包密切相关的法规，还可以借鉴政府采购的做法，在第三方物流企业中实行会计委派制度和进行定期、不定期的审计监督。

3）报酬机制

航材部门可以对第三方物流企业在提供物流外包服务中的资金节约情况进行评估，对外包服务成本低、外包服务质量好的第三方物流企业，可以从节约的航材保障经费中，按照一定的比例予以奖励；对外包服务效益较差，严重超出外包预算的第三方物流企业，应该让其承担一定的超支损失，甚至施以一定的惩罚，包括一定数额的赔偿，外包服务资格的丧失，甚至是退出整个军事物流外包服务市场，这样可以实现第三方物流企业和航材部门的利益共享、风险同担，促使第三方物流企业积极提高外包服务质量，降低外包服务成本。

4）激励机制

在航材保障业务外包服务中，对第三方物流企业给予一定的精神激励，同样可以起到很好的效果。声誉对于希望与军方保持长期合作的第三方物流企业来说，是潜在的利润、无形的广告，因此，航材部门可以对第三方物流企业的信誉等级进行划分，并载入第三方物流企业数据库，对外包服务业绩突出的企业给予一定的精神激励，并在签订物流外包服务合同时给以适当的优惠，使之更好地提供航材保障的物流外包服务。

3. 建立相关制度，规范运行标准

1）条例法规

没有规矩，不成方圆。空军航材保障应建立与第三方物流业务有关的条例法规，对于信息的储备、服务商的选择、外包合同、协议及分工与职责等方面都应该有明确的规定，界定准确服务环节、作业方式、作业时间、服务费用，以及制定统一的信息交换标准和保障中的责、权、利关系。例如，美军在几次战争中，制定了战场承包商条例，把战场承包商条款纳入野战条令，规范了战场承包商行为，做到了“有法可依”，确保了战场承包商的服务质量。

2）合作商数据库

航材部门应根据我国社会经济发展的具体情况，结合保障活动的现实特点，搞好民用物流资源的调查摸底，建立一套全面的承包商信息库，有针对性地储备与航材保障相关的承包商信息，并随着情况的变化及时调整更新相关资料数据，为不同情况、不同任务需求下组织航材保障时及时、有效地获取资源奠定基础。

3）外包预案

结合未来战争对航材保障的要求，航材部门可以将承包商纳入航材保障计划，制定民用企业进行航材保障业务的外包预案。航材部门通过选择合适的承包商，明确不同任务下外包的范围、方法、种类，以保证任务执行时部队能在最短时间内以最快速度获得所需器材。同时，在任务行动执行前的一段时间内，航材部门也可依照保障具体情况，与相关的承包商取得联系，以合同形式，明确其保障任务的内容、职责，使其做好服务准备，以便在需要时，及时通知他们迅速赶赴保障地域实施保障服务。

总的来说，作为一种新兴的服务产业，第三方物流不仅对于我国经济快速发展发挥的作用越来越明显，而且为改进航材运作模式，提升航材保障效能提供了新的突破点。

五、军民融合背景下基于“性能”的空军航材修理物流模式

（一）基于“性能”的空军航材修理物流模式需求分析

1. 空军航材修理现状分析

现行空军航材三级维修保障体制是从20世纪延续下来的，在我空军二代机航空维修保障中发挥了重要作用。随着空军三代机批量装备部队，体制中出现了一些不适应装备保障发展的地方和不足，主要表现在：第一，维修体制模式单一，不能满足不同作战任务、作战形式和不同装备的维修需要；第二，管理体制不完善，人、财、物与责之间的权利不统一，师装备部职能管理力量较弱，协调和指挥能力不强；第三，维修周期长，维修费用高，对工厂职责履行难以监督。现阶段，器材的送修周期往往在半年以上，这跟目前维修体制有关，也与工厂的消极应对有关。另外，新机器材一般比较昂贵，有时只是器材中一个小部件损坏，工厂维修时却按航材大修费收取整个器材20%～30%的费用，造成了维修费用的大量浪费，这是目前航材维修急需解决的问题；第四，维修体制不能适应新的军事思想变化和装备技术的发展。“十二五”期间，全空军飞机机队（除专机）装备价值从1900亿元上升到2900亿元，总增幅53%，年均增幅10.5%；航材消耗从72亿元上升到117亿元，总增幅63%，年均增幅12.5%；消耗机队比从3.8%上升到4.1%。航材供应以修复的堪用品为主体，约占总航材消耗3/4，工业部门、空军大修厂、航空中心修理厂等部附件承修单位的修理能力成为影响航材供应保障效益的核心因素。针对目前航材修理管理模式中出现的问题，引入基于“性能”的保障理念，从航材送修购买服务转变为购买性能，对提高航材送修管理水平具有十分重要的意义。

2. 基于“性能”的空军航材修理物流模式必要性分析

从经济视角来看，传统的合同商航材修理保障模式往往对合同商有利，对航材管理部门（空装外场保障局）不利，一方面，一旦航材出现故障，合同商就可以开展维修活动，从而获得相应的维修费用；另一方面，由于缺乏相应的激励约束机制，合同商并没有足够的动力去保证航材的良好性能状态，甚至在极端情况下，为获得维修费用而提供较差的维修质量。基于“性能”的军民融合航材修理保障模式将改变这种状况，因为，在此种模式下，航材管理部门只有获得合同中既定的维修“性能”才予以支付费用，而不是单纯地就完成的维修活动付费；此外，若合同商交付的维修“性能”超出预期维修“性能”标准，还将获得一定的激励费用。这既为保证航材修理服务满足部队需求提供了支持，也可以使合同商有足够的动力去创新维修技术手段，提高维修质量，以高效率的服务获得后续合同和合理利润。总之，基于“性能”的军民融合航材修理保障模式对航材管理部门和合同商都是十分有利的，具体分析如下。

1）航材管理部门的优势分析

①有利于降低维修成本。一方面，基于“性能”的军民融合航材修理保障模式，

给航材管理部门提供了更广阔的选择空间，合同商之间的竞争加剧，势必会使合同商想方设法降低维修成本，并向航材管理部门提供更低的价格，增强自身的竞争力；另一方面，由于航材管理部门只有在达到或超过预期维修“性能”时才支付费用，相比传统的合同商维修保障模式，合同商此时提供的航材修理质量必然会大大提高，在一定程度上会减少航材修理次数，进而降低维修成本。

②有利于降低监控成本。基于“性能”的军民融合航材修理保障模式，使合同商和航材管理部门的目标趋于一致，能够有效保证航材修理的预期“性能”，这就意味着航材管理部门可以减少对合同商的监控活动，进而不必在监控环节上耗费更多的人力、物力资源。

③有利于激发合同商提供高维修质量。在实施基于“性能”的军民融合维修保障模式下，合同商只有达到了预期的“性能”结果才能得到利润报酬，可以有效杜绝合同商提供低维修质量而获得维修费用的现象；另外，合同商提供的维修质量若超过预期“性能”结果，还可获得额外的激励费用。这必然会促使合同商尽最大努力改进维修技术手段，提高维修质量，以获得更大的利润空间。

2）合同商的优势分析

①有利于提高维修效率，降低维修成本。通过实施基于“性能”的军民融合航材修理保障活动，合同商可以更好地理解和掌握航材修理保障需求，加强航材修理的有效性、针对性，避免不必要的重复劳动，进而提高工作效率，降低维修成本。

②有利于完善基础设施，提高利润空间。在基于“性能”的军民融合维修保障模式中，航材管理部门与合同商签订的合同期限一般较传统的合同要长（美军实践表明：至少3年，一般为5年），这是为了减小合同商的风险，鼓励合同商对其基础设施、设备进行投资。从长远来看，由于有长期合同作为保证，合同商愿意投入成本，不断完善基础设施、设备，提高维修保障水平，实现以更低的成本达到或超过合同中的“性能”指标，进而获得更多的利润。

③有利于获得更多的创新机会。通过实施基于“性能”的军民融合航材修理保障活动，合同商和航材管理部门联系更加紧密，合同商可以充分利用与航材管理部门人员一起工作的机会获得第一手信息，进一步推动技术创新、管理创新，满足不断变化的航材修理保障需求。

（二）基于“性能”的航材修理物流保障主要目标及组织模式

1. 主要目标

针对当前空军航材修理工作中存在的问题，将基于“性能”的保障理念融入于航材修理过程中，规范基于“性能”的航材修理保障模式的实施流程，在此基础上，建立合理的维修“性能”指标体系，明确基于“性能”修理费用的构成方式，研究实现基于“性能”航材修理模式的配套措施，使其能够真正的运用于航材修理实际。

2. 组织模式

在基于“性能”的军民融合航材修理保障模式中，根据不同的航材修理任务，合同商承担的角色、发挥的作用有所不同，具体有以下四种模式。

1）合同商为PSI，全过程只有合同商作为维修保障提供方

合同商维修保障模式完全依赖合同商，从航材修理的设施设备、技术人才、航

材修理所需的备件等均由合同商负责提供，航材管理部门只需给出航材修理“性能”需求即可。为更好地满足甚至超出预期的“性能”标准，合同商还需要承担其他方面的职责任务，比如可靠性改进、技术集成、运输服务等。这种模式虽然能够有效弥补空军航材修理保障机构的力量、技术不足，减少航材修理备件的库存，降低维修保障成本，但由于空军航材修理保障机构没有参与维修保障任务，在一定程度上会影响军队的核心维修保障能力。因此，该种模式一般只适用于一些新型的、技术结构复杂、空军维修保障机构还不具备维修保障能力的航材，而且只能作为一种过渡式的合同商维修保障模式。

2）合同商为 PSI，空军航材修理保障机构与合同商共同作为维修保障提供方

PSI 向上要与航材管理部门建立基于“性能”维修保障合同，向下要负责集成所有保障资源（包括空军航材修理保障机构在内）以满足维修保障任务要求，此时合同商与空军航材修理保障机构是一种合作伙伴关系。该种模式适用于以下情形：合同商和空军航材修理保障机构都有能力提供满足目标的维修保障服务，但由于空军航材修理保障机构与合同商保障相比不经济等原因，需要选择合同商为 PSI，并且为了维持和提高空军航材修理保障机构的核心维修保障能力，要求空军航材修理保障机构必须参与航材修理保障任务。

3）空军航材修理保障机构为 PSI，合同商作为主要维修保障提供方

在合同商作为主要维修保障模式中，合同商为空军航材修理保障机构的子合同商，根据维修保障任务的不同，可能会涉及一家或多家合同商，维修保障任务主要由合同商来完成，空军航材修理保障机构在维修保障活动中主要发挥辅助作用，但同时要承担向合同商学习维修技能的任务。另外，该种模式还有一个特点：合同商向上不需直接与航材管理部门打交道，只需与作为 PSI 的空军航材修理保障机构协商制定基于“性能”的合同，并按合同要求向 PSI 负责，提供所需的维修保障服务。因此，这种模式适用于空军航材修理保障机构核心维修保障能力不足，需要提高空军航材修理保障机构核心维修保障能力的情形。

4）空军航材修理保障机构为 PSI，合同商作为次要维修保障提供方

合同商作为次要维修保障模式与第 3 种模式相似，所不同的是，这种模式中合同商承担次要的维修保障任务。该种模式适用于以下两种情形：一是主要维修任务由空军航材修理保障机构承担，但其在某项维修技能上存在不足，需要由合同商来承担；二是空军航材修理保障机构具备在合同范围内的所有维修技术能力，但受维修资源、力量或时间等因素的限制，需要由合同商来弥补。

（三）基于“性能”的航材修理物流保障具体做法

基于“性能”的军民融合航材修理保障模式，其核心是航材管理部门向合同商购买航材的修理“性能”，一般通过签订合同来实现。其中，修理“性能”标准、激励措施等内容都会在合同中具体体现。基于“性能”的军民融合航材修理保障具体程序如图 5 所示。

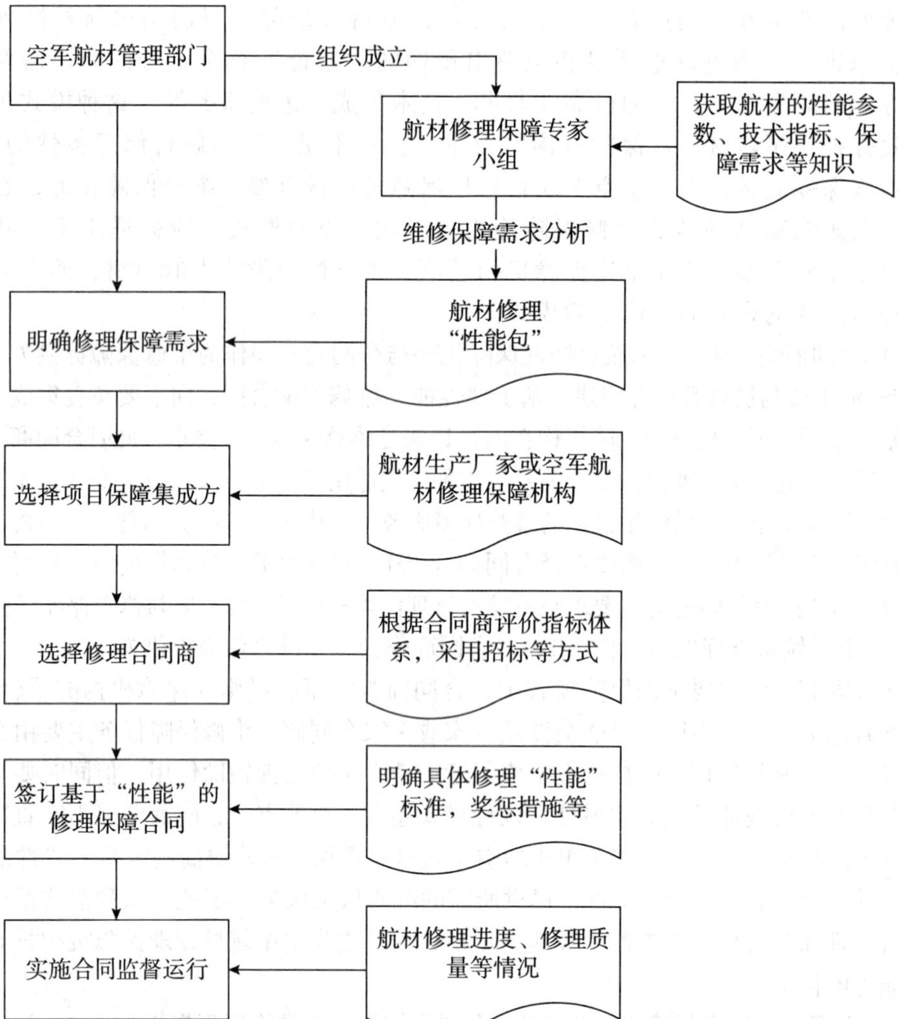

图5 基于“性能”的军民融合航材修理保障具体程序

1. 明确修理保障需求

为确保航材修理保障需求以最有效、及时、经济的方式得到满足，必须要明确航材修理保障要达到的“性能”目标，这是实施基于“性能”的军民融合航材修理保障模式的关键一步。为此，航材管理部门应组织航材管理人员、机务人员、技术专家、研发人员、测试人员等成立“航材修理保障专家小组”，通过多方调研论证，明确航材修理的各项具体参数、维修进度等要求，并据此形成一个可量化的航材修理“性能包”（即性能指标），以反映航材修理保障的实际需求。然而由于基于“性能”航材修理模式在我军中是第一次探索，缺乏实践运用和保障经验，因此，确定一个合理、科学的性能指标十分困难。美军在“基于性能的保障”这方面研究起步较早，有着较为成熟的理论体系和大量具体应用实践，是我们重点参考借鉴的对象。另外，一些大型的民航企业，如波音公司在这方面也有着一定的运用，可以作为我们简单的参考借鉴对象。表1是美军某型飞机开展“基于性能保障”的性能指标参数。

表 1　　性能指标

原始指标	更新指标	成熟指标
系统状态完好性 = 85%	系统状态完好性 = 85%	系统状态完好性 = 85%
用户等待时间 = 90%	基地级维修比例	基地平均停机时间 = 60 天
维修率	可靠性增长率	可靠性增长率

其中：

系统完好率 = 总停机时间/基地级维修次数

系统状态完好性 = 总时间 - 停机时间(子系统级)/总时间

可靠性增长率：性能相对可靠增长的表现

用户等待时间 = 总需求 - 未满足的需求量/总需求

维修率 = 总运行时间/非计划性维修比例

基地级维修比例 = 本季度总飞行小时数/基地级维修次数

从表 1 中可以看出，美军“基于性能保障”的性能指标并不是一成不变的，而是根据保障实践不断更新、不断修正，最终使性能指标趋于科学化、合理化、准确化。同样，对于我军在基于“性能”航材修理开展之初，由于双方经验不足，签订的合同以及确定的维修性能衡量指标通常并非最合理的，通过合同的执行和阶段性评估，合作双方可以发现原始合同和指标存在的问题，然后根据实际需要，对合同和指标进行调整，逐步实现“基于性能的保障”在航材修理中的运用，提升战备完好性，降低维修费用。

在参考美军“基于性能的保障”的性能指标基础上，结合我军航材修理具体情况，得到航材修理初始性能指标如表 2 所示。这几个指标只是初始指标，还要根据后续的保障实践一步步修正完善。

表 2　　航材修理初始性能指标

一级指标	二级指标	说明
维修效果	使用可用度	指航材能够完成其规定功能的百分比或保持正常运转的能力
	使用可靠度	指航材可以在规定条件下和规定时间间隔内执行预订功能的概率
	平均故障间隔时间	指航材在维修后的运行阶段或测试阶段出现故障的平均时间周期
维修计划与进度	维修计划与进度	指航材修理的组织方式、方法、维修时限等具体要求
服务水平	维修过程	在航材修理过程中，合同商与航材管理部门的信息共享程度、技术交流程度

2. 选择项目保障集成方

航材管理部门需要选择一个 PSI（项目保障集成方），并与 PSI 建立基于“性能”的维修合同，反映航材管理部门对航材修理“性能”的要求。PSI 的任务是根据航材修理“性能包”综合集成维修保障资源和多个维修保障提供方，并协调各方关系，达成“性能”目标。其中，PSI 可由空军航材修理保障机构或航材生产厂家等企业担任，它是航材管理部门与维修保障提供方的桥梁，优点是能够使航材管理部门不用同时面对项目中的多个合同商。

3. 合理选择合同商

PSI 根据与航材管理部门达成的合同要求，充分利用竞争，选择符合要求的合同商。这里可以把 PSI 比喻成主合同商，而把 PSI 选择的合同商理解成子合同商。选择合同商时，应广泛发布信息、营造竞争氛围，采用公开招标、邀请投标等方式选择合同商，同时构建合同商选择综合评价指标体系，主要包括信誉度、股东背景、规模大小、财务状况、人员素质、管理能力、企业文化等，综合评价备选合同商。需要说明的是，备选合同商可以是航材的生产厂家，也可以是其他具有航材修理能力的企业。

4. 签订基于“性能”的修理保障合同

PSI 与合同商在维修保障性能、相关利益方的职责、合同期、费用、激励约束等方面进行协商，达成一致，签订合同。基于“性能”的维修保障合同与传统的合同相比，突出了性能和激励在合同中的地位。合同中“性能”指标要定量、可测量，支付结构要与“性能”指标相关联，性能水平与激励紧密相关。合同中应明确合同商在不能按要求履行合同时的惩罚、补救措施，以及对合同商在节约成本、创新技术、提前完成任务方面的激励措施。

5. 实施合同监督运行

合同实施期间，航材管理部门要对实施情况进行监督，包括维修效果、维修进度、奖惩措施的实施等内容。PSI 需定期向航材管理部门提供维修“性能”报告，并由航材管理部门组织成立的“航材修理保障专家小组”进行评审。在实施过程中，航材管理部门可以派相关技术人员全程参与，切实做到双方信息共享、技术互通，以更好地完成航材修理保障任务；同时根据实际需要，适时对相关“性能”指标参数进行修正，进而对原先签订的合同或协议进行修改，这是一个动态优化的过程。另外，根据 PSI 提供的维修“性能”情况，航材管理部门要及时实施激励措施，以确保维修进程按照预期的方向进行。

（四）基于“性能”的航材修理物流保障应把握的关键性问题

为充分发挥基于“性能”的军民融合航材修理保障模式的优势，在具体实施过程中，还应重点把握好以下几个问题。

1. 构建完善的军民融合装备维修法规体系

航材修理是装备维修保障的重要内容之一，构建完善的军民融合装备维修法规体系是有效实施基于“性能”的军民融合航材修理保障模式的根本保证。当前，我军军民融合装备维修保障法规体系还有待进一步完善，急需建立健全从中央到地方，由国家相关部门、军队、地方保障力量组成的责权分明、良性互动的法规制度，进一步确立合同商在军民融合装备维修保障中的地位，明确划分军地双方的责任、权利、义务，严格规定发生矛盾后及时有效的协商处理机制。通过法律层面的认定，为军民融合航材修理保障活动提供制度保证。

2. 确定科学合理的维修费用

“基于性能的保障”维修费用的构成非常重要，工厂不能根据维修成本来收取费用，而只能根据达到合同上要求的性能的指标来收取费用。而且“基于性能的保障”的成本一般是分摊的。如果工厂花费的实际成本比预计成本低，它可以按一定的比例获得节省的成本。同样，如果实际成本比预计成本高，则只能按比例获得部分亏损补偿。结合航材修理实践，确定“基于性能的保障”维修费用构成如下：

“基于性能的保障”修理费用 = 达到期望性能指标的费用 ± 奖惩费用 + ε

其中，达到期望性能指标应付的费用是基本费用，它表示为了达到期望性能指标要求必须付的费用，这部分费用多少与性能指标的高低息息相关，可以通过参考航材历史修理费用，并结合具体性能指标要求进行确定。奖惩费用的确定可以通过设置激励分值（IS）来实现，在总费用一定的情况下，通过对比工厂达到的性能指标和期望达到的性能指标的差异，给予每个性能指标一个得分，高于期望性能指标得正分，低于期望性能指标得负分。然后根据各性能指标的重要度赋予每个指标一个权值，IS 就表示加权得分。把 IS 划成不同分段，每个分段设立对应的奖惩金额，根据工厂 IS 处于的分段对工厂进行奖惩，它能够充分调动合同商的积极性，使合同商有足够的动力去改进维修技术手段，确保维修“性能”效果最佳。ε 表示调节费用，用于合同执行过程中发生突发情况需要对费用进行微调的情况，使维修费用具有一定的弹性。

3. 注重提高空军航材核心维修能力

实施基于“性能”的军民融合航材修理保障模式，将由合同商分担甚至替代空军航材修理保障机构履行维修保障任务，在一定程度上会使空军航材修理人员失去培养岗位经验和提高维修技能的机会，长此以往，很可能会对合同商产生过度依赖，进而削弱空军航材修理保障机构的核心维修保障能力，降低战时部队航材独立保障水平。因此，在实施基于“性能”的军民融合航材修理保障模式时，要始终坚持空军航材管理部门主导，把合同商维修保障作为援助、补充和后备，把建设空军航材修理保障机构的核心维修保障能力作为重点，在合同商展开维修保障任务的同时，加紧向合同商学习先进的维修保障技术，确保空军航材修理保障机构的使命任务不变、主体地位不变。

4. 制定安全可靠的风险防控策略

由于合同商是地方企业，其根本目的是获得利润，不受军队体制约束，所以在实施基于“性能”的军民融合航材修理保障模式时，航材管理部门可能会面临信息不对称、军事信息泄露、战时维修保障指挥困难等风险。信息不对称风险是指合同商为了获得维修利润，向航材管理部门提供虚假、歪曲信息，导致航材管理部门（或 PSI）与服务质量较差的合同商签订维修合同。军事信息泄露是指合同商由于保密纪律意识不高，保密手段不先进，造成军事信息泄露的现象；另外，合同商中的个别工作人员可能会受到金钱等诱惑，主动出卖军事信息。战时维修保障指挥控制困难，一方面，合同商属于商业属性，维修保障行动根据合同实施，战时无法像命令空军航材修理保障机构那样临时给其指派任务，适应性和敏捷性差；另一方面，合同商在战时恶劣的条件下，能否按照合同要求履行合同也存在疑问，尤其是在没有绝对的战场控制权的情况下，合同商保障缺乏必要的可靠性。因此，必须针对基于“性能”的军民融合航材修理保障模式下的潜在风险，制定安全可靠的防控策略，比如：严格合同商的选择标准、选择程序；采用多家合同商进行维修保障，避免过度依赖单一合同商；加强合同商在战时情况下的维修保障演练；规范合同商维修保障力量进驻战场的程序和管理；对合同商加强保密教育等；以保证合同商在任何时候都能提供高效、安全、可靠的维修保障服务。

六、军民融合背景下的航材逆向物流模式

（一）军民融合式航材逆向物流模式需求分析

1. 国内外逆向物流发展现状

1）国内逆向物流业现状

我国逆向物流的发展早期主要集中在报废汽车行业的回收方面。经过多年实践，我国逆向物流也向各个行业发展，初步建立法规和责任机制，如2008年4月1日开始实施修订后的《中华人民共和国节约能源法》、2009年1月正式实施的《循环经济促进法》等，都对逆向物流的发展具有指导和促进作用。我国从1999年开始启动生态工业园示范区建设试点工作，于2001年中国建立了第一批国家级生态工业园；上海、辽宁、江苏、宁波、鹤壁、铜陵等试点省市设立专项资金，用于逆向物流专业处理中心相关项目的建设；四川内江市中国西南再生资源产业基地新建了废弃电器电子产品回收处理中心，具有年回收处理50万台废电器电子的能力。另外，有更多企业主动参与逆向物流的实施，如华为公司的逆向物流作业和管理平台实现了退货接收、到货验收、分流入库、库存评审、库存管理，维修专业过程操作和管理维修物料领用管理。

但由于逆向物流企业缺乏有效的激励机制和自律机制，消费者环保意识淡薄，专业化技术水平较低，先进的信息系统、管理技术不足等原因，导致企业和公众对逆向物流兴趣不大，实施起来非常困难。现在的废旧产品回收主要由一些街头小贩和回收企业承担，远远不能适应当今社会可持续发展的需要。

2）国外逆向物流业现状

逆向物流的概念最早出现于1981年，由美国学者Douglas Lambert（道格拉斯·兰伯特）和James Stock（詹姆斯·斯托克）提出，他们将逆向物流描述为“与大多数货物正常流动方向相反的流动”。但是，那时的国际学术界和企业界对逆向物流管理并没有真正重视。直到20世纪90年代，随着全球市场化竞争的不断加剧，越来越多的企业开始加强对逆向物流管理的研究，尤其是一些知名企业纷纷投资建立逆向物流体系。20世纪90年代中后期，对逆向物流的研究主要集中在逆向物流对宏观经济的影响、与常规网络的集成技术、逆向物流的管理策略等方面。

进入21世纪，逆向物流的研究开始细化，涉及各个行业的各个方面。目前，逆向物流的实践已经取得了很大的成果，在一些物流发达国家，如美国、德国、澳大利亚等，越来越多的制造企业将逆向物流纳入战略规划中，如美国宇航局重新利用改制与翻新的零部件，使飞机的制造费用节省了40%~60%。部分企业还建立了专业的逆向物

流回收中心，如福特汽车回收中心、耐克的欧洲回收中心等，都取得了很好的效果。由于逆向物流实行起来非常复杂，因此，也有许多资源有限的企业将他们的逆向物流业务转包给3PL（第三方物流）。比如，在美国许多公司使用NeLReLurn（耐瑞伦）这一联邦快运的系统进行逆向物流管理，以较低的成本提供高质的服务。

相关统计信息表明，2012年发达国家再生资源回收利用规模约达2万亿美元，其中，美国有5.6万多家相关企业，从业人员130余万人，产值2400多亿美元；而日本的从业人员达到了1400余万人，产值3500多亿美元。综上所述，发达国家的逆向物流已发展到较高水平。

3）外军逆向物流的发展

早在1997年9月，美陆军在阿拉巴马州的红石军械厂建立了物资返回数据库（MRDB）。该数据库详细记录了陆军物资供给系统中存在的严重返回问题。针对该问题，美陆军初步拟定了军事逆向物流流程。美军每一个军种都在改造自己的逆向物流，以适应自己的特殊需求，特别是美军在处置报废装备方面的做法值得我们借鉴。

一是成立国防物资再利用和销售服务处。美军特别重视退役报废装备资源的管理与资源利用，早在第二次世界大战结束后就致力于通过使多余的军事装备民用化削减居高不下的库存。美军设立了专职机构进行退役报废装备的回收管理，国防部通过国防后勤局（DLA）所属的国防物质再利用和销售服务处（DRMS）实现对国防物资的再利用，为美军在全球范围内的重要军事基地提供保障支援。DRMS总部设在美国密歇根州巴特尔克里克，雇有军职和文职人员1500名，在美国东西部的39个州，以及包括阿富汗和伊拉克在内的14个国家设有办公室，这些办公室设在美军事基地或其附近，负责资产再利用（含转售）、贵金属回收、再循环、危险物品处理、军事装备去武装化等工作。

二是建立航空航天维护与再生中心。位于美国亚利桑那州图森市附近的“航空航天维护与再生中心”，占地10.5平方千米，中心驻军是美空军第309航空航天维护与再生大队，专门负责美国空军退役飞机的处理回收。美军大部分退役飞机都要被运送到该中心进行处理，因此该中心素有“飞机坟场”之称。美军退役飞机运抵后，维护中心将为飞机进行全面“体检”，飞机上的火炮、弹射装置等比较重要和容易发生危险的部件会被拆除保存。飞机内的燃油将被抽尽，飞机的发动机入口、尾喷管等都会被封上。机身还要喷上保护膜，以防止机体和飞机上的电子部件遭到恶劣环境腐蚀以及动物的破坏。在经过一系列技术措施后进行封存处理。309大队的工作任务主要是以下几个方面。

①1000型储存任务，即“不侵害”储存。飞行时间过长的飞机或者是老旧飞机运抵处理回收中心后，309大队对其进行维护后，随时都能起飞。这些飞机有的继续为美国空军服役，有的经改装后再卖给其他国家，还有的飞机改装成靶机、无人机。有的飞机具有历史纪念意义或型独特艺术特色，可用于藏品或模型展出。

②2000型储存与1000型储存有些类似，但可以把这些飞机零件拆解下来提供给现役飞机。这些飞机经初步清理后，还要进行喷雾乳液处理，进行密封，以缓解飞机的老化。

③3000型存储飞机只是到机场暂时储存，309大队必须频繁养护，每隔30天发动机就要启动一次，并润滑轴承。

④4000 型储存的飞机都是要被拆解的飞机。这些飞机一般都非常老旧，运抵飞机坟场后，拆卸掉有用的零部件，这些零部件被仔细检查后，有的直接被运往缺件的现役部队，有的被封存保管，以备停产的飞机缺件使用。飞机的全部零件被拆除后，它将被去军事化，就是要把飞机上的危险品或潜在危险品清除掉，然后再把一些重要材料从飞机上拆下，最后飞机被交给飞机金属碎片的购买者，进行彻底拆解变成碎块。

三是实施装备再制造工程。美军十分注重装备的再制造，这已成为美军装备技术保障的重要手段之一，也是美军为维持其庞大武器库的运转而采取的战略性措施。对军用装备实施再制造策略，是美国国会及军方经过周密分析论证达成的共识。美国国会两院通过共同议案，认为国防部应该将更多的重点放在对现有军用装备的再制造上，并将此作为一个过渡手段，以便在财政预算有限、新装备配备时间延迟，以及新装备费用高昂的情况下维持装备的战备完好率，特别是用来延长美国现有战术车辆的服役寿命。

美军目前已成为世界各国军队中最大的再制造技术收益者，美军一方面通过再制造，使大量频临报废的装备重新焕发生机，花费较低的费用维持了武器装备的战备完好率。另一方面，美军将再制造作为在新型装备无法及时装备部队的情况下仍保持强大的军事优势的一种过渡手段。更重要的是，美军的装备再制造无不伴随着装备性能的大幅提升。

四是推行合同商保障。军民融合，依托合同商保障是美军的传统做法，在过剩资产的处置方面也不例外。2001 年 6 月，DRMS（国防物质再利用和销售服务处）授予流动资产服务公司（LSI）一份长达七年的合同，使该公司拥有军队过剩资产的独家销售权。该公司成立政府清算子公司，收购并转售飞机零部件、汽车、服装和纺织品、医疗用品、家具、商用厨房设备和其他物品。LSI 在美国建立财产集中控制中心，以实现对库存更强的控制，防止受限制的资产出售给公众。截至 2007 年 6 月 1 日，LSI 与国防部的合同扩大到包括监督、审计，以及核查向公众出售的国防部报废资产毁型程序等。2008 年 8 月，LSI 与 DRMS 续约了为期三年的合同，并且拥有两次一年的续约权，合同规定在此期间由 LSI 负责接收、储存、营销，以及由国防部产生的所有可用的过剩资产。根据新的合同条款，LSI 将支付所收购的可用剩余资产原始采购价的 3.26% 给国防部，自身保持 100% 的利用，而承担销售和转售的费用。国防部的剩余资产将继续通过 LSI 的在线拍卖市场出售。

4）我军逆向物流的发展

军事逆向物流是一个新的概念，但其所指譬如武器装备、报废物资的回收处理等在实际工作中一直存在着。我军制定的许多法规对军事逆向物流具有指导作用，如军委制定颁发的中国人民解放军后勤条例、中国人民解放军装备条例、中国人民解放军基层后勤管理条例等，其中均有部分内容对物资、装备的退役和报废、回收处理等工作进行了规范。

空军航空装备的快速发展，大批二代机逐渐进入退役阶段。为此，空军出台了一系列有关飞机报废处理的规章制度，并在随后的歼 -6 等老旧飞机退役中发挥了重要的指导作用，保证了飞机残值的回收，为退役飞机的再利用提供了依据。

近年来，我军有关逆向物流的工作实践有了进一步发展，但与外军相比，差距还很大。理论研究总体上仍处于探索阶段，缺乏对逆向物流理论和应用的深入、透彻研究。

在军事逆向物流管理中还存在很多问题，如机制不健全、意识淡薄、理论和实践研究不够深入等。

2. 我军航材逆向物流存在的问题

由于我国航材逆向物流起步较晚，航材逆向物流工作几乎都局限在军队自身状态，虽然在向军民融合的道路上突破与迈进，但实质性进展缓慢，其中暴露很多问题，具体包括以下几方面。

（1）在工作主体上，目前我军航材逆向物资的回收主要由使用单位负责，尚未有专门的主管机构，军民衔接也不畅。我国国防工业体制在长期的计划经济体制下，形成了具有自身特色的体制机制，对市场、对军队航材回收处理缺乏必要的开放性和兼容性。目前航材及航空保障装备退役报废的回收处理工作，与生产厂家没有任何关系，是部队自己独立完成的一项特殊任务，为完成退役报废航材的回收处理，有些需要重新立项、科研，造成一定程度的浪费。目前我国部分经营灵活、资金雄厚的民间企业不但掌握先进的处理技术，更有参与国防科研生产领域的热情，但是由于军民衔接不够通畅，非军工企业特别是民营企业很难参与军队航材逆向物流工作。

（2）在工作流程上，程序复杂周期长，错过了最佳回收利用期。航材从退役鉴定到退役审批一般需要经过一些必要的审批程序，周期大约为一年以上。此期间由于待退役装备已不使用，维护保养的程度大大降低，很多装备出现了老化生锈现象，最后只能作为金属回收，降低了可再利用价值。对报废航材随意拆卸零部件使装备受到了严重的损坏，破坏了其再生利用的价值，导致航材错过了再利用的黄金时期。

（3）在回收使用上，技术开发不足，资源再利用的效益不高。目前，我军航材均采用全寿命管理的方式，航材的使用时间主要由设计和生产单位规定，维修一般分为三级维修，经过多次翻修后，总寿命达到规定值即强制报废。航空退役装备虽然部分技术落后，但其残余价值仍然很高。由于退役航材的再利用手段欠缺，相关技术的开发不足，大部分退役航材只能进行简单的分解、毁形，残留物作为金属处理，造成了极大的浪费。

（4）在工作依据上，政策法规不健全，军民对接协调的规范性不足。1986 年 8 月，国家物资部门与军队主管部门联合签署了《关于军队退役、报废装备转交地方的处理办法》，规定军队退役、报废装备，除军队封存、训练、教学、生产留用外，其余由国家各级金属回收部门组织接收利用工作。随着武器装备的技术、结构日益复杂，退役航材的处置技术难度将不断增大，原有的处理办法已难以满足现实的需要。虽然民间企业技术潜力不断增强，实力雄厚，但是由于缺乏军民融合式航材逆向物流运行机制，相关政策法规不健全，军民对接协调的规范性不足，造成了在航材逆向物流领域军民融合的相对滞后。

3. 研究军民融合式航材逆向物流模式的意义

目前，空军现代化建设加速推进，退役物资的处置，大到飞机更新换代，小到包装物资的回收处理，都需要加强逆向物流管理。航材逆向物流是军事物流的重要组成部分，加强航材逆向物流管理，对于保守军事秘密、创建资源节约、建设绿色军营都具有重要意义。

1）资源节约、环境保护的需要

随着生产力的发展和科技的进步，所需要的航材种类和数量越来越多，而制造航材所需资源的稀缺性加剧了供需之间的矛盾，如果航材不经回收处理就丢弃，不仅浪费资源，恶化供需矛盾，还会造成环境污染。航材逆向物流管理在减少资源消耗和环境污染的同时，也有利于“绿色军营”建设，有利于部队的形象。

2）国情军情的现实需要

近年来我空军部队不断列装现代化高科技武器装备，大幅度提高了我军的战斗力。但现代武器装备的复杂性、先进性，从研发、生产到使用、维护都耗费了大量的资金，尽管我国军费随国民经济的增长而不断增加，但和发展现代化的装备和保障任务需求还不相适应。因此，我们应该利用科学的物流管理理论，充分利用好有限军费。航材逆向物流管理通过对退役、报废器材和物资的加工、处理、再利用，能够最大限度地节约原材料，降低成本，从而节省军费开支，并把节省的军费投入到航材保障最需要的地方。

3）保守军事秘密的需要

大部分航材，无论是材料的选择、结构的设计、功能的集成，还是报废的数量都不同程度涉及军事机密，如果它们退役或报废后即丢弃，必然对我军发展造成威胁。因此，航材的回收、处理都应符合部队的保密要求，对航材逆向物流有效管理是做好武器装备保密工作，防止研究成果和我军训练情况外泄的重要途径。

（二）航材逆向物流的基本特征和运行模式

1. 基本特征

1）分散性

逆向物流中需要回收的航材可能产生于库房因保管不当或过时淘汰的产品，也可能产生于因包装破损或运输损坏的产品，也可能产生于航空兵部队使用过的产品，具有分散性。

2）不确定性

一是回收航材种类的不确定。航材逆向物流回收的航材包括武器装备、器材、机械、电子产品、包装容器等，品种繁多，具有不确定性。二是部队提供回收航材的时机和数量也不确定。一般只有当航材失去原有使用价值时，部队才会提供出来，根据各种航材的寿命周期和使用情况，有可能一次只产生一件或几件，也有可能一次产生一批废弃航材。

3）多变性

由于航材逆向物流的分散性、回收时间和空间的不可控性，导致了逆向物流的多变性，主要体现在：一是逆向物流的不确定性，逆向物流结构复杂，地点分散，回收的航材也不可能集中一次向接收点转移；二是逆向物流的处理系统和方式复杂多样，不同处理手段对恢复资源价值的贡献差异显著；三是逆向物流技术具有一定的特殊性，多采用小型化、专用化的装运设备，一般要求使用简易、低成本的储存包装，常需要多样化的流通加工；四是逆向物流的不可控，主要是许多回收处理技术水平不高，在处理过程中需大量的人工操作，难以高效、经济地运作逆向物流系统，导致了逆向物流的不可控性。

4）费用的高昂性

由于回收航材通常缺少规范的包装，回收器材的数量也难以控制，常采用小型化设备运输，难以充分利用运输和仓储的规模效益，运输和存储费用偏高。另外，回收处理的技术水平不高，许多航材需要人工检测、判断和处理，导致了人工费用的增加，提高了回收成本，并且在回收、分拣、运输、存储、拆解中还要考虑到航材的保密性，又额外增加了物流成本。

5）保密性

由于军事航材的特殊性，航材本身包含着复杂的技术、工艺、型号、功能等保密信息，并且回收航材的数量、种类也包含着军事装备和训练强度的军事保密信息，因此在航材逆向物流过程中，应区别于一般的回收物资，警惕保密信息的泄露。

6）危害性

有些军用航材本身对社会安全存在一定的危害，如航空机关炮、航空机关枪等；有些器材具有一定的危险性，如航空弹药等；还有些器材具有剧毒，危及环境安全。这些废旧器材如不加严格管控，一旦流落到民间会对社会造成一定的危害。因此，对这部分器材的报废、回收、运输、存储和处置都需要专门机构、专业人员使用专业工具完成。

2. 运行模式

目前，我军航材逆向物流主要有自营模式、联营模式和外包模式三种运行模式。

1）自营模式

自营模式指由军队建立独立的逆向物流体系，自己管理物品的回收处理业务。废旧航材往往由机务部门通过交旧领新上缴给航材股，航材股把能够维修的器材通过运输部门送给工厂或承担维修的单位，而不能维修的器材送给后方仓库，后方仓库再统一做处理。

对于一些具有保密价值较大或具有较大危害性的航材，需要由部队的航材保障部门回收，进行有效的处置。对一些继续有使用价值的航材也需要由航材部门进行回收，如报废的飞机上一些部附件还没有报废，航材保障部门回收这些部附件既可以避免器材流失和浪费，也可以弥补因部分器材不再生产无法购置而导致的器材紧缺，这对完成老旧机种航材保障具有十分重要的意义。这种回收方式的不足是航材保障部门需要为回收建立专门的仓库，无形中增加了库存成本和运输成本，并且航材保障部门还要花费大量时间和精力处理这些烦琐事务，干扰了航材保障部门的主要工作。回避这个不足的方法是与制造厂商回收和第三方回收模式相结合：高价值品回收后交给制造厂商，由厂家完成拆卸、零部件再利用等；易造成环境污染或具有危险性的军品、军民通用的一些废品部队回收后交与第三方部门。

2）联营模式

联营模式指军队与生产相关产品的企业进行合作，建立共同的逆向物流系统。对一些价值较高、军事保密性不强的航材，可由航材制造厂商负责回收，航材保障部门可进行有效的监督和指导。航材厂家自营回收的模式可以使厂家对供应链有较强的控制能力，容易与其他业务环节配合，能够对逆向物流全面控制，还可以充分再利用回收产品。

3）外包模式

外包模式指军队将部分或者全部回收业务以付费方式交由第三方逆向物流供应商承担。在这种模式下军方不直接参与回收和处理逆向物流的产品，而是选择专业的物流企业负责回收和处理工作。这样能使部队的主要精力和资源集到日常工作和训练中，专注与航材保障的主要业务，也不需要出资建立逆向物流业务基础设施，可以将有限的经费充分投入到必不可少的航材保障中。因为第三方物流功能专业化、服务个性化、信息网络化、效益规模化，因此一般来说，外包模式较于其他两种模式有着明显的优势。

外包模式的不足，一是第三方机构可以根据航材原材料的成分、结构设计、消耗数量等，挖掘我军的军事机密，不利于保护军事秘密。二是失去了对航材回收情况的控制，只能通过第三方了解具体信息，容易受制于人。

（三）军民融合背景下空军航材逆向物流模式的具体做法

1. 分类检验回收航材、确定最优处理方案

先对回收的航材进行预处理，预处理包括分类、检验与处理决策。在回收的航材中，根据器材的质量对其进行分类，以确定器材的再使用、再重新加工处理或直接做报废处理。对回收的过时淘汰的航材，确认对其他机种是不是适合使用，或者是该机种已经停产，但国内和国外仍有使用，如果上述几条有一条是肯定的，应对该器材继续封存保存，以备未来的使用，如果上述几条都是否定的，就对该器材报废处理；对有些可修备件，确认是否进行修理后继续使用，如果可修后能够继续使用，应交给相关部门进行维修，维修后的器材再返回正向物流，注意的是有些器材尽管可以维修，但维修后使用价值不高，或者是维修的价格超过购买新品的一定比例，这样的器材维修的价值不大，也应做报废处理；对报废的某些航材，可对其分拆，分拆后的零部件是可以使用的，或者对其加工后可以使用，这部分航材应该进入下一个分拆程序；经采取多种方案后，确实无用的航材或零部件做报废处理。最后，对各方案进行效益分析，确定最优处理方案。

2. 重新整修老旧器材、再利用有价值部件

对在一些老旧飞机上拆下的可以继续使用的有价值的航材，经检测后，可对其封存，以备再次使用。对缺乏完整功能，但仍处于可用状态并且可以实现功能恢复的器材，可以重新制造后，封存并放到仓库中以备再次使用。航材制造商运用先进技术和产业化的生产手段，对废旧器材进行修复和改造，不仅大大降低了因制造新品的生产成本，而且充分利用了现有资源，高效、节能、环保，因此对废旧器材重新整修和再次制造越来越引起制造厂商的重视。

3. 维修调换破损部件、恢复器材工作状态

维修是指通过修补破损零部件或对其进行调换将产品恢复到其工作状态，而不涉及没有问题的零部件。如果航材无法按照设计要求工作，厂家就需要对其回收并维修。返回的航材有两种类型：保修的和非保修的。部队用户需要自行付费解决非保修产品的维修，所以对制造厂商来说，真正的问题在于保修期航材的回收。

4. 拆卸器材可用零件、检测零件再次利用

航材的再利用主要分为拆卸利用和再生利用。拆卸利用的目标是尽可能多地回收利

用航材中可再使用的零部件，通过有选择地对器材进行拆卸，对可以再利用的零部件进行检测，这些零部件可以用于维修、重新整修或再次制造其他产品的部件；在再生利用中，产品和零部件原有的属性和功能将丢失，但其中分离出的不同的物质材料将被重新用在新产品或相关产品的生产制造中。

5. 处理无价值的零件、合理利用废弃航材

对那些没有经济价值或严重危害环境的回收品或零部件，通过机械处理、地下掩埋或焚烧等方式进行销毁。掩埋或焚烧会对环境带来不利影响，如占用土地、污染空气等。因此，对报废器材应采取机械处理的方式进行碎片处理，或交给相应的第三方回收机构，尽可能地把废弃航材转变成为再生资源，进入再制造领域，使资源能被最大化使用。

（四）军民融合背景下我军航材逆向物流模式存在的问题及应对措施

1. 完善航材回收法律法规，从制度上重视逆向物流

目前，对于航材回收少有法律支持，很多航材缺乏法律的有效监护，而且现有的部分法律大都只是宏观性规定，缺少可操作性。要改善这一情况，首先，应对航空器材回收立法，并根据器材的类型和难易程度，规定回收的具体操作规范。特别需要指出的是，对于易燃易爆物品、高度危险性或者机密型的器材应有特别说明。其次，应对回收器材下达指标，并根据器材的重要性区别设立回收标准。对于器材的管理要量化，以保证航空器材的高回收率，并确保减少地方安全威胁。最后，加强对航材回收的法律法规学习和重要性教育，牢固树立官兵的器材回收意识，让每位官兵深刻认识到航材流向社会的危害性和对环境的破坏性，切实认识到航材回收的军事经济意义。

2. 加强航材逆向物流管理机构和机制建设

目前，航材逆向物流的管理机构和机制建设还处于起步阶段，难以对分散的使用单位废旧航材及回收过程进行有效管理。建立和完善航材逆向物流管理机构和机制，对我军逆向军事物流进行统一规划、统一建设。充分利用国家法律和相关政策，为航材逆向物流的建设和持续发展提供有力支持，确保回收器材资源的合理利用。

3. 全寿命周期管理，把航材回收处置纳入装备设计中

航材回收处置的相关问题应在装备研发时就加以重视并考虑其解决办法，否则到报废处理时就会既费时又费钱，甚至无法解决。因此，对待航材必须全寿命周期管理，优化设计。为了使器材尽量地减量化、再利用、再循环，以及在回收处置时对环境的影响最小，就要在装备论证设计时，考虑到这些问题并明确地规范。要求在装备论证设计时，要从全系统大局考虑，将器材的通用化、标准化作为设计的准则；要从全寿命的角度统筹，将可绿色设计、轻量化设计纳入设计要求，最大程度使用绿色材料，实现经济与环保的动态平衡；可拆卸设计就是要求产品零部件尽量模块化，这样既便于分解，又便于产品零部件的替代，还容易回收分解；再利用就是要求产品设计材料能被循环使用，并便于重新附加其价值，这样就能减少对短缺资源的使用，提高资源使用率，使器材和装备都具有便于回收处置的特性。

4. 开发创新再生利用技术，实现器材资源循环利用

报废航材处理方式是建立在一定的技术基础上的，因此加强航材退役报废相关技术

的研究，才是真正提高效费比、人员安全性和环境保护等可持续发展的途径。当前，世界各国正在积极发展不影响环境的报废装备处理技术，投入了大量科研力量，开发了一些比较先进的处理技术，出现了再制造工程技术等再生利用技术。传统的装备寿命周期是从论证、设计、制造、使用，到报废为止的一个开环系统。而未来的装备全寿命周期将是从“研制到再生”——装备使用到报废后通过回收再制造得到再生或改造，其物流是一个闭环系统。装备再制造是延长其全寿命周期、降低全寿命周期费用的有效手段。美军是目前世界上最大的再制造受益者，美国军队的武器装备大量使用再制造部件，不但节约了武器装备的制造经费，而且提高了其寿命和维修性。

5. 建立航材回收信息管理数据库，严格监控回收器材的流动

随着科技的发展，航材已经涉及陆、海、空、天甚至是外太空，器材种类纷繁复杂，器材的回收也变得越来越复杂，这就要求部队必须使用新型手段去实施器材回收管理，其中建立数据库就是一个比较可行的办法。数据库的建立可以将全军航空器材存入档案，每种在编器材失去价值退出编制后都有记录，有利于上级单位掌握下级单位器材的报废率以及实现对回收器材的监督，使下级单位更加重视器材回收。

建立航材回收信息管理数据库，还有助于优选航材供应商。在数据库中，航材的每次回收都应有备案，并附有简单的回收摘要。当每个下属单位将各自回收器材的具体情况录入信息系统后，上级单位就能定期对回收器材的回收原因进行具体统计和分析，找出影响航材功能发挥的主要原因，并提出相应的对策。总部则能根据信息系统中统计的具体器材回收原因，剔除不合格的或质量水平较差的航材供应商，从而寻找更加优秀的航材供应商。

6. 构建航材逆向物流网络，组建航材逆向物流回收处理中心

目前，航材回收多是以行政级别从下向上逐级交付，物资回收流程较为复杂，因此可考虑打破传统按编制回收的模式，建立专业的回收和再利用专业队伍，构建航材逆向物流网络，组建航材逆向物流回收处理中心。

美空军有第 309 航空航天维护与再生大队，负责废旧飞机的维护与零部件的回收利用，这支队伍编制稳定，专业性强。我空军也应该建立航材逆向物流回收处理中心，组建一支专业的回收队伍，负责老旧飞机的回收、维护以及再利用。

废旧航材的回收牵扯方方面面，地域范围也非常广阔，因此应该构建航材逆向物流的网络系统，依据对回收产品再处理形式的不同，可将航材逆向物流网络划分为再制造航材逆向物流网络、循环再利用航材逆向物流网络、退回航材逆向物流网络。将上述三种航材逆向物流网络和航材逆向物流回收处理中心进行优化集成就构成了完整的航材逆向物流网络。

7. 创新多种形式的逆向物流运作机制，走军民融合的发展道路

机制的保证才是根本的保证。我军在航材逆向物流活动中，要注重探索管理新机制，走军民融合的发展道路。况且航材逆向物流活动的分散性、复杂性、不确定性，使航材保障部门很多时候在处理航材逆向物流时力不从心，并且会占用大量的人力、物力、财力。为此，应根据航材的价值、保密性、危害性等进行分类，对不同类别的航材采取不同的逆向物流措施，减少航材保障部门人员的劳动强度，使航材保障部门利用有

限的人力资源利用精力进行重要的航材保障工作。

根据全空军军事单位分布情况，将回收物资按其重要性、危害性和保密性进行分类并分别予以处理。对于具有重要军事保密性或具有较大危害性的航材，应由航材保障部门成立专业处理中心专门处理，以防保密物资泄密危害国家安全，也防止具有较大危害性的航材流通到民间，危害公共安全。对于没有军事保密性但具有航材生产企业核心竞争力的高价值的航材，交由厂方去处置，这既保护了厂方的利益，又充分利用了厂方的人才、技术、设备优势，降低了部队处置回收航材的难度，减少了部队开支。对于军民通用的没有军事保密性和较低危害性的回收航材，或者是经部队去军事化处理后的器材也可交给第三方回收企业处理，第三方物流企业可利用自身的专业优势，提供物流设施、设备以及专业人员，为部队提供专业化服务。

课题组成员名单

课题主持人： 王　威　中国人民解放军空军勤务学院航材管理系副教授
课题组成员： 郑金忠　中国人民解放军空军勤务学院航材管理系副教授
张英锋　中国人民解放军空军勤务学院航材管理系副教授
刘　欣　中国人民解放军空军勤务学院航材管理系研究生
谢福哲　中国人民解放军空军勤务学院航材管理系讲师
刘　宝　中国人民解放军空军勤务学院航材管理系讲师
周丽华　中国人民解放军空军勤务学院航材管理系讲师

参考文献

[1] 胡锦涛．高举中国特色社会主义伟大旗帜，为夺取全面建设小康社会新胜利而奋斗［N］．人民日报，2012－11－18（1）．

[2] 余高达．军民融合式装备保障研究［J］．新时代国防，2009（1）：1－5.

[3] 吕文奇，李福生，左毅，等．对军民融合式装备保障理论建设探索［J］．装备指挥技术学院学报，2010，21（4）：22－23.

[4] 李卫，傅蕾，张晓艳．新形势下军融合式装备建设探要［J］．西安通信学院学报，2014，13（6）：100－101.

[5] 曹青，史梦龙，范泓源．试论我军后勤装备军民融合式发展的特性与必要性［J］．科技导刊，2015，8（2）：139－140.

[6] 王连山．武器装备建设走军民融合式发展道路的必要性［J］．中国军转民，2009（3）：21－24.

[7] 崔淑欣．民机航材备件需求清单编制方法研究［J］．中国科技投资，2016（20）：379－380.

[8] 周长玉，吴勇川，张英峰．基于群智能算法的新机初始备件组配优化［J］．徐州空军学院学报，2012，23（6）：53－54.

[9] 赵增庆．空军场站航材库存优化分析［D］．太原：空军勤务学院，2011：11－14.

[10] 贾瀛洲．物流外包在航材保障中的应用研究［D］．太原：空军勤务学院，2011：9－10.

［11］何亚群，柏林，李乐喜，等．航材保障理论与实践［M］．太原：空军勤务学院，2013.

［12］庞琨．着眼提高保障能力，优化军事物流体系［J］．人资社科，2013：301 －302.

［13］郑金忠．空军航材物流管理［M］．北京：空军装备部，2010.

［14］LAN MCDONALD. ADF's journey towards global military logistics system solution［J］. Australian Defence Magazine，2006，14（7）：42 －43.

［15］DAVID PUGLIESE Unmanned Aerial System Tested for Logistics Resupply Missions［J］. Army logistician，2009，41（1）：56 －58.

［16］STEFAN SCHMIDT. Logistics system pool － a new dimension for the supply chain［C］.//18th International Logistics Congress（ILC 2002）. 2002：17 －19.

［17］王宗喜，徐东，黄定政．我军现代军事物流体系建设研究［J］．军事交通学院学报，2011，13（4）：1 －2.

［18］刘建庭．构建战区现代军事物流体系的构想［J］．华南军事，2013（9）：30 －31.

［19］尤嘉玫．比较自营物流和第三方物流之间的差异［J］．现代经济信息，2013（15）：391 －392.

［20］王勇，许强，李明阳．物流运作模式分类研究［J］．中国水运：学术版，2007，7（9）：205 －207.

［21］范文革．第三方物流利弊分析与企业物流模式选择［J］．生产力研究，2012（8）：82 －83.

［22］潘娅媚．第四方物流运作模式及发展前景分析［J］．商业经济研究，2016（12）：82 －85.

［23］EMAD ROGHANIAN，PEIMAN PAZHOHESHFAR. An optimization model for reverse logistics network under stochastic environment by using genetic algorithm［J］. Journal of Manufacturing Systems，2014，33（3）：348 －356.

［24］ZHANG Z，VAN HUI Y，CHEN H，et al. A forward and reverse logistics shipment planning model［J］. The Journal of the Operational Research Society，2013，64（10）：1485 －1502.

［25］李松枫，刘宇，甄理．运动服装企业一体化物流模式研究［J］．物流技术，2012，31（7）：119 －120.

［26］李庆全，刘旭阳，王兵．基于 SCM 的现代军事装备物流模式研究［J］．军事物流，2011（3）：121 －122.

［27］吴超，陈然．构建军民融合式应急物流体系［J］．后勤学术，2011（2）：110 －111.

［28］王娅莎，姜昆，杨桦．浅析军民融合式应急物流体系的完善［J］．军事经济研究，2011（19）：19 －20.

［29］商建程．加强军民融合式应急物流体系建设浅见［J］．指挥学报，2012（6）：58 －59.

［30］刘行占，王虎．建设军民融合式军事物流体系应把握的问题［J］．联勤工作通讯，2011（9）：39 －40.

［31］陈华胜．军民融合式物流体系建设研究［J］．国防大学学报，2012（6）：89 －91.

［32］凌大荣，王猛．构建军民融合的军事物流体系［J］．中国军事科学，2008（6）：92 －94.

［33］李国兴，李德辉．构建军民结合物流体系分析［J］．中国物流与采购，2009（15）：60 －61.

［34］陈波，杨峰．中国特色军民结合物流体系分析［J］．中国军事科学，2010（2）：49 －59.

［35］姜大立，姚平．军民融合物流［M］．北京：国防工业出版社．2015.

［36］朱永利．军地一体化物流保障体系研究［D］．西安：长安大学．2014：11 －19.

［37］刘文，翟荣权．通信装备军民一体化维修保障建设探析［J］．装备学术，2012

(5)：38－41.

［38］宋建国，蔡宏霄．对地空导弹装备军民一体化维修保障的思考［J］．地面防空兵，2015(1)：62－63.

［39］杨王峰．航空装备军民一体化保障研究［J］．航空科学技术，2015（6）：1－4.

［40］薛培生．联合作战航材一体化保障浅论［J］．空军装备，2009（12）：40－41.

［41］蒋斌，郑金忠，吴勇春，等．动态联盟在军地物流一体化建设中的应用研究［J］．仓储管理与技术，2013（2）：3－4.

［42］黄秋爽，张志伟，吴卫国，等．基于虚拟物流联盟的军地物流一体化研究［J］．军事物流，2011，13（1）：65－70.

［43］王德广，余亚成，舒生．军队战备物资以厂代储采购应把握的几个问题［J］．军队采购与物流，2009（6）：48－50.

［44］吴震，李祖贤，刘鑫滨．加强军队战储物资以厂代储工作的思考［J］．军队采购与物流，2012（6）：50－51.

［45］孙静慧．做好战备药材“以厂代储”工作的对策［J］．军队采购与物流，2008(2)：72－73.

［46］刘恩志，吕鑫，郭绍峰．军队引入第三方物流的使用与管理［J］．军队采购与物流，2011(5)：63－65.

［47］陈庆选．对军队引入第三方物流的思考［J］．仓储管理与技术，2009（2）：3－6.

［48］王浙辉，徐常凯．第三方物流在我军军事物流中的应用研究［J］．仓储管理与技术，2006(5)：3－4.

［49］刘志坚，赵秀超．第三方物流在军事物流运用中的风险探讨［J］．仓储管理与技术，2010(4)：5－6.

［50］方芳，张执国．基于第三方物流的航材库存的架构管理研究［J］．航空维修与工层，2009(2)：74－76.

［51］LARRYGARVEY. Navy Success with PBL［C］. DAU/PMI Conference—Transforming DoD Logistics，2005（9）：31－35.

［52］周菲，张淄．美国海军基于性能的保障实践与启示［J］．国防技术基础，2013(1)：74－76.

［53］于洋．基于性能的后勤——利益最大化的保障理念［J］．国外兵器情报，2013(9)：44－46.

［54］宋乐．让基于性能的后勤更好地运作［J］．国外兵器情报，2013（1）：74－76.

［55］徐常凯，高辉，胡勇，等．美军航材保障理论与实践［D］．太原：空军勤务学院，2015.

［56］王爱民，智小龙，田旭．美军基于性能保障浅析［J］．石家庄机械化步兵学院学报，2010(4)：78－89.

［57］张红梅，毕媛园，郭祥雷．基于性能的装备保障理论研究现状分析［J］．军事经济研究，(10)：43－45.

［58］王志，李向阳，张明敬．浅析“基于性能的保障”的优点与不足［J］．装备保障研究，2013（6）：10－11.

共用系统中的托盘调度策略与战略决策研究*

内容提要：共享经济为我国绿色物流的发展打开了一个新的大门。托盘共用是一种典型的共享经济模式，可以实现对托盘的高效利用，具有重要的经济效益和社会效益，已在全世界获得了良好发展。我国推行托盘共用的时间较晚，但已获得了政府的高度重视。国务院发布的《物流业调整和振兴规划》和《物流业发展中长期规划（2014—2020年）》中均将发展托盘共用作为了物流业的一个重要创新技术写入规划。本研究报告主要分为以下三个部分。

第一部分介绍了研究背景，并系统分析了国内外关于托盘共用的研究现状；重点探讨了托盘共用信息化建设、供应链管理与优化、定价、跟踪调度、托盘质量控制、可持续发展（碳排放）、“互联网＋托盘共用”模式等托盘共用系统运作管理亟须解决的关键性难题的研究趋势；对我国托盘共用的发展提出了建议。

第二部分研究了既有确定因素，又有一般不确定因素，还有极端不确定因素的复杂情况下的托盘共用系统调度优化方法，采用随机相关机会规划和情景分析相结合的技术，构建了考虑混合型号托盘的托盘共用系统随机多情景调度优化模型。模型引入了可持续发展因子和客户优先级因子，以调度总成本最小为目标。通过数值求解和数值分析验证了模型的有效性，并证明了可持续发展因子和客户优先级因子对决策的重要影响。研究结果表明：①某类托盘可持续发展因子越大，说明其可持续发展成本越高，托盘共用系统管理者越应避免使用该种型号的托盘；②客户优先级因子越高，托盘共用系统管理者越应满足客户的需求。

第三部分研究了一个多托盘服务站、多周期、多托盘型号的城市共同配送中的托盘共用调度问题。首先构建了托盘共用系统管理者可以获得充足信息的条件下的最优化调度模型，通过算例证明了该模型能帮助决策者制定出科学的决策。利用MATLAB软件，通过数值分析研究了运输能力对决策的影响，并提出决策者可以采取科学预测和租赁/出租策略相结合的方法来使运输能力得到充分利用，从而降低运作成本。其次基于情景分析的方法，对托盘共用系统管理者在决策时尚有一些不确定不能通过历史数据进行预测时的情况下的最优化调度模型进行了研究，并证明了在存在不确定因素时，多情景规划模型比确定性模型更加有效。

据我们所知，尚未有人对本课题所提出的问题进行过研究，本研究成果对我国目前蓬勃发展的托盘共用系统的运营具有非常重要的意义。

一、绪论

（一）课题的提出

随着“互联网＋”的兴起，共享经济再次受到了关注。近年来，以交通行业的优

---

* 本课题（2016CSLKT3－015）荣获2017年度中国物流学会课题优秀成果奖一等奖。

步（Uber）和旅游住宿行业的爱彼迎（Airbnb）为典型代表的共享经济模式迅速发展，颠覆了传统行业，创造了巨大的经济效益。普华永道 2015 年的研究报告显示，到 2025 年，全世界共享经济的市场价值将超过 3350 亿美元。我国 2016 年政府工作报告中也强调要支持共享经济的发展。事实上，共享经济并不是一个新事物，早在 1945 年第二次世界大战结束后，集保（CHEP）公司就在澳大利亚利用美军遗留的托盘开展了托盘共用服务，而托盘共用就是一种典型的共享经济模式。

托盘又名栈板，英文名为 Pallet，它是一种承载装置，目前在全世界物流作业中被广泛应用，与集装箱共称为 20 世纪物流业中的两大关键创新。

托盘共用，英文名为 Pallet Pool，它是指供应链上的企业通过租赁和交换等形式实现对托盘的高效重复利用，以提高物流作业效率。这种共用实质上是指在物流作业中，作为承载工具的托盘能够随货物在供应链上移动，直至最终确需将货物和托盘拆开，也即实现“单元化物流”的理念。

托盘共用作为一种先进的托盘管理方法，能够显著地降低托盘使用量，从而减少对木材和塑料等原材料的使用，降低碳排放（研究显示托盘共用能减排 CO_2 约 11 万吨）；减少物流作业中的无效装卸作业，以提高物流作业效率、减少对货物的损害。

自从第二次世界大战期间在澳大利亚兴起，托盘共用就已在美国和日本等发达国家得到了快速发展。我国的托盘共用发展至今虽仅有短短不到十年的时间（尽管 1965 年我国铁路就开始试验托盘共用，但未获得成功），但目前已得到我国政府的高度认可和支持，在国务院发布的《物流业调整和振兴规划》和《物流业发展中长期规划（2014—2020 年）》中，均将发展托盘共用作为物流业的一项重要创新技术写入规划，并要求尽快推广。北京市、上海市、广东省、内蒙古自治区等各省、直辖市和自治区政府亦将发展托盘共用作为其物流业发展的一项重要举措。在良好的政策背景下，近年来，以招商路凯、中包精力为代表的各类托盘共用运营服务商获得了快速发展。

目前对托盘共用调度问题的专项研究还很少，本课题则主要对共用系统中的托盘调度策略与战略决策进行研究。本课题主要解决的问题如下。

第一，采用随机相关机会规划和情景分析相结合的方法，构建考虑混合型号托盘的托盘共用系统随机多情景调度优化模型。模型以调度总成本最小为目标，以供给能力约束、运输能力约束、装卸能力约束等为约束条件，引入可持续发展因子和客户优先级因子，考虑诸多一般不确定和极端不确定因素。通过数值求解和数值分析验证了模型的有效性，并证明了可持续发展因子和客户优先级因子对决策的重要影响。

第二，研究了一个多托盘服务站、多周期、多托盘型号的城市共同配送中的托盘共用调度问题。首先构建了托盘共用系统管理者可以获得充足信息的条件下的最优化调度模型，通过算例证明了该模型能帮助决策者制定出科学的决策。利用 MATLAB 软件，经数值分析研究运输能力对决策的影响，并提出决策者可以采取科学预测和租赁/出租策略相结合的方法促使运输能力得到充分利用，从而降低运作成本。其次基于情景分析的方法，对托盘共用系统管理者在决策时不能通过历史数据进行预测时的最优化调度模型进行了研究，并证明了存在不确定因素时，多情景规划模型比确定性模型更加有效。

（二）国内外研究现状及展望

1. 研究现状

在物流作业中，企业可以通过多种方式利用托盘。按企业是否具有托盘的所有权可以划分为租赁使用和购买使用两种方式。按是否重复使用托盘可以划分为一次性使用和重复使用两种方式。按是否在供应链上流动可以划分为静态使用和动态使用两种方式。如图1、图2和图3所示。

（a）租赁使用　　（b）购买使用

图1　按是否具有托盘所有权划分

（a）一次性使用　　（b）重复使用

图2　按是否重复使用托盘划分

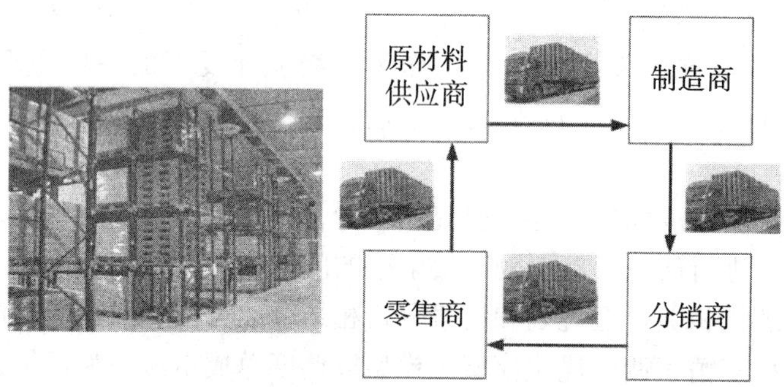

（a）静态使用　　（b）动态使用

图3　按是否在供应链上流动划分

托盘共用是一种重复动态使用的托盘使用方式，而其所有权既可归租赁企业所有（如集保和招商路凯的模式），也可归使用企业所有（如美国邮政的模式）。托盘共用是目前最有效的一种托盘管理模式，也是学术界最关注的托盘管理模式。

在学术领域，自20世纪60年代开始欧美发达国家就已开始了对托盘共用的研究，而在我国则是从21世纪才开始研究托盘共用。2001年《物流技术与应用》刊出一篇介绍推盘共用系统的研究文献标志着托盘共用正式进入我国学术研究的视野，而我国学者的第一篇关于托盘共用的研究是《论中国托盘共用系统的建立》。时至今日，国内外有关托盘共用的研究文献已很多，然而尚无关于托盘共用研究的文献综述。因此本课题将对现有托盘共用的研究文献进行梳理，以厘清研究现状，判断发展趋势，为这一重要的共享经济模式的发展提供理论指导。

在谷歌学术搜索中将“Pallet Pool（托盘共用）”以“出现在文中任何位置”的方式检索可以检索到14000篇文献，但这些文献大多不是以托盘共用作为主要研究的问题，因此不对这些文献进行全面分析。而以“Pallet Pool”为标题检索，可以检索到38篇文献，以“Pallet Rental”为标题检索可以检索到10篇文献。所有论文中被Web of Science（科学网）核心集数据库检索18篇，其中以“Pallet Pool”为主题检索14篇，以“Pallet Rental（托盘租贷）”为主题检索4篇文献；被EI（工程索引）检索32篇，其中以“Pallet Pool”为标题检索28篇，以“Pallet Rental”为主题检索4篇文献（未区分同时被SCI（科学引文索引）和EI检索的论文）。

在中国知网（CNKI）数据库中，以“托盘共用”出现在全文可以检索到7679篇文献。同样，这些文献大部分不以托盘共用作为主要研究的问题，因此不对这些文献进行全面分析。而以“托盘共用”为篇名可检索到99篇论文，以“托盘租赁”为篇名可检索到17篇论文，以“托盘联盟”为篇名可检索到4篇论文，即总共有120篇论文。所有论文中有博士论文1篇，硕士论文12篇，被EI检索5篇，CSSCI（中文社会科学引文索引）检索5篇。

纵观国内外有关托盘共用的文献，研究重点集中在效益分析、模式探讨、供应链管理、信息化建设、调度模型及算法、定价、托盘质量控制、可持续发展（碳排放）等方面。

1）托盘共用的效益分析

托盘共用的经济、社会效益非常显著。坂井健二指出发展托盘共用对企业和自然均有利。奥古斯顿（Auguston）等提出托盘共用未在美国得到良好发展。唐（Don）提出托盘共用不仅能节约成本，而且能提高仓储、运输的作业效率。维特通过对集保公司的研究证明了托盘共用的效用。瑞布兰德（Raballand）等指出托盘共用能帮助企业降低运营成本。吴清一、孟国强和孙珂以及李太平均声明发展托盘共用对我国来说意义重大。瑞典构建的托盘共用系统简化了瑞典火车站发往英国的货物运输的手续。雷（Ray）的研究证明托盘共用系统对美国具有重要意义。布林德利（Brindley）对蓬勃发展的中国托盘共用系统进行了研究，认为中国托盘共用市场的未来潜力非常巨大，并特别指出招商路凯在中国的托盘共用发展中起到了非常重要的作用。

但雷等人通过研究则发现企业租赁托盘的费用可能比购买更高。瑞斯菲尔德（Lacefield）和莫斯可达（Mosqueda）的研究证明选择托盘共用还是自有托盘，需根据企业的实际情况决定，托盘共用并非适用于所有企业，这正是雷等人得出与主流观点相反结论的原因。

企业对托盘共用的认可度越来越高是托盘共用具有良好效益的最好证明。2014年，迈克尔（Michel）在美国对托盘使用企业调研后发现，57%的被访企业更倾向于使用托盘共用服务，同比增加了13%。

综上所述，建设托盘共用系统的效益非常显著。特别是对于转型期的我国来说，发展托盘共用能显著提高物资流通的速度和效率，降低物流成本，提升经济发展活力。

2）托盘共用模式分析

传统观点认为托盘共用的模式主要包括租赁、交换和租换并用模式。而哈里斯（Harris）和沃雷尔（Worrell）则将托盘管理的模式分成了所有权转移（Transfer of Ownership）、托盘交换（Pallet Exchange）和托盘共用（Pallet Pool）三种，且又将托盘共用分为了第三方拥有托盘共用系统、第三方管理托盘共用系统和私有托盘共用系统。第三方拥有托盘共用系统即托盘租赁，而第三方管理托盘共用系统和私有托盘共用系统实质都是企业内部的托盘共用，前者由专业第三方管理企业内部托盘，后者由企业自己管理内部托盘，因此不能算作真正意义上的“托盘共用”。因此可以总结为，基本的托盘共用模式主要包括租赁、交换和所有权转移，而企业亦可根据需要同时选用两种或三种模式结合使用，即所谓的租赁交换（租换并用）、转移交换、转移租赁、转移租赁交换。三种托盘共用模式比较如表 1 所示。

表 1　　三种托盘共用模式比较

模式	租赁	交换	所有权转移
角色组成	托盘租赁服务提供商 + 客户	供应链上下游合作伙伴	供应链上下游合作伙伴
运作方法	托盘租赁服务提供商为客户提供托盘出租、回收和维修等服务，客户无托盘的所有权，仅在支付租金后使用托盘。托盘在所有客户之间可随货物移动	供应链上下游合作伙伴交接货物时，下游企业接收货物的同时接收托盘，并将自己的同等数量的托盘交给上游企业，实现托盘的交换	供应链上下游合作伙伴交接货物时，下游企业接收货物的同时需要向上游企业购买托盘，实现托盘所有权的转移
优点	专业管理，各自专注核心竞争力，能显著降低客户物流成本	投资小、操作简单	投资小、操作简单
缺点	投资大、操作复杂	合作伙伴间的托盘质量不一致将影响合作继续进行	上下游企业之间交易不均衡将导致下游企业不愿意购买托盘，或者上游企业不愿意出让托盘

尽管各类托盘共用模式都各有优缺点，但是租赁和交换模式目前在全世界都获得了良好发展（对于大多数国家来说，租赁和交换模式都同时存在，也即租换并用模式），而所有权转移模式则只在特定领域内存在。英国首先提出了租换并用模式。在我国，王世鹏认为租赁模式较为适用。李太平和赖郁尘则建议我国应采取租换并用模式发展托盘共用系统。喻乐认为铁路也应发展租换并用的托盘共用模式。金寿松和葛海青借鉴商业银行的运作模式，提出了“托行”模式，其组织机构由总行、支行和托行代理点组成，客户可就近从各级托行中租、还托盘，而各级托行间则通过交换实现托盘的均衡配置，该模式实质仍是租换并用模式。

我国各地区经济发展水平各不相同，因此租赁、交换、所有权转移的模式都可以找到适用的地区或行业。但事实上，这些经典的托盘共用模式已经不能满足我国的需要，我国的企业家们已经在探索具有中国特色的托盘共用模式，比如集托网提出的开放式托盘共用平台即是针对我国特点提出的一种创新模式，该平台盘活了分散在我国各个行业的各种闲置托盘，通过互联网让这些托盘能够被充分利用，是一种新型的“互联网+托盘共用”模式。

3）托盘共用供应链管理及信息化建设分析

托盘在供应链上下游间的高效流动，依赖于有效的供应链管理和信息管理。埃利亚（Elia）等设计了一个闭环托盘管理供应链系统，该系统由托盘供给者、托盘回收者、上游客户和下游客户组成。徐琪研究了托盘共用供应链管理的方法，并设计了一个基于RFID技术的托盘共用电子商务信息平台，该平台能够实现信息的实时采集、处理和交换。加拿大托盘协会（CPC）开发了一套CTS web系统对其托盘共用系统进行全面管理。尼奥尼（Gnoni）等、张（Zhang）等、马（Ma）等以及金（Kim）研究使用了RFID技术对托盘进行跟踪定位。金寿松和葛海青设计了一套基于RFID技术的托盘管理信息系统，能实现托盘的出租回收和仓储管理等功能。陈晓贞采用B/S架构，基于RFID技术设计了托盘租赁信息系统。赵臣提出了托盘共用方案解决托盘跟踪问题。赵（Zhao）提出了基于快速响应（QR）的托盘共用服务供应链信息服务框架模型，研究了可扩展标记语言（XML）数据共享、数据链接和数据库的双向映射规则等问题。尽管目前已有一些关于托盘共用供应链管理及信息化建设的研究，但是这些研究还处于起步阶段，不能满足托盘共用事业发展的需要。

4）托盘共用调度模型及算法

调度问题是托盘共用系统运作管理的核心问题，调度方案的优劣直接关系到托盘共用系统的存亡。一个完整的托盘共用调度作业包括了购买、租赁、分派、再分派、回收、维修、处理等过程（见图4），且需要考虑托盘毁坏、丢失等问题，调度作业非常复杂，因此成为了全世界托盘共用企业共同面临的难题。

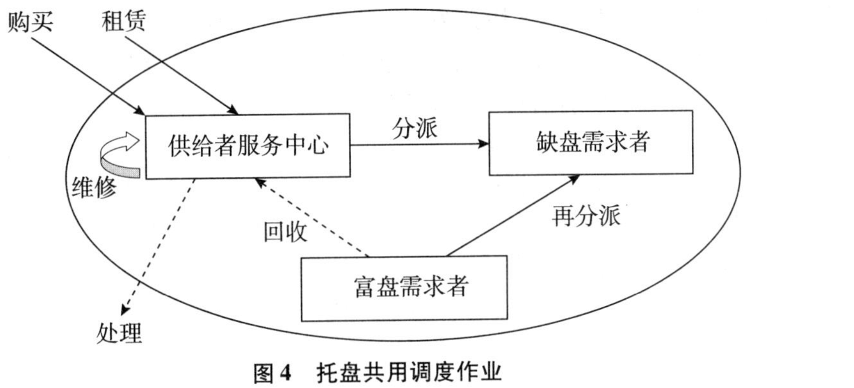

图4　托盘共用调度作业

莫斯可达（Mosqueda）提出管理者如果不能有效控制调度成本，托盘共用系统就不可能获得成功。布森（Brindley）对集保公司、iGPS公司等托盘共用行业的领导企业进行了调研，结果显示调度问题是所有这些企业都未解决的难题。勒布兰克（LeBlanc）

和德利（Brindley）分别对加拿大托盘协会 CPC 和美国 PECO 公司进行了调研，两个公司的高层领导人均认为毁坏率是影响托盘调度效率的最主要因素。任建伟和章雪岩基于一个改进的托盘共用系统，从托盘回收的视角研究了同时考虑回收和分派的托盘调度问题，构建了整数规划模型和随机规划模型，紧接着，他们将托盘调度细化为分派、再分派和回收三个过程，构建了一个两阶段随机机会约束规划模型。任建伟等则将托盘调度划分为了购买（租借）、分派、再分派、回收四个过程，并在此基础上为没有充足历史数据未来预测不确定情况下的考虑混合型号托盘的托盘共用系统调度问题构建了多情景规划模型。周康等基于铁路托盘共用系统构建了空盘调度模型，模型考虑了调运时间约束。紧接着，他们又去除了铁路托盘共用系统这一限制，将模型扩展到了普通的托盘共用系统，构建了调度优化模型。李艳分别构建了不考虑再分派和考虑再分派的调度优化模型，并设计了遗传算法进行求解，通过两个模型的求解结果对比得出通过再分派能有效降低调运成本的结论。吴晓红等人建立了考虑成本最小和客户满意度最高的多目标调度优化模型。游玲君建立了同时考虑重要客户先满足、成本最小和客户满意度最高三个目标的多目标调度优化模型。温（Wen）等人从托盘回收的视角建立了托盘共用调度优化模型。周（Zhou）则设计了一套克隆免疫算法求解托盘共用调度模型，较传统的遗传算法更加有效。倪（Ni）等基于托盘生命周期的分析，建立了考虑生产、分派、再分派、回收、维修等托盘全生命周期的调度模型。杜潘托（Doungpattra）等人针对宠物食品行业的托盘调度问题进行了研究，构建了以成本最小为目标的调度优化模型。向紫燕等从战略层面建立了托盘回收逆向物流网络随机规划模型。

托盘共用调度模型及算法文献分析如表 2 所示。

托盘共用调度问题是调度理论新的应用领域，目前研究成果非常少，高水平的研究成果更少。但调度理论却早在 1954 年就开始被研究，并已在机器排程、生产调度、运输调度、集装箱调度等领域得到广泛应用。学者们在从事托盘共用调度研究时可借鉴相关领域的研究成果。

5）托盘共用其他问题

尽管托盘共用在全球获得了快速发展，但是托盘丢失率高、回收难、碳排放测定难、标准化难、定价复杂等问题却始终未得到有效解决。卡瑞农（Carrano）等人证明实行托盘共用可以高效利用托盘，从而降低对原材料的损耗和对托盘生产作业的需要，进而降低碳排放。白特森（Bengtssona）等人也证明托盘共用较一次性托盘更加环保。1200mm × 1000mm 规格的托盘被认为应定为中国托盘共用系统中的标准托盘，而这也将有助于实现对托盘的有效利用和回收。徐琪提出了考虑了租期和返回率影响的协调优化定价策略，能使托盘共用供应链系统双方共同获利。武钧等则从收益管理的视角，提出了制定托盘租赁市场执行价格和重点客户实际执行价格两类价格的动态定价策略。托盘共用系统非常复杂，值得研究的问题很多，不同的研究者可以从不同的视角对其展开研究。

表 2　托盘共用调度模型及算法文献分析

层次	文献	需求	供给	库存能力	运输能力	装卸能力	盘型	整车运输	毁坏率	多模/单模	求解方法/软件	备注
战略层	向紫燕等	随机	确定	确定	—	—	单一	—	确定	单模	遗传算法	终端选址，目标为成本最小
战术层	任建伟等	确定	随机	确定	确定	—	单一	—	—	单模	LINGO	目标为成本最小，考虑分派和回收
	任建伟等	随机	—	—	随机	—	单一	—	—	单模	LINGO	目标为成本最小，考虑分派和回收
	任建伟等	随机	随机	确定	随机	随机	单一	—	—	单模	LINGO	目标为成本最小，考虑分派、再分派和回收
	任建伟等	极端不确定	极端不确定	极端不确定	极端不确定	极端不确定	不可替代	整车	极端不确定	单模	LINGO	目标为成本最小，考虑购买（或租借）、分派、再分派、回收
	周康等	确定	确定	—	确定	—	不可替代	—	—	单模	CPLEX	目标为成本最小，考虑租赁和分派
	周康等	确定	确定	—	确定	—	单一	—	—	多模	CPLEX	目标成本最小，且运输时间满足客户要求，未考虑模式间衔接对决策的影响
	李艳	确定	确定	确定	确定	确定	单一	整车	—	单模	遗传算法+MATLAB	目标为成本最小，考虑分派和再分派
	吴晓红等	确定	确定	确定	确定	确定	单一	整车	确定	单模	LINGO	目标为成本最小和客户满意度最高，考虑分派、再分派和回收
	游玲君	随机	随机	—	随机	—	不可替代	—	—	单模	LINGO	目标为重要客户先满足、成本最小和客户满意度最高，考虑租赁和分派
	温等	确定	确定	—	—	—	单一	—	—	单模	—	目标为成本最小，考虑分派和回收
	周等	随机	确定	—	—	确定	单一	—	—	单模	免疫克隆算法	目标为成本最小，考虑分派
	倪等	随机	随机	—	—	—	单一	—	—	单模	遗传算法	目标为成本最小，考虑生产、分派、再分派、回收和维修

2. 研究趋势及展望

托盘共用是一种典型的共享经济模式，对我国发展绿色物流具有重要的意义。然而作为一个新兴的研究领域，目前国内外关于托盘共用的研究还很少，且大多数研究是关于托盘共用发展模式探讨和效益分析等方面的定性研究。通过文献分析可以发现，近年来关于托盘共用信息化建设、供应链管理与优化、定价、跟踪调度、托盘质量控制、可持续发展（碳排放）等的研究正在逐步增多，而这些问题恰恰是托盘共用系统运作管理的关键性难题，因此可以预见，未来这些研究将会成为热点。

现有关于托盘共用信息化建设的研究主要是基于RFID、可扩展标记语言等技术实现对托盘的跟踪监控和信息的充分共享，随着传感技术、云计算、大数据等新技术的推广应用，这些技术也将被用于托盘共用信息化建设，以实现对托盘的可视化管理，提高决策科学性。

托盘共用供应链管理与优化是最近几年才开始出现的研究方向，目前主要集中于对供应链系统设计的研究，但供应链管理是个复杂的问题，除系统设计外，还包括合作伙伴选择、风险控制等诸多问题，如何根据“托盘”的特点开展相关研究是学术界需要解决的问题。

托盘调度方案关系托盘共用系统的存亡。现有文献大多从理论的角度探讨调度模型和算法，却没有实际数据作为支撑，严重影响了结果的可信性和实用性，且现有研究成果大多是从战术的层面研究托盘调度优化策略，很少有文献从战略层面研究调度策略对决策的影响。因此未来的研究可从实证研究和战略研究等方面着手。

托盘属于易逝品，对其租赁价格合理定价能显著提升托盘租赁企业的利润。然而现有托盘租赁企业大多采用谈判定价的方式，即托盘租赁企业与客户协商确定价格，不具科学性，也丧失了获取丰厚收益的机会。采用收益管理的理论，结合托盘租赁企业的运作特点，制定科学的定价体系将是未来研究的热点。

可持续发展问题是备受学术界关注的热点问题。托盘共用系统的建设能促进经济社会的可持续发展，然而如何科学评估其对可持续发展的影响，并进一步采取有效手段（如使用环保材料、改进运输方式和改善托盘处理方法等）降低使用托盘本身对环境的负面影响是需要进一步深入研究的问题。

共享经济已渗透到了交通出行、生活服务、医疗保健等几乎所有领域。在物流领域的典型共享经济模式——托盘共用尽管已经在全世界获得了较好的发展，但是与优步（Uber）和爱彼迎（Airbnb）的爆发式发展相比，其发展速度就显得太过缓慢。导致这一现象的根本原因是现有托盘共用模式大多都是基于线下发展，即使使用了互联网技术也仅仅停留在线上展示阶段，没有真正拥抱互联网。正如前文所述，“互联网+”让共享经济重焕生机，借助“互联网+”的翅膀，或许能让托盘共用实现突破式发展，“互联网+托盘共用”模式创新需要被深入研究。

托盘共用系统建设是个长期的巨大工程，建设的过程中必将面临各种各样的问题，我们建议：①充分借鉴国外发展经验。国外托盘共用的发展已经有半个多世纪，积累了丰富的经验，我国托盘共用系统的建设可以充分借鉴美国、澳大利亚、日本、韩国等发达国家的经验。②高度重视我国国情。我国的政治体制、地理环境、经济发展水平、社会文化等都与其他国家有很大不同，在发展托盘共用系统时必须高度重视我国国情，基于我国国情推进托盘共用系统的建设。③注重产学研结合。托盘共用系统建设涉及大量的科学问题，需要学术研究成果作为支撑，也需要大量专业技术人才作为支撑，因此托盘共用系统的建设必须走产学研结合的道路，三方位协调发展才能保证我国托盘共用系统建设的快速、健康发展。④市场主导和政府引导。托盘共用本质上是一种共享经济，具有较大的经济效益和社会效益，因此必须坚持市场主导发展，但是为了规范其发展，必须充分发挥政府的作用，制定发展规划、完善政策法规、提供公共服务。⑤统筹谋划与突出特色。我国托盘共用系统建设起步较晚，具有后发优势，因此必须做好统筹谋划，绕过国外曾经经历的混乱发展阶段，直接进入规范发展阶段。同时，我国的托盘共用建设也必须大胆创新，突破现有托盘共用发展模式，创造出有特色、富成效的新型发展模式，才能赶上甚至超过国外的托盘共用系统的发展水平。

二、基于托盘共用系统的多型号托盘调度模型*

（一）问题描述

一个典型的托盘共用系统运作流程如图 5 所示。

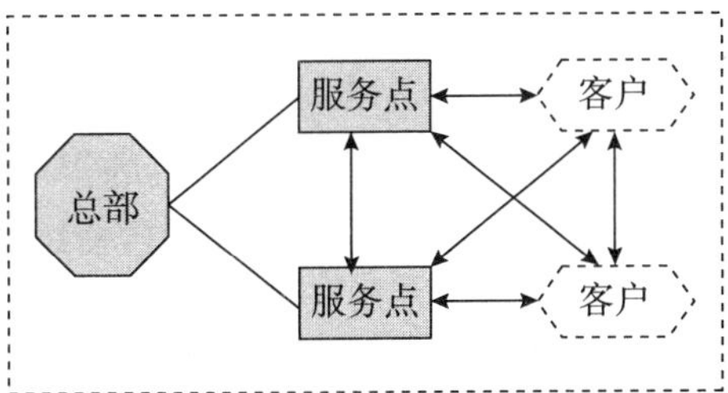

图 5　托盘共用系统运作流程

①托盘共用系统总部负责整个托盘共用系统的运营和管理。

②客户与托盘共用系统签订合同。客户向托盘共用系统请求空托盘，托盘共用系统从最近的服务点将空托盘发送给客户。

③客户使用托盘运输货物到达供应链下游。供应链下游客户卸载货物后，将托盘存放到指定地点，并在托盘数量积累到一定程度时，请求托盘共用系统回收托盘。

④托盘共用系统派最近的服务点回收托盘，并对托盘进行分类、检测、维修后重复使用。

托盘共用系统调度问题之所以难以解决，是因为托盘共用系统涉及区域广、行业多，具有跨企业调度的特点，许多因素很难预测或控制，比单个企业调度面临着更多的不确定性。然而目前关于托盘共用系统调度的研究仅就确定、随机和极端不确定等特殊情况的调度方法进行了研究，但在实际运作中，管理者面临的可能是有些因素是确定的、有些因素是一般不确定的、有些因素是极端不确定的，对于这种复杂的情况，目前尚未有相关研究。所谓一般不确定和极端不确定根据是否可基于历史数据采用统计的方

---

* 本部分内容已发表论文 *An optimization model for multi - type pallet allocation over a pallet pool*。

法估算不确定参数来区分，即如果可基于历史数据采用统计的方法估算不确定参数，视为一般不确定，否则视为极端不确定。

从可持续发展的视角来看，是重复使用旧托盘满足需求，还是直接使用新托盘满足需求对环境所产生的影响是完全不一样的，托盘共用系统管理者决策时必须考虑可持续发展成本，因此本课题在托盘共用系统调度模型中引入可持续发展因子。

从客户战略的角度来看，为了最大化公司的经济效益，托盘共用系统管理者应采取差异化策略来满足客户的需求，因此本课题在托盘共用系统调度模型中引入客户优先级因子。

综上所述，本课题将考虑可持续发展因子和客户优先级因子，研究托盘共用系统管理者在同时面临确定、一般不确定和极端不确定因素的复杂情况时的调度优化方法。

（二）模型构建

1. 基本假设

①专业托盘共用系统中有多种型号的托盘，且各种型号的托盘不能互相替代。

②由于缺盘需求者的需求是极端不确定的，因此供给者可以不满足或超过缺盘需求者的需求，但必须支付惩罚成本，且前者的惩罚成本比后者高。因为如果供给者不能满足缺盘需求者的需求就可能失去该客户。惩罚成本是客户优先级、单位惩罚成本和未满足或超过需求的绝对数量的乘积，即客户优先级越高，惩罚成本越高。

③供给者可以从系统外购买托盘来满足缺盘需求者的需求，且购买数量没有限制，但购买新托盘除需支付购买成本外，还必须支付较高的可持续发展成本，且不同材质的托盘可持续发展成本也不同。

④由于富盘需求者处的待回收托盘是极端不确定的，因此供给者可以不将富盘需求者的待回收托盘全部收回，但需支付惩罚成本。惩罚成本是客户优先级、单位惩罚成本和未回收托盘数量的乘积，即客户优先级越高，惩罚成本越高。

⑤供给者服务中心的各种型号托盘的可供给量、供给者服务中心的库存能力、供给者服务中心的装卸能力均有准确的历史数据可供参考，故分为确定和随机两部分（一般不确定），所有随机数均为独立的随机数，且已知其分布函数。

⑥缺盘需求者对各种型号托盘的需求量、富盘需求者待回收的各种型号托盘的数量、富盘需求者待回收的各种型号托盘的毁坏率、每条线路的运输能力、缺盘需求者的装卸能力、富盘需求者的装卸能力等无准确的历史数据可供参考，故均为极端不确定因素。

⑦各种型号托盘的单位运输成本、单位库存成本、单位装卸成本、单位惩罚成本、单位购买成本、单位可持续发展成本均确定。

⑧各种型号托盘占用的库存能力、装卸能力、运输能力均确定。

⑨仅考虑在某一时间段内的最优化专业托盘共用系统调度方案。

2. 模型构建过程

$$\min f = \sum_{s=s_1}^{sn} w_s \times \left(\sum_{i=1}^{I} \sum_{j^0=1}^{J^0} \sum_{p=p_1}^{p_n} C_{ij^0p} X_{ij^0p}^{s} + \sum_{j^1=1}^{J^1} \sum_{j^0=1}^{J^0} \sum_{p=p_1}^{p_n} C_{j^1j^0p} X_{j^1j^0p}^{s} + \sum_{j^1=1}^{J^1} \sum_{i=1}^{I} \sum_{p=p_1}^{p_n} C_{j^1ip} X_{j^1ip}^{s} + \right.$$

$$\sum_{i=1}^{I}\sum_{p=p_1}^{p_n}C_{hp}H_{ip}^{s}+\sum_{p=p_1}^{p_n}\sum_{i=1}^{I}C_{lip}(\sum_{j^0=1}^{J^0}X_{ij^0p}^{s}+\sum_{j^1=1}^{J^1}X_{j^1ip}^{s})+\sum_{j^1=1}^{J^1}\sum_{p=p_1}^{p_n}C_{lj^1p}(\sum_{j^0=1}^{J^0}X_{j^1j^0p}^{s}+\sum_{i=1}^{I}X_{j^1ip}^{s})+$$
$$\sum_{j^0=1}^{J^0}\sum_{p=p_1}^{p_n}C_{lj^0p}(\sum_{i=1}^{I}X_{ij^0p}^{s}+\sum_{j^1=1}^{J^1}X_{j^1j^0p}^{s})+\sum_{i=1}^{I}\sum_{p=p_1}^{p_n}C_{Kip}K_{ip}^{s}+\sum_{j^0=1}^{J^0}\sum_{p=p_1}^{p_n}C_{K_0j^0}C_{K_0p}^{s}\left|K_{j^0p}^{s}\right|+$$
$$\sum_{j^1=1}^{J^1}\sum_{p=p_1}^{p_n}C_{K_1j^1}C_{K_1p}K_{j^1p}^{s}+\sum_{i=1}^{I}\sum_{p=p_1}^{p_n}C_{dHp}h_{ip}^{S}+\sum_{p=p_1}^{p_n}C_{dOp}(\sum_{i=1}^{I}\sum_{j^0=1}^{J^0}X_{ij^0p}-\sum_{i=1}^{I}h_{ip}^{S}+\sum_{j^1=1}^{J^1}\sum_{j^0=1}^{J^0}X_{j^1j^0p}))\tag{1}$$

$$\Pr\{\sum_{j^0=1}^{J^0}X_{ij^0p}^{s}-S_{ip}-H_{ip}^{s}\leqslant\alpha_{ip}\}\geqslant\delta_{ip}\tag{2}$$

$$\sum_{j^0=1}^{J^0}X_{ij^0p}^{s}\geqslant H_{ip}^{s}\tag{3}$$

$$\Pr\{(\sum_{j^0=1}^{J^0}X_{j^1j^0p}^{s})/(1-\tau_{j^1p}^{s})-S_{j^1p}\leqslant\alpha_{j^1p}\}\geqslant\delta_{j^1p}\tag{4}$$

$$K_{ip}^{s}=S_{ip}^{s}+H_{ip}^{s}-\sum_{j^0=1}^{J^0}X_{ij^0p}^{s}+\sum_{j^1=1}^{J^1}X_{j^1ip}^{s}\tag{5}$$

$$\Pr\{\sum_{p=p_1}^{p_n}\upsilon_{p}K_{ip}^{s}-K_{0i}\leqslant\kappa_{0i}\}\geqslant\delta_{0i}\tag{6}$$

$$K_{j^1p}^{s}=S_{j^1p}^{s}-\sum_{j^0=1}^{J^0}X_{j^1j^0p}^{s}-\sum_{i=1}^{I}X_{j^1ip}^{s}\tag{7}$$

$$K_{j^1p}^{s}\geqslant 0\tag{8}$$

$$K_{j^0p}^{s}=D_{j^0p}^{s}-\sum_{i=1}^{I}X_{ij^0p}^{s}-\sum_{j^1=1}^{J^1}X_{j^1j^0p}^{s}\tag{9}$$

$$C_{K_0p}^{s}=\begin{cases}LC_{K_0p}, & K_{j^0p}^{s}\geqslant 0\\ MC_{K_0p}, & else\end{cases}\tag{10}$$

$$\sum_{p=p_1}^{p_n}\acute{v}_{p}X_{ij^0p}^{s}\leqslant MA_{ij^0}^{s}\tag{11}$$

$$\sum_{p=p_1}^{p_n}\acute{v}_{p}X_{j^1j^0p}^{s}\leqslant MA_{j^1j^0}^{s}\tag{12}$$

$$\sum_{p=p_1}^{p_n}\acute{v}_{p}X_{j^1ip}^{s}\leqslant MA_{j^1i}^{s}\tag{13}$$

$$\Pr\{\sum_{j^1=1}^{J^1}\sum_{p=p_1}^{p_n}X_{j^1ip}^{s}+\sum_{j^0=1}^{J^0}\sum_{p=p_1}^{p_n}X_{ij^0p}^{s}-L_{i}\leqslant h_{i}\}\geqslant\delta_{i}\tag{14}$$

$$\sum_{i=1}^{I}\sum_{p=p_1}^{p_n}\acute{v}_{p}X_{j^1ip}^{s}+\sum_{j^0=1}^{J^0}\sum_{p=p_1}^{p_n}\acute{v}_{p}X_{j^1j^0p}^{s}\leqslant L_{j^1}^{s}\tag{15}$$

$$\sum_{i=1}^{I}\sum_{p=p_1}^{p_n}\acute{v}_{p}X_{ij^0p}^{s}+\sum_{j^1=1}^{J^1}\sum_{p=p_1}^{p_n}\acute{v}_{p}X_{j^1j^0p}^{s}\leqslant L_{j^0}^{s}\tag{16}$$

$$H_{ip}^{s1}=H_{ip}^{s2}=\cdots=H_{ip}^{sn}\tag{17}$$

$$X_{ij^0p}^{s1} = X_{ij^0p}^{s2} = \cdots = X_{ij^0p}^{sn} \tag{18}$$

$$X_{j^1j^0p}^{s1} = X_{j^1j^0p}^{s2} = \cdots = X_{j^1j^0p}^{sn} \tag{19}$$

$$X_{j^1ip}^{s1} = X_{j^1ip}^{s2} = \cdots = X_{j^1ip}^{sn} \tag{20}$$

$$X_{ij^0p}^{s}, X_{j^1j^0p}^{s}, X_{j^1ip}^{s}, H_{ip}^{s}, I_{ij^0}^{s}, I_{j^1j^0}^{s}, I_{j^1i}^{s} \geqslant 0, and \text{ int} \tag{21}$$

目标函数式（1）表示期望调度总成本最小，包括供给者服务中心向缺盘需求者分派托盘的运输成本和装卸成本、富盘需求者向缺盘需求者再分派托盘的运输成本和装卸成本、供给者服务中心向富盘需求者收回托盘的运输成本和装卸成本、向系统外购买托盘的成本、供给者服务中心未租出托盘的库存成本、未满足或超过缺盘需求者需求的惩罚成本、未将富盘需求者待回收托盘收回的惩罚成本、使用新托盘的可持续发展成本以及重复使用旧托盘的可持续发展成本。

约束条件式（2）表示某情景下从某供给者服务中心运输到所有缺盘需求者的某种型号托盘的数量不能超过其该种型号托盘可供给量和向系统外购买的该种型号托盘的数量的总和。

约束条件式（3）表示某情景下从某供给者服务中心运输到所有缺盘需求者的某种型号托盘的数量不能小于其向系统外购买的该种型号托盘的数量的总和。

约束条件式（4）表示某情景下从某富盘需求者运输到所有缺盘需求者的某种型号托盘的数量不能超过其待回收的该种型号托盘的数量和该种型号托盘完好率（1－毁坏率）的乘积。

约束条件式（5）表示某情景下期末某供给者服务中心的某种型号托盘的库存量等于该情景下该供给者服务中心该种型号托盘的可供给量＋向系统外购买该种型号托盘的数量－从该供给者服务中心运输到所有缺盘需求者的该种型号托盘的数量＋从所有富盘需求者运输到该供给者服务中心的该种型号托盘的数量。

约束条件式（6）表示某情景下期末某供给者服务中心的所有型号托盘的库存量不能超过其库存能力。

约束条件式（7）表示某情景下期末某富盘需求者未被回收的某种型号托盘的数量等于该情景下，该富盘需求者待回收的该种型号托盘的数量－从该富盘需求者运输到所有缺盘需求者的该种型号托盘的数量－从该富盘需求者运输到所有供给者服务中心的该种型号托盘的数量。

约束条件式（8）表示某情景下期末某富盘需求者未被回收的托盘数量必须非负。

约束条件式（9）表示某情景下未满足或超出某缺盘需求者需求的某种型号托盘的数量等于从所有供给者服务中心运输到该缺盘需求者的该种型号托盘的数量＋从所有富盘需求者运输到该缺盘需求者的该种型号托盘的数量－该缺盘需求者对该种型号托盘的需求量。

约束条件式（10）表示某情景下未满足或超出某缺盘需求者对某种型号托盘的需求的单位惩罚成本。

约束条件式（11）表示某情景下从某供给者服务中心运输到某缺盘需求者的所有型号的托盘的总运输量不能超过该情景下该线路的运输能力。

约束条件式（12）表示某情景下从某富盘需求者运输到某缺盘需求者的所有型号的托盘的总运输量不能超过该情景下该线路的运输能力。

约束条件式（13）表示某情景下从某富盘需求者运输到某供给者服务中心的所有型号的托盘的总运输量不能超过该情景下该线路的运输能力。

约束条件式（14）表示某情景下某供给者服务中心的所有型号托盘的总装卸量不能超过该情景下的装卸能力。

约束条件式（15）表示某情景下某富盘需求者的所有型号托盘的总装卸量不能超过该情景下的装卸能力。

约束条件式（16）表示某情景下某缺盘需求者的所有型号托盘的总装卸量不能超过该情景下的装卸能力。

约束条件式（17）、（18）、（19）、（20）为一致性约束，表示所有情景下决策变量的取值均是一致的。

约束条件式（21）表示决策变量均应为非负整数。

（三）算例

假定某专业托盘共用系统中有 2 个运营中心（$i=a, b$），2 个富盘需求者（$j^1=c, d$），2 个缺盘需求者（$j^0=e, f$），2 种托盘型号（$p=p_1, p_2$）。c 客户的优先级为 1.2，d 客户的优先级为 1，e 客户的优先级为 2，f 客户的优先级为 2。p_1 型号托盘新、旧托盘可持续发展因子分别为 1 和 0。p_2 型号托盘新、旧托盘可持续发展因子分别为 2 和 0。从系统外购买 p_1 和 p_2 两种型号托盘的单位成本分别为 1 和 2。所有富盘需求者的 p_1 型号托盘的毁坏率均为 0.5。p_1 和 p_2 两种型号托盘占用运输能力、库存能力、装卸能力的系数均分别为 1 和 1.1。所有机会约束的置信水平均为 0.95。其他参数如表 3 ~ 表 6 所示。

表 3　　单位运输成本

p_1/p_2	a	b	c	d	e	f
a	—	—	3/5	4/5	5/7	6/7
b	—	—	∞/∞	2/3	4/5	5/7
c	3/5	∞/∞	—	—	7/8	8/8
d	4/5	2/3	—	—	2/4	∞/∞
e	5/7	4/5	7/8	2/4	—	—
f	6/7	5/7	8/8	∞/∞	—	—

表 4　　运输能力

$S_1/S_2/S_3$	a	b	c	d	e	f
a	—	—	1000	1000	400	500
b	—	—	0	700	300	500

续 表

$S_1/S_2/S_3$	a	b	c	d	e	f
c	1000	0	—	—	400	700
d	1000	700	—	—	300/300/0	0
e	400	300	400	300/300/0	—	—
f	500	500	700	0	—	—

表 5　　需求和供给

	可供给量（p_1（$S_1/S_2/S_3$）/ p_2（$S_1/S_2/S_3$））	待回收的托盘量（p_1（$S_1/S_2/S_3$）/ p_2（$S_1/S_2/S_3$））	需求量（p_1（$S_1/S_2/S_3$）/ p_2（$S_1/S_2/S_3$））
a	（105/ N（10，9））/50	—	—
b	200/100	—	—
c	—	200/（100/200/300）	—
d	—	400/100	—
e	—	—	（100/200/300）/（0/100/200）
f	—	—	（200/400/600）/（0/200/400）

表 6　　其他参数

	库存能力（$S_1/S_2/S_3$）	单位库存成本（单位惩罚成本）（p_1/p_2）	装卸能力（$S_1/S_2/S_3$）	单位装卸成本（p_1/p_2）
a	2000	1/1	2500/ N（20，4）	2/2
b	1800/2000/2200	2/2	2200	2/2
c	—	10/12	500	3/4
d	—	10/12	1000	2/4
e	—	（6，10）/（7，11）	1500	1/2
f	—	（6，10）/（7，11）	1500	1/3

假定 c 的 p_2 型号托盘的待回收量、e 和 f 对 p_1 型号托盘和 p_2 型号托盘的需求量、d 到 e 的运输能力、d 的库存能力、c 的装卸能力、c 和 d 的 p_2 型号托盘的毁坏率等为极端不确定因素。假定 a 的 p_1 型号托盘的可供给量以及 a 的装卸能力为随机因素。所有机会约束的置信水平均为 0.95。

分析三种重要的情景。情景 S_1：①c 需要回收的 p_2 型号托盘的数量比期望值低 50%；②所有缺盘需求者对 p_1 型号托盘的需求均比期望值低 50%；③所有缺盘需求者对 p_2 型号托盘的需求均比期望值低 100%；④从 d 到 e 的运输能力为期望值；⑤b 的库存能力比期望值低 10%；⑥所有富盘需求者的 p_2 型号托盘的毁坏率均为 0.5。情景 S_2：所有不确定参数均为期望值（所有富盘需求者的 p_2 型号托盘的毁坏率均为 0.1）。情景 S_3：①c 需要回收的 p_2 型号托盘的数量比期望值高 50%；②所有缺盘需求者对 p_1 型号托盘的需求均比期望值高 50%；③所有缺盘需求者对 p_2 型号托盘的需求均比期望值高 100%；④从 d 到 e 的运输能力为 0；⑤b 的库存能力比期望值高 10%；⑥所有富盘需求者的 p_2 型号托盘的毁坏率均为 0。

1. 数值求解

实验 1：假定 $w_1=0.2$，$w_2=0.4$，$w_3=0.4$，利用 LINGO 软件编写程序求解模型，得到全局最优解 21583，最优调度方案如表 7 所示。

表 7　　最优调度方案

p_1/p_2	a	b	c	d	e	f	购买
a					0/0	110/50	0/0
b					100/0	190/100	90/0
c	100/50	0/0			0/0	100/50	
d	0/0	400/100			0/0	0/0	
库存	95/50	400/100	0/（0/100/200）	0/（0/0/0）	（0/-100/-200）/（0/-100/-200）	（200/0/-200）/（200/0/-200）	

实验 2：假定 $w_1=0.4$，$w_2=0.4$，$w_3=0.2$，利用 LINGO 软件编写程序求解模型，得到全局最优解 18777，最优调度方案如表 8 所示。

表 8　　最优调度方案

p_1/p_2	a	b	c	d	e	f	购买
a					0/0	0/0	0/0
b					100/0	100/0	0/0
c	100/50	0/0			0/0	100/50	
d	0/0	400/100			0/0	0/0	
库存	205/100	400/200	0/（0/100/200）	0/（0/0/0）	（0/-100/-200）/（0/-100/-200）	（0/-200/-400）/（50/-150/-350）	

对比两个试验的结果（见表9），可以发现托盘共用系统调度多情景规划模型能较好地适应未来的复杂情况，可以帮助有多种托盘型号的专业托盘共用系统的管理者制定有效的托盘调度方案。

表9　　实验1和实验2的比较分析

	总需求满足率（%）	p_1 需求满足率（%）	p_2 需求满足率（%）	总回收满足率（%）	p_1 回收满足率（%）	p_2 回收满足率（%）	调度总成本
C_1-S_1 实现	100	100	100	100	100	100	18135
C_1-S_2 实现	88.89	83.33	100	88.89	100	66.67	18475
C_1-S_3 实现	53.34	55.56	50	80	100	50	28415
C_2-S_1 实现	100	100	100	100	100	100	10305
C_2-S_2 实现	38.89	50	16.67	88.89	100	66.67	20445
C_2-S_3 实现	23.33	33.33	8.3	80	100	50	32385

2. 数值分析

1）可持续发展因子对决策的影响

假定 $w_1=0, w_2=0, w_3=1$，在其他条件不变的情况下，将 p_1 型号新托盘的可持续发展因子设置为［0 2 4 6 8 10 12］，计算最优调度方案，如表10所示，可持续发展因子对决策的影响如图6所示。由结果可知，随着 p_1 型号新托盘的可持续发展因子的增大，购买 p_1 型号新托盘的数量减少，托盘共用系统管理者应避免使用该种型号的托盘调度。

表10　　最优调度方案

p_1 型号新托盘可持续发展因子	购买 p_1 型号新托盘数量（个）	总成本（元）
0	490	24525
2	190	25505
4	190	25885
6	190	26265
8	190	26645
10	190	27025
12	0	27215

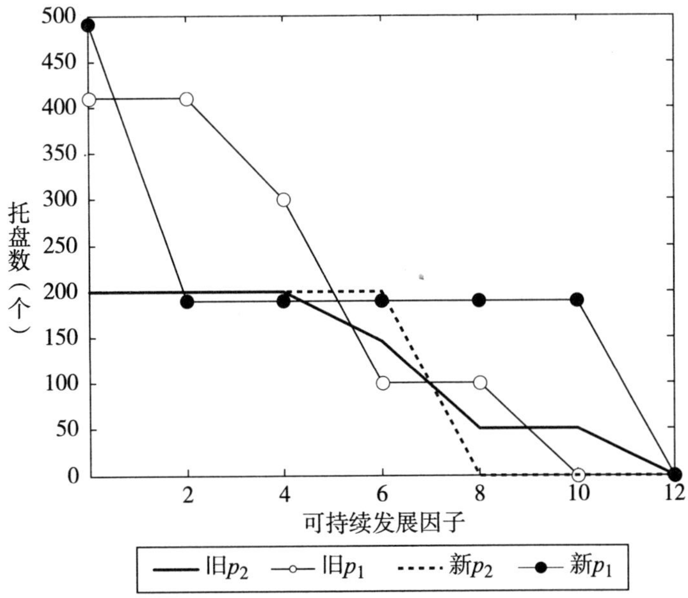

图 6　可持续发展因子对决策的影响

同理，对 p_1 型号旧托盘、p_2 型号新托盘、p_2 型号旧托盘可持续发展因子的敏感性分析，可得出同样结论，即某类托盘可持续发展因子越大，托盘共用系统管理者越应避免使用该种型号的托盘。

2）客户优先级因子对决策的影响

假定 $w_1 = 0, w_2 = 0, w_3 = 1$，在其他条件不变的情况下，将客户 c 的优先级因子设置为［0.2 0.5 0.8 1 1.2］，计算最优调度方案，如表 11 所示，客户优先级因子对决策的影响如图 7 所示。由结果可知，随着 c 客户优先级因子的增大，其期末库存减少，即托盘共用系统管理者越应满足客户的需求。

表 11　最优调度方案

客户 c 的优先级因子	客户 c 期末库存（p_1/p_2）	总成本（元）
0.2	100/（50/150/250）	21740
0.5	100/（50/150/250）	22680
0.8	100/（50/150/250）	24140
1	0/（0/100/200）	24535
1.2	0/（0/100/200）	25015

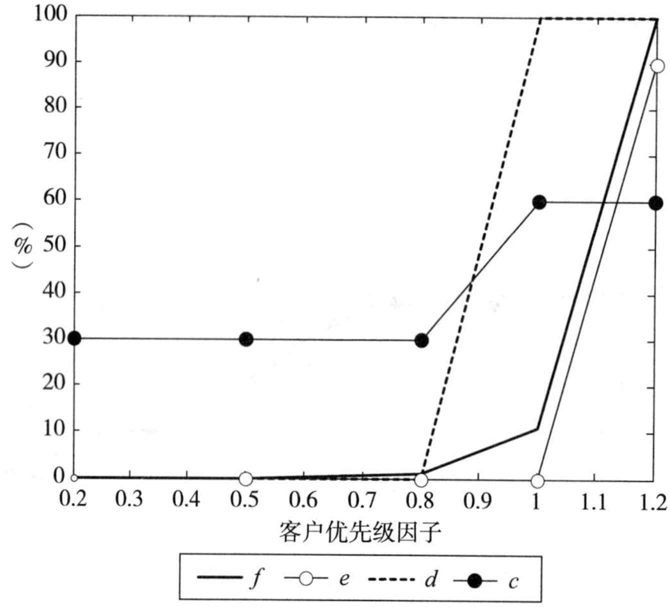

图7　客户优先级因子对决策的影响

同理，对 d，e，f 客户优先级因子的敏感性分析，可得出同样结论，即客户优先级因子越大，托盘共用系统管理者越应满足客户的需求。

（四）小结

本部分研究的内容既有确定因素，又有一般不确定因素，还有极端不确定因素的复杂情况下的托盘共用系统调度优化方法，采用随机相关机会规划和情景分析相结合的技术，构建了考虑混合型号托盘的托盘共用系统随机多情景调度优化模型。模型引入了可持续发展因子和客户优先级因子，考虑了托盘完好率不确定、需求不确定、供给不确定、装卸能力不确定、运输能力不确定等一般不确定和极端不确定因素，以调度总成本（包括分派成本、回收成本、库存成本、装卸成本、未满足客户需求的惩罚成本和可持续发展成本）最小为目标，需求约束、供给约束、运输能力约束、装卸能力约束、库存能力约束等为约束条件。通过数值求解和数值分析验证了模型的有效性，并证明了可持续发展因子和客户优先级因子对决策的重要影响。研究结果表明：①某类托盘可持续发展因子越大，说明其可持续发展成本越高，托盘共用系统管理者越应避免使用该种型号的托盘。②客户优先级因子越高，托盘共用系统管理者越应满足客户的需求。

三、城市共同配送系统中的托盘共用调度模型*

（一）引言

目前由商务部、财政部联合推行的城市共同配送项目受到了社会各界的广泛关注。

* 本部分内容已发表论文 *Deterministic and multi－scenario models for pallet allocation over a pallet pool in a city joint distribution system*。

所谓城市共同配送是指外来商品进入一个城市后，经过同城化统一配送送达用户手中，可以解决“最后一公里”的问题。城市共同配送是一个复杂的系统，需要以托盘为基础，实现物品包装的单元化、规范化和标准化，然而“托盘共用”这一关系城市共同配送能否高效运行的基础如何实现却仍未解决。

（二）城市共同配送系统中的托盘共用调度确定规划模型

1. 问题描述及假设

在城市共同配送中，托盘共用服务者通过建立托盘服务站就近向需求者提供托盘共用服务，托盘服务站之间则通过统一调度实现托盘的最优化配备，如图 8 所示。

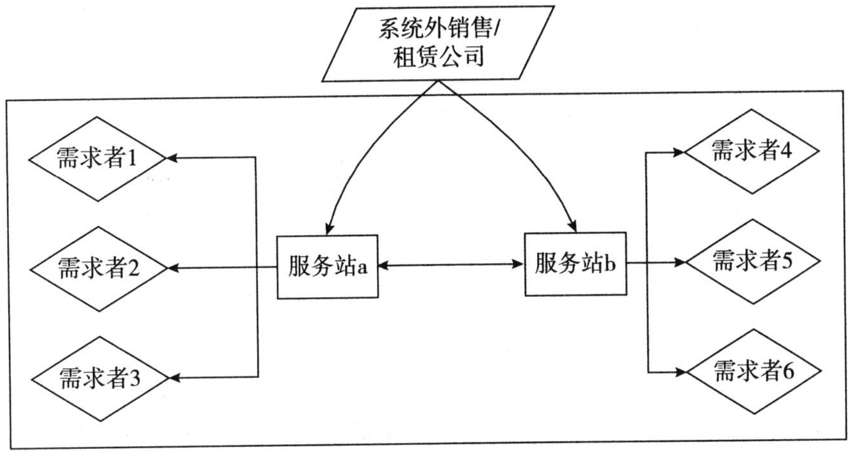

图 8　城市共同配送托盘共用调度机制

这一标准，本课题考虑的是不失一般性的城市共用托盘共用系统，并做出以下假设：①有多种托盘型号，且各种型号的托盘之间不能互相替代；②所有客户的需求都应该被满足，如若系统内可使用的空托盘不能满足需求时，服务站可以向系统外购买或租借托盘；③各服务站的各种型号托盘的可供给量均确定；④各客户对各种型号托盘的需求量均确定；⑤各种型号托盘的单位运输成本、单位库存成本、单位购买（租借）成本均确定；⑥各种型号托盘占用的运输能力均确定；⑦各种型号托盘的购买（租借）价格确定；⑧服务站之间的运输时间确定。

2. 标量、变量和参数定义

1）标量

I 代表托盘服务站的集合。

T 代表运营周期的集合。

P 代表托盘型号的集合。

2）决策变量

X_{ijp}^{t} 代表在 t 期从服务站 i 运到服务站 j 的 p 种型号托盘的数量。

Y_{ip}^{t} 代表在 t 期服务站 i 用来满足需求的 p 种型号托盘的数量。

H_{ip}^{t} 代表 t 期服务站 i 从系统外购买或租借的 p 种型号托盘的数量。

K_{ip}^{t} 代表 t 期末服务站 i 的 p 种型号托盘的库存量。

3）参数

C_{ijp} 代表将 p 种型号托盘从服务站 i 运到服务站 j 的单位运输成本。

C_{hp} 代表从系统外购买（租借）p 种型号托盘的单位购买（租借）成本。

C_{Kip} 代表 p 种型号托盘在服务站 i 的单位库存成本。

S_{ip}^{t} 代表 t 期服务站 i 新进的 p 种型号托盘的数量。

D_{ip}^{t} 代表 t 期服务站 i 对 p 种型号托盘的需求量。

$\Re_{ij}^{t}$ 代表 t 期服务站 i 运到服务站 j 的运输能力。

$\Im_{p}$ 代表一个 p 种型号托盘占据的运输能力。

3. 模型构建过程

模型的目标函数式（22）表示调度总成本最小，包括运输成本、购买（租借）成本和库存成本。

$$\min f = \sum_{t\in T}\sum_{i\in I}\sum_{j\in I-\{i\}}\sum_{p\in P}C_{ijp}X_{ijp}^{t} + \sum_{t\in T}\sum_{i\in I}\sum_{p\in P}C_{hp}H_{ip}^{t} + \sum_{t\in T}\sum_{i\in I}\sum_{p\in P}C_{Kip}K_{ip}^{t} \tag{22}$$

模型的约束条件可以表示为式（23）~（26）。约束条件式（23）表示所有客户的所有型号托盘的需求都应该被满足。

$$Y_{ip}^{t} = D_{ip} \quad \forall i \in I, t \in T, p \in P \tag{23}$$

约束条件式（24）表示 Y_{ip}^{t} 不能超过服务站 $i \in I$ 在 $t \in T$ 时所能够使用的 $p \in P$ 种型号托盘的数量。该数量等于上期末服务站 $i \in I$ 的库存 + 服务站 $i \in I$ 在 $t \in T$ 时新进的托盘量 + 从其他服务站运来的在 $t \in T$ 时到达服务站 $i \in I$ 的托盘数量 + 服务站 $i \in I$ 在 $t \in T$ 时从系统外购买或租借的托盘量 - 服务站 $i \in I$ 在 $t \in T$ 时再分派到其他服务站的托盘数量 - 服务站 $i \in I$ 在 $t \in T$ 期末库存。

$$K_{ip}^{t-1} + S_{ip}^{t} + \sum_{j\in I-\{i\},h_{ji}<t} f_{jip}^{t-h_{ji}} + H_{ip}^{t} = K_{ip}^{t} + \sum_{j\in I-\{i\}} X_{ijp}^{t} + Y_{ip}^{t} \quad \forall i \in I, t \in T, p \in P \tag{24}$$

约束条件式（25）表示从服务站 $i \in I$ 运到服务站 $j \in I - \{i\}$ 的所有型号托盘所占用的运输能力不能超过最大运输能力限制。

$$\sum_{p\in P}\Im_{p}X_{ijp}^{t} \leqslant \Re_{ij}^{t} \quad \forall i \in I, t \in T, j \in I - \{i\} \tag{25}$$

约束条件式（26）表示决策变量必须为非负整数。

$$X_{ijp}^{t} \geqslant 0, \quad and \ \text{int} \tag{26}$$

4. 算例

假定某城市共同配送系统中有 5 个托盘共用服务站（$a,b,c,d,e,f \in I$），2 种型号的托盘（$p_1,p_2 \in P$），决策期长度为 4 期（$t = t_1$，t_2，t_3，t_4）。从系统外购买（租借）p_1 和 p_2 两种型号托盘的单位成本分别为 1 和 1.1。各服务站 p_1 和 p_2 两种型号托盘的初始库存均为 0。p_1 和 p_2 两种型号托盘占用的运输能力分别为 1 和 1.1。p_1 和 p_2 两种型号托盘在所有服务站的库存成本均分别为 1、2、3、4。其他参数如表 12 ~ 表 15 所示。

表 12　　单位运输成本

p_1/ p_2	a	b	c	d	e	f
a	—	—	3/5	4/5	5/7	6/7
b	—	—	∞ / ∞	2/3	4/5	5/7
c	3/5	∞ / ∞	—	—	7/8	8/8
d	4/5	2/3	—	—	2/4	1/1
e	5/7	4/5	7/8	2/4	—	—
f	6/7	5/7	8/8	∞ / ∞	—	—

表 13　　运输能力

	a	b	c	d	e	f
a	—	—	1000	1000	400	500
b	—	—	0	700	300	500
c	1000	0	—	—	400	700
d	1000	700	—	—	250	0
e	400	300	400	250	—	—
f	500	500	700	0	—	—

表 14　　供给和需求（负数表示需求）

	p_1（t_1/t_2/t_3/t_4）	p_2（t_1/t_2/t_3/t_4）
a	95/100/105/ -	45/50/55/ -
b	150/200/200/ -	90/100/110/ -
c	100/200/300/ -	100/200/300/ -
d	400/400/400/ -	100/100/100/ -
e	-/ -100/ -200/ -300	-/0/ -100/ -200
f	-/ -200/ -400/ -600	-/0/ -200/ -400

表 15　　作业时间

	a	b	c	d	e	f
a	—	—	1	2	1	2
b	—	—	∞	1	2	1
c	1	∞	—	—	2	1
d	2	1	—	—	1	1
e	1	2	2	1	—	—
f	2	1	1	∞	—	—

1）数值求解

利用 MATLAB 软件编写程序求解模型，得到全局最优解 24620，最优调度方案如图 9 所示。

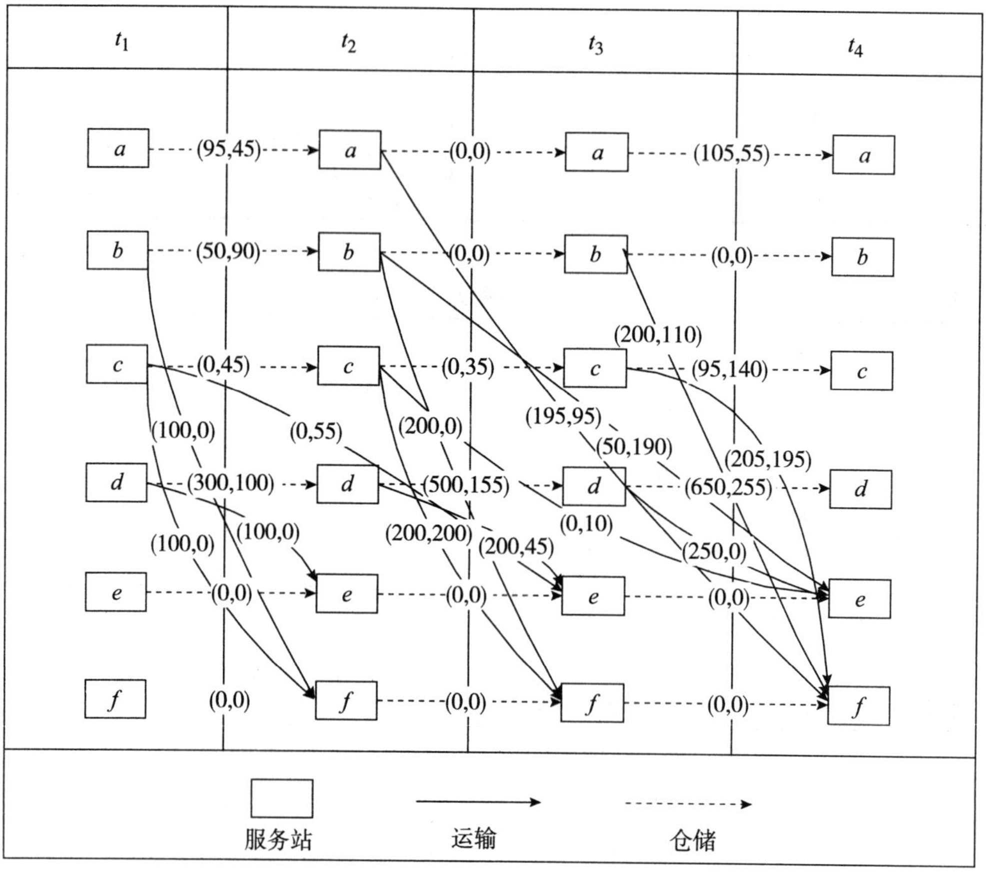

图 9 最优调度方案

即最低调度成本为 24620，在不从系统外购买（租借）托盘的情况下可以满足所有客户的需求。进一步分析可知，模型的解满足算例的所有要求，证明了模型的有效性。

2）数值分析

运输能力是影响决策的一个重要因素，如本例中尽管 d 到 f 的运输成本最低，但因为运输能力为 0，所以整个决策周期内，最优方案中都没有从 d 运输托盘到 f。当将该能力放大到 700 时，则最优方案的总调度成本大幅降低到 14341，最优调度方案如图 10 所示。分析可知，由于 d 到 f 的运价比 d 到 e 的运价低，所以 d 将所有的可用托盘调运到 f，且在第 2 期时向外购买（租借）了 170 个托盘。

本例中，决策者可以通过提高运输能力的方法达到降低调度成本的目的，但提高能力就意味着耗费额外成本，这就是所谓的“效益递减”。因此决策者需要用更科学的方法降低运作成本，具体的方法是：根据需求的历史数据预测未来需求，并提供能满足未来预测需求的运输能力，当未来实际需求大于预测需求时，可通过向外租赁能力的方式满足需求；反之当未来实际需求小于预测需求时，可将剩余的能力出租给其他需要能力

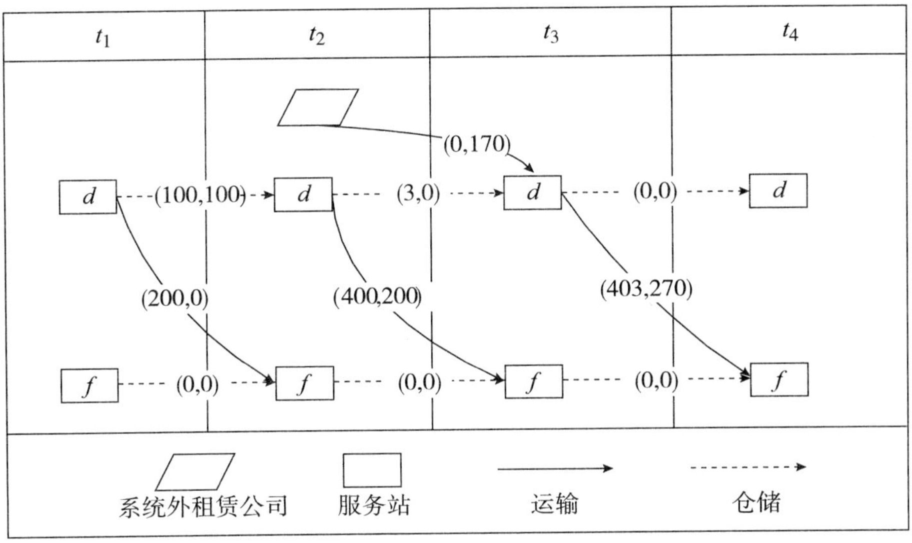

图 10　运输能力提高后的最优调度方案

的公司，以降低运作成本。

（三）城市共同配送系统中的托盘共用调度多情景规划模型

1. 假设

①有多种托盘型号，且各种型号的托盘之间不能互相替代。

②所有客户的需求都应该被满足，若系统内可使用的空托盘不能满足需求，服务站可以向系统外购买或租借托盘。

③各服务站的各种型号托盘的可供给量均确定。

④各客户对各种型号托盘的需求量均确定。

⑤各种型号托盘的单位运输成本、单位库存成本、单位购买（租借）成本均确定。

⑥各种型号托盘占用的运输能力均极端确定。

⑦各种型号托盘的购买（租借）价格确定。

⑧服务站之间的运输时间确定。

2. 模型构建

目标函数（27）表示总成本最小．

$$\min f = \sum_{s\in S} w_s \times \Big(\sum_{t\in T}\sum_{i\in I}\sum_{j\in I-\{i\}}\sum_{p\in P} C_{ijp}X_{ijp}^{ts} + \sum_{t\in T}\sum_{i\in I}\sum_{p\in P} C_{hp}H_{ip}^{ts} + \sum_{t\in T}\sum_{i\in I}\sum_{p\in P} C_{\xi ip}^{ts}\,|\xi_{ip}^{ts}| + \sum_{t\in T}\sum_{i\in I}\sum_{p\in P} C_{Kip}^{s}K_{ip}^{ts} \Big) \tag{27}$$

约束条件式（28）为需求约束

$$\xi_{ip}^{ts} = Y_{ip}^{ts} - D_{ip}^{ts} \quad \forall i\in I, t\in T, p\in P \tag{28}$$

约束条件式（29）为惩罚成本

$$C_{\xi j0_p}^{ts} = \begin{cases} LC_{\xi ip},\ \xi_{ip}^{ts} \geqslant 0 \\ MC_{\xi ip}, else \end{cases} \tag{29}$$

约束条件式（30）为库存约束。

$$K_{ip}^{t-1}+S_{ip}^{ts}+H_{ip}^{ts}+\sum_{j\in I-\{i\},h_{ji}pt}f_{jip}^{t-h_{ji}}=K_{ip}^{ts}+\sum_{j\in I-\{i\}}X_{ijp}^{ts}+Y_{ip}^{ts}$$
$$\forall i\in I,t\in T,p\in P,s\in S \tag{30}$$

约束条件式（31）表示库存能力上限。

$$\sum_{p\in P}\Im_p X_{ijp}^{ts}\leqslant\Re_{ij}^{ts}\quad\forall i\in I,t\in T,j\in I-\{i\},s\in S \tag{31}$$

约束条件式（32），（33）和（34）为一致性约束

$$H_{ip}^{s_1}=H_{ip}^{s_2}=\cdots=H_{ip}^{s_n} \tag{32}$$
$$X_{ijp}^{s_1}=X_{ijp}^{s_2}=\cdots=X_{ijp}^{s_n} \tag{33}$$
$$Y_{ip}^{s_1}=Y_{ip}^{s_2}=\cdots=Y_{ip}^{s_n} \tag{34}$$

约束条件式（35）为取值约束

$$X_{ijp}^{ts},Y_{ip}^{ts},H_{ip}^{ts},K_{ip}^{ts}\geqslant 0,\quad and\ \text{int} \tag{35}$$

3. 算例

本算例在系文算例的基础上提出，且进行了必要的修改。假设 e 的 t_4 需求、d 到 e 在 t_4 的运输能力不确定。超出 e 和 f 的 p_1 型号的托盘的需求惩罚成本为 12，p_2 的分别为 13 和 14. 未满足 e 和 f 的 p_1 型号的托盘的需求惩罚成本为 20，p_2 的需求惩罚成本分别为 22 和 23。

假设 $w_1=0.2$，$w_2=0.4$，$w_3=0.4$。最优方案如图 11 所示。

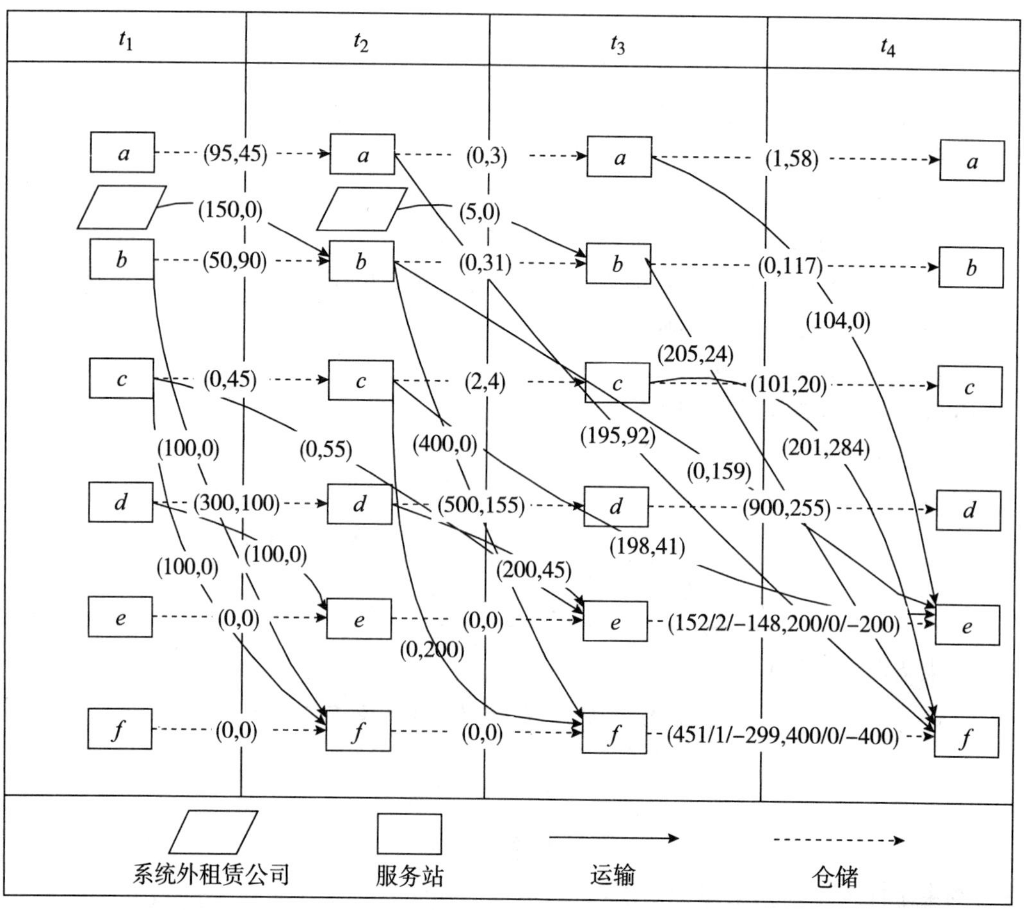

图 11　最优方案

确定模型和多情景模型的比较如表 16 所示。分析可知，多情景规划模型比确定性模型更加有效。

表 16　　确定模型和多情景模型的比较

成本	确定模型	多情景模型
S_1	40020	41761
S_2	24620	26361
S_3	50220	39889
总期望成本（$w_1=0.2$，$w_2=0.4$，$w_3=0.4$）	37940	34852.2

（四）小结

托盘共用是实现城市共同配送的基础。城市共同配送中的托盘共用调度问题是关系其成功的关键问题。本部分研究了一个多托盘服务站、多周期、多托盘型号的城市共同配送中的托盘共用调度问题。首先构建了托盘共用系统管理者可以获得充足信息的条件下的最优化调度模型，通过算例证明了该模型能帮助决策者制定出科学的决策。利用 Matlab 软件，经数值分析研究了运输能力对决策的影响，并提出决策者可以采取科学预测和租赁/出租策略相结合的方法来使运输能力得到充分利用，从而降低运作成本。然后基于情景分析的方法，对托盘共用系统管理者在决策时尚有一些不确定不能通过历史数据进行预测时的情况下的最优化调度模型进行了研究，并证明了在存在不确定因素时，多情景规划模型比确定性模型更加有效。

课题组成员名单

课题主持人： 任建伟　内蒙古大学交通学院讲师、工程师

课题组成员： 武　钧　内蒙古大学交通学院副院长

王征宇　内蒙古大学交通学院运输工程系主任

黎　冰　内蒙古大学交通学院运输工程系实验室主任

李成兵　内蒙古大学交通学院运输工程系副主任

霍月英　内蒙古大学交通学院运输工程系讲师

参 考 文 献

[1] 任建伟. 托盘共用系统调度优化研究 [D]. 成都：西南交通大学，2012.

[2] HARRIS J S, WORRELL J S. Pallet management system: a study of the implementation of UID/RFID technology for tracking shipping materials within the department of defense distribution network [R]. NAVAL Postgraduate School. Monterey, CA, 2008, 12 - 13.

[3] 吴清一. 发展单元化物流，优化供应链体系——论单元化物流之一 [J]. 物流技术与应用，

2013，16（6）：108－111.

［4］江宏，刘磊．建立托盘共用系统——提高物流作业效率的关键［J］．物流技术与应用，2001，6（4）：9－12.

［5］吴清一．论中国托盘共用系统的建立［J］．物流技术与应用，2003，8（12）：1－4.

［6］坂井健二．环境问题与托盘共用系统［J］．物流技术与应用，2003，8（6）：46－49.

［7］AUGUSTON K A. Is the U. S. ready for pallet pooling［J］. Modern Materials Handling，1991，46（8）：76.

［8］DON M. What makes reusable packaging systems work［J］. Logistics Information Management，1996，9（4）：39－42.

［9］WITT C E. Economics of pallet rental［J］. Material Handling Engineering，1999，54（9）：47－48.

［10］RABALLAND G，CARROLL E A. How do differing standards increase trade costs? The case of pallets［J］. The World Economy，2007，30（4）：685－702.

［11］孟国强，孙珂．我国托盘应用现状与发展建议［J］．中国物流与采购，2004（23）：12－16.

［12］李太平．建立我国物流托盘共用系统面临的问题与对策［J］．华东经济管理，2006，20（5）：58－98.

［13］MURRAY J. Pallet pool is key to Swedish cargo handling efficiency［J］. The Journal of ICHCA，1967，3（3）：27－29.

［14］BRINDLEY C. Pallet math = profit $ for all：experts study the economic feasibility of an industry cooperative pool［J］. Pallet Enterprise，2010（4）：22－26.

［15］BRINDLEY C. A look into China's expanding logistical framework and its path toward palletization［J］. Pallet Enterprise，2010（11）：44－47.

［16］BRINDLEY C. Asian expansion：LOSCAM reveals key insights for Asian pallet market growth［J］. Pallet Enterprise，2014（8）：18－22.

［17］RAY C D，MICHAEL J H，SCHOLNICK B N. Supply－chain system costs of alternative grocery industry pallet systems［J］. Forest Products Journal，2006，56（10）：52－57.

［18］LACEFIELD S. What's more "palatable" －renting or owning?［J］. Logistics Management，2004，43（4）：63－66.

［19］MOSQUEDA A. Pallet user education series：Red，white & blue：a cost analysis of rental vs. white wood pallets［J］. Pallet Enterprise，2009（7）：32－35，38.

［20］MICHEL R. Pallet Survey：How pallet trends stack up［J］. Modern Materials Handling，2014（10）：30－34.

［21］ANON. Pallet pool：the hauliers speak out［J］. Materials Handling & Management，1969，20（11）：30－32.

［22］王世鹏，顾学明．建立适合我国国情的托盘循环共用系统［J］．中国流通经济，2014（9）：21－27.

［23］李太平．国外物流托盘的主要流通模式及其启示［J］．物流科技，2008，31（6）：73－75.

［24］赖郁尘．第三方物流企业在建立托盘共用系统中的作用［J］．中国物流与采购，2010（18）：60－61.

［25］喻乐．铁路托盘运输发展政策措施的研究［D］．北京：北京交通大学，2008.

[26] 金寿松，熊秋香，蒋美仙，等．中国托盘联营公司及其建设策略的研究［J］．工业工程，2008，11（4）：19－23.

[27] 葛海青．中国托盘联营系统及关键技术研究［D］．杭州：浙江工业大学，2008.

[28] ELIA V，GNONI M G. Designing an effective closed loop system for pallet management［J］. International Journal of Production Economics，2015（170）：730－740.

[29] 徐琪．物流托盘共用服务供应链系统及其优化管理［J］．中国流通经济，2010（3）：22－25.

[30] LEBLANC R. Effective pallet management = data management：CPC embraces data－centric approach，third party certification as keys to success［J］. Pallet Enterprise，2010（11）：21－23.

[31] GNONI M G，ROLLO A. A scenario analysis for evaluating RFID investments in pallet management［J］. International Journal of RF Technology Research，2010，2（1），1－21.

[32] ZHANG Q H，WEI J. Pallet rental information system based on RFID［C］. 4th IEEE Conference on Industrial Electronics and Applications，2009：886－891.

[33] MA H，MAI C H，CHENG H Y. Dynamic performance－evaluation modeling of reverse logistics systems implementing in pallet－rental industries［C］. 2011 International Conference on E－Business and E－Government，2011：7915－7918.

[34] KIM T，GLOCK C H. On the use of RFID in the management of reusable containers in closed－loop supply chains under stochastic container return quantities［J］. Transportation Research Part E：Logistics Transportation Research，2014（64）：12－27.

[35] 陈晓贞，傅培华，吕高峰，等．基于 RFID 技术的托盘租赁系统研究与开发［J］．中国物流与采购，2009（18）：70－71.

[36] 赵臣．基于 EPC 的托盘租赁模式研究［J］．中国储运，2009（9）：111－112.

[37] ZHAO N. Quick response system for logistics pallets pooling service supply chain based on XML data sharing［J］. Lecture Notes in Electrical Engineering，2011，98（2）：367－374.

[38] BRINDLEY C. Position is everything：rising transport costs make pallet logistics more critical for success［J］. Pallet Enterpsie，2011（6）：24－28.

[39] 任建伟，章雪岩．基于改进托盘共用系统的托盘回收模型［J］．西南交通大学学报．自然科学版，2010，45（3）：482－485.

[40] 任建伟，章雪岩．托盘共用系统托盘回收随机规划模型研究［J］．控制与决策，2010，25（8）：1211－1214.

[41] 任建伟，章雪岩．托盘共用系统调度两阶段随机机会约束规划模型研究［J］．控制与决策，2011，26（9）：1353－1357.

[42] 任建伟，章雪岩，张锦，马力．托盘共用系统调度多情景规划模型［J］．系统工程理论与实践，2014，34（7）：1788－1798.

[43] 周康，何世伟，宋瑞，黎浩东．共用模式下的铁路空托盘调运优化模型［J］．北京交通大学学报，2014，38（3）：22－26.

[44] 周康，何世伟，宋瑞，黎浩东．共用模式下的空托盘调配决策方案优化［J］．控制与决策，2015，30（11）：2009－2013.

[45] 李艳．托盘共用系统调度模型和算法研究［D］．成都：西南财经大学，2013.

[46] 吴晓红，曹文彬．基于客户满意度的托盘共用系统多周期调度研究［J］．合作经济与科技，2016（2）：92－95.

[47] 游玲君．基于铁路托盘共用系统的托盘调运优化研究［D］．北京：北京交通大学，2013.

［48］WEN Q，QING M. Model of reverse logistics network about rental pallet recycling considering site transport capacity ［C］. 2012 International Conference of Logistics Engineering and Management，2012：1339 – 1344.

［49］ZHOU K，HE S W，SONG R. Optimization for service routes of pallet service center based on the pallet pool mode［J］. Computational Intelligence and Neuroscience，2016：1 – 11.

［50］NI L，HE Y D，et al. Robust control optimization of triple – echelon closed – loop pallet pool system in multi – uncertain environment［J］. Journal of Information and Computational Science，2015，12（7）：2635 – 2645.

［51］DOUNGPATTRA N，JARUPAN L，ONGKUNARUK P. Simulation for transport pallet cost reduction in pet food manufacturing：an empirical case study［J］. Packaging Technology and Science，2012，25（6）：311 – 319.

［52］向紫燕，赵庆祯，姚树魁. 数量随机环境下托盘回收的逆向物流网络设计［J］. 物流科技，2010（4）：34 – 27.

［53］JOHNSON S. Optimal two – and – three stage production schedules with setup time include［J］. Naval Research Logistics Quarterly，1954（1）：61 – 68.

［54］吉清凯，胡祥培，孙丽君. 集装箱空箱调度问题的研究现状与发展［J］. 系统工程理论与实践，2014，36（6）：1578 – 1586.

［55］BAKER D S. Proprietary pallets continue to plague recyclers，proposed Arizona law raises legal liability issue［J］. Pallet Enterprise，2011（4）：38 – 45.

［56］CARRANO A L，PAZOUR J A，et al. Selection of pallet management strategies based on carbon emissions impact［J］. International Journal of Production Economics，2015（164）：258 – 270.

［57］BENGTSSONA J，LOGIEA J. Life cycle assessment of one – way and pooled pallet alternatives［J］. Procedia CIRP，2015（29）：414 – 419.

［58］吴清一. 标准化是单元化物流的基础——论单元化物流之二［J］. 物流技术与应用. 2013（7）：104 – 106.

［59］吴清一. 集装单元器具的回收与循环使用——论单元化物流之三［J］. 物流技术与应用. 2013（8）：114 – 116.

［60］吴清一. 单元化物流与物联网共生共荣——论单元化物流之四［J］. 物流技术与应用，2013（9）：98 – 100.

［61］徐琪. 物流托盘共用供应链系统协调优化定价策略［J］. 中国流通经济，2011（7）：54 – 59.

［62］武钧，任建伟，章雪岩. 物流业托盘租赁定价方法研究［J］. 价格理论与实践，2015（11）：162 – 164.

城市共同配送平台绿色化研究*

内容提要：随着经济社会的不断发展和城市化进程的推进，城市环境问题日益突出，成为全社会关注的热点问题，绿色、低碳、可持续已经并将进一步成为社会发展的主旋律，成为城市和城市内各行业发展的必然趋势。在绿色化浪潮的冲击下，物流行业也难以独善其身，城市共同配送作为推进城市物流可持续发展的有效途径之一，试图缓解城市环境问题。虽然国内外已有城市共同配送的实践，但仍然面临不少问题。总体来看，国内的城市共同配送发展尚处于一个初级阶段，尤其是共同配送过程中的绿色化，俨然成为城市物流配送的发展重点和焦点。因此，基于城市共同配送的发展现状及国内外已有研究，本研究构建和阐释城市共同配送的绿色化平台及其机制，尝试建立企业和行业的两层次概念模型，重点对城市共同配送平台的绿色化影响因素进行探索和验证，以期为城市共同配送的绿色发展、城市的可持续发展提供建设性建议和指导。

首先，分析国内外企业实践城市共同配送的发展现状，总结其发展经验，构建城市共同配送的绿色平台，分析平台的绿色要素及其运行机制。同时，引入规模经济函数，对城市共同配送的绿色平台进行规模经济性分析，借助 Matlab 8.3 软件进行仿真验算，确定城市共同配送绿色平台的最佳服务规模。

其次，归纳借鉴国内外有关城市共同配送的文献，分别从企业层面和行业层面提炼城市共同配送平台绿色化的影响因素，构建企业和行业的两层次概念模型，并提出相应的研究假设。通过问卷的发放和回收，利用 SPSS 21.0、AMOS 22.0 和 HLM 6.08 等软件，对研究假设进行实证检验与分析。结构方程模型的研究结果总体表明 15 条研究假设中 11 条通过检验，4 条未通过检验，即除绿色技术创新能力之外，绿色共同配送能力、绿色企业文化、行业协会因素和绿色协同整合水平对城市共同配送平台的绿色化均产生正向影响；同时，多层线性模型的研究结果总体表明 3 条调节假设中有 2 条不成立，行业协会因素作为分层调节变量，其调节作用比较微弱，即除对绿色共同配送能力与城市共同配送平台绿色化的关系存在正向调节作用外，对绿色技术创新能力和绿色企业文化与城市共同配送平台绿色化关系的调节效果不理想。

最后，研究发现城市共同配送平台绿色化存在五个方面的主要问题，并分别从企业和行业两个层面对五个方面的主要问题提出相应的对策建议。第一，实施绿色化管理，强化绿色共同配送能力。企业全面提高配送人员综合素质，大力推广应用新能源车辆、绿色搬运装卸设备以及循环托盘等，同时建立或完善逆向回收体系和绿色信息管理系统，以强化绿色共同配送能力。第二，重视绿色技术研发活动，提高绿色技术创新水平。企业积极践行绿色物流技术研发应用，提高研发资金投入比例，培养绿色技术创新方面的人才，充实技术研发队伍，以提高绿色技术创新水平，强化创新发展理念对绿色化的支持作用。第三，深化绿色物流理念，塑造绿色企业文化。企业树立绿色物流理

* 本课题（2017CSLKT3－065）荣获 2017 年度中国物流学会课题优秀成果奖一等奖。

念，强化绿色物流意识，制定绿色发展战略，明确物流绿色化目标，积极主动地承担环境社会责任，并对企业员工开展绿色环保教育，以塑造绿色企业文化。第四，发挥行业协会作用，密切企业与协会联系。行业协会综合采用会议、会刊、微信、协会网站等线下和线上多种形式及时向企业宣传最新的绿色物流标准和政策，制定合理的激励机制，加大对企业绿色文化建设和绿色技术创新方面的支持力度，以调动企业贯彻和实践绿色物流思想的积极性；同时，各行业的协会组织充分协调政府与企业、企业与企业间的关系，加强彼此合作，对企业绿色物流活动形成有效且全面的监督，强化协调发展理念对绿色化的支持作用。第五，加强资源整合力度，建立协同信任关系。完善物流公共信息平台，建立公共仓储、公共配送中心等公共设施和统一配送车队，推动物流信息共享和供需的精准匹配，以实现物流信息和设施设备等资源高度整合；同时，鼓励企业制定协同共赢目标，提高协同信任度，以巩固协同合作关系，强化开放和共享发展理念对绿色化的支持作用。

一、绪论

（一）研究背景

1. 时代发展催生城市物流绿色化

从宏观环境来看，国际方面，2015 年巴黎气候大会签订的《巴黎协定》将绿色低碳发展确定为全球气候治理理念，并提出去碳化的绿色低碳经济发展趋势，势必驱动全球各行各业节能减排和绿色转型行动。国内方面，2012 年中国共产党第十八次全国代表大会报告首次将“生态文明”纳入五位一体建设体系中，强调以绿色发展为导向；2015 年 3 月中央政治局会议在新四化的基础上首次提出了“绿色化”概念，同年的十八届五中全会又提出“创新、协调、绿色、开放、共享”五大发展理念，推动建立绿色低碳循环的产业体系。因此，绿色转型成为经济社会发展的大势所趋，对物流业绿色低碳可持续发展提出更高要求。

从微观环境来看，成本费用高、环境污染严重一直成为制约物流业可持续发展的重要因素，而配送恰恰成为对环境造成较大压力的物流环节。据《2016 年全国物流运行情况通报》数据统计，2016 年我国社会物流总费用 11.1 万亿元，其中，运输费用 6 万亿元，占社会物流总费用比重达到 54.1%。近年来，随着城镇化进程的加快，城市环境问题日益突出，尤其是城市物流配送对环境、经济和社会可持续发展（3 - P）存在负面影响。环境方面，配送车辆造成城市交通拥挤，产生噪声和大气等污染，影响城市环境；经济方面，城市配送效率低下，导致成本费用占 GDP（国内生产总值）比重较高，直接影响城市经济效益；可持续方面，城市配送秩序混乱，配送资源分配、配送方式不合理等，打破城市生态系统平衡，影响经济运行质量，不利于城市可持续发展。经国内外实践，共同配送被公认为解决城市物流配送难题的一种有效途径，但更多的是从模式层面来优化城市配送。为进一步加快城市物流绿色低碳可持续发展步伐，推进绿色城市和生态城市建设，必须积极响应城市共同配送日益强烈的绿色化需求。

2. 城市实践推动共同配送绿色化

发展至今，共同配送在国内外均有不少实践案例。其模式最早是在国外发展起来的，以日本和德国为代表。其中，日本企业应用的共同配送模式多样化，主要有 Milk - run（循环取贷）模式、混合配送模式、直配模式、供应商共同配送模式等，并在集货模式方面进行创新，推出配送半径集货、社区集货、分段 JIT（准时制）集货等形式。然而日本共同配送在零售行业发展相对成熟，2001 年该行业共同配送采用率已达到 55%，其中 41% 左右由配送中心配送，其最大的特点即便利店模式，以 7 - 11 为典型代表，实现多品种商品混载配送，创新零售业态。其普遍的做法是实施整合发展策略，有效协调便利店供应链上下游参与者。采用规模经济发展思路，在城市区域集中建店，以获取规模经济效应，再建立配送中心，采取集中统一配送方式；德国共同配送的最典型代表为 DHL（中外运敦豪国际航空快递有限公司），是以邮政快递主导的共同配送模式，针对繁杂拥挤的城市中心区域建立集运中心，采取快速消费品店铺直送方式，以解决城区交通拥堵、环境噪声污染等问题。

我国城市共同配送起步较晚，尚处于发展的初级阶段。据相关数据统计，截至 2016 年 9 月，同城业务收入累计完成 385.3 亿元，同比增长 41.4%，同城货运市场规模大约为 1 万亿元。实际上，我国城市自 2012 年起，才开始尝试和推广共同配送模式，城市共同配送成为国家关注的重点物流工程。商务部发布《关于推进现代物流技术应用和共同配送的指导意见》（商流通发〔2012〕211 号）文件，首批选取广州、成都、武汉、合肥、兰州、银川、贵阳、南宁、厦门 9 个共同配送试点城市，2013 年又选取南京、上海、北京、青岛、哈尔滨、石家庄、郑州、长春、唐山、太原、海口、襄阳、潍坊、东莞、乌鲁木齐 15 个试点城市。实践至今，部分城市共同配送取得较为突出的成效，以南京、唐山、太原、长春、郑州为代表。其中，南京市共同配送最先主要在商贸领域开展，成立中小商贸流通企业城市共同配送体，建立共同配送公共信息平台。南京市推广实施“网订店取”和智能公共快递柜的末端共同配送模式，其特点在于共同配送实施范围不仅局限于城市内部，还深入农村，建立覆盖城乡的三级网络配送体系。唐山共同配送的成功之处在于打造首家城市共同配送公共信息服务平台“物流唐山”，实行“智能匹配 + 主动推送”新模式，采取“系统服务 + 人工服务”的信息处理方式，有效实现共同配送平台信息资源的收集与扩散，解决企业信息流难题。且创新城乡一体化的共同配送模式，建设覆盖行政村的省、市、县、乡、村五级分销配送网络。太原市企业成功借助自身优势开展城市共同配送，利用丰富的便利店网络资源开展末端配送，创新共同配送车辆管理模式，实现车辆“专用号段，统一标识”，成立城市配送协会，提高共同配送组织化程度，特别注重绿色物流理念，引进使用新能源车辆。长春市企业投建“96656 云配网”和“96656”呼叫中心，且平台配套呼叫中心，在公共信息平台建设方面的优势在于考虑不使用电脑或手机的特殊群体，服务更周到。郑州市开展城市共同配送的特色主要在于成立城市共同配送的行业联盟，并且联盟制定详细章程和管理规则，对参与共同配送的企业进行井然有序的管理。

纵观国内外城市共同配送发展和企业实践情况，尤其是国内共同配送，因地制宜创新共同配送模式，构建公共信息平台，取得一定的成效。但总体来看，我国城市共同配送开展和推广任务艰巨，仍然存在不少问题，如公共信息平台功能不完善，资源整合强度不够；车辆标准化程度低，缺乏统一管理；城市配送通道不畅，交通与配送矛盾突出，尤其是共同配送环境污染严重。城市实践表明，共同配送绿色化势在必行。

（二）研究目的和意义

1. 研究目的

总结国内外城市共同配送发展经验，梳理城市共同配送发展现状及趋势；分析城市共同配送平台的绿色要素及运行机理，并引入规模经济性分析，为城市共同配送的绿色平台服务规模限度提供参考；特别从企业和行业综合视角出发，构建城市共同配送平台绿色化影响因素的两层次概念模型，设计相应的调查问卷，借助结构方程模型和多层线性模型进行实证研究，旨在找出城市共同配送平台绿色化的影响因素，发现城市共同配送平台绿色化存在的问题，有针对性地提出推进城市共同配送绿色平台发展的对策建议，为城市共同配送推广与实践提供一定的借鉴和指导。

2. 研究意义

国内外有关城市共同配送的研究重点集中在共同配送的意义和共同配送模式方面，且国内对城市共同配送的研究尚未形成一个成熟的体系，研究仅限于企业或行业单一视角，很少从城市环境角度深入探讨城市共同配送，尤其是其平台绿色化建设的问题。本研究试图综合运用系统工程、技术经济学、经济学、管理学等多学科理论知识，以绿色发展为切入点，全面系统地分析城市共同配送平台的绿色化举措，将规模经济分析引入到城市共同配送研究中，并将结构方程（SEM）和多层线性分析（HLM）结合应用，进一步丰富城市共同配送的理论研究体系，具有一定的理论价值。

城市共同配送应用最早起源于日本，在国外发展相对成熟，而在国内则处于发展的初级阶段。随着城市物流配送外部不经济性的凸显及绿色发展理念的推动，共同配送成为解决城市交通拥堵、环境污染等问题的有效途径，是未来实现绿色城市和生态城市的推动力。正视城市物流配送中日益严重的环境问题，在汲取国内外城市共同配送先进发展经验的基础上，梳理城市共同配送发展现状，对城市共同配送平台进行绿色分析和规模经济分析，为我国企业参与城市共同配送活动提供一定借鉴和指导。尝试提出和构建城市共同配送平台绿色化影响因素的两层次概念模型，通过问卷调查和实证研究，挖掘城市共同配送平台绿色化的影响因素，发现推动城市共同配送平台绿色化存在的问题，并从企业和行业两个层面提出相应的对策建议，对促进城市物流绿色低碳可持续发展，推进生态文明建设，具有一定的实践意义。

（三）研究思路及研究方法

1. 研究思路

在把握国家宏观层面对城市物流配送绿色发展要求，了解城市配送对环境、经济和社会可持续发展的影响，总结国内外企业实施城市共同配送先进经验的基础上，梳理城市共同配送发展状况，界定共同配送、绿色平台、平台绿色化等相关概念，对城市共同配送的绿色平台进行绿色要素、运行机理及规模经济性分析；提出和构建城市共同配送平台绿色化影响因素的企业和行业两层次概念模型，通过问卷调查和实证研究，借助SEM挖掘城市共同配送平台绿色化的影响因素，运用HLM验证行业协会因素在推进城市共同配送平台绿色化建设中的调节作用；发现城市共同配送平台绿色化存在的主要问题，并从企业和行业两个层面提出推动城市共同配送绿色平台建设的对策建议。具体的研究技术路线如图 1 所示。

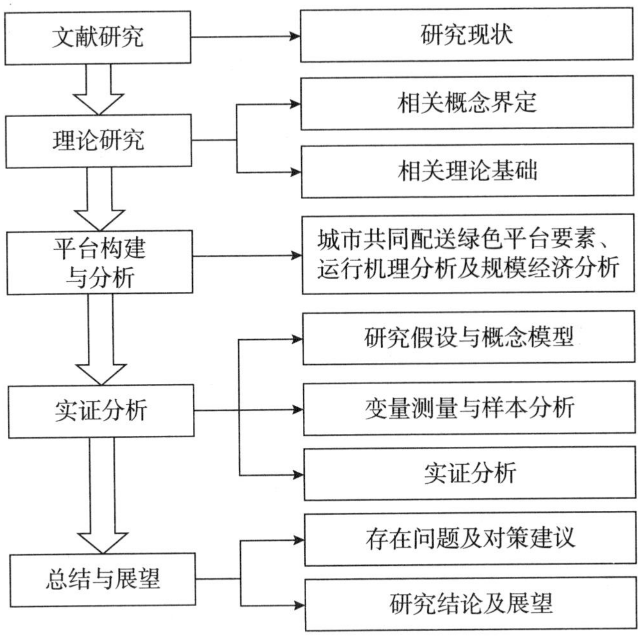

图 1 研究技术路线

2. 研究方法

坚持理论与实践、归纳与演绎、定性和定量相结合的原则，主要运用文献研究法、问卷调查法和实证分析法等研究方法进行研究。

1）文献研究法

通过文献研究及网络资料整理等，把握国内外城市共同配送的研究现状，总结当前研究的贡献和不足，在借鉴现有研究成果基础上，提炼研究创新点；梳理国内外城市共同配送发展经验，为构建城市共同配送绿色平台和提炼平台绿色化影响因素提供切入口。

2）问卷调查法

通过实地调查研究，了解城市共同配送发展现状，提出和构建城市共同配送平台绿色化影响因素的两层次概念模型，通过问卷形式进行抽样调查，为挖掘城市共同配送平台绿色化的影响因素提供依据。

3）实证分析法

通过结构方程模型和多层线性模型，借助 AMOS 22.0 和 HLM 6.08 分析软件，对城市共同配送平台绿色化影响因素进行实证研究，提炼城市共同配送平台绿色化的影响因素，验证行业协会因素在推进城市共同配送绿色平台建设中的调节作用，发现城市共同配送平台绿色化面临的主要问题，并从企业和行业两个层面提出相应的对策建议。

（四）可能的创新点

本研究可能的创新点归纳为以下两点。

（1）梳理和总结国内外企业实践城市共同配送的经验，引入规模经济性分析和算例验证，为城市共同配送绿色平台服务规模限度提供借鉴和指导；鉴于城市共同配送现有的相关文献研究很少考虑环境因素，在界定绿色平台、平台绿色化等概念的基础上，基于绿色发展理念研究城市共同配送平台绿色化的影响因素，试图为城市配送环境难题提供解决对策。

（2）突破企业或行业的单一研究视角，综合考虑企业和行业两个层面因素，提出和构建城市共同配送平台绿色化影响因素的两层次概念模型，同时，研究行业协会因素在推进城市共同配送绿色平台建设中的调节作用，发现城市共同配送平台绿色化的主要问题，从企业和行业两个层面提出相应的对策建议。

二、文献综述和理论基础

（一）国内外研究现状

1. 城市共同配送研究现状

随着共同配送的推广与实践，国内外关于城市共同配送的研究体系逐渐丰富，尤其是日本已形成相对成熟的理论体系，主要涉及城市共同配送的模式构建、成本利益分配及评价、配送平台分析等方面。

1）城市共同配送模式研究

国内外有关城市共同配送模式的研究相对比较丰富，主要涉及共同配送具体模式的构建、分析及对策建议。例如，阿尔然·范（Arjan Van Binsbergen）与皮耶·博维（Piet Bovy）（2000）认为构建共同配送的地下系统，有利于环境保护和缓解交通安全压力。王孝坤、杨飞和杨东援（2007）总结日本、德国等国外城市共同配送的情况，分为横向共同配送和纵向共同配送两大类模式进行分析，认为从社会效益角度来讲，共同配送可提高物流资源利用率，保护环境等。文晓巍和达庆利（2008）认为共同配送可突破原有冷链物流配送环境污染等弊端，需进行冷链资源整合和建立共同配送中心，发展冷链物流共同配送模式。陶经辉和乔均（2008）以南京市商贸业为研究对象，重点分析南京市商贸共同配送存在的问题，提出南京市商贸领域可供实施的几种模式，包括连锁超市、零售大卖场和批发市场三种共同配送模式。郭（Ju - Chia Kuoa）与陈（Mu - ChenChen）（2010）提出 MTJD 模型，构建多温层共同配送系统，创新食品冷链物流服务。Chaug - IngHsu（徐长镘）与 Kang - PoLiu（刘康宝）（2011）引入多温共同配送物流技术，构建多温共同配送的规划模型，并进行实例验证。温卫娟和乔忠（2012）运用协同学的相关理论对城市共同配送系统的运行机理和特性进行研究，认为共同配送需协同好配送主体、服务对象及社会环境三者的关系，并提出聚合—裂变的共同配送模式，以最大化共享物流资源。伊斯梅尔（Ismail Capar）（2013）考虑分销系统中联合装运和库存决策两阶段，构建两级分销系统联运模型，提出企业联合装运和库存的策略，优化配送中心库存数量，降低公共库存成本和车辆调度成本。Xu Weixiang（徐伟翔）与 Yang Hucheng（杨虎城）（2013）提出新型的城市共同配送模式，并设计共同配送系统新步骤，解决城市分散的配送管理问题。张昕（2013）对末端物流共同配送的几种现有模式进行对比分析，主要包括校园末端和社区末端两大类型，再在关系网络图的基础上提出电子商务和社区合作的多种可能性方案，并为企业选择决策提供指导路径。牛秀明（2013）对城市共同配送模式进行分析，认为信任危机、利益协调和成本收益分配、信息技术等因素会制约共同配送的发展，建议建立公共信息平台，供应链新型合作关系等。王汉新（2015）针对城市物流交通拥挤、环境污染等外部不经济现象，从组织和管理两个方面研究石家庄的城市共同配送模式，建议选择恰当的共同配送模式，多形式组织货运交通，建立信息平台整合资源，提高共同配送规模效应等，降低其环境负外部性。卫振林和孙剑青（2015）从仓配一体化角度出发，提出以中小电商企业为参与主体的城市共同配送模式，具体包括仓配一体化、多仓多货主、多货物共配等运作方式，并对共同配送运作流程进行分析，为中小电商企业共同仓储和配送提供解决方案。邵举平，徐建华和孙延安（2015）整合常温物流和冷链物流，提出一种应用Swap Body（可脱卸箱体）技术的绿色、低碳、环保的城市共同配送模式，构建公共配送中心、转运中心等，创新连锁超市、电子商务宅配的多温层配送网络体系。王玲（2015）创新农产品城市共同配送模式，提出“政府引导、企业主导”的构想，认为政府应给予政策支持，企业则可采取共建或第三方建设配送中心的两种形式，最终实现促进城市物流可持续发展目的。黑秀玲（2015）基于管理视角，认为必须紧扣物流市场需求设计城市共同配送系统，搭建物流信息平台，完善末端配送点等物流基础设施。钟翔（2015）提出整合城市共同配送和反向物流，一定程度上保护环境，认为管理体系、运输能力、基础设施是两者整合的关键问题。武钧（Wu Jun）、任建伟（Ren Jianwei）和刘波（Liu Bo）（2016）重点解决城市共同配送系统中托盘共用的问题，研究开发新模型，并通过案例分析和数值模拟，证明该模型的正确性，建议企业依据需求预测制定好托盘租赁策略，以降低托盘共用的分配。马秀丽和周宁武（2016）以湖州为研究对象，探索中小城市开展城市共同配送的模式，提出第三方物流企业开展城市共同配送应从建设物流信息平台、物流标准和配送体系等方面入手。

2）城市共同配送成本利益研究

国内外城市共同配送成本利益研究主要集中在成本利益分摊的具体方法方面，例如，徐同连，栾琨和贾洪飞（2006）提出共同配送中存货、车载力和转运点三种合并策略，构建收益与成本平衡关系模型，对这三种策略进行成本分析，并提出各策略适用情况。Liu Xiaofeng（刘晓峰）与Chen Shun（陈顺）（2008）运用纳什协商理论，构建企业共同配送成本分摊模型，并提出基于补偿的模型改进方法。张润红和罗荣桂（2008）进行实例研究，运用Shapley值法制定企业共同配送利益的分配方案，并针对Shapley值方法的缺陷进行算法修正，改进分配方案。Cheng Yaorong（程耀荣）、Xie Haiman（谢海曼）与Chen Yue（陈悦）（2009）认为共同配送成本包括设计成本、协调成本、运营成本和随机成本，同时分析其形成机理，并构建共同配送成本分摊的模型和提出具体分摊方法。林文和侯云先（2010）建立经济模型分析共同配送的经济效益分摊问题，提供理想的分配方案，研究发现在绿色物流管理下，企业采取共同配送模式时承担的配送费用低于自行配送的费用。张迪，邬跃和陈雷（2012）研究发现直供配送模式会增加城市交通压力，污染城市环境，共同配送模式可有效提高车辆利用率，但合作方式和利益分配是影响城市共同配送的重要因素。Lei Sun（孙磊）、马克（Mark H. Karwan）与巴努（Banu Gemici - Ozkan）等（2015）引入地理因素，构建共同配送长期成本估算模型，借助人工神经网络技术提出模型预测方案。白世贞和汪洋洋（2015）从中小快递企业角度研究城市共同配送，纳入中小快递企业对城市共同配送联盟的贡献率因素，构建满意度函数模型为中小快递企业组成的共同配送联盟制定合理的利益分配方案。Li Liu（刘丽）和 Lei Wang（王磊）（2016）运用因子分析法和成本分析法，阐述不同低碳政策对物流分销成本的影响，研究证明共同配送是有效降低物流成本的方式，并提出共同配送中企业物流成本合理分配的保障措施。

3）城市共同配送评价研究

针对城市共同配送评价方面，国内学者研究颇多。例如，Lu Yugang（卢玉刚）和 Hou Hanping（侯汉平）（2014）提出快递企业建立终端分销网络联盟的构想，建立终端评价指标体系和构建车辆路径模型，以优化快递企业共同配送网络。温卫娟和刘俐（2015）从实施主体、服务客户和社会环境三个角度分析城市共同配送形成机理，并构建包括企业合作能力、客户能力和政府能力在内的共同配送成熟度模型，对共同配送进行评价。赵娜和李晓丹（2015）综合运用层次分析法和模糊综合评价法，构建城市共同配送中心选址的评价指标，认为交通运输条件、自然环境、社会经济效益和政府政策均为共同配送中心选址决策需考虑的因素。宾厚，汪妍蓉和单汨源（2015）结合三角模糊数与模糊综合评价，提出城市共同配送风险评价的新方法，构建城市共同配送风险评价模型，并进行实证研究，为城市共同配送风险管理提供借鉴。温卫娟，邬跃和唐秀丽（2015）运用协同学理论，构建共同配送协同机制模型和协同效应数学模型，并构建指标体系，借助主成分分析对共同配送协同效应进行评。He Yandong（何艳东），Wang Xu（王旭）和 Lin Yun（林云）等（2016）从经济、社会、环境和灵活性四个方面考虑，构建 ESEF 评价框架模型，并运用模糊层次评价法和 TOPSIS，对企业共同配送合作伙伴的选择问题进行研究。宾厚，王欢芳和汪妍蓉等（2016）运用集对理论，构建五元联系数的综合评价模型对城市共同配送风险进行评价，其中，环境风险方面指标研究结果表明，共同配送模式对城市环境保护发挥积极作用。

2. 城市绿色配送研究现状

国内外学者认为城市配送绿色化主要可从配送车辆、路径优化等方面入手，例如，胡云超，申金升和黄爱玲（2012）指出特大型城市物流配送存在的外部不经济性问题，提出城市绿色配送体系构建思路，认为必须优化中转换装、配送运输和末端衔接三个环节，充分发挥企业积极性和政府扶持作用等。M. S. Gajanand（戛加南德）与纳伦德拉（T. T. Narendran）（2013）研究发现道路性质、货运车辆的速度、承载量等其他参数均影响车辆燃料的消耗和尾气排放，设计配送车辆绿色路线有利于减少企业物流配送对环境产生的影响。刘秀田（2013）提出城市共同配送服务体系构建的对策，需加强配送节点建设、培育市场主体等，打造高效、绿色的城市共同配送服务体系。王汉新（2014）分析城市物流的外部不经济性，从配送节点布局、车辆接力配送及共同配送组织模式三方面分析城市绿色配送发展途径，认为未来城市绿色配送不仅局限于共同配送的单一形式，需政府、企业和市场等多方主体参与。钟翔（2015）提出整合城市共同配送和反向物流，一定程度上保护环境，认为管理体系、运输能力、基础设施是两者整合的关键问题。张颖川和王玉（2015）认为城市绿色配送包括绿色交通、绿色装卸等多个配送作业环节，需在配送方式、运输车辆、运输路线及绿色物流技术等方面重点发力，以推动配送全程管理绿色化。钟耀广和唐元松（2016）运用源创新理论创新共同配送体系，倡导共同配送体系平台化，提出构建共同配送生态系统，系统内企业成员各自应用“流创新”对配送服务流程进行优化，并借助平台激发互动创新，平衡各方利益，从而解决城市环境等问题。

3. 城市配送平台研究现状

城市配送平台的研究主要侧重于信息平台的设计方面，例如，洛雷达纳（L. M. Loredana）和康斯坦丁（C. Constantin）（2011）认为物流平台可起到优化运输流程的作用，通过设计物流平台对配送进行优化，提高配送效率，减少环境污染。张弘杨（2012）构建和设计城市蔬菜配送平台模式，对平台的功能、配送流程进行详细阐释，认为城市蔬菜配送平台由生产基地管理、配送管理和客户管理三个子系统组成。张春梅（2013）以“城市100模式”为案例分析对象，重点分析共同配送服务平台的功能结构和逻辑结构，并针对其存在问题提出相应的对策建议。时玮康（2014）以农工商超市为案例研究对象，提出搭建城市共同配送平台优化商超配送，整合连锁门店、物流中心和客服中心。谭钧（2015）提出融合LBS技术建立O2O（线上线下电子商务）模式的城市共同配送信息服务平台，并对其运作流程进行详细阐述，有利于促进城市绿色物流发展。邓雯（2016）提出将公路港平台模式应用到城市配送中的设想，并鉴于公路港平台模式存在的问题提出城市配送平台运行管理中的注意事项和改进要点，创新城市配送平台模式。

绿色化已经成为城市共同配送发展的必然趋势，也逐渐成为城市共同配送研究的关注点之一。综合上述研究，虽然国内外学者意识到共同配送对城市环境的保护作用，少数学者已提出共同配送绿色化理念，但其研究较少深入分析城市共同配送的绿色化影响因素、发展措施和途径，且研究仅围绕或企业或行业单一视角进行。基于此，本研究提出和构建城市共同配送平台绿色化影响因素的两层次概念模型，综合企业和行业两个视角进行实证研究。

（二）理论基础

1. 城市共同配送理论

1）城市共同配送定义

目前，国内外关于共同配送的定义尚未形成统一的界定。日本最早对共同配送概念进行阐释，日本运输省定义共同配送为“为使城市物流合理化，在几个有定期运货需求下合作，由一个卡车运输业者使用一个运输系统进行的配送”；日本工业标准则定义共同配送为“以提高物流效率为目的，对多家企业统一实施配送的物流活动”；日本汤浅和夫教授强调共同配送突破单个公司界限，以合作方式进行货物集中配送。而我国国家标准《物流术语》（GB/T 18354—2006）定义共同配送为“由多个企业联合组织实施的配送活动。”国内学者对共同配送内涵也各有自己的见解，例如，张潜（2009）认为共同配送是整合企业多种商品处理功能，借助共同仓库和运输车辆等，将小批量转化为大批量集中配送的物流服务；李为为，张正和周汝胜等（2011）认为共同配送是打破商品单独配送方式，通过中间组织进行协调运输的一种模式；李庆（2013）认为城市共同配送即是各行业企业与物流企业通过合作进行配送资源整合，优化配送路线、数量等，以满足城市某一区域的多用户需求。

纵观国内外相关研究，大多数是从企业合作的角度来阐述共同配送这一概念。基于此，本研究认为城市共同配送是指以城市为配送服务范围，以满足城市居民及时性、便捷性、个性化服务需求为目的，多家企业以合作联盟形式，通过配送中心、中转中心等物流节点最大化整合配送资源和集聚物流要素，按城市区域需求进行统一集中配送，以获取规模效应的物流活动。其本质在于通过资源共享，实现城市最大物流配送量，最终降低城市物流配送成本，提高城市物流配送效益。

2）共同配送发展过程

共同配送创新了物流配送模式，顺应了现代社会绿色低碳可持续发展要求，更是满足电子商务高速发展形势下，人们对高效物流服务的需求。共同配送最早在国外发展起来，并经过大量实践，逐渐被各国，尤其是国内城市借鉴应用，其发展过程大致可以划分为三个阶段：第一阶段为共同配送的萌芽期，时间为20世纪50年代末到60年代初，由日本最先在业界提出共同配送概念，这一阶段的共同配送又称“运输整合”，只是为减少货运车辆，在小规模范围内简单整合货物运输的活动；第二阶段为共同配送的发展期，时间为20世纪70年代到80年代，这一阶段共同配送不再停留在概念层面，企业开始实践共同配送，并取得一定成效，其中以日本为主要代表；第三阶段为共同配送的成熟期，时间为20世纪90年代至今，这一阶段伴随着互联网的兴起和电子商务的快速发展，物流配送服务在人们生活中的比重日益提升，共同配送得到了广泛应用，出现了大量的实践成果，并仍然在不断的实践中创新发展，我国也正是在这一阶段开始引进和运用共同配送模式，在城市开展共同配送试点工作。

2. 绿色平台理论

1）绿色物流理论

20世纪后期，A. M. 布鲁尔、K. J. 巴顿和D. A. 亨舍尔合首次将“绿色”与“物流”结合，最早提出了绿色物流的概念，他们认为绿色物流是一种利于环境保护的配送系统。而国内学者普遍认为绿色物流不仅需在物流活动过程中减少和控制对环境的负面影响，而且要充分利用资源，在更高层次上净化环境。绿色物流渗透物流各个环节，具体表现为绿色配送、绿色包装、绿色存储甚至是绿色信息处理等。以可持续发展理论、生态经济学理论和生态伦理学理论等对物流活动中经济与生态的协调发展进行的研究，便形成了绿色物流理论、以指导物流与环境共生发展，平衡经济效益与环境效益，保障人类健康与生存。

2）虚拟物流理论

虚拟物流具有信息化、网络化、智能化等特点，是指多个成员企业通过现代信息网络技术建立合作伙伴关系，促进企业之间物流资源共享，以在较大规模内降低物流成本，提高企业效益。虚拟共同配送即是物流企业、商贸流通加工企业、配送中心等通过网络进行资源整合与共享，共同完成配送活动的虚拟组织，同时具备实体与虚体的特征，统筹考虑个性化与大众化、安全性与开放性。

3）绿色平台与平台绿色化

随着平台经济的兴起与发展，去中介化、去中心化和去边界化的“三化”特征日益凸显，平台的概念也越来越趋向于广泛化，不再局限于用于实现信息交互和传递的信息平台，而演变成一种企业发展转型战略和活动空间。本研究汲取绿色物流及虚拟物流等理论，定义城市共同配送的绿色平台为以物流公共信息平台为核心，形成的服务城市范围内绿色物流配送活动的区域性虚拟平台，并具有最大限度的规模经济，旨在发挥平台连接效应和集聚效应，为企业参与共同配送创造合作条件和搭建桥梁，创造出共享的生态圈。

J. 麦克尼尔早在1990年讨论世界环境问题时就提到了“绿色化”一词，随后，国内外学者将绿色化概念延伸到经济、社会、文化等多个领域的研究。绿色化是指由无绿色向有绿色，由较小范围绿色向较大范围绿色的转变过程。具体到物流行业，绿色化则是绿色物流的衍生，是指借助一定管理和技术手段，减少物流全过程对环境的负面影响，提高资源利用率的过程。尽管绿色化概念运用范围较广，但其共同的内涵特征都是以降低环境污染，保护生态环境目标。基于此，本研究中提及的绿色化更侧重于是环境保护的一个具体过程和一种手段，也即通过城市共同配送平台的绿色化来最终实现建设城市共同配送绿色平台的目标。

3. 规模经济理论

规模经济理论起源于美国，传统的规模经济是指在生产技术水平不变的情况下，厂商增加产量，而使长期平均成本下降；当生产规模扩大到一定程度以后，长期平均成本将随产量上升而增加，便出现了规模不经济。传统的规模经济是从技术经济意义上，通过大批量生产来实现的数量规模。而现代规模经济不仅包括数量规模，还包括产品分工专业化经济意义上的品种规模。规模经济又分为内部规模经济和外部规模经济，其中，内部规模经济是由于企业调整内部生产规模引起的；外部规模经济则是由于整个行业规模变动引起的。

目前，规模经济理论大多被用于研究行业或企业的规模生产问题，渗入银行金融业、旅游业、文化教育业、农业等多产业领域。然而在物流行业的应用较少，少数研究涉及城市发展和运输业规模，但在城市共同配送方面的应用少之又少。

三、城市共同配送的绿色平台分析

（一）绿色平台机理分析

1. 绿色要素分析

城市共同配送的绿色平台围绕参与者、基础设施及信息平台等要素进行共同配送的绿色优化，涉及绿色技术创新能力、绿色共同配送能力、绿色企业文化、资源整合、行业协会等多个绿色化影响因素，并在最大规模经济范围内为城市居民提供绿色物流配送服务。

1）绿色参与者

绿色平台作为开展城市共同配送的联系纽带，涉及政府、行业协会和企业三大主要参与主体。其中，政府及相关部门发挥宏观指导作用，主要负责制定城市共同配送相关政策法规，尤其是绿色配送法律法规及制度政策等，为绿色平台运行提供良好的政策环境。物流行业协会发挥微观引导作用，一方面，行业协会适当制定配送相关行业标准，积极引导和监督企业绿色配送活动，为企业参与绿色平台提供支持和帮助；另一方面，行业协会协调政府和企业的关系，支持政府城市共同配送工作，协助培育城市共同配送市场主体和扩大城市共同配送规模，同时，督促企业贯彻落实绿色配送政策，推进城市共同配送的绿色平台健康运行。企业不单纯为物流企业，还包括商贸流通企业、生产加工企业等涉及物流配送的企业，其作为绿色平台的核心参与主体，发挥推进绿色配送的中坚作用；绿色平台内的所有企业统一实施绿色物流运营战略，打造绿色企业文化，尤其是物流企业或是拥有自营物流条件的企业，均需具备共同配送和绿色配送能力，以促进绿色平台的可持续发展。鉴于多层线性分析特性，以及企业和行业的两层次模型，后续研究中着重研究了行业协会与企业两大参与主体。

2）绿色基础设施

城市共同配送绿色平台的运行需要绿色基础设施的硬件支撑，并依赖于绿色环保技术的创新、发展及应用。在城市共同配送分拨中心、配送中心和末端配送点三级网络等建设过程中，充分考虑环境保护的要求，合理规划布局，采用绿色建材、光伏绿色照明、太阳能通风等，提高共同配送节点及仓库能源利用率；在城市共同配送的备货、理货和送货环节中，推广应用新能源绿色货运车辆、环保轻型装卸设备、绿色自动化系统、智能分拣线甚至智能机器人等，并融合 RFID（射频识别技术）温湿度电子感知技术、绿色标签技术、绿色包装技术等，同时积极推进绿色物流技术的创新，以实现城市共同配送绿色平台基础设施绿色化，提高绿色共同配送能力。

3）绿色公共信息平台

在快速发展的现代信息技术的驱动下，共享成为绿色物流配送的创新趋势，城市共同配送绿色平台的运行更需要绿色信息平台的软件支撑。绿色公共信息平台是绿色平台的核心组成部分，畅通共享共同配送信息流，起到整合绿色平台内各要素，联络各参与主体的重要作用。绿色公共信息平台应用云计算、大数据、数据挖掘、人工智能等绿色信息技术，并与北斗卫星导航系统、GPS（全球定位系统）、视频智能监控系统、电子标签智能拣选系统等系统连通，实现物流与信息流统一，提高信息传递真实性、完整性、及时性，达到城市共同配送资源整合，车辆智能调度，配送路径合理优化等绿色目标。

2. 绿色平台运行机理分析

城市共同配送的绿色平台是由政府和行业协会牵头，与城市龙头企业合作共同建设，其运行依托于绿色公共信息平台和绿色基础设施等软件和硬件要素的支撑，涉及绿色技术创新、绿色配送等内容，特别地以绿色公共信息平台为核心推动力，同时遵循一定的平台机制，具体运行机理如图 2 所示。

政府、行业协会和企业三者协调关系，找准定位，并各司其职，是城市共同配送绿色平台正常运行的基础保障。政府一方面制定城市共同配送相关绿色政策，鼓励企业参与共同配送绿色平台，实施绿色物流活动；另一方面听取行业协会传达的企业要求与意见，以指导政府下一步工作，与行业协会形成合作关系。行业协会代表行业全体企业的共同利益，引导和鼓励企业积极参与绿色平台，适时给予企业技术创新等支持，同时监

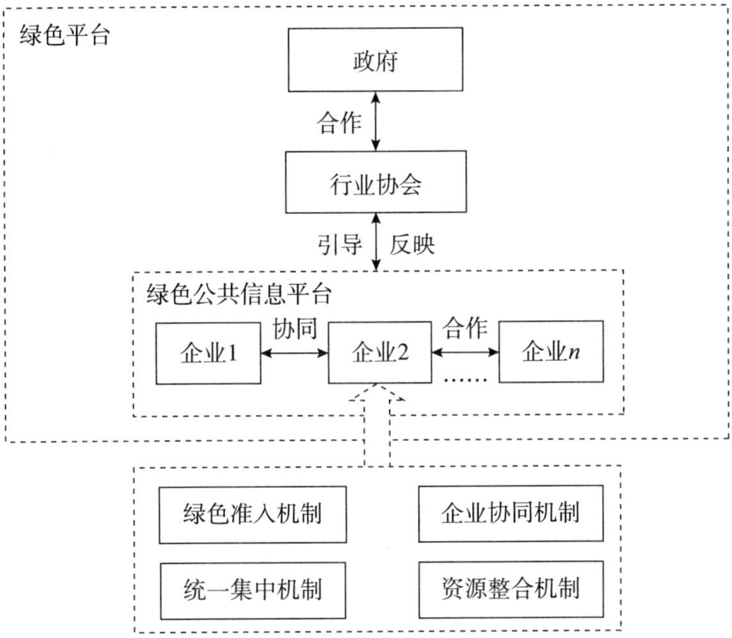

图2　绿色平台运行机理

督企业绿色共同配送行为，对企业非绿色环保行为进行处罚；另外，充当好政府与企业间的桥梁角色，不仅协助政府做好城市共同配送工作，而且充分向政府反映企业需求。企业与企业之间提高信任度，通过绿色公共信息平台形成协同合作的长久伙伴关系，其中以商贸流通企业或生产加工企业与第三方物流企业合作关系最为普遍，也存在少数有自建物流的龙头企业与中小企业的联盟关系，如零售店与大型商超合作实现货物共同配送，以实现协同共赢的目标。绿色公共信息平台整合海量资源，借助绿色信息技术实现配送供需的精准、快速匹配，计算最优配送路线，智能调度货运车辆，以最高效率进行共同配送，最大限度降低共同配送对城市环境的负外部性影响。

城市共同配送的绿色平台运行遵循绿色准入机制、企业协同机制、统一集中机制和资源整合机制。企业参与绿色平台，必须通过绿色平台环境指标的评估，唯有具备共同配送和绿色配送能力的企业才能加入，否则将被绿色平台淘汰；参与到绿色平台的企业之间具有高度的合作协同能力，资源共享；同时，绿色平台内的企业必须遵守绿色平台规则，接受统一绿色管理，实现货物集中配送，不仅整合了大量车辆资源，而且提高了配送服务的标准化和效率。绿色平台最大的优势即是进行资源高度整合，涵盖物流信息资源整合、配送能力整合、客户资源整合、车辆设备资源及物流基础设施资源整合等多方面，最终实现城市共同配送资源的最优化配置。

（二）绿色平台规模经济分析

就城市共同配送而言，现代规模经济理论具体体现为知识共享经济、配送距离经济、配送产品品种规模经济、平台服务规模经济等内容，然而必须注意规模经济性具有范围性，仅在某个范围内产生效益，一旦超过范围临界就发生规模不经济现象。因此，推进城市共同配送过程中需考虑绿色平台的服务规模，以在有限范围内实现资源的高度整合。

1. 规模经济函数构建与分析

基于现代规模经济理论，以规模经济度指标来衡量城市共同配送绿色平台的服务规模经济性，定义规模经济度 S 为平均成本与边际成本比值，具体的函数表达式为：

$$S = \frac{AC}{MC} \tag{1}$$

如果 $S > 1$，表示城市共同配送的绿色平台服务具有规模经济性；反之，如果 $S < 1$，表示规模经济性消失，借此确定城市共同配送绿色平台服务的最佳规模。

物流配送包括存储、包装、分拣、装卸、运输等多个环节，因此，城市共同配送绿色平台运行中产生的成本涉及的层面较多。综合现代规模经济理论成本函数和城市共同配送协同共享等特征，同时，规模经济是由于规模扩大而产生，则不考虑城市共同配送绿色平台固定成本部分。因此，得出城市共同配送绿色平台的成本函数为：

$$TC = \lambda C_0 Q + \alpha C_1 Q^2 + \beta(C_2 + C_3)Q^3 \quad (\lambda > 0, \alpha < 0, \beta > 0) \tag{2}$$

其中，TC 代表城市共同配送绿色平台的运行总成本；C_0 代表绿色平台内分拨中心、共同配送中心、末端网点等城市共同配送三级网络节点的单位运营成本；C_1 代表绿色平台的企业单位协同成本；C_2 代表绿色平台的单位公共仓储成本；C_3 则代表绿色平台的单位联合运输成本；λ、α、β 是常系数参数，符合 $\lambda > 0, \alpha < 0, \beta > 0$ 的条件。借鉴城市适度规模的相关研究，本研究引入变量 Q，代表城市共同配送绿色平台内公共网络节点的数量，以变量 Q 衡量城市共同配送绿色平台的服务规模。

依据式（1）计算可得，

$$AC = \lambda C_0 + \alpha C_1 Q + \beta(C_2 + C_3)Q^2 \tag{3}$$

$$MC = \lambda C_0 + 2\alpha C_1 Q + 3\beta(C_2 + C_3)Q^2 \tag{4}$$

再依据式（3）、式（4）可得，

$$S = \frac{AC}{MC} = \frac{\lambda C_0 + \alpha C_1 Q + \beta(C_2 + C_3)Q^2}{\lambda C_0 + 2\alpha C_1 Q + 3\beta(C_2 + C_3)Q^2} \tag{5}$$

当 $S = 1$ 时，可得城市共同配送绿色平台服务规模的规模经济临界点，即：

$$Q_0 = \frac{-\alpha C_1}{2\beta(C_2 + C_3)} \tag{6}$$

如图 3 所示，横轴 Q 代表城市共同配送绿色平台的服务规模，纵轴 AC 代表城市共同配送绿色平台的成本。Q_0 为曲线 AC 和 MC 的焦点，也即临界值点，当在 Q_0 左侧，也就是公共网络节点数量小于 Q_0 时，绿色平台运行存在服务规模经济现象；当在 Q_0 右侧，即公共网络节点数量大于 Q_0 时，绿色平台运行开始出现服务规模不经济现象。因此，推进城市共同配送的绿色平台建设，不能盲目扩张服务规模，无上限增加平台成员数量和公共网络节点数量，必须结合城市的实际发展情况，选择适度的绿色平台服务规模，以真正有效发挥和利用城市共同配送带来的规模效应，以及提高规模内的资源整合水平。

2. 算例仿真

为更直观度量城市共同配送绿色平台的服务规模经济性，运用 Matlab 8.3 软件，对上述规模经济度函数的各参数进行赋值和算例仿真。借鉴南京市等共同配送试点城市发

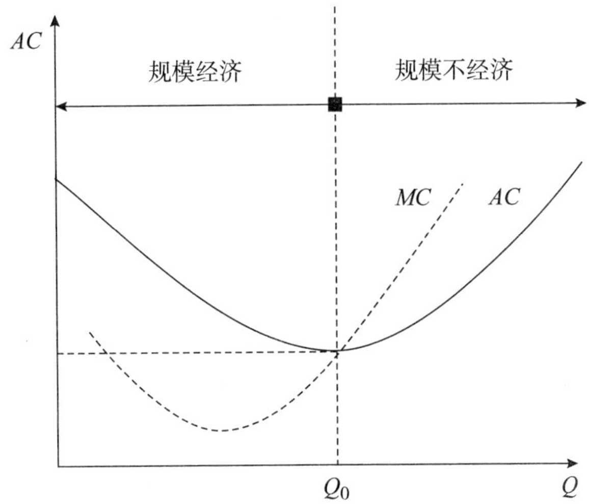

图3　城市共同配送的绿色平台服务规模经济

展经验及相关文献研究，令 $\lambda = 450$，$\alpha = -0.9$，$\beta = 1 \times 10^{-5}$，$C_0 = 2000$ 万元，$C_1 = 3000$ 万元，$C_2 = 4000$ 万元，$C_3 = 8000$ 万元。根据城市共同配送绿色平台内公共网络节点数量 Q，计算规模经济度 S，得出 Q 对 S 的影响变化图，如图 4 所示。

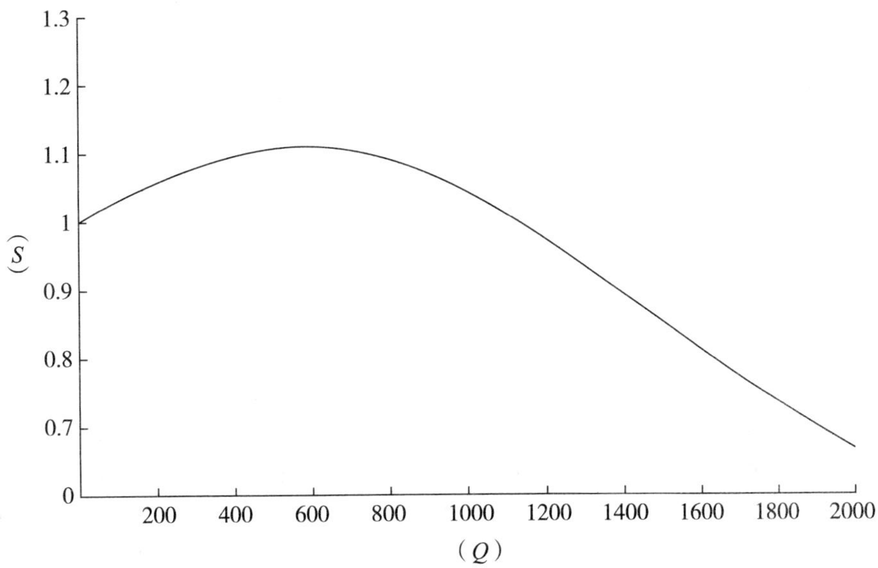

图4　Q 值变化对 S 的影响

从图 4 中可以看出，公共网络节点数量 Q 对规模经济度 S 的影响不具有单调性，当 Q 处于某个范围内，Q 对 S 的影响单调递增，且 S 值大于 1，即随着服务规模的扩大，产生的经济效益呈递增趋势，此时城市共同配送绿色平台运行存在规模经济现象；而当 Q 值超过某个范围，Q 对 S 的影响单调递减，且 S 值逐渐小于 1，即随着服务规模的扩大，带来的经济效益呈递减趋势，此时城市共同配送的绿色平台服务规模过度，发生规模不经济现象。

为更好地阐明图4表现的变化趋势，找出城市共同配送绿色平台的适度服务规模，列出表1。从表1中可以看出，当Q值为1110时，S值为1.0054；当Q值为1130时，S值为0.9982，S开始出现小于1的情况，即城市共同配送绿色平台服务的规模经济性消失，扩大服务规模反而造成经济效益的递减。因此，只有当Q在1110~1130中某临界值，也可称规模经济拐点时，扩大城市共同配送绿色平台的服务规模，产生的经济效益将达到最大。

表1　　S关于Q的变化

Q值	S值	Q值	S值	Q值	S值	Q值	S值
10	1.0030	510	1.1048	1010	1.0386	1510	0.8459
30	1.0089	530	1.1059	1030	1.0324	1530	0.8377
50	1.0148	550	1.1066	1050	1.0259	1550	0.8296
70	1.0205	570	1.1071	1070	1.0192	1570	0.8215
90	1.0262	590	1.1072	1090	1.0124	1590	0.8135
110	1.0317	610	1.1070	1110	1.0054	1610	0.8055
130	1.0371	630	1.1065	1130	0.9982	1630	0.7976
150	1.0424	650	1.1057	1150	0.9909	1650	0.7898
170	1.0476	670	1.1045	1170	0.9834	1670	0.7820
190	1.0526	690	1.1031	1190	0.9758	1690	0.7744
210	1.0575	710	1.1013	1210	0.9681	1710	0.7667
230	1.0622	730	1.0992	1230	0.9603	1730	0.7592
250	1.0667	750	1.0968	1250	0.9524	1750	0.7518
270	1.0710	770	1.0940	1270	0.9444	1770	0.7444
290	1.0751	790	1.0910	1290	0.9363	1790	0.7372
310	1.0790	810	1.0876	1310	0.9282	1810	0.7300
330	1.0827	830	1.0840	1330	0.9201	1830	0.7229
350	1.0862	850	1.0800	1350	0.9119	1850	0.7159
370	1.0895	870	1.0758	1370	0.9036	1870	0.7090
390	1.0924	890	1.0712	1390	0.8954	1890	0.7022
410	1.0952	910	1.0664	1410	0.8871	1910	0.6955
430	1.0977	930	1.0614	1430	0.8788	1930	0.6889
450	1.0999	950	1.0560	1450	0.8706	1950	0.6825
470	1.1018	970	1.0505	1470	0.8623	1970	0.6761
490	1.1035	990	1.0447	1490	0.8541	1990	0.6698

四、研究假设与概念模型

（一）研究假设

联系上文城市共同配送平台的绿色要素，结合国内外文献研究，总结出绿色共同配送能力、绿色技术创新能力、绿色企业文化、行业协会及绿色协同整合水平等平台绿色化影响因素，并从企业和行业两个层面分别提出相应的研究假设。

1. 企业层面研究假设

1）绿色共同配送能力与平台绿色化

绿色物流包括绿色运输、绿色仓储、绿色装卸搬运、绿色包装、绿色流通加工、绿色信息管理等功能要素，绿色共同配送的实现则离不开企业在上述环节绿色配送能力的提升。詹姆斯（James Cooper）（1991）认为推进集中库存、24小时运输业务和及时交货等绿色运输方式，有利于减少运输对环境的影响。马燕（2005）认为物流活动的全过程都必须实现绿色化，运输环节要选择环保车辆按合理路线运送，同时注意废旧物品的回收再利用，尤其要重视物流过程中绿色信息的利用。孙秀梅和辛广茜（2007）认为企业作为物流绿色化的主体，必须深入绿色物流实践理，具体表现为采用可降解包装材料，合理布局仓库，运用节能运输工具，收集绿色信息等。王静（2008）认为企业应从产品设计、绿色仓储、绿色包装等方面实践绿色物流，加快物流公共信息平台等绿色基础设施的建设，提高设施利用率，实现信息共享，提高物流资源经济性，从而减少对环境的影响，实现企业的经济目标。Chen Ronghuei（陈荣辉）（2014）研究发现在高新技术行业，绿色经营能力和绿色创新能力均对企业的环境绩效产生正面作用，且绿色经营能力和绿色创新能力两者产生的综合影响比绿色经营单一因素产生的影响更为显著。Shaorui Li，贾亚拉曼（Vaidyanathan Jayaraman）与安东尼（Antony Paulraj）等（2015）认为绿色创新、项目成功和企业效益三者之间存在一定的关联性，经实证研究发现绿色产品设计和绿色供应链在提高企业环境绩效和财务业绩方面发挥重要的作用，其中绿色产品设计对企业财务绩效并不产生直接作用。基于此，将平台绿色化归纳为经济方面和环境方面两个方面的表现，并提出以下假设：

H1：企业绿色共同配送能力对城市共同配送平台绿色化有正向影响。

H1a：企业绿色共同配送能力对城市共同配送平台绿色化的经济方面有正向影响。

H1b：企业绿色共同配送能力对城市共同配送平台绿色化的环境方面有正向影响。

2）绿色技术创新能力与平台绿色化

自20世纪90年代“绿色革命”的兴起与发展，绿色理念逐渐渗透到各个领域，出现了绿色经济、绿色创新、绿色产业等一系列绿色概念。其中，绿色技术创新是绿色创新的重要内容，技术创新过程中的每一阶段遵循整合环境的原则，重点发挥创新对环境的积极作用。绿色物流技术的应用，可以降低物流对环境的负面影响，绿色技术创新更是企业可持续发展的关键因素，有利于企业降低成本，提高市场份额，扩大规模甚至获得技术转让收益等，最终协调统一物流活动的经济效益、社会效益和环境效益。上官绪明（2009）认为企业进行配送策略创新，绿色运输车辆研发等绿色物流技术创新活动有利于实现绿色物流的目标，降低配送对环境的污染。杨国川（2010）认为绿色物流技术是绿色物流活动的重要保障，企业应积极研究开发绿色物流技术，提高绿色物流技术的应用率。刘怡君和彭频（2013）认为我国绿色物流发展正趋向于技术创新型模式，通过创新研发先进技术，优化物流活动，可减少配送过程对环境的影响，提高企业环境效益。刘丽英（2013）认为大型企业开展绿色物流活动依赖于绿色技术的应用，特别是第三方物流共享、多式联运等绿色技术可帮助企业实现配送绿色化。Suhaiza Zailani（苏海扎·宰兰迪），Kannan Govindan（康南·高文丹）与 Mohammad Iranmanesh（穆罕默德·伊万曼西）（2015）以马来西亚汽车物流为研究对象，实证结果表明汽车供应链中绿色创新对企业的经济绩效、社会绩效和环境绩效有积极的影响作用。基于此，提出以下假设：

H2：企业绿色技术创新能力对城市共同配送平台绿色化有正向影响。

H2a：企业绿色技术创新能力对城市共同配送平台绿色化的经济方面有正向影响。

H2b：企业绿色技术创新能力对城市共同配送平台绿色化的环境方面有正向影响。

3）绿色企业文化与平台绿色化

企业文化是指在长期实践活动中形成的，被企业员工共同认可和遵循的精神、观念、习惯、认识等总和，而绿色文化特指关于环境保护及其与企业发展关系看法的总和。绿色文化对外有利于企业树立绿色形象，对内有利于引导员工行为，进而实现企业可持续发展的目标。企业建立绿色文化，必须对员工加强绿色教育，提高绿色意识，树立绿色观念。李振福（2005）认为物流是一种文化现象，企业要重视绿色物流文化的塑造，实施绿色配送策略、绿色包装策略等，降低物流配送活动中产生的环境污染。李羽飞（2008）认为唯有物流企业自身意识到绿色化的重要性，企业的绿色物流活动才会有突破。因此，企业树立绿色形象，进行绿色再造，推动业务绿色转型，一定程度上有利于企业降低物流成本，减少环境污染，进而提高企业的经济效益和环境效益。Yongrok Choi（崔龙录）（2012）研究韩国物流企业绿色文化建设对其可持续发展的作用，发现绿色意识和绿色实践对物流企业绩效有积极影响，而绿色战略对绩效的影响并不显著。基于此，提出以下假设：

H3：绿色企业文化对城市共同配送平台绿色化有正向影响。

H3a：绿色企业文化对城市共同配送平台绿色化的经济方面有正向影响。

H3b：绿色企业文化对城市共同配送平台绿色化的环境方面有正向影响。

2. 行业层面研究假设

1）行业协会与平台绿色化

Schmitter（旋密特）与 Streeck（施特雷克）（1999）将行业协会的作用划分为内外部职能，对内职能即为会员提供服务，对外职能即对会员之外的公共机构发挥作用。成立行业协会，发挥其行业自律功能，是物流绿色化的重要措施。高凤莲（2008）认为行业协会在绿色物流发展过程中发挥着重要作用，不仅宣传绿色物流理念，指导企业绿色物流活动，而且有利于研发绿色物流技术，开发绿色材料等。Chieh - Yu Lin（林杰宇），Yi - Hui Ho（何益辉）与 Shu - Hen Chiang（蒋书恒）（2009）以中国台湾为例，研究组织因素对物流业实施绿色创新的影响，分析结果表明组织有效地支持物流业的绿色创新活动，组织的人力资本质量和知识积累与绿色创新呈显著相关关系。阳毅和游达明（2012）认为产业集群行业协会有利于促进集群内部企业整合创新资源，引导企业实施合作创新活动，进而提高企业创新效率。薛楠（2014）提出建立绿色物流协作机制，充分发挥行业协会等民间组织的作用，有利于加强地区合作，实现绿色物流联动发展，从而提高物流效益。Qiao Penghua（乔鹏华），Ju Xiaofeng（鞠晓峰）与 Fung Hunggay（冯洪杰）（2014）研究发现行业协会对成员企业的创新和绩效存在影响作用，参与行业协会网络的企业，更有利于其创新活动，提高创新效率和企业绩效。基于此，本研究认为行业协会对平台绿色化存在影响，并对企业相关活动可能存在调节作用，提出以下假设：

H4：行业协会对城市共同配送平台绿色化有正向影响。

H4a：行业协会对城市共同配送平台绿色化的经济方面有正向影响。

H4b：行业协会对城市共同配送平台绿色化的环境方面有正向影响。

H5：行业协会对绿色共同配送能力与城市共同配送平台绿色化的关系具有正向调节作用。

H6：行业协会对绿色技术创新能力与城市共同配送平台绿色化的关系具有正向调节作用。

H7：行业协会对绿色企业文化与城市共同配送平台绿色化的关系具有正向调节作用。

2）绿色协同整合水平与平台绿色化

行业绿色协同整合水平即是指行业内企业在绿色配送方面的合作程度，具体包括行业信息协同共享、绿色创新协同、配送协同、绿色物流管理协同等，成为降低物流成本的有效途径之一。翁心刚和姜旭（2011）提出建立绿色物流企业联盟，且联盟成员必须加强协作，同行业企业共享物流资源，进而减少环境污染，降低物流运营成本。夏锦文（2012）提出绿色物流链和绿色物流网两种企业间的绿色物流形式，认为企业之间的配合是影响物流绿色化的重要因素，倡导建立企业耦合机制，巩固企业间共生关系，通过合作平台化和物流标准化实现企业间的信息共享，最终减少能源消耗，促进经济、社会的可持续发展。共同配送的关键在于企业合作与协调以及资源的高度整合，目的在于提高物流效率。基于共同配送这一特征，本研究引入绿色协同整合水平，并提出以下假设：

H8：绿色协同整合水平对城市共同配送平台绿色化有正向影响。

H8a：绿色协同整合水平对城市共同配送平台绿色化的经济方面有正向影响。

H8b：绿色协同整合水平对城市共同配送平台绿色化的环境方面有正向影响。

（二）两层次概念模型构建

城市共同配送平台的绿色化，不仅与企业绿色共同配送能力和绿色技术创新能力有关，受到绿色企业文化的影响，还与城市共同配送的相关行业协会、绿色协同整合水平有关。而企业的绿色技术创新能力、绿色共同配送能力和绿色文化等有可能会受到行业协会因素不同程度的影响。因此，要保障城市共同配送的绿色平台可持续运行，需同时考虑企业和行业两个层次的影响因素，并区分研究。据此，结合上述国内外相关研究和城市共同配送的特征，初步提出城市共同配送平台绿色化影响因素的两层次概念模型，如图 5 所示。

五、变量测量与样本分析

（一）研究变量的测量

1. 测量指标选取思路

基于城市共同配送及绿色配送等相关文献的研究分析，从企业和行业两角度梳理城市共同配送平台绿色化影响因素之间的关系，并考虑绿色平台要素和运行机理，结合构建的城市共同配送平台绿色化影响因素的两层次概念模型，设计绿色共同配送能力、绿色技术创新、绿色企业文化的企业层以及行业协会因素、绿色协同整合水平的行业层等

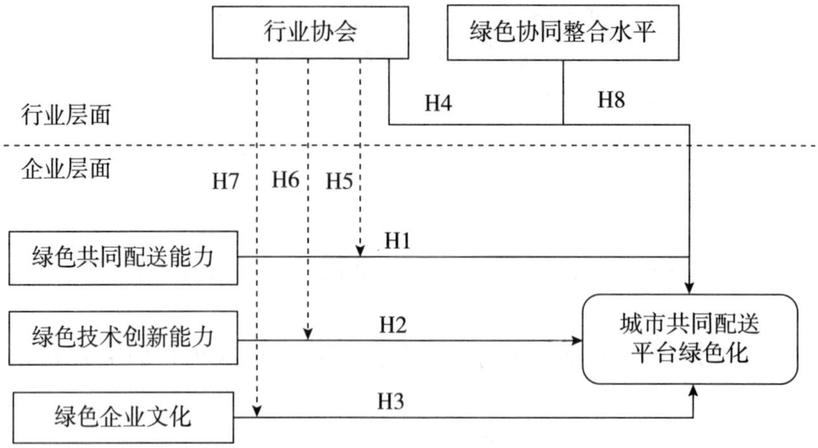

图 5　平台绿色化影响因素两层次概念模型

相关量表，对平台绿色化影响因素进行研究。

2. 测量指标选取原则

第一，科学性原则。设计城市共同配送平台绿色化影响因素测量指标必须充分考虑共同配送的特点和实际情况，确保测量指标更具科学性、合理性和针对性，以便更准确地研究其影响因素。第二，系统性原则。从城市共同配送环节和平台绿色化运行机制等出发，系统性地考虑可能存在的影响因素。第三，多层次原则。影响城市共同配送平台绿色化的因素是多样化、层次化的，不仅单一层面各因素之间可能相互影响，而且跨层面因素之间也可能有影响。因此，需从多层面角度考虑和提炼平台绿色化的测量指标。第四，可量化原则。纯粹的定量分析或定性分析均不能全面衡量研究对象。设计平台绿色化测量指标时，需兼顾数据的可得性问题和研究对象的特殊性问题，将定性指标转变为量化分析，以借助实证工具研究平台绿色化影响因素问题。

3. 测量指标初步选取

通过城市共同配送、绿色配送、城市配送平台等相关文献的阅读和梳理，发现城市共同配送中的绿色活动涵盖了技术创新、企业文化、资源整合、协同合作以及行业协会等多个方面。基于已构建的平台绿色化影响因素的两层次概念模型，提炼出三个一级指标，同时对已有二级指标加以归纳和整理，如表 2 所示。

表 2　测量指标初步选取

一级测量指标	二级测量指标
企业层面因素	绿色企业文化
	绿色技术创新
	绿色共同配送
行业层面因素	行业协会
	行业绿色协同水平
	行业资源整合水平

续 表

<table>
<tr><th>一级测量指标</th><th>二级测量指标</th></tr>
<tr><td rowspan="3">平台绿色化</td><td>经济效益表现</td></tr>
<tr><td>社会效益表现</td></tr>
<tr><td>环境效益表现</td></tr>
</table>

4. 测量题项初步设计

为进一步对指标进行深入测量，借鉴国内外学者已有研究和部分成熟量表，并结合城市共同配送的特点，初步设计相应的测量题项。其中，企业层面绿色企业文化指标初步设计 5 个题项，绿色技术创新 4 个题项，绿色共同配送 7 个题项；行业层面的行业协会初步设计 3 个题项，行业绿色协同水平 4 个题项，行业资源整合水平 3 个题项；经济效益、社会效益和环境效益表现初步设计 13 个题项。具体题项及来源如表 3 所示。

表 3　　测量指标题项

<table>
<tr><th>二级测量指标</th><th>二级测量指标题项</th><th>参考来源</th></tr>
<tr><td rowspan="5">绿色企业文化</td><td>绿色发展理念</td><td rowspan="5">戴化勇和鲍升华，夏春玉和李健生，Yongrok Choi</td></tr>
<tr><td>绿色目标</td></tr>
<tr><td>绿色规划</td></tr>
<tr><td>社会责任</td></tr>
<tr><td>绿色教育</td></tr>
<tr><td rowspan="4">绿色技术创新</td><td>绿色技术创新人才</td><td rowspan="4">夏春玉和李健生，上官绪明，杨国川，
刘怡君和彭频，
Suhaiza Zailani</td></tr>
<tr><td>绿色研发技能</td></tr>
<tr><td>绿色技术创新资金</td></tr>
<tr><td>绿色技术研发活动</td></tr>
<tr><td rowspan="7">绿色共同配送</td><td>绿色配送人员</td><td rowspan="7">James Cooper，马燕，孙秀梅和辛广茜，
王静，蒋国平和尤大鹏，王玉
陈达，于成学
刘和东和石岿然</td></tr>
<tr><td>绿色包装</td></tr>
<tr><td>绿色装卸、运输设备</td></tr>
<tr><td>循环托盘</td></tr>
<tr><td>逆向物流回收</td></tr>
<tr><td>绿色信息技术</td></tr>
<tr><td>信息绿色处理</td></tr>
<tr><td rowspan="3">行业协会</td><td>推广政策和标准</td><td rowspan="3">夏春玉和李健生，高凤莲</td></tr>
<tr><td>监督绿色物流活动</td></tr>
<tr><td>支持绿色创新</td></tr>
</table>

续 表

二级测量指标	二级测量指标题项	参考来源
行业绿色协同水平	绿色协同创新	杨浩雄，王效俐和王琛， 翁心刚和姜旭，夏锦文， Chen Pingchuan &Hung Shiuwan
	协同共赢目标	
	协同配送能力	
	协同信任度	
行业资源整合水平	信息共享	王静，曾宇容，王林和袁泽沛
	公共仓储	
	联合运输	
经济效益表现	物流配送成本	Suhaiza Zailani，Shaorui Li 张钢和张小军
	环境治理费用	
	配送作业效率	
社会效益表现	企业形象	夏春玉和李健生，Suhaiza Zailani， 张钢和张小军，王建明
	企业竞争力	
	城市可持续发展	
环境效益表现	污染物排放	李羽飞，刘怡君和彭频， Chen Ronghuei，Shaorui Li
	城市交通压力	
	城市物流资源	
	节能减排	

5. 测量指标及题项优化

为进一步提高测量指标及题项的科学性、合理性和可操作性，基于初步设计的测量指标，拟写结构化访谈提纲，并选取物流领域相关专家及具有代表性的企业人员，如芜湖市商务局、芜湖市物流协会、托盘租赁企业等，通过面对面、网络沟通等形式进行访谈，对测量指标和题项进行优化。综合访谈反馈意见，对同质性较高的指标进行整合，对未考虑的指标进行补充，同时考虑指标和题项间的逻辑性，重新排序，并对指标题项加以更规范描述。优化设计后的测量指标和题项如表4所示。

表4　　优化后的测量指标和题项

二级测量指标	二级测量指标题项
绿色共同配送能力	素质高、技能熟练的配送人员
	新能源车辆和绿色搬运装卸设备
	绿色托盘循环共用
	逆向回收废旧货物
	物流信息绿色化管理

续 表

二级测量指标	二级测量指标题项
绿色技术创新能力	研发绿色技术响应市场需求
	充实绿色物流技术研发队伍
	提高绿色物流技术研发技能
	增加绿色物流技术研发资金
绿色企业文化	树立绿色物流理念
	明确物流绿色化目标
	承担环境社会责任
	开展绿色教育
行业协会因素	宣贯绿色物流标准和政策
	激励绿色物流配送活动
	监督绿色物流配送活动
绿色协同整合水平	物流信息共享化
	物流资源整合
	配送供需匹配整合
	协同共赢目标
	协同配送信任度
绿色化的经济表现	降低城市物流配送成本
	提升城市物流配送效率
	提高城市物流资源利用率
	降低城市环境治理成本
绿色化的环境表现	降低城市能源消耗
	减少城市大气、噪声等环境污染
	降低环境事故发生率
	改善城市交通拥堵状况

（二）问卷调查过程

1. 调查样本选取

本研究的主要目的在于探索城市共同配送平台绿色化的影响因素，鉴于目前国内城市共同配送发展水平参次不齐，甚至部分地区尚未有成熟的城市共同配送体系，则本研究是出于长远角度，为今后推进城市共同配送绿色化发展提供对策建议的。同时，参与城市共同配送的主体企业多样化，涉及多个行业，如制造业、批发零售业、餐饮业、农业等。综合上述多种考虑，未对调查样本限定行业、地区等条件，唯一限制条件为调查样本必须是涉及中短途物流配送的企业。

2. 问卷设计

根据表 4 优化后的测量指标及题项，采用 Likert 五级量表设计企业层面和行业层面的调查问卷。问卷主体主要包括四个部分，第一部分为城市共同配送平台绿色化的企业层面因素，包括绿色共同配送能力、绿色技术创新能力和绿色企业文化三个指标，共 13 个题项；第二部分为城市共同配送平台绿色化的行业层面因素，包括行业协会因素、绿色协同整合水平两个指标，共 8 个题项；第三部分为城市共同配送平台绿色化的表现，包括绿色化的经济表现和环境表现两个指标，共 8 个题项；第四部分为调查企业的规模、收入、成立年限、所属行业等基本情况，共 4 个题项。问卷除行业层面因素为参照相关定性研究和理论知识自主开发的量表之外，其余均在借鉴已有成熟量表的基础上稍作修改，一定程度上保证问卷的可靠性。

3. 预调查及问卷修正

为进一步提高问卷质量，问卷发放共包括预调研和正式发放两个阶段。于 2016 年 9 月 5 日至 9 月 13 日，开展问卷预调查阶段，初步选取 50 家相关企业，通过实地发放、邮件等多种形式，要求被调查对象除填写问卷外，同时就问卷设置等提出改进意见。根据收集的问卷答题情况，进行初步分析，再依据问卷分析结果及反馈意见，修改问卷，进一步调整问卷结构和规范问卷题项表述。

4. 问卷发放

于 2016 年 9 月 15 日，将修正后的问卷打印成纸质或导入问卷星（http：//www. sojump. com/），开展问卷正式发放阶段。本着结构方程 AMOS 软件对分析样本量 200 以上的要求，此次共发放 300 份问卷。于 2016 年 10 月 10 日，共收回 281 份问卷，回收率为 93. 67%，剔除不完整问卷和无效问卷 17 份，问卷有效率为 93. 95%。

（三）样本基本情况分析

1. 样本描述性统计分析

基于回收的有效问卷，借助软件对问卷样本进行描述性统计分析、样本数据的可靠性分析以及变量的相关性分析等。本研究以企业为主体，针对企业基本信息进行详细分析，以答题频率、百分比等指标体现样本特征，如表 5 和表 6 所示。

表 5　　样本特征统计分析

企业规模					
		频率	百分比（%）	有效百分比（%）	累积百分比（%）
有效	20 人以下	69	26. 1	26. 1	26. 1
	20 ~ 100 人	79	29. 9	29. 9	56. 1
	100 ~ 200 人	44	16. 7	16. 7	72. 7
	200 ~ 300 人	19	7. 2	7. 2	79. 9
	300 ~ 1000 人	15	5. 7	5. 7	85. 6
	1000 人及以上	38	14. 4	14. 4	100
	合计	264	100	100	—

企业年营业收入					
		频率	百分比（%）	有效百分比（%）	累积百分比（%）
有效	100 万元以下	92	34. 8	34. 8	34. 8
	100 万 ~ 200 万元	47	17. 8	17. 8	52. 7
	200 万 ~ 1000 万元	36	13. 6	13. 6	66. 3
	1000 万 ~ 2000 万元	22	8. 3	8. 3	74. 6
	2000 万 ~ 3000 万元	21	8	8	82. 6
	3000 万元 ~ 3 亿元	23	8. 7	8. 7	91. 3
	3 亿元及以上	23	8. 7	8. 7	100
	合计	264	100	100	—

企业成立年限					
		频率	百分比（%）	有效百分比（%）	累积百分比（%）
有效	1 年及以下	49	18. 6	18. 6	18. 6
	2 ~ 3 年	82	31. 1	31. 1	49. 6
	4 ~ 5 年	27	10. 2	10. 2	59. 8
	6 ~ 10 年	33	12. 5	12. 5	72. 3
	11 ~ 20 年	33	12. 5	12. 5	84. 8
	20 年及以上	40	15. 2	15. 2	100
	合计	264	100	100	—

表6　　企业物流配送涉及行业情况

<table>
<tr><td colspan="4">制造业</td><td colspan="4">住宿和餐饮业</td></tr>
<tr><td colspan="2"></td><td>频率</td><td>百分比（%）</td><td colspan="2"></td><td>频率</td><td>百分比（%）</td></tr>
<tr><td rowspan="3">有效</td><td>未选中</td><td>174</td><td>65.9</td><td rowspan="3">有效</td><td>未选中</td><td>188</td><td>71.2</td></tr>
<tr><td>选中</td><td>90</td><td>34.1</td><td>选中</td><td>76</td><td>28.8</td></tr>
<tr><td>合计</td><td>264</td><td>100</td><td>合计</td><td>264</td><td>100</td></tr>
<tr><td colspan="4">交通运输、仓储和邮政业</td><td colspan="4">农业</td></tr>
<tr><td colspan="2"></td><td>频率</td><td>百分比（%）</td><td colspan="2"></td><td>频率</td><td>百分比（%）</td></tr>
<tr><td rowspan="3">有效</td><td>未选中</td><td>187</td><td>70.8</td><td rowspan="3">有效</td><td>未选中</td><td>241</td><td>91.3</td></tr>
<tr><td>选中</td><td>77</td><td>29.2</td><td>选中</td><td>23</td><td>8.7</td></tr>
<tr><td>合计</td><td>264</td><td>100</td><td>合计</td><td>264</td><td>100</td></tr>
<tr><td colspan="4">建筑业</td><td colspan="4">其他（请说明）</td></tr>
<tr><td colspan="2"></td><td>频率</td><td>百分比（%）</td><td colspan="2"></td><td>频率</td><td>百分比（%）</td></tr>
<tr><td rowspan="3">有效</td><td>未选中</td><td>241</td><td>91.3</td><td rowspan="3">有效</td><td>未选中</td><td>240</td><td>90.9</td></tr>
<tr><td>选中</td><td>23</td><td>8.7</td><td>选中</td><td>24</td><td>9.1</td></tr>
<tr><td>合计</td><td>264</td><td>100</td><td>合计</td><td>264</td><td>100</td></tr>
</table>

调查企业的成立年限以2～3年居多，其他年限分布相对均匀。依据我国大中小微企业的划分标准，从企业规模这一维度来看，调查企业人数集中在200人以下的范围内，以中型、小型、微型企业为主，占比达到70%左右；从企业营业收入这一维度来看，调查企业收入集中在1000万元以下的范围内，以小型、微型为主，占比达到66%左右。综合表明我国企业中小规模居多的特点。

调查企业所涉及的物流配送行业分布较广，以制造业和交通、运输和邮政业居多。此外，有24人选中其他选项进行补充说明，查看问卷可知，除上述所列行业外，企业的物流配送还会涉及教育行业、金融行业、医药行业、新能源行业等，具体为图书、黄金、药品等物品的配送。由此，也可以看出物流行业与其他行业存在紧密的联系。

2. 样本变量特征分析

1）企业层面样本变量特征

就企业层面因素，包括绿色共同配送能力、绿色技术创新能力、绿色企业文化在内的三个变量，针对其变量的题项进行特征分析，如表7所示。绿色共同配送能力部分总体题项均值得分在4以上，结果比较理想，其中，题项A1的平均得分最高，为4.2，题项A3的平均得分最低，为4.06；绿色技术创新能力部分总体题项均值得分3.5以上，结果一般，其中，题项A8的平均得分最高，为4.02，题项A9的平均得分最低，为3.72；绿色企业文化部分总体题项均值得分在4左右，结果比较理想，其中，题项A12的平均得分最高，为4.15，题项A10的平均得分最低，为3.97。

表 7　企业层面样本变量特征分析

	题项	均值（分）	N（有效问卷数）
绿色共同配送能力	A1	4.20	264
	A2	4.09	264
	A3	4.06	264
	A4	4.10	264
	A5	4.08	264
绿色技术创新能力	A6	4.02	264
	A7	3.96	264
	A8	4.08	264
	A9	3.72	264
绿色企业文化	A10	3.97	264
	A11	4.03	264
	A12	4.15	264
	A13	4.00	264

2）行业层面样本变量特征

就行业层面因素，包括行业协会因素和绿色协同整合水平在内的两个变量，针对其变量的题项进行特征分析，如表 8 所示。行业协会因素部分总体题项均值得分在 4 左右，结果比较理想，其中，题项 B3 的平均得分最高，为 4.03，题项 B2 的平均得分最低，为 3.95；绿色协同整合水平部分总体题项均值得分 3.5 以上，结果一般，其中，题项 B8 的平均得分最高，为 4，题项 B5 的平均得分最低，为 3.88。

表 8　行业层面样本变量特征分析

	题项	均值（分）	N（有效问卷数）
行业协会因素	B1	3.96	264
	B2	3.95	264
	B3	4.03	264
绿色协同整合水平	B4	3.96	264
	B5	3.88	264
	B6	3.97	264
	B7	3.92	264
	B8	4.00	264

3）总体样本变量特征

对问卷的总体样本变量进行基本的统计分析，结果如表 9 所示。从极值角度看，各变量的极小值在 1.5 左右，极大值均为 5，表明调查对象对不同变量测量题项的回答存在一定的差异性。从均值角度看，各变量均值比较接近，在 4 左右，其中，企业层面因素，绿色共同配送能力最高，均值为 4.1083；行业层面因素，行业协会因素较高，均值为 3.9813，表明调查对象对各变量是基本认可的。从标准差角度看，各变量的标准差均小于 1，表明不同调查对象对同一变量的认同度存在一定的相似性。

表 9　　总体样本变量特征分析

	N（有效问卷数）	极小值	极大值	均值	标准差
绿色共同配送能力	264	1.20	5.00	4.1083	.67768
绿色技术创新能力	264	1.50	5.00	3.9725	.76766
绿色企业文化	264	1.50	5.00	4.0360	.67346
行业协会因素	264	1.33	5.00	3.9813	.67857
绿色协同整合水平	264	1.60	5.00	3.9477	.71177
绿色化的经济表现	264	1.50	5.00	4.1553	.64601
绿色化的环境表现	264	1.50	5.00	3.9725	.76766
有效的 N（列表状态）	264	—	—	—	—

3. 样本信度和效度分析

1）样本信度分析

信度分析是数据进行后续分析的首要环节，用来衡量问卷量表的可靠性和稳定性，常用 Cronbach's（克朗巴哈）α 系数作为评判标准。通常认为，Cronbach's α 在 0.7～0.8，问卷量表的可靠性在可接受范围内，达到基本要求；Cronbach's α 在 0.8 以上，问卷量表的可靠性较好。一般情况下，分量表的 Cronbach's α 在 0.7 以上，总量表的 Cronbach's α 在 0.8 以上的量表信度系数较好，否则量表需重新修订和调整。

通过对回收的有效问卷数据进行信度分析，得到各测量变量以及分量表的 Cronbach's α值，如表 10 所示。各测量变量的 Cronbach's α 均在 0.7 以上，企业层面因素、行业层面因素和绿色化表现的各个分量表的 Cronbach's α 均在 0.8 以上，总量表的 Cronbach's α 达到了 0.9 以上。综合表明问卷量表的可靠性、内部一致性良好，可以进行下一步数据分析。

表 10　　测量变量信度分析结果

	测量变量	项数	Cronbach's Alpha		
企业层面因素	绿色共同配送能力	5	.849	.874	.920
	绿色技术创新能力	4	.719		
	绿色企业文化	4	.822		
行业层面因素	行业协会因素	3	.749	.847	
	绿色协同整合水平	5	.850		
绿色化表现	绿色化的经济表现	4	.803	.875	
	绿色化的环境表现	4	.853		

2）样本效度分析

效度分析反映量表测量有效性的程度，一般分为内容效度、收敛效度，最常用的以收敛效度居多。SPSS 软件通过探索性因素分析法，借助 KMO 值来衡量样本效度，一般认为 KMO 值越趋向于 1，同一纬度下题项存在相同特质的程度越高，收敛度越好，且只有当 KMO 值达到 0.7 以上时才适合做因子分析；AMOS 软件则是通过验证性因素分析法，借助 CR（组合信度）和 AVE（平均提取方差）值以及相关的适配度指标来衡量潜在变量的效度，一般认为因素负荷量和 AVE 达到 0.5 以上、CR 达到 0.6 以上，潜在变量就具有较好的收敛度。

①探索性因素分析。

首先，对企业层面因素进行探索性因素分析。表 11 中，企业层面因素的 KOM 值为 0.897 >0.7，Bartlett 的球形度检验的显著性为 0.000，表明企业层面因素收敛效度较好，适合做因子分析。

表 11　　企业层面因素的 KMO 和 Bartlett 的检验

取样足够度的 Kaiser – Meyer – Olkin 度量		.897
Bartlett 的球形度检验	近似卡方	1340.980
	df	78
	Sig.	.000

表 12 和表 13 中，企业层面因素共提取了 3 个因子，累积方差贡献率为 62.511%，与研究中的假设相符合，其中，根据因子载荷大于 0.5 的标准，删除 A9 题项，以更科学地进行后续研究与分析。3 个因子依次命名为 *f*1 绿色共同配送能力、*f*2 绿色企业文化和 *f*3 绿色技术创新能力。

表 12　　企业层面因素的成分矩阵旋转成分矩阵[a]

*f*1	成分		
	*f*1	*f*2	*f*3
*A*1	.814	.133	-.007
*A*3	.765	.028	.235
*A*2	.759	.122	.229
*A*4	.733	.271	.158
*A*5	.680	.259	.264
*A*13	.120	.809	.135
*A*11	.186	.780	.131
*A*10	.116	.773	.287
*A*12	.262	.675	.235
*A*8	.155	.137	.797
*A*7	.228	.180	.752
*A*6	.305	.210	.694
*A*9	.035	.345	.487

提取方法：主成分。

旋转法：具有 Kaiser 标准化的正交旋转法。

a. 旋转在 5 次迭代后收敛。

表 13　　企业层面因素的累积方差贡献率解释的总方差

成分	初始特征值			提取平方和载入			旋转平方和载入		
	合计	方差的（%）	累积（%）	合计	方差的（%）	累积（%）	合计	方差的（%）	累积（%）
1	5.297	40.746	40.746	5.297	40.746	40.746	3.127	24.054	24.054
2	1.684	12.955	53.701	1.684	12.955	53.701	2.705	20.805	44.859
3	1.145	8.811	62.511	1.145	8.811	62.511	2.295	17.652	62.511
4	.760	5.849	68.360	—	—	—	—	—	—
5	.688	5.296	73.656	—	—	—	—	—	—
6	.544	4.187	77.843	—	—	—	—	—	—
7	.495	3.808	81.651	—	—	—	—	—	—
8	.446	3.431	85.082	—	—	—	—	—	—
9	.439	3.373	88.455	—	—	—	—	—	—
10	.424	3.259	91.714	—	—	—	—	—	—

续 表

成分	初始特征值			提取平方和载入			旋转平方和载入		
	合计	方差的（%）	累积（%）	合计	方差的（%）	累积（%）	合计	方差的（%）	累积（%）
11	.381	2.928	94.642	—	—	—	—	—	—
12	.356	2.736	97.378	—	—	—	—	—	—
13	.341	2.622	100.000	—	—	—	—	—	—

提取方法：主成分分析。

表 14 中，企业层面的成分得分系数矩阵显示了 13 个题项在提取的 3 个因子上的得分系数。

表 14　　企业层面成分得分系数矩阵

	成分		
	f1	*f2*	*f3*
A1	.347	-.020	-.189
A2	.280	-.076	-.016
A3	.292	-.128	.009
A4	.265	.024	-.095
A5	.222	-.001	-.010
A6	-.019	-.087	.362
A7	-.060	-.108	.423
A8	-.096	-.134	.477
A9	-.115	.065	.241
A10	-.090	.333	-.012
A11	-.031	.366	-.132
A12	-.005	.276	-.050
A13	-.065	.388	-.123

提取方法：主成分。

旋转法：具有 Kaiser 标准化的正交旋转法。

据此，得出 3 个因子的函数为：

$f1 = 0.347A1 + 0.28A2 + 0.292A3 + 0.265A4 + 0.222A5 - 0.019A6 - 0.06A7 - 0.096A8 - 0.115A9 - 0.9A10 - 0.031A11 - 0.005A12 - 0.065A13$

$f2 = -0.02A1 - 0.76A2 - 1.28A3 + 0.24A4 - 0.001A5 - 0.087A6 - 0.108A7 -$

$0.134A8+0.65A9+0.333A10+0.366A11+0.276A12+0.338A13$

$f3=-0.189A1-0.016A2+0.009A3-0.095A4-0.01A5+0.362A6+0.423A7-0.477A8+0.241A9-0.012A10-0.132A11-0.05A12-0.123A13$

基于因子分析法，以各因子的解释方差比重为权重，得到企业层面的因子综合得分公式为：

$$F_{企业层面因素}=24.054\%f1+20.805\%f2+17.652\%f3$$

其次，对行业层面因素进行探索性因素分析。表 15 中，行业层面因素的 KOM 值为 0.856 >0.7，Bartlett 的球形度检验的显著性为 0.000，表明行业层面因素收敛效度较好，适合做因子分析。

表 15　　行业层面因素的 KMO 和 Bartlett 的检验

取样足够度的 Kaiser – Meyer – Olkin 度量。		.856
Bartlett 的球形度检验	近似卡方	778.213
	df	28
	Sig.	.000

表 16 和表 17 中，行业层面因素共提取了 2 个因子，累积方差贡献率为 64.452%，支持前文的研究假设，分别命名为 f4 绿色协同整合水平和 f5 行业协会因素。

表 16　　行业层面因素的成分矩阵旋转成分矩阵[a]

	成分	
	f4	*f5*
B8	.793	.098
B5	.778	.178
B7	.775	.274
B4	.750	.173
B6	.727	.258
B1	.088	.861
B2	.240	.759
B3	.275	.747

提取方法：主成分。

旋转法：具有 Kaiser 标准化的正交旋转法。

a. 旋转在 3 次迭代后收敛。

表 17　　　　行业层面因素的累积方差贡献率解释的总方差

成分	初始特征值			提取平方和载入			旋转平方和载入		
	合计	方差的（%）	累积（%）	合计	方差的（%）	累积（%）	合计	方差的（%）	累积（%）
1	3.883	48.533	48.533	3.883	48.533	48.533	3.067	38.344	38.344
2	1.273	15.919	64.452	1.273	15.919	64.452	2.089	26.108	64.452
3	.591	7.382	71.833	—	—	—	—	—	—
4	.546	6.825	78.658	—	—	—	—	—	—
5	.497	6.214	84.872	—	—	—	—	—	—
6	.473	5.913	90.785	—	—	—	—	—	—
7	.423	5.283	96.067	—	—	—	—	—	—
8	.315	3.933	100.000	—	—	—	—	—	—

提取方法：主成分分析。

表 18 中，行业层面的成分得分系数矩阵显示了 8 个题项在提取的 2 个因子上的得分系数。

表 18　　　　行业层面成分得分系数矩阵

	成分	
	*f*4	*f*5
*B*1	-.174	.513
*B*2	-.084	.412
*B*3	-.066	.396
*B*4	.275	-.076
*B*5	.285	-.080
*B*6	.244	-.017
*B*7	.260	-.019
*B*8	.311	-.133

提取方法：主成分。

旋转法：具有 Kaiser 标准化的正交旋转法。

据此，得出 2 个因子的函数为：

$f4 = -0.741B1 - 0.084B2 - 0.066B3 + 0.275B4 + 0.285B5 + 0.244B6 +$

$0.26B7+0.311B8$

$f5=0.513B1+0.412B2+0.396B3-0.076B4-0.08B5-0.017B6-0.019B7-0.133B8$

基于因子分析法，以各因子的解释方差比重为权重，得到企业层面的因子综合得分公式为：

$$F_{\text{行业层面因素}}=38.344\% f4+26.108\% f5$$

最后，对绿色化表现进行探索性因素分析。表 19 中，绿色化表现的 KOM 值为 0.886 >0.7，Bartlett 的球形度检验的显著性为 0.000，表明绿色化表现的收敛效度较好，适合做因子分析。

表 19　　　　绿色化表现的 KMO 和 Bartlett 的检验

取样足够度的 Kaiser – Meyer – Olkin 度量。		.886
Bartlett 的球形度检验	近似卡方	909.323
	df	28
	Sig.	.000

表 20 和表 21 中，绿色化表现共提取了 2 个因子，累积方差贡献率为 66.875%，与论文研究假设符合，分别命名 f6 绿色化的环境表现和 f7 绿色化的经济表现。

表 20　　　　绿色化表现的成分矩阵旋转成分矩阵[a]

	成分	
	*f*6	*f*7
*C*7	.851	.157
*C*8	.806	.260
*C*6	.788	.268
*C*5	.701	.379
*C*2	.099	.835
*C*1	.265	.762
*C*3	.323	.700
*C*4	.382	.677

提取方法：主成分。

旋转法：具有 Kaiser 标准化的正交旋转法。

a. 旋转在 3 次迭代后收敛。

表 21　　绿色化表现的累积方差贡献率解释的总方差

成分	初始特征值			提取平方和载入			旋转平方和载入		
	合计	方差的（%）	累积（%）	合计	方差的（%）	累积（%）	合计	方差的（%）	累积（%）
1	4. 271	53. 382	53. 382	4. 271	53. 382	53. 382	2. 816	35. 200	35. 200
2	1. 079	13. 493	66. 875	1. 079	13. 493	66. 875	2. 534	31. 675	66. 875
3	. 556	6. 955	73. 830	—	—	—	—	—	—
4	. 539	6. 734	80. 564	—	—	—	—	—	—
5	. 471	5. 883	86. 447	—	—	—	—	—	—
6	. 410	5. 125	91. 572	—	—	—	—	—	—
7	. 366	4. 580	96. 152	—	—	—	—	—	—
8	. 308	3. 848	100. 000	—	—	—	—	—	—

提取方法：主成分分析。

表 22　　绿色化表现的成分得分系数矩阵

	成分	
	*f*6	*f*7
*C*1	–. 117	. 374
*C*2	–. 234	. 476
*C*3	–. 064	. 316
*C*4	–. 023	. 282
*C*5	. 255	–. 010
*C*6	. 340	–. 108
*C*7	. 414	–. 197
*C*8	. 353	–. 119

提取方法：主成分。

旋转法：具有 Kaiser 标准化的正交旋转法。

表 22 中，绿色化表现的成分得分系数矩阵显示了 8 个题项在提取的 2 个因子上的得分系数。据此，得出 2 个因子的函数为：

$$f6 = -0.117C1 - 0.234C2 - 0.064C3 - 0.023C4 + 0.255C5 + 0.34C6 + 0.414C7 + 0.353C8$$

$$f7 = 0.374C1 + 0.476C2 + 0.316C3 + 0.282C4 - 0.01C5 - 0.108C6 - 0.197C7 - 0.119C8$$

基于因子分析法，以各因子的解释方差比重为权重，得到企业层面的因子综合得分公式为：

$$F_{绿色化表现} = 35.2\% f6 + 31.675\% f7$$

②验证性因素分析。

通过 AMOS 22.0 对回收的有效问卷数据进行测量变量的验证性因素分析以及测量模型的适配度衡量，除上文提及的 *CR* 和 *AVE* 值衡量潜在变量的收敛效度之外，通常还以卡方与自由度的比值（*NC*）、近似均方根残差（*RMSEA*）、拟合优度指数（*GFI*）、比较拟合指数（*CFI*）、增量拟合指数（*IFI*）和非规准适配指数（*TLI*）等来衡量测量模型的拟合程度及收敛程度，具体的判别标准如表 23 所示。

表 23　适配度指标标准

适配度指标	适配标准
NC（卡方自由度比）	$1 < NC < 3$
RMSEA（近似均方根残差）	<0.05 为适配良好；<0.08 为适配合理
GFI（拟合优度指数）	大于 0.90
CFI（比较拟合指数）	大于 0.90
IFI（增量拟合指数）	大于 0.90
TLI（非规准适配指数）	大于 0.90

首先，通过 AMOS 22.0 对包括绿色共同配送能力、绿色技术创新能力和绿色企业文化 3 个潜在变量的企业层面因素进行验证性因素分析，结果如表 24 所示。绿色共同配送能力、绿色技术创新能力和绿色企业文化 3 个潜在变量的各测量题项的标准化因素负荷量基本在 0.7 左右，达到 0.5 的基本要求，且 *P* 小于 0.001，达到显著性水平，同时其各自的组合信度在 0.8 左右，达到 0.6 的基本要求，*AVE* 值也均大于 0.5。综合表明绿色共同配送能力、绿色技术创新能力和绿色企业文化 3 个潜在变量的收敛效度较好。测量模型的 *RMSEA* 为 $0.054 < 0.08$，$NC = 1.755 < 3$，*TLI*、*CFI*、*GFI* 均大于 0.09，上述指标综合表明企业层面因素的测量模型适配合理。

表 24　企业层面因素验证性因素分析结果

潜在变量	测量指标	估计参数				组合信度（CR）	*AVE*
		因素负荷量	信度系数	测量误差	*P*		
绿色共同配送能力	*A1*	0.7	0.490	0.510	***	0.849	0.529
	A2	0.738	0.545	0.455	***		
	A3	0.72	0.518	0.482	***		
	A4	0.743	0.552	0.448	***		
	A5	0.736	0.542	0.458	***		

续 表

潜在变量	测量指标	估计参数				组合信度（CR）	*AVE*
		因素负荷量	信度系数	测量误差	*P*		
绿色技术创新能力	*A6*	0.750	0.563	0.438	* * *	0.759	0.512
	A7	0.709	0.503	0.497	* * *		
	A8	0.687	0.472	0.528	* * *		
绿色企业文化	*A10*	0.783	0.613	0.387	* * *	0.824	0.540
	A11	0.734	0.539	0.461	* * *		
	A12	0.693	0.480	0.520	* * *		
	A13	0.727	0.529	0.471	* * *		

注：$RMSEA=0.054$，$NC=1.755<3$，$TLI=0.960$，$CFI=0.969$，$GFI=0.945$，* * *代表 $P<0.001$。

其次，通过 AMOS 22.0 对包括行业协会因素和绿色协同整合水平 2 个潜在变量的行业层面因素进行验证性因素分析，结果如表 25 所示。行业协会因素、绿色协同整合水平 2 个潜在变量的各测量题项的标准化因素负荷量基本在 0.7 左右，达到 0.5 的基本要求，且 *P* 小于 0.001，达到显著性水平，同时其各自的组合信度在 0.8 左右，达到 0.6 的基本要求，*AVE* 值也均大于 0.5，综合表明行业协会因素和绿色协同整合水平 2 个潜在变量的收敛效度较好。测量模型的 *RMSEA* 为 $0.063<0.08$，$NC=2.03<3$，*TLI*、*CFI*、*GFI* 均大于 0.09，上述指标综合表明行业层面因素的测量模型适配合理。

表 25　　　　行业层面因素验证性因素分析结果

潜在变量	测量指标	估计参数				组合信度（CR）	*AVE*
		因素负荷量	信度系数	测量误差	*P*		
行业协会因素	*B1*	0.716	0.513	0.487	* * *	0.750	0.500
	B2	0.692	0.479	0.521	* * *		
	B3	0.713	0.508	0.492	* * *		
绿色协同整合水平	*B4*	0.694	0.482	0.518	* * *	0.849	0.531
	B5	0.727	0.529	0.471	* * *		
	B6	0.719	0.517	0.483	* * *		
	B7	0.786	0.618	0.382	* * *		
	B8	0.713	0.508	0.492	* * *		

注：$RMSEA=0.063$，$NC=2.03<3$，$TLI=0.962$，$CFI=0.974$，$GFI=0.968$，* * *代表 $P<0.001$。

最后，通过 AMOS 22.0 对包括绿色化的经济表现和绿色化的环境表现 2 个潜在变量的绿色化表现维度进行验证性因素分析，结果如表 26 所示。绿色化的经济表现、绿色化的环境表现 2 个潜在变量的各测量题项的标准化因素负荷量基本在 0.7 左右，达到 0.5 的基本要求，且 *P* 小于 0.001，达到显著性水平，同时两者的组合信度大于 0.8，均达到 0.6 的基本要求，*AVE* 值也均大于 0.5，综合表明绿色化的经济表现和绿色化的环境表现 2 个潜在变量的收敛效度较好。测量模型的 *RMSEA* 为 0.071 <0.08，*NC* =2.342 <3，*TLI*、*CFI*、*GFI* 均大于 0.09，上述指标综合表明绿色化表现的测量模型适配合理。

表 26　绿色化表现验证性因素分析结果

潜在变量	测量指标	估计参数				组合信度（CR）	*AVE*
		因素负荷量	信度系数	测量误差	*P*		
绿色化的经济表现	*C*1	0.726	0.527	0.473	***	0.802	0.504
	*C*2	0.674	0.454	0.546	***		
	*C*3	0.710	0.504	0.496	***		
	*C*4	0.728	0.530	0.470	***		
绿色化的环境表现	*C*5	0.739	0.546	0.454	***	0.854	0.594
	*C*6	0.768	0.590	0.410	***		
	*C*7	0.776	0.602	0.398	***		
	*C*8	0.798	0.637	0.363	***		

注：*RMSEA* =0.071，*NC* =2.342 <3，*TLI* =0.958，*CFI* =0.971，*GFI* =0.959，***代表 *P* <0.001。

4. 控制变量对测量变量的影响分析

将本研究中的企业规模、企业营业收入和企业成立年限作为控制变量，企业层面 3 个因素、行业层面 2 个因素以及绿色化表现作为测量变量，通过研究分析控制变量对测量变量的影响（见表 5 –26、表 5 –27、表 5 –28）。若 *P* <0.05，则表明存在显著影响，否则，*P* >0.05，表明不存在显著影响。

1）企业规模

将企业规模作为控制变量，通过单因素方差分析不同规模的调查企业对测量变量的感知是否存在差异，结果如表 27 所示。企业规模这一控制变量对各测量变量影响均不显著，表明调查企业的规模性质几乎不影响其对测量变量的感知水平。

表 27　　企业规模单因素方差分析

		平方和	*df*	均方	*F*	显著性
绿色共同配送能力	组间	1.405	5	.281	.637	.672
	组内	113.047	256	.442	—	—
	总数	114.452	261	—	—	—
绿色技术创新能力	组间	.829	5	.166	.278	.925
	组内	152.659	256	.596	—	—
	总数	153.488	261	—	—	—
绿色企业文化	组间	3.406	5	.681	1.506	.188
	组内	115.794	256	.452	—	—
	总数	119.200	261	—	—	—
行业协会因素	组间	1.935	5	.387	.832	.528
	组内	119.068	256	.465	—	—
	总数	121.003	261	—	—	—
绿色协同整合水平	组间	4.032	5	.806	1.599	.161
	组内	129.121	256	.504	—	—
	总数	133.153	261	—	—	—
绿色化的经济表现	组间	1.166	5	.233	.552	.737
	组内	108.136	256	.422	—	—
	总数	109.302	261	—	—	—
绿色化的环境表现	组间	.829	5	.166	.278	.925
	组内	152.659	256	.596	—	—
	总数	153.488	261	—	—	—

2）企业营业收入

将企业营业收入作为控制变量，通过单因素方差分析不同营业收入的调查企业对测量变量的感知是否存在差异，结果如表 28 所示。除绿色技术创新能力（$P=0.039<0.05$）、绿色化的环境表现（$P=0.039<0.05$）之外，企业营业收入对大部分测量变量不存在显著的影响，表明调查企业的营业收入水平微弱影响其对测量变量的感知水平。

表 28　　企业营业收入单因素方差分析

		平方和	*df*	均方	*F*	显著性
绿色共同配送能力	组间	1.690	6	.282	.637	.700
	组内	112.762	255	.442	—	—
	总数	114.452	261	—	—	—
绿色技术创新能力	组间	7.722	6	1.287	2.251	.039
	组内	145.766	255	.572	—	—
	总数	153.488	261	—	—	—
绿色企业文化	组间	2.233	6	.372	.811	.562
	组内	116.967	255	.459	—	—
	总数	119.200	261	—	—	—
行业协会因素	组间	.978	6	.163	.346	.912
	组内	120.025	255	.471	—	—
	总数	121.003	261	—	—	—
绿色协同整合水平	组间	3.312	6	.552	1.084	.372
	组内	129.841	255	.509	—	—
	总数	133.153	261	—	—	—
绿色化的经济表现	组间	4.132	6	.689	1.670	.129
	组内	105.169	255	.412	—	—
	总数	109.302	261	—	—	—
绿色化的环境表现	组间	7.722	6	1.287	2.251	.039
	组内	145.766	255	.572	—	—
	总数	153.488	261	—	—	—

3）企业成立年限

将企业成立年限作为控制变量，通过单因素方差分析不同成立年限的调查企业对测量变量的感知是否存在差异，结果如表 29 所示。除绿色共同配送能力（$P=0.021<0.05$）之外，企业成立年限这一控制变量对其他测量变量不存在显著的影响，表明调查企业的成立年限基本不影响其对测量变量的感知水平。

表 29　　企业成立年限单因素方差分析

		平方和	*df*	均方	*F*	显著性
绿色共同配送能力	组间	5.735	5	1.147	2.701	.021
	组内	108.718	256	.425	—	—
	总数	114.452	261	—	—	—
绿色技术创新能力	组间	.595	5	.119	.199	.962
	组内	152.892	256	.597	—	—
	总数	153.488	261	—	—	—
绿色企业文化	组间	.456	5	.091	.197	.964
	组内	118.743	256	.464	—	—
	总数	119.200	261	—	—	—
行业协会因素	组间	2.706	5	.541	1.171	.324
	组内	118.297	256	.462	—	—
	总数	121.003	261	—	—	—
绿色协同整合水平	组间	3.530	5	.706	1.394	.227
	组内	129.623	256	.506	—	—
	总数	133.153	261	—	—	—
绿色化的经济表现	组间	1.529	5	.306	.726	.604
	组内	107.772	256	.421	—	—
	总数	109.302	261	—	—	—
绿色化的环境表现	组间	.595	5	.119	.199	.962
	组内	152.892	256	.597	—	—
	总数	153.488	261	—	—	—

综上所述，研究中的测量变量除受营业收入水平的轻微影响外，在调查企业的规模和成立年限等企业基本特征上产生的显著差异较小。

5. 样本变量初步相关性分析

通过 SPSS 21.0，初步分析企业层面因素和行业层面因素与平台绿色化的相关关系，以保证在变量相关的提前下，后续深入变量间的路径分析。相关性初步测量结果如表 30、表 31 所示。若 $P<0.01$，则表明在 0.01 的水平下相关关系显著；若 $P<0.05$，则表明在 0.05 的水平下相关关系显著，否则，若 $P>0.05$，相关系数 r 在 0.5 ~ 0.8 范围内，才表示显著相关。

表 30　　企业层面相关性分析结果

		绿色共同配送能力	绿色技术创新能力	绿色企业文化	绿色化的经济表现	绿色化的环境表现
绿色共同配送能力	Pearson 相关性	1	.336**	.445**	.409**	.336**
	显著性（双侧）	—	.000	.000	.000	.000
	N	264	264	264	264	264
绿色技术创新能力	Pearson 相关性	.336**	1**	.432**	.241**	.303**
	显著性（双侧）	.000	—	.000	.000	.000
	N	264	264	264	264	264
绿色企业文化	Pearson 相关性	.445**	.432**	1	.366**	.432**
	显著性（双侧）	.000	.000	—	.000	.000
	N	264	264	264	264	264
绿色化的经济表现	Pearson 相关性	.409**	.241**	.366**	1	.477**
	显著性（双侧）	.000	.000	.000	—	.000
	N	264	264	264	264	264
绿色化的环境表现	Pearson 相关性	.336**	.303**	.432**	.477**	1
	显著性（双侧）	.000	.000	.000	.000	—
	N	264	264	264	264	264

注：**在 0.01 水平（双侧）上显著相关。

在 $P=0.01$ 的显著性水平检测下，企业层面的绿色共同配送能力、绿色技术创新能力、绿色企业文化与绿色化的经济表现、绿色化的环境表现的相关关系均显著。其中，在 $P=0.01$ 的显著性水平检测下，绿色企业文化与绿色化的环境表现的相关关系显著度最高，为 0.432；绿色共同配送能力与绿色化的经济表现的相关关系显著度排其次，为 0.409。

表 31　　行业层面相关性分析结果

		行业协会因素	绿色协同整合水平	绿色化的经济表现	绿色化的环境表现
行业协会因素	Pearson 相关性	1	.477**	.423**	.411**
	显著性（双侧）	—	.000	.000	.000
	N	264	264	264	264
绿色协同整合水平	Pearson 相关性	.477**	1	.347**	.448**
	显著性（双侧）	.000	—	.000	.000
	N	264	264	264	264

续 表

		行业协会因素	绿色协同整合水平	绿色化的经济表现	绿色化的环境表现
绿色化的经济表现	Pearson 相关性	.423**	.347**	1	.610**
	显著性（双侧）	.000	.000	—	.000
	N	264	264	264	264
绿色化的环境表现	Pearson 相关性	.411**	.448**	.610**	1
	显著性（双侧）	.000	.000	.000	—
	N	264	264	264	264

注：** 在0.01 水平（双侧）上显著相关。

在 $P=0.01$ 的显著性水平检测下，行业层面的行业协会因素和绿色协同整合水平与绿色化的经济表现、绿色化的环境表现的相关关系均显著。其中，在 $P=0.01$ 的显著性水平检测下，绿色协同整合水平与绿色化的环境表现的相关关系显著度最高，为0.448；行业协会因素与绿色化的经济表现的相关关系显著度排其次，为0.423。

六、平台绿色化影响因素实证分析

（一）结构方程模型检验

结构方程模型（SEM）是一种验证性多变量统计的方法，包括因素分析法和路径分析法，通过将理论模型转化为结构方程模型，进而测量验证模型中的因果关系。结构方程模型常用的分析软件有 AMOS、LISREL，但相比之下，AMOS 软件更易操作，具有可视化特性。因此，本研究采用 AMOS 22.0 对变量关联性进行深入分析，同时对研究假设进行相关验证分析。

结构方程模型具有理论验证性特征，即测量模型必须建立在一定的理论基础之上；具有测量与分析相结合的特征，不仅可以估测测量指标以及指标的测量误差，将潜在变量这类无法直接测量的概念转化为观察变量来测量，还可以进行变量信效度分析。通常结构方程模型的分析包括四个步骤：第一步是根据相关理论和文献构建理论模型，并将理论模型转化为结构方程模型；第二步是导入相关数据，进行模型的信效度分析和模型适配度检验；第三步是模型修正，只有当模型适配不理想的时候，需进行模型修正，直至适配度指标达标；第四步是模型解释，在上述各项指标合格之后，根据分析结果进行研究假设检验与分析。

1. 结构方程模型构建

通过 AMOS 22.0 软件的绘图功能，将论文的两层次概念模型初步绘制成结构方程模型图，其中，椭圆代表潜在变量，表示不能直接测量的变量；长方形代表观察变量，表示可直接观测的变量；小圆圈代表测量误差。具体绘制的结构方程模型如图 6 所示。

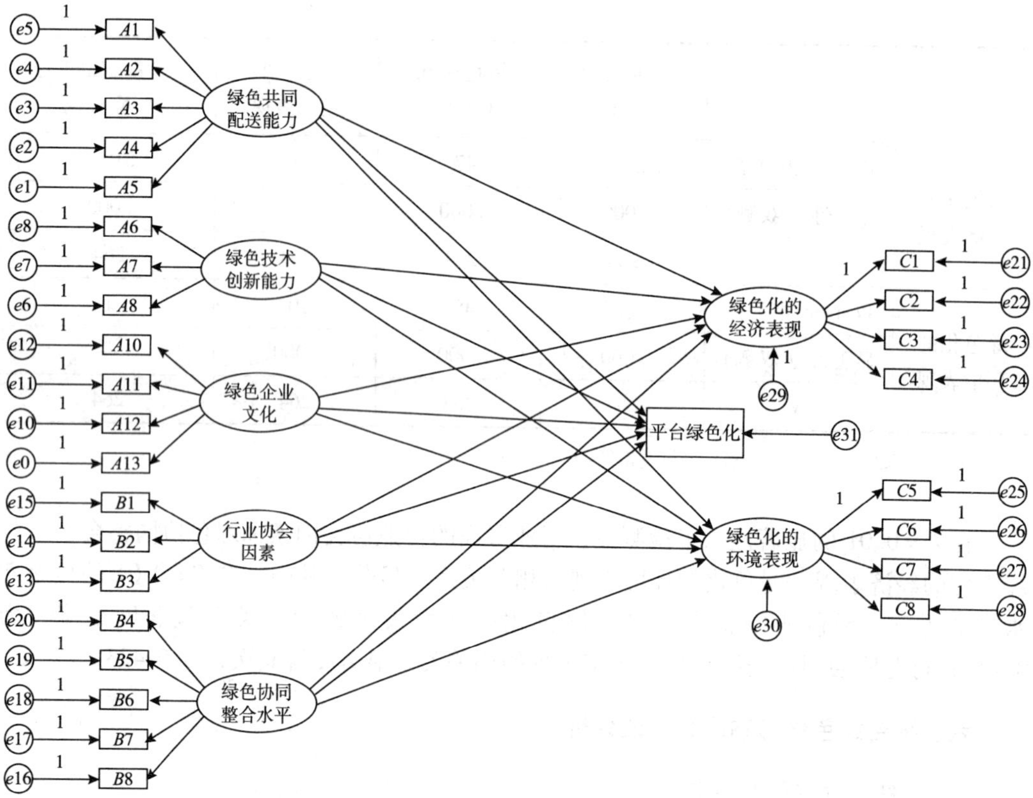

图 6　结构方程模型

图 6 中，城市共同配送平台绿色化的结构方程模型包括绿色共同配送能力、绿色技术创新能力、绿色企业文化、行业协会因素和绿色协同整合水平共 5 个外生变量，即模型中影响其他变量但不被其他变量影响的量，也可理解为自变量；平台绿色化、绿色化的经济表现和绿色化的环境表现 3 个内生变量，即模型中被其他变量影响的量，也可理解为因变量；29 个观察变量，用来观测各个潜在变量，其中由于平台绿色化包括绿色化的经济表现和绿色化的环境表现，则以两者题项均值来衡量，剩余的 28 个观察变量用问卷题项直接衡量；31 个测量误差项，且其与模型潜在变量和观察变量之间的路径系数默认为 1，用来评估问卷大量数据与测量模型间的匹配误差，以更科学性地进行路径分析和理论模型验证。

2. 模型适配度评价及修正

模型适配度评价是指根据理论模型转化的结构方程模型图与实际问卷数据匹配程度的评价，以适配度指标来衡量。适配度指标通常分为绝对适配度指标、增值适配度指标和简约适配度指标三大类，学者认为模型适配度评价必须同时考虑这三类指标。

通过 AMOS 22.0 软件分析，得到初始模型的适配度指标结果，如表 32 所示。初始模型的 *GFI* 值为 0.873，尚未达到 0.9 的标准，χ^2 和 *AIC* 值相对较大，其余适配度指标均合格。因此，可得知本研究的初始模型适配度不理想，需对初始模型进行修正。

表 32　　初始模型适配度指标结果

	适配度指标	评价标准	模型指标
绝对适配度指标	χ^2	越小越好	525.153
	NC（χ^2/df）	1 < *NC* < 3	1.591
	RMSEA	< 0.05	.047
	GFI	> 0.9	.873
增值适配度指标	*CFI*	> 0.9	.939
	IFI	> 0.9	.939
	TLI	> 0.9	.930
简约适配度指标	*AIC*	越小越好	677.153

模型修正后的结果如表 33 所示。初始模型经过修正后 *GFI* 值为 0.902，符合标准，且χ^2和 *AIC* 值有所减小，问卷实际数据与模型的匹配度提高，模型整体适配拟合良好，符合要求。

表 33　　修正后模型适配度指标结果

	适配度指标	模型指标	对比
绝对适配度指标	χ^2	416.298	变小
	NC（χ^2/df）	1.305	变小
	RMSEA	.034	变小
	GFI	.902	增大
增值适配度指标	*CFI*	.969	增大
	IFI	.970	增大
	TLI	.964	增大
简约适配度指标	*AIC*	590.298	变小

（二）模型假设检验与结果分析

1. 假设检验

通过 AMOSS22.0，对修正后模型进行假设检验，结果如图 7 所示。若 $P<0.001$，临界比 *C. R.* 的绝对值 >1.96，则原假设完全通过检验；若 $P<0.05$，临界比 *C. R.* 的绝对值 >1.96，则原假设基本通过检验，否则原假设不成立。

（1）由图 7 可知，就企业层面因素而言，首先，企业绿色共同配送能力与城市共同配送平台绿色化两者间的临界比为 3.034，大于推荐值 1.96，且 $P=0.002<0.05$，达到显著性水平，假设 H1 基本通过检验；企业绿色共同配送能力与城市共同配送平台绿色化经济方面两者间的临界比为 4.311，大于推荐值 1.96，且 $P<0.001$，达到显著性水

			Estimate	S.E.	C.R.	P
平台绿色化	<---	绿色共同配送能力	.166	.055	3.034	.002
平台绿色化	<---	绿色技术创新能力	-.059	.051	-1.137	.255
平台绿色化	<---	绿色企业文化	.189	.051	3.681	***
平台绿色化	<---	行业协会因素	.160	.055	2.923	.003
平台绿色化	<---	绿色协同整合水平	.200	.045	4.408	***
绿色化的经济表现	<---	绿色共同配送能力	.259	.060	4.311	***
绿色化的环境表现	<---	绿色共同配送能力	.122	.070	1.741	.082
绿色化的经济表现	<---	绿色技术创新能力	-.112	.061	-1.839	.066
绿色化的环境表现	<---	绿色技术创新能力	-.024	.071	-.331	.741
绿色化的经济表现	<---	绿色企业文化	.144	.062	2.319	.020
绿色化的环境表现	<---	绿色企业文化	.281	.072	3.892	***
绿色化的经济表现	<---	行业协会因素	.221	.063	3.512	***
绿色化的环境表现	<---	行业协会因素	.145	.073	1.983	.047
绿色化的经济表现	<---	绿色协同整合水平	.138	.054	2.532	.011
绿色化的环境表现	<---	绿色协同整合水平	.309	.063	4.875	***

图7　模型假设检验结果

注：＊＊＊代表 $P<0.001$。

平，假设 H1a 完全通过检验；企业绿色共同配送能力与城市共同配送平台绿色化环境方面两者间的临界比为 1.741，小于推荐值 1.96，且 $P=0.082>0.05$，达不到显著性水平，假设 H1b 未通过检验。其次，企业绿色技术创新能力与城市共同配送平台绿色化两者间的临界比为 −1.137，小于推荐值 1.96，且 $P=0.255>0.05$，达不到显著性水平，假设 H2 未通过检验；企业绿色技术创新能力与城市共同配送平台绿色化经济方面两者间的临界比为 −1.839，小于推荐值 1.96，且 $P=0.066>0.05$，达不到显著性水平，假设 H2a 未通过检验；企业绿色技术创新能力与城市共同配送平台绿色化环境方面两者间的临界比为 −0.331，小于推荐值 1.96，且 $P=0.741>0.05$，达不到显著性水平，假设 H2b 未通过检验。最后，绿色企业文化与城市共同配送平台绿色化两者间的临界比为 3.681，大于推荐值 1.96，且 $P<0.001$，达到显著性水平，假设 H3 完全通过检验；绿色企业文化与城市共同配送平台绿色化经济方面两者间的临界比为 2.319，大于推荐值 1.96，且 $P=0.02<0.05$，达到显著性水平，假设 H3a 基本通过检验；绿色企业文化与城市共同配送平台绿色化环境方面两者间的临界比为 3.892，大于推荐值 1.96，且 $P<0.001$，达到显著性水平，假设 H3b 完全通过检验。综合而言，共有 3 条大假设，6 条子假设，检验结果表明成立 2 条大假设，3 条子假设。

（2）由图7 可知，就行业层面因素而言，一方面，行业协会对城市共同配送平台绿色化两者间的临界比为 2.923，大于推荐值 1.96，且 $P=0.003<0.05$，达到显著性水平，假设 H4 基本通过检验；行业协会与城市共同配送平台绿色化经济方面两者间的临界比为 3.512，大于推荐值 1.96，且 $P<0.001$，达到显著性水平，假设 H4a 完全通过检验；行业协会与城市共同配送平台绿色化环境方面两者间的临界比为 1.983，大于推荐值 1.96，且 $P=0.047<0.05$，达到显著性水平，假设 H4b 基本通过检验。另一方面，绿色协同整合水平与城市共同配送平台绿色化两者间的临界比为 4.408，大于推荐值 1.96，且 $P<0.001$，达到显著性水平，假设 H8 完全通过检验；绿色协同整合水平与城市共同配送平台绿色化经济方面两者间的临界比为 2.532，大于推荐值 1.96，且 $P=0.011<0.05$，达到显著性水平，假设 H8a 基本通过检验；绿色协同整合水平与城市共

同配送平台绿色化环境方面两者间的临界比为4.875，大于推荐值1.96，且 $P<0.001$，达到显著性水平，假设H8b完全通过检验。综合而言，共成立2条大假设，4条子假设，检验结果表明假设均成立。

2. 结果分析

1）企业层面分析

从企业层面角度分析，大假设H1和H3成立，子假设H1a、H3a和H3b成立，表明企业加强绿色文化建设以及提高绿色共同配送能力，有利于城市共同配送平台的绿色化。而假设H2及其子假设均不成立，即企业绿色技术创新能力对城市共同配送平台的绿色化均不存在正向推进作用，原因可能为一方面出于绿色物流技术创新投入高成本以及技术成果转化应用周期长的顾虑，且目前政府有关绿色技术的支持力度不够，一般中小型企业资金实力薄弱，不愿意进行绿色物流技术的创新；另一方面绿色技术创新投入与产出效果不理想，绿色技术创新转化为环境效益尤其是经济效益，仍然是目前有待解决的问题。同时，子假设H1b不成立，即企业提高绿色共同配送能力，对增强城市共同配送平台绿色化的环境表现不明显，可能是由于实际情况中大多数企业对绿色共同配送中的绿色设施、设备的运用能力有限，导致在减少环境污染、降低能耗方面的效果不理想，环境效益不明显。

2）行业层面分析

从行业层面角度分析，假设H4、H8及其子假设均成立，表明行业协会和绿色协同整合水平两因素对推进城市共同配送平台的绿色化有积极影响。因此，必须充分发挥行业协会作用，加强企业协作和行业资源整合力度，提高绿色协同整合水平。

（三）多层线性分析

多层线性模型可以将因变量分解为不同层级进行相关关系研究，其最大的优点是可以解释不同层次自变量对因变量的影响以及高层次变量对低层次变量的影响。鉴于本研究中城市共同配送平台的绿色化不仅与企业层面因素相关，还可能受到行业层面因素的影响，且企业来自于不同的行业，归属于不同行业协会，因此，决定采用HLM6.08软件，重点就行业层面的行业协会因素进行多层线性分析。

1. 零模型构建和检验

构建不包括任何自变量的零模型，将因变量绿色化的变异分解成企业方差和行业方差两部分，并计算各自的比例，以检验组间差异。

零模型构建如下：

$$\text{L1（企业）}: Green = \beta_0 + \varepsilon$$

$$\text{L2（行业）}: \beta_0 = \gamma_{00} + \mu_0$$

其中，$Green$ 代表因变量绿色化，β_0 表示截距，ε 代表L1企业层的随机效应成分，γ_{00} 代表L1企业层截距在L2行业层截距上的固定效应，μ_0 代表L2行业层的随机效应成分。

通过HLM6.08软件的运行分析，零模型检验结果如表34所示。因变量绿色化的平均数约为 $3.94>0.7$，绿色化的组间方差为0.22304，组内方差为0.30049，则组内相关系数 $\rho=0.22304/(0.22304+0.30049)=0.426\ (>0.059)$，且 P 值均小于0.001，达到显著性水平，则不同行业间的变异显著，即约有42.6%的差异是由行业因素引起的。因此，不能忽略行业因素差异，需进行下一步多层次分析。

表34　　零模型结果

参数	系数/方差	*P*
固定效应部分		
绿色化（*Green*）	3.946049	0.000
随机效应部分		
L2（组间）	0.22304	0.000
L1（组内）	0.30049	

2. 完整模型构建和检验

在零模型基础上加入企业层面和行业层面两层次的自变量，形成行业协会因素调节模型。其中，企业层面自变量包括绿色共同配送能力（*GCD*）、绿色技术创新能力（*GTI*）和绿色企业文化（*GEC*），行业层面自变量为行业协会因素（*IA*），构建完整模型如下：

$$L1: Green = \beta_0 + \beta_1(GCD) + \beta_2(GTI) + \beta_3(GEC) + \varepsilon$$

$$L2: \beta_0 = \gamma_{00} + \mu_0$$

$$\beta_1 = \gamma_{10} + \gamma_{11}(IA) + \mu_1$$

$$\beta_2 = \gamma_{20} + \gamma_{21}(IA) + \mu_2$$

$$\beta_3 = \gamma_{30} + \gamma_{31}(IA) + \mu_3$$

若检验系数为正，则表明存在正向调节作用，否则，存在负向调节作用。且*P*值至少小于0.05的水平，否则调节作用不显著，原假设不成立。通过HLM6.08软件分析，完整模型的检验结果如表35所示，检验数据仅支持一条调节假设。

表35　　完整模型结果

参数	系数	*P*	假设结果
γ_{10}	1.039015	***	—
γ_{11}	0.239145	0.004	支持
γ_{20}	0.347964	***	—
γ_{21}	−0.093398	0.287	不支持
γ_{30}	1.022410	0.023	—
γ_{31}	−0.321388	0.005	不支持

注：***代表 $P<0.001$。

3. 结果讨论

由表35得知，首先，由于 $\gamma_{11}=0.239145$，且 $P=0.004<0.01$，支持原假设

（H5），即行业协会充分发挥其作用，对绿色共同配送能力与城市共同配送平台绿色化的关系存在显著的正向调节作用。其次，$\gamma_{21} = -0.093398$，$P = 0.287 > 0.05$，不支持原假设（H6），即行业协会对绿色技术创新能力与城市共同配送平台绿色化的关系不存在显著的正向调节作用，可能原因是前文绿色技术创新能力对城市共同配送平台绿色化正向影响的假设均未通过检验，则行业协会存在中介调节作用的可能性也大大降低，说明虽然行业协会对城市共同配送平台绿色化有促进作用，但由于绿色技术创新的成果转化率不高，产出效益不明显，尤其是环境效益更是不理想，则即使发挥行业协会作用，绿色技术创新对城市共同配送平台绿色化的作用也不理想。最后，$\gamma_{31} = -0.321388$，$P = 0.005 < 0.01$，不支持原假设（H7），即行业协会对绿色企业文化与城市共同配送平台绿色化的关系不存在显著的正向调节作用，可能存在的原因为绿色企业文化属于企业内部的精神层面，其企业内在性很强，虽然行业协会对城市共同配送平台绿色化有促进作用，但其对企业内部文化的影响作用有限，导致行业协会对绿色企业文化与城市共同配送平台绿色化关系的调节作用不明显。

综合上述结构方程模型和多层线性模型的实证结果分析与解释，本研究假设总体通过结果情况如表 36 所示。本研究中 15 条直接假设中有 4 条未通过检验，3 条调节假设中有 2 条未通过检验。依据假设检验结果，提出城市共同配送平台绿色化存在的问题及相应的对策建议。

表 36　　　　假设检验结果汇总

假设	结果
直接作用假设	
H1	成立
H1a	成立
H1b	不成立
H2	不成立
H2a	不成立
H2b	不成立
H3	成立
H3a	成立
H3b	成立
H4	成立
H4a	成立
H4b	成立
H8	成立

续 表

假设	结果
H8a	成立
H8b	成立
调节作用假设	
H5	成立
H6	不成立
H7	不成立

七、平台绿色化问题与对策

（一）平台绿色化主要问题

1. 企业层面主要问题

1）绿色共同配送能力低下

根据表7、表30和图7可知，企业的绿色共同配送能力相对低下，有待提高，问题主要表现在人员（*A*1）、设施（*A*2～*A*3）、回收系统（*A*4）和信息管理（*A*5）四个方面，尤其是设施和信息方面比较严重，相对均值得分较低。第一，目前，企业大多数配送人员虽然驾车技能熟练，但其综合素质普遍较低，对物流行业和共同配送的认知程度不高，缺乏一定的专业素养，可能会导致环境事故的发生。第二，企业对新能源车辆、绿色搬运装卸设备和循环托盘的应用率尚处于比较低的水平，多数企业仍急于追求短期利益，而忽略了隐性的环境效益，不愿意花大成本引进采用绿色环保设施设备，进而导致配送途中环境污染严重。第三，企业普遍存在逆向回收系统不健全的现象，对售后废旧货物的回收处理重视程度严重不足，造成资源浪费。第四，企业的信息系统不完善，信息的绿色化管理制度缺乏，对配送全程的信息较少开展绿色收集、筛选、整理、分析及传递等，最终导致共同配送效率低下，资源得不到充分利用。

2）绿色技术创新水平落后

根据表7、表30和图7可知，企业的绿色技术创新水平落后，绿色技术创新效果十分不理想，问题主要表现在市场需求响应（*A*6）、研发队伍和技能（*A*7～*A*8）和研发资金（*A*9）三个方面，尤其是研发队伍及其能力方面比较严重，均值得分低于4以下。第一，面对物流行业绿色化的市场趋势，只有少数大型企业积极响应，大多数中小企业出于绿色技术创新成本高、自身实力有限等原因，开展绿色技术研发活动的积极性低。第二，中小企业较少成立专门的绿色物流技术研发部门，培养绿色技术创新人才，大多数情况下偏向于享受市场的现有成果。第三，企业在绿色技术研发活动方面的资金投入比例较少，有的企业甚至几乎没有留存研发专项资金，这些直接导致整个企业的绿色技术创新能力低下。

3）绿色企业文化薄弱

根据表7、表30和图7可知，企业的绿色文化仍有待进一步塑造，问题主要表现在绿色物流理念（$A10$）、绿色化目标（$A11$）、环境社会责任（$A12$）和绿色教育（$A13$）四个方面，尤其是绿色物流理念方面较严重，均值得分在4以下。第一，虽然绿色化已成为物流发展的必然趋势，但是仍有不少企业绿色物流意识比较淡薄，缺乏绿色物流经营理念，尚未真正实践贯彻绿色物流。第二，企业除着眼于经济目标之外，很少确定自身的绿色发展目标，尤其是企业高层管理者更没有将绿色化提上管理日程，缺少绿色化的发展战略和规划等。第三，正是由于企业缺乏绿色物流思想来指导企业活动，只有为数不多的大型企业会积极承担环境社会责任，大多数中小企业往往会忽略环境社会责任。第四，由于上层领导绿色物流意识淡薄，导致企业开展的绿色教育活动较少，对下层员工缺乏绿色物流理念引导，员工对环境的关注普遍较低，最终造成整个企业不能形成物流绿色化氛围的局面。

2. 行业层面主要问题

1）行业协会作用有限

根据表8、表32、表35和图7可知，行业协会在监督、引导企业，推动行业发展方面，有待进一步提升其自身作用，主要问题表现在推广政策和标准（$B1$）、激励企业绿色物流配送活动（$B2$）和监督企业绿色物流配送活动（$B3$）三个方面，尤其是激励和监督两方面较严重，均值得分在4以下。第一，行业协会在绿色物流配送政策和标准的宣传和贯彻方面力度不够，对企业形成的制度制约以及绿色企业文化的塑造作用有限，尤其是中小企业不会积极主动学习最新的物流政策和标准。第二，行业协会在绿色物流配送活动方面对企业的激励程度不足，尤其是绿色技术创新方面的支持，这导致追求利益最大化的企业，特别是中小企业，往往出于利益考虑，在享受不到激励和优惠的情况下，实践绿色物流配送活动的积极性不高。第三，行业协会在绿色物流配送活动方面对企业的监督力度薄弱，尚未形成一个囊括行业内所有企业的监督机制，即不同行业协会之间的合作和衔接能力差，导致不能全面监督绿色物流配送涉及的各个企业。

2）绿色协同整合水平不高

根据表8、表31和图7可知，行业的绿色协同整合水平有待进一步提高，企业间的协同程度低，资源整合能力薄弱，主要问题表现在信息共享（$B4$）、设施设备等资源整合（$B5$）、供需匹配（$B6$）、协同共赢目标（$B7$）和协同配送信任度（$B8$）五个方面，尤其是信息共享、资源整合和供需匹配问题较严重，均值得分在4以下。第一，目前，企业间的信息系统极少相互连通，企业出于自身利益考虑和商业机密泄露的担忧，往往选择企业信息内部封闭，尤其面向竞争对手，企业更不愿意共享物流信息。第二，行业内缺少大型的公共仓储、公共配送中心等公共设施，且运输车辆数量众多，企业间未形成统一的绿色车队管理模式，车辆重复运载或空载的现象十分严重，仓储公共化和运输联合化程度不高，导致资源浪费。第三，行业内发展成熟的物流公共信息平台不多，以至于绿色共同配送的供给和需求不能在规模内形成有效匹配，企业车等货以及货等车的现象经常发生，大大降低配送的效率。第四，企业普遍缺少合作意识，企业之间的协同合作力度不够，缺乏共赢目标。第五，企业之间的信息不畅通，企业文化有差异、配送能力不相当或是业务往来依赖程度低等，都造成企业在整个共同配送过程中的信任度不高，相互信任关系不可靠，进而导致配送协同率降低。

（二）平台绿色化对策建议

综合上述存在的问题，分别从企业层面和行业层面提出以下对策建议，以推进城市共同配送的绿色平台建设。

1. 企业层面对策建议

1）实施绿色化管理，强化绿色共同配送能力

研究表明绿色共同配送能力与城市共同配送平台的绿色化存在正向相关关系，因此，为推进城市共同配送的绿色平台建设，必须进一步强化绿色共同配送能力，依据绿色物流理论，主要从配送人员、绿色设施、逆向回收和信息四个方面着手。第一，配送人员掌控配送全程，作为实施绿色配送活动的能动性主体，企业必须重视配送人员技能培训，同时还需加强素质培养，提高配送人员对物流行业尤其是绿色共同配送的认知。特别是特殊物流行业，如化学物品、危险品等，更应提高配送人员综合素质，以预防由于人员无知或疏忽造成环境事故的发生。第二，绿色设施及设备作为实施绿色配送活动的必备载体，企业需积极顺应物流绿色化趋势，着眼长远利益，提高新能源车辆、绿色搬运装卸设备以及循环托盘等应用率，以减少共同配送过程中的环境污染。第三，逆向物流是正向绿色物流的重要补充，从反向流程推动绿色配送活动，企业必须加强售后废旧货物的回收、处理甚至循环再利用，可以考虑自建或与其他企业合建共用逆向回收系统，一方面可降低车辆空载率，另一方面可减少废弃垃圾，提高资源利用率。第四，信息无疑是物流活动中最核心的要素，实现信息流、物流的统一，有利于解决由于信息问题导致的非绿色物流活动。企业必须建立或完善信息系统，并实施物流信息绿色化管理，即进行信息绿色收集、整理和分析等，提高信息自身的有效性和质量，从而提高信息利用率。

2）重视绿色技术研发活动，提高绿色技术创新水平

研究表明绿色技术创新能力与城市共同配送平台的绿色化不存在正向相关关系，可能是由于调查企业以中小企业为主，企业实力有限，导致绿色技术创新水平落后。因此，为推进城市共同配送的绿色平台建设，发挥创新发展理念对绿色化的支持作用，必须重点提高企业绿色技术创新水平，依据技术创新和绿色物流理论，主要从研发资金投入和研发队伍建设两方面着手。第一，绿色技术创新是企业生存及可持续发展的核心支撑要素之一，而充足的研发资金是企业能够进行绿色技术创新活动的前提条件。在企业利润可观的前提下，企业需更多关注绿色物流技术的创新，主动从技术成果享受者向技术研发者转变，从长远角度衡量技术创新给企业带来的利益，逐步提高绿色物流技术研发资金。第二，在研发资金充足的基础上，绿色技术的创新离不开高水平的研发人员，否则研发资金不能发挥任何作用。因此，大型企业或有实力的中型企业可以考虑成立专门的绿色技术研发部门或研发小组，积极吸收和任用行业内的创新专家，适时为研发人员提供国内外先进技术培训和学习等，而实力一般的中小企业可以考虑与大型企业合作，联合培养研发人员，充实绿色物流技术研发队伍，强化研发人员的技能，进而提高整合行业的绿色物流技术创新水平。

3）深化绿色物流理念，塑造绿色企业文化

研究表明绿色企业文化与城市共同配送平台的绿色化存在正向相关关系，因此，为

推进城市共同配送的绿色平台建设，企业必须注重绿色文化的塑造。依据绿色物流理论和企业文化理论，主要从绿色物流理念、绿色教育和承担环境社会责任三个方面着手。第一，绿色物流理念作为物流行业兴起的关于绿色实践的思想，影响甚至引导着绿色配送活动。企业要树立绿色物流理念，尤其是企业中高层管理者，从战略、规划、目标等层面全面贯彻绿色物流思想，制定绿色物流发展战略，明确物流绿色化目标，以指引企业的绿色物流配送活动。第二，教育形式成为绿色物流理念扩散影响范围的有效手段之一。企业需对全体员工积极开展绿色教育，普及环保常识，提高员工对环境问题的关注度，以激发其在实际工作的各个环节中自觉实践绿色物流理念的行为。第三，在绿色物流理念的深刻影响下，环境社会责任是企业履行环境保护义务的最佳途径。企业不仅要关注自身的经济利益，还要关注环境利益，积极主动承担环境社会责任，进行绿色物流共同配送活动，以保护社会环境，为城市居民创造健康的生活条件，促进城市可持续发展。

2. 行业层面对策建议

1）发挥行业协会作用，紧密企业与协会联系

研究表明行业协会与城市共同配送平台的绿色化存在正向相关关系，但行业协会对企业层面因素与城市共同配送平台绿色化关系的调节作用微弱，因此，为推进城市共同配送的绿色平台建设，不仅要充分发挥行业协会作用，而且必须强化行业协会对企业的内化作用，发挥协调发展理念对绿色化的支持作用。依据绿色物流理论和行业协会职能内容，主要从标准和政策推广、激励和监督三个方面着手。第一，行业协会作为政府和企业间的沟通桥梁，为了能充分发挥沟通职能，协调政府与企业的关系，行业协会需丰富沟通渠道，通过会议、会刊、微信、网络平台等多种形式，及时向业内企业宣传和贯彻最新的绿色物流标准和政策，使企业能够了解相关政策内容，以便企业在日后的共配送活动中执行。第二，协调是行业协会的职能之一，为调动业内企业绿色物流实践的积极性和主动性，行业协会需适时制定有效的激励机制，给予在绿色环保方面有突出贡献的企业一定优惠，以带动更多的企业在共同配送过程中践行绿色物流理念。第三，监督是行业协会的重要职能，为促进行业健康发展，行业协会必须认真履行其对企业的监督职责，且鉴于物流行业与其他行业关联度较高的实际情况，在条件允许的条件下，不同行业的协会应加强合作，共同对业内企业形成一个全面且有效的监督机制，监督各企业的绿色物流活动。此外，行业协会也应适当给予企业绿色文化建设、绿色技术创新等方面的支持，强化企业内部绿色化。

2）加强资源整合力度，建立协同信任关系

研究表明绿色协同整合水平与城市共同配送平台的绿色化存在正向相关关系，因此，为推进城市共同配送的绿色平台建设，发挥开放和共享发展理念对绿色化的支持作用，必须加强行业资源整合，巩固协同关系。依据绿色物流理论和整合、协同理论，主要从信息共享、资源整合、协同目标和协同信任度四个方面着手。第一，信息共享在一定程度上优化资源配置，公共信息平台是物流信息共享的最佳载体。建议行业建立和完善物流公共信息平台，吸引企业加盟，有效连通企业间的信息系统，实现基于公共平台的信息共享，进而高效率、精准化、智能化地匹配物流配送供需。第二，信息共享的最

终目的是整合资源，除物流信息资源的整合外，行业的运输设备、仓储设施等硬件资源也急需整合。建议建立公共仓储、公共配送中心等公共设施，一定程度上避免企业物流设施重复建设，减少占地面积，节约土地资源；同时，考虑组建城市共同配送统一车队，实施统一化、绿色化管理，从而减少车辆数量，缓解城市交通压力。第三，共同配送区别于普通物流配送的重点在于强调企业间的协同与合作。鼓励企业间开展合作，最好组织成立城市共同配送联盟或组织，制定协同目标，以提高协同配送效率。第四，信任往往是长久合作的基础。在促进企业合作的基础上，还需采取企业信誉评级、合作背叛惩罚等措施尽可能解除企业的信任危机，巩固合作关系。否则企业彼此信任度不高，甚至表面上看着合作，实则背后竞争，这样的协同关系随时面临破裂的风险，协同配送效果会大打折扣。

八、结论与展望

（一）研究结论

通过国内外城市共同配送相关文献的梳理和发展经验的总结，综合运用技术经济学、经济学、管理学、系统工程等理论，理论联系实际，对城市共同配送的绿色平台进行要素、运行机理以及规模经济性分析，提出城市共同配送绿色平台服务的适度规模；同时，从企业层面和行业层面构建城市共同配送平台绿色化影响因素的两层次概念模型，并借助 SPSS21.0、AMOS22.0 以及 HLM6.08 等分析软件，对其各影响因素进行相关性分析、路径分析和多层线性分析，得出城市共同配送平台绿色化影响因素的作用机理，主要研究结论总结如下：

（1）企业层面。首先，从整体角度而言，绿色共同配送能力对城市共同配送平台的绿色化存在显著的正向影响作用；从细分角度而言，绿色共同配送能力对城市共同配送平台绿色化的显著正向影响主要表现在对经济方面，而在环境方面效果并不理想。其次，从整体角度而言，绿色企业文化对城市共同配送平台的绿色化存在显著的正向影响作用；从细分角度而言，绿色企业文化对城市共同配送平台绿色化的显著正向影响重点表现在对环境方面，经济方面相比稍微薄弱。最后，无论从整体角度还是细分角度，绿色技术创新能力对城市共同配送平台的绿色化均不存在显著的正向影响作用。因此，为更好地推进城市共同配送绿色平台的建设，企业需继续提高绿色共同配送能力，重视绿色企业文化的塑造，并着重加强绿色物流技术的研发与创新。

（2）行业层面。一方面，从整体角度而言，行业协会对城市共同配送平台的绿色化存在显著的正向影响作用；从细分角度而言，行业协会对城市共同配送平台绿色化的显著正向影响主要表现在对经济方面，环境方面相对薄弱。另一方面，从整体角度而言，绿色协同整合水平对城市共同配送平台的绿色化存在显著的正向影响作用；从细分角度而言，绿色协同整合水平对城市共同配送平台绿色化的显著正向影响主要表现在对环境方面，经济方面相对薄弱。因此，为更好地推进城市共同配送绿色平台的建设，行业协会需更积极地发挥其职能，履行职责，进一步优化配置行业资源，提高行业整体的绿色协同整合水平。

（3）企业与行业层面。整体而言，行业协会对绿色共同配送能力、绿色技术创新能力、绿色企业文化与城市共同配送平台绿色化关系的调节作用并不十分理想，尤其是偏企业内部性质的绿色技术创新和绿色企业文化，行业协会的影响作用甚微。因此，为更好地推进城市共同配送绿色平台的建设，行业协会发挥自身职责的同时，需注重对企业个体的扶持与帮助等。

（二）研究展望

本研究虽然从企业层面和行业层面考虑城市共同配送平台绿色化的影响因素，并借助实证研究得出一定的研究结论，但以下几个方向值得继续深入研究：

（1）全面考虑企业层面和行业层面的影响因素。本研究是基于国内外已有文献的零散观点来提炼和总结平台绿色化影响因素的，且借鉴的文献大多数是定性研究，这导致企业层面和行业层面测量变量指标的全面性及适用性存在一定缺陷。今后，将重点结合城市共同配送的特征和丰富实地调研素材，多引入体现共同配送特性的影响因素，如体现平台规模经济的指标，使指标更合理。

（2）深化行业层面因素，进一步明晰分析层级。本研究引入多层线性分析的研究结果不是十分理想，可能归结于行业因素的层级问题。今后，将基于多层线性模型，仔细斟酌和确定行业层面可能对企业层面产生影响的因素，严格明晰指标的层次化，以完善城市共同配送的多层次分析。

（3）细分不同性质的企业，提高调查的针对性。本研究尚未对企业性质进行细致划分，且由于调查问卷发放和回收等现实条件的限制，初始调查对象几乎不设限，即只要与配送相关的企业均纳入调查范围。今后，若条件允许的情况下，可仅以参与城市共同配送的企业为调查对象，以进一步提高研究的针对性。

课题组成员名单

课题主持人： 汪传雷　安徽大学商学院物流系副院长、教授

课题组成员： 陈　欣　安徽大学商学院物流系

张梦颖　安徽大学商学院物流系

陈　娇　安徽大学商学院研究生

万一荻　安徽大学商学院研究生

秦　琴　安徽大学商学院研究生

王静娟　安徽大学商学院研究生

吴雯宇　安徽大学商学院研究生

参考文献

［1］2016 年全国物流运行情况通报［EB/OL］.（2017 - 03 - 09）［2017 - 04 - 17］. http：//www. ndrc. gov. cn.

［2］ARJAN VAN BINSBERGEN，PIET BOVY. Underground Urban Goods Distribution Networks［J］. Innovation，2000，13（1）：111 - 128.

［3］ CHAUG－LNGHSU， KANG－POLIU. A model for facilities planning for multi tempera－ture joint distribution system ［J］ . Food Control， 2011， 22 （12）： 1873－1882.

［4］ CHEN PINGCHUAN， HUNG SHIUWAN. Collaborative green innovation in emer－ing countries： a social capital perspective ［J］ . International Journal of Operations & Production Management， 2014， 34 （3）： 347－363.

［5］ CHEN RONGHUEI. Effects of green operations and green innovation on firm's environmental performance ［J］ . Industrial Engineering & Management Systems， 2014， 13 （2）： 118－128.

［6］ CHENG YAORONG， XIE HAIMAN， CHEN YUE. How to figure out the logistics cost of the joint distribution ［J］ . Intelligent Computation Technology & Automation. icicta. second International Confe， 2009 （3）： 931－934.

［7］ CHIEH－YU LIN， YI－HUI HO， SHU－HEN CHIANG. Organizational determinants of green innovation implementation in the logistics industry ［J］ . International Journal of Organizational Innovation， 2009， 2 （1）： 3－12.

［8］ HE YANDONG， WANG XU， LIN YUN， et al. Optimal partner combination for Joint Distribution Alliance using integrated fuzzy EW－AHP and TOPSIS for online shopping ［J］ . Sustainability， 2016， 8 （4）： 1－18.

［9］ ISMAIL CAPAR. Joint shipment consolidation and inventory decisions in a two－stage distribution system ［J］ . Computers&Industrial Engineering， 2013， 66 （4）： 1025－1035.

［10］ J 麦克尼尔，严光梁. 国际关系绿色化 ［J］ . 国外社会科学，1990，11：38－39.

［11］ JAMES COOPER. Innovation in Logistics： The impact on transport and the environment ［J］ . Studies in Environmental Science， 1991， 45： 235－253.

［12］ JU－CHIA KUOA， MU－CHEN CHEN. Developing an advanced Multi－Temperature Jo－int Distribution System for the food cold chain ［J］ . Food Control， 2010， 21 （4）： 559－566.

［13］ L M LOREDANA， C CONSTANTIN. Logistics platforms—optimization factor of transportation and distribution processes ［J］ . Ovidius University Annals Economic Sciences， 2011 （1）： 1139－1142.

［14］ LEI SUN， MARK H KARWAN， BANU GEMICI－OZKAN， et al. Estimating the long－term cost to serve new customers in joint distribution ［J］ . Computers&Industrial Engineering， 2015， 80： 1－11.

［15］ LI LIU， LEI WANG. Research about joint distribution under low carbon policy impact on logistics costs ［J］ . Scientific Research Publishing， 2016， 7： 1020－1024.

［16］ LIU XIAOFENG， CHEN SHUN. Research on Cost－sharing of Common Delivery ［C］ . Xiamen： Proceedings of 2008 international conference of production and operation management， 2008： 990－992.

［17］ LU YUGANG， HOU HANPING. Optimization of express company end distribution network based on joint distribution ［C］ . American： Amer Scholars Press Proceedings of 2013 International Symposium on Applied Engineering， Technical Management， And Innovation， 2014： 123－127.

［18］ M S GAJANAND， T T NARENDRAN. Green route planning to reduce the environmental impact of distribution ［J］ . International Journal of Logistics， 2013， 16 （5）： 410－432.

［19］ P C SCHMITTER， W STREECK. The Organization of Business Interests： Studying the associative action of business in advanced industrial societies ［J］ . Carbon， 1999， 47 （14）： 3192－3200.

［20］ QIAO PENGHUA， JU XIAOFENG， FUNG HUNGGAY. Industry association networks， innovations， and firm performance in Chinese small and medium－sized enterprises ［J］ . China Economic Review， 2014， 29 （1）： 213－228.

［21］ SHAORUI LI， VAIDYANATHAN JAYARAMAN， ANTONY PAULRAJ， et al. Proactive environmental strategies and performance：role of green supply chain processes and green product design in the Chinese high－tech industry［J］. International Journal of Production Research，2015，54（7）：1－16.

［22］SUHAIZA ZAILANI，KANNAN GOVINDAN，MOHAMMAD IRANMANESH，et al. Green innovation adoption in automotive supply chain：the Malaysian case［J］. Journal of Cleaner Production，2015，108（3）：487－92.

［23］WU JUN，REN JiIANWEI，LIU BO，et al. Deterministic and multi－scenario models for pallet allocation over a pallet pool in a city joint distribution system［J］. Advances in Mechanical Engineering，2016，8（1）：1－8.

［24］XU WEIXIANG，Yang HUCHENG. Urban common delivery model analysis and system design［J］. Applied Mechanics & Materials，2013，339：772－777.

［25］YONGROK CHOUI. Green management of logistics enterprises and its sustainable performance in Korea［J］. African Journal of Business Management，2012（6）：1475－1482.

［26］白世贞，汪洋洋．基于城市共同配送联盟的中小快递企业利益分配研究［J］．物流技术，2015，34（23）：62－66.

［27］宾厚，汪妍蓉，单汩源．基于模糊综合评价法的城市共同配送风险评价研究［J］．科技管理研究，2015（8）：52－56.

［28］宾厚，王芬．共同配送研究综述［J］．电子商务，2014（6）：46－47.

［29］宾厚，王欢芳，汪妍蓉，等．基于五元联系数的生态城市共同配送风险评价［J］．统计与决策，2016（8）：54－57.

［30］陈达．现代绿色物流管理及其策略研究［J］．中国人口·资源与环境，2001，11（2）：111－113.

［31］程红，杨荣芝，李克宁．绿色流通引论［M］．北京：中国人民大学出版社，2005：82－89.

［32］戴化勇，鲍升华．绿色企业文化与企业经营绩效关系研究［J］．山西财经大学学报，2010，32（12）：97－102.

［33］邓雯．基于公路港模式下搭建城市配送平台的研究［J］．物流工程与管理，2016，38（2）：11－13.

［34］高凤莲．绿色物流在发展循环经济中的地位与对策［J］．中国流通经济，2008（8）：16－19.

［35］黑秀玲．物流企业创新运营模式为城市共同配送创造契机的分析［J］．物流技术，2015，34（7）：32－34.

［36］胡继灵．论供应链绿色化的成本与收益［J］．经济问题，2006，3：27－28.

［37］胡云超，申金升，黄爱玲．城市绿色物流配送体系构建研究［J］．物流技术，2012，31（8）：56－59.

［38］蒋国平，尤大鹏．发达国家发展绿色物流的成功经验与做法［J］．生态经济，2008（4）：102－104.

［39］克里斯托弗 R 托马斯，S 查尔斯，莫瑞斯．管理经济学［M］. 10 版．北京：机械工业出版社，2012.

［40］李庆．城市共同配送发展路径探析［J］．物流技术，2013（18）：16－19.

［41］李为为，张正，周汝胜，等．城市共同配送管理信息系统构建研究［J］．物流科技，2011（12）：96－99.

［42］李羽飞．欠发达区域绿色物流体系的构建［J］．江西社会科学，2008（3）：95－99.

［43］李振福．物流文化与绿色物流［J］．中国流通经济，2005（2）：15－17.

［44］林文，侯云先．绿色物流的共同配送经济模型分析［J］．中国集体经济，2010（6）：99－100.

［45］刘和东，石岗然．循环经济下绿色物流的影响因素分析［J］．生产力研究，2007（22）：66－67.

［46］刘丽英．大型企业实施绿色物流的战略对策分析［J］．科技管理研究，2013（24）：247－250.

［47］刘秀田．构建城市共同配送物流服务体系的思考［J］．物流技术，2013（18）：13－15.

［48］刘怡君，彭频．比较视角下绿色物流制度的实施途径及效果分析［J］．生态经济，2013（11）：160－162.

［49］罗巧艺．铁路多经物流的规模经济研究及实例分析［J］．物流工程与管理，2010，32（7）：3－6.

［50］马秀丽，周宁武．第三方物流企业开展城市共同配送的实施方案——以湖州安泰物流为例［J］．物流技术，2016（1）：163－166.

［51］马燕．供应链绿色物流管理策略［J］．生态经济，2005（2）：69－71.

［52］麦克尔 L 卡茨，哈维 S 罗森．微观经济学［M］．3 版．北京：机械出版社，1999：317－319.

［53］牛秀明．城市共同配送发展探析［J］．物流技术：装备版，2013（6）：20－23.

［54］日本运输省流通过策本部．共同运输系统导入推进纲要［R］．东京：日本运输省流通对策本部，1993.

［55］上官绪明．基于循环经济的绿色物流系统架构研究［J］．生态经济，2009（12）：92－95.

［56］邵举平，徐建华，孙延安．基于 Swap Body 技术的城市共同配送模式研究［J］．物流技术，2015（7）：11－13.

［57］时玮康．搭建城市共同配送平台——传统商超的转型之路［J］．国际市场，2014（1）：32－33.

［58］孙秀梅，辛广茜．绿色物流的发展瓶颈与对策研究［J］．中国流通经济，2007（10）：22－25.

［59］谭钧．基于 LBS 技术与 O2O 模式的城市共同配送研究［J］．物流技术，2015，34（22）：126－129.

［60］汤浅和夫．物流管理入门［M］．北京：中国铁道出版社，1986.

［61］陶经辉，乔均．南京市商贸领域的共同配送模式研究［J］．中国流通经济，2008（8）：12－15.

［62］同城配送行业研究报告［EB/OL］．（2016－10－28）［2017－04－17］．http：//www.100ec.cn.

［63］王汉新．城市共同配送的组织与管理——以石家庄为例［J］．生态经济，2015，31（1）：126－129.

［64］王汉新．中国城市绿色配送体系的构建途径与未来趋势［J］．贵州财经大学学报，2014（6）：101－106.

［65］王建明，陈红喜，袁瑜．企业绿色创新活动的中介效应实证［J］．中国人口·资源与环境，2010，20（6）：111－117.

［66］王静．基于循环经济的绿色物流发展研究［J］．经济问题，2008（12）：40－42.

［67］王桔．绿色物流理论及其研究意义和方法［J］．物流技术，2012（19）：69－71.

［68］王玲．农产品城市共同配送模式探索［J］．生产力研究，2015（10）：45－48.

［69］王孝坤，杨飞，杨东援．面向社会效益的城市共同配送研究进展［J］．物流技术，2007（3）：1－4.

［70］王效俐，王琛．降低物流成本的协同方式探讨［J］．山西财经大学学报，2004，26（3）：81－84.

［71］王玉．物流设备的绿色创新发展［J］．物流技术与应用，2016（6）：74－78.

［72］卫振林，孙剑青．面向中小电商企业城市共同配送模式探讨［J］．北京交通大学学报：社会科学版，2015，14（1）：104－110.

［73］温卫娟，刘俐．城市共同配送系统协同成熟度模型构建及评价研究［J］．价值工程，2015（26）：85－87.

［74］温卫娟，乔忠．基于动态协同理论的城市共同配送机理及特性研究［J］．山西财经大学学报，2012，34（1）：83－84.

［75］温卫娟，邬跃，唐秀丽．共同配送协同效应评价体系构建［J］．中国流通经济，2015（10）：21－27.

［76］文晓巍，达庆利．共同配送：我国冷链物流配送模式的优化选择［J］．现代管理科学，2008（3）：13－14.

［77］翁心刚，姜旭．日本绿色物流发展的状况及启示［J］．中国流通经济，2011（1）：16－20.

［78］吴明隆．结构方程模型——Amos的操作与应用［M］．重庆：重庆大学出版社，2009：1－59.

［79］夏春玉，李健生．绿色物流［M］．北京：中国物资出版社，2005.

［80］夏锦文．生态工业园的绿色物流运行机制［J］．中国流通经济，2012（7）：42－46.

［81］徐同连，栾琨，贾洪飞．共同配送合并策略及其配送成本［J］．长安大学学报：自然科学版，2006，26（3）：68－71.

［82］许笑平．绿色物流的发展障碍与推进策略［M］．北京：清华大学出版社，2012.

［83］薛楠．我国绿色物流跨域协作机制：缺失与构建［J］．中国流通经济，2014（4）：45－49.

［84］阳毅，游达明．产业集群创新中行业协会的构成体系与运行机制［J］．经济地理，2012，32（5）：103－106.

［85］杨国川．我国绿色物流发展中的制约因素及对策［J］．商业经济与管理，2010，220（2）：18－23.

［86］杨浩雄．城市环境中虚拟共同配送系统构建研究［M］．北京：中国物资出版社，2012.

［87］杨蕾，王珏．经济全球化下服务外包的经济学机理分析——基于现代规模经济理论视角［J］．西安财经学院学报，2015，28（3）：59－62.

［88］于成学．基于和谐社会的企业绿色物流管理实证研究［J］．中国软科学，2008（3）：122－127.

［89］俞仲文，陈代芬．物流配送技术与实务［M］．北京：人民交通出版社，2001.

［90］曾宇容，王林，袁泽沛．物流公共信息平台与区域物流资源整合［J］．科技管理研究，2007（4）：125－126.

［91］张春梅．基于末端物流配送和社会服务平台的城市共同配送案例分析［J］．物流技术，2013（18）：43－46.

［92］张迪，邬跃，陈雷．城市共同配送影响因素调查分析［J］．物流技术，2012，31（5）：36－38.

［93］张钢，张小军．绿色创新战略与企业绩效的关系：以员工参与为中介变量［J］．财贸研究，2013（4）：132－140.

［94］张弘杨．城市蔬菜配送平台模式研究［J］．物流技术，2012（15）：183－185.

［95］张念．绿色物流理论及其发展路径探析［J］．南京经济学院学报，2003（2）：44－47.

［96］张潜．基于共同配送的城市物流优化方案研究［J］．中国软科学，2009（S1）：290－295.

［97］张润红，罗荣桂．基于 Shapley 值法的共同配送利益分配研究［J］．武汉理工大学学报，2008，30（1）：150－153.

［98］张昕．末端物流共同配送模式及决策路径——基于电商物流和社区服务的供需分析［J］．财经问题研究，2013（3）：123－129.

［99］张颖川，王玉．绿色供应链系统下的城市物流配送［J］．物流技术与应用，2015（8）：103－106.

［100］张友志，顾红春．基于截面数据的中国主要城市规模产出效应的实证研究［J］．统计与决策，2011（4）：86－88.

［101］赵娜，李晓丹．基于 AHP 模糊综合评价法的宁波城市共同配送中心选址研究［J］．物流工程与管理，2015，37（5）：89－92.

［102］中国物流与采购联合会，中国物流技术协会，全国物流标准化技术委员会，等．物流术语（GB/T 18354—2006）［M］．北京：中国标准出版社，2006.

［103］钟翔．探究城市共同配送与反向物流整合的相关问题［J］．物流工程与管理，2015，37（8）：14－15.

［104］钟耀广，唐元松．基于“源创新”理论的电子商务共同配送体系创新［J］．贵州社会科学，2016，313（1）：136－142.

附　录

关于"2017 年中国物流学会、中国物流与采购联合会获奖课题"的通告

物学字〔2017〕13 号

《关于下达"2017 年中国物流学会、中国物流与采购联合会研究课题计划"的通知》（物学字〔2017〕8 号）文下达后，各课题承担单位积极组织研究，本次年会共收到课题报告 210 个。经专家评审，并请专业机构查新、查重，最终确定获奖课题 127 个。其中：一等奖 8 个、二等奖 13 个、三等奖 106 个。

特此通告

附件：获奖课题名单

二〇一七年十一月十七日

附件：

获奖课题名单

（共 127 个）

一等奖课题（8 个）

1. 课题编号：2017CSLKT3 - 014

课题名称：管理协同视角下军民融合应急物流体系研究

承担单位：中国人民解放军陆军军事交通学院汽车指挥系

课题主持人：曹继霞

课题组成员：任杰、燕厚仪、韩平阳、张静、杜菲菲、钱立峰

2. 课题编号：2016CSLKT3－015
课题名称：共用系统中的托盘调度策略与战略决策研究
承担单位：内蒙古大学交通学院
课题主持人：任建伟
课题组成员：武钧、王征宇、黎冰、李成兵、霍月英
3. 课题编号：2017CSLKT3－110
课题名称：新型城镇化进程中区域物流网络的特征提取及空间优化研究
承担单位：昆明理工大学
课题主持人：戢晓峰
课题组成员：陈方、普永明、陈肖雨、刘丁硕、伍景琼、李杰梅
4. 课题编号：2017CSLKT3－047
课题名称：军民融合背景下空军航材保障物流体系构建和模式创新研究
承担单位：中国人民解放军空军勤务学院
课题主持人：王威
课题组成员：郑金忠、张英锋、刘欣、谢福哲、刘宝、周丽华
5. 课题编号：2017CSLKT3－164
课题名称：智能物流分拣机械手的运动轨迹优化与视觉处理技术
承担单位：北京物资学院
课题主持人：陈志新
课题组成员：马向国、刘鑫、卢成林、郝宇楠、陈歌
6. 课题编号：2017CSLKT3－065
课题名称：城市共同配送平台绿色化研究
承担单位：安徽大学商学院安徽大学物流与供应链研究中心
课题主持人：汪传雷
课题组成员：陈欣、张梦颖、陈娇、万一荻、秦琴、王静娟、吴雯宇
7. 课题编号：2016CSLKT3－111
课题名称：全渠道下物流系统建设研究
承担单位：北京电子科技职业学院
课题主持人：张彤
课题组成员：田雪、牛鹏飞、王晨
8. 课题编号：2016CSLKT3－099
课题名称：军民融合体系下军事虚拟物流组织与业务协同控制模型研究
承担单位：中国人民解放军陆军勤务学院军事物流系
课题主持人：汪贻生
课题组成员：王锐淇、刘洪娟、陈元文、漆磊、张巍

二等奖课题（13 个）

1. 课题编号：2017CSLKT3－216

课题名称：云制造模式下供应链间运营协作研究

承担单位：武汉纺织大学管理学院、湖北省人文社科基地——企业决策支持研究中心

课题主持人：周兴建

课题组成员：周翔、吴新明、曾令吾、胡依

2. 课题编号：2016CSLKT3－003

课题名称：物流业营业税改征增值税效果分析

承担单位：北京交通大学

课题主持人：王冬梅

课题组成员：杨婷姣、马子婧、黄美晨、陈傲、孙思微、王思琪

3. 课题编号：2017CSLKT3－045

课题名称：军民融合式军事装备逆向物流风险分析与防范研究

承担单位：中国人民解放军空军勤务学院

课题主持人：谢福哲

课题组成员：张薇、郑金忠、李乐喜、王威、崔崇立、郭军、刘宝、李昊

4. 课题编号：2016CSLKT3－152

课题名称：经济新常态背景下的企业供应链金融的融资问题分析

承担单位：广东工程职业技术学院

课题主持人：苏志鹏

课题组成员：廖岚岚、符青林、尹改霞

5. 课题编号：2016CSLKT3－057

课题名称：两岸供应链金融生态系统构建研究——基于“互联网＋产业＋金融”融合发展视角

承担单位：厦门理工学院经济与管理学院

课题主持人：洪怡恬

课题组成员：吴小梅、黄志强、陈文钦、胡红云、郑卫国、李暄、黄景顺

6. 课题编号：2017CSLKT3－159

课题名称：适应丝绸之路经济带核心区建设的新疆制造业与物流业协同发展的路径与机制研究

承担单位：新疆财经大学

课题主持人：宋明珍

课题组成员：张晟义、林秋平、张娜、李凤、周江

7. 课题编号：2017CSLKT3－049

课题名称：装备专用备件消耗定额方法研究

承担单位：中国人民解放军空军勤务学院

课题主持人：王涛

课题组成员：侯胜利、史霄霈、刘晓琳、罗广旭、辛安、倪彬

8. 课题编号：2017CSLKT3－011

课题名称：战备物资生产能力储备激励机制模型研究

承担单位：中国人民解放军陆军军事交通学院

课题主持人：王海兰

课题组成员：张兵、陈博文、苑学梅、张丽杰

9. 课题编号：2017CSLKT3－031

课题名称：航空网络结构特征与决定因素的实证研究

承担单位：上海工程技术大学

课题主持人：李智忠

课题组成员：石丽娜、朱卫平、肖恢翚、王诗慧

10. 课题编号：2017CSLKT3－156

课题名称：发展兰渝公铁水多式联运打通西部腹地物流大通道

承担单位：甘肃物流学会、兰州财经大学

课题主持人：高云虹

课题组成员：彭会萍、曹晓军、谭克东、杨琪、李潘

11. 课题编号：2017CSLKT3－153

课题名称：国家尺度下宅配服务业空间格局研究

承担单位：昆明理工大学交通工程学院

课题主持人：伍景琼

课题组成员：高甜、徐浩然、苏娜、贺瑞

12. 课题编号：2017CSLKT3－030

课题名称：专利视角下海运类高校协同创新能力评价与实证研究

承担单位：上海海事大学

课题主持人：石亮

课题组成员：陈伟炯、张善杰、陆亦恺、刘晓琴、李军华、袁倩

13. 课题编号：2016CSLKT3－110

课题名称：京津冀货运口岸协同发展研究

承担单位：北京物资学院

课题主持人：郝玉柱

课题组成员：尹海、刘崇献、马海洋、许玉云

三等奖课题（106 个）

1. 课题编号：2016CSLKT3－040

课题名称：关系质量视角下的物流服务供应链优化与质量监控研究

承担单位：江苏科技大学

课题主持人：李晓萍

课题组成员：孟庆良、曹献飞、李海水、谢丽娟、朱炳旭

2. 课题编号：2017CSLKT3 －037
课题名称：供给侧结构性改革下中国钢铁企业逆向物流模式优化研究
承担单位：苏州工业职业技术学院
课题主持人：刘慧
课题组成员：郭静、王洪宝、袁所贤、贡文伟、杜百锁
3. 课题编号：2017CSLKT3 －032
课题名称："一带一路"背景下长三角区域物流系统优化研究
承担单位：江苏海事职业技术学院
课题主持人：陈军
课题组成员：秦德如、黄河、杨华、沈钦文、李春红、陈硕
4. 课题编号：2016CSLKT3 －017
课题名称：物流企业一线员工服务导向提升策略研究
承担单位：辽宁省交通高等专科学校
课题主持人：胡洋
课题组成员：仪玉莉、刘景良、王楠、张璠、郭艳君、李政凯
5. 课题编号：2017CSLKT3 －189
课题名称：区块链技术对供应链生态系统的影响研究
承担单位：烟台南山学院
课题主持人：刘敏
课题组成员：王海峰、李金华、艾明月
6. 课题编号：2017CSLKT3 －154
课题名称：航空运输网络效率及测算模型研究
承担单位：昆明理工大学交通工程学院
课题主持人：杨扬
课题组成员：何民、李杰梅、肖光洪、杨小佳、黄蓉、纪有福、朱瑶瑶、张一帆
7. 课题编号：2016CSLKT3 －078
课题名称：基于网络效率的可追溯性农产品物流组织运行机制研究
承担单位：湖南财政经济学院
课题主持人：杨鹏
课题组成员：高昕欣、肖志威
8. 课题编号：2016CSLKT3 －213
课题名称：军事物流装卸保障力量配置优化研究
承担单位：中国人民解放军陆军军事交通学院军事物流系
课题主持人：杨甫勤
课题组成员：赵德龙、王海兰、张丽杰、路学成、徐来春、田广才
9. 课题编号：2017CSLKT3 －222
课题名称："互联网＋"背景下高职院校物流专业人才培养模式研究——基于胜任力视角

承担单位：昆山登云科技职业学院
课题主持人：王慧颖
课题组成员：李岚、吴杰、陈芝韵、曹海林、焦文静、朱丽娜、邹芸

10. 课题编号：2017CSLKT3－231
课题名称："一带一路"战略下物流管理人才培养研究与实践
承担单位：重庆交通大学物流管理系
课题主持人：葛显龙
课题组成员：王伟鑫、杜琤、程礼芬、梁永宏

11. 课题编号：2017CSLKT3－081
课题名称：区域快递物流网络集聚能力差异性分析
承担单位：武汉理工大学
课题主持人：刘明菲
课题组成员：胡悦、张银霞、薛宝佳、孙倩、陈威、李鑫、陈冰雪

12. 课题编号：2017CSLKT3－212
课题名称：驻城市部队加油站优化改革方案研究
承担单位：中国人民解放军空军勤务学院
课题主持人：胡利明
课题组成员：欧阳晓东、校云鹏、张大虎、冯丹、吴嘉勇、向归

13. 课题编号：2017CSLKT3－073
课题名称：全渠道物流支撑体系建设研究
承担单位：青岛现代物流供应链管理研究发展中心、青岛市南区服务业发展局、利群集团、青岛苏宁物流有限公司
课题主持人：段沛佑
课题组成员：李俊、栾坚、邢晓强、刘建斌、卢翠荣、张明钢、宋洪军、张全文、姜向东

14. 课题编号：2017CSLKT3－028
课题名称："一带一路"背景下西北农产品冷链物流网络规划研究
承担单位：大连东软信息学院
课题主持人：潘常虹
课题组成员：李浩渊、于绍政、吴耕

15. 课题编号：2017CSLKT3－057
课题名称：我国物流园区公共信息服务发展现状评估——以宁波为例
承担单位：宁波市现代物流规划研究院
课题主持人：张瑶
课题组成员：林杨、舒泰

16. 课题编号：2015CSLKT3－199
课题名称：基于临沂商贸物流特色的区域供应链管理互补模型的算法研究
承担单位：临沂大学数学与统计学院

课题主持人：孙洪春

课题组成员：汤国英、刘健、卢中华、黄宜坤、任庆军、刘建华、周厚春

17. 课题编号：2017CSLKT3－119

课题名称：跨境电商与现代物流的协同评价研究

承担单位：北京城市学院

课题主持人：杨欢欢

课题组成员：宋晓黎、彭华颖、张婷婷、陈伊菲、申婧

18. 课题编号：2017CSLKT3－058

课题名称：物流“互联网＋”创新平台模式研究——以宁波市为例

承担单位：宁波市现代物流规划研究院

课题主持人：秦磊

课题组成员：贺向阳、卢山、董文娟

19. 课题编号：2017CSLKT3－179

课题名称：区块链技术对供应链合作关系的影响与对策

承担单位：江苏科技大学苏州理工学院

课题主持人：黄颖

课题组成员：王勉、王普玉、虞振昕、王利、李昊

20. 课题编号：2016CSLKT3－117

课题名称：基于生态位视角的物流企业竞争力评价研究

承担单位：辽宁装备制造职业技术学院

课题主持人：李刚

课题组成员：沈艳丽、何红、王芸刚、吴维军、李菲、房堃

21. 课题编号：2017CSLKT3－152

课题名称：低碳经济视角下云南物流效率影响因素研究

承担单位：云南大学滇池学院

课题主持人：刘宪立

课题组成员：张权、刘玲、杨蔚

22. 课题编号：2017CSLKT3－151

课题名称：“一带一路”背景下的我国物流经济效应及其制约因素研究

承担单位：海南热带海洋学院海商学院

课题主持人：侯冠平

课题组成员：鲁晓丽、杨跃辉

23. 课题编号：2017CSLKT3－213

课题名称：低碳视角下电商物流配送路径优化

承担单位：厦门城市职业学院

课题主持人：钟聪儿

课题组成员：林朝朋、陈劲、邱荣祖

24. 课题编号：2017CSLKT3－221
课题名称：中美“3＋2”衔接培养国际化物流管理人才探索与实践
承担单位：南京工业职业技术学院
课题主持人：谈慧
课题组成员：周立军、刘晓明、Susan、Jeffrey Anderson
25. 课题编号：2017CSLKT3－218
课题名称：基于“互联网＋”城市共同配送网络体系建设研究——以湘潭市为例
承担单位：湖南工程学院管理学院
课题主持人：黄韧
课题组成员：李智彬、刘焜成、潘立军
26. 课题编号：2017CSLKT3－228
课题名称：基于校企合作的物流营销人才培养模式研究
承担单位：青岛理工大学（临沂）
课题主持人：宋连亮
课题组成员：李翠、曹洋
27. 课题编号：2017CSLKT3－174
课题名称：哈尔滨市双向开放国际物流枢纽城市建设研究
承担单位：东北林业大学
课题主持人：马成林、王立海
课题组成员：李思平、马驰、卢恩慧、赵绮雯
28. 课题编号：2017CSLKT3－214
课题名称：基于数据挖掘的山东省快递业务量预测研究
承担单位：山东管理学院
课题主持人：张洪军
课题组成员：张春翠、王灿伟、祝瑞、朱雪丽
29. 课题编号：2017CSLKT3－088
课题名称：“一带一路”背景下湖南农产品电商物流绿色生态系统构建研究
承担单位：湖南现代物流职业技术学院物流管理系、长沙合力企业管理有限公司
课题主持人：何建崎
课题组成员：肖和山、王朝晖、许胜余、何其超
30. 课题编号：2017CSLKT3－041
课题名称：不确定环境下供应链协调问题研究
承担单位：盐城工业职业技术学院
课题主持人：陈天文
课题组成员：施建华、周荣虎、祝宝江、邱美玲、陈燕
31. 课题编号：2017CSLKT3－104
课题名称：基于联盟稳定性的生鲜多中心共同配送优化研究
承担单位：重庆交通大学

课题主持人：王勇
课题组成员：刘永、徐光灿、余海燕、闫芳、任音吉
32. 课题编号：2016CSLKT3－263
课题名称："互联网＋"现代物流人才培养模式创新——基于两种跨界的思考
承担单位：江苏联合职业技术学院徐州财经分院（江苏省徐州财经高等职业技术学校）
课题主持人：张威
课题组成员：权青、于文萍、蒋伟、王春玲、高洁、王维婷、乔中学
33. 课题编号：2016CSLKT3－266
课题名称：四年制高职本科物流管理专业系统项目化实践教学体系构建——以浙江经济职业技术学院为例
承担单位：浙江经济职业技术学院
课题主持人：孙玺慧
课题组成员：王自勤、姚文斌、王伟、张东芳、张启慧
34. 课题编号：2016CSLKT3－043
课题名称："互联网＋"背景下道路物流发展对策研究——以浙江省为例
承担单位：浙江工贸职业技术学院温州现代物流学院
课题主持人：汪焰
课题组成员：何丹、王子成、王震宁、潘中柱、江素薇
35. 课题编号：2016CSLKT3－275
课题名称："一带一路"背景下广西农产品冷链物流法律法规体系及政策研究
承担单位：广西职业技术学院
课题主持人：吴砚峰
课题组成员：李小青、李建春、杨清、陈秋如、章俊、叶洪强
36. 课题编号：2017CSLKT3－005
课题名称：低碳物流库存管理研究
承担单位：北京物资学院信息学院
课题主持人：田志勇
课题组成员：刘俊娥、申贵成、陈蕾
37. 课题编号：2016CSLKT3－007
课题名称：我国托盘共用现状、问题及对策研究
承担单位：南开大学滨海学院
课题主持人：刘艳霞
课题组成员：陈志卷、王昭凤、耿会君、赵玉亮、曹海鸥、袁伯友
38. 课题编号：2016CSLKT3－265
课题名称：中小企业网络供应链金融模式研究
承担单位：浙江工业职业技术学院
课题主持人：蔡小哩

课题组成员：丁志刚、张仕军、周军、余佳、侯琦

39. 课题编号：2016CSLKT3－042

课题名称：“互联网＋”背景下城市共同配送发展路径研究——基于浙江省108个城市配送企业

承担单位：浙江工贸职业技术学院

课题主持人：陈碎雷

课题组成员：李阳、王子成、林晨杰、江素薇、彭松生、何丹

40. 课题编号：2017CSLKT3－215

课题名称：互联网环境下卓尔集团物流平台优化策略及其应用研究

承担单位：华中科技大学

课题主持人：李建斌

课题组成员：戴宾、胡鹏、陈植元

41. 课题编号：2016CSLKT3－274

课题名称：基于渔港城市海产品冷链市场的应用型大学物流特色专业建设

承担单位：岭南师范学院

课题主持人：刘长军

课题组成员：宋长琨、江琳、范宇、徐敏珊

42. 课题编号：2017CSLKT3－052

课题名称：供应链环境下基于混合支付策略的易腐品库存控制研究

承担单位：浙江经济职业技术学院

课题主持人：陈金叶

课题组成员：罗振华、孟庆永、施文娴、薛梦哲

43. 课题编号：2017CSLKT3－053

课题名称：基于“互联网＋”的车货匹配平台型无车承运人运营模式研究

承担单位：浙江经济职业技术学院物流技术学院

课题主持人：孙旭圆

课题组成员：王伟、刘颖、张启慧、孟庆永、施文娴

44. 课题编号：2017CSLKT3－086

课题名称：货车“司机荒”现象成因分析及破解对策研究

承担单位：湖南省物流公共信息平台有限公司

课题主持人：邓攀

课题组成员：曾玉湘、周沐、冯梅、赖霞红、陈瀚

45. 课题编号：2016CSLKT3－076

课题名称：基于第四方物流思想的网购物流资源整合研究

承担单位：武汉商贸职业学院物流学院

课题主持人：李海英

课题组成员：叶祥丽、程红兰、陈兰、陈英华、胡顺芳、代承霞

46. 课题编号：2017CSLKT3－096
课题名称：生鲜农产品物流供应链模式研究——以广东生鲜农产品为例
承担单位：广东农工商职业技术学院
课题主持人：王伟
课题组成员：黄婉芬、张奇志、舒畅、罗成、黄建辉、郑文岭、董斌
47. 课题编号：2016CSLKT3－214
课题名称：军用被装逆向物流理论与实践研究
承担单位：中国人民解放军陆军军事交通学院军事物流系
课题主持人：谢霞
课题组成员：钱继锋、张丽杰、贾继红、王文强
48. 课题编号：2017CSLKT3－227
课题名称："三创引领、三阶递进"式物流管理人才培养模式研究
承担单位：浙江长征职业技术学院
课题主持人：钟燕
课题组成员：李婷婷、李慧刚、包国华、苏敏
49. 课题编号：2017CSLKT3－039
课题名称：新常态下常州海关特殊监管区域整合发展研究
承担单位：常州机电职业技术学院
课题主持人：刘伯超
课题组成员：陈建新、李欢、王莎、朱洪春、张一凡、李少华、陈星雨、钱昕怡、郑晓慧
50. 课题编号：2017CSLKT3－220
课题名称：基于"成果为本"的物流信息化人才培养方案研究
承担单位：黑龙江财经学院
课题主持人：秦秀媛
课题组成员：邢博、李凯、牛景锐
51. 课题编号：2017CSLKT3－072
课题名称：物流服务供应链利益协调机制研究——基于客户价值角度
承担单位：山东管理学院
课题主持人：王培培
课题组成员：王洪丽、肖晓慧
52. 课题编号：2017CSLKT3－178
课题名称：基于乳制品品质的冷链物流风险预测与控制研究
承担单位：上海海事大学物流情报研究所
课题主持人：范雯
课题组成员：陈伟炯、张运鸿、李军华
53. 课题编号：2017CSLKT3－013
课题名称：集装化军事运输法规体系建设研究

承担单位：中国人民解放军陆军军事交通学院
课题主持人：霍东芳
课题组成员：李勤真、郭凯、杨会军、王春刚、田润良
54. 课题编号：2017CSLKT3 - 137
课题名称：公路运输全要素生产率演化研究
承担单位：安徽大学商学院
课题主持人：刘宏伟
课题组成员：梁雯、叶春森、张梦颖、储军飞
55. 课题编号：2017CSLKT3 - 210
课题名称：基于“互联网 + 物流”的化工供应链信息化发展研究
承担单位：南京科技职业学院
课题主持人：黄昕
课题组成员：陈自力、郭智忠、郭峰、吴苏寒
56. 课题编号：2015CSLKT3 - 194
课题名称：电子商务模式下冷链物流关键技术研究
承担单位：山东科技大学
课题主持人：宋作玲
课题组成员：孙慧、曹冲振、徐伟、张丹丹、李宏声
57. 课题编号：2017CSLKT3 - 219
课题名称：开放状态下图书馆书库盘点方案优化研究
承担单位：广东科学技术职业学院
课题主持人：迟青梅
课题组成员：郑克俊、郭小江、朱海鹏、陈林毓
58. 课题编号：2017CSLKT3 - 003
课题名称：手机附件物料库存管理优化研究——以 S 公司为例
承担单位：北京物资学院
课题主持人：白晓娟
课题组成员：姜旭、高云鹏、陈琪
59. 课题编号：2016CSLKT3 - 068
课题名称：农产品物流网络体系构建研究——以临沂市为例
承担单位：临沂大学
课题主持人：胡雪梅
课题组成员：范陈玉、王洪伟、张晓敏、徐自田、赵国英
60. 课题编号：2016CSLKT3 - 156
课题名称：粤桂黔高铁经济辐射下广佛肇经济圈物流产业竞争力研究
承担单位：佛山职业技术学院
课题主持人：关秋燕
课题组成员：颜波、陈平、陈湘青、唐永洪、杨进伟

61. 课题编号：2017CSLKT3－165
课题名称：单侧堆垛式立体车库关键部件的研究
承担单位：北京物资学院
课题主持人：刘红
课题组成员：杨磊
62. 课题编号：2016CSLKT3－131
课题名称：低碳经济下的泰州物流园区发展对策研究
承担单位：南京理工大学泰州科技学院
课题主持人：徐伟
课题组成员：吴晟、赵晨旭、帅文君、袁新稳
63. 课题编号：2017CSLKT3－131
课题名称：基于核心企业的供应链网络信息共享激励研究
承担单位：盐城工学院
课题主持人：宋冬梅
课题组成员：周丽萍、蔡建华、徐梁、汤晓明
64. 课题编号：2017CSLKT3－055
课题名称：基于循环经济的绿色物流研究
承担单位：浙江经济职业技术学院现代物流研究所
课题主持人：付锐
课题组成员：王自勤、林敏、芮宝娟、万航、陈诚挚
65. 课题编号：2017CSLKT3－207
课题名称：供应链视角下冷链物流风险评价与控制策略研究
承担单位：黑龙江财经学院
课题主持人：吕秀英
课题组成员：安慧心、高媛、刘巍、宗福明
66. 课题编号：2016CSLKT3－094
课题名称：农产品绿色供应链质量保障研究
承担单位：惠州经济职业技术学院
课题主持人：叶芬芳
课题组成员：史祎馨、张文方、裘伟超
67. 课题编号：2017CSLKT3－020
课题名称：物流园区建设项目综合评价研究
承担单位：辽宁省交通高等专科学校
课题主持人：孔月红
课题组成员：章良、张璠、皇甫艳东、薛亮、刘文博、王楠
68. 课题编号：2016CSLKT3－121
课题名称：辽宁省物流产业投入要素贡献率研究
承担单位：辽宁石油化工大学

课题主持人：陈冲
课题组成员：殷向阳、王军、王莹、王庆喜
69. 课题编号：2017CSLKT3－162
课题名称：物流企业客户关系信息挖掘技术的应用研究
承担单位：北京联合大学
课题主持人：亓呈明
课题组成员：胡立栓、于鑫、刘景云、王育平、项彩虹
70. 课题编号：2016CSLKT3－129
课题名称：“一路一带”背景下港口物流与区域经济发展协同度研究——以江苏沿海经济带为例
承担单位：盐城工业职业技术学院
课题主持人：蔡亚轩
课题组成员：曹林峰、谢毅、孙鑫、周荣虎
71. 课题编号：2017CSLKT3－050
课题名称：“互联网＋”物流连锁复制商业模式研究
承担单位：浙江新颜物流有限公司
课题主持人：颜滨
课题组成员：邓邵涛、姚国龙
72. 课题编号：2017CSLKT3－170
课题名称：京津冀区域港口物流信息共享平台研究
承担单位：河北港口集团有限公司信息与技术中心
课题主持人：侯贵宾
课题组成员：赵谞博、杨鹏南、张冬梅、韩丽、白跃辉
73. 课题编号：2017CSLKT3－158
课题名称：宁夏区域物流绩效水平研究
承担单位：宁夏职业技术学院
课题主持人：陈志新
课题组成员：杨文辉、杨伟宁、刘丽、赵军龙、史春政、周桂香
74. 课题编号：2017CSLKT3－145
课题名称：“互联网＋”背景下湖南省物流业与区域经济发展的计量经济研究
承担单位：湖南现代物流职业技术学院
课题主持人：徐娟
课题组成员：肖智清、胡军强、邓颖颖、谢小艳、张希娜、熊丽
75. 课题编号：2015CSLKT3－173
课题名称：医药物流配送中心系统优化研究
承担单位：北京联合大学
课题主持人：李平
课题组成员：方建军、刘景云、曹丽婷、柴国防、高辰、王安平

76. 课题编号：2016CSLKT3－153
课题名称：委托监管下存货质押融资的 VaR 模型研究
承担单位：广东开放大学、广东理工职业学院管理工程系
课题主持人：陈智
课题组成员：王莹、郄蕴杰、郑祖军、吴立华、曹伟、黄沛琛
77. 课题编号：2017CSLKT3－176
课题名称：基于数据挖掘的供应链风险预警系统及其仿真研究
承担单位：上海海事大学物流情报研究所
课题主持人：张洋
课题组成员：陈伟炯、李宝奕、康与涛
78. 课题编号：2017CSLKT3－006
课题名称：基于消费者视角下的生鲜农产品电商物流问题与对策研究
承担单位：北京农业职业学院
课题主持人：张天琪
课题组成员：胡军珠、温春娟、陈国松
79. 课题编号：2016CSLKT3－278
课题名称：关庄电商物流创业园物流建筑外部空间设计研究
承担单位：铜川职业技术学院
课题主持人：张媛
课题组成员：徐德洪、马雅红、席平、张志林、梁斌
80. 课题编号：2017CSLKT3－064
课题名称："互联网＋"背景下物流业与现代制造业深度联动融合模式研究
承担单位：浙江东方职业技术学院
课题主持人：万年红
课题组成员：王雪蓉、李谷伟、张扬之、万毅、吴敏、王旺迪
81. 课题编号：2016CSLKT3－198
课题名称：敏捷农产品物流网络优化研究
承担单位：山东交通职业学院
课题主持人：冯国壁
课题组成员：赵庆祯、张田、孙惠、张志勇、王维钦、师凯、王付来、吴丽红、吴鲁萍
82. 课题编号：2016CSLKT3－146
课题名称："互联网＋"快递模式探索研究
承担单位：武汉交通职业学院
课题主持人：刘宁
课题组成员：姬中英、代湘荣、杨晋、蔡传安、王亚男
83. 课题编号：2016CSLKT3－243
课题名称：鄂北水利"一号工程"东段供应物流研究与实践

承担单位：湖北城市建设职业技术学院
课题主持人：许丰恺
课题组成员：蔡改成、李明、张爱玲、蔡秋石
84. 课题编号：2017CSLKT3－191
课题名称：基于物联网的智慧物流信息平台建设研究
承担单位：泰山医学院医学信息工程学院
课题主持人：乔晶
课题组成员：王纪凤、尚玉莲、王玫、侯瑞刚
85. 课题编号：2017CSLKT3－177
课题名称：基于动态风险的多式联运路径优化
承担单位：上海海事大学物流情报研究所
课题主持人：张宏博
课题组成员：张善杰、尹小贝、焦宇
86. 课题编号：2017CSLKT3－010
课题名称：新税制背景下天津自贸区跨境电商物流模式比较研究
承担单位：天津滨海职业学院
课题主持人：邢弢
课题组成员：王琳、武奎、陈彧、王智慧
87. 课题编号：2017CSLKT3－023
课题名称：电子商务与高校校园快递协同发展研究
承担单位：辽宁对外经贸学院信息管理学院
课题主持人：王智泓
课题组成员：秦锋祥、王盛、常虹、赵林
88. 课题编号：2015CSLKT3－145
课题名称：长江中游城市群港口物流与腹地经济协同发展研究
承担单位：武汉工商学院
课题主持人：刘春
课题组成员：刘苏衡、邵晓晖、熊贤保、马慧敏
89. 课题编号：2016CSLKT3－067
课题名称：物流园区创新发展模式研究——以聊城市为例
承担单位：聊城职业技术学院、聊城市农村电子商务与物流发展工程中心
课题主持人：王秀荣
课题组成员：刘照军、孙凌云、范国渠、刘承秀、李冰、刘慧、逯义军
90. 课题编号：2015CSLKT3－156
课题名称：O2O的用户信任及接受机制研究
承担单位：北京师范大学珠海分校物流学院
课题主持人：朱江
课题组成员：杨彩梅、沈凯

91. 课题编号：2017CSLKT3 – 123
课题名称：基于“一带一路”的辽宁农产品区域物流中心构建研究
承担单位：沈阳工程学院
课题主持人：李虹
课题组成员：贲立欣、田凤权、尹健、王庆喜、殷向阳、李美佳
92. 课题编号：2017CSLKT3 – 109
课题名称：电子商务环境下供应链金融平台构建与治理机制研究
承担单位：西南财经大学天府学院物流研究所
课题主持人：汪敢甫
课题组成员：汪敢甫、刘宇、何苗、柳玉寿、何亮
93. 课题编号：2017CSLKT3 – 008
课题名称：应急物流标准体系形成机理研究
承担单位：中国人民解放军国防大学联合勤务学院联合后勤保障系军事物流教研室
课题主持人：黄定政
课题组成员：徐东、龚卫锋、魏耀聪、曾金明、于鹏、周红伟、刘业鹏、陆艺
94. 课题编号：2016CSLKT3 – 149
课题名称：基于 Aliexpress 的跨境电商工作室建设及经管专业人才培养研究
承担单位：广东机电职业技术学院
课题主持人：袁嫣
课题组成员：周健明、吴智文、张少茹、黄怡伟、唐源
95. 课题编号：2017CSLKT3 – 027
课题名称：辽宁构建国际市场竞争力问题研究
承担单位：大连大学
课题主持人：鲁渤
课题组成员：宫之光、辛晏、王晓琳、张晓虹、宋晓琳
96. 课题编号：2017CSLKT3 – 024
课题名称：辽宁省商贸物流标准化建设研究
承担单位：辽宁现代服务职业技术学院
课题主持人：谷岩
课题组成员：宋真君、商金红、邢学鹏、朱永华、刘杨、殷向阳
97. 课题编号：2017CSLKT3 – 193
课题名称：区块链技术对物流快递业隐私保护的影响研究
承担单位：武汉商学院
课题主持人：熊文杰
课题组成员：袁亮、周辉、段菁菁、王曼纳
98. 课题编号：2017CSLKT3 – 118
课题名称：全产业链视角下物流业与制造、金融等联动融合研究
承担单位：北京物资学院

课题主持人：张喜才

课题组成员：魏国辰、王佐、杜红平、肖为群、韩丽华、关秋云

99. 课题编号：2017CSLKT3 - 130

课题名称：长三角城市群物流竞争力评价研究

承担单位：南京科技职业学院

课题主持人：黄浩

课题组成员：卜苏华、张教赟、王明玉、黄昕、许道云、顾光亚

100. 课题编号：2017CSLKT3 - 007

课题名称：军事供应链风险管理研究

承担单位：中国人民解放军国防大学联合勤务学院

课题主持人：龚卫锋

课题组成员：王宗喜、黄剑炜、赵蕾、黄定政、孙敏、张帆、郑玉斌、顾岩

101. 课题编号：2017CSLKT3 - 009

课题名称：大数据背景下基于云计算的应急物流公共信息平台的研究

承担单位：天津滨海职业学院

课题主持人：鲁艳萍

课题组成员：翟玲、王智慧、吴雅萍、王琳、冯建军

102. 课题编号：2017CSLKT3 - 139

课题名称：标准箱公铁联运体系建设研究

承担单位：山东高速标准箱物流有限公司

课题主持人：李建伟

课题组成员：孙海云、王瑞龙、刘军鹏、徐晓静、韩勇、郭东东

103. 课题编号：2017CSLKT3 - 167

课题名称：快递物流绿色生态系统构建及政策研究

承担单位：北京城市学院

课题主持人：刘国海

课题组成员：郑显松、蒋士强、赵亮、张婷婷、赵海峰、毛久森

104. 课题编号：2016CSLKT3 - 203

课题名称：基于 Petri - Net 仿真模型的生鲜农产品配送系统组织和控制研究

承担单位：广东开放大学、广东理工职业学院管理工程系

课题主持人：张劲珊

课题组成员：谢祥添、卢小锦、赖玉霞、肖祥伟、何晓芳、罗学强、游静

105. 课题编号：2017CSLKT3 - 129

课题名称：基于现代物流的金融物流发展模式研究

承担单位：江苏徐矿能源股份有限公司

课题主持人：苏志刚

课题组成员：周丽华、刘旭

106. 课题编号：2017CSLKT3－092

课题名称："互联网＋"下的物流业与制造业联动融合研究

承担单位：长沙合力企业管理有限公司

课题主持人：文俊

课题组成员：陈翰、严福泉